科学家学术成长资料采集工程
中国科学院院士传记丛书

力学笃行
钱令希传

王细荣 钱 唐 ◎著

1916年	1932年	1936年	1943年	1952年	1955年	1978年	1981年	1995年	2009年
生于江苏省无锡县	直升中法国立工学院大学部	留学比利时布鲁塞尔自由大学	任浙江大学土木工程系教授	任大连工学院土木工程系教授	当选中国科学院学部委员（院士）	倡导发展的计算力学被列入全国力学学科规划	任大连工学院院长	获第二届何梁何利基金"科学与技术进步奖"	逝世于大连

力学笃行
钱令希传

王细荣 钱唐 ◎ 著

中国科学技术出版社
上海交通大学出版社

图书在版编目（CIP）数据

力学笃行：钱令希传 / 王细荣，钱唐著. -- 北京：中国科学技术出版社，2021.7

（老科学家学术成长资料采集工程丛书. 中国科学院院士传记丛书）

ISBN 978-7-5046-9011-1

Ⅰ. ①力… Ⅱ. ①王… ②钱… Ⅲ. ①钱令希-传记 Ⅳ. ① K826.11

中国版本图书馆 CIP 数据核字 (2021) 第 060442 号

责任编辑	李双北
责任校对	邓雪梅　张晓莉
责任印制	李晓霖
版式设计	中文天地

出　　版	中国科学技术出版社　上海交通大学出版社
发　　行	中国科学技术出版社有限公司发行部
地　　址	北京市海淀区中关村南大街 16 号
邮　　编	100081
发行电话	010-62173865
传　　真	010-62173081
网　　址	http://www.cspbooks.com.cn

开　　本	787mm×1092mm　1/16
字　　数	580 千字
印　　张	36.25
彩　　插	2
版　　次	2021 年 7 月第 1 版
印　　次	2021 年 7 月第 1 次印刷
印　　刷	北京华联印刷有限公司
书　　号	ISBN 978-7-5046-9011-1 / K·292
定　　价	198.00 元

（凡购买本社图书，如有缺页、倒页、脱页者，本社发行部负责调换）

老科学家学术成长资料采集工程
领导小组专家委员会

主　任：韩启德
委　员：（以姓氏拼音为序）
　　　　陈佳洱　　方　新　　傅志寰　　李静海　　刘　旭
　　　　齐　让　　王礼恒　　徐延豪　　赵沁平

老科学家学术成长资料采集工程
丛书组织机构

特邀顾问（以姓氏拼音为序）
　　　　樊洪业　　方　新　　谢克昌

编委会
　　主　编：老科学家学术成长资料采集工程领导小组办公室
　　编　委：（以姓氏拼音为序）
　　　　定宜庄　　董庆九　　郭　哲　　胡宗刚　　胡化凯
　　　　刘晓堪　　吕瑞花　　秦德继　　任福君　　王扬宗
　　　　熊卫民　　姚　力　　张大庆　　张　藜　　张　剑
　　　　周大亚　　周德进

编委会办公室
　　主　任：孟令耘　　杨志宏
　　副主任：许　慧　　刘佩英
　　成　员：（以姓氏拼音为序）
　　　　冯　勤　　高文静　　韩　颖　　李　梅　　刘如溪
　　　　罗兴波　　王传超　　余　君　　张佳静

老科学家学术成长资料采集工程简介

老科学家学术成长资料采集工程（以下简称"采集工程"）是根据国务院领导同志的指示精神，由国家科教领导小组于2010年正式启动，中国科协牵头，联合中组部、教育部、科技部、工信部、财政部、文化部、国资委、解放军总政治部、中国科学院、中国工程院、国家自然科学基金委员会等11部委共同实施的一项抢救性工程，旨在通过实物采集、口述访谈、录音录像等方法，把反映老科学家学术成长历程的关键事件、重要节点、师承关系等各方面的资料保存下来，为深入研究科技人才成长规律，宣传优秀科技人物提供第一手资料和原始素材。

采集工程是一项开创性工作。为确保采集工作规范科学，启动之初即成立了由中国科协主要领导任组长、12个部委分管领导任成员的领导小组，负责采集工程的宏观指导和重要政策措施制定，同时成立领导小组专家委员会负责采集原则确定、采集名单审定和学术咨询，委托科学史学者承担学术指导与组织工作，建立专门的馆藏基地确保采集资料的永久性收藏和提供使用，并研究制定了《采集工作流程》《采集工作规范》等一系列基础文件，作为采集人员的工作指南。截至2016年6月，已启动400多位老科学家的学术成长资料采集工作，获得手稿、书信等实物原件资料73968件，数字化资料178326件，视频资料4037小时，音频资料4963小时，具有重要的史料价值。

采集工程的成果目前主要有三种体现形式，一是建设"中国科学家博物馆网络版"，提供学术研究和弘扬科学精神、宣传科学家之用；二是编辑制作科学家专题资料片系列，以视频形式播出；三是研究撰写客观反映老科学家学术成长经历的研究报告，以学术传记的形式，与中国科学院、中国工程院联合出版。随着采集工程的不断拓展和深入，将有更多形式的采集成果问世，为社会公众了解老科学家的感人事迹，探索科技人才成长规律，研究中国科技事业的发展历程提供客观翔实的史料支撑。

总序一

中国科学技术协会主席　韩启德

老科学家是共和国建设的重要参与者，也是新中国科技发展历史的亲历者和见证者，他们的学术成长历程生动反映了近现代中国科技事业与科技教育的进展，本身就是新中国科技发展历史的重要组成部分。针对近年来老科学家相继辞世、学术成长资料大量散失的突出问题，中国科协于2009年向国务院提出抢救老科学家学术成长资料的建议，受到国务院领导同志的高度重视和充分肯定，并明确责成中国科协牵头，联合相关部门共同组织实施。根据国务院批复的《老科学家学术成长资料采集工程实施方案》，中国科协联合中组部、教育部、科技部、工业和信息化部、财政部、文化部、国资委、解放军总政治部、中国科学院、中国工程院、国家自然科学基金委员会等11部委共同组成领导小组，从2010年开始组织实施老科学家学术成长资料采集工程。

老科学家学术成长资料采集是一项系统工程，通过文献与口述资料的搜集和整理、录音录像、实物采集等形式，把反映老科学家求学历程、师承关系、科研活动、学术成就等学术成长中关键节点和重要事件的口述资料、实物资料和音像资料完整系统地保存下来，对于充实新中国科技发展的历史文献，理清我国科技界学术传承脉络，探索我国科技发展规律和科技人才成长规律，弘扬我国科技工作者求真务实、无私奉献的精神，在全社会营造爱科学、学科学、用科学的良好氛围，是一件很有意义的事情。采集工程把重点放在年龄在 80 岁以上、学术成长经历丰富的两院院士，以及虽然不是两院院士、但在我国科技事业发展中作出突出贡献的老科技工作者，充分体现了党和国家对老科学家的关心和爱护。

自 2010 年启动实施以来，采集工程以对历史负责、对国家负责、对科技事业负责的精神，开展了一系列工作，获得大量反映老科学家学术成长历程的文字资料、实物资料和音视频资料，其中有一些资料具有很高的史料价值和学术价值，弥足珍贵。

以传记丛书的形式把采集工程的成果展现给社会公众，是采集工程的目标之一，也是社会各界的共同期待。在我看来，这些传记丛书大都是在充分挖掘档案和书信等各种文献资料、与口述访谈相互印证校核、严密考证的基础之上形成的，内中还有许多很有价值的照片、手稿影印件等珍贵图片，基本做到了图文并茂，语言生动，既体现了历史的鲜活，又立体化地刻画了人物，较好地实现了真实性、专业性、可读性的有机统一。通过这套传记丛书，学者能够获得更加丰富扎实的文献依据，公众能够更加系统深入地了解老一辈科学家的成就、贡献、经历和品格，青少年可以更真实地了解科学家、了解科技活动，进而充分激发对科学家职业的浓厚兴趣。

借此机会，向所有接受采集的老科学家及其亲属朋友，向参与采集工程的工作人员和单位，表示衷心感谢。真诚希望这套丛书能够得到学术界的认可和读者的喜爱，希望采集工程能够得到更广泛的关注和支持。我期待并相信，随着时间的流逝，采集工程的成果将以更加丰富多样的形式呈现给社会公众，采集工程的意义也将越来越彰显于天下。

是为序。

总序二

中国科学院院长　白春礼

由国家科教领导小组直接启动，中国科学技术协会和中国科学院等12个部门和单位共同组织实施的老科学家学术成长资料采集工程，是国务院交办的一项重要任务，也是中国科技界的一件大事。值此采集工程传记丛书出版之际，我向采集工程的顺利实施表示热烈祝贺，向参与采集工程的老科学家和工作人员表示衷心感谢！

按照国务院批准实施的《老科学家学术成长资料采集工程实施方案》，开展这一工作的主要目的就是要通过录音录像、实物采集等多种方式，把反映老科学家学术成长历史的重要资料保存下来，丰富新中国科技发展的历史资料，推动形成新中国的学术传统，激发科技工作者的创新热情和创造活力，在全社会营造爱科学、学科学、用科学的良好氛围。通过实施采集工程，系统搜集、整理反映这些老科学家学术成长历程的关键事件、重要节点、学术传承关系等的各类文献、实物和音视频资料，并结合不同时期的社会发展和国际相关学科领域的发展背景加以梳理和研究，不仅有利于深入了解新中国科学发展的进程特别是老科学家所在学科的发展脉络，而且有利于发现老科学家成长成才中的关键人物、关键事件、关键因素，探索和把握高层次人才培养规律和创新人才成长规律，更有利于理清我国科技界学术传承脉络，深入了解我国科学传统的形成过程，在全社会范围内宣传弘扬老科学家的科学思想、卓越贡献和高尚品质，推动社会主义科学文化和创新文化建设。从这个意义上说，采集工程不仅是一项文化工程，更是一项严肃认真的学术建设工作。

中国科学院是科技事业的国家队，也是凝聚和团结广大院士的大家庭。早在1955年，中国科学院选举产生了第一批学部委员，1993年国务院决定中国科学院学部委员改称中国科学院院士。半个多世纪以来，从学部委员到院士，经历了一个艰难的制度化进程，在我国科学事业发展史上书写了浓墨重彩的一笔。在目前已接受采集的老科学家中，有很大一部分即是上个世纪80、90年代当选的中国科学院学部委员、院士，其中既有学科领域的奠基人和开拓者，也有作出过重大科学成就的著名科学家，更有毕生在专门学科领域默默耕耘的一流学者。作为声誉卓著的学术带头人，他们以发展科技、服务国家、造福人民为己任，求真务实、开拓创新，为我国经济建设、社会发展、科技进步和国家安全作出了重要贡献；作为杰出的科学教育家，他们着力培养、大力提携青年人才，在弘扬科学精神、倡树科学理念方面书写了可歌可泣的光辉篇章。他们的学术成就和成长经历既是新中国科技发展的一个缩影，也是国家和社会的宝贵财富。通过采集工程为老科学家树碑立传，不仅对老科学家们的成就和贡献是一份肯定和安慰，也使我们多年的夙愿得偿！

鲁迅说过，"跨过那站着的前人"。过去的辉煌历史是老一辈科学家铸就的，新的历史篇章需要我们来谱写。衷心希望广大科技工作者能够通过"采集工程"的这套老科学家传记丛书和院士丛书等类似著作，深入具体地了解和学习老一辈科学家学术成长历程中的感人事迹和优秀品质；继承和弘扬老一辈科学家求真务实、勇于创新的科学精神，不畏艰险、勇攀高峰的探索精神，团结协作、淡泊名利的团队精神，报效祖国、服务社会的奉献精神，在推动科技发展和创新型国家建设的广阔道路上取得更辉煌的成绩。

总序三

中国工程院院长　周　济

由中国科协联合相关部门共同组织实施的老科学家学术成长资料采集工程，是一项经国务院批准开展的弘扬老一辈科技专家崇高精神、加强科学道德建设的重要工作，也是我国科技界的共同责任。中国工程院作为采集工程领导小组的成员单位，能够直接参与此项工作，深感责任重大、意义非凡。

在新的历史时期，科学技术作为第一生产力，已经日益成为经济社会发展的主要驱动力。科技工作者作为先进生产力的开拓者和先进文化的传播者，在推动科学技术进步和科技事业发展方面发挥着关键的决定的作用。

新中国成立以来，特别是改革开放30多年来，我们国家的工程科技取得了伟大的历史性成就，为祖国的现代化事业作出了巨大的历史性贡献。两弹一星、三峡工程、高速铁路、载人航天、杂交水稻、载人深潜、超级计算机……一项项重大工程为社会主义事业的蓬勃发展和祖国富强书写了浓墨重彩的篇章。

这些伟大的重大工程成就，凝聚和倾注了以钱学森、朱光亚、周光召、侯祥麟、袁隆平等为代表的一代又一代科技专家们的心血和智慧。他们克服重重困难，攻克无数技术难关，潜心开展科技研究，致力推动创新发展，为实现我国工程科技水平大幅提升和国家综合实力显著增强作出了杰出贡献。他们热爱祖国，忠于人民，自觉把个人事业融入到国家建设大局之中，为实现国家富强而不断奋斗；他们求真务实，勇于创新，用科技为中华民族的伟大复兴铸就了辉煌；他们治学严谨，鞠躬尽瘁，具有崇高的科学精神和科学道德，是我们后代学习的楷模。科学家们的一生是一本珍贵的教科书，他们坚定的理想信念和淡泊名利的崇高品格是中华民族自强不息精神的宝贵财富，永远值得后人铭记和敬仰。

通过实施采集工程，把反映老科学家学术成长经历的重要文字资料、实物资料和音像资料保存下来，把他们卓越的技术成就和可贵的精神品质记录下来，并编辑出版他们的学术传记，对于进一步宣传他们为我国科技发展和民族进步作出的不朽功勋，引导青年科技工作者学习继承他们的可贵精神和优秀品质，不断攀登世界科技高峰，推动在全社会弘扬科学精神，营造爱科学、讲科学、学科学、用科学的良好氛围，无疑有着十分重要的意义。

中国工程院是我国工程科技界的最高荣誉性、咨询性学术机构，集中了一大批成就卓著、德高望重的老科技专家。以各种形式把他们的学术成长经历留存下来，为后人提供启迪，为社会提供借鉴，为共和国的科技发展留下一份珍贵资料。这是我们的愿望和责任，也是科技界和全社会的共同期待。

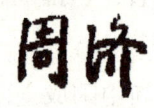

周济

钱令希
（1916—2009）

隋允康教授（左）在指导采集工作（2017年11月14日，高鹏摄）

钱唐（左）赴比利时采集时与法语布鲁塞尔自由大学档案馆负责人 Didier Devriese 博士合影（2017年9月28日）

佘颖禾教授与采集小组成员合影（左起：李倩文、丁洁、王细荣、佘颖禾、陈善年，2017年9月9日，高鹏摄）

目　录

老科学家学术成长资料采集工程简介

总序一 ···韩启德

总序二 ···白春礼

总序三 ···周　济

导　言 ··· 1

| 第一章 | "锡""金"之风的沐浴 ······················ 17

　　无锡的新风 ··· 17
　　啸傲泾的文化 ······································· 20
　　亲仁堂的书香 ······································· 24
　　父亲的"蚕教" ····································· 27

| 第二章 | "慎起步"的求学之路 ······················ 35

　　从南延市第二初等小学到苏州中学 ················· 36

求学中法国立工学院 …………………………………… 42
　　负笈比京大学 ………………………………………… 54

第三章　从"钱试用"到国立大学教授 …………………… 61

　　从叙昆铁路工程局到川滇铁路公司 …………………… 61
　　有机会还想到大学去 …………………………………… 68
　　"东方剑桥"试牛刀 …………………………………… 73
　　西子湖畔显芳华 ………………………………………… 89
　　教研之外及与浙大的"七年之痒" …………………… 105

第四章　初入大工 ……………………………………………… 110

　　屈伯川的三顾之请 ……………………………………… 110
　　"创校阶段"的教授与教研室主任 …………………… 116
　　"建校时期"的两件事 ………………………………… 126
　　中国科学院首批学部委员 ……………………………… 139

第五章　不啻是大学教授 …………………………………… 148

　　汗洒新中国早期的三项重大工程 ……………………… 148
　　一九六○年前后 ………………………………………… 164
　　旅大市的科技协作活动 ………………………………… 171
　　初识"千里马" ………………………………………… 174

第六章　欲干不能，欲罢不忍的岁月 …………………… 179

　　曲折的潜艇设备研究之路 ……………………………… 180
　　庙岭大队的编外社员 …………………………………… 192
　　陈右铭的举荐 …………………………………………… 199
　　"三结合"带来的转机 ………………………………… 209

　　　　大连新港栈桥的兴建和香港天坛大佛的构思 …………… 216

| 第七章 | 独领风骚的"老帅" ………………………… 234

　　　　启发、准备与探路 …………………………………… 235
　　　　中国计算力学与结构优化设计的第一声号角 ………… 241
　　　　上海小分队的"探险" ……………………………… 244
　　　　从大工走出的计算力学 ……………………………… 252
　　　　"点""面"结合的结构优化设计研究 ……………… 278
　　　　国际学术交流中的赵州桥力学分析 ………………… 298

| 第八章 | 功勋教师 ……………………………………… 304

　　　　永远的讲堂 …………………………………………… 305
　　　　为工程服务的教学方向 ……………………………… 316
　　　　从"小"到"大"的学科建设 ……………………… 327
　　　　独具慧眼的"人学"专家 …………………………… 348
　　　　领先改革的教育家 …………………………………… 365

| 第九章 | 科教之外 ……………………………………… 389

　　　　体艺爱好者 …………………………………………… 389
　　　　亲情孝悌慈 …………………………………………… 401
　　　　信交各界朋友 ………………………………………… 414
　　　　助人为乐 ……………………………………………… 424
　　　　桑梓情深 ……………………………………………… 430
　　　　服务"第二故乡" …………………………………… 439
　　　　后世纪念 ……………………………………………… 453

结　语　钱令希学术研究的特点与成功的因缘由 …………… 461

附录一　钱令希年表·············494

附录二　钱令希主要论著目录·············529

参考文献·············546

后　记　纪念钱令希院士诞辰 105 周年·············549

图片目录

图 0-1　祖父钱宗濂纂修的《（无锡钱氏）宗谱备要》中钱令希的名字为"临熹" ……………………………………………………………1
图 0-2　钱令希留学比利时布鲁塞尔自由大学时的成绩单 ……………2
图 0-3　钱令希与曾受教于他的五位院士合影 …………………………6
图 1-1　亲仁堂旧址南流淌的啸傲泾 ……………………………………22
图 1-2　钱伯圭与鸿声六院士关系图 ……………………………………23
图 1-3　亲仁堂的断垣残壁 ………………………………………………24
图 1-4　《（无锡钱氏）宗谱备要》书影 …………………………………26
图 1-5　母亲华开森 ………………………………………………………27
图 1-6　父亲钱伯圭 ………………………………………………………28
图 1-7　胞兄钱临照 ………………………………………………………33
图 2-1　治学格言手稿 ……………………………………………………35
图 2-2　1991 年 9 月，钱令希访问鸿声中心小学时与陪同人员合影 ……36
图 2-3　2001 年 7 月 26 日，钱令希听取梅村高级中学副校长胡平关于学校发展的汇报 …………………………………………………37
图 2-4　钱令希为母校江苏省梅村高级中学九十周年校庆题词 ………38
图 2-5　梅村高级中学校园内的钱令希铜像 ……………………………39
图 2-6　中法国立工学院教学楼、办公楼 ………………………………42
图 2-7　中法国立工学院校门 ……………………………………………42
图 2-8　钱令希的名字位列《中法国立工学院大学部三年级土木铁道系学生》名册之首 …………………………………………………44
图 2-9　大三第一学期钱令希与同学参加土木工程测量实习 …………46
图 2-10　1936 年 9 月 7 日，无锡《人报》第 3 版刊载钱令希官费留比的消息 ……………………………………………………………49
图 2-11　中法国立工学院学生宿舍和食堂 ………………………………50

图 2-12　钱令希在原中法国立工学院教学楼前留影 …………………………… 50
图 2-13　钱令希在《建议将复兴中路 1195 号有关建筑列为上海市保护
建筑事》报告复印件上的批示 …………………………………………… 51
图 2-14　1937 年冬，钱令希与中法国立工学院校友樊龠、张九垣在
比京大学 …………………………………………………………………… 52
图 2-15　1938 年夏，钱令希回国前与中法国立工学院校友樊龠、张九垣
合影 ………………………………………………………………………… 52
图 2-16　1992 年 4 月，钱令希与中法国立工学院校友陈绍蕃在七届全国
人大五次会议后合影 ……………………………………………………… 52
图 2-17　2000 年 11 月，钱令希为母校上海理工大学百年华诞题写预备
祝词 ………………………………………………………………………… 53
图 2-18　上海理工大学"杰出校友"奖牌 …………………………………… 53
图 2-19　1936 年 10 月 8 日，钱令希等留欧同船全体摄于杜美总统号轮上
…………………………………………………………………………………… 54
图 2-20　1937 年冬，钱令希赴法国北部参观矿业工程时与同学合影 …… 55
图 2-21　1937 年冬，钱令希与同学赴法国北部进行地质旅行 …………… 55
图 2-22　1937 年，钱令希在比利时旅行考察时所拍摄的桥梁、空腹桁
架铁路桥支座照片 ………………………………………………………… 56
图 2-23　1937 年 4 月，钱令希在布鲁塞尔自由大学西北的 Aurore 街 30 号
住所前留影 ………………………………………………………………… 58
图 2-24　1937 年 4 月，钱令希在比利时布鲁塞尔市"献给在荣誉的战场上
牺牲的伊克赛尔人"纪念碑前留影 ……………………………………… 58
图 2-25　1937 年 4 月，钱令希与钱临照在比利时迪南市"1914—1918
年平民烈士纪念碑"前合影 ……………………………………………… 58
图 2-26　1938 年夏，钱令希在布鲁塞尔自由大学毕业聚餐时与同学合影
…………………………………………………………………………………… 58
图 2-27　钱令希在比利时留学后期的寓所 Relais 街 62 号 ………………… 59
图 2-28　1981 年 10 月，钱令希在留学比利时的第一处寓所 Aurore 街
30 号前留影 ………………………………………………………………… 59
图 2-29　1988 年 3 月，钱令希列日大学荣誉博士学位证书 ……………… 60
图 2-30　1988 年 3 月，钱令希在比利时与昔日布鲁塞尔自由大学同学
相聚 ………………………………………………………………………… 60

图 3-1	抗战期间钱令希与其他工程师在叙昆铁路工地上 ·············	63
图 3-2	1940 年左右，钱令希与同事在叙昆铁路工程局工务课桥梁股、设计股办公室门前合影 ··	63
图 3-3	叙昆铁路工程局住宿小石坝员工宿舍的职工及眷属清单 ·········	65
图 3-4	大学毕业时的倪晖 ······································	66
图 3-5	1942 年 2 月 8 日，钱令希与倪晖新婚照 ·····················	68
图 3-6	约 1942 年 9 月，钱令希与倪晖在浪口村住所附近 ·············	70
图 3-7	1944 年 2 月，浙江大学土木系 1944 届学生毕业照 ············	75
图 3-8	1945 年夏，钱令希夫妇与刘恢先夫妇合影 ···················	75
图 3-9	1944 年 12 月，浙江大学土木系 1945 届学生毕业合影 ··········	76
图 3-10	1985 年 6 月，钱令希与佘颖禾参观加拿大安大略西部大学风洞实验室 ··	88
图 3-11	浙大刀茅巷建德村丙种 404 号宿舍模型图 ···················	90
图 3-12	1950 年 4 月 19 日，浙江大学土木系师生欢送 1950 年应届毕业支前同学合影 ··	91
图 3-13	1986 年夏，钱令希指导博士生王志必进行学位论文相关实验时与大工力学实验室师生合影 ······························	96
图 3-14	1951 年 6 月初版第一次印刷的《超静定结构学》封面和版权页 ··	97
图 3-15	1966 年 4 月 12 日，第一座无筋预应力块石混泥土桥预应力试压情景照片及背面的照片说明 ··························	103
图 3-16	1966 年 4 月 13 日，第一座无筋预应力块石混泥土桥预应力试车情景照片及背面的照片说明 ··························	103
图 3-17	钱令希保存的"浙赣铁路尖山江桥战后仅存水下破裂墩身"翻拍照片 ··	104
图 3-18	钱令希保存的浙赣铁路"袁水大桥安装第三孔钢梁情形（一）"照片 ··	104
图 3-19	1989 年 9 月，钱令希应邀赴浙江大学讲学时与夏志斌在竺可桢铜像前合影 ··	109
图 4-1	1994 年 11 月 16 日为屈伯川 85 岁生日，钱令希特赴屈老家中祝贺 ··	111
图 4-2	浙江大学、王国松致钱令希关于挽留任教半年的公函 ··········	113

图 4-3	钱令希受聘大连工学院土木系教授的聘书	113
图 4-4	1952 年 8 月出版的《静定结构学》封面和版权页	114
图 4-5	1989 年 10 月下旬，钱令希应邀在香港大学讲学时与该校副校长张佑启教授等合影	116
图 4-6	1954 年春，钱唐于大连市枫林街 30 号楼	117
图 4-7	1954 年，钱令希与大连工学院首届土木系建筑专业部分同学合影	119
图 4-8	1953 年 8 月 30 日，大连工学院土木系港工组首届毕业生合影	120
图 4-9	1955 年，卡斯巴尔申夫妇与倪晖合影	123
图 4-10	1998 年 5 月 29 日，钱令希在深圳下榻的某酒店与来探望的方天中合影	124
图 4-11	钱令希与唐立民共商建设大连工学院数理力学系	137
图 4-12	钱令希中国科学院学部委员聘书	139
图 4-13	1955 年钱令希当选中国科学院院士证书	139
图 4-14	1992 年 4 月，第二届中国科学院学部主席团与会成员合影	146
图 4-15	1998 年 6 月 3 日，中国科学院第九次院士大会技术科学部全体院士合影	147
图 5-1	钱令希《对大桥设计、施工的建议》部分手稿	150
图 5-2	钱令希、刘恢先指导的研究生王前信毕业论文封面	156
图 5-3	1999 年 6 月上旬，钱令希一行在参观长江支流清江隔河岩水坝在建的升船机工程时合影	159
图 5-4	1999 年 6 月上旬，钱令希一行在长江三峡工程开发总公司技术委员会副主任程山的陪同下参观长江三峡水利枢纽在建工程工地	159
图 5-5	2002 年 6 月 27 日，钱令希应邀视察刚刚竣工的世界上首座钢筋混凝土自锚式悬索桥——大连市金石滩金湾桥	164
图 5-6	1983 年 4 月，政协辽宁省大连市第六届委员会全体常务委员合影	171
图 5-7	20 世纪 90 年代，俞鸿儒赴大连探望钱令希	174
图 5-8	1981 年 5 月，合肥国际有限元法学术邀请报告会期间钱伟长、钱令希与钟万勰合影	176

图 6-1	钱令希起草的《潜艇结构设计计算规则》第一章至第三章的条文建议初稿 ··188
图 6-2	1972 年 10 月，钱令希在指导 726 课题组部分成员 ···········190
图 6-3	1984 年冬，钱令希与外孙在枫林街 40 号寓所前 ···············193
图 6-4	20 世纪 70 年代初，钱令希在庙岭大队指导用树枝盖学校时与社员们合影 ···194
图 6-5	1994 年夏，钱令希与金孝发在大连理工大学附近的庙岭村 ······197
图 6-6	"文化大革命"期间，钱令希与大连造船厂某工人在研究设计图纸 ···································200
图 6-7	"文化大革命"前期，钱令希在下放的生产队和社员一起寻找水源 ····································211
图 6-8	1991 年 9 月 23 日，钱令希赴上海锦江饭店祝贺苏步青教授 90 华诞 ····································215
图 6-9	1975 年，钱令希与设计组成员在研究鲇鱼湾栈桥设计方案 ······219
图 6-10	1975 年，钱令希在鲇鱼湾栈桥工地上 ····················223
图 6-11	1975 年，大连鲇鱼湾油港栈桥的一跨正在吊装 ··············226
图 6-12	1976 年，钱令希与设计组成员在鲇鱼湾栈桥竣工后合影 ········226
图 6-13	竣工后的鲇鱼湾栈桥 ·······························228
图 6-14	耄耋之年的钱令希赴鲇鱼湾了解栈桥的工作情况 ·············230
图 6-15	《大型神像的结构及其施工工艺》专利申请公开说明书首页书影 ································232
图 6-16	《大型神像的结构及其施工工艺》的实例"天坛大佛"示意图与开光后的天坛大佛摄影 ······················233
图 7-1	1962 年秋，钱令希在指导研究生 ·······················237
图 7-2	1997 年 4 月，钱令希出席第五届加权残值法及其工程应用学术会议 ······································239
图 7-3	20 世纪 90 年代，当年的"上海小分队"主要成员到钱令希家探访 ······································250
图 7-4	2001 年 4 月，钱令希与隋允康在大工工业装备结构分析国家重点实验室大楼前合影 ·················255
图 7-5	1980 年春，钱令希与正在杭州开发 JIGFEX 系统的学术骨干在汪庄合影 ·································257

图 7-6	油画：老教授钱令希在攻关	259
图 7-7	1982 年 5 月，钱学森与钱令希在中国力学学会第二届理事会扩大会议上	269
图 7-8	1981 年 5 月，合肥国际有限元法学术邀请报告会与会人员在稻香楼宾馆北苑铁画《迎客松》前合影	273
图 7-9	20 世纪 80 年代初，钱令希在国外讲学	273
图 7-10	1985 年 12 月初，钱令希访问日本时参观某大学实验室	274
图 7-11	1998 年 5 月 25 日，钱令希在第二届中美结构工程计算力学进展学术研讨会开幕式上	275
图 7-12	1988 年 3 月 25 日，列日大学校长狄豪兹向钱令希颁授名誉博士学位证书	275
图 7-13	1997 年度第七届陈嘉庚奖颁奖仪式现场	276
图 7-14	钱令希获颁的何梁何利基金"科学与技术进步奖"奖牌	278
图 7-15	钱令希获颁的"亚太计算力学协会资深科学家特别奖"荣誉证书	278
图 7-16	1987 年 12 月 1 日，钱令希与辛克维奇教授夫妇合影	282
图 7-17	1981 年 7 月，弗鲁瑞主讲的"工程结构优化讲习班"教师、学员合影	283
图 7-18	1983 年 11 月，坦普尔曼"工程结构优化讲习班"师生合影	284
图 7-19	1988 年 4 月底，钱令希同隋允康、王希诚在讨论学术问题	287
图 7-20	钱令希编著的《工程结构优化设计》讲义正文及其附图的封面	292
图 7-21	2001 年 7 月 28 日，钱令希在上海与出席 EPMESC'Ⅷ会议的力学同行、同事合影	295
图 7-22	钱令希英文论文 "New Insight into Ancient Stone Arch Bridge-The Zhao-zhou Bridge of 1400 Years Old" 中刊载的赵州桥照片	299
图 7-23	钱令希的论文《赵州桥的承载能力分析》中刊载的赵州桥线条图	300
图 7-24	1988 年 3 月，钱令希在列日大学做题为《1400 年前古老的中国石拱桥——赵州桥的计算力学分析》的学术报告	301

图7-25　1998年4月，钱令希在新加坡的学术报告"Structural Optimization"所用的幻灯片赵州桥图片 ……302

图7-26　1998年4月，钱令希在新加坡的学术报告"Structural Optimization"所用的幻灯片之一 ……302

图8-1　1998年暑期，钱令希为即将赴任北京工业大学的隋允康题词 ……305

图8-2　20世纪50年代，钱令希在给学生上课 ……308

图8-3　20世纪90年代中前期，钱令希为上海宝钢科技人员做学术报告 ……312

图8-4　20世纪90年代，耄耋之年的钱令希仍钟情三尺讲台 ……312

图8-5　1999年7月，钱令希就"大连北良港粮仓加固工程"相关问题从美国发给李刚的传真 ……319

图8-6　1978年9月，钱令希与大连工学院数理力学系1975级抗震班毕业合影留念 ……321

图8-7　钱令希的手迹"我研究力学是为工程服务的" ……321

图8-8　2000年，均已退休的陈火金与张凯在回忆当年的合作岁月 ……331

图8-9　1989年7月3日，钱令希与出席"逼近、优化与计算"国际学术会议的徐利治、王仁宏等在一起 ……336

图8-10　20世纪90年代，钱令希与齐康合影 ……337

图8-11　1988年7月4日，钱令希出席大连理工大学颁授狄豪兹名誉教授仪式 ……342

图8-12　2001年6月5日，钱令希应邀出席全国工程科学与技术哲学专题学术研讨会 ……344

图8-13　1993年3月中旬，钱令希赴北京参加中国科学院技术科学部常务委员会会议，正在出席政协第八届全国委员会第一次会议的潘家铮、胡海昌赴钱令希下榻的中关村专家公寓看望恩师 ……349

图8-14　1984年3月，钱令希与施浒立在讨论博士论文 ……354

图8-15　2001年夏，钱令希应邀赴丹东参观由张哲主持设计的月亮岛大桥工地 ……361

图8-16　2002年5月8日，钱令希与顾元宪在大工工业装备结构分析国家重点实验室大楼前合影 ……362

图8-17　1994年9月30日，"钱令希力学奖励基金会"首届颁奖仪式 ……364

图 8-18	1999 年 2 月,钱令希与前来家中拜年的大连理工大学附小学生合影	387
图 9-1	20 世纪 40 年代,钱令希与好友刘恢先在排球场上	390
图 9-2	20 世纪 40 年代,钱令希与网球队球友合影	390
图 9-3	20 世纪 80 年代,网球场上钱令希矫健的身姿	391
图 9-4	古稀之后的钱令希练习书法修身养性	392
图 9-5	1992 年,钱令希临摹王羲之《兰亭序》帖	392
图 9-6	大连理工大学附属学校教学楼前钱令希题词的匾额	395
图 9-7	2005 年 1 月,钱令希手书友人陈右铭词作《鹧鸪天·人老心不老》	395
图 9-8	1994 年,钱令希为《力学教学研究与教育改革》题写的书名	397
图 9-9	大连理工大学图书馆老馆西侧的纪念雕塑"基础"	397
图 9-10	1942 年夏,钱令希夫妇赴钱临照家探望母亲华开森	401
图 9-11	20 世纪 90 年代,钱令希在北京八宝山墓地祭奠父母	402
图 9-12	1996 年 6 月 27 日,钱临照九十华诞学术报告会合影	403
图 9-13	1996 年 7 月,钱令希为钱临照九十寿辰写下的《谨记》	404
图 9-14	1996 年 11 月 30 日,钱令希赴合肥探望钱临照	404
图 9-15	1937 年 4 月,钱临照、钱令希兄弟在比利时列日市圣文森特天主教堂前合影	405
图 9-16	2000 年 4 月 4 日,出席纪念钱临照先生学术报告会的专家学者等合影	405
图 9-17	1999 年 7 月,钱大中夫妇在洛杉矶机场为前来看望自己的钱令希与钱唐送行	408
图 9-18	1996 年 12 月 16 日,钱令希与许静霞在她上海的家中合影	408
图 9-19	相濡以沫 63 年的钱令希、倪晖夫妇	409
图 9-20	20 世纪 50 年代初,钱令希全家福	410
图 9-21	1988 年 3 月,钱令希携儿子钱昆明看望在比利时工作的中法国立工学院 1934 届校友华贻干	411
图 9-22	1968 年 10 月 1 日,钱令希夫妇与即将下乡的钱唐在大连劳动公园合影留念	412
图 9-23	2005 年 2 月 28 日,钱令希第二次在北京海军总院治疗,离京时与陪同的女儿钱唐留影于首都机场贵宾候机厅	413

图 9-24	约 1979 年暑期，钱令希与孙子们对弈	414
图 9-25	2005 年 2 月 23 日，钱令希与来北京海军总院病房探望的陈右铭、隋允康合影	415
图 9-26	1994 年 12 月 10 日，钱令希在家中接待刘志惠	418
图 9-27	1991 年 4 月 30 日，钱令希与大连港总工程师浦历生在大连新港建港 15 周年庆典上	420
图 9-28	1985 年 7 月 1 日，钱令希向坊隆博士颁授大工第一份名誉教授聘书和校徽	422
图 9-29	1996 年 12 月 5 日，钱令希访问无锡鸿声时看望钱小解母子	428
图 9-30	1992 年 10 月初，钱令希和《江阴长江公路大桥工程可行性研究报告》审查、评估会议的与会专家合影	431
图 9-31	1996 年 12 月 5 日，钱令希参观鸿声中学学生宿舍	434
图 9-32	2000 年 7 月，钱令希陪同高燮初参观他指导大工土木系教授陆文发主持设计的大连北大桥	437
图 9-33	2004 年 9 月 16 日，钱令希访问故乡时与钱志仁合影	438
图 9-34	无锡市怀海义庄内陈设的钱令希恭录《钱氏家训》的书法木质雕版	438
图 9-35	2001 年，钱令希应邀为家乡书写的《钱氏家训》	439
图 9-36	1987 年 12 月 24 日，政协大连市六届第三十六次常委会合影	440
图 9-37	2002 年 5 月 22 日，钱令希以大连市咨询委员身份应邀参观"双 D 港"	444
图 9-38	1991 年 11 月 5 日，钱令希在大连市科技金奖首届颁奖大会上致辞	445
图 9-39	1998 年 5 月初，钱令希应邀在"大连六桥"建设工地指导施工	449
图 9-40	1999 年 8 月 26 日，钱令希在女儿、女婿的陪同下参观考察美国一座自动化处理垃圾的工厂	452
图 9-41	钱令希铜像坐落在令希图书馆主入口对面	457
图 9-42	2016 年 5 月 7 日，出席无锡"百年伯仲"纪念活动的钱令希弟子等合影	459
图 9-43	大连理工大学校史馆三楼人物厅之钱令希展室一角	460
图结-1	1995 年 9 月 18 日，钱令希出席东方大港、东方大桥高层研讨会	

图结-2 1995年1月2日，钱令希给宝钢集团寄去的原料码头栈桥防护建议方案及其附图 ···465
图结-3 钱令希对计算尺情有独钟 ···468
图结-4 1986年8月，钱令希与出席中国力学学会第二、第三届理事扩大会议的力学教授在内蒙古希拉穆仁草原合影 ·················475
图结-5 1938年12月25日，沈昌在滇缅铁路、叙昆铁路联合开工典礼上讲话 ···482
图结-6 晚年的王国松 ···483
图结-7 1989年5月，屈伯川和钱令希在大连理工大学40周年校庆日于主楼前合影 ···485
图结-8 茅以升 ···487

导 言

传主简介

钱令希是我国当代著名工程力学家和教育家,是将结构力学与现代科学技术密切结合的先行者,是中国计算力学和工程结构优化两大方向研究的倡导者和开拓者,在桥梁工程、水利工程、舰船工程、港湾工程等领域都做出了重要贡献。他善于教书育人,爱护人才,培养出几代优秀的力学家。

1916年7月26日,钱令希出生于江苏省无锡县南延市啸傲泾北岸的鸿声里镇[1]亲仁堂,原名临熹(图0-1)。2009年4月20日,因病医治无效,在大连逝世。

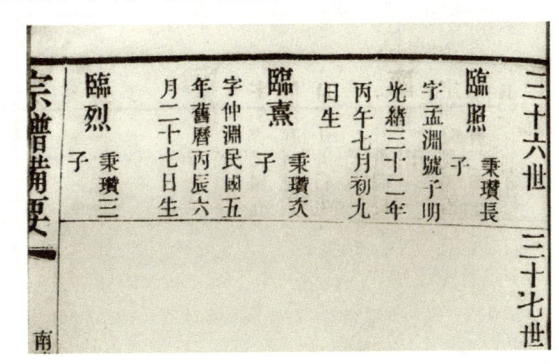

图0-1 祖父钱宗濂纂修的《(无锡钱氏)宗谱备要》中钱令希的名字为"临熹"
(资料来源:美国家谱图书馆网站[2])

---

[1] 现属无锡市新吴区鸿山街道鸿声社区。
[2] 《(无锡钱氏)宗谱备要》按古书的规格收藏于哈佛大学汉和图书馆,即现在的哈佛燕京图书馆。美国家谱图书馆(Family History Center)收藏本书的微缩胶卷。目前本书已数字化,并收录在美国家谱图书馆网站(FamilySearch.org)。

关于出生时间，钱令希填写的各类履历表和之前有关钱令希的文字作品，均为公元1916年7月16日。钱令希祖父钱宗濂于1922年夏纂修的《(无锡钱氏)宗谱备要》记载："临熹，秉瓒次子，字仲渊，民国五年旧历丙辰六月二十七日生"。[①] 据此进行公历与中国农历换算，钱令希的公元纪年生日应为1916年7月26日。这与存于比利时布鲁塞尔自由大学（Université Libre de Bruxelles）档案馆的《钱令希成绩单》（图0-2）[②] 中记载的出生时间是一致的。钱令希的农历生日即为《(无锡钱氏)宗谱备要》记载的"丙辰六月二十七日"。钱令希到比利时留学时，布鲁塞尔自由大学用公元纪年登记出生年月日，即根据钱令希提供的农历生日换算成了公历1916年7月26日。据目前采集到的资料，钱令希在1949年之前填写相关表格时，一般只有年龄一栏，没有生日一栏。但在后来要求填写公历生日时，钱令希因不可能看到当年比利时布鲁塞尔自由大学如何为他转换公历生日，有可能便估计为7月16日。

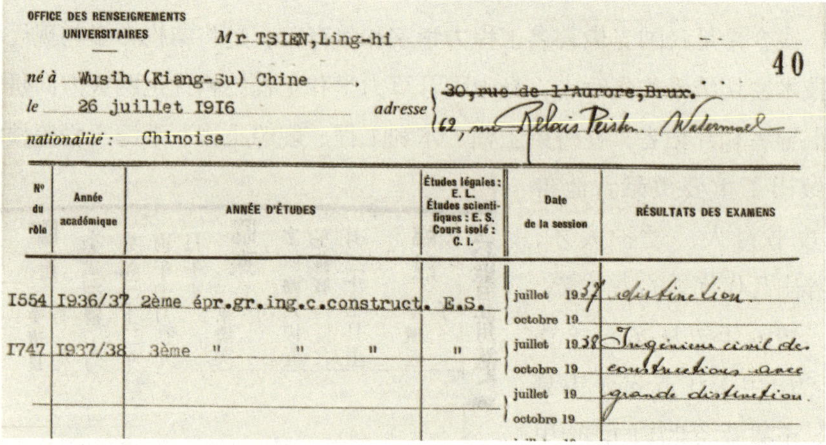
OFFICE DES RENSEIGNEMENTS UNIVERSITAIRES

Mr TSIEN, Ling-hi　40

né à Wusih (Kiang-Su) Chine

le 26 juillet 1916　adresse ~~30, rue de l'Aurore, Brux.~~ 62, rue Relais Peisker Watermael

nationalité : Chinoise

N° du rôle	Année académique	ANNÉE D'ÉTUDES	Études légales : E. L. Études scientifiques : E. S. Cours isolé : C. I.	Date de la session	RÉSULTATS DES EXAMENS
1554	1936/37	2ème épr. gr. ing. c. construct.	E.S.	juillet 1937	distinction
				octobre 19	
1747	1937/38	3ème " " "	"	juillet 1938	Ingénieur civil des constructions avec grande distinction
				octobre 19	
				juillet 19	
				octobre 19	

图0-2　钱令希留学比利时布鲁塞尔自由大学时的成绩单（布鲁塞尔自由大学档案馆提供）

1921年8月，钱令希入读无锡县南延市第二初等小学。校址在鸿声里

① 钱宗濂：南啸傲泾文林支惟常公派世表。见：钱宗濂编，《(无锡钱氏)宗谱备要》。1922年，内部资料。

② 钱令希成绩单。资料电子版存于采集工程数据库，原件存于比利时法语布鲁塞尔自由大学档案馆。

钱义庄，创办时称南下初等学堂。该校是其父亲钱伯圭①与族人于1908年共同创办的。1925年8月，钱令希入无锡县立第四高等小学住读。该校后来于1938年春与梅村小学合并，取名梅村小学，是现无锡市梅村实验小学、江苏省梅村高级中学前身。该校校长是他的舅父华澄波②，校址位于家乡鸿声里附近的梅村镇。

1927年8月，考入新组建的第四中山大学区苏州中学③初中部。1928年9月，跳级考入上海中法国立工业专门学校④附属高中部。1932年9月，以优秀成绩直升中法国立工学院大学部，两年后选读大学部土木工程系，1936年7月毕业，因毕业成绩名列该系第一名，获中比庚款项目资助赴比利时留学的资格，同年10月入比利时布鲁塞尔自由大学（当时中国人称其为比京大学）攻读大学四五年级课程。1938年夏，获该校"最优等工程师"学位，同年秋回国到达云南昆明，通过自荐入职刚刚成立的叙昆铁路工程局，从"试用"做起，不久转为该局工务课桥梁股工务员，次年10月升职为帮工程司⑤。

1941年2月到1943年11月，钱令希先后任川滇铁路公司设计股副工程司、云南大学土木工程学系教授和茅以升（1896—1989）领导的交通部桥梁设计工程处副工程司。1943年11月底，到内迁贵州遵义的浙江大学工学院土木工程系任教，1950年8月任土木工程系系主任。1952年1月，应邀转入大连工学院（现大连理工大学，简称大工）任教，历任土木系教授、港口工程教研室主任、校研究室（1956年更名为研究部，现科学技术研究院前身）主任、应用数理系（后改称数理力学系）系主任、工程力学研究所所长、副院长、院长、学校顾问。"文化大革命"初期，钱令希曾受到批斗，后来在中国核潜艇研制期间担任核潜艇工程（即09工程）办

---

① 钱伯圭（1883-1947），名秉璡，以字行世，晚年号逸庵。
② 华澄波（1882-1945），字寰清，又名咸德。
③ 1928年秋更名为江苏省立苏州中学，现为江苏省苏州中学。
④ 1929年更名为中法国立工业专科学校，1931年改为独立学院中法国立工学院，校址现为上海理工大学中英国际学院。
⑤ 晚清和民国时期，铁路等工程领域技术人员职位从高到低一般称为总工程司、副总工程司、正工程司、副工程司、帮工程司、工务员等。工程司相当于今天的工程师，20世纪三四十年代常将"司"与"师"混用，本著遵从历史使用习惯。

公室主任长达11年之久的陈右铭（1922—2011，曾用名陈佑明、陈佑铭）的举荐下，得到周恩来总理的批准，得以继续参加核潜艇的相关研究工作。1955年，被聘为中国科学院学部委员（1994年改称院士）；1982年，当选中国科学院技术科学部常务委员；1992年，当选为中国科学院学部主席团成员；1998年，被授予首批"中国科学院资深院士"称号。1959—1988年，历任旅大市（大连市）政协第二至第六届副主席；1956年起，任全国政协第二、第三届委员；1964—1993年，被推选为第三至第七届全国人民代表大会代表。

钱令希继第一届理事会理事长钱学森后，任中国力学学会第二届理事会理事长，是国际理论与应用力学协会理事、国际计算力学学会常务理事。中国力学学会曾有人提出：1957—1976年，周培源、钱学森、钱伟长、郭永怀和钱令希五位老前辈奠定了我国近代力学事业的基础。钱令希毅然决然划掉了自己的名字，人们劝谏他不要过谦。可是他说："既然我是现任理事长，就不能答应这种表述！"[①] 钱令希非常清醒地看待他身上众多头衔和对他的赞誉之辞，如权威、创始人。他在中国力学界的影响力，献身科学事业的奋斗精神，淡泊名利谦虚谨慎的操守，不断创新、把科研成果用于造福百姓工程中的脚踏实地的作风，体现了一个知识分子应有的品质。

钱令希既是力学家又是工程师，在科学与技术领域做出了许多开创性的工作，具体可以概括为理论方法、工程应用、计算力学和结构优化四个方面。[②]

理论方法的贡献主要有：①梁拱响应函数族的内在微分关系；②悬索桥结构分析的实用简化方法；③开创变分原理研究热的余能原理；④结合壳的稳定性理论与应用研究；⑤极限分析的变分原理与规划解法；⑥复杂结构系统实用优化设计算法。

---

① 隋允康：瞄准计算力学与结构优化两大方向的宝贵晚年——纪念钱令希先生百年诞辰。见：孙利民主编，《力学与工程应用（第十六卷）》（第16届北方七省市区力学学会学术会议录）。郑州：郑州大学出版社，2016年，第212页。

② 隋允康：钱令希院士毕生的重要贡献。《北京工业大学学报》，2016年第42卷第12期，第1—11页。

工程应用方面的贡献主要有：①铁路桥梁的施工与设计；②参与武汉长江大桥和南京长江大桥的规划；③拱坝的设计与力学分析；④核潜艇结合壳的力学计算；⑤全焊空腹桁架钢桥的设计；⑥赵州桥的弹塑性分析计算。

计算力学方面的贡献主要有：① 20 世纪 60 年代初敏锐地觉察到电子计算机的作用，为了做研究准备，不仅利用空隙进行自己知识更新，而且倡导数理力学系中青年教师和校外弟子进行知识更新；② 20 世纪 70 年代组建力学小分队，并在工程界的服务中开创性地研发用于工程力学的应用软件；③在 1978 年制订全国力学学科发展规划时极力提议把计算力学列为力学发展的重要方向之一，提议最后被采纳；④ 1980 年领导开发出了多单元、多工况、多约束的结构优化设计——DDDU 程序系统；⑤ 1984 年创办《计算结构力学及其应用》(1997 年更名为《计算力学学报》)杂志并担任主编；⑥ 20 世纪 80 年代，作为发起人之一，促进国际计算力学协会（International Association of Computational Mechanics, IACM）正式建立。

作为我国结构优化研究的发起人，采用点面相合、走出去和请进来相辅、培养人才与研发成果相成的做法，迅速打开局面。20 世纪 70—90 年代初，很快促使我国结构优化研究的学术与产业的综合水平在亚洲领先，具体的贡献为：①编辑出版结构优化的英文论文选集 *Selected Papers on Structural Optimization*（《结构优化论文选集》）；②采取多途径培养研究结构优化的中青年骨干；③撰写注重实用可行的结构优化建模和求解方法的专著《工程结构优化设计》（水利电力出版社 1983 年出版）。

1999 年 9 月，在中华人民共和国建国 50 周年前夕，因在工程力学领域的开创性贡献，钱令希被中国科学院等单位推举为 30 名杰出科学家之一。[1] 作为科学家，钱令希不仅是科学真理的追求者，也是科学精神的维护者，曾与江泽涵、陈景润、王元、吴文俊等世界级的数学家和周培源、周光召、王大珩、庄逢甘、张存浩、张维、潘承洞、涂光炽等 300 位知名科学家，为因一本《数学交流》书稿而承受不公正待遇的"小人物"戈衍三（1938—　）作证。[2]

---

[1] 何军：《迎接新世纪（小学版）》。南京：江苏文艺出版社，2000 年，第 15 页。
[2] 三百院士为"小人物"作证。《人民日报海外版》，2000 年 10 月 14 日。

钱令希也是教育家，曾任中国高等教育学会第一、第二届副会长，大连工学院第二任院长。他在学科建设、教育教学、人才培育、大学管理等方面均卓有成效。[①] 他一生桃李天下，学生中不仅有受业弟子，也有众多私淑弟子、著录弟子（图0-3），他们遍及海内外，其中一些后来成为大学校长、院士。他更是以这些青出于蓝而胜于蓝的学生们而自豪，曾言："我在学术上，从来不满意自己的工作。但是最令我高兴的是，我们的后来人和学生们很强，超过我们这些老人。"[②]

　　钱令希一生获得众多的奖项和荣誉称号。1946年，获第五届国民政府学术奖励应用科学类二等奖（一等奖空缺）；1951年，获美国土木工程师

图0-3　钱令希与曾受教于他的五位院士合影（左起：钟万勰、邱大洪、钱令希、程耿东、赵国藩、林皋，约1997年摄）

---

① 隋允康：钱令希院士毕生的重要贡献.《北京工业大学学报》，2016年第42卷第12期，第1-11页。

② 钱令希：在大连理工大学2003年校庆日题字的手稿。2003年4月15日，未刊稿。资料存于采集工程数据库。

学会（ASCE）莫采夫奖①（因当时朝鲜战争已爆发，钱令希拒绝接受此奖）；1978年，获全国科学大会奖；1982年，获国家自然科学奖三等奖；1983年，获全国优秀科技著作一等奖；1985年，获首届国家科学技术进步奖三等奖；1990年，获国家教委科技进步奖一等奖；1991年，获国家自然科学奖二等奖（一等奖空缺）；1994年，获香港理工大学杰出中国访问学人奖励计划奖；1995年，获何梁何利基金科学与技术进步奖；1998年，获陈嘉庚技术科学奖；2005年，获大连市最高科学技术奖。1979年12月，被评为全国劳动模范、旅大市（大连市）特等劳动模范；1980年6月，被评为辽宁省劳动模范；1988年，获比利时列日大学（Université de l'Etat à Liège）名誉博士学位；1994年，获辽宁省"功勋教师"荣誉称号；2007年，当选为大连"2005·2006非常感动"人物；2009年，获"大连理工大学建校60周年功勋教师"和"新中国60年大连英模谱"人物称号。

采 集 过 程

采集小组组长、本书第一作者由王细荣担任，采集小组副组长、本书第二作者由钱唐担任。如果说这当中有玄机或因缘的话，那就是说，王细荣所在的上海理工大学是钱令希高中与大学的母校，而钱唐是钱令希的女儿。也许可以说，本项目从无到有的运化过程是有天意的，这就应当从采集工程的首席专家、中国科学院大学张藜教授说起。

2015年12月25—28日，中国科学技术史学会第九届全国会员代表大会在北京召开。钱令希的得意弟子之一隋允康参加了大会，他是北京工业大学工程力学系教授，作为中国力学学会力学史与方法论专业委员会的副主任，他在大会上被选为中国科学技术史学会理事。凑巧的是，在大会上他听了张藜教授对于采集工程的介绍之后，立即向张藜赠送了钱令希的另一位得意弟子林家浩主编的《力学与工程应用——庆贺钱令希院士九十寿辰》（大连理工大学出版社2006年出版）。隋允康携带这本书，为的是赠

---

① 莫采夫奖（Moisseiff Award）：由美国土木工程师学会（ASCE）于1947年4月创设，旨在表彰在结构设计科学与技艺领域有重要贡献者，该会力学分会莫采夫（Leon S. Moisseiff，1872-1943）的成就。莫采夫先生的朋友们提供资金设立奖章，并设立信托基金以支持年度奖项。

予有缘人，未曾想是张藜教授。

于是，在采集工程开始的第六年，张藜与隋允康开始探讨为钱令希学术成长资料采集立项的事。当得知隋允康科研探索、指导年轻人教学科研和著书立说的任务繁重，遗憾不能牵头这一项目，张藜请他帮忙两件事：推荐合适的人选，并且在学术上帮助未来的项目组。隋允康当即就推荐了钱唐和大连理工大学的力学团队，并且承诺为项目组提供资料和担当学术顾问。

钱唐在出国前，长期与父母一起生活。2005年，她因父亲被诊断有脑瘤，于是辞去在美国的工作，回到大连。父亲把内心的情感和不为人知的故事一点一滴讲给陪伴身边的女儿。钱令希于2009年病逝后，钱唐把自己的生活做了调整，从照顾晚年的父亲转移到整理父亲的史料工作。她也开始了追寻父亲早年学习和生活的足迹，访问父亲的学生、同事、好友、族亲，积攒和记录了丰硕的第一手资料，有幸参与了《兄弟院士钱临照、钱令希家传》和《钱临照、钱令希纪念文集》等书的编写工作。中国科协得知钱唐这些年的工作后，邀请她参加2016年4月16日在青岛举行的采集工程培训班，并且请她牵头组建团队来完成钱令希的采集项目。培训结束后，钱唐立即到大连联系大连理工大学相关领导，中国科协也于2016年4月27日向大连理工大学发出关于此事的公函。

时隔一年的2017年4月24日，钱唐访问父亲的母校上海理工大学，受到校领导的接见，并参观校史馆和钱令希读书的校园（现为上海理工大学复兴路校区）。访问过程中，钱唐认识了王细荣博士，他与钱令希院士的胞兄钱临照院士有学脉关系。钱唐回到大连后，便联系王细荣。王细荣此前已经知晓钱令希先生，那是2006年，他撰写《上海理工大学百年志》配套丛书之一《风雨弦歌复兴园——从德文医学堂到国立高机》，在撰写一些上海理工大学校史文章和著作诸如《有栋梁气：复兴校园与校友》时，对钱令希院士又有进一步的了解。王细荣的工作和学术研究横跨图书情报学、编辑出版学、科技史，且偶尔涉猎校史研究。有鉴于此，王细荣早有意成为钱令希学术成长资料采集项目的主持者。钱唐是学理工科的，在中国和美国分别获得数学和计算机科学两个硕士学位，写父亲传记是兴趣和责任使然，勇气是来自朋友们的鼓励和帮助，动力是源于父亲追求真理、淡泊名利、严谨治学、服务人民、献身科学事业的科学家精神。

钱唐与王细荣看似撞进了从未涉足的人物传记研究领域，分别有多年的学识积累和对传主的深入研究。于是，我们确定了王细荣为项目组组长、钱唐为副组长，隋允康为项目学术顾问。该项目随即得到上海理工大学的全面支持，采集申请意向书提交到中国科协后的一个月内也得到了批准。

2017年5月下旬，钱令希学术成长资料采集小组正式成立。采集小组成员做了大量案头准备工作，系统地检索了各级各类图书馆、电子文献数据库，并通过多种途径获取到《钱令希传略》（周建新著，大连理工大学出版社2013年出版）、《力学与工程应用——庆贺钱令希院士九十寿辰》（林家浩主编，大连理工大学出版社2006年出版）、《钱临照、钱令希纪念文集》（侯建国、钟万勰主编，钱平凯、钱唐、钱志仁副主编，科学出版社2016年出版）、《兄弟院士钱临照、钱令希家传》（钱志仁、钱维均主编，无锡市吴文化研究会2016年印制），以及《中国科学技术专家传略：工程技术编（力学卷1）》《中国当代科技精华（物理学卷）》《中国科学院院士自述》《院士思维（卷二）》《无锡籍两院院士》《院士的足迹》等其他著作中载有的关于钱令希的自传、小传、事迹报告文学等参考著作30多种。这些案头准备工作使采集小组成员对钱令希院士的人生及学术成长经历有了进一步的认识，并据此开始了具体的采集工作。

项目正式启动后，得到上海理工大学科技处和校友会、隋允康教授、刘元芳教授等的大力支持。由于钱令希先生在2009年去世后，证书、奖章、照片、书信、手稿、图书资料等实物绝大部分已捐献给大连理工大学档案馆、图书馆，采集小组只能尽最大努力获取相关数字化资料，再进行整理、加工。

至于口述文字资料的采集，只能以间接采访的形式进行。2017年9月9日，采集小组赴南京东南大学校东宿舍区兰园采访了钱先生在遵义的同事邻居、浙大外文系教授佘坤珊的女儿佘颖禾教授，收获颇丰，获取了一些重要采集线索。佘颖禾教授是项目启动后的第一位被采访者。之后，采集小组陆续整理出一个长达50多位的采访名单，包括他的学生、同事、学术合作者、亲属、宗亲和友人等。这些对于钱令希的间接访谈，不仅解答了在前期资料收集过程中存在的一些疑问，而且获得了不少意外的收获。其中，隋允康、施浒立等还捐赠了一些他们保存的钱令希院士的书信、照片、手稿等极有价值的资料原件。

在采集过程中，项目小组获得的一些资料，有的语焉不详，有的没有标明出处。这些均需要核实，其中查阅档案便是重要途径。为此，项目组曾赴北京中国科学院档案馆、上海理工大学档案馆、大连理工大学档案馆、浙江大学档案馆、中国第二历史档案馆、贵州省威宁县档案馆（保存叙昆铁路工程局相关档案）、比利时法语布鲁塞尔自由大学档案馆，在这些档案馆工作人员的帮助下，获得不少有重要价值的资料，其中钱唐于2017年9月自费访问比利时法语布鲁塞尔自由大学和列日大学期间获取的布鲁塞尔自由大学档案馆馆藏的钱令希留学时的成绩单等资料尤其珍贵。这些档案资料是撰写本书时不可或缺的佐证材料。

科学家传记和其他人物传记一样，不是简单的史料堆积，而是通过整理分析史料展示真实的人物，通过他们的成长和工作成就彰显科学家的内心和精神世界。杜绝虚构和想象是本传记的底线。为此，采集小组还奔赴钱令希生前学习、工作的地方，寻找访问当事人线索，不遗余力地核实照片中的人物、事件背景，给出文字说明（本书的照片除特别注明外，均由第二作者钱唐提供）。第一作者和第二作者都满怀激情地投入写作过程中，对传主的往事和工作经历如数珍宝。传记要的是扎实严谨的史料和朴实动人的文风。人物历史事件的本身是绝对真实的。在写就此书的过程中，作者的心已经被传主的故事深深打动了，无需再用渲染和煽情去打动读者。本书的全体工作人员都有一个愿望，就是要通过写传记把中国的那一代知识分子的情感和为科学事业献身的故事尽可能地挖掘出来、展示出来。两位作者和学术顾问三人齐心协力，配合默契，工作上互补，充实了传主的家庭背景、早年生活、学习经历、科教工作、师承关系、朋友交往等方面，生动展现传主取得科学成就背后的奋斗经历、丰富的情感和科学家精神。采集项目小组全体人员的辛勤付出和被访者的全力支持，使本采集项目成果丰硕，本书才能以现在的模样呈现在读者面前。

由于钱令希是有丰厚工程经验的力学家，而本书两位作者的所学都离力学专业和工程专业颇远，于是产生了一个问题：在收集学术材料和分类、汇总学术成果时，如何能够避免相关的学术错误？鉴于此，我们更不敢奢望从资料中提炼出有启迪性的理念了。幸运的是，隋允康教授的鼎力相助免除了我们的诚惶诚恐。隋允康对于我们每一次细致入微的询问，无不给出有求必应的回答。虽然隋允康已经是76岁的老前辈了，但是在钱令希的老弟子中，他还属于相对年轻者，能够实时同我们通话，为我们答疑解惑；虽然钱令希的老弟子们都与钱令希有深厚的感情，但不是人人都能如同他那样精力充沛地在计算机文档上回忆钱老，帮我们补充、修改和润色，甚至直接笔耕替我们处理文字；虽然钱令希的老弟子们都是颇有造诣的力学家，但是少有像隋允康这样一位有4年建筑施工和4年建筑设计工程经验的学术与工程"两栖人"，因此他特别能够理解恩师毕生游走于力学与工程之间的特点；虽然隋允康以力学的"硬科学"研究为主，但是他对于力学史与方法论的"软科学"也有浓厚兴趣，因此他引导我们注意剖析钱令希成果的这个研究视角，而且，隋允康曾经写过钱令希的学术传记[①]和大量研究文章；虽然隋允康主要兴趣在科学探索上，可是他具有深厚的人文素养，因此他不仅文思敏捷，下笔倚马可待，而且能够理解基于传统文化精粹的"钱氏家训"对于钱令希成长的独特效用。隋允康作为本项目组难以替代的学术顾问和人文顾问，尽管他顺应自己研究与教学的惯性，至今工作依然十分繁忙，然而他把咨询本项目作为应尽的义务，总是排在工作的首位。为此，我们饱含深深的感恩之念。

当然，在近两年的采集和研究过程中，采集小组也得到诸多组织机构及相关人士的大力支持和无私帮助，在此一并致谢。

本项目的运作在方法论方面，我们"爬罗剔抉，刮垢磨光"，借鉴中国乾嘉学派的"知人论世""实事求是""无征不信"等和辩证唯物主义、历史唯物主义的方法，并力求将这两者相结合。目前，钱令希的学术成长资料，绝大部分材料都是从各种报纸、杂志、档案、日记、笔记、方志、

---

① 隋允康：钱令希与工程力学。见：卢嘉锡主编，《中国当代科技精华（物理学卷）》。哈尔滨：黑龙江教育出版社，1994年，第541–553页。

选集、文集等原始的纸面记载，包括一些未刊手稿孤本中，卷地毯式地细致搜索、爬梳式地整理而得。至于已经数字化资料的获取，则主要是通过文献检索的方式而进行。钱令希近70年学术生涯，涉及的资料跨越晚清、中华民国和中华人民共和国时期，加上他在教育教学、科学研究、工程实践、大学管理等方面均卓尔不凡，故文献线索的掌握和文献全文的获取均充满了挑战。其间，不仅需要查阅纸本文献、电子文献，还要利用图书馆的文献传递和馆际互借服务，利用孔夫子旧书网等方式获取相关资料。其中获取数字化资料较多的数据库主要有读秀/百链、CNKI数据库、全国报刊索引数据库、民国图书数据库、瀚文民国书库、方正中华数字书苑、抗战文献数据平台、青苹果《人民日报》数据库、青苹果《光明日报》数据库、申报雕龙平台、CADAL数据库等。对原始材料的翻检，则力求进行"批判地审阅"，即从那些看似无关却十分紧要的材料中，通过逐字逐句反复仔细阅读去发现之前或他人没有发现的价值。

采集成果

采集小组自2017年7月开始工作以来，围绕钱令希院士的学术成长经历，采集、整理和分析了他的家庭背景、求学历程、工作经历、科研成就、人才培养等多方面的资料，获得了大量有价值的照片、文献、手稿、信件、实物和音像资料的原件或复制件。截至2019年6月，项目组已经搜集并提交了钱令希院士学术成长资料2163件，包括访谈视频资料891分钟、音频资料686分钟、传记资料100件、报道365件、学术评价17件、各类证书147份、信件152封、手稿95件、著作20件、论文167件、专利2件、照片478张、档案27件、其他资料537件。项目组在此基础上还完成了约2.1万字的《钱令希年表》。

资料对于历史研究有重要的意义，对传记的撰写亦是如此。当代著名史学家，曾任台湾大学、香港中文大学教授的杜维运（1928—2012）指出："根据什么资料写传记，是传记能否写成功的最大关键。"另一位史学家傅斯年（1896—1950）曾说："我们不是读书的人，我们只是上穷碧落下黄泉，动手动脚找东西！"中国有句俗语，"巧妇难为无米之炊"，讲的也正是这个道理，本书自不例外。然而，任何一种史料都不是完全可信的。因此，本课题组对本次采集工作所获得的档案、著作、信件、报道、音视频等海量的资料，尤其是1949—1976年知识分子思想改造运动以及后来的历次政治运动中为"检讨过关"时的无奈违心之论进行考证、抉择、去伪求真，也是撰写本书之前的分内之事。

研究思路与写作框架

本传记主要采用社会史的方法，从家庭背景、求学历程、师承关系以及对他日后的学术风格、科学成就产生深刻影响的工作环境、学术交往中关键人物、重大事件和一系列重要的学术节点等维度，全方位述说钱令希院士的科学风采与人格魅力，并以简练的语言提炼并总结其学术成长的特点以及对其科学历程有影响的重要因素。

作为以钱令希学术历程为主的真实记录，这份传记以虚实结合的《力学笃行：钱令希传》为标题，是隋允康教授提出的，得到了我们两位作者的欣然认可。该书名鉴于这样的思考：钱先生毕生致力工程力学研习，并身体力行，将其所获切实地融入他的教育教学和工程实践之中；成语"力学笃行"，出自南宋文学家、史学家陆游（1125—1210）的《陆伯政山堂稿序》，意为"勤勉学习且确切实践所学"。书名中的"力学"有动词和名词两个含义：动词即陆游所指的"奋力学习"；名词指自然科学学科的力学。因此，以"力学笃行"作传记的书名，可形象、通俗地概括钱令希知行并重的科教人生。

本传记的写作遵循以真实为准绳，不推测、不虚构，凡引述的内容尽可能注明出处。报告中的议论、评述均尊重史实，即论从史出。力求做到史料翔实，评价公允；不溢美、不拔高、不掩过、不推诿。凡引用他人的评论也都准确注明出处。

在结构安排上，本传记以钱令希的学术成长为主体，辅以教育教学和科教之外的叙述；学术成长主要以时间为纵线，以钱令希学术成长的重要时间节点和阶段作为章节划分的标准。全书共分为九章，具体细述如下。

第一章"锡""金"之风的沐浴，介绍对钱令希院士学术历程有深刻影响的家乡无锡崇教尚科的政治、经济、文化环境，以及钱氏家训、啸傲泾钱氏文化、鸿声亲仁堂的绵延书香和父亲的"蚕教"。

第二章"慎起步"的求学之路，叙说钱令希院士从1921年入家乡的无锡县南延市第二初等小学到1938年从比利时布鲁塞尔自由大学毕业的求学之路和具有正能量的故事。

第三章从"钱试用"到国立大学教授，介绍钱令希先生从叙昆铁路工程局的试用人员成长为浙江大学土木系教授的曲折经历，包括工程实践、教育教学、科学研究、社会兼职、婚恋家庭等内容。

第四章初入大工、第五章不啻是大学教授，介绍钱令希院士从1952年入职大连工学院到1966年"文化大革命"开始这段时期所从事的教书育人、科学研究，以及参加国家重大工程如武汉长江大桥、长江三峡水利工程等。

第六章欲干不能，欲罢不忍的岁月，叙述钱令希院士在"文化大革命"初期所经历的磨难，但因陈右铭的推荐、周总理的同意，得以继续参加潜艇设备的研究工作，并成为"三结合"的知识分子代表，以及"文化大革命"后期参加大连新港栈桥的设计与建造。

第七章独领风骚的"老帅"，介绍钱令希院士在"文化大革命"后期就开始的如何在大连工学院培育、培养一支计算力学队伍和在我国倡导结构优化设计研究和发展计算力学学科的故事。

第八章功勋教师，主要介绍钱令希院士的大学教师和教育家的角色，即他在教育教学、大学管理方面的贡献。

第九章科教之外，主要彰显作为科学家、教育家的钱令希也具有普通人的一些生活情趣，如他的体育爱好、书法成就、亲情友情与乡情，以及对"第二故乡"的贡献等。

除真实性外，传记也具有文学性特点，正所谓"传记学家系自史学家始，以文学家终"。然而，"没有想象就没有文学，没有想象也就没有传记；没有细节就没有典型，没有细节也就没有人物——即便是历史人物"。事实上，从《左传》《史记》始，写人物没有不描写场面和细节的。① 故本传记也安排有一些场景和细节的描述，如第一章"父亲的'蚕教'"一节关于钱伯圭的"七粒豆""自去量"故事的叙述，第九章"跨界交友"一节关于钱令希和刘志惠对大嘴子遗址被毁之事对话的描述。

关于一部好的传记作品的评价标准，杜维运曾说："根据无限资料以写成的传记，应有其艺术性。资料搜集的辛酸过程及资料考证的琐碎艰难，到传记出现时，如果全部消失得无影无踪，所见者为浑如天成的艺术品，不着人工痕迹，则传记才算彻首彻尾的成功了。"② 其实，这也是笔者撰写本传记时所追求的境界，至于是否达到，自然待用心的读者给出客观结论了。

钱令希逝世后的第二年，大连市作家协会报告文学创作委员会副主任、当代新锐文史学者、纪实文学家余音曾感慨："以朱纯一老先生为界碑，我无奈地看见，已经有不少'市宝''省宝'乃至'国宝'级的人物相继乘鹤西行了……著名力学大师、教育家、中国科学院资深院士钱令希先生，桃李满天下，英名传四方，武汉长江大桥、南京长江大桥、长江三峡水利枢纽、我国第一艘核潜艇以及我国第一个现代化油港——大连新港的主体工程，都凝聚着他的心血和智慧。可是，2009 年 4 月，93 岁的钱令希走了，至今仍无一本传记。一位著名传记作者（指大连市作协副主席、大连市传记文学学会会长黄瑞——编者注）萌发了采写钱老的念头，辗转找到他，可他已在病床上躺着，昏迷不醒了。这位朋友连说：遗憾，遗憾，太遗憾了！可是，时光不能倒流，这种遗憾非金钱可以赎回。"③ 2013 年 7 月 7 日，《大连晚报》报道称："现在，身为大连市传记文学学会会长的作家黄瑞，正在创作传记《力学大师钱令希》，这将是他'为好人立传'的又一佐证。"④ 不过，这本传记至今未能与读者见面。倒是这一年的 12 月，当代作家、现任辽宁省作协副主席的周建新所著的《钱令希传略》出

---

① 汤明珠：试评《秋瑾 徐锡麟》之传记笔法.《群言》，2012 年第 10 期，第 40-41 页。
② 杜维运：《史学方法论》。北京：北京大学出版社，2006 年，第 218 页。
③ 余音：有一种抢救无人问津?《东北之窗》，2010 年第 14 期，第 67 页。
④ 黄瑞："为好人立传"。《大连晚报》，2013 年 7 月 7 日。

版了，这在一定程度上弥补了这一遗憾。现在，世人真的需要另一本关于钱令希的传记吗？回答是与否，也有待于熟悉钱令希先生的亲友、同行、学生、同事阅读后给出评价了。

总之，在这本书中，我们两位作者希望能把钱令希先生的工作和他的思想的重要性融入接下来的叙述中，力求使得非专业人士既能理解他科教"门"内的种种"陈设"，又能欣赏他科教"门"外的道道迷人"风景"。

第一章
"锡""金"之风的沐浴

1916年7月26日（民国五年旧历六月廿七日），钱令希出生于江苏省无锡县南延市（1929年改为无锡县第十一区）啸傲泾北岸的鸿声里（现属无锡市新吴区鸿山街道鸿声社区）钱氏亲仁堂，原名临熹，字仲渊，是《（无锡钱氏）宗谱备要》记载中五代十国时期吴越国王钱镠[①]的第36代后裔。说来也巧，鸿声里在民国之前，隶属于与无锡县同城而治的金匮县；"金"乃"钱"，"锡金"乃"无锡"。无锡崇教尚科的社会风尚，钱氏家族的家训和家风，即"锡""金"之风，沐浴着钱令希的童年到少年的成长之路。

无锡的新风

无锡的文化教育在唐宋时期得到了长足的进步。北宋嘉祐三年（1058年），知县张诜创建了无锡孔庙和县学，大大推动了无锡的教育事业。到了明清时期，无锡的教育已是十分发达。明代王樨登为《无锡县学笔记》

---

① 钱镠（852-932），字具美（一作巨美），小字婆留，浙江杭州临安人，五代十国时期吴越国创建者，在位41年，庙号太祖，谥号武肃王，葬于杭州市临安区钱王陵。

作的序写道："国朝重科第，科第独江南最，江南独无锡最。无锡虽称百里之邑，其文献视毗陵一郡盖得十五焉。"① 明末顾宪成（1550—1612）、高攀龙（1562—1626）重建无锡东林书院，开学术新风，"远近名贤，同声相应，天下学者，咸以东林为归"，此后无锡城乡又有许多书院相继而起。鸦片战争之后，随着国门的逐步打开和西方科学文化的进入，许多无锡人致力实业兴邦、科教济世。近代以降，无锡凭着优越的地理位置和便捷的交通，发展成为苏南经济文化中心和中西文化的一个支点，曾出现近代科技先驱的"锡金四哲"——徐寿（1818—1884，字生元，号雪村）及其子徐建寅（1847—1901，字仲虎），华蘅芳（1833—1902，字若汀）及其弟华世芳（1854—1905，字若溪）。他们的出现，不仅推动了中国近代科技的发展，而且极大地带动了无锡地区崇尚科学的风气。② 据考证，徐寿发现笛子和箫不满足声学方程的预测，将此告诉他的朋友、《格致汇编》主编傅兰雅（John Fryer，1839—1928），还撰写一篇文章《考证律吕说》载于《格致汇编》1880年卷七。后傅兰雅据徐寿的发现写了一篇英文文章"Acoustics in China"（《声学在中国》）发表于1881年3月10日的英国杂志《自然》（Nature）上。这篇文章是中国人的科学发现发表在西方期刊上的第一篇文章，曾被认为是中国科学家在《自然》上发表的首篇文章。③ 20世纪初，无锡人杨荫杭（1878—1945，字补塘）等和钱基博（1887—1957，字子泉，别号潜庐）等先后发起组织"理化研究会""理科研究会"，均聘专人讲授理化等知识，会员众多，从而进一步在锡地城乡营造研习自然科学的风气。

19世纪末，在经历鸦片战争特别是中日甲午战争的失败后，清政府为了维护自己摇摇欲坠的统治，开始推行新政，革新教育。"晚清以下，群呼教育救国，无锡一县最先起。"无锡地区由于历史上一直重视文化教育，

---

① 《无锡》课题组：《无锡》。北京：当代中国出版社，2017年，第24-26页。
② 王立人：《无锡名人》。南京：凤凰出版社，2009年，第184、202-203、209页。
③ 徐泓、徐宇、徐世珍：徐寿与声学定律的实验和研究。见：陈燮君主编，《海之馈赠》。上海：上海辞书出版社，2011年，第85页。关于第一个在 Nature 上发文的中国学者究竟是谁，史文轩撰有《中国人的百年 Nature 路：第一个发 Nature 的中国学者究竟是谁？》（载"中国科学家"微信公众号，2020-03-17）。

加上沿江沿海，交通便利、经济发达，使得无锡在兴办新学的潮流中走在全国的前列。早在1905年清廷下诏"废科举、办新学"之前的1898年正月，无锡乃至江苏省的第一所新式学校埃实学堂于连元街上寿禅院正式开学，而所聘请的总教习（相当于今教务主任）就是"锡金四哲"之一的华蘅芳。同年9月，位于无锡崇安寺西方殿的三等学堂开办。1900年，北坊前倪氏义庄开办承志学堂，南方泉王星陛开办养正学堂，是无锡县乡区开办学堂之始。1902年，东林书院改成东林学堂。堰桥胡雨人自日本留学回国，和其父和梅、兄壹修在村前开办胡氏公学，设男女两部，锡地学校始有女生部。至清廷颁布《奏定学堂章程》的1904年，无锡地区（包括当时的无锡、金匮两县）学堂已达12所。[①]至1911年，无锡地区先后共办学堂120余所，其中公办69所。[②]民国建立后，学堂改称学校，发展速度增快。1912年，合无锡、金匮二县为无锡县，分17市乡，各市乡设学务委员管理学校，新增学校37所。1913年，又增51所，为有史以来学校增加最多的一年。到钱令希出生时的1916年，江苏省第三师范设小学部，对小学起示范作用，公办学校数也从1912年的106所增加到193所。[③]到1927年钱令希就读苏州中学初中部时，无锡县县立、区立学校分别为10所[④]、251所[⑤]，无锡县城乡私立学校分别为40所[⑥]、68所[⑦]。无锡地区的这些新式学堂的师资力量较好，例如在县立、区立学校教职工中，据1927年的统计，各类师范毕业的教职工达233人，占总数548人的42.5%（其中大学师范毕业1人、大学毕业5人、高等师范毕业4人、专门学校毕业73人、高师专修毕业3人、中等职业学校毕业14人、高中师范毕业3人、师范本科毕业76人、旧中毕业160人、后期师范毕业12人、甲种师范毕业45人、乙种师范毕业42人、农村师范毕业37人、乙种实业毕业2人、初中毕业15人、

---

① 《无锡县志》编纂委员会：《无锡县志》。上海：上海社会科学院出版社，1994年，第793页。
② 高燮初：《吴地文化通史（下）》。北京：中国文史出版社，2006年，第1058-1060页。
③ 无锡市教育局、无锡地方志编纂委员会办公室编：无锡教育新篇。1984年10月，第6页，内部资料。
④ 县立各校教职员一览表。《无锡教育》，1927年第13期，第5-7页。
⑤ 区立学校统计表。《无锡教育》，1927年第14期，第2-3页。
⑥ 无锡市区内私立学校一览表。《无锡教育》，1927年第13期，第8-11页。
⑦ 无锡县私立学校一览表。《无锡教育》，1927年第19期，第20-23页。

高小毕业46人、高中毕业10人）。①在无锡县各类学校的教师中，还不乏近现代名人，如后成为革命家、理论家、文学家的瞿秋白，国学大师的钱穆，著名学者钱钟书的父亲钱基博等，当时都在无锡县担任小学教师，教学质量上乘，一时成为全国重视教育的模范县而享誉全国。②

新式学校教育的发达也促使无锡更多的学生出邑求学，其中不乏出国放洋者，且出去的官费、校费、自费留学生一年多于一年。留学风气领先外邑，人数也较外邑为多。近代无锡的出国留学生先是赴日本留学，稍后又有学生留学欧美。清末无锡的留日学生以学文科（师范、政法）者居多，其次为学医。学理工科的比重于民国元年（1912年）后才逐渐增大。1908年起，无锡留学生大多赴欧美学习理工等科，更有女子出国学习，形成又一次留学热潮。③钱秀玲（1913—2008）就是在1929年留学比利时，后来因在第二次世界大战期间从纳粹德国占领军手中救出近百名比利时青年而获得比利时国家勋章。

啸傲泾的文化

钱令希的生长之地——鸿声里，原名啸傲泾，由河而名。钱令希的嫡祖、钱镠第24世孙钱国耀（字怀简）于明万历年间由砖桥（清乾隆初年更名为瞻桥④）移居鸿声（当时称啸傲泾）。1700年左右，钱镠第28世孙、钱国耀玄孙钱维镛（字洪声），"善经营理财，家业炽昌"且"慷慨大度，

---

① 无锡县立区立学校教职员资格统计表.《无锡教育》，1927年第19期，第19-20页。

② 陈独秀：我是一个迷信教育的人. 见：马建强著,《追寻近代中国的教育大师》. 北京：教育科学出版社，2008年，第77-93页。

③ 无锡地方志办公室:《无锡县志·大事记》资料1881—1911征求意见稿. 1984年4月，第34-35页。

④ 瞻桥原名砖桥，位于无锡东南隅，旧属垂庆乡，近代属泰伯市，现属无锡市新吴区鸿山街道梁鸿村。瞻桥的名字最早见于元代王仁甫的《无锡志》，既是古桥名，又是古村镇名。乾隆二年（1737年），《瞻桥小志》的编者王鑑根据友人之言认为"砖"字不雅，就取泰伯三让、梁鸿五噫，瞻仰高风之意，改为了"瞻桥"。参见张月. 地级市榜首：无锡市图书馆78部古籍入选.《江南晚报》，2018年7月13日。

勇于为善",便在啸傲泾北岸的鸿声里后来钱令希祖屋亲仁堂的东面不到一里地,筹建了钱氏义庄[1],后由其儿媳杨氏、孙媳周氏同心合力完成。杨氏、周氏遵循祖训"幼孤有养,老者有归,贫困粗茶淡饭无忧,寡孤病残四茕得恤",赡族济贫、办学有成,于1763年(乾隆二十八年),受清廷三部院给匾嘉奖:督额"节义同风"、抚额"高义双美"、学额"苦志敦伦"。钱氏义庄创办人钱维镛也因"常出全力扶颠危,恤族亲济贫困",以致"仁声口碑远播",乡民便以其字"洪声"称其里,先"洪声"后"鸿声",到晚清时,"啸傲泾"正式易名为"鸿声里"。[2]

3300多年前,周太王长子泰伯因让位于季历,偕弟仲雍,避居梅里(今无锡新吴区梅村一带)拓荒开垦,开创了长江下游第一个文明古国——勾吴,不仅造就了以披荆斩棘、筚路蓝缕、开拓创业的进取精神为本质内涵的吴地文明,而且于此开凿了江南第一条人工河流——伯渎河;伯渎河有九条支流,其中之一名为"小苎泾"。2200多年前,梁鸿携妻孟光啸傲鸿山,不仅演绎了一段"举案齐眉"的千古佳话,而且"小苎泾"因此而改名为"啸傲泾"。

啸傲泾是一条很小的河流,自伯渎河庙庵向西约50米处北拐至鸿声西,再往东直至夏莲桥河,全长不过两华里多(图1-1)。清同治年间,啸傲泾曾由七房桥老三房济美公钱福基报无锡县衙定为"放生官河",并立有"放生官河"石碑于七房桥北桥塌侧河边(现在七房桥啸傲泾南侧田间的一条水沟上),以缅怀泰伯开凿啸傲泾恩泽乡里、造福百姓。

1000多年前,钱镠第6世孙钱进(998—1054,字进宗/晋宗)徙居于无锡沙头村(今无锡滨湖区雪浪街道塘前村)繁衍,此为无锡钱氏之始。700多年前,钱镠第14世孙钱文焯(1281—1351,字明远),兄弟分家,不计丰啬,一迁啸傲泾,析居圆通北钱,是为啸傲泾钱氏之始。明洪武十六年(1383年),钱镠第17世孙钱发(1363—1417,字公达,号

---

[1] 1949年后,钱氏义庄由鸿声乡镇企业所用,不幸在1978年11月底的一场大火中烧毁,鸿声钱氏家族这一重要历史文化遗产遂不复存在,但其所承载的文化精髓,钱氏先祖为造福乡亲而无私奉献的崇高精神和不屈不挠的艰辛付出,深深影响着生于斯、长于斯的钱氏后人。

[2] 沁斋、钱光益:兄弟院士之家系考。见:钱志仁、钱维均主编,《兄弟院士钱临照、钱令希家传》。2016年7月,第67-69页,内部资料。

图 1-1　亲仁堂旧址南流淌的啸傲泾（2018 年 6 月 20 日，郑帅摄）

梅堂）由新安乡迁居到泰伯梅里附近的垂庆乡砖桥，是为砖桥钱氏之始。"雍雍世号文明地，肃肃人尊礼义乡"，梅堂公在这"至德名邦"又生子"三德"——惟常种德、惟孝顺德、惟义正德。子孙日蕃，一部分遂散居砖桥啸傲泾畔：形成鸿声里（种德惟常后）、三房巷（今鸿山街道鸿声村钱三房，顺德惟孝后）、七房桥（正德惟义后）等钱氏村落。以《钱氏家训》为行为准则，践行"利在一身勿谋也，利在天下者必谋之"的训言，绍续"读书第一"的家风之啸傲泾钱氏，又得泰伯精神三让至德教化，受梁鸿孟光"举案齐眉"影响，不仅尚文重儒、博雅孝义，而且民风淳厚、礼让文明。纵横文化哺育下的啸傲泾钱氏，历来名人辈出，盛事延绵。

14 世钱文焯与兄长钱文煜，会同堠山支后裔，于新安裕庆禅院右南草庵，建钱氏宗祠，为无锡钱氏家族第一所宗祠。15 世钱士元（字彦春），由学政转为温州路永嘉书院山长，倡学风。其子 16 世钱文林（字伯刚），于明永乐四年（1406）修《钱氏宗谱》，又以锡山后裔续，推出无锡的第一部钱氏家族宗谱。学仕并长者有，钱荣，字世恩，明弘治六年（1493）进士，清介著声当世，著有《一得斋诗草》《伯川集》行世；钱永昌，明嘉靖十年（1531）举人；钱基，清雍正二年（1724）顺天举人经魁；钱曜，乾隆十七年（1752）举人；钱世灿，乾隆五十一年举人；钱兆荣，嘉庆十三年（1808）举人；钱钦荣，同治六年（1867）丁卯举人；钱鸿鼎，同治九年（1870）举人；清末钱麟书，光绪十五年己丑（1889）举人。考取秀才，行入泮礼，获诸生的那就更多了。著名学者还有如钱肃润（1619—1699），字楚日，号十峰居士。到了近现代，啸傲泾钱氏家族更是书香悠长，为文立德，人才荟萃，如历史学家、国学大师钱穆（1895—1990），与"苔铁"吴昌硕、"冰铁"王冠山、"钝铁"邓散木被誉为"江南四铁"的海派书画大师钱瘦铁（1897—1967），物理学家、教育家钱临照（1906—1999），中国经济和世界经济学家、教育家钱俊瑞（1908—1985），力学家、社会活动家钱伟长（1912—2010），环境工程专家钱易（1936— ）（图1-2），而获高级职称的专家更是不胜枚举。

图1-2 钱伯圭与鸿声六院士关系图（钱唐制作）

亲仁堂的书香

钱令希出生的亲仁堂位于鸿声街北沿，街道南沿的店铺紧邻啸傲泾，半边水中半边岸上，20世纪50年代临河的房屋都被拆除。[①] 另一边包括亲仁堂在内的房屋遗址上后来也盖起了新楼，但亲仁堂留下的一处断垣残壁如今仍依稀可见（图1-3）。啸傲泾沿街向东流过里许，便到了国学大师钱穆（1895—1990）和"三钱"之一钱伟长（1912—2010）叔侄的出生地七房桥。

图1-3 亲仁堂的断垣残壁（2016年5月6日，钱唐摄）

钱令希家学渊源久远，书香世代绵延，"世守一经，家传万卷"，曾有书斋颜曰"读书处"。据《江苏艺文志·无锡卷》（江苏人民出版社1995年出版）记载，自钱令希先祖——武肃王30世孙钱廷枚（1733—1807，字吉臣，号容斋）起，子孙均饱读诗书，国学功力深厚，各有著作传世。钱廷枚系清代太学生，一生唯好古书法帖名画，著有《列朝祖茔事实录》《钱氏传芳录》；武肃王31世钱煌（1753—1825，字冠林），著有《辑遗稿文类解新编（8篇）》；武肃王32世钱珊（1779—1849，原名峻，字景崧/景嵩，号步周、维岳），少即"咀茹经史五经，各摘注疏"，成年后"藉馆谷以自给……日有课，月有程，时节假馆从无稽滞……响学之士率皆争出其门下，交口称誉之"，著有《五经证铨》《关税备要便览》等；武肃王33世钱铦（1835—1863，原名文铦，号穉崧，字望岯，一字望溪），"少孤力

---

① 钱泳嘉：啸傲泾畔鸿声里.《江南晚报》，2014年8月31日。

学，恂恂儒雅"，系清太学生，著有《韵学溯源》《帖括津梁》等。①②

钱铦是钱令希的曾祖父。曾祖母华氏（1834—1895）是无锡荡口（现为无锡市锡山区鹅湖镇）华氏新义庄创立者华存宽（1807—1882）之女、著名儒商华鸿模（1840—1911，字范之，号子才，晚号子随）的胞姐。曾祖父钱铦早故，太平天国时期，家中厅堂又毁于火患，家道中落，家计困顿。华鸿模便出资为胞姐家复建堂室，题名"亲仁堂"，并亲撰长跋于堂匾之后，缕述两家姻亲之缘由、姊弟手足之情，文末嘱亲仁堂后辈子孙务必肯堂肯构，不负先人之意。此跋文，亲仁堂后世子孙均需背诵，因其文气淳厚，莫不深受感动。③

亲仁堂繁衍到34世，即钱令希的祖父钱宗濂这一代，已呈现更为浓厚的文化和书卷氛围。钱宗濂，咸丰六年（1856）生，字念岵，号如水，钦加五品衔，赏戴蓝翎加二级的太学生，因"肄业之多，拥书之富"，又在亲仁堂"读书处"之西添设"愤乐书轩"④，著有《依韵辨声略》《古今字準》《春秋年表》《春秋凡始便览》《春秋三名韵编》《四书五经总字韵编》《四书五经别解摘录》《四书五经辨误摘见》《历代帝王韵编》《历代人物韵编》《历代郡县韵编》《历代古迹考略》《篆文便览》共13种，善星命及大六壬。⑤另外，还著有《钱氏历朝书目考》（抄本）一册。⑥尤其值得一提的是，钱宗濂于民国十一年（1922年）纂修的《（无锡钱氏）宗谱备要》，据说在南京图书馆、浙江图书馆等有收藏。2010年，宗亲在续修南啸傲泾（鸿声）钱氏家谱《钱氏文林公支宗谱》时遇到续不上谱的难题。钱唐得知后，几经努力，在美国犹他州盐湖城的家谱图书馆（Family History

---

① 兄弟院士直系世谱。见：钱志仁、钱维均主编，《兄弟院士钱临照、钱令希家传》。2016年7月，第41-66页，内部资料。

② 沁斋、钱光益：兄弟院士之家系考。见：钱志仁、钱维均主编，《兄弟院士钱临照、钱令希家传》。2016年7月，第67-69页，内部资料。

③ 钱临照：为纪念华绎之表叔百岁诞辰而作。见：朱清时主编，《钱临照文集》。合肥：安徽教育出版社，2001年，第650页。

④ 王綍：读书处记。见：钱宗濂编，《（无锡钱氏）宗谱备要》。1922年，内部资料。

⑤ 钱煜、钱永根主编：钱氏文林公支宗谱·卷十一（文林公支惟常公分）。2017年，第60-61页，内部资料。

⑥ 无锡县立图书馆：地方著述目录。1936年10月，内部资料。

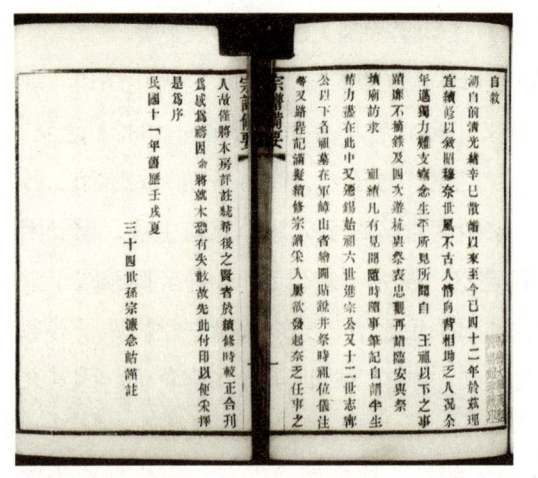

图1-4 《(无锡钱氏)宗谱备要》书影（资料来源：美国家谱图书馆网站）

Library）找到了此书的微缩胶卷（图1-4），将其复印件从美国引领归家，解决了家乡断谱的难题。①

钱宗濂也重视对子女（特别是儿子）的教育：长子钱伯圭就读上海南洋公学，成为鸿声第一个准大学生；三子钱秉璋先后毕业于锡金商业学校、法政讲习所；四子钱秉瑞先后在上海民立中学、江苏省高等学堂毕业。②

《钱氏家训》有云："娶媳求淑女，勿计妆奁；嫁女择佳婿，勿慕富贵。"相比家世、财富，更看重配偶的教养和素质，故钱家的配偶，大多德才兼备，亲仁堂自不例外。除曾祖母外，钱令希的祖母、母亲也出自尚义崇教之名门。曾祖母华氏一生勤俭，布衣疏食，纺具缄帚，终岁不离。③她的父亲华存宽，字豫安，号耕乐，乐善好施，尚义崇教，除了与兄弟们一起捐田创建华氏新义庄，还偕同其弟华存吉捐置无锡城里的兴仁堆栈一所，以每年的利息为义庄普给合族之助，临终时立下遗命，捐置田租500亩，名曰"华芬义学"，创立文社，嘉惠士林。她的胞弟华鸿模，是同治举人，继承先父遗志，创建怀芬文社，并设立蒙养讲习会栽培里中童蒙，后于1905年将其改设为华氏私立果育两等学堂，捐置无锡城里宏仁堆栈一所，以租息抵常年经费，又捐置田租500石，以恤寒济贫赈灾。④祖母华

---

① 钱唐："舍近求远"寻书之旅。见：马宇平、吕庆旭，《第三届中华大族谱国际会议文集》。美国南卡罗来纳：创造空间出版社（CreateSpace），2016年，第101-103页。
② 钱志仁、钱维均：鸿声先贤 兄弟院士之父钱伯圭。见：钱志仁、钱维均主编，《兄弟院士钱临照、钱令希家传》。2016年7月，第70-73页，内部资料。
③ 兄弟院士直系世谱。见：钱志仁、钱维均主编，《兄弟院士钱临照、钱令希家传》。2016年7月，第41-66页，内部资料。
④ 朱洪元、薛慰祖：《荡口史话》。南京：凤凰出版社，2008年，第29页。

氏（1855—1912）是候选通判、国学生华絜栩（字蝶然）次女，秀才（邑庠生）华名棠胞姊。母亲华开森（1881—1961）（图1-5）也是出身诗书之家，对此，钱令希的女儿钱唐介绍说：

> 祖母传统贤惠、善良勤俭。她支持儿子的学习事业……祖母是荡口人，家里人也都是饱学之士。祖母的父亲华晓兰是一位贡士，是在国子监里面读书的秀才。而祖母的弟弟华澄波也是读书人，是一位乡村教师，当过无锡梅村高小的校长（梅村高小在1914年是无锡县立第四高等小学），曾获国民政府教育部授予的银质奖章。①

图1-5 母亲华开森

父亲的"蚕教"

1978年2月26日—3月5日，钱令希作为第五届全国人民代表大会代表，参加在北京召开的五届全国人大一次会议。不久后的3月18—31日，他又赴京出席全国科学大会。基于出席五届全国人大一次会议和全国科学大会的深切感受，钱令希思绪万千，夜不成寐，写下后来被称为"效春蚕"的诗句："献身科教效春蚕，岂容华发待流年；翘首中华崛起日，更喜英才满人间。"钱令希对春蚕的这份情愫虽是有感而发，也与他在少年时代父亲对他进行"蚕"的教育分不开。对此，钱令希的宗亲钱新伟在接受采访时说：

> 他对春蚕情有独钟，这与他在少年时代，父亲钱伯圭对他进行

---

① 钱唐访谈，2018年6月2日，上海。资料存于采集工程数据库。

"蚕"的教育分不开。钱令希在小学读书的时候，跟他坐在一起的同桌是农民的孩子，他家是养蚕的。他跟这个同学很要好，放学回家后常到他家去玩，还将自己家里的一些小人书、玩具等与同学一起分享。在同学家中，他看一些新奇的、在镇上居民家中看不到的，比如养鸡、养狗、养鸭等，尤其对春天养蚕特别感兴趣。他的同学也带他到桑田去采桑葚吃，而他也帮同学采桑叶回去喂蚕，一起听蚕吃桑叶发出沙沙的声音。蚕从小慢慢长大，钱令希都看到了。在我们这个地方，蚕到最大的时候，就要把它捉到用麦秆编织成的蚕筛中去结茧。在这个时候，钱伯圭带着钱令希到这个同学家中，送些练习本子、铅笔、橡皮给他，然后从他们家讨得 10 到 20 个茧子，拿到家中，用线串成一串，挂在墙上，并在后面衬上一张白纸。不几天，茧中的蚕蛾破茧成蝶。雌蛾与雄蛾交配之后，就在这个白纸上产卵。这样，蚕的使命就完成了。钱伯圭也会把产的蚕卵保存起来。完成这一任务后，钱伯圭就让钱令希学习李商隐的《无题》诗："相见时难别亦难，东风无力百花残。春蚕到死丝方尽，蜡炬成灰泪始干。晓镜但愁云鬓改，夜吟应觉月光寒。蓬山此去无多路，青鸟殷勤为探看。"这首诗中的第三、第四句是名句，牢牢地印在钱令希的脑子里。这个"蚕教"的故事，主要是教育钱令希要观察自然、注重实际。[1]

钱令希的父亲钱伯圭（图 1-6），名秉瓒，以字行世，号御香，晚年号逸庵。他早年受中西方文化双重影响，富于革新精神，崇教尚义。

1899 年 2 月，钱伯圭入南洋公学（上海交通大学前身）高等预科就读[2]，开始接触进步思想。1902 年 11 月，因"墨水瓶事件"从南洋公

图 1-6 父亲钱伯圭

---

[1] 钱新伟访谈，2018 年 6 月 20 日，无锡。资料存于采集工程数据库。
[2] 南洋公学高等预科第一班。见：交通大学校友录. 1936 年 5 月，历年同学在校久暂统计表第 11 页，内部资料。

学普通班退学，旋即转入为这批退学学生专门成立的爱国学社——进步团体中国教育会。爱国学社以灌输民主主义思想为己任，重精神教育，学制两年，设国文、数学、历史、地理、英语、日语、物理、化学、心理学、法律、体操等科目。1903年6月，苏报案发，爱国学社受牵连被迫解散。钱伯圭于是离沪赴湘，受聘为长沙私立影珠女学、经正学堂的西算教员。[①]影珠女学创办于1903年3月26日，是湖南乡村最早的女学堂（1904年被迫改为黄氏家塾，1907年正名为影珠学堂）；经正学堂创办于1903年9月，与是年春开办的长沙明德学堂是两块牌子一套人马（1912年，经正学堂与明德学堂合并为明德学校，现长沙市明德中学），其聘请的教员中，不少是有着革命思想的留日归国学生，如历史、体操教员黄兴（1874—1916，原名轸，字克强），历史教员张继（1882—1947，字溥泉）、秦毓鎏（1880—1937，字晃甫），国文、图画教员苏曼殊（1884—1918，字子谷）等。[②] 1904年2月15日（癸卯除夕），黄兴、秦毓鎏等100多人在暗中资助革命的明德学堂主要创办人董龙璋（1854—1918，字砚仙）的老家西园集会，正式成立以明德、经正学堂师生等留日学生、新式学堂学生和知识分子为主体的反清革命团体华兴会，并密谋在当年11月16日（农历十月十日）慈禧太后七十岁生日前在长沙举行反清武装起义，不料当年9月初计划泄露，华兴会会员及牵连的人立即逃往别地。钱伯圭也许与这次华兴会未遂起义有关，就在这时返回无锡。钱伯圭自长沙回到无锡后，带动全家男丁剪掉辫子，在乡邑名噪一时，极大地鼓舞当地革命人士。1911年10月，武昌起义爆发，震撼全国，各地纷纷响应，无锡也不例外。钱伯圭与当时的无锡革命者秦毓鎏是南洋公学的校友、昔日长沙经正学堂的同事与同志，便赶赴无锡城，积极加入了秦毓鎏领导的光复无锡斗争，后又奉命赴京杭大运河的望亭巡检司争夺官印，驱走司官"大人"。无锡光复后，钱伯圭被委任为锡金军政分府司法部庶务，从事司法行政工作。1913年年初当选为江苏省议会候补议员、无锡县议事会副议长，后又任无锡屠税

[①] 华鸿模：义学改良记。见：钱宗濂编，《（无锡钱氏）宗谱备要》。1922年，内部资料。

[②] 金冲及、胡绳武：《辛亥革命史稿（第一卷 中国资产阶级革命派的形成）》。上海：上海人民出版社，1980年，第323页。

稽征所调查员，积极加入新政。1913年7月中旬，在"二次革命"无锡独立的政潮中，以无锡县议会副议长身份与议员孙子袭等赴县知事署稽查账目，检点存项，且在县知事严伟主动解职后组织"地方临时维持治安会"并被举为副会长。①

钱伯圭崇尚教育，融汇儒家思想和西方文化创办新学，开启民智，早年就寄希望于教育救国、科学兴国。1902年12月，他在南洋公学退学后，便加入刚刚成立的爱国学社，成为其最早的55名社员之一，随即自然转为中国教育会会员。②1904年返回无锡后不久，即1905年春夏之交，他的舅公华鸿模在荡口创办新式小学——果育两等学堂，被舅公聘去管理该校，兼充西算、地理以及新课程体操的教员。由于舅公后来身体多病，果育校务基本上"赖伯圭相助为理"，且成绩不凡，曾得"管理整齐，教授切实，年增进步，益臻美备"的好评。③他教育果育的学生要博学广识、独立思考，走自己要走的路。特别是积极运用民主、科学、进步的思维，在观念上启蒙学生，在学习上鼓励学生，在生活上关心爱护学生，在思维上引导学生脱离愚昧、落后、保守的国民性。那时在果育就读的钱穆就对钱伯圭的启蒙、鼓励、关心钦佩感恩，直到晚年都没齿不忘，并在《八十忆双亲 师友杂忆》中写道："余之毕生从事学问，实皆伯圭师此一番话有以启之。④"1908年，时事变迁，废科举，兴学堂。在办新学中，钱伯圭又被县毛学宪派为南延乡劝学员，并同锡金初级师范学校毕业生钱樑（字第蓉）、钱熊飞（字冰贤）一起，在鸿声钱氏义塾的基础上创办南下初等学堂，即北京国民政府时期的南延市第二初等小学、南京国民政府时期的鸿声小学。学堂之始，他既是校董，又是教员，筹措金钱，添置设备，鼎新课程，使学堂日臻完备，造福学界。⑤

---

① 无锡独立时之政潮。《申报》，1913年7月20日。
② 蒋慎吾：兴中会时代上海革命党人的活动·爱国学社和教育会。见：徐蔚南编，《蔡柳二先生寿辰纪念集》。上海：中华书局，1936年，第218、221页。
③ 华鸿模：义学改良记。见：钱宗濂编，《〈无锡钱氏〉宗谱备要》。1922年，内部资料。
④ 钱穆：《八十忆双亲 师友杂忆》。上海：生活·读书·新知三联书店，2018年。
⑤ 钱志仁、钱维均：鸿声先贤 兄弟院士之父钱伯圭。见：钱志仁、钱维均主编，《兄弟院士钱临照、钱令希家传》。2016年7月，第70-73页，内部资料。

钱伯圭当时在无锡颇有社会影响。1914年10月当选为南洋公学同学会董事会董事[①][②]，20世纪20年代任无锡四乡公所委员会委员、无锡农机公会总董，1946年被选为无锡县临时参议会议员。在鸿声地区，钱伯圭更是颇有实力和威望，是鸿声钱氏的族长，常常为人排难解纷，曾言"服务桑梓，是我的心志！"他曾与宁沪等地一些有识之士发起倡办锡湖铁路，筑造无锡至湖州铁路线[③]（后因资金匮乏而中止），代表湖头啸傲泾支钱氏后裔担任无锡钱王祠复建筹备委员会委员，与人合作开办经营梅村往返苏州（终点在钱万里桥码头）、荡口往返无锡的轮船公司。即便在抗战时期，他也出面维持局面，曾一度任鸿声镇镇长[④]，在日本人眼皮下，极力保护家乡免遭日本人的寻衅、抢劫、血洗。[⑤]对此，年近九旬、在鸿声街土生土长的钱胜颖老人回忆道：

> 1941年……敌人先是袭击了荡口门楼下，制造了震惊无锡地区的"火烧门楼下"惨案。接着扬言要血洗鸿声。一时鸿声里人心惶惶，人们纷纷把眼光投向了时任鸿声镇镇长的钱伯圭，以求免去这一场灾难。
>
> 当时钱伯圭住在鸿声街中部的亲仁堂，曾担任国民党县党部主任的钱启霞也住在亲仁堂后。得知敌情后，钱伯圭当即找来钱启霞和鸿声的乡绅李永康、钱晋伯等一起商讨退敌之计。从敌我的力量对比分析，若和穷凶极恶的敌寇正面冲撞，乡亲们必定要吃大亏，还可能暴露尚在鸿声养伤的部分新四军伤病员。如何设计使得敌寇退去，方是上策。恰好……钱令希省亲在家，得知此情后也参与了商议，并提出了一个方案。钱令希有一个同学钱文六，留学回国后在日军中担任翻译，此人虽为敌寇做事，然并非死心塌地的汉奸，可设法通过钱文六阻止敌寇的大搜捕。

---

① 南洋公学同学会.《申报》，1914年10月11日。
② 霍有光：《为世界之光——交大校史蠡测》. 北京：中国文史出版社，2014年，第114页。
③ 民党锡湖铁路创立会议纪事.《申报》，1916年10月24日。
④ 申兰生：《江南财政论丛》. 上海：经纶出版社，1943年，第142页。
⑤ 钱泳嘉：啸傲泾畔鸿声里.《江南晚报》，2014年8月31日。

六月上旬，日本宪兵带着日、伪数百人气势汹汹来到鸿声，驻在东街的广善里，叫嚣要展开大搜捕，血洗鸿声街。这时钱伯圭带着钱启霞、李永康、钱晋伯、钱令希等人到广善里找到了钱文六，钱令希与其共叙同学情谊，并晓以大义，指出"本是同根生，相煎何太急"，要他设法退敌。钱文六良心未泯，又见到幼时称为"寄爷"（干爹）的钱伯圭和同学好友钱令希，答应设法让敌寇自己退兵。钱文六先向日寇指挥官说了许多好话，接着请几个带队的军官在饭馆饱餐了一顿，送了许多礼物。敌寇酒足饭饱后，扬长而去。鸿声由此免去了一场浩劫。①

关于钱伯圭勤俭大度、乐善好施方面的事迹，在鸿声地区至今还流传一些关于他的故事，最具代表者有"七粒豆""自去量"以及"开办轮船公司"等。

"七粒豆"讲的是钱伯圭吃饭就是一碗粥、七粒豆，是真正的吃素，菜就是七粒豆。"自去量"与"七粒豆"的故事是连在一起的。"自去量"讲的就是气量要大。钱伯圭是乡绅，生活相对较好。但是一些农民邻居一般到春天青黄不接的时候，粮食是接不上去的。于是，他们就到钱伯圭家去借粮食："老伯圭，您能不能借给我几斤粮食，我到秋天收割的时候还给您？"那个时候，鸿声这里的米都放在米窝里面。钱伯圭一般是坐在那儿，指着盛米的米窝说："你自去量吧。"他也不跟他们记账，也无需写借条。到了秋天，大家都按时来还，几乎没有不还的，钱伯圭对此也不加过问。"开办轮船公司"讲的则是钱伯圭服务家乡、帮助他人的故事。钱伯圭接受新式教育回乡后，看到当时出行没有轮船，主要靠步行和水上的摇船。于是，他自己办了一个轮船公司，买了两艘轮船，一艘是从荡口开往无锡（从东向西），另一艘是从梅村开往苏州（从西向东，终点是苏州西塘河南起点钱万里码头）。这两艘轮船使鸿声的乡民既可以去苏州，也可以到无锡，促进生产与交流。钱伯圭当时是没有资本开公司的，这个轮船公司

---

① 钱胜颖：钱令希智退敌寇。见：啸傲泾钱氏（第四期）。2016年10月，第41页，内部资料。

是他与人合伙开办的。每到春节，他会请合伙人吃一顿年夜饭、分红。当时，有一个名叫陈登南的人，出生于20世纪20年代。陈登南跟钱伯圭之前没有什么关系，但是大概在20世纪40年代的某一年，陈登南家里有困难，想来想去也没有什么解决的办法。后来陈登南的父亲告诉他："死马当活马医吧。现在我们这里最好的家庭是钱伯圭家，去看看钱伯圭能不能解决？"于是陈登南的父亲就去找钱伯圭。钱伯圭听了这件事情后，说："这样吧，让你的孩子到我的轮船上工作，我付他工资。工作就是扫扫地、打打水、送送茶。"后来，陈登南就被安排到梅村到苏州的轮船上做工，解决了家里的经济困难。①

钱伯圭出身于书香门第，家学渊源，深受西方文化和科技以及新学的熏陶与启迪，思想开明，并有革新精神，同时又在小学执教多年，所以对儿子的培养十分严格，教育亦有方，引导、鼓励儿子学习西方先进科学技术，支持儿子出国求学，扩大视野，期待他们成材，为国家民族效劳。②

晚年，钱令希曾回忆道："父亲虽严，却不太管我，小时是哥哥督促我读书。直到我70多岁了，才从钱穆的《八十忆双亲 师友杂忆》合刊中了解到一些父亲的往事……这引起我对父亲深切的敬意，可是在此之前对此我却茫然无知。"③

上述钱令希所说的"哥哥"即是长兄钱临照（1906—1999，字孟渊，号子明）。钱临照（图1-7），1929年7月毕业于上海大同大

图1-7　胞兄钱临照
（20世纪30年代）

---

① 钱新伟访谈，2018年6月20日，无锡。资料存于采集工程数据库。
② 朱昱鹏：无锡社会名流钱伯圭家传。见：赵永良、蔡增基主编，《无锡望族与名人传记》。哈尔滨：黑龙江人民出版社，2003年，第539-544页。
③ 钱令希：《中国科学院院士自述》。上海：上海教育出版社，1996年，第893-894页。

学，1934年考取第二届中英庚款赴英国留学，1948年任中央研究院代理总干事，1955年被选聘为中国科学院首批学部委员，是我国金属晶体范性形变和晶体缺陷研究以及物理学史研究的奠基人之一，中国科学史事业的开拓者，抗战时期曾得到来华考察的著名生物化学家和科学史学家、英国皇家学会会员李约瑟（Joseph Needham，1900—1995）的称赞[1]，晚年为中国科学技术大学的建立和发展做出了重要贡献，曾任中国科学技术大学副校长，培养了大批科学人才。钱临照可以说是钱令希学业和人生的领路人。钱令希曾说："家兄生前教导我们，人生不论长短，在几个关键时候必须走好，才能不虚此生。"[2] 对此，钱令希的女儿钱唐在接受采访时也谈到了这一点：

> 我伯父（钱临照）很早就离家到外地读书。他非常自律，又懂事，我父亲却比较活泼，还贪玩。伯父比父亲仅大十岁，却像个大人一样担负起兄长的责任，督促并帮助弟弟读好功课。那时父亲学习不好，祖父要求非常严格，孩子们都很怕他。伯父认为，父亲学习不好不是因为笨，而是不懂得学习的意义和目的。伯父于是用一种不同于祖父的教导方式，一方面给予父亲更多关怀，一方面耐心陪伴与引导，鼓励他学习。伯父鼓励父亲到苏州读中学，而后又亲自带他到上海去读高中……伯父对父亲的影响是非常大的，不仅在学习和生活上关怀他，而且帮他经济独立。那时他们到上海读书，家里还是比较殷实的，但是他们俩在外面基本经济独立。伯父身兼数职，念书之余还接了翻译的工作，挣来的钱帮助父亲读高中、读大学……父亲回到云南，也完全是因为伯父的榜样作用。当时伯父任职的北平研究院物理研究所因为抗战需要把仪器迁到昆明，这是一段很曲折很艰难的过程。[3]

---

[1] （英）李约瑟：《战时中国之科学》。上海：中华书局，1947年，第31页。

[2] 钱令希：在钱临照铜像揭幕仪式上的发言手稿。2000年4月5日，未刊稿。资料存于采集工程数据库。

[3] 钱唐访谈，2018年6月2日，上海。存地同上。

第二章
"慎起步"的求学之路

钱令希晚年在回顾自己的求学经历时曾说:"学习如同在硬木头上钻螺丝钉,开头先要搞正方向,锤它几下,然后拧起来就顺利了。否则钉子站得不稳不正,拧起来必然歪歪扭扭,连劲也使不上。求学之道慎起步啊!"[①] 其实,钱令希是经历问题严重的初中一年级读书生活后,才悟出这个道理的,正所谓失败乃成功之母,吃一堑、长一智。后来,他也多次在不同场合同青少年谈起这段"慎起步"的求学之路,并将之升华为治学格言:"学习,慎起步,要打好基础。研究,忌急躁,要锲而不舍。"钱令希晚年多次提起,还手书赠予晚辈与后学(图2-1)。

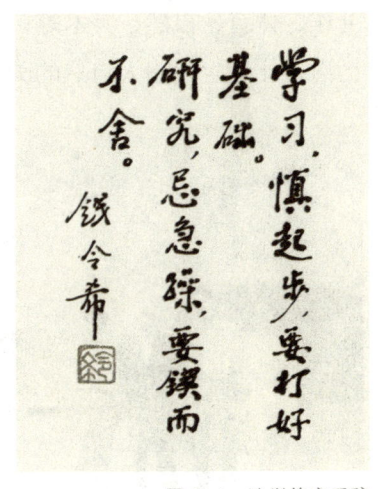

图 2-1 治学格言手稿

---

① 中国科学院学部联合办公室:《中国科学院院士自述》。上海:上海教育出版社,1996年,第 893 页。

从南延市第二初等小学到苏州中学

　　1921年8月，才满5周岁的钱令希就入读父亲钱伯圭在十几年前创办的南延市第二初等小学。南延市第二初等小学是一所新式初等小学，校址在亲仁堂东面不到一里地、啸傲泾南岸的鸿声里钱氏义庄（现址为无锡市鸿声万里机械厂），创办时校名为南下初等学堂，1912年收归南延市办时更名为南延市第二初等小学（1927年更名为鸿声小学，1945年更名为鸿声镇中心国民学校，1949年4月更名为鸿声中心小学，现为无锡市新吴区泰伯实验学校小学部）（图2-2），1912—1915年大哥钱临照也在此就读过。该校注重用泰伯和梁鸿的事迹教育学生，培养学生学好本领、为国效劳的思想；其开设的课程有公民训练、国语、算术、音乐、卫生、社会、劳作、体育、自然、美术等；学习之余，学校还组织学生走向田野、走向山岗，让学生领略大自然的美丽可爱，锻炼身体，熟悉农事，体会光阴的珍贵。[①] 1925年7月，钱令希从南延市第二初等小学毕业。是年8月，在父亲的授意下，离家进入梅村镇的无锡县立第四高等小学住读。该校创办于1913年，是新学制（史称壬子学制）下无锡县新创办的六所高等小学之一，教学上

图2-2　1991年9月，钱令希访问鸿声中心小学时与陪同人员合影（左起：鸿声镇干部、鸿声镇党委书记、钱令希、刘副校长）

---

① 浦鹰宏：无锡县鸿声乡中心小学。见：无锡县校史专辑1900-1985。1989年12月，第51-52页，内部资料。

特别注重国文、英文和算术，学生大都是来自坊前、鸿声里、七房桥、荡口等地的住读生，教师也都住在校内，师生和睦共处，老师在生活上对学生关怀备至。①

钱令希非常感念县立第四高等小学，晚年曾多次独自悄悄回到母校。②2001年春，钱令希派专人给母校之一的梅村高级中学学生送去亲自题写的《学问歌》③与是年元旦撰写的文章《和青少年朋友们谈谈学习之道》（后载于大连出版社2002年5月出版的《科学家寄语下一代》第325-331页、《中国火炬》2002年第9期第12-14页），寄语母校的青年学生，希望他们早日成才。他与钱伟长倡导的梅村高级中学青年科学院也于是年成立，任名誉院长。2001年7月下旬，访问梅村高级中学时（图2-3），他为梅村高级中学青年科学院题写院名，还与院士同学交流、合影留念。2003年，在母校无锡县立第四高等小学基础上发展起来的梅村高级中学和无锡新区实验小学（现梅村实验小学）九十周年校庆前夕，钱令希分别为这两所学校题词："泰伯故里文化渊源 梅里母校桃李芬芳"

图2-3 2001年7月26日，钱令希听取梅村高级中学副校长胡平（左一）关于学校发展的汇报

---

① 钱仁康：回忆我的母校——无锡县立第四高等小学。见：陈佑庄主编，《岁月流金——江苏省梅村高级中学校友回忆录》。北京：高等教育出版社，2003年，第18-19页。

② 胡平：我心中的古树——省梅村高中九十华诞寄语。见：胡平主编，《江苏省梅村高级中学校庆九十周年纪念册》。2003年，内部资料。

③ 钱令希的《学问歌》，也于2001年书写一份送给离休干部、大连市委统战部原副部长、大连市民委原主任徐平。为此，徐平致信钱令希，说《学问歌》"是学习辩证法，很有教育意义"，并表示愿意"向年轻人推荐"。《学问歌》的全文为：学问学问学又问，学贵善疑有古训。问而不学无根底，学而不问难进门。学问学问学加问，勤学多问长学问。问中有学打基础，学中有问求创新。

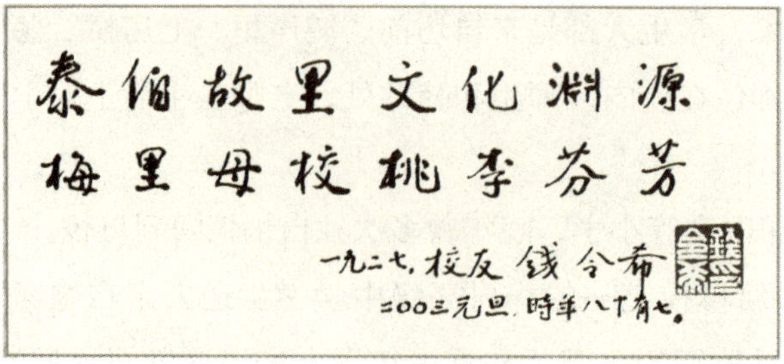

图2-4　钱令希为母校江苏省梅村高级中学九十周年校庆题词（资料来源：《江苏省梅村高级中学校庆九十周年纪念册》）

（图2-4）① "庆祝无锡新区实验小学九十周年校庆　科教兴国呼唤人才，开发人才资源，关键在教育。人的素质培养和个性发展，基础在小学。祝愿母校在教育改革的实验中做出创新性的贡献！"，② 钱令希还特地为梅村高级中学创作《母校情思（调寄江南好）》词一首：

> 转瞬之间，离别母校梅村第四高等小学已有七十多年。常忆母校，情思绵绵。
> 忆梅村，常在梦里游。
> 泰伯庙前风拂柳，伯渎河上月如钩，风月思悠悠。
> 思梅村，寄语小校友。
> 未及弱冠筑根基，不辱使命写春秋，壮志在心头。③

2004年9月15日，钱令希生前最后一次访问母校的两所学校校园。在梅村高级中学，他在为学生做学术报告之前，曾诵念2003年的那首词作《母校情思（调寄江南好）》，一为表达自己对梅村母校的思念之情，二为寄托对小校友们的期许。④ 2009年4月21日，梅村高级中学在惊悉老校友辞世后，向钱令希治丧委员会及其家属发去唁电，其中有云："钱老是

---

① 胡平主编：江苏省梅村高级中学校庆九十周年纪念册。2003年，第13页，内部资料。
② 钱令希：为无锡新区实验小学九十周年校庆题词手稿。2003年，未刊稿。资料电子版存于采集工程数据库，原件存于无锡市梅村实验小学。
③ 钱令希：母校情思（调寄江南好）。见：陈佑庄主编，《岁月流金——江苏省梅村高级中学校友回忆录》。北京：高等教育出版社，2003年，第1页。
④ 钱令希：母校情怀。见：邹宝生主编，《梅中报告厅》。北京：高等教育出版社，2005年，第6-7页。

我校的前身无锡县立第四高等小学1927届毕业生，是我国著名的力学家、教育家。他对我校的发展倾注了大量心血，进入新世纪以来，欣然受邀担任我校青年科学院名誉院长，多次回校为师生讲学，对青年一代的成长和母校的发展寄予厚望。……

图2-5 梅村高级中学校园内的钱令希铜像（2010年4月12日，钱唐摄）

2003年在隆重庆祝我校90周年华诞之际，我校敬塑了钱老的铜像（图2-5），钱老真挚的爱国热情、崇高的道德品质、严谨的治学态度将成为我校的精神，代代相传。"[1]

当时，钱令希的舅父华澄波任无锡县立第四高等小学校长，是当时无锡县办学校中担任校长最久者。[2]华澄波是无锡近代乡村教育家，1903年以第三名毕业于常州府中学堂师范班，1914年被聘任为无锡县立第四高等小学第二任校长（1927年4月左右离职后任鸿声小学校长），制定了"敏、毅、诚、朴"校训[3]，先后聘得钱声一（钱伟长之父）、钱穆、朱怀天等热心教育硕学通儒之士担任该校教师，视学生如自家子弟，曾获得国民政府教育部颁发的银质奖章。钱令希受到舅父的特别关照，还与舅父同睡一床，耳濡目染，尤其是后来形成的学术研究风格里含有化繁为简的特点，其渊源或许系舅父对他名字的更改。钱令希刚上小学时名字还是父亲所赐的"临熹"，这对年幼的钱令希来说，用毛笔书写笔画多、结构复杂的名字，显得非常艰难、吃力，怎么也写不好，于是舅舅想了一个办法，取

---

[1] 江苏省梅村高级中学致钱令希院士治丧委员会的唁电。江苏省梅村高级中学吧，2012-04-04。

[2] 无锡县立第四高小之十周纪念。《新闻报》，1923年5月9日，第15版。

[3] 倪炳兴：无锡县实验小学。见：无锡县教育局，《无锡县校史专辑 1900—1985》。1989年12月，第95页，内部资料。

"临熹"谐音，更为"令希"。对此，钱唐介绍说：

> 父亲的名字原来是钱临熹，临熹那两个字很难写，三十几画吧。舅祖父看他写字很辛苦，就给他取了现在的名字"令希"。而我父亲也受到了这样的影响，事情简单一点好，自己的名字自己写起来都费劲，如何让别人写出自己的名字？力求简单的风格不仅体现在父亲的生活上，也贯穿在他做工程、教学生的工作当中。我刚走上教学工作岗位，父亲特别嘱咐我，讲课要深入浅出，把复杂的东西讲得很简单。学生听懂了，你的课就讲好了。他早期的一篇论文就是关于悬索桥的。父亲用简单的力学模型，易懂的力学概念来分析悬索拉力的复杂计算问题。[1]

因世代秉承书香，加上父兄的严格督学，钱令希早就知晓了许多知识，因此，小学阶段学得很轻松，以致把很多的精力都放在了课外阅读上。那时，他有一个在上海开了一家"书坊店"的叔叔，其家离他家很近，家里的藏书非常多，喜好读书的钱令希经常在放学后过来借书，四书五经、《红楼梦》以及《三国演义》都是他掌上读物。借后就起早贪黑地看，很快就去换借下一本。许多年后，每逢想起年幼时的嗜书好读，钱令希总颇有感慨：世间的学问都是相通的，读书破万卷，终身受益，总会有一种答案，藏在你的知识储备中。[2]

钱令希在第四高等小学打下坚实的国文、算术基础。1927年7月，钱令希从该校毕业，8月考取新组建的第四中山大学区苏州中学初中部（原江苏省立第二中学，校址在草桥堍，现为江苏省苏州第一中学校址之一）一年级正取生[3]，9月中旬正式开学[4]，下旬参加国语、英文、算学三项能力分级组考试。[5] 1927年7月组建的第四中山大学区苏州中学是南京国民

---

[1] 钱唐访谈，2018年6月2日，上海。资料存于采集工程数据库。
[2] 周建新：《钱令希传略》。大连：大连理工大学出版社，2013年，第3页。
[3] 第四中山大学苏州中学校录取新生。《申报》，1927年8月23日，第3版。
[4] 苏州中学开学志盛。《时报》，1927年9月14日，第7版。
[5] 苏州中学初中部近讯。《时报》，1927年9月27日，第6版。

政府教育行政部门推行"大学区"制的产物[1]，校长为毕业于美国哥伦比亚大学教育系，受教于美国哲学家、实用主义教育家杜威（John Dewey，1859—1952），曾任北京师范大学教务长兼代理校长的汪懋祖（1891—1949，字典存），初中部主任为毕业于东南大学的沈佩弦（1898—1940，原名沈丕谐）。当时苏州中学水平较高，老师阵容强大，一些后来成为大学教授、名家，如国学大师钱穆、语言学家吕叔湘那时都是苏州中学的老师。钱令希工作之后，很怀念在苏州中学的时光，为读过苏州中学而自豪，以一生做学问的钱穆为自己学习的榜样。不过在那时，钱令希因来自小乡镇，对苏州城市的一切感到新鲜，好奇贪玩影响了学习。一年下来，英文26个字母竟背不下来，历史还考过不及格。

钱令希顿时感到问题严重，加上因年龄小、体质弱而常被一些刁钻的同学欺凌，想换个学校就读，心想最好还是去一所不学英语的学校。1928年8月上旬，上海的中法国立工业专门学校开始在《申报》等刊登其中学部招生广告：本校附属高级中学定于九月三日招考一年级生……每日上午八点半起，应考科目可向本校询问（辣斐德路一一九五）。[2]根据该校《附属高中学则》，考试科目为国文、算术、代数、几何、历史、地理等[3]，不需要考英语。当时在上海大同大学上学的哥哥钱临照暑假回家，将这个消息告诉了钱令希。尽管当时学校规定附设的高中部一年级即法文补习班只招收至少读完初中二年级的学生，钱令希还是决定一试，于是专心备考，集中力量认真读书，最后竟跳级考上了。[4]

---

[1] 1927-1928年，第四中山大学区苏州中学先后易名为"江苏大学区苏州中学""中央大学区苏州中学"。1928年10月，大学区制被终止，大学区苏州中学改名为"江苏省立苏州中学"，分江苏省立苏州中学高中部（校址在三元坊）、江苏省立苏州中学初中部（校址在草桥堍）。参见：周春良、冯黎、周祖华主编，《草桥春秋》。苏州：古吴轩出版社，2007年，第43-46页。

[2] 中法国立工业专门学校中学部招生。《申报》，1928年8月9日，第6版。

[3] 王细荣：《风雨弦歌复兴记：从德文医学堂到国立高机（修订版）》。德国萨尔布吕肯：金琅学术出版社，2016年，第267页。

[4] 中国科学院学部联合办公室编：《中国科学院院士自述》。上海：上海教育出版社，1996年，第894页。

求学中法国立工学院

中法国立工业专门学校（Institut Technique Franco-Chinois）是上海法租界内一所中法两国政府合办的实业学校，简称中法工专，前身为1921年3月创办的中法国立通惠工商学校（法文名称为 Institut Franco-Chinois d'Industrie et de Commerce），1929年更名为中法国立工业专科学校。1931年，因学制年数及课程与南京国民政府教育部新颁布的《专科学校组织法》和《修正专科学校规程》的规定相抵触，即高于专科学校的水准和标准，学校获教育部令准改为独立学院中法国立工学院（图2-6，图2-7）。中法国立工学院以孙中山先生提出、南京民国政府倡导的国训"忠孝仁爱信义和平"作为校训，并据民国政府教育部于1931年7月18日颁发的第1219号训令要求，将"忠孝仁爱信义和平"八个大字镶嵌在教学楼二楼门厅正上方，以资启迪。

中法国立工学院属

图2-6 中法国立工学院教学楼、办公楼（资料来源：1934年《中法国立工学院院刊》）

图2-7 中法国立工学院校门（资料来源：1934年《中法国立工学院院刊》）

于高等专门学院的范畴，相当于法国的工程师大学校。学校课程和学制同国内其他大学不同，院系和课程设置仿照法国工程师大学校的要求和标准：学制 4 年，附设学制 3 年的高级中学、学制 1 年的法文补习班，面向全国招生，因此学生学习 8 年才算完成全部学程。[①]

1928 年 9 月 19 日，中法国立工业专门学校开学，钱令希在该校附属高中部法文补习班开启了新的学习生涯。开学第一天，中法双方校长在开学典礼上均强调语言学习的重要性：中方校长要求学生"不特宜注重法文，即对于各国文字，亦须通知两种以上"，而法方校长则主张"宜注重中文，以保存中国国粹"。[②]

中法工专法文补习班开设国文、法文、算术、党义、历史、地理、图画等课程，尤注重法文，以为入高中直接听课做好准备。因为第一年学生的淘汰率很高，钱令希汲取了在苏州中学的教训，一开始就严阵以待，把法文 26 个字母背得烂熟，把发音和文法牢牢掌握好。[③]钱令希在这一学年"用劲锤自己"，开了好头，于 1929 年 8 月顺利升入高中一年级。在高中阶段，钱令希修习的课程主要有国文、法文、算术、几何、代数、三角、解析几何、物理及物理试验、化学及化学试验、党义、地理、历史、几何及工业图画、工厂实习、军事训练，尤注重数理化各科，以储备工业的基础知识。

1932 年 8 月，钱令希以优秀的高中毕业成绩直升中法国立工学院大学部，注册学号为 800（图 2-8）。[④]中法国立工学院大学部的课程设置力求与法国、比利时等国的工程师大学校或工业大学有同等程度，在南京国民政府教育部的学校分类中，属于大学中的专科学院，独立于其他大学。前两年全体学生都需学习公共工业科目，后两年根据学生们的意愿，尤其是

[①] 王细荣：从中法国立通惠工商学校到私立中法高工——上海法租界内一所校园的风雨弦歌．见：马军、蒋杰主编，《上海法租界史研究 第二辑》．上海：上海社会科学院出版社，2017年，第 98 页．

[②] 中法工专开学．《申报》，1928 年 9 月 20 日，第 12 版．

[③] 中国科学院学部联合办公室编：《中国科学院院士自述》．上海：上海教育出版社，1996年，第 894 页．

[④] 中法国立工学院职教员学生一览．1934 年 11 月，第 13 页，内部资料．

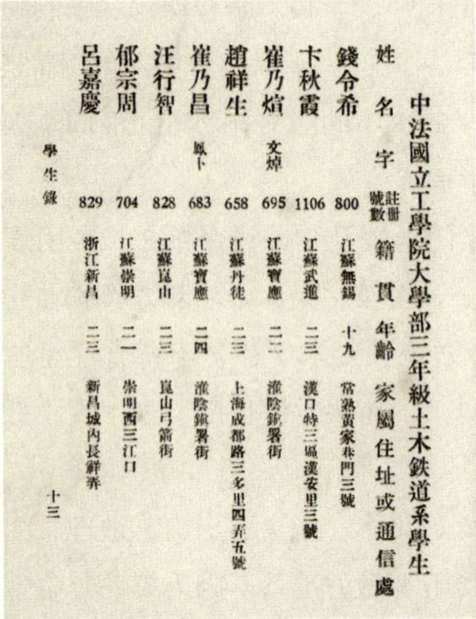

中法國立工學院大學部三年級土木鉄道系學生

姓名	字	註冊號數	籍貫	年齡	家屬住址或通信處
錢令希		800	江蘇無錫	十九	常熟黄家巷門三號
卞秋霞		1106	江蘇武進	二三	漢口特三區漢安里三號
崔乃煊	文焯	695	江蘇寶應	二二	淮陰鈔署街
趙祥生		658	江蘇丹徒	二三	上海成都路三多里四弄五號
崔乃昌	鳳卜	683	江蘇寶應	二四	淮陰鈔署街
汪行智		828	江蘇崑山	二三	崑山弓箭街
郁宗周		704	江蘇崇明	二一	崇明西三江口
呂嘉慶		829	浙江新昌	二三	新昌城内長衖弄

學生錄　十三

图 2-8　钱令希的名字位列《中法国立工学院大学部三年级土木铁道系学生》名册之首（资料来源：1934 年 11 月《中法国立工学院职教员学生一览》第 13 页，陈勇提供）

根据学生各自的资质，分入土木铁道、机械电气两大科系，学习各系专门课程。①另外，大学生在毕业之前，还会安排一次大的考察旅行。②关于考试升级和毕业，中法国立工学院实行的是法国式的淘汰制。每学科分数实行 20 分制，8 分为及格，但学期和学年总平均分数以 12 分为及格，在规定及格分数以上者方能升级与毕业；学生一学期缺课时数超过该学期授课总时数三分之一，不得参加考试；期终考试不及格者，不得升级，须留级肄业，但留级以一次为限；倘若学生成绩太差，肄习工科性非所近者，学院可随时令其转校。学业期间的考试分临时考试、学期考试和毕业考试三种。临时考试时间和方法由各教授自定，但每一科目于一学期内至少举行一次；学期考试于每一学期末举行，就本学期所学课程由教员加以测试，学年考试则由院长会同系主任和教员一道对学生一年所学内容测试。而毕业考试也与当时的普通大学不同，首先是学校成立专门组织——考试委员会，委员人选除本院教授外，由工学院呈准教育部，聘请专门学者加入，以本院院长为主席。每门专业课的毕业考试持续 8 个小时，由任课教授和 2 个评审委员监考，学生在考场用餐，避免考生与同学或者外界接触，发生作弊行为。考试试卷由任课教师批改，并由评审委员会核实。法语等普通考试也

① INSTITUT TECHNIQUE FRANCO-CHINOIS。《中法国立工学院院刊》，1934 年，第 6 页。

② 1934 年 12 月 1 日出版发行的《中法国立工学院院刊》载一篇由该院首届大学毕业生孙玉泰撰写的毕业考察旅行日记《本院第一届毕业班考察国有铁道旅行日记》。

由任课教师和一位评审委员监考，分笔试和口试。①据《中法国立工学院学则》，学生全部实行住读制（只有在上海本地家长的要求下，个别学生可以作为走读生），每生每学期学费25元，另加膳费（每月六七元）及书籍费，其余的如住宿费、试验费、院内医药费、体育费、讲义图书费及其他杂费概不收取。学生每学期大考之成绩列于第一、第二名者，下学期可免缴学费；学生毕业总评成绩名次列第一、第二名者，可由学校设法资送法国、比利时、瑞士等国留学。②实际上，中法国立工学院1934年第一届至1937年第四届的大学毕业生中，仅每年每系的总评第一名在中比庚款项下被资送赴比利时留学，而赴法留学之计划，尚未与中法基金保管委员会商妥。③④

钱令希在大学一、二年级期间，不分专业，修习的课程全部为工科公共课，主要有几何补编、地质学、天文学、解析几何、投影几何、微积分、普通力学及应用力学、工业物理、水力学、电工学、测量学概要、工业会计、工业技术学、国文、法文、英文、工厂实习和机械制图等。⑤他曾说，"进入大学的第一年又锤了几下，把微积分学得比较扎实"，为此后几年的学习奠定了坚实的基础。⑥1934年8月，大学三年级第一学期开学，钱令希根据自己的爱好选择进入土木工程系学习。大学三、四年级，钱令希修习的课程不仅有土木工程专业课，还有工科的公共课。公共课包括工业制图及设计、材料抵抗学、电工学、法文、英文、工场实习、实地测

---

① 王细荣：从中法国立通惠工商学校到私立中法高工——上海法租界内一所校园的风雨弦歌。见：马军、蒋杰主编，《上海法租界史研究 第二辑》。上海：上海社会科学院出版社，2017年，第103—105页。

② 王细荣：《风雨弦歌复兴园：从德文医学堂到国立高机（修订版）》。德国萨尔布吕肯：金琅学术出版社，2016年，第264—265页。

③ 林祖欢：中法文化事业：中法国立工学院概况。《中法联谊会季刊》，1936年第8期，第14页。

④ 中法工学院资遣两毕业生赴比：土木及机械系各一名。《申报》，1937年7月9日，第11版。

⑤ 王细荣：从中法国立通惠工商学校到私立中法高工。见：马军、蒋杰主编，《上海法租界史研究 第二辑》。上海：上海社会科学院出版社，2017年，第104页。

⑥ 中国科学院学部联合办公室编：《中国科学院院士自述》。上海：上海教育出版社，1996年，第894页。

量、钢筋混凝土、工业会计、铁道组织及营业学等；土木工程专业课包括地质学、测量学、经纬仪器测量学工作法、大地测量、房屋建筑、铁路建筑、桥梁道路、水力学、灌溉学及河海工程、建筑物体积计算学、金融结构学、无线电学和实地测量学（图2-9）。① 土木工程专业课业繁重的程度，可见一斑，即使是今天，它还是"很难学"的4个工科专业之一，且位列之首。②

1935年12月中下旬，为响应北平学生的"一二·九"抗日救亡运动，反对"冀察政务委员会"伪组织，钱令希与同学赴上海附近的南翔、周浦、莘庄、宝山、浦东、闵行、松江等地，向民众进行宣传。③ 60多年后的1999年5月12日，他在接受采访时，还提及当时"一二·九"运动爆发时的心急如焚，以及作为青年学生的"科学救国"责任意识。④

图2-9 大三第一学期钱令希（左七）与同学参加土木工程测量实习
（资料来源：1934年《中法国立工学院院刊》）

---

① 王细荣：从中法国立通惠工商学校到私立中法高工。见：马军、蒋杰主编，《上海法租界史研究 第二辑》。上海：上海社会科学院出版社，2017年，第104页。
② 这4个工科专业是"很难学"的，虽然好就业，也不要盲目报考。腾讯网，2019-05-05。
③ 各界救国运动。《申报》，1935年12月29日，第10版。
④ 刘芸：钱令希院士称赞青年表现出的极大爱国热忱。《大连理工大学报》，1999年5月14日，第2版。

1936年6月初，钱令希参加毕业考试，7月毕业，取得分别由中、法两国颁发的两张文凭。根据国民政府教育部1935年4月颁布、同年7月1日开始施行的《学位授予法》，钱令希还获得工学学士学位。

关于中法国立工学院附属高中部、大学部的学习、生活，中法国立工学院校友严欣一、施旦民后来撰文回忆说：

当年的中学生活，还带有强制性的规定，中学生除了例假日外，不能自由走出校门。晚饭后必须在自己寝室里上夜自修课，宿舍由学监管理点名，作息都受到严格控制。上课除了病假、事假外极少有迟到或无故缺席的。教室秩序都非常安静、专心，鸦雀无声。进入大学后，可以自己进出校门，晚饭后可以自由往校外马路散步，宿舍也没有舍监管了。

大学教课主要特点是理论结合实际，课外充分准备与课堂认真听课相结合的方针，由中学强制学习转变为自觉学习，课本外的补充教材和计算习题也特多。大学部学生，全由高中部直升，不对外招生。

……读的课本都是法文原版书，都用法文讲解，学生以法语解答，用法文写考卷。学生考核成绩的分数与中国的学分制完全不同，采用法国学分制；满分都是20分，及格是12分，由于课业繁重，许多学生知难而退；半途辍学的不是法文跟不上就是在高中部数理化通不过，被筛下来了，而且实行法国式的淘汰制。往往高中第一年有八九十个学生，第二年只有四五十人，而到大学毕业只剩不到十人。大学毕业时的毕业考试，也和当时普通大学毕业考试不同。首先是学校成立考试委员会，除了两个学系的教授外，另外聘请有名望的法籍技术权威如法公董局的技术督办、总工程师等参加委员会，对主要课目，采用开卷考试（可参阅课本、笔记、平时习题等），交卷后还要由考试委员口试，以后在考试委员通过准予毕业的同学，得到两张文凭。一张是中国政府教育部盖章颁发的工学士毕业文凭；一张是由法国驻沪总领事签名盖章代表法国政府颁发的工程师法文文凭，证书上有中法两国校长签名，有全体考试委员会委员签字，便于校友出国深造，不论公派或因私留学法国和比利时都起作用。

回忆起工业制图是我们学校的一项突出课程：细致、严格、质量要求高，制图结合投影、立体、解析等几何学布置的，还带比、法艺术修饰风格，所以我们同学毕业后踏进社会，制图水平是比较高的。还有工场实习也十分严格、认真，自己动手……有广泛深入的实践和调查研究，都得到严格的锻炼。不仅为大学学习打下了坚实的基础，而且毕业后离开学校踏上社会在各项工业建设中，起到了有益的作用。虽然母校因受战争影响于1940年停办，学生转学就读，但历届毕业生和留法、留比回国的老校友们，即在抗日战争年代就奔赴大后方奋战在铁路公路建设，修筑飞机场……抗日战争胜利后又奔赴各地参加抢修铁路、公路、桥梁……新中国成立后校友们在各自工作岗位上为祖国四化建设、重大钢铁基地做出贡献……所有这些光辉业绩，正是受到母校中学年代的严格锻炼和大学专业学习训练所分不开的。①

钱令希的大学毕业成绩名列第一，再综合大学之前各学期的成绩，经中比庚款委员会之特议，未经留学考试，直接取得中比庚款项目资助赴比利时留学的资格。两年前，钱令希的大哥钱临照考取第二届中英庚款留学生已负笈英伦，兄优弟随，一时在家乡无锡传为佳话，无锡《人报》对此还有专门的报道，并刊有钱令希的毕业照（图2-10）：

  邑人钱令希，本县南延市（实际上无锡县南延市于1929年改为"第十一区"，1934年"第十一区""第十二区"合并改为"第八区"——编者注）鸿声里人，为钱伯圭先生之次子，向在上海中法国立工学院攻读。在四学年内，以八个学期均列冠军，至今夏毕业时，承中比庚款委员会之特议，不再经过留学考试，即允官费资遣比国留学，专攻土木工程，以期深造……其兄钱临照于两年前考得中英庚款

---

① 严欣一、施旦民：母校教育回忆录。见：中法国立工学院校友会编，《庆祝母校上海理工大学一百周年纪念集 复兴路校区（原中法国立工学院）专辑》。2004年4月，卷首第8-9页，内部资料。

官费资赴英伦入伦敦大学专攻声光学。①

本邑南延市鸿声里钱伯圭君之次公子令希，今夏毕业于上海中法国立工学院，品学兼优，承中比庚款委员会之特议，允给官费遣送比国留学，专攻土木工程，已于前日在沪搭法油船杜茂总统号放洋，其情已志昨报，兹将钱令希君最近玉照，制版刊载如上。②

图 2-10　1936 年 9 月 7 日，无锡《人报》第 3 版刊载钱令希官费留比的消息（资料来源：无锡市图书馆）

钱令希能在中法国立工学院连续攻读八年，且终日孜孜、埋首读书，或许与该校的一些特别之处有关：学生几乎全部免费，一般只需自供一日三餐即可，但学校的学习环境和生活条件却十分的优越，这吸引了不少家境不佳但勤奋好学的学生前来报考，因此该校有一定比例农民和工人的子弟（图 2-11）。③ 对此，曾于 20 世纪 30 年代在中法国立工学院高中部二年级、三年级，大学部一年级、二年级就读的校友侯玉堂先生忆述道：

进了工学院，看到优美的环境，令人心旷神怡。一学期学费仅十五元，而且期终考试的前两名学生都可免费读下学期。住宿免费，一室四人，每人一床一橱一桌一椅。四年期间，我几乎全部免费，先

---

① 邑人钱令希官费留比　昨日放洋专攻土木.《人报》, 1936 年 9 月 6 日, 第 3 版.
② 官费留比之钱令希已于前日放洋.《人报》, 1936 年 9 月 7 日, 第 3 版.
③ 王细荣.《风雨弦歌复兴园: 从德文医学堂到国立高机（修订版）》. 德国萨尔布吕肯: 金琅学术出版社, 2016 年, 第 91-92 页.

第二章　"慎起步"的求学之路　49

图 2-11　中法国立工学院学生宿舍和食堂（资料来源：1934 年《中法国立工学院院刊》）

父仅需供我一日三餐。当时校内又包饭，一个月仅需六元。如果各项收费较多，按照我当时的家境，绝对不能继续求学。如果不能继续求学，当时十七岁的我寻找什么出路，真是不敢想象……在中法国立工学院的四年，是我终生难忘的四年。①

一篇关于中法国立工学院的报道也有类似的叙述："中法工专，为我国极负名望而又悠久历史的专科学校，且因收费低廉，故学生大多是贫家子弟，他们在褚校长领导之下，都能埋头苦读。"②

钱令希也有类似的想法，晚年在接受采访或忆述中，多次提及在中法国立工学院求学的故事，并曾数度造访母校校园（图 2-12）。2001 年 7 月 27 日，钱令希再次回到曾经挥洒汗水的"复兴园"时，听闻 1998 年

图 2-12　钱令希（右）在原中法国立工学院教学楼前留影（约 1995 年 9 月）

---

① 侯玉堂：终生难忘的四年。见中法国立工学院《校友会讯》特刊。1997 年 10 月，第 19—20 页，内部资料。
② 现代通讯社记者：中法国立工学院。见：李彩华、王明德主编，《"1938"上海各大学一瞥》。上海：现代出版社，1938 年，第 53 页。

中法国立工学院校友会[①]曾向上海市地质资源管理局递交报告《建议将复兴中路1195号有关建筑列为上海市保护建筑事》，便在报告复印件上批示："这个建筑[②]已有将近100年历史，有独特的传统风格，作为一个老校友，希望能够尽可能予以保留。"（图2–13）[③]钱令希对母校的感念之情，跃然纸上。

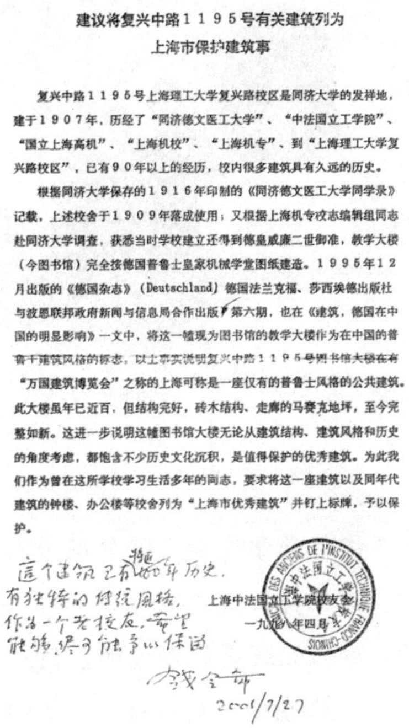
建议将复兴中路１１９５号有关建筑列为
上海市保护建筑事

复兴中路１１９５号上海理工大学复兴路校区是同济大学的发祥地，建于１９０７年，历经了"同济德文医工大学"、"中法国立工学院"、"国立上海高机"、"上海机校"、"上海机专"、到"上海理工大学复兴路校区"，已有９０年以上的经历，校内很多建筑具有久远的历史。

根据同济大学保存的１９１６年印制的《同济德文医工大学同学录》记载，上述校舍于１９０９年落成使用；又根据上海机专校志编辑组同志赴同济大学调查，获悉当时学校建立还得到德皇威廉二世御准，教学大楼（今图书馆）完全按德国普鲁士皇家机械学堂图纸建造。１９９５年１２月出版的《德国杂志》（Deutschland）德国法兰克福、莎西埃德出版社与波恩联邦政府新闻与信息局合作出版，第六期，也在《建筑，德国在中国的明显影响》一文中，将这一幢现为图书馆的教学大楼作为在中国的普鲁士建筑风格的标志，以上事实说明复兴中路１１９５号图书馆大楼在有"万国建筑博览会"之称的上海可称是一座仅有的普鲁士风格的公共建筑。此大楼虽年已近百，但结构完好，砖木结构、走廊的马赛克地坪，至今完整如新。这进一步说明这幢图书馆大楼无论从建筑结构、建筑风格和历史的角度考虑，都饱含不少历史文化沉积，是值得保护的优秀建筑。为此我们作为曾在这所学校学习生活多年的同志，要求将这一座建筑以及同年代建筑的钟楼、办公楼等校舍列为"上海市优秀建筑"并钉上标牌，予以保护。

上海中法国立工学院校友会
一九九八年四月

這个建筑已有将近100年历史，
有独特的传统风格，
作为一个老校友，希望
能够尽可能予以保留
钱令希
2001/7/27

图2–13　钱令希在《建议将复兴中路1195号有关建筑列为上海市保护建筑事》报告复印件上的批示（中法国立工学院校友会提供）

另外，钱令希对中法国立工学院校友怀有深厚的情谊，尤其与那些同在比利时留学或学术同道校友颇有交情。例如，1935年毕业于中法国立工学院机械电机系，后来成为机电工程专家的樊翕（1912—1991），既是钱令希布鲁塞尔自由大学的校友，又是一生的好友（图2–14，图2–15）。[④]1940年毕业于上海中法工学院土木工程系，后来成为著名结构工程专家、中国钢结构事业开拓者的陈绍蕃（1919—2017）（图2–16），出版《陈绍蕃论文集》时，钱令希欣然为校友、土木工程同道撰写序言，深情地回忆他们曾经的过往：

① 1986年5月2日，上海市高等教育局批准同意成立中法国立工学院校友会，5月24日成立大会在上海机械专科学校图书馆二楼会议室召开，通过章程，选出会长、副会长、秘书长及理事等，并聘请杨何俟、钱令希、何孝宜、汪德方四位老校友为名誉会长。1993年7月，上海市民政局颁发沪秋（93）登字第50177464–5号《登记证》，中法国立工学院校友会正式成为民间法人社团组织。参见王细荣:《有栋梁气：复兴校园与校友》。德国萨尔布吕肯：金琅学术出版社，2015年，第183、184页。

② 这个建筑即1914年交付使用的原同济德文医工学堂的工科讲堂、当年钱令希上学时的教学楼。

③ 钱令希在《建议将复兴中路1195号有关建筑列为上海市保护建筑事》报告复印件上的批示。2001年7月27日。资料电子版存于采集工程数据库，原件存于中法国立工学院校友会。

④ 樊淼：机电工程专家樊翕先生。见：民盟山东省委员会编,《山东民盟贤达（修订版）》。北京：群言出版社，2016年，第251页。

我与陈绍蕃教授是原中法工学院校友，我于1936年毕业，他于1940年毕业，我长他几岁。中法工学院教学严格，淘汰率很高，入学时50人的班级，到毕业时能够按时毕业的只有几个人。陈绍蕃和他的哥哥陈绍彭是学校令人瞩目的一对兄弟，因为他们两位个子高挑、潇洒，学习优秀，所以我对他们兄弟两位印象深刻。今天大家都已高龄，写这些回忆还是很动情的。1951年冬，在我从浙江大学前往大连工学院的工作途中，路过沈阳，知道他在东北工学院，我冒着大雪去看过他，围着炉火，叙旧取暖。20世纪50年代院系调整后，陈绍蕃先生到西安建筑科技大学工作。此后50余年，在北京全国人大会上多次相聚。对陈先生数十年如一日，励学耕耘、硕果累累，广施教泽、培育后昆，多有耳闻，我对他现在虽年过耄耋，仍求学

图2-14 1937年冬，钱令希与中法国立工学院校友樊禽（右）、张九垣（中）在比京大学

图2-15 1938年夏，钱令希回国前与中法国立工学院校友樊禽（中）、张九垣（右）合影

图2-16 1992年4月，钱令希（左）与中法国立工学院校友陈绍蕃在七届全国人大五次会议后合影（中法国立工学院校友会提供）

不倦的精神深感钦佩。我们都是从一个不知名的大学毕业的，能有陈先生这样的校友，深以为荣。①

中法国立工学院为上海理工大学前身之一。2000年11月，钱令希为庆祝母校上海理工大学百年华诞，题写"百年树人筑基固本千秋业，八方学子饮水思源不了情"预备祝词，落款为"原中法国立工学院一九三六届校友、中国科学院资深院士钱令希"（图2-17）。② 2006年10月，在上海理工大学百年校庆前夕，钱令希被评为上海理工大学首届杰出校友（图2-18）。③

图2-17 2000年11月，钱令希为母校上海理工大学百年华诞题写预备祝词（上海理工大学档案馆提供）

图2-18 上海理工大学"杰出校友"奖牌

---

① 钱令希：序。见：西安建筑科技大学编，《陈绍蕃论文集》。北京：科学出版社，2004年。
② 庆祝母校上海理工大学百年华诞。2000年11月，存于上海理工大学档案馆。
③ 上海理工大学杰出校友推选委员会秘书组：杰出校友公告。上海理工大学网站，2006-10-23。

第二章 "慎起步"的求学之路

负笈比京大学

1936年9月5日，钱令希经过暑期稍事休整后，与张九垣、何家泌（1914—？，后来成为我国著名的植物病理学家）等10多位赴法国和比利时留学的中国学生在上海登上法国邮船公司的杜美总统号轮船，前往法国马赛（图2-19）。[1][2] 10月，他最终辗转抵达比利时首都布鲁塞尔，注册入学布鲁塞尔自由大学。布鲁塞尔自由大学为自由党于1834年创建，是比利时当时四所大学之一，主张大学教育以自由思考为原则，所设院校有文哲学院、法学院、理学院、医学院、应用科学院、政治社会科学校、商业学校、教育学校，学生人数为2800多人，其中有一些是外国留学生。[3]

钱令希就读应用科学院，当时有两个选择：一是进入相对轻松的土木系研究生班，二是攻读五年制的土木系大学四、五年级课程。钱令希来比利时留学的目的是想学些本领，于是选择了后者，因为他认为研究生班不够踏实，而进入大学四、五年级学习可以结结实实地研读他们大学正规课程，可以好好地学习他们的技术知识。[4]

20世纪30年代中后期，作为习法语的

图2-19　1936年10月8日，钱令希（后排左二）等留欧同船全体摄于杜美总统号轮上

---

[1] Pres. Doumer Off For France: Agent Bids Adieu To Friends Here. *The China Press*（*Shipping Green*），1936年9月6日，第1版.

[2] 官费留比之钱令希已于前日放洋.《（无锡）人报》，1936年9月7日，第3版.

[3] 张怀:《比国教育》. 上海：商务印书馆，1937年，第132、140-141页.

[4] 钱令希：思想总结·本人历史. 1952年，未刊稿. 资料存于采集工程数据库.

中国留学生，在比利时深造，相比法国，只要刻苦学习，可更公正、更容易获得庚款奖学金。[1] 这样，可让钱令希留学期间专心于学业。他修习的课程偏重基础，涉及土建、机械和电机等学科。[2]

另外，在老师的带领下，曾于1937年冬与同学一起赴法国北部进行一次地质旅行，并访问工矿企业，参观巴黎艺术世界博览会（图2-20，图2-21）。

在比利时求学的两年间，钱令希也曾自行进行专业旅行考查。1937年，当时在英国伦敦大学帝国理工学院（1907年成立时为伦敦大学的直属学院，2007年脱离伦敦大学，成为一所独立的大学）攻读工程硕士学位的俞调梅（1911—1999）游览比利时期间，钱令希曾与他一同前行，考察比利时的桥梁结构并拍摄有威廉迪尔桥（Vierendeel bridge，即空腹桁架铁桥）和一座桥梁支座的照片（图2-22）。[3] 1938年，俞调梅学成回国后，曾任中正大学、江苏学院、交通大学教授。1952年全国院系调

图2-20　1937年冬，钱令希（右二，即后排头部被挡一部分者）赴法国北部参观矿业工程时与同学合影

图2-21　1937年冬，钱令希（后排左三）与同学赴法国北部进行地质旅行

---

[1] 留比的中国学生（比德游记之十）.《宇宙风》，1936年第19期，第386页。
[2] 钱令希：《中国科学院院士自述》. 上海：上海教育出版社，1996年，第894页。
[3] 钱令希："空腹桁架铁路桥支座照片"背面题写的文字说明. 1937年. 资料存于采集工程数据库。

第二章　"慎起步"的求学之路　　55

图 2-22　1937 年，钱令希在比利时旅行考察时所拍摄的桥梁、空腹桁架铁路桥支座照片

整后，任同济大学教授，系中国南方最杰出的土力学与基础工程开拓者。1955 年，他们又同时被聘为武汉长江大桥技术顾问委员会委员。直到晚年，他们仍有学术交往。1992 年，俞调梅在《学习与写稿的回忆》中写道：

　　一、关于焊接钢构架节点的试验研究……空腹桁架的梁翼和梁腹都需要有加劲板条。但是，就在那时候有一座焊接空腹桁架公路桥在车辆行驶过桥时垮了；桁架的加劲板条是经过周密设计的。曾有不同的说法，认为可能是由于钢材、焊接质量不高（这是比利时一条运河上的桥，当时曾有文献报道，但现在不容易查到了）。直到最近几年，才听到钱令希教授的意见，认为桥垮下来是由于应力集中和疲劳，而这是由于加劲板条太密，劲度太高。看来这是有意思的。为此，把大连的一座带有撑杆的板梁作如下的介绍……

　　二、柱比法应用于连续拱及连续排架……本文的两个论点曾引起讨论与非议。首先是，认为本文的方法不适用于具有闭合框架的框架。讨论中，朱宝华教授认为不存在这样的限制条件；外国的讨论者也有同样的意见，钱令希教授也曾来信指出了。其次，作者在写稿时已预先感觉到本文对于柱比法的发展在应用上存在着局限性；但在已完成初步设计后进行复核计算时，在绘制影响线时可能有用。讨论中，认为不一定如此。为此，作者要向朱宝华、钱令希先生及讨论者致谢。[1]

留比期间，钱令希并没有住在学校给留学生提供的宿舍，而租住在校外，先是住布鲁塞尔自由大学西北的 Aurore 街 30 号（图 2-23），后搬到布鲁塞尔自由大学东南的 Relais 街 62 号（图 2-27）。1937 年 4 月，胞兄钱临照离开英国伦敦赴柏林工作，途径比利时，特地来布鲁塞尔自由大学看望钱令希。兄弟俩在异国他乡相聚，甚是高兴，同游比利时一些景点，从钱令希保存下的照片，可以知道兄弟两人游览了布鲁塞尔市伊克赛尔区纪念广场、为纪念第一次世界大战时牺牲的伊克赛尔人而建的"献给在荣誉的战场上牺牲的伊克赛尔人"纪念碑（图 2-24），列日市圣文森特天主教堂、迪南市 1914—1918 年平民烈士纪念碑（图 2-25）。[2]钱临照是学物理、研习光学的，备有照相机，其间兄弟俩自拍不少照片，今天看来弥足珍贵。

由于在中法国立工学院打下坚实的法文和专业基础，再加上勤奋好学，钱令希在布鲁塞尔自由大学两年的学习比较顺利，第一学年成绩为优等，毕业时成绩为最优等[3]，是班上第二名，获得最优等土木工程师学位（图 2-26）。[4]

钱令希从布鲁塞尔自由大学毕业后，本打算在国外继续实习一年，但

---

[1] 俞调梅：学习与写稿的回忆——答客问。见：高大钊主编，《软土地基理论与实践》。北京：中国建筑工业出版社 / 上海：同济大学出版社，1992 年，第 4、10-11 页。

[2] 1914-1918 年平民烈士纪念碑位于比利时那慕尔省迪南市阿姆斯广场，由中央纪念碑［名为"日耳曼人的愤怒"（Furore Teutonico）的艺术作品，即一只拇指被折叠的手］和其每一侧栏杆下的 16 个刻有迪南受害者名字和年龄的纪念牌组成，1936 年 8 月建成对外开放。中央纪念碑上方指向天空的手，意为"迪南人对天发誓，没有人向德国入侵者开过枪，因此德国入侵比利时是不正义的"。此纪念碑已在 1940 年被希特勒的军队摧毁。关于"1914-1918 年平民烈士纪念碑"的详情可浏览网页：http://bel-memorial.org/cities/namur/dinant/dinant_mon_martyrs_civils_14-18.htm。

[3] 钱令希在布鲁塞尔自由大学的成绩单。资料电子版存于采集工程数据库，原件存于法语布鲁塞尔自由大学档案馆。

[4] 钱令希：思想总结·本人历史。1952 年，未刊稿。资料存于采集工程数据库。

图 2-23 1937年4月，钱令希在布鲁塞尔自由大学西北的 Aurore 街30号住所前留影

图 2-24 1937年4月，钱令希在比利时布鲁塞尔市"献给在荣誉的战场上牺牲的伊克赛尔人"纪念碑前留影（钱临照摄）

图 2-25 1937年4月，钱令希与钱临照（左）在比利时迪南市"1914—1918年平民烈士纪念碑"前合影

图 2-26 1938年夏，钱令希（前排左三）在布鲁塞尔自由大学毕业聚餐时与同学合影

中国国内抗战正酣,许多工程正需要各方人才,便于是年秋取道越南海防回到了祖国大后方云南昆明。在以后的岁月,钱令希甚是怀念比利时留学岁月的人与物,一有机会即去探望、参观或送去问候。1956年9月上旬,第九届国际理论和应用力学大会(ICTAM,1956)在母校布鲁塞尔自由大学召开,钱令希本应与周培源、钱伟长、郑哲敏一同前往,但因身体原因未能出席,不过还是委托前去参会的原浙江大学学生、当时在中国科学院力学研究所工作的朱兆祥(1921—2011)去拜会当年自己的老师——钢筋混凝土专家、布鲁塞尔自由大学教授贝斯(Louis Charles Baes,1883—1961)。[①] 1981年10月,钱令希应比利时政府邀请,作为中国学者代表团团长赴比利时访问,其间重返母校(法语)布鲁塞尔自由大学并与早年同窗及学术同道合影,参观当年留学时位于布鲁塞尔自由大学西北的Aurore街30号寓所(图2-28)。

图2-27 钱令希在比利时留学后期的寓所Relais街62号(2017年9月28日,钱唐摄)

图2-28 1981年10月,钱令希在留学比利时的第一处寓所Aurore街30号前留影

1988年3月25日,在比利时列日大学举行了以比利时国王的名义授予钱令希等各学科国际学者荣誉博士学位颁发典礼(图2-29)。钱令希再次前往比利时,其间特地拜访当年自由大学的同窗,畅谈叙旧(图2-30)。1937年,钱令希与俞调梅一起考察过比利时的桥梁结构,尤其是威廉迪

---

① 朱兆祥致钱令希关于比利时力学国际会议的信,1956年11月17日。资料存于采集工程数据库。

第二章 "慎起步"的求学之路 *59*

尔桥。这次在比利时期间，他又一次专门去考察当地的几座桥梁。在列日大学，钱令希应邀做了题为《1400年前古老的中国石拱桥——赵州桥的计算力学分析》的学术报告，向同行详细介绍了中国古代赵州桥的力学结构和特点，也对他这次参观过的几座比利时大桥的结构进行了力学分析和评价。

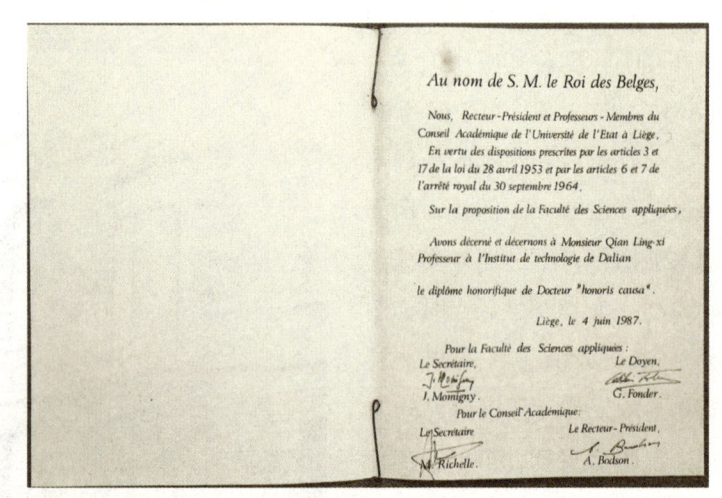

图 2-29　1988 年 3 月，钱令希列日大学荣誉博士学位证书

图 2-30　1988 年 3 月，钱令希（左二）在比利时与昔日布鲁塞尔自由大学同学相聚

第三章
从"钱试用"到国立大学教授

1938年秋，钱令希从比利时布鲁塞尔启程，取道法国马赛、越南海防，最后到达抗战大后方云南昆明。在不到4年的时间里，他凭着扎实的专业基础和非凡的学习能力，实现了从叙昆铁路工程局的"试用"人员到国立大学教授的蜕变。

从叙昆铁路工程局到川滇铁路公司

1938年夏，大哥钱临照抵达昆明黑龙潭，任当时内迁于此的北平研究院物理学研究所专任研究员。9月，钱令希从比利时出发，在法国马赛港乘船到越南海防港，再乘火车沿滇越铁路，经呈贡站到达昆明，然后马不停蹄地赶到昆明北郊黑龙潭北平研究院物理学研究所，见到了已阔别一年多的胞兄钱临照。

刚到昆明时，钱令希有意到云南大学教书。当时，云南大学已于1938年7月由省立升为国立，校长是1937年上任的熊庆来（1893—1969，字迪之）。熊庆来是中国现代数学先驱、中国函数论的主要开拓者之一，以

"熊氏无穷数"理论载入世界数学史册。他在着手推进云南大学晋升国立大学的过程中,要求云南大学在几方面做出努力,其中"慎选师资,提高学校地位"是其五个基本方针之首。[1] 当与校长面见后,钱令希感觉校长似乎对自己不懂英文表示遗憾。[2] 这对钱令希有一定打击,决定不去云南大学工作,另谋职位,并同时苦读英语。

就在这时,叙昆铁路工程局进入钱令希的求职视野。该工程局是国民政府交通部于1938年8月颁令新设置的直属机构,局址位于昆明市小东门外灵光街薛家巷清门寺(现昆明市桃源小学址)[3],局长、总工程司由学土木工程专业的沈昌(1904—1942,原名沈家蕃,字立孙)兼任,10月川滇铁路公司成立后又改隶该公司。沈昌系浙江桐乡人,1923年毕业于东南大学后赴美留学,1927年从康奈尔大学工程学硕士毕业后,获博士录取通知书,时闻北伐成功,遂放弃深造,毅然归国,从上海特别市政府的小秘书做起,数月后调任内政部民政厅。1928年,任江苏省政府驻地镇江县县长,1930年任内政部技正,1933年任平绥铁路局长。1938年9月20日,由国民政府交通部与四川省、云南省联合组成的川滇铁路公司理事会正式成立,在当年10月12日川滇铁路公司第一次理监联席会上,沈昌又被选聘为川滇铁路公司总经理。沈昌年轻干练,老成持重,在中国的铁路建设中从东北征战到西南,均留下极好的口碑。[4][5] 钱令希决定一试,并用自荐的方式去见沈昌局长。

原来钱令希去求职那天,沈昌局长说暂时没有空缺岗位时,正巧有人跑到局长办公室说需要人,钱令希马上就说:"我去吧,先试用,行的话就把我留下来。"沈局长说:"那就叫钱试用去吧。"因此,钱令希在叙

---

[1] 云南省志编纂委员会办公室编:续云南通志长编(中册)。1986年6月,第818页,内部资料。

[2] 钱唐访谈,2018年6月2日,上海。资料存于采集工程数据库。

[3] 因清门寺地处偏僻小巷,对外联系不便,叙昆铁路工程局办公地址迁移至金碧路三益里(现云南省第一人民医院斜对面),不久又搬至东郊小坝塘。

[4] 和中孚:寻找沈昌踪迹。见:杨福泉主编,《中国西南文化研究2011》。昆明:云南出版集团公司云南科技出版社,2012年,第176—191页。

[5] 沈蓓:我有这样一位父亲。《南方周末》,2018年9月27日,第28版。

昆铁路工程局工作时就有了一个外号"钱试用"。①

叙昆铁路工程局是为了勘探、设计、建设四川叙府（现宜宾市）至云南昆明的铁路而由国民政府交通部联合四川、云南两省政府共同设立的，使用的是一套英美的技术规范，这对留学比利时、修学法语的钱令希来说又是一大挑战。

图 3-1 抗战期间钱令希（左六）与其他工程师在叙昆铁路工地上

好在大学和留学时期打下了扎实的理论基础，再加上这段时期努力自学英文和拥有很多的工程实践机会，钱令希很快便胜任工作，次年春由"试用"转为正式职员，不久便定职为"帮工程司"（图 3-1）。

钱令希在叙昆铁路工程局工务课桥梁股工作两年多，除短期在沿线勘测桥梁、涵洞外，大部分时间在昆明三益里的叙昆铁路工程局工务课机关做设计工作（图 3-2）。1939 年起工务课课长是爱才育才、知人善任的留美铁路桥梁工程专家汪菊潜（1906—1975，1955 年选聘为中国科学院

图 3-2 1940 年左右，钱令希（左一）与同事在叙昆铁路工程局工务课桥梁股、设计股办公室门前合影

---

① 钱唐访谈，2018 年 6 月 2 日，上海。资料存于采集工程数据库。

第三章 从"钱试用"到国立大学教授

首届学部委员,1959—1975年任铁道部副部长)。工务课下设桥梁股、设计股、工事股三股,股主任均由正工程司担任。当时,桥梁股人才济济,股主任是留美专攻铁路桥梁、抗战前曾任津浦铁路局工务处处长多年的顾懋勋(1896—1975),他在审核股内大中型桥梁设计时很认真,稍有缺点,严肃批评,不留情面。毕业于交通部唐山大学(现西南交通大学)、曾在美国且沙皮克阿海欧铁路实习桥梁设计的副工程司严铁生(1902—1983)负责大中型钢结构桥梁的设计、审核工作;毕业于交通部唐山大学,抗战前曾在津浦铁路工务处、交通部路政司工作的副工程司罗驯(1906—1982)负责大中小型桥梁的设计、审核。与钱令希同为帮工程司的有获美国康奈尔大学博士学位、曾在纽约一家大公司任桥梁工程设计员的刘恢先(1912—1992),1933年毕业于上海交通大学、获美国康奈尔大学土木工程硕士、曾任成渝铁路工务员的张安令(1910—？),1932年毕业于上海交通大学、曾任职于粤汉铁路株韶段工程局工务员的王兆嵋(1912—？),1938年毕业于云南昆明中央大学土木系、同年9月进入叙昆铁路工程局工务课桥梁股实习的姜一鸥(1914—？)等,另外还有上海华童公学肄业、曾任上海惠工机械公司绘图员、在津浦铁路局绘图几十年的资深绘图员谢泗滨老先生。[①] 在这段时间,钱令希与这些富有铁路建设实践经验、办事认真、勤学肯干的技术人员共事,业务进步很大,收获颇丰。对此,他后来回忆道:

> 1938年……回国后,来到抗日战争时期的后方城市昆明,参加四川叙府至云南昆明的叙昆铁路的建设。当时国内采用的是一套美国系统的技术规范,我一时接不上轨。好在具有较好的理论基础,缺的是实践经验,需要在工程实践中锻炼和培养自己的适应能力。这年冬天我和一位老工程师在人烟稀少的西南边陲进行桥梁踏勘,翻山越岭,风餐露宿。几个月时间,我们凭着两条腿,在一百四十多千米的线路上为一二百个桥梁、涵洞定型定位。连续几年的工程

[①] 姜一鸥:叙昆铁路修筑情况。见:杨实主编,《抗战时期西南的交通》。昆明:云南人民出版社,1992年,第404—405页。

实践，特别是"入道"第一年的经历，为几十年来始终坚持理论联系实际、科学研究为工程建设服务的思维准则奠定了良好的基础。这段工作使我懂得了知识必须依赖于实践和服务于实践的道理，也使我懂得了任何事情总是平凡的、琐碎的、具体的，但是关系重大，不能有一点疏忽。①

叙昆铁路工程局员工宿舍位于局机关所在的昆明东郊义和乡第五保小石坝村（今属昆明市官渡区阿拉街道石坝社区）。在叙昆工作期间，钱令希与铁路工程局的一些青年同事住在单位员工宿舍（图3-3），过得像学生生活，常在工作之余与一些爱好钻研的同事探讨学术，不仅促进专业进步，也收获了友情，尤与1939年8月入职的刘恢先志趣相近、意气相投，成为十分亲密的知心同道。更为重要的是，在此期间结识了后来成为终身伴侣，当时在叙昆铁路工程局会计课任会计、1936年毕业于河南大学理学院算理学系的倪晖（图3-4）。

倪晖于1914年出生于河南辉县县城，兄弟姊妹五人，有两个哥哥、一个妹

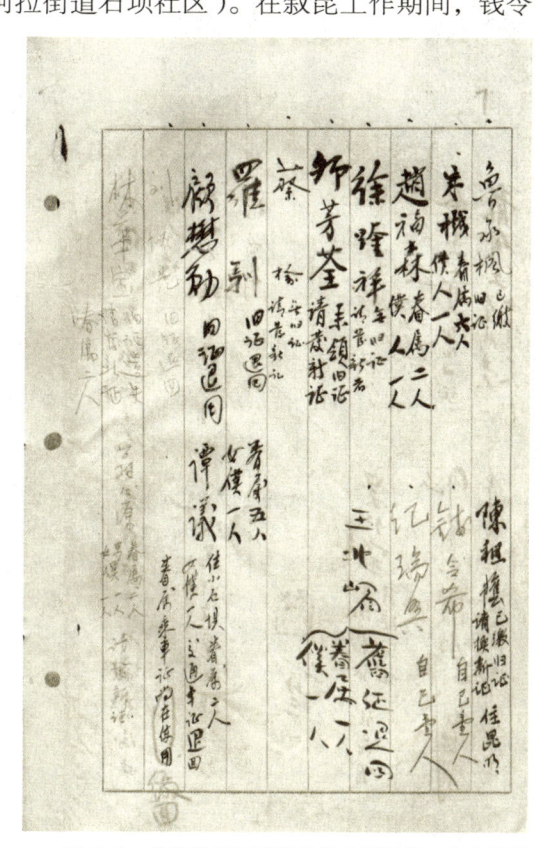

图 3-3　叙昆铁路工程局住宿小石坝员工宿舍的职工及眷属清单（贵州省威宁县档案馆／局提供）

---

① 钱令希：服务意识 方法意识 学科意识。见：卢嘉锡等主编，《院士思维（卷二）》。合肥：安徽教育出版社，1998年，第581页。

第三章　从"钱试用"到国立大学教授　65

图3-4 大学毕业时的倪晖（资料来源：1937年印行的《河南大学第九届毕业同学纪念册》）

妹[1]和一个弟弟。倪晖到了入学年龄，能够支持她上学的父亲病逝，母亲封建思想严重，认为女孩子不需要上学，是二哥倪公甫[2]支持并资助倪晖姐妹入了小学。1920年春，倪晖进入河南辉县县立女子小学就读。到了高小，同班同学朱安恕的哥哥也帮助了倪晖，一直到1926年夏毕业。倪晖与朱安恕也成了一生的挚友，20世纪80年代还合作撰写一篇回忆开封北仓女中生活的文章《启明星》。[3] 1927年起，倪晖先后在河南开封省立女子中学预科、开封私立北仓女中、开封女师、北京女子师范大学附属中学就读。1931年秋考入河南大学理学院算理学系，1936年夏毕业，毕业论文是《方程式发展之后顾与前瞻》。之后，倪晖先后在河南许昌县立女师、河南郾城县立中学任数学教

---

[1] 倪晖妹妹倪诚怀（1918-2002），1945年国立河南大学医学院毕业后，任西北农学院校医，1949-1966年，在陕西省人民医院内科工作，1966-1983年在山西武功县杨陵医院（现杨凌示范区医院）工作，曾任医务科主任、副院长、副主任医师。1981-1983年曾被选为武功县人民代表、县人大常委会委员、宝鸡市人民代表。倪晖妹夫刘荫武（1916-1990），河南尉氏人，1935年赴日本北海道帝国大学农学部留学，抗日战争爆发后回国就读于西北农学院（现西北农林科技大学）畜牧兽医系畜牧专业，1940年毕业后留校历任助教、讲师、副教授、教授等职，是我国畜牧学家、奶山羊专家，曾当选为第六、第七届全国人大代表，中国民主同盟陕西省委委员，陕西省劳动模范。

[2] 倪公甫（1902-1986），国立开封中山大学（即国立第五中山大学，1930年更名为省立河南大学）英文系肄业，先后任河南省立开封第一高中图书馆主任、私立嵩阳中学、河南省立汲县中学教员，1933年8月回母校河南大学任图书馆办事员，1944年调入西北大学，任图书馆馆员、图书馆外文编目室主任，直至退休。当倪晖读高中时，倪公甫考上留学欧美预备学，为帮助倪晖读高中，就中途退学找了一份工作，倪公甫和夫人张塚一起帮助倪晖。张塚兄妹八人都受过高等教育，其中老三张琨是美国伯克利大学教授、台湾"中央研究院"院士。后来，倪晖经济条件好转，常年帮助二哥一家，资助二哥的两个女儿读大学。

[3] 曾克：《春华秋实——开封北仓女中回忆录》。郑州：河南人民出版社，1985年，第110-113页。

员。1937年卢沟桥事变后，先后辗转河南开封，江西庐山，湖南长沙、常德、沅陵、湘西芷江，重庆，于1939年6月到达昆明，随即入职叙昆铁路工程局会计课，负责审核报销等事宜。①②

1941年2月，钱令希调任川滇铁路公司设计股，任副工程司。川滇铁路公司是由国民政府交通部、四川省、云南省联合投资而成立的官办铁路企业，于1938年10月在昆明成立，叙昆铁路工程局即由国民政府交通部改隶川滇铁路公司。1941年4月间，叙昆铁路工程局奉命要迁往贵州威宁。这时，钱令希、倪晖已有结婚之意，因而倪晖就辞职离开了叙昆，于5月进入昆明的云南民国日报社，在做了两个月会计员后，于是年8月也进了川滇铁路公司，先在车务科工作，不久调理财科（后改为会计处）。③

"岁晏乡村嫁娶忙，宜春帖子逗春光；灯前姊妹私相语，守岁今年是洞房。"此民谣是对冬季尤其是进入腊月二十三后婚嫁活动繁多的生动描写。1942年2月8日，为农历腊月二十三日，不仅是星期日，更是中国民间每年"赶乱婚"（即娶媳妇、嫁闺女不用择日子）的始日。钱令希与倪晖也选择在这一天结婚，地点为昆明市北郊黑龙潭。黑龙潭是胞兄钱临照单位和家所在地，钱令希的母亲也于1938年冬从无锡辗转来到昆明，一直与钱临照全家一起住在黑龙潭一座道观的偏殿里。这一天，钱令希的母亲、兄嫂见证了他们步入婚姻的殿堂。一张结婚照诉说了当年艰苦与浪漫的岁月（图3-5）。在照片背面，钱令希题签："民国卅一年二月八日摄于云南昆明 令希 晖 仝志。"在当日和次日的《中央日报》昆明版第1版广告栏目中刊出一则简短的结婚启事：

  奉家长命，谨詹于二月八日，在昆明黑龙潭结婚。国难期间，一切从简，特此敬告诸亲友。
  钱令希 倪晖同启。④

---

① 倪晖简历手稿，1973年9月。原件存于钱唐家中。
② 中国国民党中央政治学校：中国国民党中央政治学校大事记。1941年5月，第21-23页，内部资料。
③ 同①。
④ 结婚启事。《中央日报昆明版》，1942年2月8日、9日，第1版。

图 3-5　1942 年 2 月 8 日，钱令希与倪晖新婚照

钱令希、倪晖因情投意合而喜结连理，真正践行了《钱氏家训》中的婚姻观。婚后，钱令希、倪晖夫妻俩仍住在川滇铁路公司所在的昆明东郊小石坝员工宿舍。

钱令希在川滇的工作主要是设计，比在叙昆铁路工程局时闲散得多，几乎没有什么有意义的事情可做，日渐感觉到当时铁路上的风气不正，再加上一些像刘恢先那样爱好钻研、志趣相投的叙昆同事都散了，就在 1942 年 6 月公司让他填写表格，觉得似乎会提拔他做行政事务管理工作的时候，决定离开川滇铁路公司。此时茅以升先生来昆明，他所主持的交通部桥梁设计处（1942 年更名为桥梁设计工程处，已迁至贵阳）要找人工作。钱令希认为那是纯粹的技术设计单位，很符合自己的兴趣，便欣然答应，只是那时倪晖有孕在身，不能长途坐车去贵阳，恰巧此时云南大学正在招聘结构学教师，钱令希就和茅先生谈好，暂时先在云大教一年书，次年暑假去贵阳工作。

有机会还想到大学去

1942 年 8 月，可能是考虑到钱令希英文水平有所提升，且经历了 4 年坚实的铁路工程实践，国立云南大学聘请钱令希为土木工程学系教授，且是跳过讲师、副教授，月薪也从川滇铁路公司的 300 元提升到 360 元。钱令希深知云南大学的水准，在当时的昆明是唯一可与西南联大媲美的高校，抗战时期有一大批知名学者，如顾颉刚、吴文藻、刘文典、楚图南、严济慈、华罗庚、陈省身、冯友兰、费孝通等都在此云集。

与钱令希几乎同时被聘为云大土木工程系教授的还有1935年获美国康奈尔大学土木工程硕士的殷之澜（1911—1987）、1938年获美国康奈尔大学土木工程硕士的李家琛（约1901—？），1939年毕业于法国国立桥路学院的高錱（1916—1965）。[1] 其实，抗战爆发后的1940年8月27日，国民政府教育部公布《大学及独立学院教员资格审查暂行规程》，规定教授须具备的资格为：①任副教授3年以上，著有成绩，并有重要之著作者；②具有副教授第一款资格（即在国内外大学或研究院所得有博士学位，或同等学历证书，而成绩优良，并有价值之著作者），继续研究或执行专门职业4年以上，有创作或发明，在学术上有重要贡献者。[2] 叙昆铁路工程局、川滇铁路公司的4年，钱令希在工程实践方面的成绩和在学识水平的提升，可见一斑。

当时，土木工程学系将该系一些专业必修课分成水利、道路、结构、普通四组。钱令希一来就在当年秋季学期开设三门课程——大三普通必修课"钢筋混泥土学"（3学分），大四结构必修课"高等结构设计"（1.5学分）和"钢结构设计"（1.5学分）。[3]

因早在是年7月，倪晖也辞职离开川滇铁路公司，故开学后不久，钱令希、倪晖便将家从小石坝搬到昆明东北郊、比邻大哥钱临照新家所在地落索坡的浪口村（图3-6），租住在一农家小楼上的一间半屋里，楼下就是猪窝牛房。11月5日，长子出生。昆明是钱令希留学归国报效祖国的起点，便给儿子取名"昆明"，以示纪念。当时国难，一个人工作，三个人生活，每月收入仅够吃饭，无法置衣。云南大学在昆明城内，钱令希每周进城一次，在城内住三天教书，虽有公共汽车相通，但因无钱，往返全是徒步。这样过了大半年，在1943年春天搬到昆明市内象眼街云南大学配

---

[1] 石国贤：抗日战争时期云南大学工学院办学历史考察。《云南农业大学学报（社会科学版）》，2015年第9卷第1期，第112页。

[2] 大学及独立学院教员资格审查暂行规程（廿九年八月廿八日）。《教育通讯》，1940年第3卷第36期，第11页。

[3] 云南大学、云南省档案馆：《云南大学史料丛书 教学卷（1922年–1949年）》。昆明：云南大学出版社，2011年，第281页。

图 3-6　约 1942 年 9 月，钱令希与倪晖在浪口村住所附近

给钱令希的教工宿舍。①

住到昆明城内，不仅为钱令希省去了路上往返的时间，也便于不久他们全家乘车赴贵阳交通部桥梁设计工程处，但城内常常有日军空袭，警报一响便要抱着孩子逃避。在云南大学的这一年，尽管物质生活不如以前在铁路上好，但钱令希可以随心所欲地钻研书本，研究学术，除了上课，就是离群索居，感觉非常自在，即使偶尔和人打交道，也多是学生，和他们在一起，有说不出的轻松愉快，所以一年后要去贵阳赴约的时候，竟然有些后悔了。②不过，到了 1943 年 7 月，钱令希还是举家迁往贵阳，如约到达贵阳茅以升任处长的交通部桥梁设计工程处报到。

云南昆明是钱令希事业和家庭起步之地。在这里，他也认识了许多知名学者，与他们交往，受益匪浅。1938 年，获德国柏林大学博士学位的赵九章（1907—1968）回国，任西南联大教授。他的夫人吴岫霞是倪晖在北京女子师范大学附属中学的同学兼室友。战争困难时期在昆明遇到好友，世界可真小啊。倪晖的小学同学朱安恕也是吴岫霞高中同学加挚友。她们三人一生的友情一直延续到她们的后代。

云南的生活对钱令希产生非常深远的影响，尤其是那里学者的学识、道德风范和献身精神。晚年，钱令希常梦萦魂绕。2000 年 10 月底，在女儿钱唐的陪同下，钱令希终如愿以偿回到了昆明，57 年后故地重游，回到曾经工作与生活的地方。虽然面目皆非，旧颜换新装，钱令希还是眼含热

---

① 倪晖简历手稿，1973 年 9 月。原件存于钱唐家中。
② 钱令希：思想总结·本人历史。1952 年，未刊稿。资料存于采集工程数据库。

泪，驻足良久，欣喜地说："变了！我都不认识。"百丈高坡新房垒，当年老友几人还？看得出耄耋之年的他，从遥远的北方来到云南昆明，对这片故土，爱得多么深彻。11月5日，钱令希特地赴西双版纳葫芦岛，参观中国科学院西双版纳热带植物园（简称"版纳植物园"）。版纳植物园创办于1959年，创办人是我国著名植物学家蔡希陶（1911—1981）。与钱令希一样，蔡希陶在抗战初期怀着青春的热血来到云南。蔡希陶把自己的一生都献给了那个热带植物王国——西双版纳。钱令希熟悉蔡希陶，也很钦佩他的为学、为人。他们一行到了埋葬着蔡希陶骨灰的植物园，领略蔡先生的工作成果，听园里工作人员介绍他的艰苦生活和不懈的努力，欣赏经过蔡先生栽种和培育的珍贵树木、花草，仿佛在仙境里看到蔡先生的身影。

交通部桥梁设计工程处是国民政府交通部为所属各铁路公路办理重要桥梁设计及工程而设立的，其前身为1939年春在昆明成立的交通部技术厅桥梁设计处，钱昌淦（1904－1940）任首任处长，1941年夏茅以升奉命兼任第二任处长，1942年4月茅以升专任桥梁设计处处长，并将处址迁至贵阳，1942年冬因办理标准设计的铁路技术标准委员会桥梁处成立，桥梁设计处更名为"桥梁设计工程处"，专办特殊设计及施工业务。[1]钱令希赴任时，桥梁设计工程处设有第一至第四课，分别办理设计、施工及工具、材料、文书出纳人事庶务等事项。[2]钱令希的职位是第一课副工程司，从事钢桥标准设计工作。

1943年10月21—26日，中国工程师学会第12届年会在桂林召开。之前在叙昆铁路工程局的同事兼好友刘恢先去参会时路过贵阳，特地来看望钱令希。在与老友的交谈中，钱令希津津乐道地提及在云南大学的一年教书生涯，说有机会还想到大学去工作。不久，浙江大学工学院代理院长王国松（1903—1983，字劲夫，1944年8月正式任工学院院长）教授从桂林开完年会，途径贵阳回遵义去的时候，特地找到钱令希，邀请他去浙大教书。王国松是在桂林的会议期间从刘恢先那里知道钱令希的。恰巧那

---

[1] 茅以升：桥梁设计工程处之任务（三十二年六月十四日在本部国父纪念周报告）.《交通建设》，1943年第1卷第9期，第7-9页。

[2] 交通部桥梁设计工程处组织规程.《交通公报》，1943年第6卷第3期，第2279-2280页。

第三章 从"钱试用"到国立大学教授

时，桥梁设计工程处要改组搬往重庆，钱令希和倪晖都讨厌官商云集的重庆，就慨然应允王国松提出加盟浙大的邀请。①

钱令希自己暂时留在桥梁工程处处理手头上的工作，让妻子倪晖和在襁褓中的儿子提前从贵阳搭乘在交通银行工作的堂哥钱大中（1915—2006）所雇用的一辆押钞邮车去遵义。关于这段经历，钱唐在接受采访时说：

> 父亲当时在贵阳茅以升领导的交通部桥梁设计处当工程师，是浙大的老师跑去贵阳邀请他的。虽然父亲很希望去大学，很愿意做学问，但是他没有直接就去，而是过了一段时间后才去上班。正式去报到的时间是1943年11月。他要把贵阳这边的工作先结束，同时也考虑到让浙江大学放心，就想让我妈妈提前带我哥哥先去遵义。当时也没什么交通。就在这时，父亲的堂哥钱大中工作的昆明交通银行正好让他押运钞票到遵义。父亲就叫母亲搭他的运钞车。由于贵阳到遵义都是高原山地，地形呈波涛起伏状。运钞车嘎啦嘎啦颠簸在崎岖蜿蜒的山道上，妈妈把不满一岁的我哥哥紧紧抱在怀里。汽车还要走走停停，躲避日军飞机的轰炸。晚上借住在农民家里。一路疲惫之极。为了更好地保护哥哥这个小生命，减少行李可以节省体力，妈妈把随身带的行李都留给农民。不知过了多少天后，妈妈总算安全抵达了遵义。1943年12月份，父亲到了遵义。父母在遵义的见面如同生死离别之后的重逢，父母晚年给我讲这段刻骨铭心的难忘经历，不断叹息，以掩涕兮。养育之不易，抗日之艰辛，亲人之帮助，反反复复述说。此后，父亲在遵义开始了在浙大的教学生涯。钱大中伯伯完成这次押运钞票任务之后不久，被派往越南西贡的交通银行工作。②

---

① 钱令希：思想总结·本人历史。1952年，未刊稿。资料存于采集工程数据库。
② 钱唐访谈，2018年6月2日，上海。存地同上。

"东方剑桥"试牛刀

1943年11月底，正是日寇飞机串扰黔南的时候，钱令希来到了内迁遵义的浙江大学，被聘为工学院土木工程学系教授。刚来遵义，钱令希一家人生地不熟，好在有无锡同乡、时任浙大史地系西洋史教授的顾谷宜[①]照顾，很快便安顿下来，住遵义文庙街5号，即中国现代史学奇才、浙大史地系教授张荫麟（1905—1942）生前寓址。12月10日，浙江大学校长竺可桢于晚上六点在校长办公室、总务处所在的子弹库（原贵州省立三中、现遵义市第十一中学校址）设宴招待钱令希、工学院电机系新来教员王超人、贵州省遵义县刀靶水绅士吴瑶阶，作陪的有浙江大学文学院院长梅迪生、工学院代理院长王国松、教务长张荩谋、总务长高直侯、校长室主任秘书诸葛振公等。[②]

1944年4月10日和10月22—29日，李约瑟先后两次访问西迁贵州遵义、湄潭的浙江大学，发现这里的一些教授做出了一流成果，曾称誉当时的浙江大学为"东方剑桥"。[③][④]当时的浙江大学，聚集了像竺可

[①] 顾谷宜（1904-1966），字倣南，出生于无锡张泾桥名门世家，是明代无锡东林书院创始人、进士、著名学者顾宪成之后裔。1917年9月入交通部上海工业专门学校（上海交通大学前身）附属中学，1921年7月毕业后入该校（已更名为交通大学上海学校，1922年6月更名为交通部南洋大学）理工部电机机械土木科甲组，1925年6月从南洋大学电机学专业毕业，1926年10月被派赴莫斯科中山大学留学，1928年底毕业，1929年1月回沪时被押送到南京留俄归国学生招待所关押，后在《中央日报》发表脱党声明。次年经保释后任中央大学地理系副教授兼史学系副教授，1935年8月到浙江大学任文理学院经济学副教授，1936年8月任新成立的史地学系西洋史副教授，后升任教授，1949年秋任沪江大学外文系俄文教授，1952年院系调整后任华东师范大学历史系教授。顾谷宜在学生时代就追求进步，是南洋大学早期的共产党人，曾任南洋大学工程学会主席、上海学生联合会执行委员长、莫斯科中山大学时的党支部书记，是陆定一的革命领路人、博古（秦邦宪）的入党介绍人，毛泽东代理国民党宣传部部长时的主要助手之一。

[②] 竺可桢著、樊洪业：《竺可桢全集 第8卷》。上海：上海科技教育出版社，2006年，第686页。

[③] 苏步青：怀念竺可桢先生。见：贵州省遵义地区地方志编纂委员会编，《浙江大学在遵义》。杭州：浙江大学出版社，1990年，第302页。

[④] 王国松年谱。见：浙江大学校友总会、电机工程系合编，《怀念王国松先生文集》。1985年冬，第225页，内部资料。

桢、王琎、钱宝琮、苏步青、王淦昌、束星北等有名的教授。李约瑟回到英国后，撰写一篇回忆这次考察情况的文章《科学在黔桂》(Science in Kweichow and Kuangsi)，发表在1945年10月27日的杂志《自然》上。文章写道："在重庆与贵阳之间的一个叫遵义的小城市里，可以找到中国最好的四所大学之一的浙江大学……在湄潭可看到科学研究活动一派繁忙紧张的情景。"在该文中，他还列举了竺可桢、贝时璋、谈家桢、王葆仁、王琎、王淦昌、程开甲、苏步青等浙大12位教授的研究工作，肯定他们的工作成果都具有相当高的水平。[1]

钱令希所在的浙大工学院和土木工程系的教授大都是国内名校毕业和留学英美者。例如，工学院代理院长、电机系主任王国松，于1933年获美国康奈尔大学博士学位；土木工程系创办人、系主任吴钟伟（1894—1967，字馥初），1918年毕业于交通部上海工业专门学校（上海交通大学前身），后获美国康奈尔大学土木工程硕士学位。钱令希刚到浙大工作时，一位留美的教授曾当着工学院院长的面，问他是交大哪一年毕业的，又问在美国的时候是在哪所大学。钱令希的经历似乎让这位留美的教授觉得意外。这件事情，对钱令希触动很大，于是他暗下决心，要加倍努力，让自己在教学和做研究上不使他们失望。[2]

遵义这座小县城，宁静、安谧；浙大学生朴实用功，图书馆"藏书在10万册左右，以理工科书刊为重点"，且"重视报刊的收藏，当时虽处战争年代，几经辗转流离，但收藏工作从未中辍"。[3] 钱令希感觉在这所被誉为"东方剑桥"的大学里，很适合做学问。钱令希在遵义待了近三年，除教授高年级"高等结构"等课程、指导大四学生做毕业论文外，还充分利用浙大图书馆的相关外文文献进行研究。他"鉴于梁与拱之函数关系，一般理论缺乏系统及一般性，遂作"《梁与拱函数分布图与其感应图之连锁关系》一文；"鉴于现行之悬桥理论，或失之简陋，或失之过分艰繁，未能

---

[1] Joseph Needham: Science in Kweichow and Kuangsi。ATURE，1945年第156期，第496-499页。

[2] 钱令希：思想总结·本人历史。1952年，未刊稿。资料存于采集工程数据库。

[3] 王树仁：抗战时期内迁遵义的浙大图书馆。见：贵州省遵义地区地方志编纂委员会编，《浙江大学在遵义》。杭州：浙江大学出版社，1990年，第611-619页。

图 3-7　1944 年 2 月，浙江大学土木系 1944 届学生毕业照（前排左六至左九：钱令希、吴钟伟、王国松、竺士楷，后排左七为朱兆祥，浙江大学建筑工程学院办公室提供）

为一般工程师之工具，探索年余，乃得解求悬索中拉力变化之新捷径，渐进乃成《悬索桥理论及分析之改进》一文。①

钱令希一来到浙大，就指导土木系毕业班学生做毕业论文，教授土木系大四年级选修课"高等结构学"。1944 年上学期，钱令希指导毕业论文的学生之一为朱兆祥（图 3-7）。朱兆祥是当时浙大音乐团团员，曾于 1943 年春节学期任浙大音乐团歌咏队队长，是年 7 月以优秀成绩毕业，留校任土木工程系助教，主持材料实验室工作，后来成为力学家、教育家和科技事业活动家，并于 20 世纪 80 年代创办了宁波大学，成为宁波大学首任校长。

1944 年 11 月，钱令希之前在叙昆铁路工程局的同事、同好刘恢先也来到浙江大学土木工程系任教授。直到次年 8 月，刘恢先浙大聘期结束，钱令希夫妇与刘恢先一家关系亲密，常有走动（图 3-8）。此后，他们虽

图 3-8　1945 年夏，钱令希夫妇与刘恢先夫妇合影（左起：刘恢先、钱令希、洪晶、倪晖）

---

① 5-1360（2），一九四五年度学术奖励著作申请书及审查意见。存于中国第二历史档案馆。

第三章　从"钱试用"到国立大学教授

然天各一方，但彼此牵挂。对此，刘恢先1992年春节前于病床上吟成的《寄令希》诗中，有生动的描述："半纪相知恨聚短，烽火春城喜同窗；更是黔地重逢日，朝夕切磋莫能忘；焉知此后数十载，天各一方费思量；迩来病魔相困扰，感君几度来探望；寓形宇内能几时，愿不辜负此时光。"① 他们的友情，钱令希也有类似的描述："我与恢先认识于烽火漫天的抗日战争年代，五十多年来相知极深。"②

1944年秋季学期，钱令希教授高等结构学课程的1945届土木系毕业班中，因部分同学投笔从戎，毕业纪念照提早在1944年12月拍摄，钱令希应邀参加（图3-9）。这张照片意义非凡，钱令希一直珍藏在自己的相册中，而且是他唯一保留的浙大土木系学生毕业合影照。该班同学总计45人，摄影时因王锡祉、张缙谦、邓炳恩3人外出而缺席，故照片中仅显示42人。照片第二排左四为任雨吉（1921—2010），1945年毕业后留校任教。1948年1月，以中国科学时代社杭州分会为中坚，以浙江大学为基点

图3-9 1944年12月，浙江大学土木系1945届学生毕业合影
（前排左七至左十：刘恢先、钱令希、吴钟伟、竺士楷）

---

① 刘恢先致钱令希的信，1992年2月4日。资料电子版存于采集工程数据库，原件存于刘志惠家中。
② 钱令希：序。见：国家地震局工程力学研究所编，《刘恢先地震工程学论文选集》。北京：地震出版社，1994年。

的中国科学工作者协会杭州分会（简称中国科协杭州分会）由竺可桢、苏步青、陈立发起，在浙江大学心理实验室成立，著名心理学家陈立为主席，这是国内最早成立的中国科学工作者协会分会。后来，钱令希昔日的学生，已是浙大土木系助教的朱兆祥、任雨吉相继加入该协会，其中任雨吉还是杭州分会负责组织工作的理事。[①] 1949年春，钱令希在朱兆祥和任雨吉的介绍下，参加了中国科学工作者协会。

1945年1月，钱令希的论文《梁与拱函数分布图与其感应图之连锁关系》完稿。他针对梁或拱在集中力、力矩、截面转动、截面切移和截面纵离5种型式的外载荷作用下，揭示了包括变位、转角、弯矩、剪力和推力的5种响应函数的内在本质的微分关系，并且得到了一个新的连锁关系矩阵图。同年4月，他的另一篇论文《悬索桥理论及分析之改进》完稿。

1945年3月，国民政府1945年度即第五届"著作发明及美术奖励"推荐、申报工作启动。是年7月和9月，钱令希先后以论文《梁与拱函数分布图与其感应图之连锁关系》《悬索桥理论及分析之改进》申请1945年度学术奖励，介绍人均为他在交通部桥梁设计工程处的上司茅以升。钱令希在前者的《申请奖励说明书》"著作在学术上之特殊贡献"一栏中写道："本文于结构理论具整理简化之功，使繁杂之关系能一目了然，易于悟解应用。"而关于后者的特殊贡献，他则写道："本文可使悬桥理论更为明显，使分析设计工作，只需以往用'变位理论法'之百分之十以下，其简明正确之特性，使成为一般工程师之工具。"[②]

1942年修正的《著作发明及美术奖励规则》，"著作发明及美术奖励"分为三大类——著作、科学技术发明和美术，八小类——文学、哲学、古代经籍研究、社会科学、自然科学、应用科学、工艺制造、美术[③]，钱令希申报的归于其中的"应用科学"类。据统计，本届请奖作品合乎规定交付

---

① 许为民：《浙江科学技术史 当代卷》。杭州：浙江大学出版社，2014年，第228-229页。
② 5-1360（2），一九四五年度学术奖励著作申请书及审查意见。存于中国第二历史档案馆。
③ 赖岳山：考论："民国教育'著作发明及美术奖励'（1941-1949）"与"吕澂柳诒徵《汤用彤〈汉魏两晋南北朝佛教史〉审查书》"。见：《汉语佛学评论 第3辑》。上海：上海古籍出版社，2013年，第63-64页。

审查者共 152 件，其中应用科学小类为 42 件。[1] 由于抗战胜利、部门回迁、人员变动，使得 1945 年度第五届"著作发明及美术奖励"申请的截止日期，由往年的 9 月，先是推迟到 1945 年 11 月底，后又再次推迟到 1945 年底[2]，加上审查专家的通信地址因复员多有变动，直到 1946 年 11 月 6 日学术审议委员会第二届第十五次常务委员会开会时，作品审竣寄回的只有 84 件，故这一届评奖结果直到 1946 年年底才最后揭晓。1946 年 12 月 27—28 日，学术审议委员会第二届第四次全体会议召开。钱令希申请奖励的论文《梁与拱函数分布图与其感应图之连锁关系》《悬索桥理论及分析之改进》，在通过前期同行专家初审、小组审核后，这次全体会议选决，荣获第五届（1945 年度）国民政府"著作发明及美术奖励"应用科学类二等奖（一等奖空缺）。当时，二等奖、三等奖，按规定除奖励 40 万元法币外，还应颁发"获奖证明书"[3]，但后来没有举行颁奖仪式，只是通知浙江大学校方和在一些报上刊载获奖结果消息。[4] 这些报纸有《中央日报》（包括重庆、昆明、贵阳、永安等分社版），上海的《申报》，天津、上海、香港的《大公报》等。其中南京的《中央日报》在当年 12 月 29 日"教育与文化"专版刊载的获奖消息写道：

> 教育部学术审议委员会第二届第四次年会，于昨（二十八）日继续举行，仍由朱部长家骅主席，到该会委员吴有训，傅斯年，周鲠生，柳贻（翼）谋，陈大齐，胡庶华，邹树文等。列席者为杨家瑜，方同源，郑颖荪，钱歌川，胡秉正，李德毅（等），由朱部长家骅主席。通过之要案有：
> 一、专科以上学校专任教员薪俸调整案：……

---

[1] 杜昌瑶：教育部学术审议委员会第二届第十五次常务委员会议记录（三十五年十一月六日）。《教育部公报》，1947 年第 19 卷第 1 期，第 41 页。

[2] 教育部学术审议委员会第二届第十四次常务委员会议记录（三十五年四月四日）。《教育部公报》，1946 年第 18 卷第 4 期，第 15—21 页。

[3] 三十四年度推荐学术奖励作品应行注意事项。《教育部公报》，1945 年第 17 卷第 6 期，第 6 页。

[4] 钱令希回复台湾大学应用力学研究所的手稿。1995 年 6 月，未刊稿。原件存于钱唐家中。

二、确定卅四年普通作品、发明奖励金额案，决议：一等奖八十万元，二等奖四十万元，三等奖二十万元。会议中经审查通过之得奖人及其作品如下：

（一）文学类　二等奖二人……（二）哲学类　三等奖二人……（三）社会科学类　二等奖三人……（四）古代经籍研究类　三等奖二人……（五）自然科学类　二等奖一人……（六）应用科学类　二等奖六人：钱令希"梁与拱函数分布图与其感应图之连锁关系"，朱莲青"我国土壤层理分类及命名法"……三等奖十人……①

按当时的评奖规则，每年度每人只能以一种著作或发明申请奖励，故报道中没有《悬索桥理论及分析之改进》一文获奖信息。但这个规定最终没有严格执行，在后来国民政府学术奖励的报道和年鉴中，钱令希1945年申报的两篇文章均为获奖作品：

民国三十四年度向教育部申请奖励之著作、发明及美术作品，业由教育部学术审议委员会决选。应予奖励者，共四十七种。兹将获奖人姓名及作品名称录后：

柴德赓　鲒琦亭集谢三宾考

姚薇元　鸦片战争史事考

……

钱令希　㈠梁与拱函数分布图与其感应图之连锁关系㈡悬索桥理论及分析之改进

朱莲青　我国土壤层理分类及命名法

……

（以上十二种各给二等奖金四十万元）

孙文青　南阳草店汉墓画像图

严济宽　中国民族女英雄传记

---

① 学术审议会昨决定 上年学术奖金各得奖人名单。《中央日报》，1946年12月29日，第5版。

第三章　从"钱试用"到国立大学教授

李秀峰　成人教育之实验

　　……

（以上三十五种各给三等奖二十万元）。①

　　三十四年度（第五届）/（1）文学类……（5）应用科学类　二等奖者六人/钱令希（一）梁与拱函数分布图与其成（感）应图之连锁关系（二）悬索桥理论及分析之改进……②

　　民国政府教育部学术审议委员会聘请的委员，聚集了当时国立各大学各学科的著名学者，甚至包含了中央研究院评议会的不少评议员，如竺可桢、吴有训、茅以升、王世杰、周鲠生等，他们在当时中国学术界有着较高的学术声誉和学术地位。③另外，为了杜绝政治对学术的侵袭与干预，排除其他因素（如同学、同乡、学派、机构等）对学术评奖的干扰，达到以学术为标准的相对公平、公正的学术评议环境，学术审议委员会在评奖流程中设立了三道"防火墙"：首先，聘请一批本着学术良知的审查专家对作品进行专门审查；其次，在大会选决前以小组审查形式对专家的意见进行审定，以将审查专家中的一些"病毒"成功隔离；最后，在小组审查意见之上还有大会选决，这一关口并不是纠正小组专家的"否决"意见，往往是对小组专家的"肯定"意见进行否决，从而避免学术审议会委员利用手中权力绕开审查专家对"关系"作品进行"肯定"。④加上教育部颁行的《著作发明及美术奖励规则》，对具体奖励的等级和数量，坚持以学术为标准和"宁缺毋滥"的原则。故教育部学术审议委员会的学术审议活动，具有相当大的学术权威性。这也在一定程度上反映钱令希早年学术研究成果的影响力。

---

①　三十四年度 著作发明及美术得奖者。《大公报》上海版，1947年2月13日第7版。

②　教育部教育年鉴编纂委员会编：《第二次中国教育年鉴》。上海：商务印书馆，1948年，第77页。

③　左玉河：从中央学会到学术审议委员会：中国现代学术评估体制的建立。《社会科学研究》，2008年第5期，第161页。

④　张剑：良知弥补规则 学术超越政治——国民政府教育部学术审议委员会学术评奖活动述评。《近代史研究》，2014年第2期，第116页。

1945年6月25日，钱令希应浙大土木工程学系1945届级会之邀，就《悬索桥理论及分析之改进》一文的内容，做题为《吊桥之新原理》的演讲。演讲中，他"对于吊桥各项问题，阐述颇详，意见亦颇精辟"，备受听众欢迎。①

　　1945年7月，《"梁"与"拱"函数分布图与其感应图之连锁关系》在《国立浙江大学工程季刊》②第4卷第1期上发表，1948年9月，又在《现代铁路》第4卷第3期上再次刊发。《"梁"与"拱"函数分布图与其感应图之连锁关系》是钱令希公开发表的第一项研究成果，有相当的独创性。茅以升评价说："梁、拱为一切结构之基本单位，从力学立场研究其性能时，须采用多种有关函数，表面上颇形复杂。钱君此文，指明此多种函数中，有一连锁关系存在，且绘出其关系图，俾能举一反三，驭繁于简，洵为结构学中之创获。"刘恢先在此文的审查意见中写道："该篇之贡献在将梁与拱之廿五个不同函数，用一简单、规则之图形排列联系之，使错综复杂之关系，一目了然。若已知廿五函数中任一函数，则其创各函数在理论上可依图中线索用积分及微分法逐一求出。此点在学术上自有价值，但在实用方面则不无困难。……此篇纯系结构理论上之演绎，其所发现之各种函数之连锁关系，审查人未曾于他处读到，认为系属创作，该种连锁关系，颇饶学术趣味，自有价值。"③《"梁"与"拱"函数分布图与其感应图之连锁关系》尽管已过去近80年的时间，但是至今在材料力学和结构力学都未见到类似的研究，由此不难看出其深邃的学术思想，正所谓"从本文问题的提出不难看出他宽阔的思路，以及全面把握问题从而予以解决的能力。从问题的解决，又可看出他洞察问题的本质，娴熟地把握科学方法

---

① 见闻爪录。《国立浙江大学校刊》，1945年复刊第126期，第8页。
② 《国立浙江大学工程季刊》前身为1933年4月创刊于浙江杭州、国立浙江大学化学工程学会编辑出版发行的《化工》。以《化工》为刊名出版至1935年3月的3卷1期，共出5期。1935年12月改为《国立浙江大学工程季刊》（化学工程），卷期另起，并改为季刊，但在刊史记载中均连为一体。1937年2卷1期后曾停刊，1941年7月在贵州遵义复刊，浙江大学工学院编辑，卷期续前，出版至1945年第4卷（油印）。
③ 5-1360（2），一九四五年度学术奖励著作申请书及审查意见。存于中国第二历史档案馆。

论的素养"。①

《悬索桥理论及分析之改进》一文完稿后，钱令希又将其译成英文，分别寄给上海的现代铁路杂志社和国立北平图书馆重庆办事处。抗战后期，美国国务院文化关系司推行一项文化援华项目，即鼓励中国科研人员将新近脱稿而最有价值的文稿译成英文或直接用英语撰写论文，发表在美国学术期刊上，并于1943年成立一个由11位"中国最能干的人"组成的评审委员会，负责选定文稿。②③ 1945年4月、10月，清华大学物理系教授周培源先后发表在美国 Quarterly of Applied Mathematics（《应用数学季刊》）上的"On Velocity Correlations and the Solutions of the Equations of Turbulent Fluctuation"（《速度的相互关系与剧烈波动方程式的解决方案》，1944年8月21日收稿）、"Pressure Flow of a Turbulent Fluid between Two Parallel Infinite Planes"（《两个平行无穷大平面之间湍流流动的流体压力》，1944年12月19日收稿）两文，就是该项目支持下的中国学者在美国期刊上发表的学术文章。④ 当时，国立北平图书馆受美国国务院委托，负责征集英文科学论文及英文文艺作品，并将评审通过的作品寄往美国相关机构，其中科学论文大都选定权威杂志发表。⑤ 钱令希的这篇英文论文，于1945年7月被转寄美国，送美国土木工程师学会刊发。1947年12月，1948年1月、2月，《悬索桥理论及分析之改进》以"A Simplified Method of Suspension Bridge Analysis"为题在《现代铁路》第2卷第6期，第3卷第1、第2期上连载，其编者附识云："目前关于悬桥之设计方法，或失之简陋，不适用以分析长跨度之桥梁，如弹性理论（Elastic Theory）是，或失

---

① 隋允康：钱令希教授发现的梁与拱结构响应函数族关系矩阵。《计算力学学报》，2016年第33卷第4期，第502页。

② （美）培克：《美国国务院对华文化援助》。重庆：美国（驻华）新闻处，1945年，第11页。

③ 孙洋：太平洋战争时期美国对华文化援助研究。2012年6月，第259页，内部资料（吉林大学博士学位论文）。

④ Wilma Fairbank: America's Cultural Experience in China 1942-1949. Washington D.C.: Bureau of Educational and Cultural Affairs of U.S. Department of State, 1976年，第208-209页。

⑤ 我寄美科学文艺论著多发表于美权威杂志。《中央日报重庆版》，1945年10月28日，第3版。

之繁冗艰长，其于一桥之应力分析，费时须数十日者。如变位理论及级数法（Deflection Theory & Trigonometric series mothod）是。本文阐述处理该项理论及分析之新方法于悬桥之性能表述简明，其计算一桥应力所需之时间可减至一两日内而无损其结果之精密。简洁迅捷，洵为一般工程师之工具。本文现正为美国土木工程师学会（American Society of Civil Engineers）接受将排印刊登该会 Proceedings 中。"[1] 1948年9月，该文以 "A Simplified Method of Analyzing Suspension Bridges" 为题发表在《美国土木工程师学会会报》（Proceedings: American Society of Civil Engineers）第74卷第7期上。在该文的致谢部分，钱令希特别提道：同事兼同邑钱钟韩（1937年9月—1945年8月任浙江大学工学院机械工程学系教授，后于1981—1983年任南京工学院院长）在研究过程给予帮助和有价值的建议；在战时中国许多文献无法获取的情况下，准备论文时参考了美国结构工程师、麦基诺大桥（Mackinac Bridge）设计者斯坦曼（D. B. Steinman, 1886—1960）博士所著的《悬索桥实用指南》（A Practical Treatise on Suspension Bridge）一书。[2]

《悬索桥理论及分析之改进》一文，介绍了跨度大于200米的悬索桥的一个合理的设计分析方法，而该方法给出了简单而明确的桥梁缆索水平力近似公式，以及可确定加强桁架的力矩、剪力、偏斜、坡度极值的一个直接法；所有的工程计算中都可以使用一条曲线，避免了当时已有方法——"现代工程力学之父"铁摩辛柯（S. P. Timoshenko, 1878—1972）的三角级数法（Trigonometric Series Method）——中固有的令人厌烦的试凑过程。这套完全显式的计算公式和适于工程的曲线，可使前电子计算机时代的设计者，利用计算尺便能在几个小时内完成一个设计方案的近似非线性分析。关于这项研究的背景和研究内容，钱令希后来回忆道：

> 40年代抗日战争时期，我国在云南澜沧江上建造了一座跨度不大的公路悬索桥。这种桥型的优越性在于可以跨越很大的跨度。但跨度

---

[1] 编者附识.《现代铁路》，1947年第2卷第6期，第18页。
[2] 钱令希：A Simplified Method of Suspension Bridge Analysis.《现代铁路》，1947年第2卷第6期，第5页。

大，桥的柔性就大，通常沿用的弹性小挠度理论就不够精确了，需要运用非线性的大挠度理论。这个大挠度理论是现成的，困难是计算工作量大，非一般工程师力所能及。我经过细心研究，获得两点重要的发现：一是非线性因素对悬索的拉力幅度虽有影响，但对其在桥梁活载下的变化规律却影响很小；二是非线性因素对加劲梁的影响可以用一个柔度系数来表征，该系数在恒载与活载给定的比例下是相对稳定的。依据这两点发现，我对悬索桥的非线性分析做了高度简化，推演出一套完全是显式的计算公式以及供工程师使用的曲线，借助于计算尺仅用几个小时就完成了一个设计方案的力学分析。[①]

《悬索桥理论及分析之改进》一文也得到茅以升的高度评价。他说："悬索桥之设计，在桥梁中最为繁难。过去应用方法，不论根据弹性理论或变位理论，皆费时甚巨，且不易得有一贯之了解。钱君此作，发现索中水平拉力之新公式，使于各种活重情形下，得以极简明之函数求其变化，减少计算时间，并消除错误机会。从本文所举实例，即可明其价值，洵为结构学中之创造。"评阅专家、时任国立交通大学贵州分校（今西南交通大学前身）校长的顾宜孙（1897—1968，曾于1946年8月—1949年3月任国立唐山工学院院长）则认为，该文观点正确，参考材料丰富，结构完善，有系统之叙述，有学理根据，具有相当的独创性。[②]

"A Simplified Method of Analyzing Suspension Bridge" 在《美国土木工程师学会会报》上发表后，立即得到从事悬索桥研究的学者的热烈响应。1949年2月、4月，同行学者巴西圣保罗大学桥梁与结构工程教授B. J. Gravina、印度卡基纳达工程学院讲师G. S. Ramaswamy以及前清华大学结构工程教授刘恢先关于这篇论文的讨论先后于《美国土木工程师学会会报》(*Proceedings: American Society of Civil Engineers*)第75卷第2、第4期上刊载。就B. J. Gravina、G. S. Ramaswamy和刘恢先针对"A Simplified

---

[①] 钱令希：服务意识 方法意识 学科意识。见：卢嘉锡等主编，《院士思维（卷二）》。合肥：安徽教育出版社，1998年，第584—585页。

[②] 5-1360（2），一九四五年度学术奖励著作申请书及审查意见。存于中国第二历史档案馆。

Method of Analyzing Suspension Bridges"一文的讨论，同年6月，在《美国土木工程师学会会报》第75卷第6期上，刊发了钱令希撰写的"终结讨论"（closure）。也是当年，论文"A Simplified Method of Analyzing Suspension Bridges"及其同行讨论、钱令希的终结讨论，同时在1949年度《美国土木工程师学会汇刊》(Transactions of the American Society of Civil Engineers)第114卷第1期上刊发。上述学者分别指出：

基于简化悬索桥设计的挠度理论，本文提出了一种令人关注的分析方法。用作者的公式代替渐近法进行直接分析，部分地牺牲了精确性，却有利于更加简化设计计算。

本文对令人印象深刻的大量悬索桥方法进行了提升。作者得出的结论是：拉索水平拉力实际上取决于活载与静载之比以及桁架刚度值。这一结论激起了人们的进一步思考。[1][2]

为了推导出悬索桥的简单公式，作者建议使用更一般、更严格的三角级数；作者提出的桁架函数公式所需的计算量最少，而三角级数的公式具有通用性的优点；与工程人员的一般印象相反，对悬索桥的分析已经不再比其他连续结构复杂了。[3][4]

钱令希针对上述论文讨论的回应称：

B. J. Gravina、G. S. Ramaswamy和刘恢先用不同的方法推导出了缆索拉力的水平分量公式，他们都使用了铁摩辛柯的三角级数方法，严格、缜密地推导出了公式，所得到的结果基本相同。关于《悬索桥

---

[1] Pedro B. J. Gravina, G. S. Ramaswamy: Discussion on "A Simplified Method of Analyzing Suspension"。T Proceedings: American Society of Civil Engineers, 1949年第75卷第2期，第275-281页。

[2] G. S. Ramaswamy: Discussion on "A Simplified Method of Analyzing Suspension"。Transactions of the American Society of Civil Engineers, 1949年第114卷第1期，第1148-1150页。

[3] Hui-Sien Liu: Discussion on "A Simplified Method of Analyzing Suspension"。Proceedings: American Society of Civil Engineers, 1949年第75卷第4期，第489-494页。

[4] 同[3]，第1150-1155页。

的近似分析》的讨论与原文的方法有些零星的分歧,似乎不需要做出最后的结论。但是还是希望对讨论起到的问题澄清作用表示感谢。①②

在这篇论文发表近 3 年后的 1951 年,由于它的创造性和深入浅出、面向工程的风格,经美国土木工程师学会结构分会推荐,拟颁授钱令希 1951 年度莫采夫奖（Moisseiff Award 1951）。是年 6 月 18 日,美国土木工程师学会特地来信,通知钱令希去美国纽约领奖,并先寄一张照片。鉴于当时朝鲜战争已经爆发,钱令希于 9 月 3 日给美国土木工程师学会回信,拒绝接受该项奖金。③ 后来这个奖临时改授给了美国力学家尚利（F. R. Shanley）,他以研究立柱非弹性稳定理论而著称。

从上述项目看,注重工程实践的钱令希的研究已经达到了当时国内外先进水平。1945 年,他在王国松的介绍下,于遵义参加中国工程师学会。其会员资格审查比较严格,在当时的学术界中,成为中国工程师学会会员是一种荣誉。④

浙大内迁贵州期间,多数在校学生家乡沦陷,流亡来内地,假日无家可归,或因路途遥远,花不起昂贵的路费,所以整个假期都在校中度过,而教授们也不像平时那样忙碌,因此每逢此际,学术活动就更加频繁,学校自 1943 年起均举办夏令讲习会（暑期演讲会）,内容一年比一年丰富。⑤ 作为当时年轻的教授,钱令希在研究之余,也在此间参加学校特地为这些留校学生举办的学术活动。1945 年 7 月 4 日,竺可桢校长召集钱令希、吴钟伟、吴征铠、刘恢先等教授,讨论暑期演讲相关事宜,决定是年暑期中每周分别举行文艺时事、科学两类学术演讲,时间自 7 月 7 日起,每星期

---

① TSIEN Linghi: Closure to "A Simplified Method of Analyzing Suspension Bridges"。Proceedings: American Society of Civil Engineers, 1949 第 75 卷第 6 期,第 833-836 页。

② TSIEN Linghi: Closure to "A Simplified Method of Analyzing Suspension"。Transactions of the American Society of Civil Engineers, 1949 第 114 卷第 1 期,第 1155-1158 页。

③ 浙大钱令希教授拒绝美国奖金。《当代日报》,1951 年 10 月 19 日,第 3 版。

④ 茅以升: 中国工程师学会简史。见: 政协全国委员会文史资料研究委员会编,《文史资料选辑 第 100 辑》。北京: 中国文史出版社,1985 年,第 146 页。

⑤ 施载义、顾明训: 回忆抗战时期浙大在遵义的学术活动。见: 贵州省遵义地区地方志编纂委员会编,《浙江大学在遵义》。杭州: 浙江大学出版社,1990 年,第 635 页。

三、六的上午九点,地点在遵义何家巷大院的三号教室。① 1945年8月15日星期三,钱令希一早就赶到何家巷大院三号教室,如期做题为《力学漫谈》的学术讲座,向包括竺可桢校长在内的师生介绍力学应用于掷铁饼、标枪、脚踏车、赛跑以及离心力、万有引力等情形。② 一周后的8月22日,竺可桢校长做题为《为什么中国古代没有产生自然科学》的演讲。可见,浙大当时的夏令讲习会规格之高。

钱令希在遵义浙大期间,还有一事值得一提,就是在不经意间引导了浙大外文系主任、教授佘坤珊(1904—1956)的女儿佘颖禾(1935—)后来走上力学教学科研的道路(图3-10)。对此,佘颖禾教授在接受采访和纪念钱令希百年诞辰的回忆文章中都有提及:

> 我认识钱伯伯是在浙大西迁到遵义的时候,那时候我大概上小学三年级。当时浙大的文学院和工学院设在遵义,我父亲佘坤珊是外文系主任,钱伯伯和吴征凯伯伯都是工学院的年轻教授(钱令希可能是当时最年轻的了),父亲比他们年长,可他们却成了非常好的朋友,我们这几家经常聚在一起就像一家人,特别是过年过节的时候……
>
> 我家孩子多,母亲太忙,我有时只能由父亲管。比如,父亲要上课,我就得跟随他去"子弹库"(大学生上课的地方)玩玩,或坐在父亲上课的教室里"听讲课"。也知道了那些扛着经纬仪在外面摆弄的就是土木系的,我把这告诉钱伯伯了,可他说,不一定都干这个,他就是搞土木的,可他就不搞测量。后来他在院子里用一些小木头条块搭起了一座精致的小桥,让我们这些孩子们在上面走着玩,我开始知道一点"土木"这个行当干的事情了。抗日战争胜利后浙大迁回杭州,学校在刀茅巷给教师盖了一批宿舍,我们那个宿舍区叫建德村(纪念西迁),分甲、乙、丙三种。钱家人少,住丙种;我家人多,分到甲种。甲种房子虽然每家有两层,可是面积不大,显得很局促,设

---

① 竺可桢著、樊洪业主编:《竺可桢全集 第9卷》。上海:上海科技教育出版社,2006年,第447页。

② 同上,第485页。

图3-10　1985年6月，钱令希与佘颖禾参观加拿大安大略西部大学风洞实验室

计不合理，是钱伯伯主动帮我家修改了布局，取消了楼下的隔墙。这样，我家的厅就比别家的宽敞了，邻居和朋友们会经常来我家……

　　1952年我高中毕业，参加高考，我们这些人当时都非常渴望为解放了的新中国的建设出力。在填写志愿时，我毫不犹豫地把三个志愿都填成了工学院的土木系。这的确就是受到了钱伯伯的影响。我在南工念完大学，就体会到要把结构设计好，必须有扎实的力学基础，所以当我考取留苏研究生时，就选择了力学。从此，我和钱伯伯在事业上又走近了一步。

　　……

　　1962年我回来后在我校新成立的力学专业任教，钱伯伯已是我国力学界的知名学者。大连工学院的力学专业在全国已是很突出的，这当然和钱伯伯多年的努力是分不开的。为了向他们学习，同时也为了我母亲能和她的老朋友钱伯母聚会，我带着母亲远道去了一趟大连，我们住在钱家。那些日子真是他们几位老朋友很开心的时候了，自那以后，我母亲就再也没有机会和钱伯母见面了。

从此，我和钱伯伯就算是同行了，有了更多的共同语言，也更了解了他的为人……①②

王仁东（1908—1983，应用力学家）和钱令希在遵义和杭州都是浙大工学院的同事也是好友。后来在中国力学学会上，两人都是理事。王仁东的儿子王宽福不约而同地和佘颖禾一样在钱令希百年诞辰的 2016 年回忆他们认识的钱伯伯。③

西子湖畔显芳华

抗战胜利后，浙江大学回迁杭州就提到议事日程上了。1946 年 2 月 17 日，浙江大学举行教授会议，讨论学校复员费用、路径、回杭后的住宅问题。会上成立浙江大学复员委员会遵义分会，钱令希当选为复员委员会遵义分会成员。是年 8 月，钱令希一家离开了工作与生活了近 3 年的遵义城，随浙江大学复员到达杭州。这时，浙大修建了建德村。建德村的教职员工宿舍分为甲（楼房）、乙（楼房）、丙（平房）、丁（楼房）。④ 1946 年年底，钱令希入住是年 10 月新近竣工的浙大教职工宿舍建德村（位于刀茅巷口，由城墙、庆春街、刀茅巷合围而成）丙种 404 号。⑤ 因房间面积较小，钱

---

① 佘颖禾：我所知道的钱令希伯伯。浙大校友网，2016-11-16。
② 佘颖禾访谈，2017 年 9 月 9 日，南京。资料存于采集工程数据库。
③ 王宽福：怀念钱令希伯伯。浙大校友网，2016 年。
④ 王谷岩：《贝时璋传》。北京：科学出版社，2010 年，第 103 页。
⑤ 丙种宿舍，浙江大学于 1946 年 10 月 4 日验收，位于建德村东南侧，为 8 幢单层别墅，每幢 4 户，每户外均环有花园；丙种每幢中央还有一块戏称为"大操场"的空地。20 世纪 80 年代初，浙大让出建德村丙种宿舍所在的地块给从四川搬迁来杭州宝善桥的轻工业部机械设计研究所（现轻工业杭州机电设计研究院前身），由该所建造起前后两幢多层住宅楼，编号为建德村 5 幢的南楼归研究所以安置其员工，而编号为建德村 4 幢的北楼归浙大作为地块的抵偿，这就是现今建德村。钱令希当年所居住的丙种 404 号，现为今建德村 4 幢和 5 幢之间的空地。2018 年夏，钱唐专访建德村，得到现在居民的热情帮助，其中一户居民的女儿陆人袤在浙大建筑工程学院（前身即钱令希当年任教的土木系）工作，同事吴盈颖博士根据她的细心回忆与描述而绘制一组建德村丙种宿舍建筑模型图（其中钱令希住的 404 号模型图见图 3-11）。

图 3-11　浙大刀茅巷建德村丙种 404 号宿舍模型图（东北方向特写，浙江大学建筑工程学院吴盈颖绘制）

令希后来又在东面空地上加盖一小间（如图 3-11 右侧灰色部分）。

钱令希在复员回杭的浙江大学，继续教授"高等结构"等课程，参与工程实践，同时开始研究余能原理，并走出象牙塔，参与了一些社会活动。

西子湖畔的岁月，钱令希在教学科研上最大的收获，就是培养出胡海昌（1928—2011）、潘家铮（1927—2012）两位学生（图 3-12）。1949年春季学期，他们俩均为浙江大学土木学会干事（其中胡海昌是常务干事）。[①] 1949 年秋季学期，钱令希开设选修课"高等结构"，他们是该课堂上仅有的两名学生。1980 年，他们双双当选为中国科学院技术科学部学部委员（1994 年改称院士），潘家铮还于 1994 年被选聘为中国工程院首批院士。关于"高等结构"课堂上仅有的这两名学生，后来成为钱令希教学生涯的一段佳话，他也引以自豪，常用来勉励他后来的学生。对此，20 世纪80 年代末跟钱令希做博士后研究、现任英国莱彻斯特大学（University of Leicester）工程学院副主任的潘敬哲教授回忆说：

> 我跟钱先生做博士后是 1988 年。当时钱先生已是七十多岁了，当了两届大工的校长和中国力学学会的理事长。按常理，我并不期望能有

[①] 零讯汇志.《国立浙江大学日刊》，1949 年复刊新 115 号，第 238 页.

多少机会见到先生。可后来的事情却完全出乎了我的想象。来大工后不久，我想给研究生开一门关于材料微观结构的新课。我觉得力学系学生的力学都很好，可是对材料的结构却一点也不懂。这对研究材料的力学行为是很不利的。我写了个教学大纲交到研究生院，却碰了钉子。想开一门新课，我又不是教师，谈何容易！回来跟钱先生发牢骚，先生笑眯眯地拿出笔来，在我的教学大纲下写了一行字："我看此课内容很好，建议予以安排。钱令希。"我再拿回研究生院，当然是顺利通过。开学时，一看课表，好可怜，只有两个学生选了我的课。先生知道了，对我说，"两个人也要上。我在浙大时，开了一门高等结构力学，也是就两个学生。你知道他们是谁吗？"我说不知道。先生说，"一个是胡海昌，另一个是潘家铮。"这两位当时都已经是中国科学界的大师！[①]

图 3-12　1950 年 4 月 19 日，浙江大学土木系师生欢送 1950 年应届毕业支前同学合影（第二排左七为潘家铮、左八为胡海昌，第三排左八为钱令希、左九为吴钟伟，浙江大学档案馆提供）

---

① 潘敬哲：钱先生的一些小事。见：林家浩主编，《力学与工程应用》。大连：大连理工大学出版社，2006 年，第 297 页。

其实，在1948年春季学期，钱令希就开始指导胡海昌从事研究工作。对此，胡海昌后来回忆道：

> 钱令希现在大连工学院，以前在浙大教书。我在二下年级时第一次向他请教指导研究工作，此后得到他热心的指导和深切的关怀。①

胡海昌撰写的第一篇论文《桁架分析的通路法》是在他读大三的时候由钱令希指导完成的。在这篇论文里，胡海昌对桁架分析提出了一些新的见解，并且改进了演算的方法，使得原来比较费解的问题变得清楚简单。他在论文最后特别指出："本文之完成全赖浙大教授钱令希先生多方指导，附此致谢。"这篇论文，当时就引起好几位老科学家的注意，钱令希很赞赏这篇论文，可是找不到发表的地方，因为那时杭州还没有解放。解放后的1950年2月，这篇论文很快地就在《工程建设》第3期上发表，并且被高等教育部编到结构学的教材里去。②同年6月，钱令希与胡海昌合作的论文《空腹桁架应力分析的精简》在《工程建设》第5期上发表（英文版"On the Stress Analysis of Open Web Trusses"于1952年发表在 Acta Scientia Sinica 创刊号上）。该文提出了在土木建筑中运用的空腹桁架平行弦的无剪力分配法。这一方法虽然是手算法，基本公式却有一定的优点，编制程序在电子计算机上计算，仍比其他计算方法优越。但直到国外大学生、研究生教科书里采用了这一优越的计算方法，并于1978年在我国翻译出版以后，才得到我国有关科技人员的承认。无剪力分配法用来在高层建筑中计算一百层对称刚架，与国外普遍运用的角位移法比较，在同一台电子计算机上，所需电算时间只有后者的六分之一左右，精确程度都一样。③1954年，潘家铮将该方法加以推广，使其不受上项假定之限制而可用于一般式

---

① 胡海昌：关于自己的历史。见：刘锋编著，《胡海昌院士传记》。北京：中国宇航出版社，2018年，第57-66页。

② 徐美成：问题是在善于学习——记青年科学工作者胡海昌的成长。《光明日报》，1956年5月30日，第2版。

③ 王磊：多方学习 万木争荣。《光明日报》，1980年2月15日，第3版。

连框桁架。[1]

1948年左右，钱令希开始研究余能原理，并与胡海昌、朱兆祥等分享研究成果，在听取他们的一些意见后于1949年年初完成《余能原理》的初稿，并将论文初稿让朱兆祥用蜡纸刻写油印数份分发浙大学生和一些同行，再通过修改后于1950年7月投稿《中国科学》（现《中国科学：数学》），同年11月发表。钱令希在论文最后特别指出："本文的完成，浙大胡海昌君提了好些有价值的意见，谨致谢。"余能原理是德国学者恩格赛（Fr. Engesser）于1889年提出的，很长时间没有受到与其价值相称的重视。钱令希在文中论证了余能的变分不仅可以表达结构的变形协调，并且不受物体虎克定律的限制。

这一工作为有限元方法的初期发展做出了贡献，开创了力学变分原理的研究，引发了中国力学工作者对变分原理研究的兴趣和产生了一系列有国际影响的成果，其中最具代表的是他的学生胡海昌于1954年提出的三类变量变分原理，这项成果被国际上称为"胡—鹫津原理"（Hu-Washizu principle），推动了国内外对力学变分原理的深入研究。对此，1982年《光明日报》报道：

> 自然科学奖励委员会最近宣布的我国自然科学重要成果获奖名单中，有一位中年科学家的名字特别引人注目，他就是五十四岁的中国科学院技术科学部学部委员、中国空间技术研究院某设计部副主任胡海昌。……这一次，他又以广义变分原理的研究成就，被评定获得自然科学二等奖。……变分原理可以广泛用于处理各种工程计算。我国著名力学家、胡海昌大学时代的老师钱令希教授在新中国成立后不久，发表了我国在这方面的第一篇论文《余能原理》，这激励着像胡海昌这样一些有志青年做进一步的探索。[2]

---

[1] 潘家铮：一般式连框桁架的分析.《土木工程学报》，1954年第1卷第2期，第237-248页。

[2] 郑海宁：我是"留"中国的——记我国自己培养的中年科学家胡海昌.《光明日报》，1982年8月27日，第2版。

胡海昌听过钱令希的讲课，又经常与他讨论问题，并把钱令希对余能原理深入浅出的阐述铭刻在脑海中，成为以后萌发的一粒种子。20世纪90年代初，胡海昌回忆起当时的情景时，对于老师的鼓励后生、循循善诱怀有无限深情，曾说："年轻人和老师讨论问题时，总是问这问那，并且许多意见往往是错的，但钱令希先生对年轻人的许多错误想法并不介意，总是给予耐心解释，而如果有一句话说对了，先生便大加鼓励。"[1] 对于在钱令希先生的启发和指导下研究能量原理所取得的成就，胡海昌感铭心切，2006年，他在纪念恩师九十寿辰的文章中再次提及：

> 回忆20世纪40年代末，得到先生精心指导，开始钻研结构力学和弹性力学。特别是提前看到了"余能原理"的初稿；之后不久得到了先生热情馈赠的论文抽印本，这激励我专心研究弹性力学，并以能量理论为核心。从此以后我常把自己比拟为水稻插秧，以此自勉、勉人，果真大有成就。
>
> 先生一贯爱惜人才。我深信爱之内是爱国爱民的纯洁的感情。
>
> 1990年前后，我在科研中又获得了进展，把广义变分原理中的泛函转化为一连串的极值问题，看起来像一个程序链。在有限单元法发展之初，有不少人主张升阶降元。但这样做碰到了难于克服的困难。另有一些人主张升元降阶，但碰到了元升得太多，难于实用。现在好了，可以以程序链形式出发，使每一环节的计算都简化了很多。优化计算理论里就有一条老经验：一个规模巨大的计算，若能将它转化为一连串极值问题的计算，就能节省工作量。这样就满足了长期以来的愿望，增元而不增加工作量。
>
> 以上简略地回忆了我钻研能量原理的经过，其中的新思想都是在先生的启发和指导下形成的。[2]

---

[1] 武际可：一位杰出的力学家——胡海昌教授，《力学与实践》，1991年第13卷第2期，第74页。

[2] 胡海昌：以最新研究进展向老师贺寿的信。见：林家浩主编，《力学与工程应用》。大连：大连理工大学出版社，2006年，第273页。

20世纪70年代，杭州市勘测设计处（现为杭州市城建设计研究院）工程师，后任杭州市城建设计研究院院长、大工兼职教授、《计算结构力学及其应用》编委的金问鲁（1925—1997）将钱令希的余能理论推广到悬挂式结构的计算，进行了发展工程应用数学的尝试①，先后出版了专著《悬挂结构计算》（中国建筑工业出版社，1975年7月）、《悬挂结构计算理论》（浙江科学技术出版社，1981年8月），其中前者荣获1978年全国科学大会重大成果奖。

钱令希一直对能量理论有浓厚的兴趣，时常用来解决工程力学问题。② 1962年，他发表的论文《关于壳体的极限承载能力》（载《力学学报》第5卷第2期，俄文版载1963年第4期 Scientia Sinica），运用的也是根据能量理论提出的壳体极限分析方法。

1963年8月26—31日，中国力学学会和大连工学院共同在大连召开全国第一次"极限分析及塑性理论学术讨论会"，出席会议的有来自全国有关高校、研究机构及工厂企业单位的代表58名和列席代表20余名。钱令希与钟万勰合撰的《论固体力学中的极限分析并建议一个一般变分原理》是此次会议交流的三个专题性总结报告之一。该文把一般变分原理进行极限分析，由一般变分原理决定的极限载荷将高于同一应力场通过下限定理给出的下限值，同时它又将低于同一变位速度场通过上限定理给出的上限值，即应用一般变分原理的方法缩小了上下限之间的距离，比普通极限分析的结果很可能更逼近于真实极限载荷值；不同作者通过十多个算例试算的结果表明，用这种方法所求得的结果比较稳定，不像普通极限分析的结果那样上下限非常敏感的依赖于所设的应力场及变位速度场。另外，这种方法比较简单，较适合于复杂结构的极限分析。与会学者、专家认为，这一工作为极限分析开辟了一条新途径，是具有较大独创性的一项研究。③ 该文后来先后发表在《力学学报》（1963年第4期）、《大连工学院学

---

① 蒋鹏旭：敢于登高的人——记全国科学大会代表、杭州市勘测设计处工程师金问鲁。《浙江日报》，1978年3月24日，第3版。

② 钱令希：服务意识 方法意识 学科意识。见：卢嘉锡等主编，《院士思维（卷二）》。合肥：安徽教育出版社，1998年，第584-585页。

③ 李毓昌：极限分析及塑性力学学术讨论会。《科学通报》，1964年第3期，第272页。

第三章 从"钱试用"到国立大学教授

报》（1964 年第 1 期）上，其英文版 "A Generalized Variational Principle for the Limit Analysis in Solid Mechanics" 在 *Scientia Sinica* 1964 年第 11 期发表。

20 世纪 80 年代中后期，钱令希指导博士生王志必进行"工程结构的安定性和极限分析"研究，并且还据此于 1987 年以《工程结构安定性和极限分析的理论研究与数值方法》为题申请并获批首批国家自然科学基金资助项目（编号：918700404）。后来，他们又进一步将有限元方法、线性规划方法与电子计算技术结合起来，开发出更方便于工程应用的温度参数法，用以统一解决结构极限分析和安定分析（参见《结构极限分析和安定分析——温度参数法》，载《计算结构力学及其应用》1989 年第 6 卷第 1 期）。后来，他们又改进了这种方法，采用弹塑性弹簧和刚性单元构造的有限元模型，以简化计算过程（参见《板、壳极限分析和安定分析——温度参数法》，载《力学学报》1989 年第 21 卷增刊）。钱令希指导王志必的这项研究，是能量变分原理与计算力学的结合，也是向计算力学研究的转移（图 3-13）。

图 3-13 1986 年夏，钱令希指导博士生王志必进行学位论文相关实验时与大工力学实验室师生合影（左起：孙丰华、宫照坤、王志必、钱令希、贾阿兴、房德馨、张永洲。王志必提供）

直到生命的最后一段时间,钱令希还惦记着他的《余能原理》。在大连医科大学附属第二医院住院期间,钟万勰院士来医院看望他,他用期待的眼光看着钟万勰说:"不知我的'余能理论'在今天能否站得住脚?"①

钱令希在浙大教授"高等结构"的实践中,探索用讨论交流的方式进行教学,有时还把自己的讲稿提纲给学生看,听取学生的意见,并不断地将学生提出的有意义想法吸收到自己的讲稿中去。这种独特的教学方式,加上余能原理的研究成果,促进了教材《超静定结构学》的问世。1951年6月,钱令希所著的《超静定结构学》由上海的中国科学图书仪器公司出版(图3-14)。② 该教材由绪论、结构形变、超静定结构一般性分析法、连续梁与刚构、刚构房屋之分析、桁架次应力、柱比法及变梁常数、拱、连续拱、空腹桁架、余能理论等十一章组成。关于该教材的特点,尤其是胡海昌、潘家铮等学生对该书的贡献,钱令希在本书序言中写道:

图3-14 1951年6月初版第一次印刷的《超静定结构学》封面和版权页

---

① 周建新:《钱令希传略》。大连:大连理工大学出版社,2013年,第125页。
② 中国科学图书仪器公司编辑部于1956年并入同年成立的科学技术出版社(上海),1958年5月至8月,由原科学技术出版社(上海,1956年建社)、上海卫生出版社(1956年建社)、上海科学普及出版社(1957年建社)三家合并组建科技卫生出版社,1959年起改为上海科学技术出版社。

本书是写给土木工程系和水利工程系大学三四年级同学读的，可以作为新学程中结构学（二）和（三）的教材；本书的内容竭力想做到精简和带有启发性……假定这书尚有可取之处，那么多年来，浙大的同事们和同学们在教学中，反映和提示的意见，是最应该感谢的。尤其是有两位同学必须在这里一提，那是胡海昌君（现在科学院数学研究所）和潘家铮君（现在燃料工业部工作），他们在学校的时候，对这门功课喜爱而努力，曾经常的提供很多宝贵的意见，不论是在教材内容和教学方法上，使我更接近了读者的思想。①

参与该教材编写工作的学生潘家铮后来回忆道：

浙大严谨求实的校风和师长们的言传身教，不仅使我打下了坚实基础，而且学到了做人的道理，一生受惠无穷。当时担任系主任的钱老师对我的影响尤其巨大，没有老师就不可能有我以后的一切。

……浙大的考试是出名的多而严，在考结构学时，同学们深以要硬记许多公式为苦，让我设计了一张卡片，把繁复的公式和解法都录在上面，并推我们几个人去老师家串门游说，让他允许我们把卡片带去应考。这简直有些"开卷考试"的味道，我生怕老师不会同意，就说卡片上只写了少数公式。老师听后欣然同意，显然他认为让学生减少些死记硬背，把精力放在思考问题上更为有益。当他看了那张卡片后不禁呵呵大笑说："你们把所有公式都写上去了嘛。"当他得知这卡片是我设计的，又意味深长地说："实际上，最得益的是潘家铮，他倒用不着带卡片了！"

那时，还缺乏中文的超静定结构教材，只有几本英文参考书。老师计划自编一本讲义，他破天荒地让胡海昌和我把那几本英文书读完后拟出讲义的初稿来。这当然不是认为我们有资格写，而是要看看学生们在学习这门课时难点是什么，想的是什么，这种做法在学校里都

---

① 钱令希：《超静定结构学》。上海：中国科学图书仪器公司，1950年，序言页。

是少见的，对我来说真是受惠终生。从老师学，所得的不是以听了几小时的课、读了几本书所能衡量的，真是春风化雨，润物无声。①

《超静定结构学》出版后，受到国内师生的青睐。初版后的第四个月，中国科学图书仪器公司便通知即将准备重印（当时称为"二版"）。为此，钱令希于1951年10月撰写了《二版序》，其中写道：

这书初版后第四个月，当中国科学公司通知说即将准备再版，著者是不禁兴奋而感觉十分惶恐。迅速的再版，说明了新中国是如何需要各方面的知识来配合蓬勃壮大的建设事业。但亦加倍地警惕（提醒）了著者们在工作中必须更加严谨和负责。

感谢读者们在初版中提示的意见，尤其那些仔细校读本书的，指出了许多可以修正和改善的地方，帮助了著作者的进步，并使再版得以比较健全。

本年十月间曾打印了一份勘误表，纠正了若干初版中的疏忽。但是已无法遍送在这时以前购置本书的读者，真是非常抱歉的。

近来接触了些苏联关于结构理论的书籍，想来它们的内容是经过集体的洗练，所以风格是非常严谨而一致的。遗憾的是本书未曾及时感受这些经验，只得在写作中的"静定结构学"，来努力吸取和介绍它们的风格了。②

此后，《超静定结构学》又不断重印。由于出版机构的重组、合并、名称变换，该书又分别于1957年9月、1958年10月、1959年4月以科学技术出版社、科技卫生出版社、上海科学技术出版社等名称出版、印行。其中该书1958年10月出版的新1版内容提要写道："本书于1951年初版……

---

① 潘家铮：师恩似海永难忘。见：林家浩主编，《力学与工程应用》。大连：大连理工大学出版社，2006年，第271-272页。

② 钱令希：二版序。见:《超静定结构学》。上海：中国科学图书仪器公司，1952年，序言页。

著者参考中外专家名著，结合教学经验，把超静定结构理论和实用作一有系统的介绍，精简而有启发性，并有若干创造性，近年出版的许多书籍中，皆将本著引用为参考资料。"[①] 截至1959年4月，该书以中国科学图书仪器公司、科学技术出版社名称印行共1万册，1958年10月的新1版印刷8次、共7500册。2011年，科学出版社又将《超静定结构学》与《静定结构学》合并，出版"中国科学技术经典文库·技术卷"《超静定与静定结构学》。

钱令希对胡海昌、潘家铮的培养，不仅是在学业和研究上，也体现在对他们毕业工作的选定上。1950年春月，钱令希在潘家铮和胡海昌毕业前夕，介绍他们到隶属燃料工业部水电总局的钱塘江水力发电勘测处（1952年更名为"浙江水力发电工程处"）实习。潘家铮毕业后就留在该处工作。对此，潘家铮回忆道：

> 四年大学生活梦幻般地逝去了，面临着毕业就业问题。这时还没有统一分配之说，但失业之虑是不存在了，因为新中国处处建设，百废待兴，处处要人啊！同学们纷纷报名去天南海北，专业有港口、铁道、建筑、公路、水利……我也多么想飞到祖国的边疆去一显身手啊！可是，当时我家中父亲早已逝世，母亲、姨母和长兄都患上精神分裂症，弟弟抗美援朝离去，还有个幼妹需我抚养。这些无形的绳索将我紧紧捆住，我是无法远离家乡的。钱令希先生了解我的处境，对我说："燃料工业部在杭州有个钱塘江水力发电勘测处，挺不错，我认识他们的徐洽时主任，你还是到那里去吧，也好就近管家。"说实话，我当时并不乐意，因为这个勘测处是国民党资源委员会留下的一个小摊子，任务只是查勘钱塘江支流和一些小河的水力资源，虽说也有个CVA的计划（在街口修个十多万千瓦的电站），天知道哪年能够实现。去那里工作也不过是混日子，但是为了照看这个破烂的家，也只好将就了。几天后我就背了行李卷报到去了。徐老倒是十分热情，安排我

[①] 钱令希:《超静定结构学》。上海：上海科学技术出版社，1958年，新1版，版权页。

参加一座 200 千瓦的小水电站的设计施工，还给了 123 个"折实单位"的工资，这在我的同学中算是最高的了。从此我有了赡养母亲和其他亲属的能力。①

与潘家铮同时去钱塘江水力发电勘测处实习的胡海昌，没有被该单位看中。就在胡海昌面临统一分配去治淮时，钱令希又说服浙江大学管分配的军代表让他去搞理论研究，并将他推介给中国科学院数学研究所。对此，胡海昌后来回忆道：

> 到 1950 年上半年，生活更加困难，约在四月里，每星期工作三日，约半个月后，校方叫我们全班同学到嘉兴去支援建造飞机场。钱令希先生介绍我和潘家铮到浙江水力发电勘测处（当时称"钱塘江水力发电勘测处"——编者注）工作。②
>
> 我们的这届毕业生第一次统一分配工作，事前大家都不知道，因此到快毕业的时候，各种机关到处拉人，同学亦都自找出路。我希望毕业后留在浙大当助教，因为杭州就是我家所在地。可是我最接近的一位先生，钱令希，却不同意我的看法，他认为我不宜做助教，一定要送我到科学院来。事实的经过大致是这样的，数学研究所筹备成立之后，周培源就托王淦昌到浙大来找学弹性力学和流体力学的人。王淦昌找到钱令希，钱令希就把我推荐出来。我起初不愿到科学院来，因为觉得北京人生疏，天气寒冷，生活不习惯。但是想到将来可专门研究弹性力学，心里很高兴。另外，我感（到）钱令希一向对我很关心，并且是真诚的，他的（意见）大致不会错，这样最后同意到科学院来。后来政务院通知统一分配毕业后，我由科学院提名，华东教育部批准，遂于九月中旬到达北京。在我可能去工作的许多机关中，特

---

① 潘家铮：我是怎样走上水电建设道路的。见：潘家铮，《春梦秋云录——浮生散记（第三版）》。北京：水利电力出版社，2012 年，第 6 页。

② 胡海昌：关于自己的历史。见：刘锋，《胡海昌院士传记》。北京：中国宇航出版社，2018 年，第 57—66 页。

别值得提起的是南京水工试验馆，他们在治淮工程中起了很大的作用。如果我到那里去工作，多少亦能做出一点有用的事情。①

关于此事，胡海昌的女儿胡闰莓也有忆述：

> 钱爷爷说，闰莓，今天看到你和黄节（当时系胡闰莓的男友，后来的丈夫——编者注），我特别高兴，让我想起1950年在浙大。有一天我在校园里碰到了你爸爸，那时他和你们现在这样年轻。那天他的情绪看起来很不好，我就问他怎么了，他说，土木系的全体毕业生都被统一分配去治淮了，可是他对搞工程不太感兴趣，他想继续从事理论研究工作，因此我对军代表说，人和人是不同的，土木系的胡海昌，如果让他去治淮，他最多就是个平平常常的工程技术人员，而如果让他去搞理论，他肯定能搞出成绩的。那时军代表还是非常尊重教授的意见的，所以土木系的毕业生都去治淮了，只有你父亲到北京做了研究工作。②

与胡海昌、潘家铮同一届的浙大土木系结构专业毕业生潘思远（1925—？），后来成为路桥工程专家，从事林业设计工作30多年，经验丰富，为林业的开发建设做出了贡献。潘思远浙大毕业后就被分配到位于哈尔滨的东北森林工业总局工作，后任黑龙江省林业设计研究院副总工程师。1953年，他设计的42米孔径的木结构大桥，是当时我国最大的一座木桥。20世纪60年代，他进行了50米跨的无筋预应力混凝土桥的研究、设计和建设，取得了成功，节省投资40%。这座桥位于黑龙江大丰林业局青年林场支线，1966年4月12日，该桥预应力试压取得成功；次日，又进行试车。潘思远后来将试压、试车的情景照片寄给了老师钱令希，照片的背面有潘思远书写的试压、试车情况介绍（图3-15，图3-16）。

---

① 胡海昌：1952年的思想总结。见：刘锋，《胡海昌院士传记》。北京：中国宇航出版社，2018年，第242-243页。

② 胡闰莓：关于钱令希。出处同上。

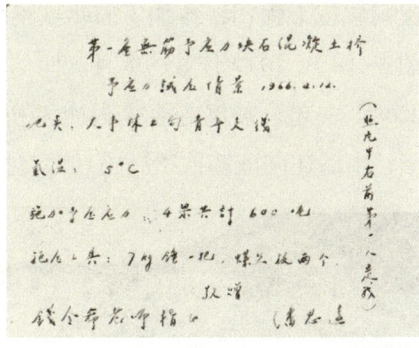

图 3-15　1966 年 4 月 12 日，第一座无筋预应力块石混泥土桥预应力试压情景照片（右一为潘思远）及背面的照片说明

图 3-16　1966 年 4 月 13 日，第一座无筋预应力块石混泥土桥预应力试车情景照片及背面的照片说明

钱令希一直保存这两张照片，师生情谊，可见一斑。20 世纪 70 年代，潘思远负责林业部编制的林区公路桥梁设计规程的主审和定稿工作，80 年代又为该规程的技术修订担任了主编，用极限状态设计理论编写了 20 万字的条文和说明，这一规程达到了国内外先进水平。由于他的业绩和贡献，退休前曾多次获合理化建议积极分子、先进工作者称号，1984 年获黑龙江省劳动模范光荣称号。[1]

"我研究力学是为工程服务的。"[2] 钱令希是一位理论从不脱离工程实践的教授。1947 年 1 月—1949 年 4 月，他曾兼任浙赣铁路局铁路桥梁总工

---

[1] 刘志民、孙继义主编：《黑龙江当代名人》。哈尔滨：黑龙江人民出版社，1989 年，第 1378-1379 页。

[2] 何仁甫、陈丹：《院士风采——中国优秀科学家肖像手迹集》。杭州：浙江科学技术出版社，1995 年，第 148 页。

第三章　从"钱试用"到国立大学教授　　*103*

程司室正工程司，参加了浙赣铁路战后桥梁修复的设计与施工（图3-17，图3-18）。1947年8—9月，他与浙赣铁路副总工程师郭成举（1916—2008）一起，被派赴金衢段查勘桥梁，调查灵山港桥木桁梁装架遇险情形，事后还向浙赣铁路局出具调查报告。①

图3-17 钱令希保存的"浙赣铁路尖山江桥战后仅存水下破裂墩身"翻拍照片

图3-18 钱令希保存的浙赣铁路"袁水大桥安装第三孔钢梁情形（一）"照片

  1948年，他曾做过浙赣铁路尖山江桥桥墩修复和钢梁架设的设计，曾用木材建造一座十多孔的铁路桥，用"钢圈接木器"解决木结构节点不能受拉的致命伤。这是比较勇敢的尝试，因为这类木结构在国内还是初试，用作铁路桥梁在国外也没有先例，那时恰好有一批洋松适合此用，于是先

---

① 钱令希等查勘竣事后呈局 金衢各桥梁亟待改进各点.《浙赣路讯》（第57号），1947年9月5日第1版。

在浙大做试验运动，后进行设计，最终证明那批桥梁的效果很好。[1] 为了将此设计引入教学中，钱令希又在该项工程结束后，从浙赣铁路第一钢梁队借用（出具借条）木制节点模型、切槽工具、接木钢圈各一个，放在浙大材料实验室，作为浙大教学示范之用。1949年4月25日，钱令希应浙大土木系工程学会之邀，在浙大物理系梯阶教室做题为《钢圈接木器之应用经过》的讲座，其间以幻灯加以说明，听众一般都能明白。[2] 中华人民共和国成立后，钱令希曾询问钢梁队这些东西是否马上归还，该队负责人回复说："一切物资都已清点完毕，没有看见借条。该物等既属有用教学，队中并无用处，你用着再说吧！"1951年年底，钱令希调到大连工学院时，因为知道只有东北的大尺寸木材，方能应用接木钢圈的方法，便将节点模型仍留浙大，另外的切槽工具、接木钢圈带到东北，后获悉长春综合研究所（现中国科学院长春应用化学研究所前身之一，于1951年8月28日改用此名）正在做这类试验，便将它们送交给该所了。[3]

教研之外及与浙大的"七年之痒"

来到杭州后，钱令希除教学科研之外，也加入"教授治校"的行列和一些社团组织，并于1950年8月成为浙大土木系第三任系主任。作为一名大学教授，在1949年的政治敏感时期，他曾在力所能及的范围内，保护浙大一些进步师生；在1949年后，他又积极参加一些社会活动，曾以专家身份参与国家一些重大工程的设计或论证工作。

竺可桢任浙江大学校长以来，采纳世界先进大学的办学经验，提倡教授治校、民主管理，其中的重要举措就是在教授组成的校务委员会下设若干（常务）委员会，以处理学校日常性工作。1943年年底，即钱令希抵达

---

[1] 钱令希：思想总结·本人历史。1952年，未刊稿。资料存于采集工程数据库。
[2] 校闻简讯.《国立浙江大学日刊》，复刊新136号（1949年4月27日），第281页。
[3] 同[1]。

遵义不久，浙大始设预算委员会、训导委员会、出版委员会、图书设备委员会、建筑委员会、戏剧歌咏委员会、演说论文竞赛委员会、社教推行委员会、章则修改委员会、教职员福利委员会10个委员会（其中预算委员会、建筑委员会等由竺可桢亲自负责）。浙江大学全部复员到杭州后不久，即1946年10月底，浙大对原来的委员会进行整理，最后增加到15个常务委员会。①1947年，为进一步推行"教授治校"原则，浙大将学校的常务委员又整合为14个委员会：预算委员会、经费稽查委员会、章则委员会、聘任委员会、教员升等审查委员会、校舍委员会、课程委员会、训育委员会、图书设备委员会、出版委员会、文化合作委员会、体育委员会、公费委员会、福利委员会。②钱令希当选其中的图书设备委员会委员，1947年度的图书设备委员会委员还有当然委员、浙大教务长张绍忠（字荩谋）、当选委员张其昀、苏步青、王葆仁、陈鸿逵、贝时璋、余坤珊、陈立、李浩培、王季午等教授。③浙大图书设备委员会的前身是1940年成立的图书馆委员会，任务主要是统一研究和决定图书仪器设备方面的重大问题。例如，1947年5月31日，苏步青主持、钱令希等7名教授参加的本届第三次图书设备委员会，讨论、处理的事项为：①已买到廿九及卅年度仪器药品拟如何处理案；②土木工程系及教育系心理实验室请求成立专门图书室并开具杂志清单请审核案；③化学系请拨天平案；④化学系拟请成立联合图书室案；⑤数学系拟请成立专门图书室并开具书单请审核案；⑥法律学系补送图书杂志清单请审核案；⑦生物学系及农业化学系开送图书杂志清单请审核案；⑧农艺系拟请成立专门图书室并开送杂志清单审核案；⑨龙门书店等尚有剩余西书翻印本应请各系注意选购案；⑩前经费预算会通过在两路局赔款内拨两千万元归本会支配之款应请总务处随付支付应用案；⑪前已请准外汇尚有余额约两万美金拟请谢总务长赴沪结汇供购置图

---

① 竺可桢：《竺可桢日记 第二册》。北京：人民出版社，第716、977页。
② 第四十九次校务会议纪录。《国立浙江大学校刊》，1947年复刊第149期，第3-4页。
③ 实行教授治校，成立十三种委员会。《国立浙江大学校刊》，1947年，复刊第145期，第3页。

书设备之用案。① 1948年，钱令希又当选为浙大教职员福利委员会委员。②

1947年秋，钱令希由浙大土木系教授伍正诚（1910—1986）介绍加入当时的科技界联谊性组织华社，成为该社杭州分社社员。华社最初是1931年"九一八"事变后清华大学几个同学发起组织成立的，是一个联谊性社会团体，曾在德国、英国、瑞士、美国等国，以及国内的重庆、上海、杭州、南京、北平、台湾、东北等地有分社，编有社刊《华光》，1949年后解散。该社以联合同志，遵循法治精神，努力建设事业，振兴国家，造福人民为宗旨；社员入社前，须由三位熟悉之社友介绍，提请执行委员会审查，经法定手续通过，并举行入社典礼后，方为本社社员。③早在1947年3月，华社社刊《华光》第13卷第2期曾刊发钱令希的入社介绍人王世中、杨彭基、伍正诚撰写的社友介绍："钱令希君，江苏无锡人，现年卅二岁，留比时与彭基同学，廿七年毕业于比京大学土木系。返国后初任职昆明叙昆铁路，后改入交通部桥梁设计处，专长结构，现任浙大结构教授，性喜研究，近著文得教部二等奖，待人诚恳，有苦干精神，思想纯洁可爱，特此介绍。"④像后来当选为中国科学院院士的李国豪、张维、卢鹤绂、严恺，以及当代我国著名的专家学者戴宗信（1949—1959年任大连工学院及其前身大连大学土木/水利工程系教授，1959年7月响应国家号召赴河南创建郑州大学水利工程系）、徐洽时等都曾是华社社员。在历次运动，特别是"文化大革命"期间，华社这个工程师联谊组织就是反革命组织，其会员受到不同程度的迫害。那时钱令希为此也遭批斗和关押。

1949年春，钱令希比较积极地参加了中国科学工作者协会杭州分会浙大支会的一些工作，从而加深了对形势的了解。

1949年8月26日，钱令希与浙江省府主席谭震林，浙大教授苏步青、谈家桢等人陪同新任的浙大校长马寅初来到浙江大学师生欢迎会场——图

---

① 第三次图书设备委员会会。《国立浙江大学校刊》，1947年，复刊第158期，第3-4页。
② 竺可桢著，樊洪业主编：《竺可桢全集 第11卷》。上海：上海科技教育出版社，2006年，第252-253页。
③ 中华民国华社社章草案。《华光》，1947年第13卷第2期，第2-3页。
④ 王世中、杨彭基、伍正诚：介绍钱令希君。《华光》，1947年第13卷第2期，第4页。

书馆前子三广场发表就职演说。① 1950年11月中旬，他与国立浙江大学、浙江省立医学院、私立之江大学三校教职员工1234人，联合签名，拥护各民主党派联合宣言。②

1951年6月1日，钱令希应铁道部邀赴京参加武汉大桥设计会议。同年11月12日，与茅以升、黄文熙、黄万里、张光斗、须恺、谷德振等16位专家一起，应治淮委员会的邀请，到安徽霍山县佛子岭工地开座谈会，对佛子岭水库（治淮计划中所应建的16个山谷水库中的最大的一个水库，有"远东第一坝"之称）采取连拱坝型的可行性进行论证；因地震计算需要时间，回去后他还与黄文熙两位专家还对坝垛的侧向地震作详细的力学分析，并把分析研究结果写成论文送给治淮委员会及华东水利部的技术人员。③

作为大学教授，钱令希十分关心和爱护青年学生。1949年杭州解放前夕，钱令希在浙江大学土木系资料室的柜子里发现装有《新民主主义论》《论联合政府》等著作的藤箱，便亲自把资料室的钥匙保管起来，不让人随便进入，从而保护了当时的青年教师朱兆祥等人。对此，朱兆祥多年以后仍感慨不已。④

一分耕耘，一分收获。当年钱令希在浙大时的助教夏志斌（图3-19）在接受采访时说："有一年他就对我讲，到浙大的这几年辛苦的不得了，解放军进杭州市区这一天，还在家里做功课。（那么）经过（这个）努力，他在浙大站住脚了。"⑤ 就连被誉为"天才物理学家""中国雷达之父"、时任浙大物理学教授的束星北，1950年在一次听取年轻的钱令希关于热力学

---

① 邓加荣：浙大坛上。见：邓加荣，《勇气与卓识：马寅初的一生》。北京：人民文学出版社，2011年，第227页。

② 杭市三大学教职员工联合发表宣言 坚决拥护各民主党派联合宣言。《浙江日报》，1950年11月17日第1版。

③ 汪胡桢：沸腾的佛子岭——佛子岭水库建设的回忆。见：嘉兴市政协文史资料委员会编，《一代水工汪胡桢》。北京：当代中国出版社，1997年，第207-208页。

④ 孙懋德：钱令希。见：孙懋德编，《群星璀璨》。大连：大连理工大学出版社，1999年，第51页。

⑤ 夏志斌访谈片段。见：大连理工大学党委宣传部拍摄，《钱令希：纪念钱令希院士诞辰一百周年纪录片》，2016年7月。

的讲座中，也没有抛出他那习惯性的学术"挑刺"。多年以后，钱令希回忆此段经历时，对他的科研助手钟万勰院士说："我在浙大，知道自己总算过关了！"① 钱令希非常佩服束星北先生。2005年，李海军撰写的《束星北档案》出版时，因病住在大连医科大学附属第二医院的钱令希提起浙大令人难忘的往事和束星北命运多舛的经历，感慨不已。

1950年8月，即在来到浙大的第七个年头，钱令希被学校任命为浙大土木系系主任。在人们的传统观念中，"七"似乎是一个与

图3-19 1989年9月，钱令希应邀赴浙江大学讲学时与夏志斌（左）在竺可桢铜像前合影

"不顺利"联系在一起的数字，故常用"七年之痒"来解释婚姻、生活、工作等方面的不顺利。任系主任期间，钱令希励精图治，改革求进，大力整顿和加强了土木系资料室和实验室，并提倡教师写教学大纲，改进教学方法。② 然而，一年的系主任做下来，或多或少成为钱令希在浙大遭受"七年之痒"的诱因。③④

不过，遵义和杭州的七年岁月，钱令希在浙江大学的校史上留下了浓墨重彩的一笔。后来，在浙江大学校方的学校介绍中，他成为与竺可桢、马寅初、卢嘉锡、苏步青、钱三强、王淦昌、贝时璋、陈建功、谈家桢、谷超豪等齐名的专家、学者。

---

① 钱唐致王细荣的微信。2019年6月15日，未刊稿。
② 孙懋德、程耿东：钱令希。见：中国科学技术协会编，《中国科学技术专家传略 工程技术编 力学卷1》。北京：中国科学技术出版社，1993年，第246-247页。
③ 竺可桢著，樊洪业：《竺可桢全集 第12卷》。上海：上海科技教育出版社，2007年，第423页。
④ 钱令希：向红得透，专得深的目标前进。《大连工学院校刊》，1958年3月26日，第3版。

第四章
初入大工

1951年年底,钱令希结束在浙江大学的教学课程,来到东北的滨城,成为当时尚处襁褓中的大连工学院(简称"大工")土木系教授。此后的10年,他逐渐融入这所与共和国同龄的新型工科院校,先后出任大连工学院土木系港口工程教研室主任、校研究室(研究部)主任、数理力学系主任,帮助大工树立搞科学研究的风气,践行院长屈伯川(1909—1997)坚持理工结合的办学理念;作为工程力学的"将才",身先士卒,与大工的青年师生对新中国早期的几项重大工程进行科学研究。

屈伯川的三顾之请

1951年夏,当时我国四大工学院之一的大连工学院院长屈伯川(图4-1)和该院机械系教授杨长骙(1916—2003)一行访问浙江大学。当到达土木系时,钱令希作为系主任接待了他们,并给这位来自延安的干部留下了非同一般的印象。几天过后,屈伯川成了"不速之客"来到钱令希的家,邀请钱令希去大连工学院工作。这对钱令希来说非常突然,他并没有马上答应屈伯川的请求。在后来听了时任大连工学院化工系系主任、科学研究所（中科院大连化学物理研究所的前身）副所长张大煜（1906—1989，江苏江阴人，1955年被选聘为中国科学院学部委员）教授的一席话后，钱令希决定北上大连。对此，钱令希在一篇纪念屈伯川的文章中写道：

图4-1　1994年11月16日为屈伯川85岁生日，钱令希（左）特赴屈老家中祝贺（资料来源：刘元芳主编《大连理工大学校史 1989—2009》）

屈伯川同志是我们党内的一位老干部，又是一位老教育家、大知识分子。我和他的相识是在1951年。

那年夏天，他作为我校前身大连工学院院长，和机械系的杨长骏教授一起访问了浙江大学。当时，我是浙大土木系的系主任。来我们系时，由我负责接待。他给我的印象是，这位延安来的老干部对办学非常懂行，很不一般。

没过几天，屈院长竟亲临我家。那次，我们谈得很多，很投机。原来，我们是同一时期在欧洲留学的。他在德国，我在比利时，同时取得学位，又同在1938年回国。不同的是，他走革命道路早，大学时代就参加了爱国学生运动，回国后又去了延安；我呢，只知道读书、搞专业，很少过问政治。那晚，屈院长从在延安办学谈起，说到在全国解放前夕，我们党为了给新中国培养建设人才，在东北工业基地之一的大连办了一所大学。虽在新中国成立前后招聘了一批教授，现在仍感紧缺，热忱邀请我到大连去工作。大连是老解放区，环境很好。我受他求贤若渴的精神所感染，动了心。他建议我考虑一下，有事可到上海找雷天岳同志。老雷向我介绍了学校的许多情况，使我对大连工学院发生了兴趣。在他下榻的新亚饭店，巧遇大连石油研究所（当时应为大连工学院科学研究所，现为中科院大连化学物理研究所——编者注）的张大煜先生。他的一句话使我下了决心。他说："大连工学院没有老框框，确实是个干事业的好地方。"①

同时，钱令希也了解到大连工学院的前世今生：大连工学院前身是大连大学，成立于1949年4月15日，是共产党在解放区亲手创办的第一所正规高等学府。1950年7月，大连大学的名义取消，其中在大连大学工学院基础上成立大连工学院。"当祖国进入有计划的经济建设时期"，大连工学院"从1953—1954学年起也从创校阶段进入更有计划地提高与发展时期"②，"当祖国进入第一个五年计划之初"，大连工学院"胜利地结束了创校阶段，进入了建校时期"。③按照1954年屈伯川和钱令希分别对大工的分期，此时的大连工学院还处在"创校阶段"。而在此时，在家已经待了10年的妻子倪晖已被浙江大学业余学校聘为数学教员，正满怀喜悦地在家里复习、备课，准备重新走上工作岗位。④但是，钱令希还是在暑假期间向浙江大学提交了辞呈。8月28日，浙江大学副校长、代理校长王国松同意钱令希的离校请求，并致公函挽留他任教半年（图4-2）。信中写道："先生学术深湛，才识优长，同学同仁，均所佩仰。此次一再坚辞，叠经挽留，承允继续任教半年，至深感纫，一俟本学期结束，自当勉之，遵命，同意离校。"⑤

9月，新的学期开始。钱令希自己留在杭州，为浙大学生上完几门课程，而让妻子倪晖带领儿女离开杭州，先行到大连安顿下来。10月初，倪

---

① 钱令希：喝水不忘掘井人——缅怀老院长屈伯川同志.《大连理工大学报》，1997年3月5日，第3版。

② 屈伯川：本院在国家第一个五年计划时期的基本任务.《大连工学院学刊》，1954年创刊号（第1期），第1页。

③ 钱令希：在总路线照耀下提高师资水平，开展科学研究工作.《大连工学院校刊》，1954年4月15日，第2版。

④ 倪晖简历手稿，1973年9月。原件存于钱唐家中。

⑤ 浙江大学、王国松致钱令希关于挽留任教半年的公函，1951年8月28日。资料存于采集工程数据库。

晖与儿女们一行三人辗转上海和北京,到达了大连,被大连工学院院长屈伯川安排暂住大连市中心友好广场附近的一家旅馆,后住岭前(即现大连中山区南部葵英街、青云街、桃源街一带)。10月5日,屈伯川院长致专函给钱令希,再次恳邀赴大连工学院任教,并告知大连工学院已随函寄发下学期的聘书(图4-3):

图4-2 浙江大学、王国松致钱令希关于挽留任教半年的公函(资料来源:大连理工大学档案馆)

钱令希先生:

我院土木系结构教学研究工作,极感师资缺乏,幸闻先生下学期将离开浙大,并已经校方同意,特为恳邀盼能莅连任教,抒阐所长,实为大连之幸。兹另奉先生下学期之聘书外,特专函达

尚祈

惠允是荷 此致

敬礼

大连工学院 院长屈伯川

一九五一年十月五日①

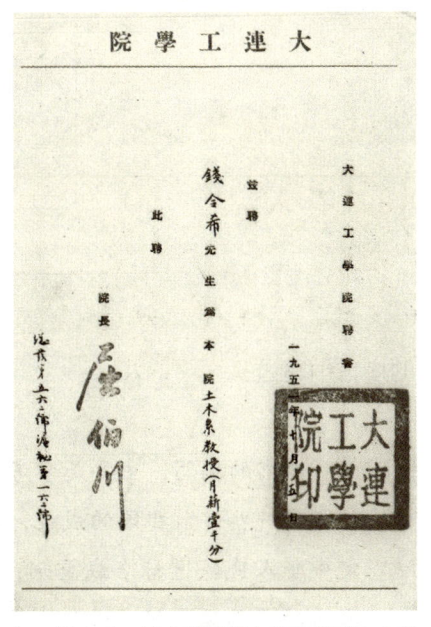

图4-3 钱令希受聘大连工学院土木系教授的聘书(资料来源:大连理工大学档案馆)

---

① 大连工学院、屈伯川致钱令希关于聘请任大连工学院教授的专函,1951年10月5日。资料存于采集工程数据库。

第四章 初入大工 *113*

这以后半年中，钱令希除了上课和应邀参加一些社会活动之外，便在浙大的寓所专心致志地编写《静定结构学》教本。之前，钱令希曾下过很大功夫把多年的《超静定结构学》讲义，精简改写后于上半年6月付印出版。至于《静定结构学》部分，他认为，若没有独到满意的见解，是不准备付印的。但是在这半年内，钱令希接触了苏联的教材，十分佩服其洗练精简而具体的风格，感觉正是自己向往而不知如何表达的方式，因此就埋头研习，通过查阅字典参考苏联教材，重写讲义，并在课堂上进行试教。① 1952年8月，这本参照苏联教材并结合当时国内的一些成就重新编写的《静定结构学》，由上海中国科学图书仪器公司出版（图4-4）。钱令希在该书的序言中写道：

图4-4　1952年8月出版的《静定结构学》封面和版权页

> 本书的编写，主要是参考几本苏联教材的静定结构学部分，内容结合了一些目前祖国的成就，如铁道部根据实际情况和将来发展而制定中华人民铁道标准载重制，又如胡海昌同志（科学院数学研究所）提出的通路法，经过改进，已完全可以作为独立的和一般性的方法，用来分析或鉴定复杂的桁架结构。本书由总论、结构稳定性的研究、静定梁结构、静定桁架结构、静定拱型结构、静定立体桁架结构等部分组成。②

---

① 钱令希：思想总结·本人历史. 1952年，未刊稿. 资料存于采集工程数据库.
② 钱令希：《静定结构学》. 上海：中国科学图书仪器公司，1952年，序1页.

因出版机构的合并、重组、更名，1957年、1958年，该书又先后以科学技术出版社、上海科学技术出版社的名义出版或再版。截至1957年1月科学技术出版社出版新1版时，由中国科学图书仪器公司出版的共印行13000册，作为专业教科书，其受当时师生欢迎程度，可见一斑。2011年，科学出版社将该书与《超静定结构学》一起列入以"中国科学技术经典文库·技术卷"丛书，定名为《超静定与静定结构学》出版。《静定结构学》可谓《超静定结构学》的姊妹篇。它们的不少内容也是教学过程中师生互动的心得和成果。例如，《静定结构学》机动分析的通路法、《超静定结构学》中的集体分配法和调整分配法以及空腹桁架分析，都是概念新颖而又便于工程实用的崭新内容。当时，结构力学盛行弯矩分配法，书中提出的调整分配法，后来被人称为"无剪力分配法"，颇受人们注意，得到推广和发展。这两本教材深受土木工程师和力学工作者的喜爱。[①]

1993年6月22日，结构工程和计算力学专家、香港大学副校长、英国皇家科学院院士张佑启（1934—　）受聘为大连理工大学名誉教授（图4-5）。张教授在聘任仪式上讲话时特别提及：年轻时就读过钱令希先生的这两本教材，得益不少。[②] 2018年1月20日，原同济大学出版社编审曹炽康[③]在《上海法租界史研究（第二辑）》新书发布会上，当听闻本著第一作者对钱令希的介绍后，立马想起自己20世纪60年代在清华大学研修时读过这两本教材，并因此对钱令希留下深刻印象。《静定结构学》《超静定结构学》在业界的影响力可见一斑。

1951年12月，钱令希在结束浙江大学的几门课程后，从杭州出发经沈阳来到了辽东半岛南端、黄渤海之滨的大连。

[①] 隋允康：钱令希院士毕生的重要贡献。《北京工业大学学报》，2016年第42卷第12期，第8页。

[②] 张宪：我校聘请香港大学张佑启教授为名誉教授。《大连理工大学报》，1993年6月28日，第2版。

[③] 曹炽康，浙江上虞人，1938年12月生于上海，1962年同济大学毕业后进军委工程兵科研设计院原子防爆研究所工作，曾被派往清华大学研修3年，1972年复员，1975年调入同济大学，1998年退休。

第四章　初入大工　115

图 4-5　1989 年 10 月下旬，钱令希应邀在香港大学讲学时与该校副校长张佑启教授等合影（左一张佑启的博士生金吾根、左七张佑启、左八钱令希、右一陈万吉、右四大工外事处副处长黄毅泉）

"创校阶段"的教授与教研室主任

　　钱令希在大连工学院报到后，被屈伯川院长安排住进了位于大连市区南山枫林街 30 号的大连工学院教工第八宿舍（建于 1925 年，日统时期为德国驻大连领事馆，现为大连文博艺术馆）一楼（图 4-6）。①

　　1952 年 1 月，钱令希正式入职大连工学院，任土木系教授。是年 4—8 月，大连工学院根据全国政协一届三次会议精神，停课进行教师思想改

---

① 1957 年搬进枫林街 40 号，1966 年底枫林街 40 号二楼 4 间变成 2 间，约 1973 年搬到兴民巷（现兴民街）5 号，"文化大革命"后期又搬回枫林街 40 号，直至 1998 年 12 月初搬进大连理工大学校内东山小楼 19 号。其中 1995 年 8 月分到大连市科学家公寓、2005 年 3 月分到大连理工大学院士小楼，均因故未入住。2005 年，曾搬到女儿在大连知心园的公寓里。

造运动。大工广大教师联系实际，认真学习马列主义、毛泽东思想，肃清封建的、买办的、法西斯主义的思想，划清敌我界限，批判资产阶级思想，自觉改造世界观，树立为人民服务的思想。①钱令希自不例外，也参加了这

图4-6　1954年春，钱唐于大连市枫林街30号楼
（钱令希摄）

场运动，并且还参与一些由屈伯川院长安排的特殊"思想改造"活动。当时，朝鲜战争正酣，大连属于前线城市，所有房子的窗子都贴着"米"字形的纸条，以预防美国飞机轰炸震碎玻璃。晚上，要执行严格的灯光管制，窗帘要求用红和黑两种颜色的双层布制作。如要看书，必须罩上一个黑灯罩子，除了灯下那一处是亮的，别处都是黑的，外面看不到一丝灯光。

来大工不久，屈伯川院长就派钱令希和土木系章守恭教授去沈阳，参加由东北工业部召开的东北地区基本建设工作会议。钱令希感到很新鲜，因为这种机会，旧大学的教师是很少遇到的。在会上，他了解到了东北地区大规模经济建设的广阔前景，领导还要求他们参与制订工业建筑的设计规范。在会上，章守恭教授介绍了苏联学术界一种按照极限状态计算钢筋混凝土受力情况的新方法，很快被订入设计规范，为国家节省了大量投资。由此，钱令希体会到，屈院长之所以派他们去，是要他们在业务上再学习，做到理论联系实际，用自己的知识来为人民服务，为国家的经济建设服务。②

大连工学院毕竟是一所新办的大学，教学设施、办学条件尤其是图书

---

① 孙懋德：《大连理工大学五十年纪事》。大连：大连理工大学出版社，1999年，第22页。
② 钱令希：喝水不忘掘井人——缅怀老院长屈伯川同志。《大连理工大学报》，1997年3月5日第3版。

馆的文献资料肯定不如浙江大学。但是，屈院长的工作安排，教师和同学们精神面貌的感染，使钱令希很快就融入了这里的一切。对此，他回忆道：

> 1951年年底来到了大连。那时生活和工作条件都很困难。
>
> 但是，来自四方的教授，有些还是通过香港地下党组织的安排，绕道朝鲜来到东北的，他们不约而同地来到这里，为大连工学院的创业而不懈工作。还有许多党政工作人员，以及成群的朝气蓬勃、精神饱满的青年学生。
>
> 除了东北的，还有来自西北后方的，第一批中还有很多来自北京和上海、江浙一带。我初来乍到，深为这种创业精神所鼓舞。[①]

30多年后，已是大连工学院院长的钱令希，仍然没有忘记这批建校元老。1984年12月29日，大连工学院为这批老教师举行一场庆功会。出席这次盛会的建校功臣，共有20位老同志：大连工学院第一任院长屈伯川；1949年春天，由国统区经地下党介绍，辗转香港、朝鲜，先后到大连的李士豪教授、郭可讱教授、赵为铎教授；在建设教育与科研中做出很大贡献的聂恒锐教授、胡国栋教授、侯毓汾教授、林纪方教授、杨长暌教授、曹忠民教授、王绍庭教授、范怀远副教授、隋亮副教授、陈素贞讲师；在美国、英国学成归国，20世纪50年代初即来校执教的陆文发教授、方孝淑教授；35年如一日，从事体育教学的韩国儒副教授、刘洪义讲师，从事图书馆工作的戴诚副教授。老院长屈伯川对这次庆功会评价很高，认为它是大连工学院建校史上的一件大事情。[②]庆功会上悬挂一幅生动地反映出老同志广阔胸怀的对联："卅五载树人，呕心沥血，桃李遍天下；七十年耕耘，一心向党，事业冠环宇。"钱令希以老教师和院长的双重身份出席会

[①] 钱令希：发扬大工精神 积极参加"211"工程的竞赛.《大连理工大学报》，1993年10月15日，第1版。

[②] 人民教师受人尊敬 值得羡慕——我院给20位35年以上教龄70岁左右的老教师庆功.《大连工学院校刊》，1985年1月14日，第1版。

议,并发表讲话。他说:"今天,大家为老同志鼓劲,我很感谢,让我代表老同志也向中青年教师和全院同志鼓鼓劲……在新的一年里,我们要努力改变那些观念上、体制上、政策上、作风上不适应新形势的东西,在掌握新情况、总结新经验、解决新问题中开拓前进。"①

　　作为土木系的教授,钱令希与土木系的学生有深厚的感情。钱令希来到大工不久,大连工学院便在远离市区的凌水河畔建校。第一届土木系建筑专业的10多名学生,一面读书,一面在那里进行测量和设计。当时,那儿还是一大片旷地,只有一个小小的土房突出在地面上。在一个风雨交加的夜里,闪电击穿了屋顶,挤在这个小屋的10多个同学,有两个被雷击身亡,一个双目失明。事后,他们的同学化悲痛为力量,为建校更加勤奋地工作和学习,而且还因建校推迟一年毕业。1954年,就在这批同学毕业前夕,钱令希与他们游览大连市南山公园,并合影留念(图4-7)。

图4-7　1954年,钱令希(前排左六)与大连工学院首届土木系建筑专业部分同学合影

① 老寿星的胸怀.《大连工学院校刊》,1985年1月14日,第1版。

40多年后,钱令希在谈到大工"创业精神",还特别提及他们,并一直将这张集体照放在自己的书架上,以示怀念。

1952年来到大连工学院之初,钱令希就向学校建议:"除创造新型教学方法,教好学生外,应以同时培养新师资作为工作重点,事实上这两种工作是可以统一起来的。"① 钱令希自己即是这样身体力行的。1952年9月,全国大规模的院系调整开始。大连工学院原有的9个系只剩下4个,即机械、造船、土木、化工。学校根据高等教育部的指示,开始在各系设立专业。钱令希遵循屈伯川院长"靠海吃海"的办学思想,即带领刚从清华大学土木工程系毕业、曾任自己助教的青年教师邱大洪,在土木系创建新中国第一个港口工程(海港工程)专业。专业创立后,钱令希被屈伯川院长聘为港口工程教研室主任(图4-8)。教研室(全称为"教学研究指导室")是教学基本组织,由一种课程或性质相同的几种课程的全体教师(教授、副教授、讲师、助教)组成,每位教师以参加一个教研室为原则。1949年之前,我国大学教师之间几乎没有什么组织联系,大都各自为政,各行其是;1949年后,中国大学纷纷设立这种教学行政组织,把教师组织起来,按照共同的任务发挥集体作用,应该说是我国高等教育史上的一个重大举措。当时大连工学院规定,教研室的任务是讨论与制定本室课程的教学大纲,并督导执行;保证课堂讲授的质量;领导学生自学、实验与校内外的实习;组织、领导

图4-8 1953年8月30日,大连工学院土木系港工组首届毕业生合影(第二排左三至左九:章守恭、李士豪、白长和、范大因、钱令希、侯穆堂、马啸,第二排其他三位为学生,第一排左四为钱昆明)

---

① 钱令希:干部履历表。1952年1月4日,未刊稿。资料存于采集工程数据库。

教师的业务进修和开展科学研究工作，提高师资水平；组织教师系统学习马列主义理论，开展批评与自我批评。①而教研室主任则应加强对教学和科学研究的组织领导，充分发挥教研室的集体作用。②这种大学新的教学行政机构领导人，对钱令希来说，既是机遇，又是挑战。

钱令希任港口工程教研室主任后，主持制定专业发展规划和教学计划，一边学习专业和俄文，一边亲自主讲"港口工程"等基础和专业课程，并热情培养青年教师。这个专业的教师们先后设计了我国第一座现代化的渔港——大连渔港，我国第一座现代化的原油输出港——大连新港，在全国颇负盛名。

在此期间，钱令希培养的青年教师中，邱大洪是最具代表者。他继续让邱大洪任助教，还让他协助开设交通部港工培训班，在那里结合我国港口建设的实际指导学生做毕业设计。钱令希同时也指导邱大洪开始从事科学研究，在研究方向的选定、学术论文的写作等方面均有具体的指导。例如，邱大洪撰写的第一篇论文是关于高桩台力学计算的，经钱令希修改和审阅后，于1956年5月以《柔性高桩台的计算》为题发表在《大连工学院学刊》（水利版）上（文末致谢称"本文承钱令希教授详为指导与审阅，谨致谢忱"），并在1957年2月在北京举行的第一次全国力学学术报告会上宣读了该论文，引起了力学界的关注，也使邱大洪奠定了良好的科学研究基础。1957年，他们又合作撰写论文《利用电模拟法计算挡水坝在满库时的自振频率》，并于次年发表在《土木工程学报》第5卷第2期上。名师的指导，以及具备实践的勇气、脚踏实地的作风，邱大洪就这样不断地成长，并于1991年当选为中国科学院院士。③

钱令希来到大连后发表的第一篇文章《从实践看推行"建筑物结构设计暂行标准"的意义》，其中有大连工学院创造新型教学方法及其实践效

---

① 孙懋德：《大连理工大学校史（1949-1989）》。大连：大连理工大学出版社，1989年，第55-56页。

② 屈伯川：本院在国家第一个五年计划时期的基本任务。《大连工学院学刊》，1954年创刊号（第1期），第3页。

③ 王晶华、姜文洲：在科学研究与工程实践中勇于创新——记中国科学院院士邱大洪教授。《中国科学报》，2017年7月24日第8版。

果的介绍：

　　大连工学院在创校之初，就肯定了向苏联学习的教学方针，为了准备钢筋混凝土的教材，章守恭教授推翻了苏联依维杨斯基的钢筋混凝土结构学。那时学校恰好要设计一座大楼，按照英美的设计理论，楼板的厚度必须在十二公分以上，但如果采用苏联教材中的极限理论来设计，厚度只需八公分。那还是在前东北工业部推行新设计标准的前一年，负责设计的同志是相当踌躇的。但是由于学校领导上的支持，同时考虑到既决定采用新教材，设计大楼又怎么能沿用旧的方法；如果在楼板厚度十二公分的教室里讲授如何设计厚八公分的新理论时，教学效果又会怎样呢？因此毅然采用了新设计标准。①

　　组织学生生产实习，是高等学校贯彻理论与实践一致的教学方针的重要环节。作为教研室主任和一名教授，钱令希也参与学生的生产实习指导工作。大连工学院于1953年全面开展生产实习，当年参加实习的学生达到1678名，分布在十几个大城市。在有条件的工厂，部分进行生产实习的学生，须以工人身份参加生产操作。这一年，作为最好的教员，钱令希与聂恒锐、林纪方等教授都被所在系或教研室委派，下厂亲自指导学生的生产实习。②

　　在当时向苏联学习的教学方针指引下，钱令希在教学、科研之余，继续不断自学俄文，与来大工的苏联专家交朋友，跟他们学习俄语和相关专业知识，进行相关研究。苏联专家卡斯巴尔申副教授当时住枫林街40号（图4-9），住在枫林街30号的钱令希经常去他家讨论问题，并在他的帮助下，与助教郑芳怀进行"电似法应用在弹性力学问题中"的研究。该项研究应用苏联的最新科学成就，将电似法和偏光弹性法相结合，创造性地解决了弹性力学中较复杂的应力分析问题，当数学上求解十分困难，甚至

---

① 钱令希、章守恭：从实践看推行《建筑物结构设计暂行标准》的意义。《重工业通讯》，1953年第22期，第26页。

② 大连工学院：我们的生产实习工作。《光明日报》，1954年3月7日，第2版。

在某些情况下不可能求得时，用这种方法就能得到圆满解决，经过多次试验，证明用这种方法是十分方便的。另外，该研究还提出用电似法解决弹性地基的应力分布问题。①

图 4-9　1955 年，卡斯巴尔申夫妇与倪晖合影（钱令希摄）

　　钱令希也依据苏联一些著作和教材，编写教学讲义，翻译相关著作。例如，苏联热莫奇金著《关于格形围堰的计算》（交通部内河航道技术研究班 1953 年油印）；苏联库兹明（Н.Л.Кузьмин）著《弹性理论与塑性理论》（1954 年出版）；《压缩性地基上干船坞底板的计算》（与高国藩合译，人民交通出版社 1955 年 1 月出版）；苏联热莫奇金、А.П.西尼村著《弹性地基上梁和板的实用计算法》（大连工学院教材科印刷厂 1955 年 2 月印刷）。另外，交通部航务工程总局编译的《港口建筑物 1 码头设计》（人民交通出版社 1955 年 7 月出版），其主要参考资料就是钱令希根据苏联教材所编写的教学讲义。②

　　钱令希创办的港口工程专业毕业生中，一些后来成为我国港湾建设事业的中流砥柱，最具代表者有 1954 年毕业的方天中（图 4-10）。

　　1992 年 11 月，香港工程师学会接受首位持双程护照的大陆工程师——大连工学院土木系 1954 届校友、中国港湾建设总公司驻香港代表、振华工程有限公司董事长兼总经理方天中为该会会员，这在该会历史上是史无前例的。③1993 年 5 月，香港《文汇报》刊载了这一消息。钱令希看到了这

---

　　① 马瑞德：大连工学院举行第二次教学和科学研究工作会议．《科学通报》，1955 年第 9 期，第 73 页。

　　② 中华人民共和国交通部航务工程总局：《港口建筑物 1 码头设计》．北京：人民交通出版社，1955 年，前言第 1 页。

　　③ 孙懋德：《大连理工大学五十年纪事》．大连：大连理工大学出版社，1999 年，第 317 页。

第四章　初入大工　*123*

图4-10 1998年5月29日，钱令希（左）在深圳下榻的某酒店与来探望的方天中合影

篇报道后，就想起了当年认真听他"港口工程"课的一位年轻人方天中。他聪明好学，成绩很好，毕业后分配到北京的交通部设计院工作，但不久便回母校进修并担任低年级班辅导员。钱令希与系党支部书记马啸等认为方天中是一可塑之才，还决定要同交通部商量将他调回母校工作（此事后来没有办成）。① 对当年学生取得的成就，钱令希感到十分欣慰，第二天就写了长达3页的贺信，和大连理工大学校长联合署名发了出去。不几天，钱令希又泼墨挥毫，以工笔手书宋代周敦颐的《爱莲说》送给他。身居闹市的方天中得此厚爱，十分感动，写了封长信感谢老师的精心培育，表示一定要学习莲花"出淤泥而不染"的品格，继续开拓进取，为发展社会主义市场经济做出更大贡献。方天中大学毕业后做过许多港湾建设工程，他负责的四川天然气化工厂重点项目，工程质量在国际上毫无逊色。1993年3月，他主政的振华工程有限公司又投标香港新机场"东浦发展计划第一期——地盘开拓工程"，以7.32亿港元的标价，一举击败境内外诸多强手而告捷，签订了中资公司首次投得香港新机场核心工程的合约。②

1993年后，方天中与恩师钱令希常有联系，钱令希也很关注方天中的工作情况。1995年，方天中偶然中接触到一本港口工程专业词典的校阅工作，当时由于期限短，手头资料有限，又正值他老伴病危，所以校阅很粗

---

① 林永康：大工早期师生情结回眸。见：张文翰主编，《甲子抒怀》。大连：大连理工大学出版社，2009年，第302页。

② 孙懋德：钱令希。见：孙懋德编，《群星璀璨》。大连：大连理工大学出版社，1999年，第55—56页。

糙,他后来内心一直感到很愧疚。由于工作参考,方天中浏览了部分有关的词典,发现已面世的词典出版时间虽然迟早不同,但因为几十年的闭关政策,根据的版本源却都是20世纪60年代,甚或是50年代以前的,因此,存在不少缺点。① 为此,方天中决定编写一本《英汉港口工程词典》。1996年,方天中便着手此项工作,直到2006年4月正式出版。之后,他又对《英汉港口工程词典》进行扩展,于2009年2月出版了《汉英土木和港口工程词典》。方天中在编写这两本词典的过程中,"恩师钱令希院士一直给予热情鼓励,即使生病住在医院中仍多次关心地询问词典编写情况"。②《英汉港口工程词典》和《汉英土木和港口工程词典》的出版,"这是方天中同志的夙愿",更是我国"从事港口工程者的殷切企盼"。中国工程院资深院士、土木和水运工程专家刘济舟(1926—2011)曾评价说:"真是十分钦佩老方同志的这样认真、求实、顽强的拼搏精神。我们都是一名普通的港口工程技术人员,绝非擅长文字与外语的专业人员;同是年近耄耋之年,而他用了十余年美好的暮年,拖着愈后的残疾身躯,独自完成这样两本词典巨著,真是想也不敢想的奇迹。深信它必将对港口工程的改革开放和技术词汇标准化起到积极的推动作用。"③

1999年大连理工大学50周年校庆期间,方天中也回到母校参加庆祝活动。其间,他又一次见到恩师钱令希,并与当年的同班同学林永康、李裕华一起陪同恩师看望了原大连工学院土木系党总支书记马啸(1924—1997)的夫人李竹女士。方天中离连返家后的6月12日,又致信恩师,汇报此次返校参加大连理工大学50周年校庆的感想和自己近期的工作情况等。方天中在信中写道:

钱先生:

您好,师母好。

此次返校,见到母校的飞跃发展和巨大成就,这里面不知凝结了

---

① 方天中:《英汉港口工程词典》。北京:人民交通出版社,2006年,前言第1页。
② 方天中:《汉英土木和港口工程词典》。北京:人民交通出版社,2009年,前言第3页。
③ 同①,序言页。

您多少心血,因为您正好是改革开放的第一任校长,"万事起头难",从旧的体制转换为新的,其间的困难是非亲身经历者难以想象的,至于满天下的桃李,更是您一生辛勤培育的成果。我,我们一家都以能有您这位恩师为幸运。

……

祝健康长寿![1]

字里行间,方天中对恩师钱令希的崇敬和感激之情,彰显无遗。

"建校时期"的两件事

1953年10月,钱令希出任大连工学院于同年5月8日成立的研究室(1956年10月22日更名为研究部)主任。1958年6月,又被任命为大连工学院新成立的应用数理系(后改称数理力学系)主任。这两项任命,可谓屈伯川院长要求钱令希为大连工学院所办"两件事"的开始,正如钱令希后来所言:

高等学校,特别是重点高等学校,要建设成为教学和科学研究"两个中心"。这个思想,当时虽然没有明确这么提,但屈院长早就是这么想和做的。他把我调来,先让我在土木系任教,搞教学,根据"靠海吃海"的思想创办港口工程专业;后来,主要要我办两件事:一是帮助树立学校搞科学研究的风气,组织教师一面搞教学,一面开展科学研究。1954年(实为1953年——编者注),学校设研究部,任我为主任。在他领导下,当年就创办了学报《大连工学院学刊》。这在当时的全国高校中,是比较早的。从这年开始,还坚持了每年召开

---

[1] 方天中致钱令希的信件,1999年6月12日。资料存于采集工程数据库。

一次全校科学报告会。二是创办数理力学系，任我为主任。屈院长认为，我们是新办的工学院，但必须有理科专业才能发展和提高。我是学土木工程出身的，很佩服他理工结合的远见。我遵照他的嘱咐，依靠广大教师办起了数理力学系。这就是现在的数学、物理和工程力学三个系的基础。①

1954年4月15日，钱令希以研究室主任的身份在大连工学院校报上发表文章《在总路线照耀下提高师资水平，开展科学研究工作》，次月该文又在《科学通报》上发表。文章强调高等工业学校教师"必须有独立进行科学研究的能力和习惯""大学如果没有科学研究工作，便不成为大学；教师如果不能从事科学研究工作，就是不够格的教师"。文章号召教师"充分利用现有条件，结合祖国大规模的经济建设的发展，来进行科学研究工作，解决企业中的技术问题"。他具体谈了五点看法：①逐步开展科学研究工作是关系着本院发展的重要因素；②教师进修的目标，不仅限于能够开课，更重要的是要在科学大道上不断前进；③结合教学开展科学研究工作是完全可能的；④教师水平的提高和科学研究的实践是分不开的；⑤充分利用现有条件积极开展科学研究工作。②

在结合社会发展、生产发展和学科理论建设进行科学研究方面，钱令希更是身先士卒，以身作则。1954年，他关于弹性地基上基础梁的专题研究，在学界和社会上均产生较大的影响。该研究主要克服了苏联学者在弹性地基上基础梁方面的新理论和实用的计算方法——在苏联最被广泛应用的、热莫奇金提出的计算方法，利文（Львин）于1951年提出的改进力法——需要的计算工作十分困难冗长的不足，而在上述方法的同一原理下，提供了一些十分简单的计算方法和公式，而它们在某一定范围内有很好的精确度，可用于初步设计之中。③根据该项研究撰写的论文《关于弹

---

① 钱令希：喝水不忘掘井人——缅怀老院长屈伯川同志。《大连理工大学报》，1997年3月5日，第3版。
② 钱令希：提高师资水平开展科学研究工作。《科学通报》，1954年第5期，第7-9页。
③ 钱令希：关于弹性地基上基础梁的理论。《土木工程学报》，1954年第1卷第2期，第185页。

性地基上基础梁的理论》发表在《土木工程学报》1954年第1卷第2期上。该项研究和据此的论文,曾作为专题研究的例子,出现在当时中央级媒体的报道和后来的研究中:

> 大连工学院有些教研室和教师也从事专题研究,经过长年累月的辛勤劳动,有的获得了一定的成绩。如土木系钱令希教授写了"关于弹性基础梁的理论"论文。①
>
> 专题的科学研究工作,已有不少学校根据现有的条件和不同的要求在进行着。中国人民大学有三十九个教研室进行三百三十一个专题研究,如马克思列宁主义教研室的"关于殖民地半殖民地如何走向社会主义社会的问题"等。复旦大学苏步青的"射影曲线概论"、卢鹤绂的"原子核的双β衰变"等。大连工学院土木系港工教研室钱令希的"关于弹性基础梁的理论"的研究。②
>
> 这种类型的研究(指为社会发展、生产发展和学科理论建设而进行的各种专题研究——编者注),既不是直接为教学改革服务的,又不是直接应用于生产的。但它仍然是为社会发展、生产发展或学科系统建设服务的,在理论联系实际上,是属于提高性的专题研究。例如,文科方面,中国人民大学马克思列宁主义教研室进行的"关于殖民地半殖民地如何走向社会主义社会的问题"研究……理科方面,如复旦大学关于"射影曲线概论"的研究、"原子核的双β衰变"的研究……工科方面,如大连工学院土木系进行的"关于弹性基础梁的理论"研究、"混凝土经济配合比"的研究等。这类研究虽不属于直接应用的,但它的成果能促进应用的发展或起开拓新领域的作用,也能起发展学科系统理论的作用。忽视这类基础理论或基础技术的研究,会

---

① 大连工学院结合实际积极开展科学研究:在充实教学内容和解决生产技术问题上做出了一些成绩。《光明日报》,1954年4月28日,第2版。
② 全国许多高等学校结合具体情况采取各种方式开展科学研究工作。《光明日报》,1954年6月7日,第1版。

使科研走上狭隘的实用主义或经验主义的邪路。①

1954年8月25日，大连工学院召开第一次教学与科学研究工作会议，高等教育部曾昭抡副部长到会做关于高等学校工作要点的报告，屈伯川院长在会上提出"大力提高，稳步前进"的工作方针，要求有步骤地积极开展科学研究工作，争取到1957年有半数以上的教师能参加到科研中去，在全院范围内奠定科研的基础。会上，钱令希提出了大连工学院1954—1955年的科研工作计划，并和其他教师一道，共做了8场学术报告。

这次教学与科学研究工作会议以后，大工一般教师都体会到进行科学研究工作以提高自己的工作、提高学校水平的重要性，故愿意从事科学研究工作，同时他们都订立了这一学年度的科学研究工作计划。据统计，全院有21个教研室46名教师准备从事27项专题研究，有14个教研室43名教师将进行37项研究试验，有30个教研室89名教师将进行106篇专题报告或读书报告。这些研究工作计划中，除了专题研究和部分研究实验是较正常的科学研究工作外，一般都是结合教学，提高师资水平，为从事正常科学研究工作而创造条件的准备工作。在所订的研究工作计划中，也可以看到大连工学院教师与生产部门或研究机关的联系有了进一步的发展。1954年秋季学期以来，全院各教研室与生产部门或研究机关所订立的技术合作合同已从11个增至20个。从合同内容上来看，个别的已能从过去的交换数据、解答零星问题以及一般性的友好联系，进入某些科学技术的专题合作上去。从拟订的题目中可以看出，有不少是从生产和研究机关中以及通过生产实践而搜集来的。在各教研室的研究工作计划中，有31项题目是接受生产部门和研究机关委托并与之合作的。例如，化工系燃料工学教研室与石油化学研究所合作进行煤的岩石学分析研究；物理化学教研室与石油化学研究所合作进行的光谱分析工作；机械系机械制造教研室与上海柴油机厂合作进行关于柴油机油泵套筒及心子镀铬问题的研究；土木系港工教研室与交通部航务工程总局合作关于某码头的设计工作等。另外，

---

① 王铁：《中国教育方针的研究（中）——社会主义教育方针的理论与实践》。北京：教育科学出版社，1999年，第110页。

还有不少教研室都在积极进行科学研究文献资料的收集和准备工作。① 关于大连工学院教师订立的研究计划，《光明日报》进行了专题报道：

> 该院现有三十五个教研室的八十九个教师正从事六十四项研究试验工作，另外有八十九个教师正写作一百零六篇专题报告和读书报告，一百六十三个教师进行课程设计和毕业设计；该院机械系、造船系、化工系的系主任和大部分教研室主任也都参加了科学研究工作，订出了个人的研究计划。
>
> 大连工学院科学研究工作计划中的许多题目，都是和厂矿、生产部门或研究机关建立联系后，紧密地结合生产实际的需要而提出的。在各教研室的科学研究计划中，有三十一项是接受厂矿和有关部门的委托而进行的。教师们以前感到不易确定研究题目，现已知道，只要和厂矿与有关部门加强联系，深入生产实际，研究题目的问题是可以逐步得到解决的。
>
> 大连工学院本学年参加科学研究工作的人数比上学年增多，研究的题材也比上学年广泛。该院于本学期开学时曾召开过一次"教学与科学研究工作会议"，在会上，领导同志明确地指出科学研究工作的重要意义，各系和许多教师也在会上检查了过去对科学研究工作重视不够的思想，从而大家都进一步认识了这项工作对提高教师水平和教学质量的重要意义。这对本学年科学研究工作的开展起了巨大的推动作用。其次，这学期开始规定了从事科学研究工作的时间，解决了一向为教师们所强调的"没有时间做科学研究工作"的问题。②

另外，1954年秋季学期以来，为加强对科学研究的组织领导，大工各系都增设了科学秘书，在系主任的领导下，督促检查各教研室科学研究工作计划的执行，组织科学研究工作经验的交流，负责校内外科学研究工作

---

① 钱令希：关于我院本学期制定科学研究工作计划的情况及几点意见。《高等教育通讯》，1954年第20期，第41-44页。

② 大连工学院订出了本学年的科学研究工作计划。《光明日报》，1954年12月6日，第2版。

上的联系。①针对大工的科学研究计划，钱令希后又进一步强调："第一，对教师本人来说，从事科学研究工作，绝不意味着可以放松政治理论学习和其他工作；第二，科学工作的道路是艰苦的，必须付出巨大的劳动才会有成果，也必须通过实践才能提高能力和找到门径；第三，从订立研究工作计划的过程中看出，教研室和系的领导对科学研究工作的正确开展是有决定性作用的；第四，为保证计划的实质得以完成，有赖于大家踏踏实实地努力工作，其间教研室主任和年长的教师们的示范作用和对青年教师必要的帮助、指导是很重要的；第五，开展科学研究工作必须加强各方面的配合工作……"②

1954年12月，《光明日报》一连发表三篇通讯，介绍大连工学院等校开展科学研究的情况和初步经验：

> 东北工学院和大连工学院的教师们，一年多以来，根据厂矿生产上急需解决的问题进行了一些研究试验工作。结果，既帮助厂矿解决了生产问题，又使教师提高了业务水平和教学质量，充分说明了高等工业学校开展科学研究工作的重要作用和意义。③
>
> 东北工学院和大连工学院的经验告诉我们，与厂矿联系、合作，根据厂矿生产上急需解决的问题进行研究试验工作，不仅可以帮助生产的改进和教学质量的提高，而且可以为科学研究工作本身创造极有利的条件，推动这项工作向前发展。这是高等工业学校开展科学研究工作的主要方向。④
>
> 东北工学院已与鞍山钢铁公司、沈阳冶炼厂、沈阳重型机器厂、鹤岗矿务局等二十几个厂矿单位订立了联系合同。大连工学院也与大

---

① 王山而：大工学院科学研究工作有了进一步的开展。《科学通报》，1955年第1期，第88页。
② 钱令希：关于我院本学期制定科学研究工作计划的情况及几点意见。《高等教育通讯》，1954年第20期，第41-44页。
③ 丘林：帮助了生产，也改进了教学——东北工学院和大连工学院科学研究工作介绍之一。《光明日报》，1954年12月6日，第2版。
④ 丘林：结合生产需要是高等工业学校开展科学研究工作的重要方向——东北工学院和大连工学院科学研究工作介绍之二。《光明日报》，1954年12月12日，第2版。

连起重机器厂、大连车床厂、鞍钢化工总厂、大连航务总局等单位签订了技术合作协议书。双方在合同或协议书里，规定交流资料，互派人员做技术报告，学校为厂矿解决技术问题，共同进行科学研究工作等。这为两校的教学改进、科学研究工作的开展，特别是为科学研究工作与实际相结合创造了极有利的条件。而厂矿也开始受到高等工业学校的科学技术力量的帮助，对改进生产将起一定作用。①

1954年10月，《大连工学院学刊》（现《大连理工大学学报》的前身）创刊，编委会由范大因任主任，钱令希任副主任，委员有胡国栋、聂恒锐、杨槱、李士豪、林纪方等20人。该学刊是报道教学上和科学研究上创造性工作成果的学术性刊物，主要刊载：①自然科学与社会科学的研究论文；②对生产实际上科学技术问题的试验研究报告；③关于教学法研究的论文；④书刊评论以及关于批判资产阶级教学观点、学术观点的论文；⑤优秀的实习报告、毕业设计（论文）和学位论文；⑥向苏联学习上较好的读书心得报告；⑦苏联有关高等学校教学和科学研究工作经验的论著（译文）；⑧学生科学研究小组的优秀报告。② 在该刊创刊号发表文章大部分是由大连工学院中青年教师撰写的。他们结合教学和生产实际对各自的课题进行了较深入的理论分析、实验和总结，颇有见地，其中钱令希发表论文《关于水工有压隧洞的力学计算》，该文1955年12月又以《关于水工有压隧洞计算中的弹性抗力系数"k"》为题发表在《土木工程学报》第2卷第4期上。《大连工学院学刊》第一、第二期出版后，受到各方面的重视和关注，订户日有增加。根据读者的建议，经编委会研究决定，从第三期起在一段时间内，按系列分为化工版、水利版、机械版等出刊。第四期起附有俄文摘要。1956年5月，该刊又被高教部选为与国外交流刊物，并开始与苏联、民主德国等11个国家进行交流。③ 由此，可窥当时《大连工

---

① 丘林：怎样与厂矿建立联系——东北工学院和大连工学院科学研究工作介绍之三．《光明日报》，1954年12月14日，第2版．

② 屈伯川：发刊词．《大连工学院学刊》，1954年创刊号（第1期），第116页．

③ 孙懋德主编：《大连理工大学校史（1949-1989）》．大连：大连理工大学出版社，1989年，第100-101页．

学院学刊》学术水平之一斑,而作为该刊编委会副主任、学校研究部主任的钱令希为其劳心劳力,亦可想而知矣。

1955年5月21—28日,大连工学院举行第二次教学与科学研究工作会议。作为研究室主任,钱令希在大会上做了题为《进一步开展我院科学研究工作》的报告,总结了大连工学院近一年来科学研究工作的成绩和缺点;在分会上,和助教郑芳怀做了题为《电似法应用在弹性力学问题中》的报告(1955年6月发表在《大连工学院学刊》第4期)。在自己钟情科学研究的同时,钱令希也不遗余力地帮助年轻教师从事科研工作。对此,大连工学院的校报曾有报道:

> 几年来,钱先生对新生力量的扶持也是非常注意的。土木系近十位年轻教师已经开展科学研究工作了,他们或多或少地得到了钱先生的鼓励和帮助。建筑材料教研室去年在进行"混凝土的经济配合比"的研究试验时,设备材料上遇到了困难,试100多试件后有的同志认为自己工作意义不大,不想继续了。钱先生就百般鼓励他们,说:"科学研究工作终是由低级到高级的,我们既化(花)了劳动,就要珍惜它使它得到成果。以前在抗战中的四川,很多科学工作者不顾条件差也进行了红土的试验。"当他们完成了试验,觉得本实验无甚价值而不愿意拿出实验报告时,钱先生又殷切地说服他们,并且告诉他们整理报告时应重视用数目字来说明问题,等等。终于,他们的报告在《学刊》上发表了。上学期,他们又在钱先生的提议下,进行了"磨碎生石灰"的试验;现在他们教研室已成为全院在科学研究上基础较好的教研室之一了。他十分注意从实际工作中培养年轻人对科学的兴趣,工厂来了题目,他就交给他们去做,借给他们参考书,有时领他们到施工现场;在病榻上,他也认真的为周承倜看读书报告,并提出详尽的意见。[①]

[①] 本报记者:崇高的任务,重大的责任——访中国科学院学部委员钱令希教授.《大连工学院校刊》,1955年6月25日,第2版。

1956年1月，中共中央召开了知识分子问题会议，决定动员广大科技工作者制定我国第一个长期科学技术发展规划，即《1956—1967年全国科学技术发展远景规划》。是年1月10日，钱令希在中国人民政治协商会议全国委员会常务委员会第十二次会议上被批准为增选的政协第二届全国委员会委员，1月30日—2月7日，出席全国政协会议。会上，周恩来总理所做关于知识分子问题的报告，并代表党中央发出"向科学进军"的号召，钱令希备受鼓舞和鞭策。作为大连工学院研究室主任、参与《1956—1967年全国科学技术发展远景规划》的科技专家，钱令希针对中央发出的"向科学进军"号召和周总理确定的"十二年赶上世界先进水平"目标，提出高等学校教师顺应这个科学事业大潮中的担当与任务：

> 现在，党和政府号召我们向科学进军。……我们必须采用"迎头赶上"的办法。那就需要首先在最短期间内掌握苏联和人民民主国家最新的科学技术成就。在这个基础上，争取在第三个五年计划期末使我国最急需的科学部门能够接近世界先进水平。这是十分正确而必要的。我们必须赶紧收起保守的想法，立刻规划一下怎样在最短期间内掌握本专业目前的世界最新成就。我个人的想法是：这一工作至少须以一个教研室为行动单位，组织起来，先设法了解目前国际和国内的水平，然后订出规划去掌握它。必须依靠集体的努力和智慧，才能迅速有所成就。为了掌握别人的成就，单是阅读而不加以运用和实践是不行的，如果不用创造性的学习方式亦是不能把别人的知识据为己有的。为此，在教研室拟定了总的和比较长远的研究方向之后，应该明确每人或每小组就某专题去钻研，钻研的方式应该是把学习和研究统一起来。在开始的阶段，当然阅读和总结文献等学习工作要多些，但是始终不应该撇开研究和创造的意图。所以，鼓励教师们从事学位论文的写作倒是一个十分好的方式。因为，根据苏联高等学校章程，博士学位论文的标准是："通过论文，应表达作者在自己本门科学上具有一般的理论知识，而在自己论文的专题上具有深刻的理论知识。并且通过论文，应表现作者独立从事科学研究工作的能力。"这就是我们

要求高等学校教师在最短期间内应该达到的科学水平。每个教研室可以根据具体情况，对目前成员做出迅速完成这项工作的规划。

此外，我们知道在苏联的高等学校里，每个教研室都经常举行科学讨论会，来讨论科学问题和检查工作进度。我国某些科学家很久以来，也曾利用这种方式来领导和开展科学研究。我认为这是发挥集体智慧，推动科学工作的最有效的方式。近来，我们学校里许多教研室也在学习这个方式，感觉十分有益而效果也很好。因此，应把这个良好的方式巩固起来，并更普遍地推行它。

我再谈一谈时间的问题。教师们普遍的感觉是时间不够，而且零碎。事实上，过去几年，学校里在进行从头至尾的教学改革；学校外面在进行各种社会改造，大家忙的都是必要的事。今后科学事业走入新阶段，政府给我们保证将有六分之五的时间可以用在业务工作上，并且还一定会有必要的措施让我们能有效地使用这些时间。当然，这些保证和措施还必须加上我们的合作才能很快而有效地实现。因此，似乎可以在各校提倡一下爱惜时间的问题，例如，举行一个"爱惜时间周"或是"爱惜时间月"。……正确的爱惜时间的自我教育会带来很多好处，它将决定今后我们和时间赛跑的胜负。[①]

1956年11月30日—12月5日，大连工学院举行了第三次科学讨论会，在水利、机械和直属教研室分组会上，21个教研室58名教师提出了65篇报告。12月3日，在水利系分组会上，钱令希新近撰写的《用初参数计算刚架振动的通路法》由他的助手郑芳怀助教介绍。在答辩讨论环节，钱令希就与会的哈尔滨工业大学建筑力学教研室主任王光远、本校机械系副系主任姜际升和水利系唐立民等同行提出的相关问题进行交流、讨论。会议最后，钱令希谦虚地说："这篇论文是我和郑芳怀两个人讨论写出来的。通过大家讨论，使我得到很大的收获。我越来越感到科学研究中开展不同意

---

① 钱令希：高等学校教师在科学事业高潮中的光荣任务.《高等教育（高等学校内部参考）》，1956年第3期，第97-98页。

见讨论具有很大的优越性。"① 次年春，该文修改、完善后刊载于《大连工学院学刊》1957年第1期。《用初参数计算刚架振动的通路法》对于解决刚架的动力计算，特别是对于有侧移的刚架的动力计算，提出了一个具有独创性的简便的新方法。② 该文在学界产生一定影响，我国著名抗震专家钱培风（1919—　）曾评价说："用初参数法求单跨梁的频率方程，是十分方便的。因此，有不少的学者也想把它推广运用于刚架或连续梁等。但是最为成功的，当推钱令希教授所提出的处理办法。他不断地利用各杠杆的端点条件、节点平衡条件及连续性条件等，从连续架或连续梁的一端逐渐推至他端，使列出的式子中初参数始终不超过两个。这样就可以利用最后一根杠杆件支承端的两个端点条件，来建立需要的两个齐次方程，如同单跨梁一样简单。"③

钱令希任大连工学院研究室主任后，也组织大工的一些学生参加科学研究工作。早在1953年，钱令希任主任的港工教研室，以及金属切削刀具、有机化学、理论力学等16个教研室，便在学生中组织科学研究小组，吸收学有余力的学生或对某个课题、某个实验学有心得而又愿深入钻研的学生自愿参加。1954年10月，在校研究室和团委会的指导下，大连工学院学生科学技术协会成立。1955年3月13日，大工举行了第一次学生科学报告会。到1955年年底，大工已有92个学生科学研究小组，计513人，占全院学生总数的14.6%，较一年前增加了63%。④ 据当时的一篇报道，这些研究小组的研究内容相当广泛：有自然科学方面，也有社会科学方面，有基础理论，也有专业知识；题目都密切地结合同学们的学习和当时我国的生产实际。高年级有些组直接参加了教研室的研究工作，如机四的超精加工小组，水三的水力学小组等；有的组则直接为工厂研究和解决实际生产中存在问题，如机四刀具小组为大连机床厂研究"玉米铣刀的设

---

① 赵乃义：一次生动的讨论会——记关于钱令希教授一篇论文的讨论。《大连工学院校刊》，1956年12月11日，第1版。

② 刘心纯：大连工学院第三次科学讨论会。《科学通报》，1957年第2期，第57页。

③ 钱培风：《结构动力学》。北京：中国工业出版社，1964年，第108页。

④ 孙懋德主编：《大连理工大学五十年纪事》。大连：大连理工大学出版社，1999年，第37页。

计问题",水四钢筋混凝土小组也为工厂研究"双向受弯钢筋混凝土结构"问题,机三铸工小组为大连机床厂研究和解决"换砂"等。在低年级中,参加科学研究小组的同学也不少,研究内容中,化学、物理、材料力学、理论力学较多,例如"合金""分馏""有机定性分析""电子管""阴极射线"等。[1]引导有兴趣、有潜力的学生成为科学研究的一股力量,对形成大工良好的教学与科研氛围,大有裨益。

1957年3月,大连工学院根据高教部的决定增设力学专业,成为我国继北京大学(1952年设立力学专业)、北京航空学院(今北京航空航天大学,1956年设立空气动力学专业)之后第三个设置力学专业的高校。1958年上半年,为适应形势发展需要,践行屈伯川院长"理工结合"的办学理念,大连工学院成立应用数理系,包括物理量测、工企、工程力学三个专业,下设物理、数学、理力、材力、电工、工企、俄文、体育8个教研室。[2] 1959年3月,大连工学院应用数理系正式运作,并改称数理力学系(1979年7月撤销,成立工程力学系)(图4-11)。[3]刚开始时,数理力学系曾开设了半导体等尖端科技专业,后来只剩下数学、物理和力学三个专业。该系实际上是理工结合、文理渗透的平台,钱令希任首任系主任,可谓屈伯川院长交给钱令希主办第二件事情之始。大连工学院1949年建校时共设8

图4-11 钱令希(左)与唐立民共商建设大连工学院数理力学系

---

[1] 学生科学技术协会:近80个学生科学研究小组开展了多样性的科学研究工作.《大连工学院校刊》,1955年12月17日,第1版。

[2] 我院成立应用数理系.《大连工学院校刊》,1958年6月1日,第1版。

[3] 运载工程与力学学部机构沿革.大连理工大学运载工程与力学学部网站,2018-09-30。

个系，其中包括应用数学系和应用物理系，1952年的大规模院系调整后，成为只剩下机械、土木和化工等系的学科单一的工学院。但屈伯川院长对科技发展规律和学科建设规律具有深刻认识，工作中始终注重理学和工学的结合。他认为，工科大学必须有理科专业才能更好地发展与提高。学土木工程出身的钱令希，对屈院长理工结合的办学理念甚是赞同，并在任数理力学系系主任及其后来的一系列教育管理工作中，继承并发展屈院长理工结合的观念。他认为，"理工科大学的学生既要有比较好的数学基础，又要有对物理过程的理解和解决工程问题的意识"[1] "科学上的重大创新往往需要从其他领域获得启发，需要学科之间的交叉""学科之间的交叉，特别是文理之间的交叉，可以使科学工作者站得更高、看得更远一些，视域更开阔一些，从而准确地把握科学的发展趋势，找到各自学科当前需要解决的问题及其突破口"[2]。正是由于屈伯川、钱令希等老一辈教育家对理工结合、工科院校怎样发展理学和人文社会学科有很深的体会和见解，才使得在"文化大革命"结束后，大连工学院理工结合呈现良好的发展态势，即相继设立工程力学研究所、系统工程研究所、数学研究所，并在国内工科院校中比较早地恢复了应用数学系和应用物理系。到了20世纪90年代初，数学方面，大工的一名硕士生，获得了世界著名的FOX大奖，有三位博士生在全国博士后学术大会上获得优秀论文奖；物理方面，建起了国家重点实验室，研究"三束"材料改性的高新技术，与中国科学院合作成功研制了我国第一台光子扫描隧道显微镜。这些又为大连理工大学在20世纪末形成了以理工为主，多门类学科协调发展的学科体系，奠定了良好的基础。

---

[1] 刘元芳：钱令希的治学育人理念与实践——纪念钱令希先生诞辰100周年。《高等教育研究》，2016年第37卷第9期，第93页。

[2] 钱令希：序。见：王续琨，《交叉科学结构论》。大连：大连理工大学出版社，2003年，序言页。

中国科学院首批学部委员

中国科学院首批学部委员的遴选是按照中科院于 1954 年年初建立的物理学数学化学部、生物学地学部、技术科学部、社会科学部分别进行的。其中,前三个学部的学部委员的候选人提名,分为地学、动植物学、医学和基础医学、农林、矿冶、化学及化工、土木建筑(包括大地测量)及水利、机械、电机、数学及力学、物理学共 11 组学科,通过本学科全国副教授以上职称的专家推荐。1954 年 7 月初,郭沫若以中国科学院院长名义向国内专家发出 645 封信,请他们推荐学部委员人选。至 1954 年 11 月,收回 527 封,共提名 665 人。1954 年 11 月,中国科学院党组确定了 177 人的初步名单,于 1955 年 5 月 15 日最后向国务院报送的学部委员名单为 235 人。5 月 31 日,国务院全体会议第十次会议批准了其中的 233 人。[①] 钱令希是这 233 人之一,为技术科学学部学部委员(图 4-12,图 4-13),并于 6 月 1 日出席在北京召开的中国科学院学部成立大会。

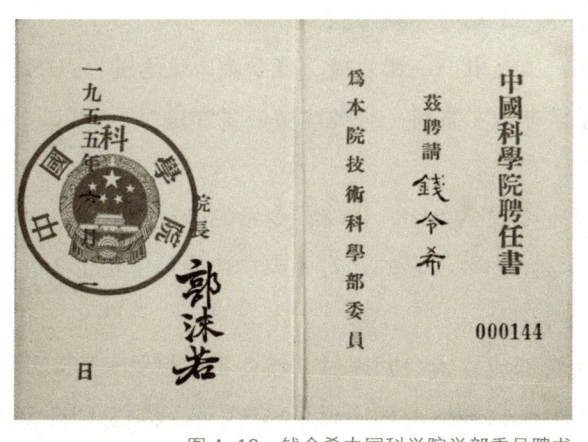

图 4-12 钱令希中国科学院学部委员聘书

图 4-13 1955 年钱令希当选中国科学院院士证书

---

① 王扬宗:1955 年第一批学部委员的选聘。《中国科学报》,2014 年 5 月 9 日,第 19 版。

第四章 初入大工

学部委员是我国设立的科学技术方面最高学术称号"中国科学院院士"的前身。1955年被批准的首批学部委员,在我国科学技术的各个领域,大都发挥了非常重要的作用,可以说他们是现代中国科技事业的奠基人。初创时期,学部委员不只是中国科学界的一种荣誉称号,更重要的是需要他们承担中国科学院乃至全国科学技术的学术领导工作。[1] 1955年6月初,钱令希出席在北京召开的中国科学院学部成立大会,其间就参加了关于我国第一个五年计划期间中国科学院工作纲要和改进中国科学院工作以推动全国科学事业的讨论。

6月4日,《人民日报》《光明日报》均在第1版刊载《中华人民共和国国务院命令》,公布中国科学院学部委员名单:

中国科学院学部委员名单共二百三十三人,已由一九五五年五月三十一日国务院全体会议第十次会议批准,现在予以公布。

总理 周恩来

一九五五年六月三日

中国科学院学部委员名单(按姓名笔画排列)

一、物理学数学化学学部:王竹溪……钱临照……饶毓泰

二、生物学地学学部:丁颖……顾功叙

三、技术科学学部:王大珩……褚应璜、钱令希、钱志道、严恺

四、哲学社会科学学部:丁声树……魏建功、罗常培[2]

在公布的中国科学院学部委员名单中,也有钱令希的胞兄钱临照,从而使他们兄弟俩成为中国科学院为数不多的几对兄弟学部委员(院士)之一,引为科坛佳话。

从北京参加中国科学院学部成立大会回来后,钱令希在接受大连工学院校报记者专访时,简单地介绍大会情况和周恩来总理、陈毅副总理在会

---

[1] 王扬宗:中国院士制度的建立及其问题。《科学文化评论》,2005年第6期,第7-8页。

[2] 中华人民共和国国务院命令。《人民日报》,1955年6月4日,第1版;中华人民共和国国务院命令·中国科学院学部委员名单。《光明日报》,1955年6月4日,第1版。

上所做的指示,并谈了自己的一些感想:

崇高的任务,重大的责任:科学家是处在一个从来没有过的光辉的时代。党和国家又是那样关切鼓舞我们,祖国又是殷切地期望我们。沉重的担子已经放到我们的肩上了,我们一定要担当得起啊!

发挥高等学校在科学上的潜在能力:如果全体教师参加研究工作,今天虽然从事的是一些微小的甚至重复别人的工作,但日子久了,经验累积起来了,就能从事创造,就能为祖国的科学事业做出巨大的贡献。……我们学校的教师应该组织起来,发挥教研室的力量,把科学研究工作做得更集体性一些,做得更有方向性,争取不久就能分担科学院的研究任务。

必须积极培养新生力量:我国的科学工作者很少,我们有责任把年轻一代培养起来,发挥他们的劳动热情和创造性,参加到祖国的科学队伍中去。①

钱令希被遴选为中国科学院技术科学部学部委员,意味着将承担更多的社会责任。他曾说:"如果身体容许的话,我将要做三倍、四倍于现在的工作。"②技术科学部成立后,为了便于学术领导,技术科学部学部委员又分成了冶金、燃料化工、机械电工、土木建筑水利等4个学科小组。根据学部成立大会的决议和学部的工作任务,学部常务委员会首先讨论确定了1955年下半年的工作计划要点,其中之一就是制定技术科学部长远发展规划。为此,技术科学部4个学科小组召开了制订长远计划问题的讨论会,并组织召开有关问题的座谈会,征求意见。座谈会除学部委员参加外,还邀请产业部门负责同志和专家以及高等学校的教授参加。座谈会上,钱令希与蔡方荫两位学部委员提出了结构方面的书面建议。③

---

① 崇高的任务,重大的责任——访中国科学院学部委员钱令希教授.《大连工学院校刊》,1955年6月25日,第2版.

② 同①.

③ 杨连贵:中国科学院技术科学部成立后的工作.《科学通报》,1955年第11期,第100页.

1955年8月，国务院颁布中华人民共和国第一个正规的研究生条例《中国科学院研究生暂行条例》，同年9月首届研究生的招生工作启动，钱令希作为中科院技术科学部学部委员被列为中国科学院土木建筑研究所（现国家地震局工程力学研究所前身）"结构力学"专业研究生导师。次年1月4—6日在北京、上海、沈阳三地举行研究生入学考试。当年，与土木建筑研究所所长刘恢先共同招收1名研究生王前信。

1955年11月，中国科学院数学研究所、土木建筑研究所成立学术委员会，钱令希受聘为这两个研究所学术委员会委员。1956年，中国科学院力学研究所成立，原中科院数学研究所的力学研究室转入，钱令希于是年9月26日转聘为力学研究所学术委员会委员。

1956年，是中华人民共和国科学技术发展史上的重要里程碑。这一年中共中央召开了知识分子问题会议，发出了"向科学进军"的伟大号召，而且制定了我国第一个长期科学技术发展规划《1956—1967年全国科学技术发展远景规划》，使我国的科学技术开始走上了国家统一领导的远景规划和近期计划相结合的发展道路。1956年1月下旬，钱令希作为无党派邀请人士的全国政协第二届委员会委员赴京出席全国政协会议。1月31日，在周恩来的领导下，在当时中共中央主管科学工作的陈毅、国务院副总理兼国家计划委员会主任李富春具体领导下，召开了包括中央各部门、各高等院校和中国科学院的科学技术工作动员大会，动员制定十二年科学发展远景规划。[1] 钱令希也应邀参加这次我国科学技术十二年发展远景规划制订的动员大会。2月初，在政协全国委员会于怀仁堂举行招待出席第二次全体会议的委员和列席人员的宴会上，他与侯毓汾（1913—1999，大连理工大学精细化工学科奠基人，著名染料化学家）、张存浩（1928— ，物理化学家和激光化学家，2013年度国家最高科学技术奖获得者）这两位来自大连的科学家出席。[2] 3月1日，配合我国第一个长期科学技术发展

---

[1] 李安平：新中国科学技术发展史上的里程碑：十二年科学技术发展远景规划.《科学新闻》，1999年第28期，第30页。

[2] 苏曼华：向科技的制高点攀登——记中国科学院院士张存浩. 见：杨德润主编，《登上科技高峰的人们：记在辽宁工作的两院院士》。沈阳：辽宁科学技术出版社，1997年，第182页。

规划的编制，大连工学院也制定《大连工学院十二年规划（1956—1967年）》。钱令希的"不开展科研，教学便是一潭死水""重要的是要使科学教育的结构成为一个开放的动态结构""学校最需要的是浓厚的学术空气，各种科学思想和见解都能自由发表，教与学都能有主动工作的余地"等教学与科研结合的理念被载入该《规划》：要求积极开展科学研究工作，并使之与教学工作、教学法工作建立有机的联系，逐步提高科学研究工作的质量。形成科学研究组；定期举行学术研讨会，逐步扩大科学研究人员的队伍。努力为开展科学研究创造条件，加强学校的学术气氛，提倡尊重学者。①

因长期的高负荷工作，钱令希患上植物性神经失调症。1956年春夏间，他住进地处大连市沙河口区五四路的大连干部疗养院（现为大连大学附属新华医院院址之一）数月。本来中科院技术科学部等已安排好的一些学术活动，只好作罢。例如，1956年6月25日—7月2日，国际桥梁结构工程会议第五届大会（国际桥梁协会第六次会议）在葡萄牙里斯本召开。他原定与同为中国科学院技术科学部首批学部委员的茅以升、同济大学教授李国豪（1913—2005）、清华大学教授张维（1913—2001）组成四人代表团出席会议，但因病未能成行。②③ 1956年9月上旬，本应参加在比利时布鲁塞尔自由大学召开的第九届国际理论和应用力学大会（ICTAM 1956），也因病没能参加。④

1956年7月，高等教育部颁发《高等学校招收副博士研究生⑤暂行办法》，钱令希与李士豪、章守恭、陆文发、侯毓汾、聂恒锐、杨长骙一起，

---

① 刘元芳：钱令希的治学育人理念与实践——纪念钱令希先生诞辰100周年。《高等教育研究》，2016年第37卷第9期，第92页。

② 铁道部科学研究院外事办公室：铁道部科学研究院外事工作四十年（1950-1988）。1993年9月，第14-15页，内部资料。

③ 赵乃义：一次生动的讨论会——记关于钱令希教授一篇论文的讨论。《大连工学院校刊》，1956年12月11日，第1版。

④ 朱兆祥致钱令希的信件，1956年11月17日。资料存于采集工程数据库。

⑤ 副博士研究生是1956年、1957年我国招收的四年制正规研究生，经过4年学习，要求达到苏联科学院副博士学位水平，故称"副博士研究生"，后经国务院决定，不冠以"副博士"称号，仍称研究生。

成为大连工学院经高教部批准第一批招收副博士研究生的导师,所带的专业为"港与港的结构"。对中华人民共和国高校首次研究生招生,钱令希等作为中国科学院学部委员担任副博士研究生导师,《人民日报》有专门的报道:

> 全国高等学校今年将第一次招收副博士研究生一千零一十五名。招生报名工作从七月二十五日起由负责培养的高等学校办理。
>
> 二十三所高等工业学校将招收一百五十二名副博士研究生。专长于地质、探矿、动力、冶金、机械、运输等各类专业的一百四十六位教授,将分别担任这些研究生的导师。
>
> 清华大学、交通大学、大连工学院、同济大学、华东水利学院等校担任导师的教授中,有十一位是中国科学院学部委员。中国机械工程史专家刘仙洲、中国建筑学专家梁思成、电子管专家孟昭英、金相热处理专家周志宏、港工结构专家钱令希、道路桥梁与隧道专家李国豪等人,今年都将担任副博士研究生的导师。[①]

是年12月5日,大连工学院首批副博士研究生招考结果公布,共录取5名副博士研究生,其中钱令希招收的"港与港结构"专业副博士研究生为许福宗。对此,许福宗回忆说:"我……1956年毕业于大连工学院水利系港工专业,当时国家提出了'向科学进军'的伟大号召,并效仿苏联模式,组织了新中国第一届副博士研究生的招考计划。我是当时报考并有幸被录取为钱令希老师的副博士研究生,是他当时第一个也是唯一的正式研究生。研究生的第一年(1956—1957)我们还是集体上一些如高等数学的基础课为多,钱老师除了让我广读文献之外,尚未深入涉及钱老师的力学专业,但1957年反右运动以后,1958年我被派去武汉的铁道部大桥工程局第四工程局明山水库劳动锻炼,获得'社会主义建设积极分子'称号,但回校后体制已改,再也没有什么副博士的提法,接着来又是三年自然灾

---

① 全国综合大学和部分高等专科学校招收一千多副博士研究生 擅长各类专业的教授将分别担任导师.《人民日报》,1956年7月19日,第1版.

难。从那时开始，研究生的学习也就中止，我成为一名大连工学院（现大连理工大学）的普通教师，直到1978年返港。虽未得真传，学艺不精，但钱老师对我的成长影响不小，他教我要广泛阅读资料，严谨对待结论，恒久保持一种探索精神，对任何权威也无需迷信，总有新境界。他为人谦虚诚恳，没有架子，正符合'对上以敬，对下以慈，对人以和，对事以真'，使我得益良多。"① 许福宗返港后进入商界，任某公司经理直至退休。

"文化大革命"后，中国科学院学部委员的称号名存实亡。1979年，学部恢复重建。1981年5月，学部委员大会在中断21年后召开第四次大会，会议明确学部委员大会是中国科学院的最高决策机构。1984年，中国科学院学部委员大会及中国科学院主席团不再是科学院的决策机构，学部委员则转变为国家在科学技术方面的最高荣誉称号。

1992年4月20—25日，中国科学院第六次学部委员大会召开。钱令希赴京出席会议，并于4月25日的学部委员大会闭幕式上，与王德宝、师昌绪、孙鸿烈、吴文俊、吴阶平、严东生、邹承鲁、张炳熹、宋健、李振声、闵恩泽、林兰英（女）、涂光炽、高景德、黄昆、黄维垣、谢希德（女）一起当选为中国科学院第二届（1992—1996）学部主席团成员（图4-14）。② 同时，钱令希当选并被批准为技术科学部常务委员。

在中国科学院第六次学部委员大会闭幕式前一天，即4月24日，钱令希还应邀参加了中共中央总书记、国家主席江泽民与部分学部委员的座谈会。当他被介绍给江总书记时，江总书记高兴地说，20世纪50年代就知道您这位力学专家了。③ 次年8月22日，江泽民总书记视察大连理工大学，在海岸和近海工程实验室前，钱令希在时隔一年多后再次与总书记晤面。江总书记握住钱令希的手说："今天又见到你了，真是天下何处不相逢啊！"在接下来与师生代表、学校党政领导的座谈会上，总书记发表了热情洋溢的即席讲话，其中有云："今天来你们学校没做什么准备，但和你们的联系还是很多的。钱令希教授，我们50年代在大连沙河口区疗养院就

---

① 许福宗致王细荣的电子邮件，2019年3月25日。资料存于采集工程数据库。
② 陆彩荣：中科院新的学部领导机构产生。《光明日报》，1992年4月26日，第1版。
③ 孙懋德：《大连理工大学五十年纪事》。大连：大连理工大学出版社，1999年，第296页。

图4-14 1992年4月,第二届中国科学院学部主席团与会成员合影(左起:闵恩泽、钱令希、高景德、黄昆、孙鸿烈、宋健、林兰英、周光召、吴阶平、严东生、吴文俊、黄维垣、师昌绪、邹承鲁、王德宝、李振声、张炳熹)(资料来源:1992年5月《中国科学院第六次学部委员大会文件汇编》)

认识。当时还向你请教过一些问题,我们是老朋友了。"[1]

1994年年初,中共中央和国务院做出决定,将中国科学院学部委员改称中国科学院院士。1994年6月,在中国科学院举行第七次院士大会的同时,中国工程院宣告成立,中国工程院院士成为我国在工程技术科学领域的最高荣誉称号。根据国务院决定和《中国科学院院士章程》的规定,从1998年7月1日起,在中国科学院院士中实行资深院士制度,对年满80周岁的中国科学院院士,授予"中国科学院资深院士"称号。1998年6月5日,中国科学院第九次院士大会(图4-15)、中国工程院第四次院士大会在京闭幕,科学院和工程院分别宣布了资深院士名单,钱令希名列首批中国科学院资深院士名单之内。

---

[1] 孙懋德、马辉:总书记来到咱们学校。《大连理工大学》,1993年9月3日,第1、4版。

图4-15　1998年6月3日，中国科学院第九次院士大会技术科学部全体院士合影（前排左十为钱令希）

第五章
不啻是大学教授

钱令希作为大连工学院的教授，除了教书育人、科学研究外，也参加我国一些重大工程项目的建设和其他的一些社会活动。另外，他也不失时机地为发展大连工学院的力学研究队伍储备人才资源。

汗洒新中国早期的三项重大工程

钱令希虽然活跃在应用力学的研究领域，但他一如既往地关注和参与结构工程的设计与施工，并结合工程实践进行相关的工程力学研究。武汉长江大桥、长江三峡水利枢纽、南京长江大桥等 20 世纪五六十年代国家重大工程的论证与设计实践，均有钱令希的智慧和汗水。

早在浙江大学任教时的 1951 年 6 月，钱令希生平第一次到北京即是应铁道部之邀参加"第二次武汉大桥会议"，商讨大桥桥式、载重等技术问题。①②武汉长江大桥工程是中国第一个五年计划中156项重点工程之一。1955年1月15日，武汉长江大桥桥址选线技术会决定，桥址定在武昌蛇山与汉阳龟山之间。是年2月3日，大桥工程的技术咨询机构——武汉长江大桥技术顾问委员会在北京成立，著名桥梁专家茅以升被聘为主任委员，钱令希等一批专家、教授被聘为武汉长江大桥顾问委员会委员。对此，《人民日报》有专门的报道：

> 武汉长江大桥技术顾问委员会昨天在北京成立。这个技术顾问委员会，是铁道部根据前中央人民政府政务院"关于修建武汉长江大桥的决议"，聘请国内桥梁、建筑、铁路、公路、钢铁结构、钢筋混凝土、地质、土壤、市政建设等各方面的有关专家和教授组成的。它的任务是研究和讨论有关大桥设计和施工中的复杂技术问题，对大桥的美术设计进行研究并提出建议。技术顾问委员会主任委员为茅以升，委员二十五人，为罗英、嵇铨、周凤九、金涛、王竹亭、王度、陶述曾、蔡方荫、杨宽麟、顾宜孙、余炽昌、钱令希、李国豪、李学海、张维、刘恢先、黄文熙、俞调梅、谷德振、陈士骅、梁思成、鲍鼎、汪季琦、赵祖康、李温平。③

2月4日，钱令希等武汉长江大桥顾问委员会委员从北京启程，前往武汉出席6—8日召开的武汉长江大桥技术顾问委员会会议，会议对大桥建设进行研究讨论。是年9月1日，大桥正式开工。在大桥施工时期，武汉大桥工程局（1958年3月更名为铁道部大桥工程局，2001年改制为中铁大桥局集团有限公司）向大桥技术顾问委员会先后提出了14个重要技术问题，经委员会讨论答复，都保证了工程的质量。④钱令希主要负责组织其中的两个（图5-1）：一为"研究钻孔中灌筑的混泥土的承载能力（在

---

① 钱令希：思想总结·本人历史。1952年，未刊稿。资料存于采集工程数据库。
② 《中国铁路桥梁史》编辑委员会：《中国铁路桥梁史》。北京：中国铁道出版社，1987年，第136页。
③ 林钢：武汉长江大桥技术顾问委员会成立。《人民日报》，1955年2月4日，第2版。
④ 茅以升：《茅以升选集》。北京：北京出版社，1986年，第534页。

图 5-1　钱令希《对大桥设计、施工的建议》部分手稿（约 1956 年）

桥渡中线上钻孔有各种不同深度，有各种不同的土壤，研究此项承载力时，请将混泥土侧面与土壤的黏着力也考虑在内）"；二为"对基桥承载的不均匀分布问题加以研究并予以具体指示"。[①]

关于大桥的设计，钱令希建议要进一步搞清楚管柱及管桩基桩基础的极限承载能力。关于施工方面，他指出，"长江大桥的基础施工过程，要进一步就若干种地质条件加以定型化"，这就需要进行 7 项研究试验工作：①在各种土质中特别是黏土中下沉管柱时控制方向的问题；②下沉过程中如何迅速有效地出土的问题；③装配式管柱及管桩的连接问题，即如何加强连接的刚性，避免震动打桩时能量消耗的问题；④震动打桩调节频率以提高下沉效率的问题；⑤采用预应力管柱及管桩的问题；⑥大型管柱内灌注混凝土的散热问题；⑦沿管柱壁面配置喷水以利在黏土中下沉时软滑的措施。关于桥墩对于船舶撞击的影响，钱令希认为："在大桥的设计中，为此曾假设在航行水位有一水平的 300 吨的船舶撞击力。这就使得 7 号墩[②]的整体稳定安全系数略低于 1.5。事实上，船舶撞击时的能量大部分将由

---

①　第二章 国家的重托。见：大连理工大学党委宣传部拍摄，《钱令希：纪念钱令希院士诞辰一百周年纪录片》，2016 年 7 月。

②　7 号墩因筑在较破碎的炭质页岩上，采用直径 55 公分的管桩基础，而其余的 7 个桥墩均采用一种新的基础结构型式和施工方法——大型管柱钻孔法。

墩身的局部破坏所吸收，故船舶撞击的重要后果是局部破坏，而对于整体稳定的影响是很小的，所以就这观点来说，可以认为 7 号墩身整体稳定的安全系数是完全足够的。至于防护墩身局部破坏的措施，建议考虑采用浮式的缓冲护墩设备，以局部吸收撞击能量。"[1]

1957 年 9 月下旬，武汉长江大桥全部工程提前完工。10 月 15 日，举行大桥落成通车典礼，钱令希应邀参加了这次盛典，并参观了这座凝结了自己智慧的"万里长江第一桥"。事后，他写了一篇观感，其中有云：

当你亲身信步走上桥的上面一层——公路面的时候，你才会真真感受那种不可言喻的豪迈和壮丽的气象。从桥的这头望那头，长长地可以平行六行汽车的大道是那样宽阔平坦。两旁人行道的栏杆上处处有精雕细琢的花卉麟角，这里的人们个个带着笑容，阔步前进。从桥上望桥下，江水滚滚，来往的船只显得很小，拖着一条浪尾，像是在缓缓前进，你是从四十公尺的高度在瞭望它们呀！如果你知道中流八个桥墩在水面下还有四十公尺的高度才把这座桥的几万吨重量传递到坚实的岩层上，你将更为惊叹不止。

正桥两端各有一对凉亭，由此向下进入桥头堡走下三层楼到桥身下面一层的铁路桥面，要走下八层才抵达绿草如茵的沿江大道。

在那可以平行两列火车的铁路桥面上，你是处在现代化的钢结构世界里。那有韵律，有节奏，建筑物的美、建筑物的力量就是那样难以言喻的。

长江大桥的伟大远不止此。它使得全世界工程技术界瞩目惊奇的地方，在于它创造了一种崭新的基础结构型式和施工方法——管柱钻孔法。这是一个伟大的创造和革新。

……

管柱钻孔法究竟是怎么回事呢？一下子是说不明白的。通俗地说一下的话，就是凭这个新方法，以后修筑桥梁的基础，不管水多深，

---

[1] 钱令希：《对大桥设计、施工的建议》手稿（图 5-1）。1956 年前后，未刊稿。资料存于采集工程数据库。

流多急，工人们不必再进入水面以下去工作了，施工的过程全部在水面上进行。这样便可以使施工不受洪水位的影响，可以不受季节限制，常年施工，它比世界上一向通用的"气压沉箱法"使长江大桥这样的工程缩短了约两年的工期。特别是这个创造保障了工人的健康，改善了工人的劳动条件。①

钱令希参与大桥建设的自豪感和科学技术对大桥如期、如质建成的重大意义，跃然纸上。

1958年2月下旬到3月上旬，周恩来总理亲自带领有关方面的领导人和专家到三峡地区进行考察。总理在实地考察，听取了各种意见以后，向毛主席、党中央做了"关于三峡水利枢纽和长江流域规划"的口头汇报和书面报告。同年3月25日，中央召开的成都会议讨论同意这个报告，并且形成了《关于三峡水利枢纽和长江流域规划的意见》的文件，4月5日中央政治局会议予以批准。文件明确指出："从国家长远的经济发展和技术条件两个方面考虑，三峡水利枢纽是需要修建而且可能修建的，但是最后下决心确定修建及何时开始修建，要待各个重要方面的准备工作基本完成之后，才能做出决定。估计三峡工程的整个勘测、设计和施工的时间约需15年到20年。现在应当采取积极准备和充分可靠的方针，进行各项有关的工作。"② 为此，同年6月5—16日，由中国科学院、水利电力部、第一机械工业部和长江流域规划办公室等单位联合主办，在汉口举行长江三峡水利枢纽科学技术研究会议。钱令希出席这次会议，其间与其他与会专家、学者们乘轮赴三峡三斗坪（后来长江三峡水利枢纽工程的坝址就选在位于三斗坪附近的中堡岛）、南津关（后来的葛洲坝水利枢纽工程就建在南津关下游2.3千米处）一带进行实地勘察，参加分组讨论，并激动地说："50年前詹天佑尚且在英国人轻视的眼光中建设了举世闻名的京张铁路，今天的时代，我们就能创造资本主义国家连想都不敢想的奇迹。"③

---

① 钱令希:《武汉长江大桥抒怀》手稿。约1957年10月，未刊稿。资料存于采集工程数据库。
② 王任重: 随同周总理考察三峡记。《人民长江》，1988年第3期，第1—5页。
③ 尽早完成三峡枢纽设计。《湖北日报》，1958年6月17日，第1版。

根据此次会议的布置和安排，钱令希回大连后，带领大连工学院的课题组成员进行有针对性的科研攻关，不久便提出一种新支墩坝坝型的建议，据此撰写的论文《建议一种空心坝坝型》于是年8月在《人民长江》第8期上发表。他在该文文首写道：

巨型水力枢纽挡水坝坝型的研究，具有特别重要的实际意义。合理地选择坝型，不仅可以节省运额投资，而且可以缩短工期，加快建设速度。

三峡水力枢纽在江流中心的坝段，由于不仅要布置大量的泄洪底孔，还要在坝顶溢流，这里采用重力式坝型是合理的。但是除了这个泄洪的坝段外，两边还有很长的坝身，工程数量非常浩大，采用哪种型式才能体现多、快、好、省的建设方针呢？

目前比重力坝较为经济的坝型，似乎首推连拱坝，它的材料利用最为充分。我国在建筑连拱坝方面，取得了重大的成就和经验。这种坝型具有很多优点，但也有一些缺点，例如总的刚度比较小，施工模板较复杂，拱和垛的应力计算不易正确，对于温度相当敏感，需要布置一定数量的钢筋。也许是这些原因，目前太高的坝还没有采用它。

大头坝似乎介于重力坝和连拱坝之间。传统的大头坝型式，它的头部和垛墙连接处，厚度有急剧的变化，将发生应力集中。由于冷却不均衡等还有发生裂缝的可能。同时大头的尺寸沿坝高都是一律大小，也不尽合理。这类坝的应力计算，目前也没有比较精确的方法。为了避免头部发生拉应力，挡水面常做成圆柱面，或是多边形柱面，这引起施工的复杂性。即使如此，根据英国进行的一个大头坝三向偏光弹性实验结果，大头坝的中心还可能发生拉应力区。要改善头部和垛壁的连接曲线，才能避免这个拉力区。一般常用的双垛式大头坝，其模板数量相当大。分析这些缺点的来源，主要因为传统的型式将头部和垛身分为两个组成部分的缘故。头部的厚度和垛身的厚度不能相差太多，通常它们的比例总在2～3。这两个厚度的绝对数值又不能太大（通常垛厚在4～8米），否则连接的渐变段太长了。由于垛比较薄，模板数量非常大。同时垛的横向刚度也弱，为了补救这个，常采用双垛式，在下游面把垛连接起来。

我们如果保留大头坝这种空心坝类型的经济意义，而在型式上冲破它的传统，可以获得一种更为合理的坝型，这便是我们要做的尝试。①

钱令希提出的上述新坝型就是后来所称的"梯形坝"。1959年9月，在此基础上撰写的论文《建议一种新的大头坝坝型——梯形坝》在《大连工学院学刊》上发表。钱令希等在文中"建议的坝型，在力学性质和型式上，介乎重力坝和大头坝之间。每个坝垛的上下游厚度都是常数，而上游厚度比下游厚度大三至四倍。坝垛的每一水平面都是梯形。这种坝型具备重力坝在稳定的强度方面的优点，但比较经济，并且容易散热，坝底浮托力亦较小。这种坝型具备大头坝在经济方面的优点，但施工比较容易，而且可以避免头部的拉应力区。根据建议的布置，通到坝后水电站的引水钢管，并不致削弱坝身，而且可以有利于坝垛的横向稳定。文中提出了理论计算的方法，计算结果显示坝垛下游有类似应力集中的现象。"②

1971年9月，梯形坝这种坝型被上海勘测设计院用于浙江省衢州市境内钱塘江支流乌溪江上的湖南镇水电站的建设。为确保"大坝既安全又经济，并为今后合理选择坝型提供一定的资料"，大连工学院数理力学系教师解明雨、吴金仙、罗远铨和曹桂琴等，在有关生产部门的帮助下，对大坝进行了应力分析。③ 1973年，大连工学院水利系接受了水电部所属14个工程局派来的工人班学员，是年夏，该班到浙江乌溪江水库开班办学，钱令希冒着酷暑赶到乌溪江水库工地为师生讲课。在讲到材料力学的拉压试验时，他从一根拉伸试棒谈到乌溪梯形坝的设计与施工。由于乌溪梯形坝是当年他为长江三峡提供的试验模型，深有体会，故能用通俗易懂的语

---

① 钱令希：建议一种空心坝坝型。《人民长江》，1958年第8期，第1—7页。

② 钱令希、云大真、朴秀男：建议一种新的大头坝坝型——梯形坝。《大连工学院学刊》，1959年第6期，第117页。

③ 解明雨、吴金仙、罗远铨、曹桂琴：弹性平面问题的离散算子数值计算——梯形坝应力分析。《大连工学院学报》，1973年第1期，第31页。

言，在讲解材料力学理论的同时，也让学员轻松地理解了梯形坝设计与施工的深奥道理。①乌溪江上的这个大型支墩坝是混泥土梯形坝，于1979年10月建成，高128米，长440米，分22个支墩，是目前中国最高的支墩坝。1976年5月开始施工，1980年6月建成并投入使用的广西南宁市郊龙门水库，其中段的主坝也采用了这种梯形坝型。龙门水库主坝高32.6米，共5个垛，总长60米，是我国首次建设的浆砌石梯形支墩坝。

其实，在参加长江三峡水利枢纽科学技术研究会议之前，钱令希与大连工学院水利工程、数理力学等系的戴宗信等教授和林皋等一批中青年教师，结合流溪河水电站工程进行的拱坝结构动力学试验，取得了可喜的进展，相关论文《拱坝自振频率的近似计算》《利用电模拟法计算挡水坝在满库时的自振频率》在《土木工程学报》上发表，反映其阶段性成果的研究报告还在国际性大坝会议上进行了交流。他们对水坝等大型建筑物进行抗震研究，在全国高校中是开展得比较早的。②有鉴于此，1958年年底，在北京人民大会堂施工的紧张过程中，发现宴会厅的庞大屋盖有采取抗御地震措施的必要。钱令希与一些专家应邀到北京去研究对策。钱令希提了一个建议，将九个彼此独立的结构部分，用弹簧适当地联系起来，解决了抗御温度变化和地震之间的矛盾。这个方案后来被采纳实施了。另外，他还于20世纪60年代初，参加"08工程"（指二机部的军用原子反应堆工程）苏联专家不抗地震设计的补救方案研究，并给出了一些具体的办法。③1959年，钱令希领衔的大连工学院数理力学系拱坝壳体研究组进行了一系列研究和试验，据此撰写的系列论文《关于线性常微分方程的解法——转换参数法》《关于拱坝的计算——考虑扭转作用的拱冠梁法和多拱梁法》《关于拱坝的计算（二）——考虑扭转作用的拱冠梁法和多拱梁

---

① 李心宏：师恩如山　终生难忘。见：林家浩主编，《力学与工程应用》。大连：大连理工大学出版社，2006年，第279-280页。
② 孙懋德：《大连理工大学五十年纪事》。大连：大连理工大学出版社，1999年，第64页。
③ 钱令希：《工作汇报》。1970年8月4日，未刊稿。资料存于采集工程数据库。

图 5-2 钱令希、刘恢先指导的研究生王前信毕业论文封面（王前信提供）

法》《关于拱坝的计算（三）——坝型的研究》，先后在《大连工学院学刊》发表。[1][2][3] 其间，钱令希与中国科学院土木建筑研究所研究员刘恢先共同指导的研究生王前信的毕业论文就是关于"重力坝的抗地震问题"研究。王前信是钱令希指导下的中国科学院与大连工学院共同培养的第一个研究生，后来他曾一度有改变专业方向的念头，钱令希便在给他的信中以"锲而不舍"四字相勉，王前信听取了老师的告诫。[4] 研究生学习期间，王前信对"重力坝的抗地震问题"进行系列探讨，他的毕业论文就是研究生那几年的研究集成。该论文首先论述空库情形坝体的振动，接着讨论动水压力问题，进而研究有水时坝体的振动，随后就工程实际近似计算给出一些建议（图5-2）。[5]

另外，为适应大连工学院承接的长江三峡水利枢纽科研任务的需要，在钱令希带领下组成以电工教研室的杨成章和应用数理系的许兆銮等教师为骨干、广大学生参加的电模拟研究小组。钱令希与电模拟研究小组的青年师生一道，经过近三个月的奋战，于1958年9月15日成功研制出一台

---

[1] 钱令希：关于线性常微分方程的解法——转换参数法.《大连工学院学刊》，1959年第6期，第1-9页。

[2] 钱令希、唐秀近、唐俊、曹立诚：关于拱坝的计算——考虑扭转作用的拱冠梁法和多拱梁法.《大连工学院学刊》，1959年第6期，第11-30页。

[3] 拱坝壳体研究组：关于拱坝的计算（二）——考虑扭转作用的拱冠梁法和多拱梁法，关于拱坝的计算（三）——坝型的研究.《大连工学院学刊》，1960年第1期，第31-59、61-78页。

[4] 钱令希：序. 见：王前信编，《工程抗震三字经》. 北京：地震出版社，1997年，序言页。

[5] 王前信：关于重力坝的抗地震问题. 中国科学院土木建筑研究所学位论文，1960年，第2页。

具有相当独创性、可求解四阶非齐次偏微分方程的"连工〔Ⅰ〕型电模拟计算机"（这项工作当时在国内处于领先地位），为长江三峡水利枢纽的研究任务进行了多次科学计算。①② 同年，该台电模拟计算机在高等教育部举办的全国高教展览会上展出。在连工〔Ⅰ〕型电模拟计算机问世将近一年后，钱令希等据此撰写的论文《连工〔Ⅰ〕型电模拟计算机》于1959年9月在《大连工学院学刊》刊发。他们在论文中写道："连工〔Ⅰ〕型电模拟计算机属于网络模拟的类型，它是由两层具有40格×40格的电网所组成，主要原件系高级线绕电阻。在两层电网的每一相对应的节点间，均以可变电阻连接。计算机的目的在于解四阶非齐次偏微分方程，因此有可能广泛计算许多属于平面场的科学问题。"③

钱令希对长江三峡水利枢纽工程的热情一直延续到21世纪初。他一方面继续关心三峡工程，另一方面希望为大连理工大学工程力学的研究团队找到研究项目，还亲自参加三峡升船机稳定性问题的相关研究和讨论。

长江三峡升船机技术是三峡工程高难技术问题之一，在1958年就被国家列为攻关课题，前后进行长达40多年的研究。自"七五"以来，国家组织有关科研机构和大型制造企业对三峡升船机关键技术进行攻关，解决了升船机结构型式、技术方案、设计参数等关键问题。在广泛借鉴国外大型升船机设计制造经验的基础上，最终在1986年确定了"全平衡钢丝绳卷扬垂直提升式"的方案。这种方案就像船舶坐电梯过大坝一样，提升部分采用钢丝绳提升，为了减小提升功率采用等质量的平衡重来平衡承船厢和水的质量。1994年年底，长江三峡工程正式开工，但升船机却由于技术复杂等原因于1995年缓建，但其设计研究工作仍继续进行。钱令希创建的大连理工大学工程力学研究所，就是参与其研究的机构之一。

大连理工大学工程力学研究所升船机课题组自"七五"期间承担升船

---

① 徐景南主编：《大连理工大学科学技术志》。大连：大连理工大学出版社，1994年，第252页。

② 孙懋德：大连工学院教学与实际相结合：建校十年 叶茂花红。《光明日报》，1959年5月15日，第2版。

③ 钱令希、杨成章、许兆銮：连工〔Ⅰ〕型电模拟计算机。《大连工学院学刊》，1959年第6期，第89页。

机塔柱和柱顶厂房的型式研究时起,不间断地做了许多有关三峡升船机的研究工作,如"八五"期间的三峡升船机整体动态数学模型的可行性研究,"九五"期间作为参加单位承担三峡升船机整体动态仿真研究中的船进出船厢时的水动力学和船厢结构响应研究,另外还做了三峡升船机运行的数值模拟和稳定性研究以及升船机塔柱的抗震性能研究等工作。2003年在国家自然科学基金面上项目支持下,升船机课题组对工作在理论上进行总结和提高。

1994年2月,大连理工大学升船机课题组针对这一方案提交了该系统动态整体数学模型。同年3月,中科院学部委员、大连工程力学研究所教授钟万勰看到钢丝绳卷扬全平衡垂直提升式升船机的图纸后,敏锐地感到该升船机设计没有考虑稳定性问题,经过再三思考认为风险很大,然后写了一封长达4页的《关于三峡升船机提升方案的讨论》的信件,分别寄给了担任三峡工程总负责的中科院学部委员张光斗和潘家铮,指出全平衡重升船机存在较大的风险。两位委员回信说这是科学问题,让设计人员进行考虑。同期两个研究团队在对该升船机方案进行试验时发生了倾覆事件,从而更加引起了重视。1996年2月,在升船机机电设备审查会上,张光斗院士指出"升船机稳定性是个大问题"。因钱令希的介绍,时任长江三峡工程开发总公司(2009年9月27日更名为中国长江三峡集团公司)技术委员会常务副主任的程山找到大连理工大学研究团队,希望能够继续做些工作,并签订了《三峡升船机船厢运行的数值模拟和稳定性研究》的科研合同。[①]

1999年6月上旬,钱令希应邀与大工"三峡升船机船厢运行的数值模拟和稳定性研究"课题组成员,在中国长江三峡工程开发总公司技术委员会副主任程山等的陪同下,参观长江三峡水利枢纽在建工程工地、隔河岩水坝在建的升船机工程(被列为长江三峡工程升船机的中间试验项目)等(图5-3,图5-4)。

2000年2月22日,钱令希撰写的《关于三峡升船机的提升方案》完

---

① 程耿东访谈,2019年5月10日,大连。资料存于采集工程数据库。

图 5-3　1999 年 6 月上旬，钱令希一行在参观长江支流清江隔河岩水坝在建的升船机工程时合影（左起：李海涛、喻永声、纪峥、程山、钱令希、程耿东、钱唐、长江三峡工程开发总公司陪同人员）

稿。他在该报告中讨论了提升系统在失水和纵倾同时发生时的稳定性问题，认为在升船机的提升过程中应控制纵倾不大于 0.38°和失水不超过 2083t，同时给出了满足上述控制要求时的倾覆安全系数和钢绳破断安全系数。[①]同年 11 月 14 日下午，钱令希再次和程耿东进行了

图 5-4　1999 年 6 月上旬，钱令希一行在长江三峡工程开发总公司技术委员会副主任程山的陪同下参观长江三峡水利枢纽在建工程工地（左起：喻永声、钱令希、纪峥、程山、程耿东、其他陪同人员，钱唐摄）

---

① 阮诗伦：三峡升船机耦合系统的数值分析。大连理工大学硕士学位论文，2001 年，第 4 页。

第五章　不啻是大学教授

长达2个小时关于升船机稳定性问题的讨论。2001年,钱令希亲自带领课题组向长江三峡总公司进行了项目进展汇报,中国长江三峡工程开发总公司总经理陆佑楣(2003年当选为中国工程院院士)会见了大连理工大学升船机课题组成员。①

2003年9月,国务院三峡建设委员会第13次会议同意改用"齿轮齿条爬升、长螺母柱短螺杆安全系统、全平衡"垂直式升船机的技术方案。2007年,升船机续建工程正式启动。2016年9月18日下午,这种型式的三峡升船机正式进入试通航阶段,实现了"大船爬楼梯、小船坐电梯"的壮景,从而宣告世界最大水利枢纽三峡工程最后一个建设项目的完成。这其中也凝聚了钱令希及其大工相关研究人员的智慧与心血。

1958年10月12—23日,由铁道部、中国科学院技术科学部等单位发起组织的南京、芜湖、宜都长江三大桥科学技术研究会议(即第一次科技协作会议)在武汉市举行,会上广泛地讨论了设计方面的问题和技术研究项目,订立了有关的协作计划书,并成立了总体布置及美术、上部结构、下部结构、施工、地质等5个协作组,并要求协作单位为这些大桥提出方案或组织研究,供第二次协作会议讨论决定。钱令希作为南京长江大桥技术顾问委员会委员(李国豪为主任委员)出席了这次会议,会上被选为上部结构协作小组副组长(组长为李国豪)。②在返回大连后,曾提出了五种方案,带领大连工学院数理力学和土木两系部分师生(如林少培、郑芳怀等)进行南京长江大桥"桥式方案"的研究与设计。同年12月22—28日,在武汉召开南京长江大桥等长江三大桥第二次科技协作会议,详细讨论了第一次科技协作会议以后各单位的研究成果和所提方案,对大桥上、下部结构和美术方案进行了比选。钱令希出席了这次会议,带领大连工学院师生设计的、国内首创的"自锚式悬索桥"(self-anchored suspension bridge)方案投标南京长江大桥工程正桥"上部结构",在全国39个竞标方案中,获第二名,第一名为中标的铁道部大桥工程局设计的方案。对此,自20

---

① 程耿东访谈,2019年5月10日,大连。资料存于采集工程数据库。
② 《南京长江大桥》勘测设计经过。见:《中国铁路桥梁史》编委会编,《中国铁路桥梁史》。北京:中国铁道出版社,1987年,第223-224页。

世纪 50 年代至 80 年代师从钱令希的学生和助手,曾任大连工学院工程力学研究所副所长、上海交通大学建筑设计研究院智能设计研究所所长的林少培,当年曾参与钱令希所领导的南京长江大桥设计投标研究项目。2016 年,在纪念恩师诞辰 100 周年前夕挥毫写道:

> 自锚式悬索桥是我们大连工学院在国内的首创。1958 年在桥梁专家钱令希院士的领导下以"自锚式悬索桥"方案投标南京长江大桥的全国方案选标,荣获第二名。南京长江大桥终以铁道部的武汉长江大桥的"翻版方案"中标。大连工学院的"自锚"方案屈居第二,但是这个创意是不可忽视的,也是我们桥隧研发基地的光荣传统,值得重笔!①

关于长江三大桥第二次科技协作会议,与会的铁路桥梁专家、建桥时任大桥工程局副总工程师的王序森(1913—2003)和建桥时任大桥工程指挥部总体设计组组长李宗达(1916—)后来在回忆文章中均有描述:

> 在这次会上,刘恢先提出的钢壳混凝土肋拱、钱令希提出的多腹杆桁及用悬索加固的钢桁,颇有新意,并列为比较方案。杨廷宝对古河槽处设简支单孔提出不影响全桥建筑外观的肯定意见,李国豪没有提出个人方案(有误——编者注),表示支持大桥局设计组方案,这些都对推荐结论的形成起到了作用。会议最后由汪菊潜、彭敏主持作出结论。彭敏提出的依靠群众力量完成南京大桥初步设计方案的想法,得到同济大学、长沙铁道学院的支持,他们结合毕业设计将应届毕业生分配到大桥局勘测设计处工作。还有一些单位也承担了相关的研究课题。会议结束后,勘测设计处受命编写初步设计文件,李宗达形成文稿,李家咸提供比较方案资料,1959 年 9 月完成,经铁道部审定,报国务院批准。制订初步设计方案的时间虽是短暂的,但它集中

---

① 林少培教授回忆投标南京长江大桥工程的国内首创"自锚式悬索桥"的手稿。资料电子版存于采集工程数据库,原件存于林少培家中。

了国内外著名专家的意见，是集体智慧的产物。①

1958年12月召开的第二次技术协作会议，主要是讨论各协作单位的研究成果和所提方案。大会由彭敏局长主持，我被指派负责大会秘书处的工作。在各单位提出的方案中，有的是原版图表，有的是经过勘测设计处加工重新绘制成的挂图，把汉口饭店会议厅四面墙壁挂得满满的。在众多的设计方案中，我记得有李国豪教授提出的大跨度箱形钢梁方案；钱令希教授提出的以钢索拉吊的钢梁方案；刘恢先教授提出的先架立空心钢壳拱，然后灌注混凝土的大跨度拱桥方案；大桥局提出的160米钢连续米字桁梁方案……真是群英荟萃，百家争鸣。②

此事已过去了一甲子，作为亲历者，林少培对当时他与唐秀近等一批青年教师跟随钱先生参加那段投标的过程、投标方案中的一些细节仍然记忆犹新。他说：

钱先生工程经验丰富，有众多工程实践案例的积累，对悬索桥理论和应用也早有研究，1945年他的论文"A Simplified Method of Analyzing Suspension Bridges"发表在《美国土木工程师学会会报》，并因此文于1951年收到了美国土木工程师学会寄来的结构力学莫采夫奖获奖通知。

钱先生先对美国旧金山的金门大桥这座横跨金门海峡的悬索桥（1937年建成）做了分析。金门大桥的桥墩跨距长1280.2米。金门大桥是把承载钢缆锚固在坚硬海底的锚箱里。锚箱是混凝土结构并具有足够重量的材料牢牢地锚固在海底的基岩里。针对南京长江大桥的软基具体情况，难以实现锚固在长江的江底基岩中，于是先生提出自锚

---

① 王序森：大桥工程建设回忆。见：南京市政协文史资料委员会、铁道部大桥工程局、上海铁路局南京铁路分局、南京市下关区政协编，《跨越天堑：南京长江大桥建设纪实》。南京：东南大学出版社，1996年，第35页。

② 李宗达：团结协作奏凯歌。出处同上，第60—61页。

式悬索桥的方案来解决在南京长江河道软基锚不住钢缆的问题。所谓"自锚"就是把两侧边跨的钢缆锚在桥跨本身的桥面结构体系上，用桥面结构本身的抗压能力形成结构自身的内力的平衡。在技术上，虽南京长江大桥比武汉长江大桥情况更复杂，但最终建成的南京长江大桥则是武汉长江大桥的放大版。武汉长江大桥每跨128米，南京长江大桥则是160米；武汉长江大桥桁架高度16米，南京长江大桥则是在跨度中间是16米，在桥墩处是30米。另外，南京长江大桥的桥跨在支墩处两侧多了两个支撑，以便改善桥墩附近桥跨的受力情况。这个中标的方案本身是铁道部门设计单位提出的，南京长江大桥和武汉长江大桥的钢梁建造单位就是铁道部山海关桥梁厂。我在读研究生期间还在该厂的装配车间实习过。

南京长江大桥不能采用悬索桥方案还有一个原因，因为悬索钢缆要用特种高强度的钢丝，还要有特殊工艺设备才能把几十根钢丝绞成钢缆，但当时我国既没有这种特种钢材也没有生产钢缆的工厂。如果由国外进口这些钢缆，则需要大量外汇，这在当时也是有困难的。铁道部大桥工程局具备建成武汉长江大桥的经验，提出的方案风险较小，把握较大。尽管由于施工工艺较复杂，受当时施工条件限制，钱令希提出"自锚式悬索桥"方案最终没能中标，但是该方案在我国工程技术上却是一个首创，在力学和工程应用上颇有创新，其意义也是值得肯定的。[1]

钱令希率领大工年轻教师为南京长江大桥设计的"自锚式悬索桥"方案，在进入21世纪时，由他所发现的另一匹"千里马"——大工的张哲教授发扬光大，即将悬索桥主梁由钢梁换成混凝土材料。2002年6月下旬，张哲设计的大连金石滩金湾桥竣工。钱令希应张哲之邀，兴致勃勃地视察了这座美观大方、气势不凡的吊桥（图5-5）。站在这座世界上首座钢筋混凝土自锚式悬索桥上，钱令希用"好""快""省"三个字给予了高度的

---

[1] 电话采访林少培的记录（经林少培审阅），2019年3月8日。资料电子版存于采集工程数据库。

图 5-5　2002 年 6 月 27 日，钱令希（中）应邀视察刚刚竣工的世界上首座钢筋混凝土自锚式悬索桥——大连市金石滩金湾桥

评价。①

　　1986 年 5 月 15 日，1985 年度国家科学技术奖励大会在人民大会堂举行。大会奖励首次荣获国家级科学技术进步奖的 1761 个项目，其中"南京长江大桥建桥新技术"项目获颁国家级科技进步奖特等奖，因参与、协作该项目，大连工学院工程力学研究所获协作单位集体奖，钱令希获"荣誉纪念品奖"。②

一九六〇年前后

　　1959 年，中华人民共和国已走过了不平凡的 10 年。对钱令希来说，这一年除继续结合国家重大工程进行科学试验和研究取得丰硕成果外，其

---

①　王丽丽：为大桥铸魂——记我校桥梁研究所张哲教授.《大连理工大学报》，2002 年 7 月 31 日，第 2、3 版。

②　徐景南：《大连理工大学科学技术志》。大连：大连理工大学出版社，1994 年，第 315 页。

他方面也是值得书写和回味的。

2月23日，即我国的传统节日元宵节过后的第二天，钱令希便作为结构方面的专家，与吴晗、梁思成、汪季琦、杨廷宝、赵深、茅以升、邓恩诚等应邀赴京出席国庆工程设计审查会议，会议持续10天。其间，除2天进行大会报告、介绍各设计情况及参观工地外，小组讨论7天，重点讨论了人大会堂工程设计，其他11项国庆工程设计也作了一般讨论，最后还讨论了人民英雄纪念碑碑顶及国徽设计。会后，他们联名向周总理、彭真、万里送交《关于国庆工程设计审查会议工作报告》。[①]

4月10—12日，政协旅大市第二届委员会第一次全体会议召开。会上，钱令希当选为政协旅大市第二届常务委员会副主席。4月13—14日，旅大市科联与旅大科普协会合并为旅大市科学技术协会（后改名为大连市科学技术协会），并召开了第一次代表大会。会上，他又当选为旅大市科学技术协会副主席。

4月17—29日，钱令希以教育界全国政协委员的身份，出席中国人民政治协商会议第三届全国委员会第一次会议。在24日上午举行的政协大会讨论中，他关于大连工学院一年来成就的发言，以题为《教育和生产劳动结合 德育智育和体育并进》刊载于29日的《人民日报》上。

6月5日，旅大市技术革新和技术革命先进经验交流学校成立。钱令希与宫开五、张凤桐、一起担任该校校长。6月15日—7月22日，中国共产党中国人民解放军海军党委第一届第六次全会在大连举行，会议主要研究海军装备建设方针。其间，他与钱学森一起，受海军党委副书记、海军副政委苏振华约请到会讲授导弹、力学等现代科学知识，分析核动力和导弹武器出现后海上作战前景。

9月，在中华人民共和国国庆10周年前夕，钱令希撰写《国庆十年有感》，其中有云：

当我们能与长江大桥、三峡水利枢纽，或是任何一个建设事业贡

---

① 中共北京市委办公厅、北京市人民委员会办公厅关于国庆工程设计审查会议工作报告。见：北京市档案馆编，《北京档案史料：2003.2》。北京：新华出版社，2003年，第142-146页。

献自己的知识和力量的时候,心情是激动而喜悦的。当我们为探索一个新的科学问题而废寝忘食的时候,意志是坚定而专一的,情绪当然是紧张的。①

在此期间,钱令希也参加大连工学院组织的新的"交心"活动。他曾在一篇学习总路线"交心"的材料中,论述了"多快"与"好省"之间的辩证关系:"多快好省,代表十全十美。但是什么事都做到十全十美,定是过分理想。作为奋斗目标则可,拿来作为每个工作的具体要求,就不现实。有些事应以多快为主,有些事又应以好省为主,倘一概而论就会有问题。……例如,教育工作和研究工作,曾经提过'宁可少些,但要好些',可见少了才能好。也有过这样的格言:'欲速则不达'。可见,快过了头,就要失败。多快好省之间的辩证关系,掌握得好坏,直接影响事业发展的速度。总路线的提法固然全面,但具体工作中,还应恰如其分。'大跃进'中,多快是主流,好省方面就做得差些……我们的宣传工作也常过分强调好省方面的成就,例如把一些国内首创说成是世界尖端,根据个别试制的成本费用作为工业生产中可以节约的指标。因此许多初步成就或者仅仅是尝试被肯定成具体的成果,影响了群众对于事业艰巨性的认识。许多工作半途而废,也造成了做事不够坚忍不拔、有始无终的现象。这些我认为是'大跃进'中的副作用。有时多快是好省的基础,有时好省是多快的基础。不论如何,打好基础才能进一步提高。一律要求,或总一评价,就会降低多快好省的标准,并使之庸俗化。"对于当作政治运动来搞的"教育革命",他一针见血地指出:"学生编教学计划和教学大纲、教材等,总感到不大合理。事实上编得也不切实用……这样做有些副作用,一方面可能使同学轻视了获得知识的艰巨性,另一方面碰了钉子反而会气馁,可能在轰轰烈烈之中,部分人心里不会很踏实。大搞勤工俭学,没有必要发动同学自己大办工厂,可以集中力量办几个劳动基地。普遍大办工厂,事实上

---

① 钱令希:国庆十年有感。1959 年 9 月,未刊稿。资料存于采集工程数据库。

办不起来，有始无终，影响不好。"①

20世纪50年代末，钱令希曾向教育部建议邀请苏联金属蠕变专家、亚美尼亚共和国科学院院士阿鲁久涅扬（1912—1993）来我国讲学。教育部采纳了他的建议，正式邀请了阿鲁久涅扬于1959年夏来我国访问。阿鲁久涅扬先后在大连工学院和中国科学院力学研究所做题为《蠕变理论的平面接触问题》的专题报告。阿鲁久涅扬是大连工学院教师邬瑞锋在苏联进修时的导师，1952年出版专著 Некоторые Вопросы Теории Ползучести，发表他创立的弹性徐变（蠕变）理论。钱令希与邬瑞锋、陆匡宙、方孝淑、赵国藩等，认真研读此著，还将其译成中文。1961年9月，中译本《蠕变理论中的若干问题》由科学出版社出版。阿鲁久涅扬在该书中译本序中写道："利用这个机会，我对钱令希教授和他的同事们致以深切的感谢和衷心的谢意。他们曾十分仔细地阅读了我的著作，指出了若干疏忽之处及提出了一系列改善本书讲述方面的意见。"②钱令希的这些工作，一定程度上促进了蠕变理论在我国的传播和研究。

1961年7月25日，为了宣扬钱令希、大连工学院水利系章守恭教授及化工系侯毓汾教授热心培养青年教师的事迹，新华通讯社播发新闻稿《老树育新枝》。后来，全国有多家报纸采用，如《贵州日报》（7月29日）、《辽宁日报》（8月11日）。其中以《敲开科学大门》为小标题报道了钱令希是如何循循诱导青年教师的：

"万事开头难"，数理力学系系主任钱令希教授经常用这句话来鼓励年轻人敲开科学的大门——阅读外文书籍。

当青年助教唐秀近阅读第一本俄文书籍"苏联力学三十年"而感到生字太多、茫无头绪的时候，就会想起钱令希教授告诉过她的一段话：

"1951年苏联教科书刚开始介绍到我国来，那时，我连俄文字母

---

① 钱令希：一九五九年十一月廿八日学习总路线交心。1959年11月28日，未刊稿。资料电子版存于采集工程数据库，原件存于钱唐家中。

② Н.Х.阿鲁久涅扬：《蠕变理论中的若干问题》。北京：科学出版社，1961年，第I页。

还认不全，但苏联教材中先进的科学技术知识深深地吸引住了我，我就跟着广播里的俄语讲座学字母，然后对照着词典一字一句地去抠。开始几乎满篇都是生字，我就用笨办法来查，查了一次，忘了再查，就像京剧演员学翻筋斗一样，功夫到了自然能翻得起来。这样，坚持了一两个月。有一次备课时，看一本《港工结构》，一上午看了七八页，竟没有查一个生字。那时，我简直太高兴了！"

想起这番话，特别是看到钱令希教授今天既能熟练地阅读各种俄文书籍，又能对答如流地和苏联专家会话，唐秀近学习外文的勇气也就越发大了。

当然，摆在面前的困难绝不止外文，理论知识和实际经验缺乏等，也常常会给阅读外国的科学书籍带来一些麻烦。钱令希教授严格地要求她，对她说："科学工作本身就是这样，如果你老是站在门口，叫：难呀！难呀！就永远只能望门兴叹；但若有一股'牛劲'，下苦功去克服困难，你很快就能登堂入室。"

"弹性力学"中有关"锥壳"方面的知识，钱令希把自己多年来精心积累起来的很多文献卡片借给了她，并且告诉她如何使用，如何自己培养作文献卡片的习惯。为了解答唐秀近提出的各种疑难问题，钱令希经常翻遍有关的参考书籍，给予启发式的诱导。有时，为了帮助她推算书本上的数学公式，常常一连两三小时不释手，甚至星期天也忘记了休息。

现在，唐秀近已经能够独立地阅读外文书籍了，而且由于眼界开阔，教学质量也有所提高。下学期她就要开始指导五年级学生作毕业论文。①

钱令希对我国 1964 年第一颗原子弹爆炸成功也做出了贡献，即他于 1963 年曾帮助第二机械工业部（简称"二机部"，1982 年改名为核工业部）194 所（1965 年 9 月与原中国人民解放军 715 所合并成立二机部 909

---

① 孙懋德：新老教师之间。《辽宁日报》，1961 年 8 月 11 日，第 3 版。

基地，1973年更名为二机部第一研究院，1990年更名为中国核动力研究设计院）所委托的五二四厂（现中国核工业集团公司西安核设备有限公司）成功设计出我国第一个核反应堆供出水集流管和管道系统的管件。当年负责此项工作，后任五二四厂副总工程师、副厂长的吴访贤（1933—　）回忆说：

> 总工程师蒋坤祥从部里接受了我国为生产钚而建造的第一个反应堆部分设备的设计制造任务，从部里拿回来技术设计任务书和图纸，有反应堆的供出水集流管和管道系统的管件设计任务书，我在阅读设计任务书时看到管件大小、形状、尺寸都有，新培养出来的描图员完全可以画出施工图，再细一看缺少壁厚尺寸，这就是设计的关键所在，按什么理论计算管件壁厚，我和玉琳同志带上此问题，经过调研得知是苏联专家搞的反应堆回路系统中的热力管件设计任务书，专家走时没留下什么计算资料，关于管件壁厚计算问题，是争论了好久没有解决的问题。于是我们便请示主管局的总工程师陈正琛，陈总说实在解决不了，只好采用模拟试验的办法来解决，叫我提出模拟试验的费用计划。我当时既没经验，手头上又没有资料，费用计划按什么做？只好硬着头皮拍脑袋，按1∶1的模拟体做试验费用预算较保险。预算提出费用11万元，先报了计划再说，回到厂向领导做了汇报。我们俩又在想，这个模拟试验办法未免太笨，而且很浪费，还有没有好办法？我们两人又带上此问题到大连工学院请教我国著名的力学家、中科院学部委员、大连工学院教授钱令希，向钱教授说明了情况和问题，提出能否做个小型模拟试验体，通过试验得出结论。钱教授说："可以。"他在黑板上给我们写了一个公式并画了图，说试验能满足这个要求就可以。我们便提出请钱教授做指导，我们做模拟试验体，在他的力学试验室进行试验，然后由大连工学院力学试验室写出试验报告，钱教授答应了。回厂后向蒋总做了汇报，他给了很大支持，让全厂各部门为此开绿灯，很快拿出模拟试验体。在要试验的时候，钱教授因参加了大连工学院举办的改造知识分子学习班，一律不准请假，

时间又不能等待，我们找到厂党委书记顾宁通过大连工学院院长屈伯川好不容易才给钱教授请了两天假。蒋总带队在钱教授的指导下进行了整整一天的试验，试验数据整理出来了，天也黑了，钱教授在灯光下仔细地看着一行行整理出来的数据，眉头一皱，命助手拿笔，助手拿起笔细心听着，钱教授说：……报告就这样写。这个报告的理论是按强度理论极限计算，和弹性理论极限是有分歧的，强度极限理论能够将材料的潜力充分用起来。蒋总知道这个报告分量的轻重，将报告呈递二机部科研局，以二机部的名义请了包括钱令希教授在内的全国五个著名力学家，在哈尔滨讨论了半个月，从理论上解决了这一难题。我们按强度理论极限公式计算设计出了管件图纸，计算结果一般壁厚为8毫米，最厚的为12毫米，据说这批管件设计院在提材料订货估算清单时报厚度按20毫米估算，从日本进口不锈钢板。从而节约了大量的钢板，接着又完成了堆工供水集流管和出水集流管的阀门设计任务。

1964年10月16日，我国成功地进行了核试验，得知后我心里非常激动，我们的力没有白出。①

关于此事，钱令希在1970年8月的《工作汇报》中也有记述："08工程主回路的'三通'设计，没有把握，不锈钢材要从国外进口，要订购厚的钢板，有困难。本来想做大型的实验研究来改进设计。我当时正在研究结构物的极限分析理论，判断可以削减'三通'的壁厚，不会有问题。通过规模很小的实验得到了证明，建议被采纳了，节约了一些外汇。……二机部194所研究用复合钢板新产品代替原子堆工程中大量贵重的不锈钢板，但是担心脱层现象，未有定论。我从理论上探讨了脱层对于回路弯管的强度影响，认为可以大胆使用。这报告被采纳了。"②

---

① 吴访贤：我为首颗原子弹成功做过的事情。见：《与国外接轨》丛书编委会编，《风雨路上梦成真——科技专家学者企业家奋斗创新》。长沙：湖南科学技术出版社，2002年，第108-110页。

② 钱令希：《工作汇报》。1970年8月4日，未刊稿。资料存于采集工程数据库。

旅大市的科技协作活动

1959 年 4 月 10 日至 12 日，政协旅大市第二届委员会第一次全体会议在大连饭店召开。大会选举产生了政协旅大市第二届常务委员会，由 51 人组成，主席郭述申，钱令希与张大煜等当选副主席。作为在旅大市（大连市）政协副主席，他一直连任六届，直到 1988 年 1 月才卸任（图 5-6）。

1959 年 4 月 13—14 日，旅大市科联与旅大科普协会合并为旅大市科学技术协会（后改名为大连市科学技术协会），并召开了第一次代表大会。会上，钱令希当选为旅大市科学技术协会副主席。

作为旅大市政协和旅大市科学技术协会副主席，钱令希为旅大市也做了不少工作。其中最具代表的就是参加了市总工会组织的旅大工人业余技术协作队的活动。对此，大连工学院校报《大连工学院校内通讯》刊载的

图 5-6　1983 年 4 月，政协辽宁省大连市第六届委员会全体常务委员合影（前排左四为钱令希）

一篇通讯稿报道说：

近年来，钱令希教授积极参加了市总工会组织的旅大工人业余技术协作队的活动，经常与工人一起研究、解决社会主义建设中遇到的科学技术问题。有一次，他正准备到外地出差，几位工人同志找他讨论贮油罐的安装施工问题。这是建立在大连港码头的万吨级大型贮油罐，这样大的设备安装工作，钱令希本人也没有什么经验，他便和工人师傅、技术人员一起分析过去安装三千吨贮油罐的办法的优缺点，共同决定把从中心起吊改为从四周起吊的建议。在离开大连的前几天时间，白天上班工作，晚上回家进行理论计算，接连几天都工作到深夜，终于在临行前把安装方案的计算说明资料交给了施工单位。一个月过去了，钱令希坐船回大连来，远远地望到码头上庞大的罐顶正在安装起吊。第二天，大雨滂沱，他不顾旅途的疲劳来到施工现场，只见起吊架上一个大罐顶因为一个耳环断裂而歪斜在半空，工人们正冒雨研究排除故障的办法。他立即投入工人的战斗行列。大家群策群力，采取了应急的措施，然后共同分析事故的原因，做出了合理而简捷的方案。工人们连夜行动，第二天，庞大的贮油罐就顺利地复了位，一场风波，化险为夷。①

遇到这么大的事故，尽量躲开的心态是人之常情，可是，钱令希却反之，他竟然出于本能一般，迎头而上，毫不顾及若解决不了难题的尴尬和风险。如果停留在思想境界高低的层面讴歌他，那就是不理解他解决工程难题成瘾、成癖的状态，没有读懂智仁勇融为一体的他。

另外，钱令希还加入旅大市的科技协作活动核心小组，并身体力行，带头参与相关活动。1966 年 2 月 4 日，旅大市政协召开科技人员座谈会，介绍沈阳市开展科技协作活动的经验。会议协商决定以钱令希为主，大连

---

① 本刊记者：向工农学习　为工农服务——四届人大代表钱令希教授二三事．《大连工学院校内通讯》，1975 年 1 月 21 日，第 2 版。

机车厂胡义祥、大连造船厂陈火金[①]等人参加，组成旅大市科技协作活动核心小组，开展科技协作活动。之后，他们每周在大连科技馆进行一次活动。到 1966 年 5 月，先后进行了 17 次活动，就铸造"自硬砂"、小化肥生产、焦粉黏结、水软化、锅炉结垢、低合金高强度钢焊、硫铁矿渣、缝纫机装配件质量等问题进行研究，解决了一些科技难题，受到了有关厂矿领导和职工的欢迎。[②] 他由工程力学解决结构设计、施工和运行问题，不知不觉地步入很自然地运用数学物理基础理论解决更为广泛、更为专业的技术问题。这种拓宽是那样的自然而然，连钱令希本人也没有感觉自己走出了力学，能有几人会体会到他内心的快乐和宽慰？不过，由于"文化大革命"不期而至，这项活动戛然而止了，令人遗憾。

从那时开始，旅大市的群众技术协作活动受到了严重冲击，技协组织和技协队伍处于被冲垮打散的境地。紧要关头，卢盛和、朱维勤、曹善喜等广大技术协作积极分子挺身而出，经过不懈努力，使旅大市的科技协作活动还是在力所能及的范围内坚持开展。旅大市技协组织曾通过举办专业技术培训班，对职工进行科学技术教育。其间，钱令希用力学原理讲解大连工矿车辆厂老工人左振忠创造的专长技艺"火焰矫正法"，把理论与实际结合起来。面对学员，他讲理论，老工人做表演。参加这个培训班的工人说，这样的技术课听得懂，用得上，真能解决实际问题。[③]

---

① 陈火金（1934-2002），福建惠安县人。1955 年毕业于长春汽车制造学校锻压专业，同年 9 月分配到大连造船厂工作，后成为爆炸成形专家，被誉为"爆破大王"，1979 年获全国劳动模范称号，曾任大连造船厂爆炸加工研究所（即现在的大连船舶重工集团爆炸加工研究所）所长、高级工程师。2002 年 2 月因肺癌离世。1962 年 3 月，钱令希曾在大连工学院办公室接待前来请教爆炸力学方面问题的还是技术员的陈火金，并修书一封，将中国科学院力学研究所的爆炸力学研究专家郑哲敏研究员介绍给他。

② 范勇昌主编：《大连市政协志》。北京：中国书籍出版社，1992 年，第 63、355 页。

③ 曹善喜：旅大市技术协作活动。见：大连市史志办公室编印，《"文化大革命"时期的大连》。1999 年，第 317 页。

初识"千里马"

1962年2月16日—3月8日,全国科学工作会议在广州羊城宾馆举行,钱令希出席这次会议并参加制订我国科学技术发展的十年规划《1963—1972年科学技术发展规划》。会上,钱令希和著名科学家钱学森教授达成了一项关于交流青年人才的协议。钱学森告诉钱令希,大连工学院数理力学系的青年教师俞鸿儒(1928—)(图5-7),在实验方面表现了很好的才能,他曾经在中科院力学研究所师从郭永怀,在职攻读流体力学(高速空气动力学专业)研究生,钱学森他们很需要俞鸿儒,想把他留下来,如果大连工学院需要人,可以到力学所去挑一个。钱令希欣然答应了。

3月下旬,钱令希赴京参加中国人民政治协商会议第三届全国委员会第三次会议。其间,他找到了在力学所工作的学生胡海昌。胡海昌向老师详细介绍了钟万勰。一听这个名字,钱令希就立刻想起了1957年2月在第一次全国力学学术报告会上宣读论文《弹性力学中的接触问题》的那个年轻人。后来,这个年轻人又和别人一起写过具有创见的论文,有的还被拿到国际学术会议上去宣读。钱令希就借来了钟万勰已经发表的几篇论文,仔细审阅。当看到他和胡海昌合作撰写的论文《考虑剪应变的弹性薄壁杆件的振动理论》,把世界力学权威符拉索夫(В. З. Власов)在1940年提出的薄壁杆件奠基性理论都改进了,钱令希不禁连声称赞:"不一般,不一般!"

钟万勰于1956年从同济大学桥梁与隧道工程专业毕业后分配到钱学森任所长、是年初才成立的

图5-7 20世纪90年代,俞鸿儒(左)赴大连探望钱令希

中国科学院力学研究所，师从副所长钱伟长教授。1957年，钱伟长被错打成"右派分子"，钟万勰因为赞同导师的理工合校论，并说过对钱老是"右派"的问题"没有看出来"，从而被开除了团籍。当时，他在政治上的压力很大，虽然勤奋依旧，但工作很难开展。这时正准备调往他父亲钟兆琳[①]工作的西安交通大学。在这次政协会上，钱令希碰到了也来参会的钟兆琳教授，告诉他希望钟万勰到大连工学院去工作。事后，钟兆琳把此事告诉钟万勰，并授意他去拜访一下钱令希先生。对此，钟万勰在接受采访时回忆说：

> 1962年，我在政治上"有问题"的时候，所以在力学所没有多少任务，高兴研究就研究什么。其实我倒是在学术上还是做了些事情。在他们的那次人才交换中，胡海昌先生推荐了我，也把我的一些工作给钱先生看。钱先生对我非常欣赏，说交换就交换吧。后来钱先生去北京开政协会议，父亲也出席了这个会议，然后他们见面了。我父亲就告诉我，你如到西安来，是以照顾我的名义过来，这个地方是钱令希先生主动请你去，这里边的尺寸你得把握好。原先我是可以到西安，但是这时候钱先生已经给我老爷子说了，是让我到大连去。他说："到西安去是以照顾我的名字，那当然你应该选择到大连去发展。"我就这样去了大连。[②]

在《回忆我调来大连之前后》一文中，钟万勰也有类似的叙述：

> 那是1962年，周恩来总理主持召开了广州会议，由陈毅副总理给知识分子"脱帽加冕"。此后一段时间气氛相对比较宽松（但这在"文化大革命"中却被四人帮污蔑为"右倾回潮"时期）。承蒙胡海昌

[①] 钟兆琳（1901-1990），号琅书，浙江省德清县人。1923年毕业于南洋大学，1926年获美国康奈尔大学硕士学位，1949年加入中国民主建国会，1962年加入九三学社。历任上海交通大学电机科教授、西安交通大学电机系主任，陕西省电机工程学会理事长、顾问，第五、六届全国政协委员。献身教育事业60余年，成绩卓著，桃李满天下，在国内外电机工程界享有盛誉。

[②] 钟万勰访谈，2018年6月9日，上海。资料存于采集工程数据库。

先生鼎力推荐，使钱令希先生对我青睐有加。当年春天在北京召开全国政协大会之时，我父亲钟兆琳先生指引我拜见了钱令希先生，并且教诲我，"钱令希先生求贤若渴，你就去他那里吧！他请你去，会对你加以深造培养的。"于是我就下了前去大连的决心。①

从北京回到大连后，钱令希便迫不及待地与屈伯川院长商量调动钟万勰到大连工学院的事情（图5-8）。屈院长支持钱令希的做法，在克服一些困难后最终落实了相关调动手续（1962年10月，俞鸿儒自然也被正式调入中科院力学所②）。对此，钱令希回忆说：

> 屈院长办学高瞻远瞩，同时也非常爱惜人才，尊重人才。他早在1957年5月反右派运动前夕，就总结思想改造运动、肃反运动正、反两方面的经验，在一次会上诚恳提出"不要再伤害知识分子的感情"。他懂得知识分子的心，在当时"左"的气氛较浓的情况下，能

图5-8　1981年5月，合肥国际有限元法学术邀请报告会期间钱伟长（左）、钱令希（中）与钟万勰合影

---

① 钟万勰：回忆我调来大连之前后。见：林家浩主编，《力学与工程应用》。大连：大连理工大学出版社，2006年，第275页。

② 1962年10月，中科院力学所会计毛振英突然叫俞鸿儒去领工资，他方知自己已被正式调入力学所。此后他一直对事情原委一头雾水，亦无人告知他。直到30年后的一天，他偶然瞥见了一本大连理工大学校史才恍然大悟，原来竟是钱学森所长亲自促成此事。每每谈到这件事，俞鸿儒都非常自豪，又情不自禁地感叹钱学森等老一辈科学家对青年人才的关爱和远见卓识，"如果没有这一交换，恐怕我们都很难取得后来的成绩，更难说当选学部委员了。"参见张志会：《历史：一场被动的人才交换促成一双中科院院士》，《中国科学报》，2016年2月19日第7版。

出于公心，为知识分子说话，今天读来，仍是感人肺腑。还有一事也使我感动。1962年，我们与中科院力学研究所达成了一项人才交换的协议。我准备把很有才气，在学术上很有前途的一位青年调来。但由于他曾为一位被错打成右派的著名学者说过公道话而在团内受到处分，因此这件人事调动在学校有很大阻力。屈院长了解情况后，给这位年轻人做出了公正的评价，迅速把他调来大连，使他摆脱了"左"的压力，在新的土壤上脱颖而出，现在已成为中科院院士。①

1962年9月上旬的一天清晨，钟万勰从北京乘火车到达了大连站，本想乘坐公交车去"大工"报到，但在出站就看到一个翘首以待的长者——钱令希。钱令希在此前已为钟万勰安排好一切，如宿舍、各种生活用品、办公室等。钱令希先是把自己主讲的"结构力学"这门重要的课程交给钟万勰，然后又将协助指导研究生的担子放在他的肩上，让他给研究生上数学课。

钱令希的信任、期望和新的科研教学环境给钟万勰带来了好心情。工作之余，钟万勰也与同事们下围棋，5个人同时与他对垒都下不过他，就连当时大连市的围棋冠军也不是他的对手。对此，钱令希在接受采访时说："钟万勰是个奇才，有这么好的天赋的人太少了！如果他不搞力学，在围棋上发展，他应是国手。知道他在北京比较坎坷，我就叫他到我这里来，给他创造科研环境。我们要保护这样的人才！"② 可以说，钱令希这个伯乐，早已从钟万勰身上发现了千里马的素质。所做的一切，都是量体裁衣，为钟万勰的脱颖而出奠定所有的基础。30多年后的1993年，钟万勰当选为中国科学院学部委员（院士），之后又当选为中国力学学会的副理事长、中国科学院技术科学部副主任。

钱令希在选拔钟万勰这个人才上，不但有眼力，也很有胆识。对此，

---

① 钱令希：喝水不忘掘井人——缅怀老院长屈伯川同志．《大连理工大学报》，1997年3月5日第3版。
② 曹丽薇：中行独复者——记中国科学院院士钟万勰．见：杨德润主编，《登上科技高峰的人们——记在辽宁工作的两院院士》．沈阳：辽宁科学技术出版社，1997年，第349页。

因撰写《"伯乐"和"千里马"之间》这篇通讯曾经到大连工学院采访的《光明日报》记者张天来感触很深。他后来写道：

> 大连工学院曾有一位教师在科学院力学研究所，他在实验技术上表现出很好的才能，钱学森所长要把他留下给一位力学家做助手，请大连工学院到力学研究所挑选一位青年作为交换。钱令希教授选中了钟万勰。对这一点，我们原来是知道的，但认识并不够。那天，我们去访问数理力学系主任唐立民教授，他向我们讲述了一个很重要的观点。他说，钱令希教授在选拔钟万勰这个人才上，表现出的最大特点就是：不但有眼力，也很有胆识。钟万勰这位青年力学家，在大学读书期间就写了科学论文，到科学院工作以后，也做出较好的成绩，只是反右期间说了几句真话而受到开除团籍的处分，在原单位工作下去感到比较困难。
>
> 选拔这样一个人物，在当时是要担风险的。有人说，钟万勰要是不到大连来，这匹"千里马"就很有可能连一百里也跑不了。因此，唐立民教授强调，钱先生的胆识起了很大作用。在当时，一般人是不易做到的，因而是难能可贵的。唐立民教授的谈话，使我们对钱令希教授的认识加深了一步。
>
> 后来，我们专门请钱令希教授谈这个问题，他说得很深刻。他并不是不管政治条件的。他向在力学研究所工作的一个学生了解钟万勰，他要学生对他讲真话，那位学生把钟万勰受处分的详细情况向他做了介绍，他听后，放心了，他认为一个把全部精力贡献给科学的人，不会坏到那里去。他信任自己的学生，也信任钟万勰。[①]

---

① 张天来：感性材料和观点采访.《新闻战线》，1980年第2期，第8—9页。

第六章
欲干不能，欲罢不忍的岁月

1966 年 5 月至 1976 年 10 月，"文化大革命"席卷中华大地。1967 年 1 月，上海市夺权风暴波及全国，中国科学院北京地区的造反派联合夺取了中国科学院的领导权后，中国科学院学部被撤销，学部的一切活动被迫停止，继而在全国各地各部门的中国科学院学部委员，都因"反动学术权威"的罪名受到批斗。[1] 大中小学、文艺和体育团体、国家机关的知识分子、专业人员和领导干部，均受到新形式"阶级斗争的洗礼"。钱令希作为中科院学部委员和大学教授，与大多数知识分子的命运相同，饱受屈辱和磨难，那时的他，难免灰心、忧虑和惶恐。他虽"闭目塞听，坐井观天"，但在骨子里却是不服输的，脑子丝毫没有中断思索，并在一些有识之士的帮助下，于有限的范围内，做出了一些瞩目的事情。"文化大革命"后，钱令希在《岂容华发待流年》的短文中，将这段时期称为"欲干不能，欲罢不忍的艰难岁月"。[2]

---

[1] 薛攀皋：20 年前中科院首次民主选举学部委员纪实.《炎黄春秋》，1999 年第 11 期，第 35 页。

[2] 钱令希：岂容华发待流年。1980 年，未刊稿。资料电子版存于采集工程数据库，原件存于钱唐家中。

曲折的潜艇设备研究之路

1958年6月下旬，国务院副总理聂荣臻元帅向党中央呈报的238号密件《关于开展研制导弹原子潜艇的报告》，开启了中国核潜艇的研制之路。同年10月，中国核潜艇的第一批研究设计机构——核潜艇总体设计组和核动力设计组基本组建完成。核潜艇的研制代号开始为"07"，于1960年1月改为"09"，后称"09工程"。在随后的几年，09工程取得了一些进展，但在20世纪60年代初的经济困难时期，被迫暂缓（习惯上称"下马"）。

1961年6月7日，国防部在原来一些分散在海军、一机部和三机部有关科研机构基础上组建隶属于国防科学技术委员会、由海军具体管理的国防部舰艇研究院（次年1月正式列入军队编制，番号为国防部第七研究院，简称"七院"，今为中国舰船研究院，又称中国船舶重工集团公司第七研究院，先后隶属于国防部、第六机械工业部、中国船舶工业总公司，1999年起隶属于中国船舶重工集团公司）。这些组成七院的科研机构包括由海军核潜艇总体设计组发展而来的09研究室（在七院改称09技术研究室）、一机部船舶产品设计院六室（在七院隶属第一研究所，即701研究所，称为"一所二室"，简称"12室"）。1963年3月，中央专委正式明确09工程暂时"下马"，并批准保留了一支50多人的以核动力研究为主的核潜艇研究技术力量，继续从事核动力装置和潜艇总体等关键项目的理论研究和科学实验，为设计试制核潜艇做准备。

早在1960年，苏联撤走在中国的全部专家，带走重要设备、材料和关键资料。这样，海军无法按中苏1959年2月4日达成的《二四协定》生产计划中的舰艇，不得不集中国内技术力量，优先解决这项生产中的技术难点。当时，七院要编制一个常规潜艇设计规范，请几所高等院校参加。在报请国防科工委批准后，给钱令希领衔的大连工学院研究组下达了"结合壳的稳定计算"的科研任务。壳体由于是二维构件又有曲率，较一维的杆和梁、无曲率的二维板更难分析，而开孔壳比开孔板更难计算。下达任务时，七院的技术人员给了钱令希一本之前苏联编制的规范，供他参考。钱令希认为关于结合壳稳定计算规范的内容陈旧，十分粗糙，缺乏参考价值，必须从理论研究入手，用实验予以验证。①

钱令希和他的助手们对于圆柱壳开圆孔、椭圆孔和多开孔等困难问题，运用虚宗量的 Bessel 函数、Hankel 函数等特殊函数进行了分析，取得一系列近似解析解。在壳体稳定计算方面，针对实际应用性很强的锥—柱结合壳，应用壳体的半无矩理论，再结合边附近运用边界效应理论，然后利用最小势能原理，解决了结合壳的稳定分析问题。

他们的研究给出了相应的理论和算法，发表了一系列论文，其中第一篇论文是钱令希撰写的、1962 年 6 月发表在《力学学报》上的《关于壳体的极限承载能力》（俄文版 1963 年在 *Scientia Sinica* 第 4 期发表）。该文采用能量法，结合壳体工作的特点，企图能够在一定程度上扩大研究壳体极限承载能力的范围。本文的方法初步给出了下列极限承载能力问题的解答：① 两端自由的圆柱壳在长度中央受环状分布的集中载荷（包括长壳、中长壳和短壳）；② 两端有加劲环的圆柱壳受均布载荷；③ 圆柱壳一端受环状分布横力（包括长壳和短壳）；④ 圆柱壳一端受环状分布力矩；⑤ 圆柱壳一端同时受环状分布横力和力矩；⑥ 圆柱壳水池；⑦ 两端封闭的圆柱壳受内压力；⑧ 周界不可移的圆底球扁壳受均布法向载荷（包括常扁壳、中扁壳和极扁壳）；⑨ 周界可移的圆底球扁壳受均布法向载荷（中扁壳和极扁壳）；⑩ 圆底球扁壳受中心集中载荷；⑪ 锥壳受均布法向载荷；⑫ 锥壳受水压力。②

1962 年 10 月，钱令希赴西安参加中国力学学会板壳理论学术讨论会，并宣读论文《圆锥壳极限承载能力的实验和计算》，该文后发表在《大连工学院学刊》1963 年第 1 期、《力学学报》1963 年第 2 期。该文用理论计算和模型实验相结合的方法，研究了圆锥壳的极限承载能力。所考虑的载荷情况有两种：① 锥壳顶端的轴向集中载荷；② 均匀法向内压力。锥壳底周的支承情况分为径向可移和不可移两种情况。首先通过若干模型（包

---

① 陈右铭：《万里烽火·千里波涛》。香港：炎黄文化出版社，2002 年，第 279 页。
② 钱令希：关于壳体的极限承载能力。《力学学报》，1962 年第 5 卷第 2 期，第 67–99 页。

括塑料、低碳钢和石膏模型）实验，研究了锥壳在上述两种载荷作用下，进入极限状态的几何和力学方面的规律。在这基础上，按前一工作的能量法，提出了一套实用的计算锥壳极限承载能力的计算公式。

接着钱令希与周承倜、云大真又完成"结合壳极限承载能力的实验和计算"的研究，据此撰写的论文《截锥对称结合壳极限承载能力的实验和计算》《锥筒结合壳极限承载能力的实验和计算》在《大连工学院学刊》1964年第1期上发表（收稿日期为1963年4月23日）。

20世纪40年代末以来，钱令希对能量理论的兴趣一直是很浓厚的，上述壳体极限承载能力的论文，就是利用能量原理的概念和方法解决的。方法虽然实用，但他并不满足，他要把方法推向更一般化。1963年8月，中国力学学会和大连工学院共同在大连召开全国第一次极限分析及塑性理论学术讨论会，钱令希在会上宣读他与钟万勰合撰的论文初稿《论固体力学中的极限分析并建议一个一般变分原理》（1963年12月发表在《力学学报》第6卷第4期上）。该文以假设的速度场和应力场彼此独立取变分，满足极限分析的全部方程，包括材料的塑性屈服条件。变分的结果可以给出介于上限与下限承载能力之间的近似解。本文为塑性力学中变分原理开创了一条新路，引起了同行们的广泛兴趣。以后，钟万勰又把它发展成极限分析新的上、下限定理。

1963年8月，后来被誉为"核潜元勋"[1]"核潜艇工程的前沿指挥官"[2]、时任海军鱼雷快艇十六支队队长陈右铭调任七院701研究所所长。陈右铭虽行伍出身，但好学上进，崇尚科技。1958年2月27日，《人民海军》报刊发长篇报道《乘长风破万里浪，向海军科学技术进军》，专门介绍陈右铭"苦学五年，外行变内行"的事迹。[3] 陈右铭在任快艇支队长时就认识了钱令希。后来钱令希承担七院下达的相关舰艇研究项目，因工作关系与陈右铭经常打交道。随着同陈右铭的接触逐渐增多，钱令希发现只念过私

---

[1] 李忠效：核潜元勋陈右铭.《报告文学》，2002年第5期，第4页。
[2] 核潜艇工程的"前沿指挥官"——陈右铭部长.见：杨连新编著，《见证中国核潜艇》。北京：海洋出版社，2013年，第194—202页。
[3] 陈右铭同志生平. 2011年5月，未刊稿。陈右铭女儿陈晋南提供。

塾的陈右铭，勤学好问、知识渊博、敢挑重任，而且反应灵敏、考虑周密、尊重人才、决策果断。在陈右铭任701所所长期间，钱令希领衔的项目组又成功地解决了潜艇设计上的几个疑难问题，并据此发表几篇论文：与钟万勰合撰的《以薄膜理论为基础的锥壳极限分析》，1964年6月在《大连工学院学刊》第2期上发表（1965年3月又在《力学学报》第8卷第1期上发表）。1964年，钱令希与唐秀近、钟万勰、杨名生、陈浩然等共同完成《圆柱壳开孔问题——单圆孔基本解》，次年以"大连工学院固体力学研究室"署名在《大连工学院学刊》1965年第3、第4期合刊上发表。[1] 20世纪80年代，主持编制了我国第一部《潜艇结构设计计算规则》的船舶结构力学专家徐秉汉（1997年当选为中国工程院院士）等对《圆柱壳开孔问题——单圆孔基本解》一文评价说："为导出圆柱壳开圆孔问题的解，国内外众多的研究者做了许多有意义的工作……分析国内外业已发表的著作，作者认为我国著名力学家钱令希教授对圆柱壳开圆孔问题所做的工作更为详尽与系统。"[2]

1965年8月15日，中央专委召开第十三次会议，宣告09工程重新上马，并明确核潜艇研制分两步走："第一步先研制反潜鱼雷核潜艇（代号091），于1972年下水试航，第二步再搞弹道导弹核潜艇（代号092）。"弹道导弹核潜艇，简单地说，相当于在鱼雷核潜艇上加一个容积和尺度都较大的导弹舱，而且其导弹发射筒有双排大开孔的导弹舱结构，这就构成了结构力学分析的复杂性和装焊工艺的难度。

此前的1965年6月，在701所下设的"12室"（即核潜艇研究室）基础上已成立了核潜艇总体研究设计所（即七院第19研究所，以后取代号"719所"）。在核潜艇的研制过程中，会遇到一系列的技术困难。由于此

---

[1] 以此文为基础的关于"圆柱壳开孔问题"的其他7篇文章《圆柱壳开孔问题——单圆孔用弹性垫板或环板加强》《圆柱壳开孔问题——"三通"壳的应力集中分析》《圆柱壳开孔问题——开单圆自由孔受轴拉的光弹性实验》《圆柱壳开孔问题——双圆孔及排圆孔的基本解》《圆柱壳开孔问题——单椭圆孔基本解》《圆柱壳开孔问题——小扁率单椭圆孔的摄动解》《圆柱壳开孔问题——圆柱壳受集中力的解》也在本期发表；另有《圆柱壳开孔区应力分布的基本解》一文以"大连工学院固体力学研究室"为署名发表在《科学通报》1966年第12期上。

[2] 徐秉汉、裘俊厚、朱邦俊:《壳体开孔的理论与实验》。北京：国防工业出版社，1987年，第82-83页。

第六章　欲干不能，欲罢不忍的岁月

前我国只是按照苏联的设计资料和提供的设备，仿制了几型苏联转让的常规潜艇，没有自己设计过潜艇，更别说核潜艇了。当时缺乏潜艇设计的标准和规范，一切都要靠自己摸索解决。潜艇耐压壳体的设计，特别是潜艇耐压壳体锥柱结合壳的稳定性设计计算也没有标准，也就是说无法判断所设计的耐压壳体在潜艇下潜到极限深度时是否能保证艇的安全，如果锥柱结合壳体失去稳定性，将会造成艇毁人亡的大事故。这个问题对弹道导弹核潜艇更为重要，因为其导弹舱的耐压壳直径要比其他舱室大很多，其过渡段的锥柱结合壳体的角度更大，对稳定性的影响更大。这是涉及潜艇下潜安全的大问题。这时钱令希带领的大连工学院团队勇敢地接受"潜水耐压锥柱结合壳的强度和稳定性"的研究任务。钱令希特别郑重地传达了任务，并成立了理论与实验两个研究组，任命钟万勰为理论和计算组组长，并且指示要用变分直接法进行探讨；实验组由王希智负责。不久，钟万勰首先在理论与计算方面实现了突破。他找到了锥柱壳结合体失稳的不利型式，实验组也验证了该理论的结果。①

就在该项研究课题有重大进展的时候，"文化大革命"开始了。钱令希被"造反派"当作批判资产阶级"反动学术权威"的头号靶子，关进大工西山学生宿舍区的"牛棚"。批判者找不出他的"反动"证据，便将他领导的研究组与另一位老师担纲的研究组所做的研究工作拿出来说事儿，讥讽为一个搞"壳上开孔"，一个搞"孔开在壳上"，试图以此来说明科学研究者之间存在"文人相轻"现象。②

1967年夏天，造反派突然"杀向社会"，大连工学院校园校内顿时宁静下来。钱令希立即抓住这个可乘之机，马上来到办公室。他的两个主要合作者钟万勰、裘春航也不约而同地来找他。于是钱令希领着这两位年轻人，马上摊开了几年来积累起来的资料，认真地分析和整理起来。在苦战一个盛暑后，8月23日，他们终于写好了十几份研究报告，捆扎好。由于

---

① 钱凌白：钱令希院士和我国第一代核潜艇。见：钱志仁、钱维均主编，《兄弟院士钱临照、钱令希家传》。2016年7月，第148-150页，内部资料。

② 王续琨：祥和的长者 谦和的学者——写在钱先生逝世五周年之际。《大连理工大学报》，2014年4月16日，第4版。

钱令希没有行动自由，就悄悄地交给大工组织部的一位姓姜的干事，寄了出去。他还把应该保留的资料，寄存在那位干事的家里。就在研究报告寄出的第二天，大连市发生了"8·28"大武斗，那些造反派杀了回来，钱令希的办公室和实验室又被贴上了一道道大封条。钱令希后来跟陈右铭讲起此事时说："此乃天意！此乃天意呀！"这些研究成果终于保存下来了。[①]对此，钟万勰后来回忆道：

>沿着该方向开展理论分析，我很快就找到了壳体失稳的不利型式；实验组也验证了该理论结果。当时我们的办公室在二楼，而钱先生的办公室在三楼。在我获得该成果的那一天，我兴奋得两步并作一步赶上楼去向钱先生汇报。钱先生也非常高兴，连说："交卷了，交卷了！"循科研惯例，我们写出了研究报告并由同事借助手编程序在一台真空管式电子计算机上算出了数值结果。当时已到了1966年，很快就开始了"文化大革命"，各级领导忽然在短期内纷纷倒台。在一片"造反有理"的声浪中，我们也被搞得晕头转向，甚至于屡受冲击，无法继续工作。有道是"天生丽质难自弃"。很快，钱先生和我不管外面吵闹，顶住压力，又不约而同地来到办公室继续将成果尽我们的可能初步整理了出来。[②]

武斗后，钱令希又被造反派"控制起来"，但想到还有一些草稿藏在自己家中书架与墙壁的夹缝中。因为当时任何一个组织都可以随便抄家，钱令希恐怕有人再抄家时把这些草稿抄走，于是便把这个事情告诉"支左"的解放军同志。该同志立即找到一个军人家庭出身，与钱令希一家较熟的大工女学生孟淑华（1970年毕业后留校），要她去枫林街钱家把这些草稿取出来，以防他们所从事的国防相关研究材料涉密。为避免武斗升级而引起误会，解放军同志一律便装，用军车护送孟淑华去枫林街钱令

[①] 陆其明：《六十年海军作品选·第8卷》。香港：中国文化出版社，2009年，第186页。
[②] 钟万勰：回忆我调来大连之前后。见：林家浩主编，《力学与工程应用》。大连：大连理工大学出版社，2006年，第275页。

希家。为防止意外，军车还不能停在钱令希家门口。孟淑华就在其附近下车，然后步行去钱家。她按照解放军同志的盼咐取出材料后，直接将其交给了该同志，并随着军车返回学校。武斗平息后，钱令希获得了相对的自由，解放军同志又把这些草稿还给了他。钱令希身处逆境，仍不忘这些研究计算时留下来的草稿，其国防保密意识之强可见一斑。

钱令希设法保存下来的这些研究报告，还有好多问题需要进一步探讨。但是，不久钟万勰被打成了"现行反革命"，关进了"牛棚"，罪名是他曾散布过一个关于江青的"小道消息"；钱令希也受到牵连，被挂黑牌，被批斗。但是，他们并没有完全退出科学阵地。对此，《光明日报》于1979年1月30日刊载的一篇通讯写道：

> 钟万勰在被监禁的小屋里，背着"现行反革命"沉重包袱，却在进行着另一种方式的顽强战斗。他没有纸，没有笔，没有参考书，也没有资料，只是用唯一可以自由支配的大脑向科学高峰继续攀登。在长期的力学研究当中，钟万勰锻炼出了一种很强的记忆力。他的大脑简直像一台精度很高的电影放映机，多年来的研究工作都可以像一部部的影片，随时重新放映出来。三年前，他找到了那个壳体的不利型式，现在，能否找到一种比较好的有利型式呢？他在大脑中一边放着电影，一边进行着理论推导。这个监禁"罪人"的小屋就成了他的工作室。不久，他弄到了一些纸张，高兴得了不得，就更加勤奋地计算和书写起来。就这样，被监禁近一年，钟万勰写出了一篇题为《腰鼓形壳体的稳定性问题》的论文。[1]

1968年9月，这时候对钟万勰的"监管"不那么严了。一天，在大连工学院校园的路上，钱令希收到钟万勰偷偷塞给他的这篇论文稿纸条，回去后阅读，发现核潜艇核心难点已经被钟万勰攻破了。关于核潜艇的相关研究工作，钱令希在1970年的《工作汇报》中回忆说："09（核潜艇）

---

[1] 孙懋德、张天来："伯乐"和"千里马"之间。《光明日报》，1979年1月30日，第2版。

工程的耐压壳研究中，1962—1965年我和工学院同志建立了圆柱壳大开孔的理论计算方法。从国外美、苏、英文献上看，他们也在研究这问题，尚未成熟。我们的研究结论制成系列的图表之后，可为国防和民用工程服务。"[1]

1972年6月，由七院702所牵头、国内10多家研究单位参与的编制我国潜艇结构设计规则课题（简称726课题）启动。由于在1969年年底前后，陈右铭的举荐，周总理的首肯，钱令希自然可参加该项课题。他指导的大连工学院研究组负责圆锥壳和锥柱结合壳这两章的规则编制和相应的研究工作。钟万勰因为政治问题不再参与其研究。于是，钱令希指导邓可顺、陈浩然等研究组成员，在钟万勰、裘春航等之前有关核潜艇研究的基础上开始工作。钱令希对此项课题倾注了大量心血，甚至为规则的按时完成，还亲自起草规则的条文初稿。对此，邓可顺在回忆文章中写道：

> 1975年726课题苏州会议决定，年底课题各参加单位要完成各自负责章节规则条文初稿。起初系里决定派组内一位老师10月份去无锡702所参加编写初稿工作，后因身体原因没去成。钱先生始终牵挂着这件事。
>
> 726课题由国内10多家研究单位参与，相互之间关系密切，各单位不能低头看路，自己编写自己所承担的章节。潜艇耐压壳主要是由圆柱壳、圆锥壳和锥柱壳等组成的整体，按分工，圆柱壳舱段规则编写单位是702所，后两部分的编写由大连工学院完成。为了叙述方便，不妨暂时将这三部分的标题定为第一章圆柱壳、第二章圆锥壳和第三章锥柱结合壳。其中第一章将给出整本规则条文编写的基调，第二章和第三章和它的关联尤其密切。包括编写章节的标题、内容、格式、公式编号、验算标准等都要统一步调，还有一些其他章节也需引用的一些图和表等。因此第一章的初稿很关键。但当时我们没有收到第一章的初稿，怎么办？工作紧迫，钱先生就说，"我们先把架子搭起

---

[1] 钱令希：工作汇报。1970年8月4日，未刊稿。资料存于采集工程数据库。

来，看还缺什么，再补做工作。"为此，11月下旬，他组织我们展开条文编写工作，并亲手撰写了这三章的条文初稿（图6-1），其中第一章不是我们承担的工作，但没有它，第二、第三章的初稿就没法下笔。钱先生再三强调，不坚持我们的意见，仅供702所同行参考，正式的还是要用702所的初稿。这一工作是1975年11月底完成的，不妨称为"建议初稿"。

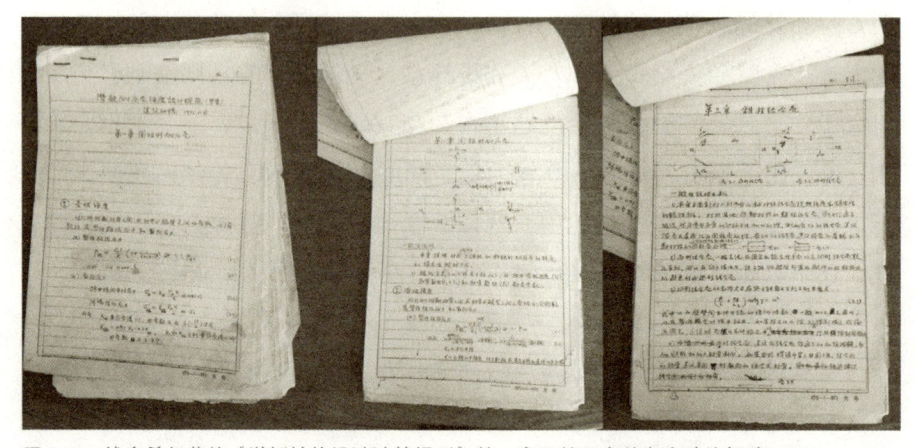

图6-1 钱令希起草的《潜艇结构设计计算规则》第一章至第三章的条文建议初稿

钱先生说需要七院"规范协调小组"出面，协调圆柱壳部分和我们的工作，这要比我们直接去702所关系好处理（实际的效果正是这样，使得以后这项工作得以顺利开展）。因此才有了"北京—无锡"之行。

1975年12月3日下午2点，系里通知我随钱先生出差，给我的准备时间不到一小时，走时连一张介绍信都来不及开，工作证也没带。好在钱先生打头，没遇到什么麻烦。乘火车12月4日抵达北京，住在最普通的旅店，当时称为"马店"。下午我们去七院找武杰先生进行沟通。第二天，七院一位副院长（指陈右铭——编者注）接见，对我们的工作表示满意，同意派武杰先生和我们一起去无锡与702所协调工作，还谈到希望培养学生的事情。之后几天，我们和武杰先生讨论钱先生撰写的建议初稿。

12月11日，我们抵达无锡702所，在武杰先生的参与下开展工作。702所的参加人员有徐秉汉室主任、侯维廉科长、王作玉、童华兴、李传唐等。钱先生始终以普通一员的身份参与其中。白天对规则的条文细节、验算公式、验算标准以及说明部分等进行了深入细致的讨论和争论，晚上我们就改写我们负责的两章条文。经过三天的紧张工作，进展顺利。大家达成共识，我们这次先拿出一个讨论稿，送各承担任务的单位参照写出自己的初稿，限期交到702所，由702所汇总后开会初审。初步定于1976年4—5月召开《规则》第一次审查会。讨论中，尤其认可我们进行的锥柱结合壳的理论和精车模型实验工作。武杰先生认为，精车模型失稳的临界压力实验值高出理论的计算值约30%，这对于锥柱结合壳这一新的结构型式，是偏于安全的，可以应用。

12月12日、13日，钱先生先后接到大连市委宣传部电话和校党委电报，于14日离开无锡经上海回大连。我留下继续工作，于17日"交卷"，18日还参加了702所工作组内的讨论。19日我离开无锡经南京回大连。

应该说这次"北京—无锡"之行，对规则的编写进程起到了一定的促进作用。[①]

1975年年底，这项工作基本完成，1979年又进行修改。该项课题取得的主要研究成果为：①建立了均匀外压作用下加肋锥柱结合壳总体弹性稳定性分析理论和计算方法及其电子计算机程序。②对于凹式结合壳，在理论上发现了一种不利的几何型式。模型实验证实凹式结合壳的总体尺寸如果符合这个不利型式，临界压力将显著降低，设计中应予避免。这个关于结合壳不利型式的理论问题有其重要的实际意义，在此之前国内外还没有被研究和发现过。③对于微凸的柱形壳体，建立了半弯矩理论的稳定性，然后转化为一个变分问题，求得了最优外形，可以提高耐压能力。④用塑性极限分析的理论和实验验证，建立了结合局部强度的计算方法和相应的

---

① 邓可顺：随钱先生"北京—无锡"之行——回忆潜艇结构设计计算规则起草的一段往事。2018年11月2日，未刊稿。资料存于采集工程数据库。

公式。⑤进行了 21 个加肋锥柱结合壳的精车模型实验。实验结果与上述理论结果基本符合。①

  因为工作的保密性，该项研究的相关成果一直都是以内部科研报告的形式进行交流，不便公开发表。直到 1979 年下半年，研究组应国防工业出版社要求审阅许辑平等编写的《潜艇强度》书稿，其中的斜圆锥壳的弹性稳定性和锥柱结合壳的弹性稳定性部分就是直接引用他们相关科研报告的内容。由于这些研究成果之前并没有公开发表，如果此书一出，成果就变成人家的了，因此钱令希决定马上在《大连工学院学报》1979 年最后一期公开发表这两部分研究成果，分别是由工程力学研究所板壳研究小组署名的《环肋锥—柱结合壳在静水外压作用下的弹性稳定性》和由邓可顺署名的《截顶斜圆锥壳在静水外压作用下的弹性稳定性》，并要求该书的编者在书中相应部分引用他们公开发表的这两篇论文，最后，1980 年 12 月出

图 6-2 1972 年 10 月，钱令希在指导 726 课题组部分成员（左起：曹富新、朱菊芬、钱令希、周承芳、邓可顺、陈浩然，邓可顺提供）

---

① 潜水耐压锥柱结合壳的强度和稳定性。见：教育部科技司委托大连工学院编印，《教育部高等学校可推广应用科技成果汇编（应用软件分册）》。1985 年，第 47 页，内部资料。

版的《潜艇强度》在第三章的参考文献中列出了《大连工学院学报》1979年第4期上刊载的这两篇文章。1983年9月，在钱令希指导下由邓可顺于1976年3月完成的《锥柱结合壳转折区塑性极限分析》一文，在是年《大连工学院学报》第3期上发表。上述研究成果经六机部第七研究院和船舶标准化委员会审定、通过，并被纳入《潜艇结构设计计算规则》，供设计使用，为核潜艇的成功研制立下汗马功劳。1978年，在六机部的规范成果鉴定会上，该成果被评为一等奖，其理论分析部分被认为达到国际上较先进的水平。

另外，当年与核潜艇研制的有关单位想了解外国稳定性理论的发展情况，钱令希便把这个任务交给了自己的另一位助手周承倜。周承倜的英文基础比较好，能用英语讲课，做学术报告。他还学习了俄文，和别的同志合译过一本俄文的《普通物理学》。"文化大革命"前，他为了节约时间，提高查阅外文文献的效率，买了一台英文打字机。接到这个任务后，周承倜在半年的时间内，查阅了100多篇外文文献，写成了一篇有评论、有分析的文献报告《薄壳稳定性理论中若干问题的最新进展》（大连工学院数理力学系研究报告，编号73-206，1973年），受到有关单位的好评。[①]

钱令希自20世纪60年代起开始主持、指导的关于潜艇设备的研究工作，为我国国防现代化建设做出了重要贡献。1978年3月，钱令希因该项工作成果获全国科学大会奖。1982年7月，该项工作成果之一的"潜水耐压锥柱结合壳的强度和稳定性"荣获国家自然科学奖三等奖，这是距1957年颁发第一次科学奖金（自然科学部分）后，中华人民共和国第二次自然科学奖的125项获奖项目之一，也是大连工学院首批获国家自然科学奖的基础性研究成果。1985年10月，该项工作成果之一的"潜艇结构设计计算规则"获首届国家科学技术进步奖三等奖，1996年11月又获颁中国人民解放军国防科学技术工业委员会"国防科工委级军用标准化科技进步奖三等奖"。他的这些工作成就永载史册，为后世所铭记。

2009年4月24日，中国工程院首批院士、曾任702所所长的吴有生

[①] 郭德一：为什么他能在一年内完成近三年的工作量？——记大连工学院周承倜副教授。《光明日报》，1979年2月23日，第2版。

（1942— ）在得知钱令希逝世的消息后，在给程耿东的信中，除表达哀思之外，还盛赞钱令希为中国海军装备技术进步所做出的贡献：

> 出差归来，得知钱令希先生故去，万分悲痛！钱先生开辟了我国和世界力学发展的一片天地，也竖立了工程科学的一座丰碑。他是我心目中最尊敬的长辈、老师，也是我们研究所的顾问。老一辈的力学界大师、工程界巨匠一位位离我们而去。他们能在高寿之年见到国力强盛、在世界上有了祖辈代代盼望的地位，一定备感欣慰。昨天海军建军60周年的中外舰船的盛大阅兵式在青岛举行，胡锦涛主席所检阅的雄壮的中国海军舰艇队体现了中国海军装备技术的巨大进步。这中间有钱老历史上所做出的一份贡献，对此，造船界的同仁会永记于心。我们这一代钱老的晚辈，虽然也退出了一线领导岗位，但担子更重了。不仅在于有那么多前沿科技发展和重大工程任务的工作还需要我们尽力去推动；更在于，我国各领域虽然有了一大批优秀的后继青年科技领军人才和骨干人才，但现今科技界和工程界还迫切需要进一步培养和树立以钱老等老一辈大师为代表的对祖国科技事业的无私的献身精神、严谨的科学作风、诚信的科研道德和淡泊的名利观念。
>
> 今天开钱先生的追悼会，我无法赶去，但心里久久不能平静。给您去这封信，吐吐心声，同时也互相勉励，让我们一起踏着钱老的足迹走下去。①

庙岭大队的编外社员

1966年8月8日，党的八届十一中全会通过《关于无产阶级"文化大革命"的决定》（后来简称为《十六条》）。8月12日，旅大市委宣布罢掉

---

① 吴有生给程耿东的信，2009年4月24日。资料存于采集工程数据库。

大连工学院屈伯川院长、周根昌书记、雷天岳教务长、无线电系乔世增书记的官。随之，出现了批斗20多名校系主要党政领导干部的令人痛心的场面。[①]钱令希也未能幸免，被扣上"反动学术权威"的帽子，在大连工学院校园内受到批斗。

枫林街40号是一四层楼欧式公寓楼，为苏联专家楼。1957年，因苏联专家搬到也在枫林街的南山招待所，钱令希一家便从枫林街30号一楼搬进枫林街40号的二楼西。1966年年底，枫林街40号二楼的4间住房被收去了2间给大工的一位工人家庭和一位教师家庭住，后来钱家干脆被大工军管会赶到大连市兴民巷（现兴民街）5号，直到"文化大革命"后期才重回枫林街40号（图6-3）。

1967年初夏，刚从凌水公社河口大队调任庙岭大队生产主任的金孝发，带领社员们到只有一墙之隔的大连工学院校园内的水泥路面上打麦子。金孝发在校园里看到钱令希教授挨批斗，心中不忍，于是与造反派商量，将钱先生借到庙岭大队"继续接受批斗"和"接受贫下中农的再教育"。

金孝发，1938年11月生于庙岭，祖籍山东省莒县，1955年以来，先后在凌水公社（乡）担任青年突击队长，生产大队的团支部书记、生产主任等领导工作，1970年任庙岭大队党支部书记，后来因庙岭大队组织的一次旅行活动发生交通事故被撤职，被安排到海边的一个水产

图6-3　1984年冬，钱令希与外孙在枫林街40号寓所前

[①] 孙懋德：《大连理工大学五十年纪事》。大连：大连理工大学出版社，1999年，第100页。

养殖场工作,直至 1978 年才重新任庙岭大队(村)党支部书记。①

事实上,金孝发用这种方式,把钱先生带到他们那里保护了起来,成了庙岭的编外社员。就这样,一"金"一"钱"在劳作中成了朋友。之后,庙岭有什么大事,金孝发第一个就会想到要去请教钱先生。其间,钱令希帮助庙岭的百姓解决了生产中的许多实际困难,如设计了一个利用大连工学院校园里排放的污水灌溉果树的水利工程,设计了不用钢筋的公路小桥和不用木材的庙岭小学教室屋盖(图 6-4),为庙岭东沟水库大坝的设计提出了建议。其中 1971 年春的那座小桥设计,《光明日报》曾以《三次设计》为题进行了报道:

> 一天,大连工学院教授钱令希来到学院附近的庙岭生产大队参加劳动。

图 6-4 20 世纪 70 年代初,钱令希在庙岭大队指导用树枝盖学校时与社员们合影(后排左一金孝发、左四钱令希)

---

① 季福林:刚柔相济的哲学——记大连鑫凌企业集团总经理金孝发。见:王澜主编,《开拓者之歌——健康成长的辽宁乡镇企业家》。沈阳:辽宁人民出版社,1996 年,第 253-263 页。

休息时，第二生产队队长找到钱令希，对他说："钱老师，为了发展农业生产，我们准备在前面那条沟上修一座八米长的小桥。你能不能给我们设计设计？"钱令希欣然回答说："我能为大家做一点事情，这是贫下中农对我的信任。我一定要把这个任务完成！"

一个星期以后，钱令希拿着小桥设计方案，走进庙岭大队第二生产队的办公室。贫下中农听说这个方案要用八百公斤钢筋，便对他说："钱老师，能不能少用一点钢材？"根据贫下中农的要求，钱令希回到家里，再三琢磨，又换了一个方案，把用钢材量压缩到五百公斤。

第二个方案送到贫下中农手里，贫下中农又提出："钢材能不能再减少一点？"听了贫下中农的话，老钱心想，贫下中农这种"节约闹革命"的精神很值得自己学习，应当尽力满足贫下中农的要求。于是，他向有实践经验的泥瓦工请教，到旅大市的有关建筑部门做调查，然后和贫下中农一起研究，制定了一个既不用钢筋，也不用木支架的拱桥施工方案。

小桥很快建成了。贫下中农和生产队干部都赞扬钱令希教授，亲切地叫他"老钱"。老钱虚心回答说："在你们的帮助下，我只不过做了一点点自己应该做的工作。"①

这座公路小桥竣工通车后，村民们为这座桥起名"幸福桥"。钱令希在庙岭大队结识金孝发这位挚友和与该大队结下的这段不解之缘，1994年的一篇关于金孝发的报道曾进行了生动的描述：

那时，与庙岭比邻的大连工学院国家一级教授、中国科学院学部委员、全国著名工程力学专家钱令希，因是"反动学术权威"被打倒。老金闻讯，亲自把钱教授请回家。"知识多怎么就反动？"老金心里阵阵酸痛，疑惑不解。这个出身贫穷只念过小学的人总觉得文化有用，知识有用。在老金家热炕头上，老金请钱老品味着农家饭菜，谈

---

① 三次设计。《光明日报》，1972年3月14日，第3版。

论着村民脱贫致富的话题。电灯彻夜长明,话越说越投机,老金诙谐地说:"老钱啊,看来咱俩有缘啊。我姓金,你姓钱,金钱二字虽然受批判,但为人民服务可是毛主席说的,你就留在庙岭吧!"钱老从此成了庙岭的编外社员。

在庙岭,老金领着钱老走遍了全村13个山头9道沟,钱老看到庙岭山多平地少,建议把工学院的生活污水引上山,并把具体做法一一向老金说出,乐得老金直拍老钱的肩膀,"到底是知识人啊!说'知识越多越反动'纯是胡扯!"按着钱老的设计,老金带领村民坚持大干,整个工程个把月就完成了。夏天,瘠薄的山包长满了茂密的庄稼,喜得老金逢人就说:"知识就是有用,文化人就是宝贝疙瘩。"

钱老在庙岭期间,还为村小学设计了"弓"字形简易校舍,重新设计了庙岭的几座水库,省工、省钱又安全、科学。经过几年的治理,庙岭村变样了,山上有大型蓄水池,山涧有设计科学的水库,山坡有鳞次栉比的梯田……70年代,金孝发作为全市唯一的治山治水先进单位代表参加了全国农业会议,并受到毛泽东主席和周恩来总理的接见。每当回忆往事时,老金总是深情地说:"钱老来庙岭,给我们送来了科学知识,是来给我们造福的,咱庙岭人永远不能忘记钱老的恩情啊!"[①]

钱令希与金孝发的友谊持续了几十年。1998年新春的一天,已是耄耋老人的钱令希漫步来到庙岭,回想起当年的时光,心中感慨万千,于是挥笔书写了一副对联赠予已是全国优秀乡镇企业家、省市劳动模范、大连鑫凌企业集团公司总经理、党委书记兼庙岭村村委会主任的金孝发同志:"春风吹大地万象更新经济腾飞庙岭村,科教兴中华百花齐放人才辈出凌水河——戊寅新春漫步庙岭凌水占此联与孝发同志共乐。"[②] 钱令

[①] 张耘:致富庙岭第一人:记大连鑫凌企业集团公司总经理金孝发。《干部人事月报》,1994年第11期,第52页。

[②] 武金瑛:钱令希教授和庙岭村的水利工程。《力学与实践》,2008年第30卷第2期,第106页。

希与他的农民朋友金孝发的布衣之交，可见一斑（图6-5）。2009年4月，钱令希去世后，记者曾采访金孝发。对钱令希为庙岭生产大队所做的一切，他深情地回忆说：

1967年初夏，麦子熟了的时候，我带领社员到大连工学院校园内的水泥路面上打麦子。当时正值"文化大革命"期间，钱教授挨批斗，我看了心中不忍，就把他带到庙岭大队参加生产活动。没想到的是，他这一来，我捡到了"宝"。

图6-5　1994年夏，钱令希（左）与金孝发在大连理工大学附近的庙岭村（资料来源：《大连市甘井子区凌水镇志》）

当时村里在山上种植了5万多棵果树。浇树，全靠从山下挑水，遇上干旱更加困难。钱教授看在眼里，急在心里。他设计了一个利用校园里排放的污水灌溉果树的水利工程，并且亲自带领学生实地勘测距离，计算管道数据、水泵流量……只用一个月，工程就修好了。剪彩那天，学校南门和小南山顶上聚满了人。水泵的阀门一打开，钱教授就往山上跑去；他跑到山上，水也抽到了山上，水管里的水喷出十多米远，山上一片欢呼。从此，社员们再也不用挑水上山，即使遇上干旱年景，果树也能得到充分浇灌。

从那以后，钱教授就成了庙岭最好的朋友。在庙岭的那段日子里，他还设计了不用钢筋的小桥和不用木材的小学教室屋盖。

最让我佩服的是村里修水库。我预备修70米宽的跨度，修之前，我照例去找钱老问意见，钱老说："我去看一下再说。"俩人上了山，钱老问了山的面积有多大、平时的雨量有多大等几个问题。过了一会，钱老说："老金啊，这个坝不用那么宽，35米足够了。"我相信他是个能人,他说什么我都信,就这样坝基省下了35米,知道这省下了多少个工、多少钱吗?一大笔啊!坝修好了,一直都没有问题。有一年雨水多,区上来人说,这坝是个险坝啊,叫派民兵守着,我就对他们说,要说这坝是险坝绝对不可能,它绝对安全,这可是理工大学的钱教授设计的,人家是按照最大降水量、坝基承受能力计算的,不是没根据地瞎干的。结果那一年,水库顺利地度过了汛期。①

钱令希为庙岭大队所做的一切,庙岭的许多农民们也一直铭记在心。后来,钱令希还与庙岭的许多农民成了情谊不浅的朋友。对此,钱令希的好友、曾先后任大连港和大连北良企业集团有限公司总工程师的浦历生回忆说,有一年春节,他正好到钱令希家拜年,碰到很多农民模样的人也来给他拜年,只见钱令希跟他们亲切交谈,可见双方交情很深。浦历生当时很奇怪,事后就问起缘由,原来,"文化大革命"期间,钱令希看到大连工学院附近庙岭大队用水困难,就协助他们设计和建设了提水工程,解决了用水难题,从那以后,就跟那些农民成了好朋友。②

时过境迁,40多年前钱令希帮助凌水公社庙岭大队建设的小学校舍、公路桥梁、灌溉管网已了无踪影,但是凌水的人民没有忘记钱令希这位大科学家为凌水做的这些"小事"。他们满怀感激和敬佩的心情,把这些"小事"均记载在《凌水镇志》中了。③④

---

① 张轶、姜云飞、丁雷,等:献身科教效春蚕——追记著名力学家、教育家钱令希.《大连日报》,2009年4月27日,第A1-A3版。

② 徐阳:北良企业总工程师浦历生追忆好友——他记得很多一线工人的名字.《新商报》,2009年4月24日,第13版。

③ 许铁兵:钱令希院士在凌水公社点滴往事——镇志编修随笔.铁兵的声浪博客,2015-11-19。

④ 大连市高新技术产业园区凌水街道史志编纂委员会编:《大连市甘井子区凌水镇志》.沈阳:辽宁民族出版社,2016年,第452页。

陈右铭的举荐

1966年5月"文化大革命"开始。初期，钱令希被定性为"资产阶级反动学术权威"而受到批斗，但是他还是不忘自己留学回国参加抗战时心中立下的科技兴国的誓言，尽一切可能，利用非常残缺的技术条件，把自己多年积累的专业知识，用到核潜艇的相关研究中。他也帮助其他有关单位和个人完成一些工程设计项目（图6-6）。例如，1966年10月，他曾带领石油部华北石油勘探指挥部海洋勘探室孙德刚、耿福东等人，在模型试验和混凝土单桩海上试验的基础上，完成中国首座混凝土桩基钢架固定式1号钻井平台的设计；[①]之后不久，他又与大连工学院固体力学研究室相关人员协助大连造船厂成功设计出我国第一艘海上自升式钻井平台——"渤海1号"。[②]

1968年6月左右，大连工学院的造反派又一次借口揪住了钱令希。这一次，他们不再大张旗鼓地批斗。他们害怕再来个金孝发，明里借出去批斗，暗地里却保护起来。他们将钱令希彻底地与世隔绝，关在了一个一般人不知道的地方，让他彻底交代"罪行"。

当天晚上，有人告诉钱令希妻子倪晖，钱令希今晚不回家了。倪晖不寒而栗，甚是担忧着急。女儿钱唐就说马上去学校看看父亲。后经母女商量，女儿第二天一清早赶头一班公交车去凌水河大工校区。钱唐背了一个包，带着母亲整理给父亲的东西，天刚亮就来到了大工主楼广场。正愁着往哪里去找时，大工数理力学系温带昆老师正巧走过来。温带昆把钱令希关押之处和如何才能见到他的办法都告诉了她。钱唐悄悄地来到主楼东侧的力学楼，从南边门进去，避开大门站岗的造反派，摸进了那个关押父亲

[①]《中国油气田开发志》总编纂委员会编：《中国油气田开发志（卷二十六）渤海油气区卷》。北京：石油工业出版社，2011年，第293页。

[②] 练凎、储志杰、崔九成："渤海1号"设计回顾．《舰船科学技术》，1980年第1期，第1-2、22页。

的房间。看到了女儿的钱令希,精神得到极大安慰。父女还没说上几句话,造反派就进来呵斥,把钱唐赶了出来。后来钱令希回家对妻子说:"女儿第一时间来看我,我是多么高兴。我不会做蠢事让你们担心的。"钱令希说这句话时,万万没有想到他的好友、大气科学家赵九章于当年10月26日自杀身亡。更没有想到,20世纪50年代回国的石油化学家萧光琰12月10日在大连化物所自杀身亡,年仅48岁。三天后萧光琰的妻子甄素辉和女儿萧洛莲身亡。

1968年10月31日,重新组建的大连工学院全校性领导机关——"大连工学院革命委员会"成立,革委会主任由大连警备区后勤部副部长莫庆云担任。此前,莫庆云有高校工作经历,对知识分子比较了解,对知识分子有很强的同理心。1969年,在全国性的"上山下乡"浪潮中,所有院校都要在1970年元旦前把全部干部和教师下放到农村。大工的校系干部和教师要被遣送到庄河县农村插队落户,创建学农基地。莫庆云引用毛主席关于"大学还是要办的,特别是理工科大学还要办的"语录,对市里下达的大工下乡的人数一再要求削减,并拖延时间,使得大工下乡插队落户的人数远少于东北地区许多兄弟院校的人数。① 整整半个世纪过去了,往事并不如烟。被采访的老教师一提起莫庆云,无不感恩。钱令希也和很多人一样受到保护,没有被遣送去农村插队落户,只是接受"革命委员会"的管制。钱令希除一段时间"下放"到大连造船厂(1966年8月25日更名为"国营红旗造船厂",1978年恢复厂名)

图6-6 "文化大革命"期间,钱令希(右)与大连造船厂某工人在研究设计图纸

---

① 孙懋德:《大连理工大学五十年纪事》。大连:大连理工大学出版社,1999年,第107页。

等工厂和大连市金县大魏家人民公社后石生产大队（现大连市金州区大魏家镇后石村）等农村进行"劳动改造"外，常被召去交代"罪行"，以至于核潜艇项目的研究工作都被迫停止。

1966年9月，国务院第六机械工业部（简称六机部）成立核潜艇工程（代号为09）办公室。10月，陈右铭由701所所长调到七院分管科研工作，同时兼任核潜艇工程办公室主任。其间，陈右铭有意请钱令希出马，让他参加审查导弹核潜艇的结构设计工作。陈右铭之所以想到钱令希，不仅因为陈右铭任701所所长期间，曾请教过他有关舰艇结构设计的问题，更因为他曾帮助七院解决了海军装备的几个疑难问题。例如，七院八所和大连造船厂为海军研制了一型中型登陆舰（073型舰），首制舰在下水试航时发现舰身振动很大，长期靠在青岛港码头上，不能使用。设计人员和其他专家去后都未能解决问题。在大连船厂了解情况后，陈右铭要海军驻船厂军代表请钱令希去研究一下。驻大连造船厂的海军代表抱着"试试看"的态度，把钱令希请去青岛。钱令希上舰，仔细检查舰体结构后，得出结论："船体结构的连续性不好，整个舰身是个软腰，以致后部机舱的振动能量传不到前面去，都挤到舰桥上去了。所以在航行中舰桥抖动厉害。"钱令希根据试验情况，很快找到了处理方案，经过大连船厂改造，舰桥振动果真变小了。[①]

核潜艇工程办公室的王德宝、仇世民参谋对陈右铭说："请钱教授审查结构设计当然好，但他正被作为'反动学术权威'遭到批斗，恐怕不行。"在当时的条件下，要想请一位"资产阶级反动学术权威"来参加绝密级的核潜艇工程，谁能做主呢？陈右铭想到了周总理。1969年10月至1970年5月间，陈右铭利用向总理汇报工作的机会，提出请钱令希参加审查核潜艇结构和修订潜艇设计规范。总理听后当即指示：你可以请他参加工作，但不要调他，他留在学校当教授培养干部作用更大。其实，当时陈右铭心里还有一个想法没说出来，就是最好把钱令希调到七院任副总工程师和702所总工程师，这样，七院所有舰艇的结构审查问题就都解决了。听到

[①] 陈右铭：《万里烽火·千里波涛》。香港：炎黄文化出版社，2002年，第279-280页。

周总理这样一讲，陈右铭就不好再提要调钱令希的事了。但总理同意请钱令希审查核潜艇结构，陈右铭就很满足了。几天之后，陈右铭利用去大连开会的机会，到大连工学院拜访了钱令希教授。但这次，陈右铭到大连工学院费了好大周折才找到钱令希。当见面时，钱令希拉着陈右铭的双手，久久地打量着。故友相见，几句寒暄之后，陈右铭便告诉他之行的目的。钱令希告诉陈右铭说，造反派很快就要向他采取新的行动：在图书馆搞了一个什么展览，列了许多罪状，还画了丑化钱令希的漫画，并已通知他，就在今天下午要他自己去当解说员。陈右铭又同钱令希交谈了几句，转身就往军管会走去。陈右铭一见到军管会主任后就传达了周总理的指示。然后提出："把钱令希的办公室让出来，给他一个保险柜，装核潜艇的研究资料。让他继续搞研究工作。谁要是抄了他的资料，干扰了他的研究工作，是要追究责任的！"军管会主任说："你对我说，我相信，可是我怎么向群众说呢？你最好给我一个文件或书信。"陈右铭回答："我来得很匆忙，没有想到写信，你可以把我的话向群众传达，错了我负责。"这时，陈右铭又想起周总理此前曾同意他请钱令希参加审查核潜艇结构和编写潜艇结构设计规范的事情，便补充说："他们如果不相信，可以直接打电话问总理办公室。"于是钱令希得到了初步解放，他不必去为他的所谓罪行展览当解说员了，且可以做他自己喜欢做的研究了。①

从此，钱令希在那个自身难保的非常年代，得以参加前述的核潜艇这项绝密的军事工程项目。其间，钱令希曾亲自从大连来到位于锦西葫芦岛望海寺，当时负责第一艘核潜艇总体设计方案的719所址就在这里。从锦西到望海寺有30多里路程，钱令希穿着一件棉大衣，搭乘一辆大卡车来到719所，向潜艇结构设计人员详细了解设计情况和遇到的困难，探讨了耐压壳体直径变化可能的范围。该所的一位结构设计人员还向钱令希请教了潜艇主机基座设计中遇到的共振问题。因为他在计算主机基座的自振频率时恰好和主机的某一转速相同，害怕将来主机转动时会产生共振，影响主机的安全并产生过大的噪声。钱令希经分析后，认为问题不大，因为这

---

① 陈右铭、李忠效：《中国核潜艇备忘录》。香港：当代文艺出版社，2019年，第89、92页。

一转速不是主机的主要转速，是过渡性的，因此不会影响主机的安全。后来经过在实艇上的测试，证明钱令希的判断完全正确。① 对此，钱唐后来在纪念父亲百年冥诞的文章中写道：

> "文化大革命"初期，核潜艇研制完全陷入了瘫痪。为此，09工程（即核潜艇工程）办公室主任陈右铭来大连，传达了周总理点名父亲参加这项工程的指示。记得一个寒冷的冬天，收到父亲的来信，我向生产队请了假，坐火车到了葫芦岛，亲眼看到父亲带领团队夜以继日、呕心沥血地工作。父亲不仅解决了技术难题，而且还和团队研究计算出了我国第一代核潜艇关键技术数据，完成了潜艇结构的强度计算规则……父亲在后来被批斗时也想着设法保护核潜艇的机密资料。②

陈右铭还推荐钱令希成功解决我国第一艘核潜艇（即091型核潜艇首艇"长征-1"号）的一个核动力装置问题。1970年夏，哈尔滨电机厂和沈阳水泵厂设计制造出第一台用于第一艘核潜艇的09主泵样机。但在进行主泵样机试验时，出现了泄漏现象。为了消除这种泄漏现象，厂家的工程师们连续奋战了七个昼夜，方案提了一个又一个，试验进行了一次又一次，都没有成功。为此，中国科学院学部委员、第一机械工业部副部长沈鸿，核动力装置系统总设计师彭士禄③都亲自去了沈阳水泵厂，但对主泵专门防止冷却水外泄用的屏蔽套出现皱纹的原因均下不了结论、拍不了板，只好另请专家来鉴定。彭士禄挂通北京陈右铭的电话。

陈右铭曾任七院第一研究所（701所）所长，当时是七院分管科研工作的副院长、核潜艇工程领导小组成员兼办公室主任和造船领导小组办公室第一副主任。因此，陈右铭对屏蔽套的作用和要求是熟悉的。它的厚度

---

① 钱凌白：钱令希院士和我国第一代核潜艇。见：钱志仁、钱维均主编，《兄弟院士钱临照、钱令希家传》。2016年7月，第148-150页，内部资料。

② 钱唐：一本我永远读不完的书——献给父亲钱令希院士的百年冥诞。《大连理工大学报（纪念钱令希院士百年诞辰专刊）》。2016年7月16日，第2版。

③ 彭士禄（1925-2021），1994年当选为中国工程院首批院士，2020年获光华工程科技成就奖。

很薄，究竟可靠不可靠，不弄清楚，谁也放心不下。自己当然不懂，只有另请高明。请哪位专家去鉴定呢？陈右铭这些年的经历，接触各种专家的机会多，结识了不少著名专家。他想，鉴定屏蔽套，要从结构力学入手。因此，应该请一位对结构力学有造诣的专家，于是陈右铭向他们推荐了钱令希教授。钱令希一接到大连工学院军管会的通知，立即收拾行李，就登上了去沈阳的列车。钱令希一到达沈阳就立即参加了攻关小组，跟沈阳水泵厂和哈尔滨电机厂的技术人员和工人一起奋战，来回于哈尔滨和沈阳两地，常常工作到深夜，最后才弄清了皱纹产生的原因，采取了必要的措施，把问题解决了。[①] 哈尔滨电机厂革命委员会对钱令希在攻关期间的各方面表现均给予高度评价：

> 钱令希同志在参加攻关近三个月的工作中，认真学习毛主席著作，努力改造世界观，挤时间学习新党章和报纸，主动要求去参加电机厂在沈阳工作的同志和攻关组所组织的政治学习活动和其他各项政治活动。如去哈尔滨时，一下火车就要求参加工厂组织的动员大会。在学习讨论中敢于暴露活思想和积极发言。组织观念强，经常向有关人员汇报思想。
>
> 能虚心向工人阶级学习，接受工人阶级再教育，注意调查研究，对生产实践中的问题经常向工人请教，和工人密切结合，认真分析和仔细研究工人提出的问题，理论和实践紧密结合。
>
> 工作积极努力，责任心强，有时独自一人冒雨或深夜深入现场观察研究，深夜下火车没有休息就要任务。经常工作到夜间12点钟左右。对技术问题敢于暴露观点。有时身体不好，但仍能坚持工作，对解决这项技术问题做出了应有的贡献。
>
> 平易近人，没有架子，生活俭朴，和工人同吃同住并跟来劳动，如样机解剖时和工人一起干。经常和工人在一起谈心，严格要求自

---

① 陆其明：《六十年海军作品选 第8卷》。香港：中国文化出版社，2009年，第178-189页。

己,生活不特殊化,给车不坐。①

1970年7月27日,哈尔滨电机厂革命委员会为此还给大连工学院发去一封感谢信,信中写道:

> 你单位钱令希同志在参加攻关组解决我厂生产的一项军品技术关键中,高举毛泽东思想伟大红旗,突出无产阶级政治,以对党和人民高度负责及科学分析的态度,和攻关组的同志一道,团结一致,积极努力工作,终于弄清了问题,查明了原因,对今后我厂生产和改进设计提供了经验。为此,我厂对你单位的大力协同精神表示感谢,并望你单位对钱令希同志予以表扬。②

1970年12月26日,中国第一艘核潜艇胜利下水,成为继美、苏、英、法后,世界上第五个拥有核潜艇的国家。1971年,钱令希又帮助09工程某研究小组进行第一艘核潜艇声呐罩(壳体)的受力计算。研究小组根据中央专委的要求提出一个课题:在水下一定深度,潜艇航速××节、水流速××节、在正前方××距离,有M当量核弹爆炸时的声呐罩(壳体)受力计算。当时,钱令希欣然接受七院760试验场主任姜明九和参加该项目的邹丕盛的受力计算邀请。对此,邹丕盛后来回忆说:

> 那时我们小组下达科研费100万人民币(陈雁生科长做的预算)。他穿着一件褪色的蓝棉袄,后穿一件褪色的黄条绒上衣,与我们一起去旅顺登爬过潜艇,去小平岛考察过潜艇,去大连港码头登过水面试验舰艇,去4180厂与我们一起糊制声呐罩,在760试验场观看指导我们码头试验。先后三个多月连轴转,用两周时间给我们一份共7页纸

---

① 哈尔滨电机厂革命委员会对钱令希同志的鉴定。1970年8月3日,内部资料。资料存于采集工程数据库。
② 哈尔滨电机厂革命委员会给大连工学院的感谢信,1970年7月27日,存地同上。

潜艇壳体受力计算。帮助我们工作过程中，还带领我们一起去看帮助农村建立水库堤坝的计算，去大连造船厂讲解水面舰船受力估算……

实验后特向国务院"09"办做了汇报，大家的心才落下来。

去请他是姜明九和我同去，说明来意后，他说："能为国家、国防干事情是快乐的事，要干什么，只要我能干的，你们什么也不要说，什么也不要管。叫我到哪就到哪里！"从头到尾他始终微笑，与战士一道蹲着吃饭，有个吉普车路过他才肯坐，能搭公共汽车就乘公共汽车。工作中，姜明九主任陪他吃中餐，只许三菜一汤，吃得很少，共在试验场吃两个午餐。与指战员在一起，欢迎大家称他为钱老头、钱先生。与广大国防科工委科技人员在一起，要大家称他为钱先生。大家都不知道他是1955年的中科院学部委员（院士）……（合作）帮助我们计算受力结果之后，请我和顾振福工程师去他家，讲他计算的过程、依据和结论，一再叮嘱，仅供参考。特别强调，我们的工作一定要经过实践、实验检验才行，要经得起时间检验。科学事情要经得起人民、历史的检验。一定不能用我的计算结果（或）我去吓唬别人！

……

他的计算为第一代核潜艇、导弹驱逐舰、远洋考察船、航天器、深潜器……计算奠定了基础，可导出这种物体受力在海水介质中、空气介质中、真空中受力计算的思路和方法……为工程结构优化开拓了光辉之路。[①]

1974年8月1日，中央军委发布命令，将我国第一艘核潜艇命名为"长征-1"号，正式编入海军战斗序列。在研制鱼雷核潜艇的同时，我国也开始了导弹核潜艇的研制工作；1970年9月25日，我国第一艘弹道导弹核潜艇正式开工建造；1981年4月30日，中国第一艘弹道导弹核潜艇下水；1983年8月25日，中国第一艘弹道导弹核潜艇交付海军。1988年9月，弹道导弹核潜艇圆满完成水下发射潜地导弹的试验，实现了持续30

[①] 邹丕盛代表彭士禄等致钱令希家属的信，2009年5月15日。资料电子版存于采集工程数据库，原件存于大连理工大学档案馆。

年的中国弹道导弹核潜艇之梦，使核潜艇成为中国海军真正意义上的隐蔽的核威慑与核反击力量，人民海军也由此成为一支真正的战略性军种。关于钱令希对弹道导弹核潜艇研制的贡献，陈右铭回忆说："在092型核潜艇结构设计没有经钱令希审查之前，我一直担心下潜以后失稳，特别担心在发射导弹以后失稳。如果发射导弹的时候，导弹舱一裂开，是要死人的。钱令希经过计算之后对我说：'陈主任，你放心，没有问题。要是导弹舱口出问题，我钱令希就改姓。'后来实践证明，果然一点事没有。"[1] 中国第一代核潜艇，凝聚着千千万万个科学家、干部、工人、水兵为之付出的心血，钱令希就是这"千千万万"之一，正是他们"智慧'裂变'产生的巨大能量，才闯过了核潜艇研制中的重重难关，最终为国家奉献出第一艘核潜艇"。[2]

在大连和旅顺之间的小平岛，有中国最早的核潜艇基地。20世纪70年代初，钱令希是该核潜艇基地的常客。第一代核潜艇试验和服役后，若出现一些诸如舱门打不开等结构方面的问题，作为结构力学方面的专家，钱令希总会被请去给他们解决问题。

除了解决09工程中遇到的难题外，钱令希也帮助解决718工程的配套产品、我国第一代导弹驱逐舰——051型驱逐舰的尾轴振动问题。051型驱逐舰首制舰"济南舰"（舷号105）于1968年12月24日由大连造船厂开工建造，1970年7月30日下水，1971年12月31日建成交付海军服役。首制舰服役后，高速行驶时震动得厉害，正在大连造船厂劳动的钱令希应邀出马，并很快找到解决问题的办法。对此，《当代海军》在《中国导弹驱逐舰》一文中描述道：

> 中国人依靠自己的科技力量，终于在1971年年底完成051型导弹驱逐舰首制舰的建造，并交付部队，舷号为105。1972年年初开始扩大海上试航……试航是艰苦的，解决暴露的问题更艰难。在各种航行和武器试验中，我国第一次自行设计的驱逐舰舰体结构坚固可靠、

---

[1] 陈右铭、李忠效：《中国核潜艇备忘录》。香港：当代文艺出版社，2019年，第94页。
[2] 杨连新：《见证中国核潜艇》。北京：海洋出版社，2013年，第104页。

新型钢材强度好均得到了证实。但当军舰开高速时震动得厉害，使舰上许多仪器运转受到了影响。为此，设计者、制造者、军代表，还有海军装备技术部的同志都汇集到该舰，分析原因，寻找良方。由于军舰震动是个整体力学问题，需要有丰富的力学知识才能准确找到症结。于是请来了当时正下放在船厂劳动的大连工学院教授钱令希……钱教授来到105舰，从上到下看了个遍，连底舱也钻了进去，然后就详细查看图纸；接着又随舰出海，将军舰从低速到高速出现的各种震动情况，都一一地记在小本上。分析会按时召开。钱教授看着一双双期待的眼睛，一针见血地指出："军舰总体设计是合理的，美中不足的是钢板薄，机器马力大，高速航行时就会出现震动，解决的办法也不太困难，是从内部加固舰体。"他权威性的分析和结论，使到场的数十位科技人员无不诚服。不过，到底如何加固舰体，要不要大返工呢？钱教授看出大家的心情，说："加固工程并不复杂，我正在设计一种桁架，能加固舰体结构，几天以后可以装舰再试试。"一席话，使大家心头的石头落了地。3天后，钱教授骑着自行车，带着草图又来到工厂，找到军代表和设计人员，现场向他们讲解加固方案。领导小组立即开会，军舰设计专家们同意钱教授的方案，按草图绘制具体施工图，连夜加班制造，对舰尾内部结构进行加强。105舰舰体加固后，于8月下旬冒着高温酷暑出海试航。钱教授也登舰随行。105舰从低速到高速，奇迹出现了，震动大大减轻，机舱设备仪表在高速时完全正常运转。经过专家们测定，数据表明震动比国内有关水面舰艇都要低，完全符合指标。官兵们纷纷赞赏钱教授的技术。刘舰长对他激动地说："将来写首制舰史，一定要把你的贡献写进去。"钱教授笑着说："那就不必了，为祖国海军现代化出力，是我应尽的义务啊！"[①]

钱令希无私地为我国海军装备事业做出了一个力学家宝贵的贡献。一些曾经得到他帮助的国防科研工作者和广大指战员，特别是与他一起

---

① 沈顺根：中国导弹驱逐舰（上）。《当代海军》，1999年第3期，第11-12页。

战斗过的海军指战员更是忘不了他。为此，2009年5月15日，邹丕盛在致钱令希家属的慰问信中深情地写道："我4月24日从外地回来，下午4:30刚放下行李，接到大连原760试验场主任姜明九电话，告诉我一个不幸的消息，大连理工大学钱令希老爷子仙逝。我们未能在他病中探望和参加告别，心感不安。让我代表在1971年前后共同请教他解决'09''051''718'工程研制中所遇难题的彭士禄（原七院副院长）、夏桐（原719所所长）、王朋（原海军首任声呐雷达科科长、706所所长）、姜明九（原760试验场主任）等科研与设计工程师和曾任七院院长陆建勋院士、原706所、现715所所长崔晓文所长、张振同书记……向钱令希院士仙逝表示沉痛哀悼，向你们全体家属表示深切慰问……中国人民解放军海军建军60周年海上阅兵式这一天，若我们能与他见面，汇报去日岁初他的贡献，他会笑得更灿烂……由于一些原因，他为我国国防事业、军事技术所做的贡献仍无人知，只是与我们相关的我们将作为总结。随着时间的推移，他的人生精神光辉将漫洒人类生存发展大地。"①

"三结合"带来的转机

"三结合"是对"文化大革命"中领导机构内部人员构成和运行方式进行概括的特定术语。"文化大革命"早期的"三结合"指的是革命领导干部代表、革命造反派代表和人民解放军当地驻军代表实行"三结合"。1968年后，这种"三结合"的形式在教育系统发生了一些变化，即扩展、变形为学校中的工人、战士、革命知识分子的"三结合"。

1969年春，中方在珍宝岛自卫反击战中缴获苏军一辆T-62式中型坦克。该型坦克是苏联在"二战"后研制的第二代坦克，其先进的技术性能引起了世界的震惊，尤其是装甲厚达20～170毫米，在当时有"防弹外

---

① 邹丕盛代表彭士禄等致钱令希家属的信，2009年5月15日。资料电子版存于采集工程数据库，原件存于大连理工大学档案馆。

形最好的现代坦克"之称。这辆 T-62 坦克于 1969 年夏在北京军事博物馆展出后,重新被有关部门运走,进行技术研究,以改进我军 59 式坦克的性能。① 钱令希即是其研究专家之一。是年下半年的一天,正在发高烧的钱令希突然被沈阳军区派来的 2 名军人请走。出发时,什么也不让带,也不知道是干什么,到了目的地沈阳后,钱令希才知道是让他对缴获的苏军 T-62 坦克的装甲进行结构及力学性能分析。也在这年,渤海大冰封对海洋石油、交通运输及港口设施造成严重破坏。这次冰灾促使我国开始了全面系统地开展海冰研究和预报工作,其中大连工学院的吕明琦、刘大中等对海冰物理力学性质进行了现场量测与研究。在此基础上,钱令希、邱大洪等经过理论计算分析,提出了设计冰力与设计冰厚值,为以后的海冰研究工作奠定了一定的基础。②

1970 年 7 月,钱令希成功地解决核潜艇主循环水泵电机屏蔽套鼓泡破裂而泄漏的问题,哈尔滨电机厂为此发来感谢信,也许这是他在"文化大革命"期间彻底"解放"的转机,之后他于当年成为大工"三结合"革命中的知识分子代表。

1970 年 10 月 15 日,大连工学院接国务院电报通知,成为全国首批试点招收工农兵学员的高校之一。到 1970 年年底,大连工学院共招收工农兵学员 117 人。之后,钱令希在大连造船厂带领工农兵学员开门办学的日子里,已可常步行或骑车往返于住处和船厂之间了。

1971 年开始,作为当时"三结合"的知识分子代表,钱令希应约撰写的文章或有关他的报道,不时出现在《人民日报》《光明日报》《辽宁日报》,以及向境外发行的法文版和中文版《中国建设》等报刊上。虽然钱令希的境遇有所改善,但他仍然利用自己的专长,帮助工厂、农村做了一些看似"分外"的事情。对此,他在一篇文章中写道:

---

① 晓学:苏联入侵珍宝岛的历史见证——珍宝岛自卫反击战中缴获的苏军 T-62 式中型坦克.《党史纵览》,2003 年第 3 期,第 47-48 页。

② 李春花:《海冰在潮汐和波浪作用下的断裂机理研究》。大连理工大学博士学位论文,2000 年,第 4-5 页。

1971年4月，我们学校的师生都到凌水公社河口大队参加植树造林活动，我也去了。树种完后，我没有直接回校，而是冒雨走了几里山路，直奔附近正在施工的一个水库工地。我在工地上一了解，发现施工过程中有些问题仍没得到解决。这个水库的设计方案脱离当地的实际条件，堵水坝过高，浪费劳动力。就当时工程的进度来看，如果照常按原计划方案施工，要在洪期以前把水库修好是很难办到的。当时春播已经开始，劳力非常紧张，要抽调大批劳力去修堤筑坝、加速工程进度，势必影响春耕生产，而且附近的土料也快要用完，如果从远处取运，那就相当费事；然而拖延工程进度，一旦洪水一来，又会把未竣工的堤坝冲垮，前功尽弃。正是由于这些原因，所以社员群众心里很着急。于是，我马上赶到河口大队办公室，向党支部书记提出了大胆建议：权衡利弊，急速修改水库原设计方案，把堤坝的高度由原来的十一公尺，降低到九公尺，以便抢在洪期以前完工。党支书一听高兴地说："好呀，你同我们想到一块去了！我们也有这个打算，就是内部还有些争议，方案没有最后定下来。"接着，他们立即召开了支委会，重新统一了思想认识，正式做出了修改原方案的决定。社员群众根据新的工程指标，又连续奋战了两个月，终于赶在洪期之前把水库修成了。

这一年，尽管雨水特别大，但是新修的水库堤坝很

图6-7 "文化大革命"前期，钱令希（左二）在下放的生产队和社员一起寻找水源

牢固，经受住了洪水的考验，社员们不胜欣喜。①②

1971年，大连工学院与大连造船厂等合办工人大学，钱令希又重新开始走上讲台，给学生、工人上"材料力学"课，其中还与火焰矫正专家、大连工矿车辆厂工人左振忠联合讲课：钱令希讲授"火焰矫正法"理论，老工人左振忠做表演；并在这种厂校协作实践中，指导学校师生与工厂工人开展一些重要项目的科研活动，其中船体数学放样取得显著成果。

船体数学放样即造船计算机放样（Computer-aided-lofting in Shipbuilding），是一门以计算机为工具，运用某些数学原理和计算方法，根据设计图纸，按照程序进行船体放样的应用性技术。其目的是求得光顺的船体型值和结构零件的准确尺寸，以此展开船体外板。人工放样下料周期长，精度低，难以满足造高质量的大船。国外从20世纪50年代末开始研究计算机放样，从单项应用程序着手，逐步集成为造船应用系统，到60年代末，已先后形成了近30个系统。计算机放样包括型线光顺、外板展开、船体零件生成、数控绘图、套料计算、数控切割纸带生成和装配胎架计算等应用软件，它属于计算机辅助制造CAM领域。型线经计算机光顺后，建立起一个船体型表面数学模型，为切割、加工、装配等应用数控技术，为船舶建造中取消样板、样棒、样箱创造了条件。型线的计算机光顺，主要解决样条函数和曲线光顺，方法有两大类：第一类是模仿手工放样原理的剖面线法，用样条函数代替木样条，通过限制偏离和限制曲线的位能来保证曲线光顺；第二类是不模仿手工放样的曲面法，用数学上的多项式来表示船体曲面，以二次曲线表示肋骨型线。国外主要采用最小二乘法，线性规划法和曲面法来获取光顺的型线，通过数控绘图，人工修改交互处理。钱令希的船体数学放样研究，处在我国造船信息化发展历程中的起步阶段。他提出的松弛法是一种新的光顺方法。这种方法与苏步青、董光昌等国内学者提出的回弹法、圆率序列法和曲线检验曲面修正法等应用效果均良好，

---

① TSIEN Linghi: Sur le chemin de l'intégration aux ouvriers et paysans.. La Chine en construction, 1972年第6期, 第18-19页.

② 钱令希：走在与工农相结合的大道上.《中国建设》, 1972年第6期, 第17-18页.

经过人工边界预处理后，用程序直接可求得光顺的船体型线，不需多次人机交互修改。这些方法相对来说处理周期较短，且可以在微机上实现计算机放样，这样有利于中小船厂的使用，从而使我国在光顺处理方面处于国际领先地位。① 实际上，钱令希所做的这项工作跨出了力学的研究，属于应用数学的工程实用技术。在他那儿，所做的工作只要有益于社会，横向上没有学科差别的界限，纵向上没有理论与实践的分别。而他所得的，则是自得其乐。

关于钱令希船体数学放样的研究，新华社曾播发通讯稿，《人民日报》《光明日报》均在第1版进行了转发：

> 大连工学院积极协助一些工厂举办工人大学或短期技术训练班，多快好省地培养工人技术人员，促进工业生产和学校教育革命的发展。
>
> 几年来，大连工学院在认真搞好校内教学的同时，把协助工厂办学当作教育革命的一件大事来抓。他们以厂校挂钩为主，采取多种形式，先后协助大连第二机床厂、红旗造船厂、大连起重机厂等32个单位举办了脱产、半脱产、业余三种类型的10所工人大学，还举办了26期短期技术训练班，共招收工人学员2044名，已经毕业1111名。
>
> ……
>
> 学校协助工厂办学，进一步密切了厂校关系。大连工学院在红旗造船厂建立教学、生产、科研基地，造船厂热情接待这个学院的船体、船机、力学等专业121名师生进厂学工和开展科学研究。他们相互协作，开展了八个重要项目的科研活动，其中船体数学放样、船机主轴扭振分析等四项，已经取得了显著成果。②

---

① 姚景林：造船计算机放样。见：谢希德主编，《当代科技新学科》。重庆：重庆出版社，1993年，第1082页。

② 新华社：大连工学院坚决执行毛主席关于教育革命的指示 协助工厂办学培养工人技术人员。《人民日报》，1973年7月22日，第1版；新华社：大连工学院积极协助一些工厂举办工人大学或短训班 多快好省地培养工人技术人员。《光明日报》，1973年7月22日，第1版。

1973年5月,《大连工学院学报》复刊,其中第一篇论文就是钱令希与大连国营红旗造船厂工人(署名为大连红旗造船厂船体车间和大连工学院数理力学系)于1972年12月共同完成产学研结合的"船舶数学放样问题"研究论文《船体数学放样的数值松弛法》(该文于1973年9月又在第六机械部第十一研究所举办的《造船技术》上刊发)。该文"提出的方法出发于这样一个事实,即船体设计人员提供的型值表在小比例尺的图纸上是足够光顺的,在实尺放样时应充分利用这个良好的基础。以往的各种数学放样都是设法先按型值表把船型用数学解析式表达出来,然后加以修正。其实最简单的办法是对型值表直接进行数值松弛,也就是规定一个曲面光顺的数学标准,按照这个标准逐点松弛以修正各点的型值。在手工放样中,工人师傅非常有效的用这种方法光顺一根曲线,现在是通过数学方法在空间光顺一个曲面。理论和实践都证明松弛过程收敛得很快,程序和计算工作都十分简单,甚至可以用手算进行,整个计算也可以在内存为4096比特的小型电子计算机上进行。通过一条小船和一条万吨级大船的放样实践,证明这个方法的实际效果还是令人满意的"。[1]

大约在1973年年初,全国的船体数学放样会议在上海浦江饭店举行。钱令希应邀出席了这次会议,并做了题为《数学放样的数值松弛法》的学术报告。他形象地将该方法比喻为"纽扣太紧,把它松一下"。同为中科院学部委员、复旦大学教授、著名数学家苏步青也参加了这次会议,并在大会上讲话,谈了船体数学放样的重要性及他的一些看法。会议结束时,钱令希与当年浙江大学的同事苏步青紧紧地握手,一同走出浦江饭店,在黄浦江畔亲切交谈。当钱令希知道苏教授还要挤车子回家时,就立刻决定先送他回去。当时钱令希有小车接送,与会的复旦大学数学系教师华宣积(1939—)是苏步青的学生,他问钱令希各种待遇都已经恢复了吗?钱令希风趣地说:"我们这些人(指他与苏步青)都是在里面臭,到外面香的。"引得在场的各位会心一笑。[2] 1991年9月23日,苏步青和钱令希这

---

[1] 大连红旗造船厂船体车间、大连工学院数理力学系:船体数学放样的数值松弛法.《大连工学院学报》,1973年第1期,第1页;《造船技术》,1973年第3期,第17页。

[2] 华宣积:苏步青下江南。见:谷超豪、胡和生、李大潜编,《文章道德仰高风:庆贺苏步青教授百岁华诞文集》。上海:复旦大学出版社,2001年,第153-154页。

两位科学家的手又紧紧握在一起。当天，复旦大学在上海锦江饭店举行苏步青教授执教65周年和90华诞庆祝会。钱令希应邀赴会，当面向苏步青祝贺，并合影留念（图6-8）。

1974年8月，钱令希领衔的"数学放样小组"完成了实验论文《关于船体数学放样的几个问题》，次年9月在《大连工学院学报》发表。文章主要讨论了船体数学放样的三个问题：①给出了大挠度样条函数的一个解法；②提出了一个用混合四次差光顺船体型线的数值松弛法；③提出了一个用短程线做外板纵缝的外板展开的方法，该方法能为船体建造的施工提供许多方便。他们在前言中写道：

图6-8　1991年9月23日，钱令希（左）赴上海锦江饭店祝贺苏步青教授90华诞

> 我们数学放样三结合小组成立三年多来……在用数学方法进行船体线型光顺以及外板展开方面已做了一些工作，取得了初步的结果，提出了一种光顺线型的数值松弛法，以及用短程线做纵缝的外板展开的方法。
>
> 我们用数值松弛法对海上冷藏运输船及24000吨油轮进行了数学放样，并应用到实际生产中去，在提高工效方面收到了较好的效果。过去用人工进行24000吨这样大的船的放样，需20人用60天（包括比例放样），现在用数学放样的方法，只需16人用10天的时间，地板上的线型就全部完成了。由于减少了反复光顺的工作，也减轻了工人师傅的劳动强度。
>
> 另外，通过生产实践的检验，我们也发现计算中存在不少问题。单根曲线在曲率大的片段计算结果不好就是其中的一个。以前数值松弛法只是解决了船体大部分放样工作，而对舯部、艏部、艉部还没

有解决。这恰是数学放样的一个难点。通常被采用的剖面线法处理艏、艉部也感到有一定困难。问题都是发生在对单根曲线光顺解决不彻底。其原因是处理单根曲线时有一个小挠度的限制。在艏、艉、舭部的型线（如站线）远不满足这一限制时，如果仍然把大挠度问题当作小挠度问题处理，来进行单行单根曲线光顺，效果不好是理所当然的。我们为了解决这个问题，提出了"大挠度样条函数"，经过试算，在挠度大的地方取得了满意的结果。似是我们这一工作还有待于经过实船放样的考验，以进一步完善数值松弛法。

我们在研究船体线型光顺的同时，又对外板展开做了用短程线做外板的纵缝的尝试，取得了较好的效果。这个方法的主要优点是展出的板边是直线，这样对放样、下料、切割以及装配都有很多好处。另外，用电子计算机计算出来的结果比手工展板的结果准确，给无余量工艺创造了良好的条件。现在这个方法已应用到 24000 吨油轮的生产中。[①]

大连新港栈桥的兴建和香港天坛大佛的构思

大连新港——大连鲇鱼湾油港，即今天的大连新港一码头，又称原油栈桥码头、原油码头，位于辽东半岛南端的大孤山东北麓、黄海岸边的大窑湾西南侧。大连新港工程由中国自行勘察、设计、施工，并全部采用国产材料，是全国第一座 10 万吨级的现代化深水油港。其中栈桥的设计与建造是大连新港建设的一个主要组成部分。建成后的栈桥连接陆地和岛式码头，从海岸直伸外海，全桥共 9 跨，长 954 米。栈桥上，铺设四条直径 720 毫米输油管和一条直径 720 毫米污水管以及其他较小的管道、电缆和灯具等，还有可以通行车辆和人的通道。

---

① 数学放样小组：关于船体数学放样的几个问题．《大连工学院学报》，1975 年第 3 期，第 40-41 页。

1973年2月27日，周恩来总理听取全国计划工作会议领导小组汇报后，在中共中央政治局讨论港口问题时，明确指出："从现在开始，三年改变港口面貌。"1973年5月16日，日本"三雄丸"载11481吨原油驶离大连港寺儿沟码头。这是中国第一次向国外出口原油。自大庆油田开发后，中国开始北油南运，大连港成为重要的石油输出港。1960年，大连港原油输出量不足百万吨；1972年，已增至近1000万吨。随着大庆原油出口量的不断增加，国家确定每年从大连港出口大庆原油1500万吨。承担石油输出任务的寺儿沟码头虽然两次扩建，年通过能力达660万吨，但泊位水深不足10米，不能停泊2万吨级以上油轮。这时，在大连建设大型深水油港是刻不容缓。自1973年3月开始，建设和设计部门先后选择了满家滩（南海湾）、鲇鱼湾、棉花岛、大连港寺儿沟4个港址。通过实地勘测、数据分析比较，最终选址在鲇鱼湾。①

　　1973年3月，大连工学院水利系、数理力学系、机械系及电子系等6个系8个专业及两个校办工厂的师生、工人，接受交通部和旅大市的委托，进行多学科协同作战，开始进行鲇鱼湾油港水工工程的设计及部分码头设备的试制工作，其中钱令希带领的数理力学系工程力学专业的解明雨（时任数理力学系工程力学专业领导小组副组长）、张允真、曹富新、邹洪地、邓洪根（时任工程力学教研室副主任）等师生负责全长近千米的码头钢栈桥设计任务。

　　1974年1月20日，为统筹新港区建设，鲇鱼湾油港建港指挥部成立，旅大市委书记、市革委会主任、旅大警备区司令员刘德才（1917—1986）任总指挥，旅大市委书记崔荣汉、曾任大连工学院水利工程系主任的邢至庄（1930—2015），以及后来任中共大连港委员会书记、革委会主任的曹凯（1928—　）任副总指挥。钱令希任建港指挥部顾问。7月8日，鲇鱼湾建港工程指挥部成立，旅大市计委主任白福介任指挥，使新港建设在组织上得到了落实和保证。

　　不久，钱令希便设计出栈桥式码头的模型，由建港指挥部副总指挥曹

---

① 大连市史志办公室编：《大连市志 港口志》。沈阳：辽宁民族出版社，2004年，第183页。

凯带到交通部汇报。但是，有的领导感到栈桥式码头建设任务量太大，对在一个什么都没有的小渔村，要在三年内建一个庞然大物表示怀疑，于是决定花 2700 万美元从日本引进"单点系泊"式码头，即从岸边铺设一条长长的海底管线到海水足够深的能系船停泊的单点码头。

1974 年 11 月 1 日，鲇鱼湾油港建设正式破土动工。先后来自全国 12 个省市的 48 个施工单位，上万人的队伍浩浩荡荡开进了鲇鱼湾这个荒凉的小渔村，开展"单点系泊工程会战"。① 尽管如此，栈桥设计组的工作一直没有停止。栈桥设计组共 5 人，组长解明雨，组员张允真、邓洪根、邹洪地、曹富新。钱令希任栈桥设计组顾问，实际上是栈桥的总设计师。②

1974 年年底，鲇鱼湾油港设计方案预审会在北京一所高校的学生宿舍举行。钱令希也出席了这次会议。1975 年 4 月，从日本引进单点系泊设备出现了麻烦。水下管线软管，需要一个备用的，因为一旦它出现问题，就会整个停产。国务院副总理李先念看了情况简报后，感到这样的谈判太不值得，就通知交通部，停止引进单点系泊，要大连港靠中国人自己的志气，建设现代化港口。1975 年 5 月上旬，经批准，鲇鱼湾油港建设停止从日本引进单点系泊设备，全力抢建由钱令希之前提出的栈桥码头。

事实上，自 1974 年大连工学院全面承接鲇鱼湾油港主体工程的设计任务以后，钱令希就一直在做栈桥码头合理的备选方案。原因在于单点系泊方案虽然在国际流行，但成本高，输油量小，而且技术完全掌控在日本人手中，钱令希感到不太托底。从理论上说，还可以通过移山填海而造一个离岸码头。但是从岸上到达能够停泊 20 万吨巨轮的深水处，不仅耗费的土石方数量惊人，资金和工期也都是极大的问题，所以移山填海造港的设想也根本不现实。钱令希感到唯一的选择就是修建海上栈桥了。虽然难度也不小，但是我们中国人对于造桥还不陌生，一定可以自己有把握地建造出来。

---

① 曹凯口述，许辉整理：难忘新港建设的日日夜夜. 中国大连港集团有限公司网站，2013-11-11.

② 曹富新：记忆鲇鱼湾. 见：张文翰主编，《甲子抒怀》. 大连：大连理工大学出版社，2009 年，第 239、244 页.

钱令希带领着设计小组的几位青年教师，日夜兼程地比较着不同的桥型方案（图6-9）。在初步方案中，曾经考虑过悬索桥和钢筋混凝土桥，由于材料、施工条件和工期的原因未能采用。考虑到旅大市许多厂矿有较强的金属结构加工能力，

图6-9　1975年，钱令希与设计组成员在研究鲇鱼湾栈桥设计方案（左起：邓洪根、张允真、钱令希、解明雨、曹富新）

若桥跨方案选用大跨度钢结构，组织会战，能够保证工期和质量，并有利于地方潜力的发挥。对钢栈桥，做过70米和100米两种跨度方案的比较。比较结果表明，如果采用70米跨度，虽然全桥总用钢量略有减少（约200吨），但增加了大量水下工程，提高了投资，势必延长总的工期。从节约投资和缩短工期的观点来看，应尽可能采用较大的跨度。如果跨度超过100米，则每跨栈桥的总重将超过现有浮吊在海上整体吊运和安装的安全重量。在权衡总的投资、施工和吊装的条件以及水上水下的施工量，最后决定桥跨结构的跨度为100米。旅大市的有关厂矿普遍使用焊接工艺，焊接技术和机具设备都有较高水平，故立足于本地条件，选用全焊工艺是很理想的。另外，采用全焊结构，相对于铆接或栓焊结构，省掉了铆钉、螺栓和拼接板等，使制造加工大为简化，易于采用自动化操作，减轻了桥重，节约了钢料，降低了造价，并且杆件不因钻孔而受到削弱，材料得到了充分的利用。关于桥形的选择，在初步设计中考虑过抛物线形空腹桁架、抛物线形普通桁架、柔拱劲梁和平行弦桁架4种方案。在均布荷载作用下，平行弦桁架受力不均匀；柔拱劲梁受力虽然比较合理，但是构造与外观并不理想；抛物线形普通桁架在均布荷载作用下，斜腹杆受力为零，只在荷载不均布时才起作用。抛物线形空腹桁架，就是没有斜腹杆，而把

节点制作成刚性节点的抛物线形刚架，具有以下特点：①在全跨均布荷载作用下，受力很均匀，可以统一弦杆断面和腹杆断面，主桁梁皆由两种断面的杆件组成；②与其他三个方案相比，杆件数目最少；③制作只有三根杆件连结的焊接刚性节点，比制作连接四根或五根杆件的铰节点，既简单又省料，并且节点附近的力流光顺，应力集中小；④桥形美观大方，线条清晰。

抛物线形空腹桁架最适用于全跨受均布荷载的情况。而大连新港栈桥承受的荷载 84% 是全跨均匀分布静载荷，活载荷只占 16%，而且这种由管道中流体的重量所构成的活载荷基本上是局部均匀分布的，故最终选用抛物线形空腹桁架。①

就这样，钱令希引导设计组成员讨论设计中可能出现的问题，鼓励大家查阅资料。对此，大连工学院科技情报资料室（1984 年并入图书馆）也集中最优势的人力，在很短时间内，就为设计组提供了国内外有关这方面的文献，保证了设计任务的顺利完成。钱令希与设计组成员根据对文献资料的分析，共同寻求对策，最后基于工程结构设计方案选优的思路，从 2 种跨度、3 种连接工艺、4 种桥型的比较中，选择"百米跨度空腹桁架全焊接钢栈桥"的方案。对此，钱令希解释说，这个设计方案主要是用于承载通油通水的管道和一个车道，将陆地与 1 千米外的油码头沟通起来。这样，1 千米只需要 9 个桥墩，每个桥墩间距 100 米，不仅可以节约大量的钢筋混凝土，降低在大海中施工的难度，更重要的是，只有这个设计方案，才最省材料，才能缩短工期，即达到"快好省"的目的。

其实，一部分人起初并不赞成这种设计方案，因为他们知道，这种空腹桁架桥即威廉迪尔桥，是以其首创者比利时土木工程师威廉迪尔（Arthur Vierendeel，1852—1940）教授命名的。第二次世界大战前夕，比利时先后在艾伯特运河（Albert Canal）上建造约 50 座空腹桁架桥。其中跨长为 74.5 米的哈塞尔特（Hasselt）全焊空腹桁架桥在交付使用 14 个月后于 1938 年 3 月的某日突然裂成三段坠入艾伯特运河。后来，陆续又有几

---

① 大连工学院工程力学专业栈桥设计组：大连新港栈桥的全焊百米跨空腹桁架。《大连工学院学报》，1976 年第 4 期，第 43-45 页。

座桥坍塌或破坏。据统计，1938—1950年，比利时共有14座这种型式的桥梁断裂。① 从此，这种设计方案不再流行，尤其是建造跨度较大的桥梁时，更没人敢冒这个风险了。钱令希在比利时留学时，曾陪同来比旅游的俞调梅考查过威廉迪尔桥，并拍了一些桥梁的照片。那几座桥确实漂亮，从力学上分析、从建筑美学上欣赏，确实是无可挑剔，但后来出问题的原因，当时还没有找出来。故当钱令希提出采用威廉迪尔桥型方案时，有些人就劝他说："这种桥型，国内无先例，国外也没有这么大跨度的，从前的那几座桥都出过事故，报废了，几十年再也没人采用这种设计方案了，何必去冒这个风险！"更何况，钱令希设计的桥几乎是20世纪30年代断裂桥2倍的跨度，等于给自己出了个大难题。可是，除了这个办法，要既能够达到施工快、材料省的要求，又能符合受力合理、美观大方的高标准，已经没有其他的办法了。世界上没有最完美的事物，当然也没有最完美的设计，任何事物都有可能被优于它的事物所代替，包括设计。因此，钱令希和他的助手们要尝试着优化威廉迪尔的设计结构。钱令希吸取了那些失败的威廉迪尔桥经验教训：一是结点设计不尽合理，引起了严重的应力集中；二是当时的炼钢技术有限，钢材质量还不能满足承载的需要；三是那时的焊接技术远不及现在成熟。最后他采用了柔化连接的思想，把太极拳"以柔克刚"的特征运用到结点的构造（结构力学），降低了结点应力集中的负面效应。通过模型试验，证明了他以柔克刚的策略是降低节点应力集中最有效的办法。② 关于栈桥的设计，记者连健生、雷克啸在一篇报道中写道：

> 我们特别访问了钱令希教授，他是我国著名的工程力学专家、学部委员，现任大连工学院院长。他年过花甲，精神矍铄。一说起新港的设计与施工，就兴致勃勃地谈了一小多小时。他说：我是学桥梁的，也搞过港工。可是自己动手设计建造这么大的油港还是第一次。

---

① 罗福午、王毅红：《土木工程质量缺陷事故分析及处理》。武汉：武汉理工大学出版社，2009年，第143页。

② 周建新：《钱令希传略》。大连：大连理工大学出版社，2013年，第72-73页。

码头要造在海中，离岸有一公里。这一公里怎么办？开始想从海底铺管，国外一般都用这个办法。可是我想，几年以后坏了怎么办？堵塞了怎么办？都是难题。在国外可行的办法，在国内不一定行。从我们的实际出发，从国家的根本利益着想，我提出了造桥的方案。

那是1974年的冬天，天气很冷，他们住在荒滩上一个孤零零的房子里，外面北风呼啸，在一盏煤油灯下画着图纸，研究着设计方案。钱令希教授回忆起那一段生活时说：当时眼前看上去是一片荒凉，但脑子里总是浮现出一座桥，一小港。说起那时的生活也真叫艰苦，一天吃几分钱的菜。我还有骨质增生，天天打两针，延续了两个月。在苦乐观上也有辩证法。一个人当他投入工作，激发了热情，就会感到莫大的愉快，虽苦犹乐。我那时是作为志愿兵去工地的，册上无名，在那个时候，只要让我工作，我就很满意了。[1]

1975年4月，栈桥桥跨结构的设计完成。钱令希胸有成竹，但为稳妥起见，想征求著名桥梁工程专家、同济大学的李国豪教授的意见。可是了解到，李国豪此时还没自由，仍蹲在"牛棚"里。钱令希想到了一个办法：让力学系的林少培拿着大连工学院革委会介绍信去上海同济大学。林少培终于见到在"牛棚"里的李国豪。"百米跨度空腹桁架全焊接钢栈桥"的方案得到李国豪的肯定。李国豪最后不忘叮嘱林少培："告诉钱先生，施工要特别注意细节。"[2] 在设计得到李国豪的认可后，设计组便着手进行栈桥的组装和实桥满负荷实验。5月，为加速钢桥的制造，鲇鱼湾栈桥会战指挥部成立。6月1日，有交通部水运基建局副局长子刚、指挥部常委成员及有关负责人出席的建港指挥部扩大会议召开，重点研究钢桥组装与吊装工作，钱令希参加了这次会议。

在栈桥组装之前，针对钢材的材质、焊接的材料、工人的素质，钱令

---

[1] 连健生、雷克啸："争气港"使人扬眉吐气——记大连工学院一项科研成果。《人民教育》，1981年第10期，第34页。

[2] 电话采访林少培的记录（经林少培审阅），2019年3月8日。资料电子版存于采集工程数据库。

希亲自跑了大连10余家大型工厂，找到第一线的每一位他早已物色好的技术工人面对面地说明，并将从10多个工厂号来的各路"大王"和经验丰富的老工人等都集中起来，进行严格的培训，还亲自给那些焊接工人讲解焊接方法，把复杂的力学原理由浅入深地为他们讲解。7月，以旅大市机械局为主的25个单位计3000余人投入了组装钢桥的会战。栈桥第一跨钢桥是在经验不足、准备不充分的情况下抢上的项目。组装第一跨桥需16锰钢280吨，焊缝总长40千米，跨度101.2米、高12.5米、宽12米。7月10日，当第一跨栈桥组装开始时，钱令希和设计组的师生便把行李搬到工地，住在木板棚里，不时为组装者解决各种疑难问题。① 工地的领导和工人们看到他年岁大，身体不好，想在生活上给他一些照顾，但都被他婉拒了。在第一跨栈桥拼装最紧张的时候，他一连20多天没有离开工地（图6-10）。②

栈桥实桥满负荷实验，采用的是钱令希提出的原型试验方案，实验对象就是拟最先吊装的第一跨栈桥。为此，专门成立了实验组，并听取工人的意见。实验工作由邓洪根负责，早在7月初就开始准备了。为了不误工时，当时大工数理力学系几乎动员了全系大部分实验人员参加，由于加荷载不是用水箱，而是用油管装海水，还组织系里熟悉流体力学的教师赖国璋和两个班的学生在海边建了一个泵站。7月末至8月初，

图6-10　1975年，钱令希（左二）在鲇鱼湾栈桥工地上

---

① 《辉煌的历程》编委会：《辉煌的历程——庆祝大连港新港港务公司建成投产二十周年》。大连：大连出版社，1996年，第15页。

② 大连工学院报道组："结合工农重迈步"——记大连工学院老教师钱令希。《旅大日报》，1976年6月22日，第2版。

他们在工地上整整试验了 4 天,就均布静载、支座不均匀沉陷和振动等情况,测量了 150 个点的应力和下弦节点的位移,观察了 100 多条主要焊缝,证明该跨栈桥的质量完全达到了设计要求。①

钢栈桥吊运是栈桥工程设计中的一个重要问题,直接关系到工期、投资和施工质量。在吊装设计中,钱令希与相关人员共开过十几次会议。设计组多次到工厂、工地向有经验的起重工人请教和学习。最后确定,杆件在工厂制造好发送到工地进行陆地平台拼装,桥跨结构安装完毕,将桥跨落到四台小车上,并装上管道、路面和四个支座,然后拖到引堤头,待满潮水时,利用 600 吨浮吊运到一两千米以外的桥址,在桥墩上就位,将支座焊接在墩顶预埋的钢垫板上,即完成了吊装。吊重(包括支座、路面、输油管管和其他管道)计 405 吨,吊件长 101.2 米,高 13.1 米,宽 12 米。这样的庞然大物在大海中被吊着走,一次就位完工,这是个十分重要和严肃的环节,关系到桥跨的安全,也关系到 600 吨浮吊的安全。特别是这样的整跨海上远距离吊装,没有先例可循,所以设计必须周密,操作必须严格,只许成功,不许失败。钱令希和工程技术人员做了认真的讨论、调研、设计和计算。②

1975 年 8 月 5 日,是第一跨钢桥吊装的日子。虽然钱令希已经把海上整体吊装的架桥方案制订得很详尽了,但安装这样的庞然大物,毕竟是第一次,根本没有经验可言。吊装的前几天,他和设计组在一起,趴在图板上反复地画图示范。在吊装的头一天晚上,钱令希一宿未眠,蹲在工地上整整一个晚上都与工人在一起做准备工作。按照事先的潮汐预测,吊装这一天的上午,正赶上天文大潮,趁着这个高潮位,能减少很多组装的麻烦。

那天早上,钱令希怀着和大家同样的心情守候在海边。然而,老天不遂人愿,天亮以后,海里刮起了大风,已经悬在吊装船上浮吊上的钢桥在

---

① 连健生、雷克啸:"争气港"使人扬眉吐气——记大连工学院一项科研成果。《人民教育》,1981 年第 10 期,第 33 页。

② 大连工学院工程力学专业栈桥设计组:大连新港栈桥的全焊百米跨空腹桁架。《大连工学院学报》,1976 年第 4 期,第 55 页。

大风中左右摇摆，就是不听使唤。大家的心都提到了嗓子眼儿，唯恐出问题。可是，问题还是出现了，一根承担吊装的辅助钢柱"咔嚓"一下，齐崭崭地切断了，吊装立刻暂停下来。好在那根钢柱与钢梁的受力无关，可是如此庞然大物在风中摇摆，稍不小心就会撞到桥墩上。刚才那根断了的钢柱只是个小问题，如果撞坏桥墩，麻烦可就大了，整个工程就要停工了。怎么才能让钢桥在空中不再摇摆？钱令希向工人求教，工人成天工作在生产建设的第一线，他们有经验、有智慧。工人们想出了百试不爽的笨办法，实行千绳战术，在钢梁上拴无数根绳子，靠人力稳住钢梁，再让浮吊将钢梁落在桥墩之上。于是，采用这种战术，钢梁一点一点地移到了桥墩之上，在接近中午的时候，才稳稳地落实。当时，钱令希的"心潮也像大海的波涛跳动起伏，他忘记自己站立在海中桥墩上危险的地方，只要稍不小心，就有被撞伤或掉入大海的危险"。然而，他那时已把什么危险都置之度外了。后来，他谈起这一段情景时，还很有风趣地正如阿庆嫂说的"今天想起来还有点后怕哩"。[①]

在成功地吊装第一跨钢桥之后，9月4日，安装第二跨钢梁。此前，钱令希设计了4个小"板凳"，焊接在钢梁之下，每只小"板凳"拉出4根钢丝，固定在不同方位，以减少遇到海风时的摇摆，他又在钢梁上加了8个斜拉杆来增强稳定性。这些安装附属物，本来没有给钢梁增加过多的荷载，可细心的钱令希还是拿出计算尺，左拉右拉着进行测算。为了绝对安全可靠，还让有关人员在计算机上进行了更精确的计算。直到计算出了可靠的结果，才肯组织施工。本来，已经万无一失了，安装前一天晚上，钱令希还是不放心，他推测出后焊接上的斜拉杆很可能和浮吊上的钢丝绳碰上，时间久了，撞断了就产生新的麻烦了。为了防患于未然，那一晚他又没睡，和工人们一道给那几根斜拉杆缠上了胶皮垫。第二天，安装如期如质顺利完成。

9月27日，吊装第三跨。随组装的速度增快，吊装工作也加快进度。至1975年12月14日，历时145天，全长954米、焊缝总长790多千米的

[①] 连健生、雷克啸："争气港"使人扬眉吐气——记大连工学院一项科研成果.《人民教育》，1981年第10期，第33—34页。

图6-11 1975年,大连鲇鱼湾油港栈桥的一跨正在吊装

图6-12 1976年,钱令希(左六)与设计组成员在鲇鱼湾栈桥竣工后合影

九跨钢桥全部组装完成(图6-11),栈桥码头水上主体工程告捷[①],为新港提前投产创造了条件。

1976年4月,计划三年的工程提前半年完成(图6-12)。4月12日,辽宁省领导批复将鲇鱼湾油港定名为大连新港。4月30日,大连新港举行投产庆祝大会。8、9月间,栈桥设计组成员就钢梁的设计、构造和吊装问题撰写了《大连新港栈桥的全焊百米跨空腹桁架》一文,后发表在《大连工学院学报》1976年第4期上。

在栈桥设计、组装、吊装施工的那段日子里,身为工程总指挥部顾问的钱令希带着他的设计小组,除偶尔跑几趟工厂外,基本上吃住在海边的工地上,与工人们同吃同睡,一起研究设计方案。对此,大连工学院在一篇调查报告中有具体的描述:

他们(指钱令希及其他设计组成员——编者注)先后调查了五十

---

① 周建新:《钱令希传略》。大连:大连理工大学出版社,2013年,第77-80页。

多个单位,考察了十几座桥梁,同工人、技术人员一起研究设计中的问题。百米跨度全焊接空腹桁架钢桥,这是一个国内尚无先例的设计方案。国外搞过小跨度的这种钢桥,有些垮掉了。大连新港码头栈桥要采用这种方案,有些人不赞成,认为这种方案"风险"太大。在工人阶级"建争气港,打志气仗"的战斗口号鼓舞下,设计组师生不怕担"风险",怀着高度的政治责任感,在广泛调查研究的基础上,进行了具体分析……他们集中工人的智慧,在细节上逐步完善设计,精益求精,一丝不苟,一次又一次地进行修改,先后画出7套设计图纸……

同师生一道参加栈桥设计的一位老教授(指钱令希——编者注),把火热的工地当作改造世界观的熔炉,严格要求自己,在艰苦的环境中进行磨炼。在栈桥拼装的日子里,他20多天没有离开施工现场,一边参加劳动,一边同工人研究拼装中的技术问题。第一跨栈桥吊运安装前,在建港指挥部的主持下,他和设计组的师生同工人开了十几次讨论会,共同研究出国内尚未采用过的栈桥整体吊装方案。经过各方面的艰苦努力,栈桥从设计到全部吊装完毕只用了一年的时间。[①]

大连新港栈桥是一个国内尚无先例的成功的工程设计。它采用全焊是一次尝试,对栈桥的材质、设计、焊接工艺和防锈蚀措施提出了许多新的研究课题。包括支座、路面和管线在内,采用一次整体吊装非常成功,为全焊创造了极为有利的条件,是高速度建成栈桥的重要因素。

现在,栈桥已在海上服务40多年了,依然完好如初,至今还是大连一道亮丽的风景线(图6-13)。大连新港工程投产后,仅三年半的时间就收回了建港的全部投资,它每年出口原油占全国总出口量的90%以上。1978年、1981年,这项工程先后荣获全国科学大会奖和国家建委"七十年代国家优秀设计奖",并在澳大利亚第17届国际海洋工程会议上做了介绍,受到国外学者们的好评。20世纪80年代初,日本、瑞典工程代表团还来

[①] 大连工学院革委会调查组:无产阶级教育革命的丰硕成果——我院师生参加大连新港工程设计的情况调查。《大连工学院学报》,1976年第4期,第15页。

图 6–13 竣工后的鲇鱼湾栈桥（1976 年）

拍过电视。1982 年，设计小组编写、钱令希审阅修改的《全焊空腹桁架钢桥》一书由人民交通出版社出版。另外，设计组成员据此撰写了一系列论文。主要有：《大连新港栈桥的全焊百米跨空腹桁架》（大连工学院工程力学专业栈桥设计组，载《大连工学院学报》1976 年第 4 期）、《全焊百米跨空腹桁架桥的设计》（张允真、解明雨、邹洪地，载《水运工程》1979 年第 8 期）、《全焊百米跨空腹桁架桥的制造》（洪国荣、解明雨、邹洪地，载《水运工程》1979 年第 10 期）、《大连新港跨度 100 米全焊空腹桁架栈桥的计算》（曹富新、解明雨、时战，载《桥梁建设》1979 年第 4 期）、《大连新港输油码头栈桥》（曹富新、张允真、时战，载《力学与实践》1980 年第 1 期）。

2010 年，油码头因为意外发生火情。栈桥仅仅 8 米宽，设计通过车辆的载重是 8 吨，可是，要想灭掉大火，仅仅一辆消防车是远远不够的。迫不得已，两辆消防车一同开进了栈桥，载重已经超过了 16 吨。直至大火被扑灭，栈桥毫发无损。

在栈桥设计和试验阶段，钱令希总是率先垂范。青年教师没有一个做过设计，他就默默地趴在图板上画起图来。大家悄悄地去看、去学，然后都学着画起图来。设计中大大小小的问题都在设计组讨论，让大家翻阅资料、深入工厂进行调研。即使他已胸有成竹也是如此，为的是提高教师处理问题的能力。这些对青年教师们在后来的教学和科研工作中都显得很有帮助。大工工程力学系在全国是最早在教学中引入有限元方法的大学之一，由于有了这段实践经历，教学再不像以前那样枯燥。而在科研方面，处理实际问题的能力也非常得益于这个阶段的培养。中青年教师们有了设计栈桥的经验，就有胆量去接各种大型结构分析任务。而当建立力学模型时，在钱令希那里更新到的许多知识又起了很大的作用。不论在主持计算大型排土机项目，还是在主持我国首台大型斗轮挖掘机研究项目，还是参加工程技术规范的工作，纷纷取得佳绩，一些项目还获得部级奖励。后来在设计组编写《全焊空腹桁架钢桥》以及有关的论文时，钱令希也是非常认真地审查、修改，在稿纸上留下了密密麻麻修改的红笔字。[1] 当年设计组的青年教师，从钱令希处吸收了许多养分。对此，设计组成员曹富新教授后来回忆说："60年代钱先生常带我们下厂实践。我们总是看到在钱先生的上衣口袋，左面放眼镜，右边放一把小计算尺。我们跟着钱先生学到了许多实践能力。这对我们后来解决工程实际问题和做教学工作都有好处。我们懂得搞工程项目一定先要简化，抓住主要因素。不做简化，我们是不能承接工程项目。在栈桥设计阶段，钱先生就用手算（借助计算尺）算出前5阶的频率和相应振型。后来，课题小组成员用计算机对栈桥计算模型进行了比较精确的计算。发现前5阶的频率和相应振型的计算结果与钱先生的手算结果高度一致，也和实验结果的前2阶频率和相应振型吻合。我们感叹钱先生的手算也太神了，手算结果居然可以和计算机相比。可惜的是钱先生的手算草稿没有保存下来。"[2]

改革开放后，我国经济飞速发展，原油需求大增，大连新港的职能已经发生了彻底的扭转，由从前的原油出口，变成了纯粹的原油进口，栈桥上不仅增设了好几条输油管线，还加上了天然气输送管线，栈桥在新的时代又发挥了新的功能。

栈桥建成后，钱令希一直把它当成自己的"孩子"，时刻关心着。早些年他常亲自去鲇鱼湾察看栈桥的工作状态，油港发生问题了也请他去解决处理。在栈桥运营到10年和20年时，他都主动去了解栈桥的工作情况。在一次栈桥考察时，钱令希从管理方了解到小汽车开到桥面上会发生"蹬蹬"的响声。栈桥主要任务是承载运油的输油管，但工作人员和车辆也要

---

[1] 曹富新：记忆鲇鱼湾。见：张文翰主编，《甲子抒怀》。大连：大连理工大学出版社，2009年，第245页。

[2] 钱唐致王细荣关于曹富新对大连鲇鱼湾栈桥设计回忆的微信。2019年6月21日。

在桥面上通行，为此，便在桥面上横向铺设了木板。钱令希发现，横放的木板间有空隙，汽车轮子滚动碾压就会产生"蹬蹬"的响声，同时还会对栈桥的钢结构产生冲击。减少冲击频率，就可以减小桥梁疲劳程度，从而延长栈桥的使用寿命。于是，钱令希建议栈桥管理方将横放的木板改为竖放。果然，问题迎刃而解，"蹬蹬"的响声没有了，真是小方法解决了大问题。

钱令希曾经还特地选择在鲇鱼湾过生日。例如，1994年7月，78周岁生日那天，他就是一个人在那里度过的。[1] 80多岁后，他还常常去现场看看，并建议进行检测（图6-14）。

图6-14 耄耋之年的钱令希（前排左三）赴鲇鱼湾了解栈桥的工作情况

到了2006年，栈桥整整运营了30年，他已90岁高龄，且身患重病，无法成行，可他仍念念不忘地挂念着栈桥。当他得知桥墩发现裂纹时很着急，几次让参加过栈桥设计与施工的曹富新传话给鲇鱼湾大连新港的领导，要赶快组织检测和维修。当曹富新告诉钱先生，土木系的老师们已经在做这件事时，他才欣慰地露出了笑容。[2]

直到20世纪80年代初，钱令希才明确意识到工程力学不仅对于国家硬建设项目有服务的义务，而且对于社会软实力发展也会有直接推动的作用。相关的事情缘起于1974年，当时香港宝莲禅寺获港府以象征式的地价，批出大屿山木鱼峰地段作为建造佛像之用。后来，宝莲禅寺确定拟建

---

[1] 钱令希致钱唐一家的信，1994年7月24日。电子版存于采集工程数据库。
[2] 曹富新：记忆鲇鱼湾。见：张文翰主编，《甲子抒怀》。大连：大连理工大学出版社，2009年，第245页。

的佛像高 26.4 米，取释迦牟尼结跏趺坐姿势，以慈眉善目俯视下方，表达佛陀的关爱、护佑和度化众生之情。

1981 年 12 月 29 日，宝莲禅寺举行了天坛大佛动土典礼仪式。1982 年，"筹建天坛大佛委员会"成立，筹委会成员包括香港佛教界知名人士和宝莲禅寺法师们。该委员会决定，"天坛大佛"工程仅向国内进行公开招标。筹委会对大量投标单位反复遴选，最后确定航天工业部、中国船舶工业总公司（原六机部）和冶金工业部下属 3 个单位参加竞标。[1] 1986 年 5 月中旬，航天部所属的中国航天科学技术咨询公司中标，由南京晨光机械厂具体承建。1989 年 10 月中旬佛像圆顶，1993 年 12 月 29 日举行了开光大典，这尊世界上最大的露天大佛开始对中外信徒和游客开放，接受他们的朝拜。

中国船舶工业总公司竞标单位系大连造船厂和大工机械、船舶、力学共同组成的联合体，其中造船厂在焊接铸造技术方面颇具优势。这一竞标联合体的成立系时任大连工学院院长钱令希鼎力促成的。大工方面的召集人是机械工程系的高钦老师。大工工程力学所由钱令希设计天坛大佛的结构方案，钟万勰的博士生陈勤做了结构方案的有限元分析计算。

钱令希欣然参与且亲力亲为，不能不说传承了钱氏家族礼敬和护持佛法的传统，从一世祖钱镠崇信佛教延续到三世祖钱俶，吴越国时期在杭州一带兴建或扩建不少寺院佛塔，包括灵隐寺、净慈寺、昭庆寺等，雷峰塔、六和塔、保俶塔、闸口白塔等。钱令希虽然不是佛教徒，但是他不仅懂得祖上崇信佛法的道理，而且知晓佛儒道是中华民族的文化精粹，认为用熟悉的工程力学弘扬宝贵的中华瑰宝，是自己责无旁贷的义务。

钱令希考虑到大佛的复杂荷载工况和处于腐蚀性极强的苛刻自然环境，提出了一种以铜铸片外壳与钢筋混凝土框架组成的组合框架——壳体大型佛像结构。该种结构的内外构件协同工作，非多种有限元共同协调工作的软件不能承担其力学计算，这正是大工力学所具有的计算力学优势。按钱令希构想建造的大佛可以千秋之寿供人瞻仰，且有安全性、经济性、施工和维护的方便性等极佳特点。[2]

---

[1] 赵朴初：《赵朴初文集 下》。北京：华文出版社，2007 年，第 968-969 页。
[2] 钱令希：大型神像的结构及其施工工艺（IPC 号：E04H13/00）。1987 年 5 月 6 日公开。

第六章　欲干不能，欲罢不忍的岁月

念及竞标就有落标的可能，钱令希决定申请一份发明专利，以便使他结合天坛大佛实际情况而产生的精心研究的结构设计方案和相关施工工艺，不至于随着落标而流失，相反却可以作为备忘录启迪后人，成为设计户外大型神、佛或人物等塑像的构思起点。1985年8月10日，他据此设计方案申请发明专利《大型神像的结构及其施工工艺》，并且于1987年5月6日获批公开（图6-15）。

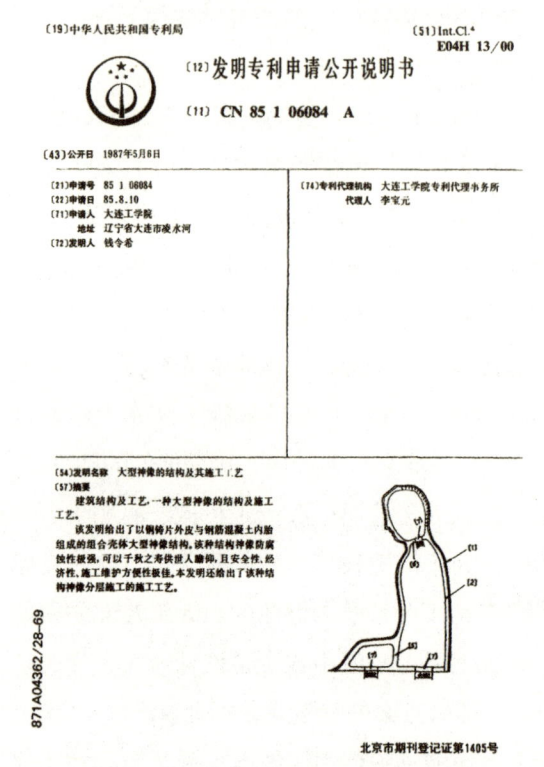

图6-15 《大型神像的结构及其施工工艺》专利申请公开说明书首页书影

钱令希为了知识产品备忘传世而申请专利的考虑是有远见的。现行的天坛大佛结构采用了空间钢桁架结构[①]，尽管钱令希发明专利表述的钢筋混凝土空间刚架方案没有被采用，其实，两个结构设计方案是各有利弊的。钢结构较钢筋混凝土结构施工便捷，而钢筋混凝土结构较钢结构的防腐能力强。因此，钢筋混凝土结构设计方案因大连联合单位没能中标而未被采用，但其中包含的设计理念，或许将来会在后世的另一尊大型塑像的设计时被采纳。

对于钱令希而言，香港天坛大佛的结构方案提出同大连新港输油栈桥从构想到施工图绘制，都属于运用工程力学的设计过程。二者的区别是，后者尚有后续的施工全过程。如果说输油栈桥是钱令希运用工程力学的一

[①] 史庭惠：《天坛大佛》。南京：南京出版社，1993年，第90-91页。

项实践，那么，提出香港天坛大佛的一种结构设计方案则是他基于工程力学的一次构想。前者以其俊逸的雄姿使实体坐落在北方大连新港，给人们留下了脍炙人口的故事；后者则以对南方香港大佛的缜密设计，使构思隐藏在专利说明书《大型神像的结构及其施工工艺》里，给后世留下了一段鲜为人知的记忆（图6-16）。

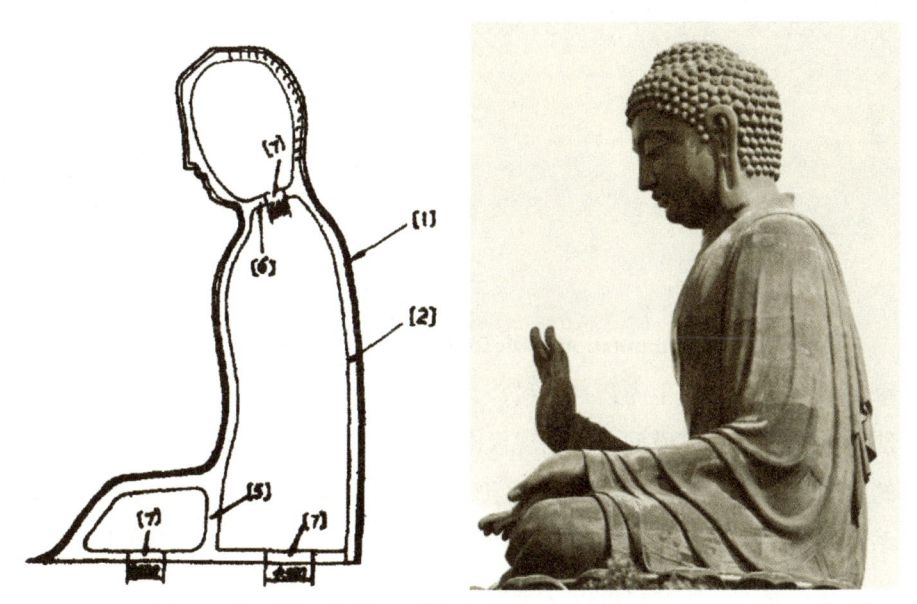

图6-16 《大型神像的结构及其施工工艺》的实例"天坛大佛"示意图（左）与开光后的天坛大佛摄影（2010年5月，资料来源："妍途有你－木木妍"的新浪博客）

第六章 欲干不能，欲罢不忍的岁月

第七章
独领风骚的"老帅"

计算力学（Computational Mechanics）是一门由力学、计算数学和计算机技术交叉而产生的新兴学科，它根据力学的基础理论和数学的计算方法，构造数值计算模型，编制现代电子计算机程序，用以解决同力学相关的实际问题。在发展的过程中，形成了自己独有的理论、方法和软件体系。从方法论讲，它与力学理论和力学实验并驾齐驱，也可以称为力学数值实验，成为三个并行的分支学科之一。计算力学于20世纪60年代初开始登上国际力学界的舞台，并马上得到了飞速的发展。[①] 20世纪70年代初，钱令希敏锐地注意到于20世纪50年代中期诞生的有限元方法而引发的计算力学的发展，独具慧眼地带领大连工学院的力学团队抓住计算力学的方向冲锋陷阵，并号召中国的力学和工程人员开展结构优化设计的研究。这是钱令希显示其科研"帅才"的暮年功业，具有急切、广泛、超前的特点。在这方面，他比起别人显然是遥遥领先的，如果把他同当时其他同行们进行比较，堪称"独领风骚"。[②]

[①] 钟万勰、程耿东：跨世纪的中国计算力学。《力学与实践》，1999年第21卷第2期，第11页。

[②] 隋允康：钱令希先生倡导研究计算力学和结构优化的大境界。见：王希诚、武金瑛、谷俊峰主编，《科学殿堂的力学之光：第五届全国力学史与方法论学术研讨会文集》。大连：大连理工大学出版社，2011年，第32页。

启发、准备与探路

钱令希对"计算力学"的关注源于钱学森技术科学思想的启发和自己的研究实践。

1945年9月到10月底,在五角大楼全职工作的钱学森以美国陆军空军科学顾问团核心成员的身份,在他的老师、时任美国陆军空军司令科学顾问的冯·卡门(Theodore von Kármán,1881—1963)率领下考察中国战区情况,曾在祖国停留过几天①,但因任务秘密,未能与国内亲友见面。直到时隔近两年后的1947年7月,已是麻省理工学院教授的钱学森才借暑期回国省亲。此时的钱学森,不仅是航空和导弹研究方面的专家,而且也已经是一位真正的全面的战略科学家。7月28日,他应邀到浙江大学工学院做题为《工程和工程科学》的演讲,首次在国内传播他的技术科学思想。在这次演讲会上,钱令希与钱学森首次晤面。1955年12月16日,时任大连工学院研究室主任的钱令希与刚从美国返回祖国、前来大连工学院参观的钱学森再次相见。他们俩畅谈学术,其中计算机与力学的关系是谈论的主要议题之一。对此,钱令希回忆说:

> 钱先生(指钱学森——编者注)在1955年11月(12月16日访问大连工学院——编者注),即在他归国后的第二个月来东北考察时就对我预言,电子计算机将使科学工作从计算困境中解放出来,要跟上时代,掌握计算机,把它用在力学工作,你经历的计算困难就不在话下了。我听了很兴奋。但当时,我们还没有接触计算机,还不大能

---

① 王丹红:钱学森和冯·卡门1945年的秘密中国行。"科学春秋"微信公众号,2018-03-04。

理解。[1]

1958年,钱令希在听说钱学森在中国科学院力学研究所建议用计算机求解百万千瓦水轮机的流体力学问题后,很受鼓舞,决心走计算力学之路。

20世纪60年代初,钱令希从事壳体塑性极限强度和开孔应力集中的课题研究时,就亲身体会到,电子计算机的作用将给科学技术的发展带来一场深刻的革命。他预感到,他所从事的结构力学的研究,必将面临这种变化。[2]为此,他在自己勤奋地学习电子计算机的有关知识同时,也要求他在大工数理力学系的研究生林少培、陈浩然等学习和掌握相关知识。对此,林少培、陈浩然在庆祝钱令希90寿辰的纪念文章中写道:

> 远在20世纪50年代末,他(钱令希——编者注)就敏感地感受到计算机将对力学产生的巨大冲击,因此在60年代初就安排刘锡礼、陈浩然、王长兴和我等4名研究生学习结构分析的矩阵理论,并在事后的科研团队的工作中,积极普及应用计算机,即使在"文化大革命"期间也不间断。[3]

1962年秋,即我入研究生学习第一年。当时,在一些资本主义国家中,已开始在电子计算机上应用矩阵算法来分析复杂的飞机杆系结构,而在我国还没有电子计算机。钱先生敏锐地预感到矩阵算法将会给工程结构力学学科的发展带来一场新的革命。为此,立即将我与同届的另两位研究生王长兴和林少培组成了一个讨论班,并选择了当时最新影印的系统介绍德国力学家Argyris J. H. 工作的俄文版论文集《复杂超静定系统现代解法》和Hans Sagan的著作 *Boundary and Eigenvalue Problem in Mathematical Physics* 两本书作为我们研究生学

---

[1] 钱令希:钱学森先生与计算力学。见:宋健主编,《钱学森科学贡献暨学术思想研讨会论文集》。北京:中国科学技术出版社,2001年,第123页。
[2] 周建新:《钱令希传略》。大连:大连理工大学出版社,2013年,第52-53页。
[3] 林少培:作为一个学生和钱先生相处的几十年。见:林家浩主编,《力学与工程应用》。大连:大连理工大学出版社,2006年,第277-278页。

习第一年的精读书,并要求我们"真正读破这两本书,打好基本功";同时,他还勉励我们,在读书和学习过程中,必须牢记"厚积而薄发"的原则。他在每周亲自主持的研讨会上,让我们三人轮流上台做报告,讲读书心得,然后,共同相互评论;每两个月,还必须写一份书面读书总结报告,其格式要与正式出版的论文相同。而且不仅要求我们在报告中能精辟地总结已阅读的这两本书上有关章节的内容以及与其相应的参考文献的研究成果,同时还要求我们采用数学语言表述力学问题,应用力学中得到的结果来解释数学定理。他亲自批改报告,指出我们撰写中存在的问题(图7-1)。①

图7-1　1962年秋,钱令希在指导研究生(左起:刘锡礼、陈浩然、王长兴、钱令希)

对此,钱令希在1964年招收的研究生林家浩也有类似的忆述:

刚从北京来到大连,与我同住一室的师兄林少培、陈浩然等就已经在按照钱令希先生的安排,学习有限元理论和方法了。钱老更安排博学多才的钟万勰为我辅导数学。在这个集体里,大家经常钻研和讨论的已经是美国R. W. Clough(中译名为"克劳夫"——编者注),德国J. H. Argyris(中译名为"阿吉里斯",实际上他是在英国、德国工作过的希腊人——编者注)等著名力学大师关于有限元方法的早期

---

① 陈浩然:铭记教诲。见:林家浩主编,《力学与工程应用》。大连:大连理工大学出版社,2006年,第282-283页。

原版论著了。[1]

20世纪60年代初期，钱令希为大连工学院力学专业编写的讲义《薄板力学》（大连工学院出版科1963年10月印刷发行），是我国最早介绍加权残值法（Method of Weighted Residuals，MWR，又称加权残差法或加权残数法）的文献，其中利用伽辽金法（Galerkin method，其前身为布伯诺夫法，故有的称为布伯诺夫-伽辽金法）等多种加权残值法分析薄板力学问题。[2] 加权残值法是一种数学方法，可以直接从微分方程中获得近似解。20世纪70年代末，固体力学家、同济大学教授徐次达（1916—2006）在吸收和应用有限元法技术中，总感到有限元法虽然具有灵活性、较强的适应性以及应用范围广泛等优点，但仍有精确度不高、工作量大和计算费用昂贵、不符合我国国情的缺点；而加权残值法相比之下则具有精度高、计算工作量少、程序编制方便、计算费用很省的优点。他认为，加权残值法完全可以作为符合我国国情的、新的固体结构计算力学方法。钱令希赞同他的这一想法，并鼓励他从事这方面研究，最终使加权残值法计算力学在我国的发展。[3] 在钱令希、徐次达的倡导和推动下，我国一些力学工作者对固体力学加权残值法进行深入的研究，并且将其广泛用于解决工程中各类力学问题、非线性问题以及非力学问题等。并且，我国在这方面的研究工作水平，在20世纪80年代末已超过一些国外的同行。[4] 1982年，徐次达在厦门主持召开了第一届全国加权残值法学术交流会议。此后，该学术会议又召开多届。1997年4月25—28日，第五届全国加权残值法及其工程应用学术会议在西安公路交通大学（现长安大学前身之一）召开，钱令希应邀出席这次会议并作学术演讲，其间还与徐次达等与会嘉宾、学者合影留念（图7-2）。

---

[1] 林家浩：缅怀我国计算力学领域的一代宗师钱令希院士。《计算力学学报》，2009年第26卷第3期，第291页。

[2] 徐次达：《固体力学加权残值法》。上海：同济大学出版社，1987年，第243-244页。

[3] 郑瑞芬：徐次达。见：中国科学技术协会编，《中国科学技术专家传略 工程技术编·力学卷1》，中国科学技术出版社，1993年，第237-239页。

[4] 王省哲：《计算力学》。兰州：兰州大学出版社，2006年，第52页。

图 7-2　1997 年 4 月，钱令希出席第五届加权残值法及其工程应用学术会议
（第一排左五为徐次达、左七为钱令希）

  1966 年开始的"文化大革命"，使计算力学在我国的发展出现一段时期的停滞。但钱令希对未来科技发展还抱有一份憧憬，尤其是对未来科技发展有帮助的机会，哪怕是没人看好，也不会放过。1971 年左右，他偶然听说某国防机构要淘汰一台苏联制造的电子真空管"大"型计算机——乌拉尔－Ⅱ计算机。这台计算机曾帮助科学家为我国第一颗人造卫星成功发射，现在可以免费调拨给大学。由于它不能应用自动化语言，何况那时大学都不搞研究，一般大学对此不屑一顾。但是钱令希却卓有远见地看上了它。一番周折后，将这台计算机用专列从大西北运到大连。它整整占据了当时大工数理力学系二楼四个大房间。尽管性能有限，速度很慢，以后被更先进的计算机替代，但是它在为力学、水利土木工程方面的研究与计算，为培养大工自己的计算机队伍，为大工计算机学科的创建做出了不可磨灭的贡献。[①]

  20 世纪 70 年代初，随着境况的改善，钱令希开始考虑在更高的层面培养计算力学方面的人才。由于此前在核潜艇研究项目上钟万勰所表现出来的科学研究能力，钱令希首先想到的便是钟万勰。但此时钟万勰的"现行反革命"帽子还没有摘下来，在大连工学院没有什么事情可做，其才能

---

① 周建新：《钱令希传略》。大连：大连理工大学出版社，2013 年，第 62 页。

和积极性无法发挥出来；而他夫人杨学龄一直在上海同济大学工作，加上上海有计算中心，有大量工程问题需要解决。为了中国力学研究事业的迅速发展和钟万勰个人更快地成熟起来，钱令希忍痛割爱，决定把与自己共事多年的钟万勰从自己身边调到上海这个更加广阔、更有作为的天地里去。于是，钱令希用一个老力学专家的信誉，向上海有关单位的领导推荐了钟万勰。因为钟万勰以前的"政治问题"，上海竟然没有一个单位愿意要他。在这种情况下，钱令希于1972年年中先派钟万勰到上海工作一段时间，一是为后续的科研工作布局探路，二是解决钟万勰与妻子长期两地分居的问题。

钟万勰来到上海，先是被分配到上海工业建筑设计院（华东建筑设计研究总院的前身）搞三板，后来去了上海船舶研究所从事船体随机波浪弯矩的研究。工作之余，他见到当时正在负责上海电视塔起吊工作的同济大学设计组的老同学，这是一个复杂的高次超静定结构，在惯于手工分析的思路下很难计算出结构的承受力，老同学正为此事发愁。钟万勰看到这个课题后，认为可以将计算力学用上去，还可以将理论物理与数学中的群论方法引入到结构分析中去。钟万勰向老同学表示这是可以用位于湖南路高安路交会处上海计算中心的小型计算机解决的，他来承担此事。当时钟万勰无政审材料，不能上机，他就让计算中心的同志上机，他根据计算结果再进行分析。就这样，他用一个月左右的时间画出了计算吊装的流程图，并在电子计算机上进行了非常精确的计算。在当时，这样复杂的课题如此快而精确地计算出来，简直是不可想象的事。由于工程重要，工程技术人员与教师们后又费了很多时间从多方面进行仔细校验，证明一切准确无误后，起吊工作才放心地开展。1972年9月25日，在上海市中心南京西路青海路的一大片工地上，这座高达156米的电视塔一次整体吊装成功，后来钟万勰又将这次吊装电视塔的工程实践写出一篇题为《群论在结构分析中的应用》的论文（后来发表在《力学学报》1978年第1期）。不久，钟万勰被召回学校，但他的思路早已被力学与计算机结合的课题占满了。[①]

---

① 曹丽薇：中行独复者——记中国科学院院士钟万勰。见：杨德润主编，《登上科技高峰的人们——记在辽宁工作的两院院士》。沈阳：辽宁科学技术出版社，1997年，第354-355页。

中国计算力学与结构优化设计的第一声号角

1972年10月6日，我国著名物理学家、中国力学学会第一届理事会副理事长、北京大学副校长周培源（1902—1993）撰写的《对综合大学理科教育革命的一些看法》一文在《光明日报》头版上发表。文章提出在理科教育中"对基础理论的教学、研究应予足够的重视"，强调要正确处理政治与业务的关系，要认真上好社会主义文化课。此前，周培源还撰写了关于加强基础理论的教学和研究工作的意见，报送总理。周恩来批给有关同志，要求国务院科教组和科学院负责人"好好议一下，并要认真实施，不要如浮云一样，过了就忘了"。①

1972年12月下旬，中国科学院力学研究所在北京主持召开了力学学科基础理论研究座谈会的预备会议。应邀参加会议的有中国科学院工程力学研究所、中国科学院湖北岩体土力学研究所、中国科学院兰州地震大队、石油勘探开发规划研究院、吉林大学、大连工学院、北京大学、清华大学、北京航空学院、北京工业学院、西北工业大学、同济大学、中山大学、中国科学院力学研究所及其他有关单位的代表。②会议决定在广泛深入调查研究的基础上，于1973年召开全国力学学科基础理论研究座谈会，以便根据突出重点，远近结合，统筹兼顾，加强领导的原则，制订1973—1980年力学学科发展规划。③

钱令希作为大连工学院的代表出席了这次会议。当会议进行到讨论研究方向的时候，他毅然提出多年来要研究的优化设计理论的想法，得到与会同志的支持。会议决定，这项研究课题由钱令希进行调查研究，在1973年6月再次召开的会议上做出报告。钱令希带着这项任务，来到了北京图

---

① 廖盖隆：《中华人民共和国编年史》。郑州：河南人民出版社，2000年，第388页。
② 力学学科基础理论研究座谈会预备会在京举行。《力学情报》，1973年第2期，第74页。
③ 钱伟长：《钱伟长文集 上 1931-1986》。上海：上海大学出版社，2013年，第351页。

书馆（现国家图书馆），走访了几家研究单位，查阅了大量的国外资料。在一些单位的协助下，将有关的技术资料，拍成了照片。此后，钱令希一方面研究国外资料，另一方面深入旅大、上海等地工厂和科研单位调查，就连除夕这天，他也在逐字逐句地推敲发言报告。这天，大工数理力学系1963年入学、1968届毕业生隋允康（1965年曾被学校推选可提前两年报考钱令希的研究生，因1966年"文化大革命"开始而未果）回大连探亲，也去看望了他。钱令希便兴致勃勃地对来访的隋允康谈起了这个方向。对此，隋允康后来回忆道：

> 他（指钱令希——编者注）说，以往力学是被动地为工程实际服务，体现在一个结构设计出来要进行安全校核，而20世纪60年代初出现的结构优化学科使力学可以主动地参与设计……
>
> 他还告诉我："文化大革命"耽误了中国力学的发展，特别是有限元方法、计算力学和结构优化没有得到任何研究，现在我们得奋起直追了。因为结构优化以有限元方法和计算力学软件为基础，所以我们如果同时抓有限元方法、计算力学和结构优化的研究，实际上就可以迎头赶上去。这篇文章是将在中国科学院力学研究所演讲的讲稿，号召大家来研究结构优化。[①]

经过一段时间的奋战，钱令希于是年2月中下旬写出了《结构力学中最优化设计理论与方法的近代发展》的报告，并于4月初给隋允康寄去了一份。但中国科学院原定6月的会议被取消了，优化设计理论与方法的研究课题也被迫下马。[②] 对此，钱令希后来回忆道：

[①] 隋允康：钱令希先生倡导研究计算力学和结构优化的大境界。见：王希诚、武金瑛、谷俊峰主编，《科学殿堂的力学之光：第五届全国力学史与方法论学术研讨会文集》。大连：大连理工大学出版社，2011年，第12-13页。

[②] 钱伟长：《钱伟长文集 上 1931-1986》。上海：上海大学出版社，2013年，第351页。

1973年年初，我到北京参加力学学科研究规划座谈会回来，对一项研究课题进行了几个月的调查，提出报告，准备对这一应用科学的理论问题开展研究工作。我们的想法，得到了群众和基层领导的支持，并组织了力量。不久，"四人帮"掀起了批"理论风"的恶浪，围攻周培源同志，把矛头直接指向我们敬爱的周总理。我研究的课题也遭到了这股恶浪浊流的冲击，无法搞下去。[①]

　　1973年8月，原计划于当年6月在中科院召开的力学学科研究规划座谈会报告的《结构力学中最优设计理论与方法的近代发展》，以大连工学院为署名在《力学情报》上发表（后又以数理力学系资料室的署名发表在《大连工学院学报》1973年第3期上）。报告近4万字，大连工学院后又出版有单行铅印本。文章分析了20世纪60年代中期以后最优设计得以迅速发展的几个因素，其中因素之一是电子计算机和计算技术的迅速发展，使分析过程中浩繁的计算工作得以解决；文章推荐了结构最优设计的三个基本途径：一是满应力设计，二是利用数学规划的最优设计，三是根据能量准则的最轻设计。文章综合介绍了国外最优化设计在土木工程、造船工程、航空工程等方面的巨大成就。例如，美国土木工程学会早在1966年和1970年就先后开过第四届和第五届工程结构应用电子计算机的会议，宣读了大批关于桁架、刚架、钢梁、输电塔架、天线构架、预应力混凝土杆、屋面系统、梁板系统等的最优设计的研究报告。文章最后指出：最优设计比单纯的结构分析复杂得多，其研究也将是长期的；工程实践、数学理论、计算技术和结构力学四个方面的有机结合是非常必要的。[②]

　　钱令希的这篇报告，在我国吹响了发展计算力学的号角，得到了钱学森的高度评价[③]，引起了力学界和工程界的关注和响应。[④] 报告高瞻远瞩，为我国在计算结构力学与有限元的领域给出方向性的指引，在"文化大革

---

① 钱令希：为科学技术大干快上贡献力量.《旅大日报》，1977年7月18日，第3版。
② 结构力学中最优化设计理论与方法的近代发展.《冶金建筑》，1979年第10期，第62页。
③ 王文华：《钱学森实录》. 成都：四川文艺出版社，2001年，第247页。
④ 名人与学会. 见：中国力学学会编，《中国力学学会史》. 上海：上海交通大学出版社，2008年，第283页。

命"的困难时期，有力地推动了我国计算力学的发展。① 在报告中，钱令希不仅"倡导发展计算力学"，而且"还提出力学要超越仅作分析的老传统，要以综合研究结构优化设计的理论和方法，为工程进行优化设计的服务"；他进而指出，"由于计算机的应用，国外力学分析已经打开了新局面，优化设计也正在形成气候"。② 可见，钱令希的这篇报告同时吹响了发展计算力学和结构优化设计的号角。

上海小分队的"探险"

尽管拟制订力学学科发展规划的座谈会因"四人帮"的干扰而流产，钱令希提出的要在我国进行优化设计理论研究的想法也无法实现，但是他决定还是先在大连工学院一试，并想好了一条暗度陈仓之计。1973年初夏，钱令希趁上边强调"抓革命、促生产、促工作、促战备"之机，利用自己有限的一点影响，说服了当时掌管大连工学院大权的工宣队，派出一个小分队到上海去"开门办学"，为工农服务，为社会主义服务，同时改造他们的"资产阶级思想"。这就是后来所称的"上海小分队"。上海小分队由钟万勰领队，成员包括刚刚由钱令希设法从沈阳的中学调回大连工学院的程耿东、林家浩等青年教师。

1963年8月，中国力学学会和大连工学院共同在大连举办全国第一次极限分析及塑性理论学术讨论会。其间，钱令希曾表示欢迎北京大学与中国科技大学的毕业生到大连工学院上研究生。北京大学数学力学系王仁（1921—2001，1981年当选为中国科学院地学部学部委员）和中科院力学所胡海昌便分别推荐了他们的学生程耿东与林家浩，说他们无非有些家庭

---

① 林家浩：缅怀我国计算力学领域的一代宗师钱令希院士. 《计算力学学报》，2009年第26卷第3期，第293页.

② 隋允康：钱令希先生倡导研究计算力学和结构优化的大境界. 见：王希诚、武金瑛、谷俊峰主编，《科学殿堂的力学之光：第五届全国力学史与方法论学术研讨会文集》. 大连：大连理工大学出版社，2011年，第12-13页.

出身或社会关系之类问题。钱令希听后,并不在意,笑逐颜开地说:"别人不要,我们要!"① 就这样,程耿东和林家浩在大学毕业后于1964年秋成了大工数理力学系的研究生。程耿东师从数理力学系副主任、副教授唐立民(1924—2013),而林家浩则师从钱令希。1968年秋,研究生毕业的程耿东和林家浩作为"修正主义"苗子被派遣到黑龙江珍宝岛附近的军垦农场锻炼,一年后他们分别派到沈阳市88中学和122中学(现辽宁省实验中学)当一名教师。他们一到沈阳,钱令希就在考虑如何把程耿东、林家浩调回大工。1972年年初,钱令希就开始着手操作了:他首先提出要把程耿东、林家浩调回大工当他的助手,还自掏腰包,悄悄委托当时同在大工科研组的年轻教师孟淑华,多次坐火车到辽宁省教育厅等部门去跑这件调动的事。整个调动过程是颇费周折的。每当遇到困境或难题,不便找学校解决时,钱令希就不由地想到孟淑华,以个人名义请她帮忙。后来,孟淑华成了钱令希的忘年交。开始,两个中学不同意放人,理由是他们这样的知识分子需要在劳动中被教育;后来又说如果省里同意,他们学校就同意放人。而当时辽宁省"革委会"既不愿意也不敢点这个头,生怕因个别人的调动,牵一发而动全身,在全省乃至全国引发连锁反应,闹得不可收拾。这样的责任谁也担当不起。钱令希实在是爱才如命,不屈不挠,一直想办法,最终想到了他的老朋友、曾在大连工作过的张知远(1922—2021)。张知远当时任辽宁省教育局党委副书记、副局长。他在"文化大革命"中被打倒过。那时,他是在"三结合"中刚刚结合进来的老干部,负责辽宁省教育系统的工作。钱令希还是没有通过组织,自己出资托孟淑华去沈阳找张知远,向他介绍这两位中学老师的力学知识和发展潜力,诚恳说明他们是国家急需并且难寻的人才。张知远深深被钱令希为国家求贤若渴、敢于承担政治风险的精神所打动,没有犹豫就答应帮忙这件事情,还表示如果出了什么事他愿和钱令希一同担责任。但是后来调动工作还是阻力重重,风险很大。经过张知远的多方努力,直到1973年3月,就在邓小平复出之时,程耿东和林家浩的调令下来了。对此,林家浩后来回忆道:

---

① 钟万勰:回忆我调来大连之前后。见:林家浩主编,《力学与工程应用》。大连:大连理工大学出版社,2006年,第275-276页。

1969年深秋的一天下午，耿东电话告知我钱老到沈阳开会了，住在马路湾附近的一个饭店（我记得叫人民大饭店）。我们早早吃了晚饭，就在饭店前集合，一起上钱老在二楼的房间见他。……他入住的是一个老式的木头地板饭店，不但没有电视机，连灯光也有点暗。钱老所住的单间也就不到二十平方米吧，我和耿东都要坐在床上。不过和钱老在一起总是很轻松愉快的，谈话也很随意。五十年一晃过去了，当时谈的内容现在多已淡忘。但记得钱老告诉我们他是来参加省里一个关于教育工作的会议，趁此机会也来和我们聊聊。我们简单汇报了在中学的工作和生活情况，主要还是我们听钱老教诲。他介绍了一些大工开展"三结合"的情况。特别是嘱咐我们，国家目前虽然还未走上正轨，但情况总归会逐渐走向正轨的。现在你们在中学做好本职工作的同时，力学本行也不能丢。特别是还建议我们要注意电子计算机在力学发展中的作用，这对我们未来的工作十分重要，并建议我们到外文书店去购买一本国外近期出版的《ALGOL算法语言教程》影印本。后来我们都去太原街外文书店买了这本很厚的精装英文书，每本4元8角，我们都还从未买过这么贵的一本书。钱老并跟我们说，你们要耐心一些，估计再等3年时间，就差不多可以回到大学去工作，发挥我们的专长了。果然，我们是在1973年3月作为钱令希先生的助手被调回了大连工学院。这与钱老当初的估计可谓惊人的吻合。我们回大连三十年后，一次我偶然遇见业已退休多年的当时负责调动我们工作的力学系章书记。我才得知，当时钱老为了调动我们两人回校工作，与辽宁省高教局的领导（指张知远——编者注）一起做出了巨大的努力。当时国内很多国家急需的专门人才都在教中小学，要调动一个人都是极其困难的。我们两人的调动大概是在国内开了先河。在我们被调动之后不久，数以万计国家急需的专才也纷纷从中小学实现了向大学或科研机构的调动。

由于我们在沈阳期间利用业余时间复习力学课程，特别是自学了钱老推荐的这本计算机算法语言教程的主要部分，所以在3年以后我们一回到大学，就很快融入了全系科研和教学的步伐，并作为上海小分队的骨干成员，为大连工学院在全国普及推广计算机应用发挥了重要的作用。

1972年春某日，钱令希到沈阳辽宁大学大礼堂做报告。核心内容是谈复课闹革命。由于我从教的辽宁省实验中学（当时称为"沈阳市122中学"——编者注）距辽大仅一街之隔，而且很多辽大子弟都在实验中学就读。两校关系素来密切。所以实验中学的教师也有幸被破例邀请参加报告会。开会前，钱令希打听到实验中学的老师也前来参加会议，颇感意外。立刻请接待人员到实验中学的座席中找到了我，利用正式开会前的几分钟时间与我在后台交谈了一阵，仍然是那么关心我的工作和学习。我简单汇报了工余时间坚持力学专业和计算机算法语言学习的情况。钱老很高兴，更勉励我切不可松懈，我学习的专业知识肯定将大有用武之地的。由于不可怠慢了辽大前来接待他的领导，所以钱老与我只是匆匆地交谈了五六分钟时间，但这无疑令我又一次受到鼓舞和教诲。钱老看来也加紧了将我们调回大连的步伐。他正式提出了需要科研助手的申请，并于当年末获得了正式批准。①

对于这次对大工、对个人均意义非凡的调动，程耿东也印象深刻。他说：

我在中学教书是中学班主任，大概1971年、1972年我们的班级组织春游，学生家长租一大客车，从沈阳一直到大连。我就利用这个机会找了钱先生，我印象很深的，我也找了别的老师，有的老师说"哎呀，你这么长时间荒废了"，也没讨论我回不回来的问题。……回来之后到学校走一走，并看了钱先生。钱先生说带我去个地方——大连市军管会。大连当时有个无线电四厂，这个无线电四厂的经营情况都不是很好，缺乏技术人员，缺乏领导，高主任可能和钱先生谈过。钱先生把我带去之后就和市军管会高主任讲，这个年轻人非常优

---

① 林家浩致程耿东关于回复"请提供一些情况"的电子邮件，2019年5月8日。资料存于采集工程数据库。

秀，他要是到大连无线电四厂，肯定能把工作搞起来。我其实不学无线电，所以钱先生这么说，我或多或少表示很谦虚地说，高主任我不行啊。钱先生说没问题，这年轻人很优秀。我刚跟你讲这些，就是想说钱先生看准了一个人（他也不光看准了我，也看准了钟万勰、林家浩等），他就会全力以赴支持这个人，保护这个人，这是叫我非常感动的。我后来也当领导了，我推荐一个人的话，总是要跟人家说清楚，既是实事求是也是有点推卸责任。我要介绍这个人怎么样，譬如说我要介绍这个人脑子非常好使，业务很灵光，不过他不学无线电，钱先生就是不说。像钟万勰也是北京的"漏网右派"，钱先生也知道，但是还是把他请到我们学校来了。钱先生就是爱才如命，举荐这个年轻人，不遗余力。你看我回到这个地方来找有的老师，有的老师说哎呀，这么多年荒废了。跑到钱先生那里，到大连军管会就说这个年轻人能把这个厂子弄起来。①

　　关于钱令希将自己从沈阳调回大连工学院，程耿东曾在一次接受记者采访时说："钱先生帮我早上了一班火车，也搭上了人生的快车。"②

　　程耿东和林家浩到大连工学院报道后，于当年先后就被钱令希派往上海，加入钟万勰领导的"上海小分队"。钱先生希望能让大工更多的年轻人都有锻炼机会，故小分队的成员也不是完全固定的，你来他往，曾参加上海小分队的还有丁殿明、曲乃泗、裘春航、葛增杰等青年教师。当然，这里面还有另一个原因。小分队的合作单位上海工业建筑设计院，每天只给他们争取来15～20分钟的机时，而且这十几分钟的机时，也不是随便给的。白天的黄金时段被军工项目占满了，晚饭后的时间又留给了地方上的关系单位了。小分队所能企盼的，也就是半夜12点以后的那么一点点"垃圾时间"。其间，小分队的成员穿插使用，抓紧每一秒钟，在该计算机上编制出一些实用的程序，并协助上海工程界解决了许多众所瞩目的疑难

---

① 程耿东访谈，2019年5月10日，大连。资料存于采集工程数据库。
② 林芝：再见，我的如父恩师。《大连晚报·棒槌岛新闻周刊》，2009年4月25日，第B3版。

问题。例如，钟万勰借助群论工具，用自编的程序完成了万众瞩目的上海电视塔（位于青海路南京路市中心）的整体吊装分析；程耿东协助市政工程设计院完成了全国水塔标准图系列的制定工作等。另外，小分队还在上海科学会堂组织了几次全国性的讲座，由钟万勰主讲。每次讲课都有来自全国各地的工程技术人员数百人参加，座无虚席。小分队在上海借住的宿舍和钟万勰在上海的住处经常要接待八方学员，有时候简直应接不暇。这些学员中的很多人后来成为全国各地普及计算机应用的先锋和骨干。①

钱令希也经常到上海去看望小分队，与他们打成一片，帮助他们解决一些生活上的困难。对此，程耿东在接受采集小组访谈时说：

> 那时候，钱先生作为一级教授，可能是345块钱一个月，我们这些人一个月40块钱。钱先生那个时候到上海来，也不去住旅馆，就和我们一起住在上海圆明园路的宿舍里。
>
> 钱先生每次来的时候就会拿出一两百块钱。跟我们一起的同事叫葛增杰，他比我小10岁左右，钱先生给他100块说是当作每天的早饭钱，叫他去买豆浆油条。还给了我150块左右，让我到外面书店去买书，因为那时候全国也就北京、上海有外文书店，所以我们出差经常要去上海外文书店或者北京外文书店买书。钱先生说有什么书你要的你就去看，看完之后就算我买的，你给我。在那个时候150块也是不少钱，看得出钱先生很体贴年轻教师。
>
> 有一天我们要解一个三个未知数联立方程组，葛增杰解的时候算得不怎么对。钱先生说我也来算，来一场比赛。然后开始比赛了，最后钱先生赢了。钱先生用计算尺比我们葛老师要算得快、算得好。所以说钱先生跟我们的关系很密切。②

---

① 程耿东、林家浩：难忘"上海小分队"。见：林家浩主编，《力学与工程应用》。大连：大连理工大学出版社，2006年，第284-286页。

② 程耿东访谈，2019年5月10日，大连。资料存于采集工程数据库。

正当小分队在上海的工作日益有起色，影响开始遍及全国之时，1974年年末，大连工学院当局来了命令：小分队立即全体撤回大连！不过，撤回大连工学院后，上海小分队又在钱令希的授意下，开始编写密切结合计算机应用的力学讲义和教材（图7-3）。从此，中国有了第一套自己摸索总结出来的计算力学教材。这套教材同翻译引进的国外教材的最大不同点在于其简捷、易懂、实用，密切结合国内的计算机软、硬件条件和工程实际，成为全国高校力学和工程专业的教材和参考资料，也是工程人员进行知识更新的重要教材。力学界和工程界十分自然地从手算走上了以计算机自动程序为工具的道路[①]。后来，这些教材又不断地修订和充实。关于这一点，可从钱令希为钟万勰、丁殿明、程耿东合著的教材《计算杆系结构力学》（水利电力出版社1982年1月出版）所撰写的序言中窥观一斑：

图7-3　20世纪90年代，当年的"上海小分队"主要成员到钱令希家探访
（左起：丁殿明、林家浩、倪晖、钱令希、钟万勰、裘春航、程耿东）

[①] 隋允康：钱令希先生倡导研究计算力学和结构优化的大境界。见：王希诚、武金瑛、谷俊峰主编，《科学殿堂的力学之光：第五届全国力学史与方法论学术研讨会文集》。大连：大连理工大学出版社，2011年，第16页。

本书的作者钟万勰、丁殿明、程耿东三位同志从1972年起在这方面开始努力实践。首先他们在科研和工程服务中掌握了计算机在力学工作中的应用，接着编写了教材用于各种训练班和大学生的教学中，后来又用在研究生的培养中。开始是一本薄的教材，后来逐渐变厚，到第三稿时成了三本。现在这个第四稿又变为一本。这个由薄变厚，又由厚变薄的过程说明是个充实和提炼的过程。现在的内容着重介绍了如何在电子计算机上使用矩阵位移法求解析架、刚架等杆系结构，特点是把经典结构力学的基本概念、矩阵位移法的现代理论以及计算机上结构化程序设计思想和数据结构知识融合在一起，使学的人能够不必走弯路，直接在计算结构力学方面打个基础，同时又学到编制高效实用的计算机程序的手段，书中附有多个可供实际应用的程序，可解决实际问题。[1]

钱令希指挥下的上海小分队"探险"开启了中国自主研发CAE（Computer Aided Engineering，工程设计中的计算机辅助工程）软件的先河，不仅使大工数理力学系甚至大工的造船、机械、水利等系的教师破除了计算机的神秘感，出现了教师们学算法语言、用计算机编程上机的热潮，而且对我国土木工程界在设计和研究中使用计算机推动巨大，为改革开放后大连工学院乃至中国的计算力学学科的迅速崛起，夯实了基础。对此，隋允康教授给出了六大理由：①当时"文化大革命"尚未结束，可以毫不夸张地说，小分队打响了中国自主研发国产计算力学软件的第一炮；②无私服务工程、无私服务社会，上海和各地的各个技术人员一律可以免费学习、使用或拷贝小分队研发的软件，不收任何金钱的报酬；③上海科学会堂组织了三次由钟万勰主讲的计算力学程序讲座，每次都有来自全国各地的数百人参加；④参加讲座和被接待的学员，不少成为各地普及计算力学软件的骨干和人才；⑤上海工程界受益最大之处在于，提高了领导的思想境界，提升了工程人员的技术水平，例如上海工业建筑设计院和市政

---

[1] 钱令希：序。见：钟万勰、丁殿明、程耿东，《计算杆系结构力学》。北京：水利电力出版社，1982年。

工程设计院都分别投资了 100 多万元购买了计算机；⑥小分队研究的资料和程序一律不署个人名字。①

从大工走出的计算力学

如果说"文化大革命"前钱令希在计算力学方面所做出的努力，主要局限于大连工学院的话，那么"文化大革命"后他的这方面工作，则更多的是立足大工，胸怀中国，放眼全球了。

"文化大革命"后，大工数理力学系也有了自己的国产计算机，可是计算机条件还是很差的，钱令希就再一次组织钟万勰带领计算力学研发和推广小分队去上海、南京和杭州，利用这些城市的大企业从美国或西德进口的大型计算机研制自主产权的计算力学软件。"文化大革命"前上海小分队编制了小型专用程序，这一阶段的力学小分队的主要任务是开发大型通用程序。为了充实力学小分队的队伍，钱令希又设法将在吉林省通化地区建筑设计室任技术员的隋允康调回大工。

钱令希同隋允康的缘分兴起于 1965 年，大工决定从全校选拔两名三年级的学生，让他们通过自修，进行一项提前两年考研究生的试点。数理系的隋允康和水利系的孙中懿是全校选上来的两名学生。隋允康在学习各门课程时，常常提出一些创新的见解，1964 年荣获旅大市三好学生的奖励。学校教务长雷天岳让他在东山礼堂召开的全校教师的教学研讨会上发言，会后，他的发言《我对于怎样才能教好与学好的一些看法》在《大连工学院校报》上发表，学校还印出了单行本，发给教师们参考。1965 年寒假期间，隋允康被安排利用自学一些尚未学过的课程，准备于 1966 年春节后开学后，报考钱令希的研究生，但 1966 年开始的"文化大革命"斩

---

① 隋允康：钱令希先生倡导研究计算力学和结构优化的大境界。见：王希诚、武金瑛、谷俊峰主编，《科学殿堂的力学之光：第五届全国力学史与方法论学术研讨会文集》。大连：大连理工大学出版社，2011 年，第 15—16 页。

断了他们的师生缘分。

"文化大革命"后期进入了"复课"阶段,隋允康在重温材料力学时,又认真想了许多问题,并在学习中有了心得体会,便去钱令希家,向他请教。其中有一个研究心得,恰巧同钱令希在 24 年前研究并且获奖的成果暗合。①② 就这样,他们的缘分又续上了。1968 年年末,隋允康从大工毕业后,分配到部队进行军农锻炼。1970 年年初,部队进行再分配,他被安排到吉林省柳河县担任建筑施工技术员,从而有了回大连探望父母的机会,同时也可以去看望钱先生了。见面时,钱令希非常乐意听取隋允康汇报工作和研究进展。例如,他汇报自己陆续在《吉林建筑通讯》上发表的《透视图视点选择的便捷方法》和《座区曲线的本质和较佳计算公式》时,作为曾经的土木工程师,钱令希兴趣盎然地听取,并予以勉励。隋允康大学毕业后,自己凭兴趣而独立所做的建筑、结构、力学和数学的所有研究,写出不少论文,有些被钱令希推荐,在相关期刊上发表。例如,钱令希将他在柳河县研究的纯数学论文《和分的 Laplace 变换》请数学系的夏尊铨和唐焕文两位老师分别审稿,得悉创新性的结论后,钱令希推荐此文在《大连工学院学报》上发表。对于隋允康的研究,钱令希十分肯定和予以鼓励,还向他传授自己处理工程问题和进行研究的经验。那段时间,钱令希常向隋允康居住的柳河县民主街 467 号住处寄"有限元""优化设计"等诸多讲义和信件。当然,隋允康也如饥似渴地阅读着钱令希寄来的资料,不断地进行着知识更新。在柳河县从事建筑施工技术员工作 4 年之后,隋允康被通化地区建筑设计室调去担任建筑与结构设计一组组长。

在那段时间,他领导自己的设计组完成了一项又一项设计,还不断研究经常想到的建筑、结构、力学和数学问题,这些都是钱令希乐得听他汇报的内容,尤其对于他利用力学专长解决其他设计组很难解决的设计项目,更是高兴。比较从事设计和从事研究,隋允康还是倾向于研究,钱令

---

① 1945 年 7 月,钱令希的《"梁"与"拱"函数分布图与其感应图之连锁关系》在《国立浙江大学工程季刊》第 4 卷第 1 期上发表。

② 隋允康:钱令希教授发现的梁与拱结构响应函数族关系矩阵。《计算力学学报》,2016 年第 33 卷第 4 期,第 502 页。

希很理解他,二人也探讨过隋允康希望调转到更合适岗位的具体想法。

在通化工作将近4年之际,隋允康得悉将要恢复研究生招考的消息,他向钱令希表达了重圆研究生旧梦的想法,这恰好是钱令希第二次组织力学小分队的时候,钱令希认为隋允康不必走读研之路,可以直接调回母校大工。由于此前他们相互不间断的联系,钱令希对隋允康既很了解也颇信任。[1]他说:读研是为了学会研究,你独立进行了研究,也发表了论文,不用专门花时间去学习怎样从事研究了。关于调动之事,钱令希和隋允康在1977年年初到1978年2月,有多次书信涉及。其中钱令希于1977年8月26日在给隋允康的信中写道:

允康同志:

来信收到。我想你回校工作,比之当研究生更好一些。最近系里要成立力学研究室,课题之一是结构最优化设计。当研究生,生活上的安排比较困难,这是必须要考虑的。

曾和系里和院里都研究过你的问题,王志松同志将给你去信。看来,这里遇的问题好办,问题是你们单位能否放。这需要你很诚恳地向领导谈自己的志愿,取得组织上的支持了。

你爱人的工作单位和她本人的意见怎样?这是必须尊重并取得一致的。[2]

信中提到的王志松是工程力学系的总支书记。钱令希考虑得十分细致,在信中说当研究生"生活上的安排比较困难"是指隋允康家庭而言,他曾经提醒隋允康,如果读研,他爱人一个人带6岁和4岁两个女儿,自己还要上班,那就太不容易了。隋允康两口子接受了恩师关于全家调往母校工作的建议(图7-4)。

---

[1] 隋允康:钱令希先生倡导研究计算力学和结构优化的大境界。见:王希诚、武金瑛、谷俊峰主编,《科学殿堂的力学之光:第五届全国力学史与方法论学术研讨会文集》。大连:大连理工大学出版社,2011年,第20-22页。

[2] 钱令希致隋允康的信,1977年8月26日。资料存于采集工程数据库。

实际上，钱令希把隋允康能够做到的考研易事，变成了自己要揽于一身的调转难事。由于隋允康回大工工作是跨省调动，比5年前程耿东、林家浩的调动难度大得太多。为此，钱令希动用了各种关系，如又一次请老朋友、已任辽宁省革委会副主任的张知远帮忙。

图7-4　2001年4月，钱令希（左）与隋允康在大工工业装备结构分析国家重点实验室大楼前合影（隋允康提供）

他同时建议大工力学系总支派老师说服通化地区领导。1977年11月，力学系总支王志松书记派金洪臻老师到通化地区游说。

通化地区基建局领导很重视这件事，在金洪臻老师到通化地区之后，他们专门派了设计室副主任郭玉秀和管人事的韩继英支部委员前往大连考察。她们受到钱令希的热情接待，回通化后向基建局领导汇报。当时，在粉碎"四人帮"的大好形势下，通化地区领导理解国家关于人才归队的精神，同意放隋允康回母校工作。

1978年年初，旅大人事局向通化发出隋允康的商调函，钱令希不见隋允康的回信，甚为期盼，便于2月18日（农历正月十二日）写信询问：

允康同志：

　　旅大人事局告诉我，已于1月30日发函通化调你，但尚未接到来信。

　　春节前，我在北京参加制定全国科学规划。"工程力学"方面的任务很艰巨，其中结构优化设计的研究是重点之一。国家科委要在我院成立一个工程力学研究所，我们正在积极筹备，今后招收研究生的

第七章　独领风骚的"老帅"　**255**

任务也很大。

当然，很盼望你的调转很快实现。为此，我们是很感激通化基建局的支持。请代向郭玉秀、韩继英两位同志问好。[①]

1978年4月，在经历一年多的努力和一番曲折后，隋允康最终回到了大工，实现专业归队的愿望，并成为"文化大革命"后这支力学小分队的重要成员之一。

钱令希认为："计算机产生了计算力学，软件系统的开发是计算力学最重要的工作之一，是力学为工程服务的工具。"[②] 于是，在他的指导下，钟万勰带领林少培、林家浩、隋允康、丁殿明、郭秀玲、李锡夔、裘春航、张近东等力学小分队成员，先后研发自主产权的CAE软件JIGFEX（大型组合结构分析软件）和DDDU（多单元、多工况、多约束结构优化软件）。小分队的成员分工合作，共享平台，各有侧重地进行软件研发：吴金仙、朱明华负责结构化Fortran编译器；丁殿明和郭秀玲负责多单元结构分析；李锡夔负责多重子结构分析；张近东负责弹性接触分析；裘春航负责群论分析；林家浩负责动力分析；隋允康在结构分析的基础上负责结构优化设计研究专门研发DDDU的理论和程序。

1975年夏，钟万勰开始带领小分队成员开发大型复杂结构的多层子结构三维分析集成系统JIGFEX（图7-5）。1年多后的1977年，他们就基本调通了这个通用性很强的大型组合结构分析程序。JIGFEX是一个多用途的结构分析程序，备有的功能包括：①多种基本单元进行结构组合；②多层分级子结构的交叉组合；③结构位移的主—从关系。[③] JIGFEX程序系统是运用和发展一系列国内外先进的研制软件的方法和技术研制出来的，具有功能全、应用范围广、维护灵活、易于移植、使用方便等优点，在我国

[①] 钱令希致隋允康的信，1978年2月18日。资料存于采集工程数据库。

[②] 钱令希：钱学森先生与计算力学。见：宋健主编，《钱学森科学贡献暨学术思想研讨会论文集》。北京：中国科学技术出版社，2001年，第125页。

[③] 钟万勰：一个多用途的结构分析程序JIGFEX（一）。《大连工学院学报》，1977年第3期，第19—42页。钟万勰：一个多用途的结构分析程序JIGFEX（二）。《大连工学院学报》，1977年第4期，第14—35页。

图 7-5　1980 年春，钱令希与正在杭州开发 JIGFEX 系统的学术骨干在汪庄合影（左起：李锡夔、隋允康、钟万勰、钱令希、林少培、林家浩、裘春航，隋允康提供）

当时自制的中小型计算机上应用，可以起到小马拉大车的作用，代替引进国外的大型计算机及其程序系统。1979 年，JIGFEX 程序获辽宁省重大科技成果一等奖，1981 年 12 月中旬通过教育部举办的技术鉴定，以著名力学家钱伟长为主任的鉴定委员会认为，这是我国计算力学和科技应用软件方面的一项重大科技成果，达到国内先进、部分达到国际先进水平，《人民日报》还做了报道。[①] 作为中国最早开发出来的具有自主知识产权的大型通用有限元分析软件，JIGFEX 后来应用在运七飞机、气垫船、直线粒子加速器、重庆长江大桥等许多重要工程结构设计分析中。JIGFEX 的用户，坦克专家张相麟、杨楚泉曾评价说："中国已经从 70 年代中期开始研制通用程序，这种通用程序包括多种单元、多种分析类型的大型通用程序和几种单元、几种分析类型的中等规模的通用程序两种，已经公开投入使用的上百种，其中以大连工学院的 JIGFEX 和航空研究院的 HAJIF-I 应用为最多……大连工学院研制的 JIGFEX 程序曾经在国外的多次学术交流中获得

[①] 孙懋德：《大连理工大学五十年纪事》。大连：大连理工大学出版社，1999 年，第 159 页。

很高评价。程序中使用的群论求解器和多重主从关系，对提高程序功能和使用效率起了很大作用。在程序研制中，他们既着眼于充分发挥国产计算机的作用，同时也不忽视近期内使用进口计算机，并运用国际上普遍使用的 FORTRAN 语言编写程序的意义。"[1]

在其后十几年时间里，JIGFEX 系统在应用中不断发展，并相继发展了一批分支软件，如国产微机通用有限元分析软件系统 DDJ-W、海洋石油平台设计分析软件 DASOS-J、高层建筑结构设计分析软件 DASTAB、屈曲稳定分析软件 DDJTJQ、建筑结构计算机辅助设计软件 FCAD、结构优化设计软件 DDDU、计算机辅助结构优化设计软件 MCADS、JIGFEX 的国产微机版本 JIGFEX-W 以及结构与多孔介质相互作用动力学与渗流分析软件 DIASS 等。[2]

20 世纪 90 年代，在钱令希的领导下，顾元宪（1954—2005）教授率领研发团队，集成上述软件的程序和功能，推出了大型通用有限元分析与优化设计软件 JIFEX，对于前一阶段钱令希领导、钟万勰带领研发的软件，该系统予以集大成和推陈出新。在"八五"期间，他们在攻关中开发出了基于造型的有限元分析与结构优化软件系统 JIFEX95 工作站和微机两种版本，1995 年在国家科委组织的"全国自主版权 CAD 支撑软件评测"中获得有限元软件类唯一的一等奖，1996 年又获得两项国家"八五"科技攻关重大科技成果奖，1998 年成为目标产品发展计划支持项目。[3] JIFEX 融入了大工工程力学研究所新的研究成果，研发了前、后处理模块，扩大了应用范围，含有许多创新算法，1999 年、2004 年获国家计算机软件著作权。顾元宪生前任大连理工大学工程力学系主任、工业装备结构分析国家重点实验室主任。在他去世后一年，2006 年发展到了 JIFEX5.0 版。2007 年以后，再没有推出单独的 JIFEX 版本，此后的新发

---

[1] 张相麟、杨楚泉：有限元结构分析在中国的某些应用。《兵工学报（坦克装甲车与发动机分册）》，1982 年第 1 期，第 34-35 页。

[2] 张洪武、关振群、亢战，等：JIFEX——中国自主研发的有限元分析与优化设计软件系统。中国科学院技术科学论坛第二十三次学术报告会议（CAE 自主创新发展战略），2006 年。

[3] 李伟华：JIFEX 软件有限元分析并行化。大连理工大学硕士学位论文，2006 年 5 月，第 3 页。

展融进了 SiPESC 软件系统。

在上述的 CAE 软件系统中，由钱令希亲自挂帅，于 20 世纪 70 年代末、80 年代初研制的 DDDU 系统和 DASOS-J 系统，尤具纪念意义。

1978 年起，钱令希安排隋允康在钟万勰领导的软件研发团队中，负责结构优化设计的研究，侧重于"多单元、多工况、多约束的结构优化设计——DDDU 程序系统"的软件开发。"DDDU"是钱令希为该程序系统的命名，是汉语拼音的缩写，意思是

图 7-6 油画：老教授钱令希在攻关（资料来源：《辽宁画报》，1979 年第 2 期）

"多单元、多工况、多约束、优化"。1980 年 7 月，隋允康从杭州向"老帅"钱令希发来电报喜讯：DDDU 程序的第一个版本（含有杆和膜单元）调试成功，算出比现代结构优化之父、美国国家工程院院士施米特（Lucien A. Schmit Jr., 1928—2018）等人的迭代次数更少、结构重量更轻的优化结果。[1] 1982 年 8 月，据此撰写的论文《多单元、多工况、多约束的结构优化设计——DDDU 程序系统》被辽宁省科学技术协会评为一等优秀论文。之后，先后开发出 DDDU-2（含有杆、膜和梁单元）、DDDU-2F（含有杆、膜和梁单元，可以对于天线结构进行优化）、DDDU-3（含有杆、膜、梁、板和壳单元）等版本的程序系统。这些程序在通过汽车、冶金车辆、铁路车辆和天线结构等多项工程结构设计的考核和试运行后，证明程序功能齐全，运算正确，效率较高，维护灵活，适用性好，使用方便。[2] 在这一期间的 1982 年秋，钱令希安排王希诚跟随隋允康，参加 DDDU 的研发工作。

---

[1] 隋允康：《追求完美》。大连：大连理工大学出版社，2009 年，第 20—24 页。

[2] 林少培：组合结构优化设计程序系统 DDDU 于四川峨眉通过鉴定。《计算结构力学及其应用》，1985 年第 2 卷第 1 期，第 30 页。

后来，钱令希又让隋允康协助他指导王希诚攻读博士学位。这里，应当特别指出钱令希作为"老帅"，对于研发方向把握的关键作用。第一个版本的 DDDU 程序完成之后，1980 年年末，隋允康回大连稍事休整。钱令希约隋允康探讨 DDDU 程序的下一步研发，他首先让隋允康谈谈自己的想法。隋允康说："这是关于 DDDU 发展到形状优化的最新想法"，他把自己在回大连的船舱里推导的公式给钱令希看，"是不是可以在杆－膜结构体系截面层次优化上达到国际先进水平的基础上，把工作推向形状优化的层次，也达到国际领先？而且我已经思考了一些想法，做了一些理论推导。"钱令希高兴地翻阅隋允康的公式，对他说："跟踪国际动向确实很重要，还有一件是结构优化工程应用的问题，也是非常重要的。我们的 DDDU 程序想要真正为工程设计服务，必须克服在优化设计中梁单元设计变量处理的困难，才能把 DDDU 由学术程序发展为工程实际程序。只有这样，才能在为工程服务上打开局面。"钱令希理论联系实际、服务实际的学风是一贯的，为了有效地服务工程实际，他能够把握住自己的学术研究，不为各种诱惑所动。隋允康受他的影响，放下了杆、膜形状优化，不为热门方向可能会使研究领先的引力吸引，他开始着手推导，在克服了梁单元优化处理的一系列理论和方法困难之后，接着编程和调试含杆－膜－梁的 DDDU-2 程序系统。似乎是天意，程序系统新版本刚刚研制出来，工程部门就找上门来，要帮他们进行结构优化设计，而且这些实际结构竟然没有不含梁单元的。大连铁道学院带着火车车辆优化课题，长春汽车研究所带着汽车车厢优化课题，解放军防化学院带着防化学淋浴车课题，鞍山客车厂的大客车课题，都用 DDDU 程序予以解决了。还应南京七二〇厂的要求，开发出了专门适合天线结构设计精度要求的天线版本 DDDU-2F 程序系统，解决了他们的实际需求。十几项工程课题的实施为国家节省大量资金，如长春第一汽车厂的 CA-141 卡车车辆的优化设计，每年可为国家节省 110 万元，而机车车辆优化设计每年可节省钢材价值 830 万元，仅这两项累积已为国家节省上亿元（从 20 世纪 80 年代中期至 90 年代末期计)。1984年11月6日,DDDU程序系统通过教育部主持的技术鉴定。鉴定会指出,这一程序系统把工程观点、力学概念与数学规划方法结合起来,构造了合理的数学模型,采用自动区分主动约束的优化途径,并配置了国外同类程序缺少的而工程中又常用的空间弯曲梁单元。与会的专家对这项研究成果反映出的面向国民经济、面向生产建设的科研方向,给予充分的肯定。[①] 1984年11月15日,《光明日报》对DDDU程序系统进行了报道。[②] 1985年10月,这项成果获得首届国家科学技术进步奖三等奖。

DASOS-J（Design and Analysis Software for Offshore platform Systems based on JIGFEX）软件是20世纪80年代初为渤海油田急需建造一系列导管架采油平台而开发的。当时国际上这方面的设计技术主要控制在美国船级社（ABS）、挪威船级社（DNV）和日本新日铁等手里。渤海油田本来提出要购买他们的软件,考虑到要用外汇,于是想到了钱令希和大工力学所。大工力学所决定开发导管架采油平台设计的结构分析软件系统,并指派力学所副所长林少培具体组织队伍。随后,以钟万勰为技术总指挥,李锡夔、刘元芳等参与的DASOS-J软件开发小组正式成立。1981年年底刚从美国回来的林家浩则被钱令希和钟万勰委任开发该系统的动力部分。当时,开发小组能够使用的计算机都是国产的或国际上的三流计算机,储存量小,速度慢。但是,他们凭借着从上海小分队起就练就的在小机器上求解大问题的本领,决定走自力更生的道路。借助于之前的JIGFEX软件系统平台,尤其是在国际上仍属于非常先进的多级子结构和多重主从关系手段,他们很快就攻克了导管架平台全三维有限元分析的难关。在此基础上,林家浩又针对风、浪、海流、浮冰、地震等海洋平台受到的多种随机性环境荷载而提出了一种"确定性算法"(即后来得到工程界广泛应用的"虚拟激励法"的雏形)。由于它精确高效而且易于编程,很

[①] 林少培:中国力学学会计算力学专业委员会学术活动消息。《力学与实践》,1985年第7卷第2期,第48页。

[②] 林少培:组合结构优化设计程序系统DDDU研制成功。《光明日报》,1984年11月15日,第2版。

快就在 JIGFEX 静力分析程序的基础上实现了海洋平台的全三维随机振动分析。一年多以后，DASOS-J 通过了国家权威性专家组的严格考核和鉴定。该软件系统不仅能替代西方的同类软件，而且在某些方面更胜一筹。①

1978 年，迎来了灿烂科学春天，也是计算力学被正式列入力学的分支学科之年。1 月 17—19 日，钱令希与其他老一辈力学家钱学森、周培源、张维、李国豪、沈元、钱伟长、朱照宣、刘恢先、陈宗基、谈镐生、郑哲敏、李敏华、潘良儒等人应邀出席在中国科学院力学研究所召开的全国力学规划筹备会。会议决定成立 7 个调研小组，从 2 月份开始进行紧张的调研工作。在调研工作基本完成后，于 4 月 27 日—5 月 6 日在北京友谊宾馆召开了全国力学规划会议（包括固体和流体两大学科）的工作会议，为提出调研报告和规划初稿作动员。参加会议的代表包括国家科委、国防科委、国防工办、教育部门、科研及产业部门共 33 个单位和近 80 名专家。此次会议后成立了规划起草小组，由区德士任组长，丁撒、杜庆华、张建柏任副组长，成员有 18 名。同时由郑哲敏、钱令希、杜庆华、朱兆祥、朱自强、朱照宣组成秘书班子，在全国范围内进一步组织力学各分支学科作调研报告。8 月 10—23 日，全国力学规划会议在北京友谊宾馆召开，全面讨论由各单位送交的调研报告和制定学科规划。钱令希出席了会议，并在 13 日做了关于计算力学及其亟待发展的报告，极力提议把"计算力学"列为力学发展的重要方向之一。②他的提议被采纳，8 月 20 日会议审定通过的《1978—1985 年全国基础科学发展规划（草案）·理论和应用力学》最终将计算力学列为力学的 14 个分支或方面之一，并首次单独突出了计算力学研究的重要性，使计算力学在全国范围内进入了一个崭新的发展时期。关于该学科的学术活动也如雨后春笋般地蓬勃开展起来。例如，同年 11 月下旬，大连工学院与吉林大学共同承办大连教育部直属高等院校计算结构力学学术交流会。钱令希与钱伟长、胡海昌、王光远、薛振东、陈

---

① 周建新：《钱令希传略》. 大连：大连理工大学出版社，2013 年，第 81-82 页。
② 黄永念：1978 年全国力学学科发展规划制定的前前后后.《力学进展》，2008 年第 38 卷第 5 期，第 649-651 页。

百屏等在大会上做了学术报告。与会专家学者认为,计算结构力学是一门和生产实践有密切联系的新兴学科,采用计算结构力学的方法,可以进行复杂结构系统的内力分析,促进工程设计的优化过程,达到多快好省的目的。[①] 钱令希与钟万勰合撰的论文《结构优化设计的一个方法》收录会前编印的《教育部高等学校一九七八年计算机结构力学学术交流会论文集 第一集》。会后编印的《教育部高等学校一九七八年计算机结构力学学术交流会论文集 第二集》,又收录他撰写的论文《谈计算结构力学》。

之后,钱令希以1978年3月在本校成立的工程力学研究所为基地,致力于组织队伍,领导计算力学的发展,进行研究与实践,发表了一批论文。1979年2月,《光明日报》对此进行了报道:

> 从工程力学研究所20年的实践来看,首先是充分发挥学术领导人的作用。有一定造诣的学术领导人是学校的宝贵财富,必须充分发挥他们的专长,充分发挥他们在确定科学研究方向和研究课题,以及发现和培养新人才方面的作用。工程力学研究所所长钱令希教授的实践充分说明了这个问题。这如同打仗,能否取得预期的胜利,关键在于指挥员能否全面掌握情况,正确分析判断,妥善制定作战计划,准确地选择突破口。钱令希教授不仅有深厚的业务基础,而且他始终坚持亲自进行科学研究工作,因而能比较深刻地掌握一定范围内科学发展的形势和动向,有发展科学的强烈责任感和紧迫感。这样,在确定工程力学研究所的研究方向时,就较一般同志看得远一点、前一点、深一点。
>
> 早在20世纪60年代初,钱令希教授在从事"壳体塑性极限强度"课题研究时,就已经敏锐地看到电子计算机的广泛应用,将会给科学技术的发展带来一场深刻的革命,影响各门学科的进程。他预感到结构力学面临的变迁,就开始注意适用于计算机分析的数字工具——矩阵方法。他安排自己带的四个研究生阅读有关结构分析矩阵方法的文

---

① 林源:教育部直属高等院校计算结构力学学术交流会在大连举行。《大连工学院学报》,1978年第4期,第85页。

献，并指导他们做结构矩阵变位法方面的论文工作……70年代，钱令希教授在系统调查研究的基础上，又做了"结构优化设计的理论与进展"的总结性评述，向大家提出了利用电子计算机做工具，使结构力学从分析走向综合的新方向。

学术领导人关于学科发展的这些预见和把计算结构力学作为研究方向的决心，就使整个所的研究工作能够以世界先进的科学水平作为起点……目前，全所除个别教师外，都比较好地掌握了计算机技术。①

为了让国内更多的学人了解计算力学这门新的力学分支学科，钱令希撰写一些相关介绍性的文章，发表在学界一些很有影响的报刊上。1979年2月创刊的《力学与实践》刊载了他的《发展中的计算结构力学》一文。②1979年3月30日，该文又以《计算机化的结构力学》为题，发表在《光明日报》上。文章写道：

> 在工程力学中，结构力学是个极重要的组成部分。近一二十年来，结构力学发生了非常深刻的变化。在各种因素中，电子计算技术的作用是最主要的。现在被称作"计算结构力学"的，实际就是计算机化的结构力学。计算机化结构力学的这个提法，在过去甚至不被承认是固体力学的合法的分支，但在今天，它已横贯许多学科；为了它的发展，许多国家正在投入大量的人力和经费。可以预料，今后随着力学与电子计算技术更加紧密的结合，在结构分析、设计理论和方法的各个方面还将不断发生深刻的变革。作为结构力学这一学科的科学技术工作者，需要自觉地来适应和推动这个前进的潮流，更新自己的工作内容，路子走得更宽些，步子迈得更大一点。
>
> 新的东西的出现引起新的变化。电子计算技术大大影响了结构力

---

① 中共大连工学院委员会：尊重科技人才成长的规律。《光明日报》，1979年2月15日，第2版。

② 钱令希：发展中的计算结构力学。《力学与实践》，1979年第1卷第1期，第10-13页。

学，它使结构力学的对象、任务、理论、计算模型、数学工具都发生了变化。

从结构力学的对象来看，过去大学里这门课程研究的对象是杆件系统的结构。至于板和壳的问题以及其他连续体力学，必须另立各种不同的课程，各门课程又有它自己的对象。这是因为在没有电子计算机的时代，这些对象的处理必须各行其是，自成体系。问题都出在计算工作上。现在，计算机化了的结构力学，可以通用同一个途径来处理杆系、板、壳和连续体，它的对象可以是一个各种构件的组合体。结构本来是组合的，一个建筑物，一条船，一架飞机，都是杆件、板、壳和连续体的组合。过去是一样一样的来处理，现在可以比较地按结构本来的面貌来研究。所以计算机化了的结构力学才是名副其实的结构力学。

结构力学的任务也有了很大变化。过去结构力学工作者把自己的任务限于力结构的分析，也就是把一个结构在外因作用下的反应分析出来。至于结构的设计，那是工程师们的事。现在计算结构力学已经迈出了果断有力的一步，把结构优化设计作为自己的任务。它不仅分析和说明结构，而且进一步设计和改造结构，这样就使它成为更完整的学科。

结构力学的基础理论早已建立。平衡、连续、物性三者的统一产生了力法和变位法，还有各种能量原理和变分原理。过去由于来自计算工作方面的障碍，各种特殊的计算方法层出不穷，使基础理论的作用未能尽情发挥。计算结构力学使计算方法趋于统一，像以变位法为基础的直接刚度法目前几乎成了统一的方法，而各种公理化了的变分原理又增添了新的活力，进一步发挥了它们的作用。

结构力学的计算模型关系到力学工作能否真实地反映实际。以往总是把空间问题简化为平面问题，高维变低维；非线性的问题简化为线性问题；不均匀简化为均匀；不连续的改为连续的；动态的改为静态的。改来改去，无非是如何使问题好算一点。计算机化以后，结构力学可以处理复杂得多的计算模型，从而便于反映真实情况。

结构力学使用的数学工具也有了变化。以往杆系用线性代数，板、壳和连续体用偏微分方程。现在计算机的工作是离散化的数值计算，矩阵数学成为最有效的数学工具。其他如循环迭代、逻辑判别等都是计算结构力学的重要工具。

在计算结构力学中，有两项最有代表性的工作，这就是关于结构分析的有限元法和关于结构设计的优化设计的理论与方法。

计算结构力学还很年轻，是发展中的一个力学分支，随着电子计算机的日新月异，它的内容，包括理论和应用两个方面也将不断地发展。但是应该注意，力学是它的主体，是研究的前提，而计算是手段，是为力学服务的。调通一个复杂的程序，要靠力学；一个行列式，有病没有病，病在那里，机器难以判别，也要靠力学来判断和改造；计算模型的好坏，主要是力学的事情。编制一个高质量的程序不是一件容易的事，得付出艰苦的劳动。从事计算结构力学的研究，既要发展力学理论，又要掌握电子计算技术。往前看，电子计算机的使用越来越简便，越来越手算化，那时计算结构力学的道路就更宽广了。①

该文的精髓，被《工程力学》期刊编辑视为钱令希关于工程力学发展、性质和任务的精辟论述，经选编后以《论工程力学》为题于1984年9月在其创刊号刊发。由于该文高屋建瓴，从不同的角度给人们尤其是力学工作者介绍了力学及计算力学分支学科的来龙去脉，至今对于我们认识力学仍具有重要的指导意义。②

1980年11月中旬，钱令希主持召开了在杭州举行的第一届全国计算力学学术交流会，他本人还特邀做了题为《计算机化的结构优化设计》的大会学术报告。他的报告在简单回顾计算机时代之前、计算机时代前夕的结构优化设计的历史后，重点分析20世纪60年代初以来的计算机时代的

---

① 钱令希：计算机化的结构力学。《光明日报》，1979年3月30日，第4版。
② 朱克勤：三十而立——写在《力学与实践》创刊30周年。《力学与实践》，2009年第31卷第1期，卷首页。

结构优化设计方法，指出结构优化设计就是用力学的观点、观察和思考，用数学的手段分析，用电子计算机解决问题，最后还介绍了近年大连工学院在结构优化设计方面所做的研究工作，如多约束、多工况桁架结构最轻设计（DDU-2），多单元、多工况、多约束组合结构最轻设计（DDDU），用近似重分析的多约束、多工况桁架结构最轻设计（DDU3），有频率禁区的结构动力优化设计，以及指导研究生进行结构优化中处理容许压应力的方法，刚架结构的动力优化设计，桁架结构的动力优化设计，预应力钢结构的优化设计。[1]另外，钱令希同钟万勰、隋允康、张近东合撰的论文《多单元、多工况、多约束的结构优化设计——DDDU程序系统》在结构优化分组会上交流。参加这次会议的有147个单位、300名代表，大会特约报告9篇，分组报告249篇，国际动态报告3次，资料交流122篇，分五个小组会议进行交流。[2]由于1978年教育部在大连召开的高等学校计算结构力学学术交流会的规模较小，内容也只限于结构方面，故这次会议在中国计算力学发展史上是第一次的全国性会议，具有里程碑的意义。次年7月，由钱令希任主编的第一届全国计算力学学术交流会论文集《1980年全国计算力学会议文集》由北京大学出版社出版。

  1982年4月下旬，国家教委成立由约30人组成的教育部世界银行贷款第一个中国大学发展项目中方审议委员会，[3]张光斗被聘为中方审议委员会主任，钱令希因在计算力学领域所做出的努力和贡献被聘为委员会副主

---

[1]　钱令希：计算机化的结构优化设计。1980年11月，未刊稿。资料存于采集工程数据库。
[2]　宋天霞：计算力学学术会议胜利闭幕。《固体力学学报》，1981年第1期，第127-128页。
[3]　教育部世界银行贷款第一个中国大学发展项目，是由世界银行资助美金2亿元作为基金，由国际顾问委员会和中方审议委员会联席会议讨论决定基金使用，这笔无息贷款主要用于当时教育部直属26所高等院校选购大型计算机及贵重仪器仪表，选派中国赴国外进修的访问学者，以及聘请国外各学科专家学者来中国高等院校讲学共3项任务。国际顾问委员会主任、副主任分别由美、西德、英、法、日五国各派一人担任，级别是大学校长或院士，另设秘书长一人由美国派员担任。中方审议委员会主任、副主任分别聘请中国六所大学的校长或副校长（院士）担任，委员会下设物理、生物、化学、工程及计算机5个组。主任是中国科学院学部委员、清华大学副校长张光斗教授，副主任五位，分别兼一个组的组长。联席会议每年召开两次，一次在国外，另一次在国内，每次会议一个多月时间，组织调查研究并集体讨论制订经费分配与使用计划，以完成上述3项任务。（参见：《沧浪之水 多相生华：陈学俊院士九十华诞暨从事科技教育七十周年纪念》。西安交通大学出版社，2009年，第10-11页）

任兼计算机组组长。[①] 钱令希在担任这一工作的三年中,同中方审议委员会其他成员一起,跟辛克维奇(O. C. Zienkiewicz, 1921—2009)等该项目国际顾问委员会的知名专家协同工作,在为我国高等教育事业的发展做出贡献的同时,也与他们进行学术交流,建立了广泛的联系。

1982年5月9—13日,中国力学学会第二届理事会扩大会议在北京京西宾馆召开(图7-7)。会议的任务之一就是选举学会第二届理事会的理事长、副理事长、秘书长和常务理事。中国力学学会第一届理事会理事长钱学森在开幕式讲话,其中对第二届理事会理事长的人选,他推荐说:

> 我能不能利用这个机会,向同志们推荐一位我认为最好的接我班的人?当然可以推荐的人很多,我第一个想到的是钱令希教授。他在1978年力学规划会期间做了一个很好的报告,他在报告开始时讲了一段话,给我印象很深。他说:"从牛棚里出来后,看看结构力学方面的期刊,都看不懂了,因为70年代初,结构力学都用电子计算机了,不懂计算机就不能理解。"他说,他有两条路可供选择:第一个选择是倚老卖老,过去是老结构力学,不管怎样还可以讲课;另一条路就是不服老,从头做起,学电子计算机,学计算数学,结合原来结构力学的基础,赶上现代结构力学的步伐。他决定走第二条路,结果怎么样呢?他在大连工学院建立了一个专门搞计算机结构力学的班子,现在已成为研究所。我听了以后,确实感动,我觉得在他身上看到了中国力学工作者应有的骨气和实干精神,我作为个人推荐他为第二届的理事长。[②]

这次会议之前,钱令希也听说,钱学森要推荐他任下一届的中国力学学会理事长。为此,他特别提前数日来京,游说周培源、张维、沈元等老

[①] 教育部:《关于召开世界银行贷款大学发展项目审议委员会第一次全体委员会议的通知(82)教贷字007号》,1982年4月21日。资料存于采集工程数据库。

[②] 钱学森:在中国力学学会第二届理事会扩大会议开幕式上的讲话。见:中国力学学会力学学报编辑部编,《中国力学学会第二届理事会扩大会议论文汇编/力学与生产建设(1982年5月)》。北京:北京大学出版社,1983年,第2页。

一辈常务理事,说明自己已经年近70,担任理事长不合适,提议由一位更年轻的学者担任新理事长,这项建议得到了他们多数人的赞成。① 但是,钱学森坚持,一票否决众议,再加上钱令希在倡导计算力学的远见卓识和丰硕成果,以及崇高道德风尚和严

图7-7 1982年5月,钱学森(右)与钱令希在中国力学学会第二届理事会扩大会议上(中国力学学会秘书处提供)

谨治学精神,与会者最终一致选举钱令希担任中国力学学会第二届理事会理事长。钱伟长、李国豪、张维、郑哲敏、沈元、季文美、孙训方、林同骥、孙诚当选为副理事长。

1981年,为推动力学与工程结合,反映我国计算力学的最新成果,钱令希倡导创办了《计算结构力学及其应用》(1997年更名为《计算力学学报》),当年12月该刊获国家科委批准,可面向全国发行。1984年2月,其创刊号出版。作为主编,钱令希在《发刊词》中写道:"现在,国家科委又批准我们刊行《计算结构力学及其应用》,这将为计算结构力学工作者提供一个专业性的园地,让大家来努力耕耘这一肥沃的土地,使计算结构力学迅速普及和发展,为祖国的四个现代化建设贡献和交流更多的研究成果……本刊的主要服务对象是从事工程结构的设计、研究和教学的科技人员。学报的名称,前有'计算',后有'应用'各二字,说明了它的内容范围和性质。"② 创刊号上,刊载有他与钟万勰、程耿东、隋允康合撰的论文《工程结构优化设计的一个途径——序列二次规划SQP》(英文版发表在 Engineering Optimization 1984年10月第8卷第1期)。

---

① 武际可:力学与工程结合的旗帜——纪念钱令希先生百年诞辰。《力学与实践》,2016年第38卷第5期,第592、602页。

② 钱令希:发刊词。《计算结构力学及其应用》,1984年第1卷第1期,第i-ii页。

1983年9月上旬，大连工学院主办的中美计算工程力学进展讨论会在大连市棒棰岛宾馆举行，钱令希任会议组织委员会主席。这次会议是根据中美科技、文化交流协定1983年的执行计划，得到国家教育部和美国国家科学基金会支持的双边学术会议。会议讨论的专题包括计算力学的一般方法、计算流体力学、结构优化设计、无损探伤、极限状态力学和参数识别等。参加会议的美方学者12人，中方学者45人（其中正式代表23人，列席代表22人）。会上，钱令希做了题为《结构优化的一种方法——序列二次规划》的学术报告，引起了美方学者的极大兴趣。[①]

钱令希倡导的计算力学被确定为力学的分支学科后，不久中国力学学会固体力学专业委员会新设计算结构力学专业组。1984年9月7—14日，计算结构力学专业组在杭州主办第一届全国结构计算应用软件学术会议。钱令希出席了会议并发表讲话。他首先回顾了我国计算结构力学发展的历程，然后指出，今后大家必须深入工程实际的各个方面，把学科研究的着眼点由工程结构扩大到有关的整个工程系统，在一个崭新的、更广阔的领域和基点上发展计算结构力学学科。他还指出，通过这几年的工作，我国在理论与方法、硬件设备、软件技术队伍成长等方面都有很大进展，现在应当认真抓好应用软件的开发，真正面向国民经济的需要，使学科的成果发挥经济效益。[②]

1984年10月30日，计算结构力学专业组升为计算力学专业委员会。11月2—7日，刚升格的计算力学专业委员会便在四川峨眉西南交通大学主办全国工程结构优化学术会议。参会的有来自全国各地的代表116名，他们交流了43篇论文。会议期间举办的"结构优化学术讲座"，主讲者除钱令希之外，还有钟万勰教授、哈尔滨建工学院王光远教授、中国科学院应用数学研究所桂湘云研究员、中国建筑科学研究院兰天高级工程师。讲座中，钱令希和王光远分别介绍了模糊数学在结构优化设计中的应用问题

---

① 中美"计算工程力学进展"学术讨论会简讯.《计算结构力学及其应用》，1984年第1卷第1期，第56页。

② 林少培：第一届全国结构计算应用软件学术会议在杭州举行.《计算结构力学及其应用》，1984年第1卷第4期，第24页。

以及它的理论原理和实际应用途径等;桂湘云介绍了数学规划中大范围分解问题,并评述了优化技术中的数学方法;钟万勰介绍了优化方法在结构安全度方面的应用;兰天则介绍了土建工程中结构优化的应用,指出它具有量大面广的特点和可观的经济效益。[①]

计算结构力学专业组和计算力学专业委员会举办的这类学术活动,使我国的计算力学学科和队伍得到迅速的发展。1995年,《力学与实践》第2期刊发中国力学学会副理事长武际可教授执笔整理的报告《力学——迎接21世纪新的挑战》,其中指出:在力学与其他基础科学或技术科学互相渗透形成的相关交叉学科中,计算力学是我国开展得较好的方向之一,"计算力学是力学与数学、计算机科学交叉学科,最早以计算结构力学的形式在工业中发挥了巨大作用。它是借助计算机求解力学问题,探索力学规律、加工力学数据的总称。有限单元法的成熟和广泛应用是它的代表性成果。它的研究内容包括计算力学数值方法、算法、计算力学软件、计算流体力学与计算固体力学。在力学中各分支都在使用计算机,但并非使用计算机便是计算力学。它独特的追求是尽可能使一类问题用计算机统一求解。广泛的适应性是它的追求。我国计算力学起步不晚,并且已在工程建设与科技发展中发挥了重要作用。今后特别应关注与支持计算力学软件研制"。[②]特别是,该报告在对力学相关交叉学科的介绍中,把计算力学位列首位。我国计算力学学科的发展情势,可窥一斑。

钱令希阅读上述报告后,很感振奋,并有所启发。于是就计算力学这一问题,写了一篇讨论文章《谈计算力学》,呼吁力学界应充分利用计算机时代给予的机遇,并憧憬着21世纪计算力学的美好前景:

力学要应付时代对它的挑战,就必须发展自己的理论、实验、计算三大支柱。三者互相扶持,缺一不可。今后计算机硬件功能肯定将

[①] 林少培:中国力学学会计算力学专业委员会学术活动消息。《力学与实践》,1985年第7卷第2期,第48页。

[②] 中国力学学会:力学——迎接21世纪新的挑战。《力学与实践》,1995年17卷2期,第13页。

有更大的发展，力学必须充分利用这种时代给予的机遇，应该加强计算力学的算法研究和软件开发，以回答理论探索和实际建设中的问题。当然，计算力学也并不仅仅是按力学中现成的理论作一些计算而已。计算力学有很大的能动作用，它拓展了设计分析的领域，成为力学通向工程应用的桥梁；它极大地增强了力学的手段，发现了许多未知的现象；对力学的理论体系发生了深刻的影响。所有这些清楚地表明，计算力学已成为工程力学中最活跃的成员之一。计算力学的发展现仍处在年轻阶段，在21世纪定会取得更大的成就。[1]

20世纪80年代起，钱令希更有条件积极开展国际学术交流了，1981年4月，钱令希以发起人的身份促成了国际计算力学协会（International Association of Computational Mechanics，IACM）的成立。该协会47名国际委员会成员[2]中，有三位中国学者，除了钱令希，另外两位是中国有限元法创始人、计算数学研究的奠基人和开拓者、中国科学院计算中心主任冯康（1920—1993），有限元法在结构力学包括板与壳研究的开拓者、香港大学教授张佑启。IACM决定定期召开国际大会。

1981年5月，钱令希在合肥组织国际有限元学术邀请报告会（由中国机械工程学会、中国力学学会、中国数学学会联合主办），邀请辛克维奇、渥登（J. T. Oden）、葛拉戛（R. H. Gallagher）、卞学鐄、威尔逊（Edward L. Wilson）、卡德斯图赛（H. Kardestuncer）等6位当时国际上有限元方面的著名专家做大会报告，国内学者钱伟长、胡海昌、冯康、钟万勰、唐立民、周天孝等也在大会做专题汇报，向国外同行展示了中国有限元理论研究及有限元软件在工程领域的应用成果。与会中外专家学者相互交流，取长补短，有力地推动了我国此后有限元法的理论研究和工程应用的开展（图7-8）。[3]

1981年10月，钱令希率领中国学者代表团赴比利时和英国的一些大学访问与讲学（图7-9）；1982年，他又去美国考察、讲学，同年他担任

---

[1] 钱令希：谈计算力学。《力学与实践》，1995年第17卷第4期，第4页。
[2] History of IACM. The Official website of IACM. 2018-01-06.
[3] 孙金文：有限元法邀请学术报告会通讯。《上海力学》，1981年第2卷第3期，第81页。

图7-8 1981年5月,合肥国际有限元法学术邀请报告会与会人员在稻香楼宾馆北苑铁画《迎客松》前合影(前排左二钱伟长、左三卞学鐄、左七辛克维奇、左九钱令希;第二排左二胡海昌、左八唐立民;后排右二钟万勰、左五林少培)

了国际著名的计算力学杂志《应用力学与工程中的计算机方法》(*Computer Methods in Applied Mechanics and Engineering*)的编委。

1984年8月1—3日,美国土木工程师学会工程力学分会和美国怀俄明大学(University of Wyoming)土木工程系联合举办的第五届工程力学分会专业会议在美国怀俄明大学举行。钱令希撰写的文章"Structural Optimization Research in DIT"(《大连工学院的结构优化研究》)在本次会议论文集《土木工程中的工程力学:第五届工程力学分会专业会议论文集》(*Engineering mechanics*

图7-9 20世纪80年代初,钱令希在国外讲学

第七章 独领风骚的"老帅"

图7-10 1985年12月初，钱令希（左一）访问日本时参观某大学实验室

in civil engineering: proceedings of the Fifth Engineering Mechanics Division Specialty Conference: University of Wyoming, Laramie, Wyoming, August 1–3, 1984）刊发，让全世界的同行进一步了解他们近年在计算力学方面的系列工作。

1986年9月下旬，IACM第一届计算力学世界大会（FWCCM）在美国奥斯汀城的得克萨斯大学举行。受国家教委之托，大连工学院牵头组织由清华大学、复旦大学、北京大学、上海交通大学、西安交通大学、同济大学、浙江大学、华中工学院和重庆大学等高校相关教授构成的中国代表团参会。钱令希任代表团团长，后因故未能成行，由钟万勰代表他率团前往美国，出席IACM成立大会暨第一届计算力学世界大会，并做大会报告。1988年，中国力学学会计算力学专业委员会以团体会员名义加入IACM。在钱令希等的倡导下，中国力学学会直属的计算力学专业委员会，在国内多次举办重大国际学术会议，成为有重要国际影响的学术团体。1995年8月，大连理工大学工程力学研究所主办了首届中国—澳大利亚计算力学会议（First China–Australia Symposium on Computational Mechanics，CASCM'95），中方主席为大工的钟万勰教授，澳方主席是澳大利亚新南威尔士大学土木系教授、澳大利亚计算力学学会主席S. Valliappan。1998年5月25—28日，由大连理工大学工程力学系承办的第二届中美结构工程计算力学进展学术研讨会在大连国际会展中心举行，中美双方30余位代表就面向21世纪结构工程计算力学中的最新进展和发展趋势展开了深入研讨，钱令希出席会议开幕式（图7-11）。

2004年9月5—10日，第六届世界计算力学大会（The Six

World Congress on Computational Mechanics，WCCM-6）暨第二届亚太计算力学会议（Second Asian-Pacific Congress for Computational Mechanics，APCOM 2004）在北京召开。这是 IACM 首次在中国举办的会议，是中国计算力学实力的体现，也是中国力学界积极争取的结果。钱令希给大会发去贺信，由 APCOM 秘书长、澳大利亚 S. Valliappan 教授在大会开幕式上宣读。

因在计算力学领域及发展国际学术交流做了大量的工作，钱令希

图 7-11　1998 年 5 月 25 日，钱令希在第二届中美结构工程计算力学进展学术研讨会开幕式上（左一为钱令希，左二为会议中方主席钟万勰）

图 7-12　1988 年 3 月 25 日，列日大学校长狄豪兹向钱令希颁授名誉博士学位证书

获得了不少荣誉称号和奖项。1988 年 3 月 25 日，钱令希获颁以比利时国王名义授予的列日大学应用科学名誉博士学位证书，并获赠列日大学纪念章（图 7-12）。这次，列日大学同时给世界上 9 位著名学者颁发了名誉博士学位证书。[1] 钱令希是亚洲唯一获得这个荣誉的专家，也是 1949 年后中国获得列日大学名誉博士学位的第一位科学家。

1995 年 10 月，钱令希获 1995 年度（第二届）何梁何利基金"科学与

---

[1] 钱令希回复台湾大学应用力学研究所的手稿，1995 年 6 月。原件存于钱唐家中。

图 7-13 1997 年度第七届陈嘉庚奖颁奖仪式现场（站立者右一为钱令希）
(1998 年 4 月 21 日)

技术进步奖"物理学奖（图 7-14）。何梁何利基金评选委员会评价说："钱令希自工程实践转向力学的科学研究和教学工作，在推动科技进步和培养人才两方面做出了重要贡献。在学术上，他在结构力学、极限分析、变分原理等方面有深入研究并获得重要成果。他努力为工程服务，在桥梁、水坝、港工、造船等工程都发挥了力学研究的作用。20 世纪 60 年代电子计算机冲击科技领域，钱令希大力倡导建立计算力学新学科，他身体力行，更新知识，开展研究，并在大连理工大学带领和培养出一支优秀计算力学队伍。"[1] 1997 年 6 月，钱令希被授予"国际计算力学协会名誉会员"称号。

1998 年 4 月，钱令希获第七届陈嘉庚奖（2003 年以此奖为基础改设陈嘉庚科学奖），获颁"陈嘉庚技术科学奖"奖牌与奖章（图 7-13）。陈嘉庚基金会在对他的主要科学技术成就与贡献的介绍中，在计算力学和工程结构优化设计部分写道：

---

[1] 物理学奖获得者钱令希。见：何梁何利基金评选委员会编，《何梁何利奖 1995》。北京：科学出版社，1996 年，第 81 页。

20世纪60年代初,现代电子计算机问世,钱令希很快意识到它对力学与工程科学的冲击和深远影响,但由于"文化大革命"开始推迟了他在相关领域的探索和研究。1973年,他在中国科学院的一次力学规划座谈会上极力倡导发展计算力学,还提出力学应突破仅做结构分析的传统,还要做结构综合,即研究工程优化设计的理论和方法,进一步为工程服务。会后,他发表了《结构力学的最优化理论与方法的近代研究》一文。1978年,国家制定各学科发展规划,计算力学被列为力学发展的重要方向之一。1980年和1981年,他在大连和杭州组织和主持了两个全国性的计算力学会议,进一步普及了计算力学和扩大该学科领域的研究和应用队伍。结构优化设计的理论和方法,在国际上有两条途径,一是数学规划法,其理论基础强并有通用性,但实用比较困难;另一条是所谓优化准则法,它依靠一些简明的准则进行优化计算,便于工程应用,但有使用的局限性。钱令希和他的助手通过潜心研究后发现,这两条似是不同的途径实际上是可以统一的。1983年,他们发表的《工程结构优化的序列二次规划》一文,给出了一个统一实用的优化方法,并把这一算法用在了他们自主开发的DDDU结构优化程序系统上,后来经过不断完善和改进,使这个研究性的优化程序发展为工程实用的程序,解决了许多各类工程优化实例,取得了可观的经济效益,并获得了1985年国家科技进步奖三等奖。1983年,他总结了他领导下的研究工作,写出了专著《工程结构优化设计》,该书言简意深、观点鲜明、文字流畅,有自己的风格,出版后获得同年全国优秀科技图书一等奖。他领导下的结构优化设计理论与方法研究工作,既注重实用性,又达到了相当高的理论水平,走在国际同类研究工作的前列,获得了1990年国家教委科技进步奖一等奖和1991年国家自然科学奖二等奖。[1]

---

[1] 陈嘉庚技术科学奖获得者钱令希教授的主要科学技术成就与贡献。见:中国·陈嘉庚基金会编,《第五—七届陈嘉庚奖获得者的主要科学技术成就与贡献1993-1997》。北京:科学出版社,1998年,第110-111页。

图 7-14　钱令希获颁的何梁何利基金"科学与技术进步奖"奖牌

图 7-15　钱令希获颁的"亚太计算力学协会资深科学家特别奖"荣誉证书

2004年9月，钱令希在北京召开的第六届世界计算力学大会上，又被授予"亚太计算力学协会资深科学家特别奖"（APACM Special Award for Senior Scientists）（图7-15）。

2016年，为传承钱令希所确定的计算力学研究方向，大连理工大学依托大工工程力学系和工业装备结构分析国家重点实验室创立国际计算力学研究中心，并于是年7月22日召开的"钱令希院士百年诞辰学术思想座谈会"上举行成立仪式。如今大工的工程力学系和工业装备结构分析国家重点实验室，已是我国最重要的计算力学研究机构。如果钱令希在天有灵，看到这些，定会备感欣慰的。

"点""面"结合的结构优化设计研究

钱令希基于为工程建设服务的宗旨从事计算力学研究，因此，有限元方法在他及其追随者的手里，不是束之学术殿堂高阁的瑰宝，而是研发计算结构力学理论、方法与软件的基石。同时，他并行地倡导进行结构优化设计的理论和软件，并且把分析和优化的计算结果都付诸工程应用。结构优化设计与计算力学是有交集的两个独立学科，目前屈尊作为计算力学的一个分支。它致力于研究系统地和高效率地改进结构设计的理性方法，以帮助工程结构人员设计出既经济又可靠、目标最优的工程结构。钱令希在1973年发表的报告《结构力学中最优设计理论与方法的近代发展》，不仅让自己身先士卒地带领大工的年轻人进行结构优化设计的研究，推动中国计算力学的发展，而且还引导、促进我国学术界和工程界对结构优化设计的重视与研究。

1982年5月9—13日，钱令希在北京京西宾馆召开的中国力学学会第二届扩大理事会上，交流综述报告《我国结构优化设计现况》。该报告着重介绍1973—1981年，尤其是1977—1981年中国的结构优化设计研究和应用方面的情况。他在报告中说道：

> 电子计算机的出现，使结构力学的研究方向发生了变化，也就是从面向手算到面向电子计算机；同时使结构力学的研究范围有了扩大，也就是从被动的结构分析扩大到主动的结构优化设计。这个深刻的变化发生在20世纪60年代初。当时，中国的结构力学工作者也敏锐地意识到了这个变化，并且在差分法、有限元法、极限分析和设计等方面进行了研究，并为工程服务。但是那时计算机的条件很差，所以研究工作的进展，不可能很顺利。接着，正如众所周知，我们损失了10年宝贵的光阴，直到1977年，我们才逐渐有比较好的条件重新展开工作。
>
> 这损失的10年，恰是国际上新兴的计算力学发展极为迅速的10年。有限元法在理论和应用两个方面已发展成为空前有力的结构分析方法。它几乎可以处理任何大型复杂的问题，包括线性或非线性、静力或动力的结构分析。同时，结构优化设计也从初期探索进入比较顺利的发展阶段；例如在截面尺寸优化问题上，本来分别沿着数学规划

和优化准则两条道路各自发展的研究开始走到一起，找到一条比较顺利的路子。

在中国，这期间的条件虽然困难，但还是有人在坚持工作，对国际上的发展也有所了解。所以，在1977年重新起步后，我们进展可以说是比较迅速的。我们可以借鉴别人的经验，可以不再重复别人走过的弯路。再加上我国复兴国民经济的动力，短短的四五年，我们有了不少收获。在结构分析方面，我们在有限元的理论研究和实际应用上，以及在通用或专用程序的研制上，都足以解决生产建设中提出的大量实际问题。在结构优化设计方面，这个新的研究方向已引起相当广泛的注意，很多大学开设了这门课程，在工程中也收到了一定经济效益。全国性或地区性的学术讲座和交流会相当频繁，在这些会议上交流了研究和应用的成果。根据很不完全的搜集，4年（1977—1981）来的文献资料，将近200篇。

结构设计的发展是从艺术到科学的过程。这个过程在近20年发生了飞跃……100多年以前（1850—1875），初次出现了结构分析的理论。从此工程师们可通过结构分析来评价结构物的可行性。但这只是校核既定的结构方案，还不是真的结构设计。20多年以前电子计算机用于结构力学。有了这样强大的计算能力和有限元分析方法，这就提供了产生现代化结构优化设计的理论与方法的条件。

1973年在中国科学院召开的一次关于力学发展的座谈会上，曾就20世纪60年代以来国际上关于结构优化设计的发展概况作了介绍和讨论，引起了工程师和力学工作者们的注意。但是由于本文前言中提到的原因，直到1977年才出现一些工作报告和论文……

1978年是一个重要的年头。在3月全国科学大会之前，教育部科学规划和全国科学规划都把结构优化设计列为计算力学研究中的重要项目。就在这一年的11月，在大连召开了"高等学校计算结构力学学术交流会"，会上交流了结构优化的论文15篇。

……

我们已经知道，在结构优化设计方面，并没有像结构分析中有限元法那样广泛适用的方法。一般来说结构优化设计的难度很大，必须结合具体问题研究最恰当的办法……

现在可以肯定地说，结构设计已从艺术走到科学，结构优化代表所有工程师的愿望，它的前景是大有可为的。①

上述报告，尽管时间局限于1973—1981年，但还是可以窥观钱令希在引导着我国学术界和工程界对结构优化设计的研究、应用，导致出现了兴盛局面。

钱令希作为我国结构优化研究的发起人，他采用点面相合，走出去和请进来相辅，培养人才与研发成果相成的做法，迅速打开局面，很快促使我国结构优化研究的学术与产业的综合水平在1970—1990年年初于亚洲领先。②

首要的事情是选编 *Selected Papers on Structural Optimization*（《结构优化论文选集》，当时中国影印外文书刊的专门机构光华出版社1979年12月出版）。1978年，钱令希联合王生洪（1942—　，曾于1998年12月—2009年1月任复旦大学校长）、林元培（上海市政工程设计研究总院资深总工程师，2005年当选为中国工程院院士）、兰天、丁惠梁、张圣堃、胡云程、陈穗康、林少培等全国各地有热情、英语好的年轻力学工作者，选编国外著名期刊上发表的结构优化论文。为了查找文章，钱令希身先士卒，从自己阅读的大量文献中，选了一些，又联系全国各地其他的年轻力学工作者去查文献，寄给他予以筛选和分类。最后共选出42篇文章，分为四个部分：综述、准则优化方法、数学规划优化方法、动力优化和混合文章。特别重要的是，钱令希为选集写了8000多字的前言，概括分析了从1960年以来近20年来国际上结构优化的发展状况，提纲挈领地指出了在中国发展这一学科的思路。这本选集虽然只印了800册，但是对我国结

---

① 钱令希：我国结构优化设计现况。见：中国力学学会力学学报编辑部编，《中国力学学会第二届理事会扩大会议论文汇编　力学与生产建设（1982年5月）》。北京：北京大学出版社，1983年，第175-182页。

② 隋允康：钱令希院士毕生的重要贡献。《北京工业大学学报》，2016年第42卷第12期，第5-6页。

构优化研究的影响很大，充分显示了钱令希带领结构优化研究的"老帅"之风采。[①]

1982年，钱令希与唐立民教授又从世界有限元法先驱之一（另两位是Argyris和Clough）、波兰裔英国工程力学和计算力学家辛克维奇的250多篇论文中选择43篇集结，由中国学术出版社出版，书名为 *Selected Papers of O. C. Zienkiewicz on Finite Element Method*（《辛克维奇有限元法论文选集》）（图7-16）。他在前言中写道：

图7-16 1987年12月1日，钱令希（左一）与辛克维奇教授夫妇合影

> 作者的工作面很宽，成果非常多，而选集的篇幅有限，所以编选是相当困难的。我们选择的目标，主要着眼于发挥有限元法潜力和扩大应用领域方面的工作，这是当前我们最感兴趣的。我们也注意了作者在应用中发展有限元法本身的理论和方法……辛克维奇教授是学土木工程出身的。1943年在英国皇家学院毕业后，他跟索思韦尔教授做过有限差分法和松弛法的研究，又从事水坝工程的实际设计和建造。作为一个力学家，他有很强的工程观点；作为一个工程师，他又有很深的数学和力学功底。所以他在20世纪60年代初接触有限元法之后，立即洞察到这个方法的理论基础和实际意义。他运用自如，步步扩大应用的领域，并结合具体情况研究经济和有效的方法。他在解决许多

[①] 隋允康：帅虽暮年 胜算愈然——纪念中国计算力学先驱者钱令希逝世3周年。见：刘则渊、王续琨主编，《科学·技术·发展 中国科学学与科学技术管理研究年鉴 2010/2011年卷 总第5卷》。大连：大连理工大学出版社，2012年，第27-28页。

线性固体力学问题的同时，发现有限元法可以解决广泛的各种连续场问题，如流体、温度和电磁场等问题。接着他又深入到非线性和有时间效应的动力问题中去。他善于抓问题的实质，简化计算的模型和找出高效率的计算方法。例如在难度很大的非线性领域中，对材料非线性问题，从最简单的理想塑性，到黏性流、蠕变现象，直至像土壤和岩石这样极为复杂的性质，他都能运用工程规范、力学概念和恰当的有限元法得到数值解答。希望读者们在各自感兴趣的方面，从这本选集中能得到收获。

20 世纪 80 年代初，钱令希邀请中国科学院数学研究所的吴方研究员到大连工学院讲几何规划。同时，也邀请一些国外结构优化等相关领域专家到大连工学院讲学和交流。1981 年暑假讲学者为结构优化凸规划优化算法（Convex Programming Optimization Algorithm）创始人、比利时列日大学航空航天技术实验室弗鲁瑞博士（Dr. Claude Fleury，国际优化领域著名专家，曾于 1980 年前后在美国加州大学洛杉矶分校机械、航空航天和

图 7-17 1981 年 7 月，弗鲁瑞主讲的"工程结构优化讲习班"教师、学员合影（前排左起：学员、朱伯芳、何福保、林少培、弗鲁瑞、钱令希、程耿东、隋允康，隋允康提供）

核工程系作博士后研究)(图 7-17);1982 年 8 月来讲学的是优化设计专家、丹麦技术大学固体力学系奥洛霍夫博士(Dr. Niels Olhoff, 1941—)。1983 年 11 月,国际杂志《工程优化》(Engineering Optimization)主编、英国利物浦大学土木系坦普尔曼(Andrew B. Templeman)博士,应钱令希之邀到大连工学院讲学和交流(图 7-18)。在大工举办的这些讲习班,钱令希也通知国内从事结构优化的中青年学者参加。《大连工学院学报》曾对坦普尔曼博士的访问讲学、交流进行了报道:

图 7-18　1983 年 11 月,坦普尔曼"工程结构优化讲习班"师生合影(前排左二起:林少培、钱令希、坦普尔曼、程耿东、隋允康、安素娟,后排左二段宝岩)

应我院院长、工程力学研究所所长钱令希教授的邀请,国际杂志《工程优化》(Engineering Optimization)主编、英国利物浦大学土木系坦普尔曼博士于 10 月 30 日—11 月 23 日对我院进行了访问。访问期间,坦普尔曼博士在我院教师配合下,担任了工程结构优化讲习班的主讲,参加讲习班的有来自全国各地的大学教师、工程技术人员、研究生 30 多人及我院从事工程优化研究的教师和研究生。在访问期间，坦普尔曼博士还以极大的兴趣参加了我院的跨学科的工程优化交流会。[①]

大连工学院开办的这些工程结构优化讲习班，除了邀请的坦普尔曼、弗鲁瑞等主讲外，还安排隋允康利用下午的时间进行辅导。在弗鲁瑞主讲的那一次，钱令希、程耿东和隋允康也给学员介绍大工自己的结构优化研究，形成了中外交流与互补的局面。[②] 2011 年当选为中国工程院院士的段宝岩，1983 年参加了坦普尔曼博士主讲的工程结构优化讲习班时，还不到 30 岁，当时西北电讯工程学院（现西安电子科技大学）的硕士生。他后来说，非常感谢钱令希先生，由于他老人家组织的这个研讨会，使他这个刚刚接触结构优化的硕士生打开了眼界，激励他在天线结构优化的研究方向上立下了雄心壮志。[③] 1980 年年底，程耿东从丹麦技术大学学成回国返校（10 月获该校博士学位），钱令希便委派他和隋允康到校外举办结构优化讲习班或讲座。例如，1982 年 7 月中旬，他们曾在江西九江举办一次讲习班。[④]

钱令希一方面带领自己的团队踏踏实实地进行结构优化的研究，他本人又不厌其烦地接待各行业从事结构优化研发的学者们，另一方面还应邀到各地讲学和解疑答问。例如，1984 年 11 月 4—5 日，中国力学学会固体力学专业委员会计算结构力学专业组在西南交通大学主办结构优化学术讲

---

① 工程力学研究所：坦普尔曼博士访问我院。《大连工学院学报》，1983 年第 22 卷第 4 期，第 8 页。
② 隋允康：钱令希先生倡导研究计算力学和结构优化的大境界。见：王希诚、武金瑛、谷俊峰主编，《科学殿堂的力学之光：第五届全国力学史与方法论学术研讨会文集》。大连：大连理工大学出版社，2011 年，第 27 页。
③ 隋允康：钱令希院士毕生的重要贡献。《北京工业大学学报》，2016 年第 42 卷第 12 期，第 5—6 页。
④ 程耿东致施浒立关于去大连工学院听钟万勰 JIGFEX 讲座的信，1982 年 6 月 28 日。资料存于采集工程数据库。

座，钱令希应邀在讲座上介绍了模糊数学在结构优化设计中的应用问题。[1]

在钱令希的带动下，当时各行业出现了一批著名学者投身结构优化研究的现象。[2]他们既是学术同行，又是钱令希的朋友，其中有：哈尔滨建筑大学（2000年并入哈尔滨工业大学）从事土木结构优化的王光远（1994年当选为中国工程院首批院士），中国水利水电科学研究院从事坝体结构优化的朱伯芳（1995年当选为中国工程院院士），北京航空航天大学从事飞行器结构优化的夏人伟教授，西安电子科技大学从事天线结构优化的叶尚辉教授，福州大学从事工程结构优化的康金章教授，大连交通大学从事铁路车辆结构优化的郁惟仁教授，南京化工公司从事工程结构优化的侯昶高级工程师（后任南京建筑工程学院教授），长春汽车研究所从事汽车结构优化的权奇渡高级工程师，解放军防化学院从事军车结构优化的田振中教授，等等。他们多已退休，可是他们的弟子们现在还活跃在各自的结构优化研究中。

如果说上述的工作是钱令希在全国范围呼吁研究结构优化的"面"上的号召，那么，他在大工培养结构优化的研究队伍，带领他们从事结构优化设计研究，以及撰写反映了大连工学院工程力学研究所近年来在这方面的研究工作与体会的专著《工程结构优化设计》则是在"点"上的努力。早在20世纪80年代初，钱令希在大工培养力学科研队伍的事迹被社会广泛关注。1980年1月11日，《辽宁日报》刊载的《钱令希教授满腔热忱育新秀》，对此进行专门的报道：

  在钱令希的培养下，大连工学院力学研究所初步形成老中青配套的科研队伍。

  大连工学院副院长、学院工程力学研究所所长、著名力学家钱令希教授说："要多做点为年轻人服务的工作，让他们很快地冲上去！"

---

[1] 林少培：中国力学学会计算力学专业委员会学术活动消息。《力学与实践》，1985年第7卷第2期，第48页。

[2] 隋允康：钱令希院士毕生的重要贡献。《北京工业大学学报》，2016年第42卷第12期，第6页。

六十四岁的钱教授是在全国劳动模范授奖大会前夕说这番话的。

多年来，钱令希教授一直重视选拔人才的工作，在他的培养下，力学研究所初步形成一支老中青配套的科研队伍……

把青年们的工作热情引导到扎扎实实的工作中去，是钱令希教授培养人才的一个特点。青年教师隋允康重返科研战线后，见别人学英语口语，也成天跟着学，耗费不少精力。钱教授帮助他注意合理使用时间，结合业务进修，在提高阅读能力上下功夫，使他的外语和业务水平不断提高。

在和年轻人相处中，钱令希教授注意发扬学术民主。青年教师邓可顺在他的帮助下，进行一项研究工作，并写出了第一篇科学报告。随着工作的进展，钱教授要他写第二篇报告，并给他提供了一个解决问题的思路。但邓可顺刻苦钻研，独立思考，提出了一个更加合理的设想。钱教授听了非常支持，热情指导他按自己的思路把报告写了出来。

为了给"四化"更多培养力学事业的接班人，钱令希教授打破常规，两年来力学研究所共招收了37名研究生，等于"文化大革命"前这个系培养研究生总数的3.7倍。为使这批攀登科技高峰的预备队员打好基础，钱教授带病为他们授课。年轻人在钱教授的指导下成长很快。①

1985年5月，钱令希在《计算结构力学及其应用》上发表论文《关于结构优化设计

图7-19　1988年4月底，钱令希（左）同隋允康（中）、王希诚在讨论学术问题（隋允康提供）

---

① 孙懋德：钱令希教授满腔热忱育新秀。《辽宁日报》，1980年1月11日，第1版。

中的主观信息》，提出了一个如何考虑工程结构优化设计中的不确切因素的方法——模糊综合评判法，即设想把模糊集理论和数学规划结合起来，使工程结构优化设计可以考虑更多因素，以期获得更有实际意义的结果。[①]在该论文发表前，钱令希曾就事物模糊性的根本属性等问题，与军事系统工程的倡导者钱学森进行过交谈。钱学森指出："结构加外力，这是一清二楚的；但一搞设计，结构承受多大外力，就模糊了，承受什么外力，完全是模糊的。"[②]

在培养大连工学院研究结构优化设计的中青年骨干方面，钱令希采取了6个途径[③]：①送程耿东和李兴斯分别去丹麦跟随尼奥迪生（Frithiof Niordson，1922—2009）和英国跟随坦普尔曼攻读与结构优化有关的博士学位；②留隋允康在身边研究结构优化方法，重点研发DDDU结构优化系统，同时协助指导博士生和硕士生；③鼓励孙焕纯教授指导从事结构优化方向的博士生和硕士生们；④勉励应用数学系骨干教授们从事数学优化方法研究；⑤指导施浒立、刘英卫和王希诚攻读结构优化方向的博士学位；⑥指导硕士研究生们做结构优化的研究，仅1978年就有葛增杰、李兴斯、姜敬凯、阴宗朋、喻永声、车维毅、关东媛、王希诚8人从事这方面研究。关于钱令希是如何培养大工的年轻学者进行结构优化设计研究，从王希诚在纪念恩师钱令希90寿辰文章的叙述中，可窥一斑：

>"Ligand-receptor Interaction Analysis and Drug Molecular Design Based on Grid Computing"是一篇研究优化设计在药物分子设计领域应用的论文。在选这篇论文作为祝贺恩师钱先生90寿辰的论文时，回想在老师指导下的学习情形，感触很深。1965年刚入大学不久，辅导员刘淑珍老师通知我，钱先生要参加我们讨论学习方法的班会，并让我和另两位同学做重点发言。当时我很腼腆，又近距离面对崇拜的

---

① 钱令希：关于结构优化设计中的主观信息.《计算结构力学及其应用》，1985年第2卷第2期，第69-74页。
② 苏恩泽：《智战时代与智战略》. 北京：昆仑出版社，1998年，第125页。
③ 隋允康：钱令希院士毕生的重要贡献.《北京工业大学学报》，2016年第42卷第12期，第5页。

老师，话都讲不流利；但钱老师却一直在和蔼地听着。从那时起，就有一种要从师钱老师做研究生的强烈愿望。然而天不从人愿，不久之后开始的动乱使我们丧失了稳定的学习环境。直到1978年，作为"文化大革命"后的第一批研究生，我才有幸又得到钱先生的指导而进入优化设计这个研究领域。我国关于结构优化设计的研究工作是在先生的倡导下于20世纪70年代初展开的，由于众所周知的原因，我们在这一领域的研究比国际上晚了20年，当时还是一个崭新的领域。如何加快我们的工作，缩小与先进国家的差距，是摆在我们面前的挑战性问题。先生洞察到国际上结构优化领域"研究工作比较活跃，应用方面显然落后"的现状，指出应该在研究优化理论、算法的同时，加大软件和工程应用方面的研究力度，从而明确了研究工作的方向。为推动我国结构优化研究的发展，钱先生亲自收集结构优化的国际文献并出版了论文集，到各工程设计院调研，聘请外籍专家讲学，选派业务骨干出国留学，开展了通用结构优化设计软件DDDU系统的研制，短时间内使我们在这一领域的研究水平得到飞速提高。……1982年秋，先生让我参加了DDDU的研发工作，跟随隋允康教授发展结构优化设计软件并向工程部门推广应用。按先生的指导，在航空、交通、土木和化工等领域做了一些实际工程结构的优化设计，产生了良好的经济和社会效益。1987年，我被派送到英国利物浦大学进行合作研究时，先生还专门谈了要致力于结构优化的实际应用问题。回国后，我希望开展结构优化设计的并行计算方法的研究，得到先生的肯定和大力支持，先生还推荐我申报国家自然科学基金项目，此后，我在高性能计算方面的工作一直得到先生的鼓励。

　　回到论文集中的这篇论文。记得是1998年，为培养研究生而选题时，先生找过我，希望我开展遗传算法方面的研究。先生说：演化设计算法的研究很重要，早在20世纪70年代末，我们就想送留学生到Holland教授的研究组进修，现在看来，那时没送是个失误，现在应该抓紧这个方向的工作。这是先生对我的又一次关键性指导。在学习国内外文献的基础上，我们结合已有的优化基础，对遗传算法进行了改进，并在两类问题上进行了深入的工作：一是在结构优化设计领域，对于一些灵敏度分析困难的复杂工程结构设计问题，如受随机载荷作用的结构设计，受交变载荷作用的结构的安定性设计等开展了基于遗传算法的演化设计研究；二是开展了多学科优化研究，如在药物虚拟筛选中用演化类算法进行分子构象优化。本文开头提到的献给钱老的贺寿论文就属于在这方面开展的工作，是将结构优化上的研究成果扩展到交叉学科的跨学科研究上。

回顾自己在结构优化设计领域近30年的工作经历，每到关键时期，总能得到钱先生的及时指导，受益匪浅；惭愧的是做出的成绩不多，距离先生的要求相差甚远。优化设计追求快捷准确，科学研究工作讲究一丝不苟，现实生活提倡老老实实做人，这些品格在先生身上得到完美的融合。先生爱国敬业、矢志不移的高尚品德，锐意创新、求真务实的治学风格，提携后辈、传道授业的献身精神为我们树立了一代宗师的风范。①

另外，1979年，钱令希派大工的青年教师丁殿民、隋允康去长沙参加李炳威教授举办的结构优化讲习班。1981年暑期，他们又赴哈尔滨参加王光远教授举办的美国华裔土木工程专家郑毅②讲授的结构优化讲习班。参加讲习班的学员普遍感觉郑毅所讲的内容难懂，为此，王光远教授决定利用下午学员自学的时间，安排人予以辅导，他考虑到隋允康是钱令希的高

---

① 王希诚：钱老师指导我学优化。见：林家浩主编，《力学与工程应用》。大连：大连理工大学出版社，2006年，第295-296页。

② 郑毅（Franklin. Y. Chen），原名郑继圆，江苏省靖江市八圩镇人，1937年生。幼年离家去香港、台湾。1960年，靠半工半读，获台湾成功大学土木工程学士学位。之后留学美国，就读于伊利诺伊大学。获得土木工程硕士后参加了工作，参与了芝加哥高楼及核子发电厂设计工作。接着到威斯康星大学攻读博士学位。1966年取得大学博士学位后，受聘为密苏里大学罗拉分校助理教授，1987年被密苏里大学总校董事会选聘为董事会特座教授。郑毅是位令人尊敬的教育家，也是在土木工程领域享誉世界的著名专家。将计算理论应用于大型复杂结构的动力分析领域，郑毅是公认的创始人之一。他前瞻性的研究成果，使工业界认识到自动化计算方法在土木工程中极其重要的地位。他还将自己多年在计算理论方面的研究成果拓宽到结构优化和智能结构等新的领域中。参见：《享誉世界的华裔土木工程专家郑毅》，载《华人时刊》，2014年第1期，第71页。

足之一，就请隋允康天天下午辅导上午郑毅的讲课内容。[①]学员们很满意隋允康的辅导讲解，他们既感谢王光远的精当安排，又佩服钱令希强将手下无弱兵。

当时，结构优化设计有两条途径：一条是依靠数学规划，其理论基础强，并有通用性，但实际应用比较困难；另一条是依靠一些简明的准则，来指导优化的算法，它便于工程实用，但仅限于部件截面的优化问题，因此有局限性。在这类问题上，钱令希领导大工的团队研究表明，两条途径实际是可以统一的，都可归结到序列数学规划的算法上来。这个结果和当时国际上几位先进学者的工作一致。但是，人家是先行10年后才走到这一步的。钱令希和同事们进一步研究，在1983年发表了《工程结构优化的序列二次规划》一文，找到一条比序列线性规划更为切合实用的途径。在这个基础上，他带领大工的研究队伍开发了DDDU程序系统。这个系统后来有4个版本，逐步从研究性的优化程序发展到切头面向工程应用的程序。这个程序比较完善，得到工程界的应用，也为国外同行重视。在工程应用上为国家节省了大量钢材。这项成果于1985年获得了国家级科技进步奖。1990年，钱令希与钟万勰、程耿东、隋允康、王希诚、林家浩等共同完成的项目"结构优化设计的理论与方法"获国家教育委员会1990年度科学技术进步奖一等奖（获奖证书颁发日期为1991年7月），又于1991年获国家自然科学奖二等奖（钱令希排名第一，一等奖空缺）。钱令希主持完成的该获奖项目，在《人民日报》刊发的报道《高校已成为科技大军的重要力量》中被特别提及：

在1991年度获得国家科技奖励的958项优秀科研成果中，高校参加完成的有223项，占获奖总数的23.2%。在获奖项目中，国家自然科学奖53项，在公布的52项中，高校有33项获奖，占公布的此类获奖项目的63.5%，是历次获奖比例最高的一次。此类奖一等奖空缺，

[①] 隋允康：钱令希先生倡导研究计算力学和结构优化的大境界。见：王希诚、武金瑛、谷俊峰主编，《科学殿堂的力学之光：第五届全国力学史与方法论学术研讨会文集》。大连：大连理工大学出版社，2011年，第27页。

高等学校获得的二、三、四等奖，分别占公布的相应等级获奖项目数的44.5%、61.3%、83.3%，充分显示了高等学校在自然科学研究方面的强大力量。获得该类二等奖的大连理工大学钱令希等研究的"结构优化设计的理论与方法"首次将序列二次规划引入结构优化领域，解决了国际上公认的难题，使我国在该领域的研究进入世界前沿。①

图 7-20　钱令希编著的《工程结构优化设计》讲义正文及其附图的封面（张忠鸣提供）

钱令希在带领大连工学院的队伍进行研究的同时，也同时对他们的工作进行总结，具体的工作就是编写《工程结构优化设计》一书（图 7-20）。1981 年春天，钱令希健康状况不佳，组织上把他送进了干部疗养院。在半年多的疗养期中，他没有好好休息，而是抓紧这段难得有的完整时间，潜心著述，编写这本书。在疗养院里，他带去一沓沓国内外的科技文献，度过了伏案拼搏、紧张战斗的日日夜夜。②另外，他也邀请大工研究结构优化设计的得力干将程耿东和隋允康分别撰写其中的两章。1981 年 6 月，该书稿分正文《工程结构优化设计》和插图《工程结构优化设计（附图）》两部分，先由大连工学院内部印刷，供大连工学院工程力学研究所、水利系等系所的有关专业研究生研习工程结构优化设计课程使用，后又编印其勘误表。1983 年 3 月，《工程结构优化设计》由水利电力出版社出版。关于本书编写的背景与目的，钱令希在该书的《前言》中写道：

---

① 焦辛文：高校已成为科技大军的重要力量 去年国家科技奖励项目高校占五分之一以上。《人民日报》，1992 年 1 月 13 日，第 3 版。

② 孙懋德、傅国智：发挥共产党员在建设"两个中心"中的先锋模范作用——记大连工学院工程力学研究所研究室党支部。《高教战线》，1982 年第 9 期，第 8 页。

随着时代的发展，对工程结构的要求越来越高，结构设计需要考虑的因素也越来越多，用传统的设计方法已难以解决这样复杂的问题。因此，要把结构设计做到尽量符合理想，就需要有符合现代化的结构优化理论和方法。

尽管现代化结构优化设计的研究工作已经进行了多年，但在应用方面尚未普及。这主要是由于过去的研究工作与实际应用的结合不够，理论和方法还不够成熟，在设计中存在一些传统的工作习惯，对新的工作方法还不易接受。为解决这些问题，急于求成是不可能的，需要从现实的情况出发，循序渐进，多作宣传普及，将新的理论和方法逐步地应用于实际，为工程建设服务。这也就是本书的编写目的。[1]

《工程结构优化设计》是用工程力学的观点介绍结构优化设计的理论和方法，全书共分七章，内容包括：绪论；分部优化法；整体优化和分部优化的结合；统一的整体优化及DDDU程序系统；几何规划的应用；线性规划的应用；若干优化理论的探讨。该书是我国这一领域的第一本学术专著，同年7月被中国出版工作者协会评为首届（1983年度）全国优秀科技图书一等奖[2]。另外，在钱令希的指导和鼓励下，程耿东为配合读者阅读《工程结构优化设计》而编写的《工程结构优化设计基础》，于次年3月也在水利电力出版社出版。程耿东在本书的前言中写道，"在笔者近年来学习和研究计算结构力学的过程中，钱令希教授一直给予悉心的指导和热诚的鼓励……本书着重介绍工程结构优化设计的基本概念、理论和常用方法，并充分注意反映最近几年来国内外结构优化研究的新成就和新动向……内容的安排参考了1979年钱令希教授为大连工学院工程力学研究所研究生班开设该课程时的提纲……在内容取舍上还注意到和钱令希教授的专著《工程结构优化设计》相配合，尽可能提供学习该专著所需的基础知识"。[3]

---

[1] 钱令希：《工程结构优化设计》。北京：水利电力出版社，1983年。
[2] 孙懋德主编：《大连理工大学五十年纪事》。大连：大连理工大学出版社，1999年，第177页。
[3] 程耿东：《工程结构优化设计基础》。北京：水利电力出版社，1984年。

接着，隋允康的专著《建模·变换·优化：结构综合方法新进展》于 1996 年在大连理工大学出版社出版。这本书是隋允康在钱令希引导下，从 1978 年以来从事结构优化研究的系统归纳与总结。钱令希非常支持出版这本专著，书稿大样，先睹为快，爱不释手，欣然为该书作序，他写道：

……由于他勤于思考探索，又善于梳理表达，所以写得不落窠臼，别具一格，有启发性。

……领悟了当前各种优化方法和工程设计领域对它们提出的要求之后，作者在研究如何能更有效地服务于工程优化设计下了功夫；这一过程，又活跃了作者探索与创新的思路，作进一步的研究。

……作者在其他章也多有类似的探索与创见。他善于刨根问底，弄清楚问题的实质，又能从方法论入手，有所前进。附录"关于方法论的思考"作结尾，也颇具新意。①

由于"老帅"钱令希运筹帷幄，大工的计算力学方法和软件的成果为研究结构优化提供了基础和平台，该领域的研究也取得了很好的成果，从而带动了国内各高校、研究机构和工业部门结构优化的发展，同时也影响着日本、韩国、新加坡等周边国家和我国香港、台湾等地区结构优化的发展。② 20 世纪 90 年代，敏锐的日本早稻田大学的结构优化同行山川宏（Yamakawa）等教授发现了钱令希倡导的中国结构优化方向上的进展，他们主动到大连交流。钱令希委托程耿东和隋允康组织筹备，中日双方在大工，于 1994 年 7 月 25 日在大工召开了首届"中日结构和机械系统优化设计研讨会"。这是一次研讨中日双方有关结构优化设计理论与应用方面的最新进展的高水平研讨会，中日双方 22 位学者出席，交流学术论

---

① 隋允康：《建模·变换·优化：结构综合方法新进展》。大连：大连理工大学出版社，1996 年，卷首第 1-2 页。

② 隋允康：钱令希先生倡导研究计算力学和结构优化的大境界。见：王希诚、武金瑛、谷俊峰主编，《科学殿堂的力学之光：第五届全国力学史与方法论学术研讨会文集》。大连：大连理工大学出版社，2011 年，第 18-19 页。

文21篇。钱令希任会议中方主席，并在开幕式上致辞。[①] 1995年，由北京航空航天大学夏人伟和黄海教授参与主办，在北京召开了第二届研讨会。1999年，韩国研究结构优化的学者闻讯要求加入，于是，中日学者的研讨会扩大成了中日韩学者的研讨会，当年10月在西安，由现在西安电子科技大学段宝岩教授参与主办，举行首届"中日韩结构和机械系统优化研讨会"（The China-Japan-Korea Joint Symposium on Optimization of Structural and Mechanical Systems，简称CJK-OSM会议），2002年在韩国釜山召开了第二届CJK-OSM会议。从此，每隔一年，轮流在中日韩三国召开这一地区会议，到2014年共举行八届。2016年，CJK-OSM会议又一次扩大为亚洲结构与多学科优化会议（The Asian Congress of Structural and Multidisciplinary Optimization，简称ACSMO会议），并首次在日本长崎召开。2018年5月下旬，由大连理工大学运载学部工程力学系和工业装备结构分析国家重点实验室承办的第二届亚洲结构与多学科优化会议，即ACSMO 2018会议在大连富丽华大酒店成功举办。

可见，在结构优化研究方面，钱令希是将面上的号召与点上的营建结合起来的，点上的成果对于面上起到了示范和演示作用。在他的悉心领导和苦心经营下，中国学者的研究在世界的结构与多学科优化领域里占有重要地位。对此，钱令希的学生和曾经的科研助手，上海交通大学教授林少培（图7-21）回忆道：

图7-21 2001年7月28日，钱令希在上海与出席EPMESC' Ⅷ会议的力学同行、同事合影（左起：林少培、钱令希、钟万勰、林家浩）

1979年，钱先生安排我参加中国理论与应用力学代表团到美国

[①] 孙懋德主编：《大连理工大学五十年纪事》。大连：大连理工大学出版社，1999年，第367页。

去考察，专门了解美国在计算力学方面的进展。我横跨美国的东西南北，访问和考察了25所著名的大学和研究单位，同那里的主要专家们开展面对面的交流，我发现：尽管美国在计算力学发展方面有硬件和传统的优势，但是总的估计，我们同他们之间尚不存在一般所想象的"技术断层"。我们的研究方向如钱先生所领导的结构优化设计学科、唐立民教授为首的有限单元法的数学理论和钟万勰所进行的复杂结构分析程序技巧等均紧紧地"咬"住美国的研究前沿，当我向美国专家们介绍我们科研团队在计算结构力学和特殊壳体强度和稳定方面的研究工作时，引起他们很大的兴趣，有的十分惊讶。如洛杉矶加州大学（UCLA）的国际结构优化权威L. A. Schmit教授、麻省理工学院的有限元数学理论专家卞学鐄教授（T. H. H. Pian）和伯克利加州大学（U. C. Berkeley）的有限元程序专家E. L. Wilson教授等。在美国科学界有些人原先误以为"大陆中国"科技落后得不知"有限元"为何物，我告诉他们，有限元已是我们大学力学本科生的必修课程，使这些美国同行们跌破眼镜。通过此次访问，不仅达到交流情况的目的，同时也为今后中美间的科技合作沟通了渠道。由访美亲自的经历和目睹的事实，使我进一步体会到钱先生在学科研究方面"敢为人先"和"敢争人先"的精神，体会到他敏锐的学科洞察能力，更体会到他"虚心学习洋人，但不迷信洋人，目的超过洋人"的科研辩证观。[①]

当时来访的国际《工程优化》杂志主编、英国利物浦大学的坦普尔曼教授也曾给予很高的评价："通过DDDU，我很惊讶和高兴地发现，在学者、学生和主要行业间有如此多的关于优化设计研究的合作。这个由大连工学院开发的计算机程序，是一个非常好的系统。利物浦的研究组没有开

---

① 林少培：作为一个学生和钱先生相处的几十年。见：林家浩主编，《力学与工程应用》。大连：大连理工大学出版社，2006年，第277-278页。

发出这样的程序,但希望能与大连工学院合作。"[1] 1996 年,坦普尔曼在给隋允康专著《建模·变换·优化:结构综合方法新进展》撰写的英文序言中,也详细描述钱令希领导的大工力学所团队,在结构优化研究方面的成果,已达到国际前沿的水准。他写道:

> 大连理工大学因其在计算力学上的卓越表现而享誉全球;而对于本书所涉及的结构优化领域,大连理工大学毫无疑问是中国的顶级研究机构,不仅是最好的并且具有长足优势。大连理工大学的结构优化研究,已得到国际上的高度认可。我想借此机会,表达我的敬意。
> ……
> 在整个 20 世纪 60 年代和 70 年代,结构优化研究的重心似乎位于美国和欧洲之间的大西洋中部。直到 20 世纪 80 年代初,我才开始发现中国人对结构优化的兴趣。我第一次这方面的接触纯属偶然,它始于我接到来自斯旺西大学的辛克维奇教授打来的电话,他请我招待他的两位来访的中国学者在利物浦一日游。做好了访问安排以后不久,我如期在利物浦的办公室见到了钱令希教授和程耿东教授。那时,我对他们的名字和他们所在的机构毫无印象,甚至对于他们来自的城市——大连也一无所知。
> 因此,令我感到特别讶异的是,这些中国学者对结构优化的了解,即使不比我多,至少也与我相当;而且他们有一个蓬勃发展的结构优化研究小组,其规模比当时欧洲或美国的都还要大。对我来说,那次会见就像发现水分子有三个氢原子而不是传统上认为的两个氢原子一样,而结构优化活动的重心突然转移到新加入的中国维度上。
> 那次会面使我与大连理工大学建立了长期的研究合作关系。我很快就意识到:他们的学术研究质量非常之高,值得尊敬!而这不仅仅是对钱令希和程耿东教授而已,对这个研究小组的其他成员:钟万勰、隋允康、李兴斯,以及随后在利物浦与我共同研究的众多工作人

---

[1] 王希诚:钱老师指导我学优化。见:林家浩主编,《力学与工程应用》。大连:大连理工大学出版社,2006 年,第 295-296 页。

员和学生，我都有同样的感觉。与大连的所有互动与合作，对我来说都是如此值得，一个不变因素在于，他们所付诸实施的研究理念是成熟的。通常，众多的研究都是在一个明确界定课题的边界上逐步地向前推进，虽然这也是有回报并令人满意的工作，却鲜少令人振奋。但对我和我在大连的同事来说，研究的兴奋来自试图对整个研究领域进行不同的思考，努力从根本上创新，而不是轻轻地向前推进。虽然这并不总会成功，但尝试却令人兴奋，甚至失败也会让人洞察新的见解。

……本书清楚地表明，隋教授延续了钱教授等人的传统，那是20世纪80年代我在大连理工大学所看到的优秀水平，并在90年代得到了保持和提高。[1]

2015年，钱令希当年着力培养的程耿东当选为ISSMO（国际结构与多学科优化协会）主席也是一个很有说服力的印证。的确，在大连理工大学，从钱令希领导的结构优化研究团队，发展到程耿东领导的结构与多学科优化研究团队，现在人多力强，成果丰硕，对于国内同行有示范作用，对于国际同行有辐射作用。[2] 2019年5月，大连理工大学这支团队同北京航空航天大学的黄海团队合作，在北京的国际学术交流中心，召开"第13届结构与多学科优化世界大会"（WCSMO-13）。

国际学术交流中的赵州桥力学分析

1984年6月，钱令希出访瑞典、英国，考察了英国的牛津大学、剑桥大学、伦敦大学等高校。在访问剑桥大学时，钱令希获赠剑桥大学工学

---

[1] 隋允康：《建模·变换·优化：结构综合方法新进展》。大连：大连理工大学出版社，1996年，卷首第3-6页（由隋允康于2019年4月翻译）。

[2] 隋允康：钱令希院士毕生的重要贡献。《北京工业大学学报》，2016年第42卷第12期，第6页。

院院长海曼（J. Heyman）教授新作《圬拱》(*The Masonry Arch*)。海曼是一位从事结构力学极限分析理论教学与研究的专家。在这本书里，他把塑性理论用于圬拱结构分析。钱令希受此启发，回国后开始以弹塑性分析法（极限分析法），计算隋朝工匠李春领导建造的赵州桥的受力状况。分析结果令人瞠目结舌：1400年前的石拱桥，压力线和拱轴线是重合的，李春等人设计的桥竟然符合现代力学的原理！1985年春，钱令希据此工作写成的英文论文"New Insight into Ancient Stone Arch Bridge—The Zhao-zhou Bridge of 1400 Years Old"完稿，并寄给应用力学和机械科学领域内具有广泛国际影响的重要学术刊物《国际力学学报》(*International Journal of Mechanical Sciences*)（图7-22）。1987年12月，此文发表在该刊29卷第12期。差不多同时，该文的中文版《赵州桥的承载能力分析》在中文期刊《土木工程学报》第20卷第4期发表（图7-23）。

图7-22 钱令希英文论文"New Insight into Ancient Stone Arch Bridge—The Zhao-zhou Bridge of 1400 Years Old"中刊载的赵州桥照片

1988年春，钱令希出席列日大学颁授名誉博士学位典礼期间，做了题为《1400年前古老的中国石拱桥——赵州桥的计算力学分析》的学术报告（图7-24）。他以论文"New Insight into Ancient Stone Arch Bridge—The Zhao-zhou Bridge of 1400 Years Old"为蓝本，向国外同行详细介绍了中国古代赵州桥的力学结构和特点。报告后的讨论十分热烈，与会者对钱令希的分析十分感兴趣，也使我国古代文明赢得了国外学者的赞赏。[1][2] 对此，20世纪90年代初，钱令希在接受《一盏文化

---

[1] 钱令希教授接受以比利时国王的名义颁发的列日大学名誉博士学位.《大连理工大学校报》，1988年5月6日，第1版.

[2] 钱昆明：怀念父亲钱令希.《大连理工大学报》，2012年4月13日，第4版.

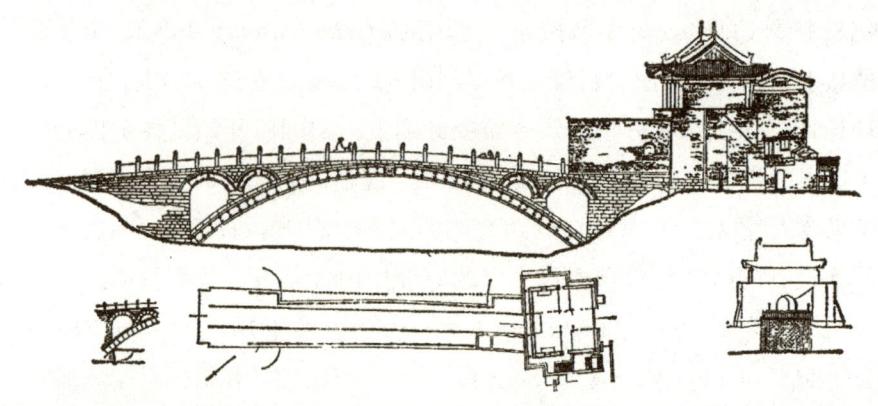

图 7-23 钱令希的论文《赵州桥的承载能力分析》中刊载的赵州桥线条图

的灯火》摄制组访谈时，详述此事的原委：

> 1984年，我到英国剑桥大学访问，碰到该校工学院院长、结构力学专家海曼教授。他就给我讲，他们300年前造过一座拱桥，如何如何。我心里想，我们1400前还造过赵州桥，而且这个桥的式样跟今天现代化的桥梁基本上是一样的。回国后，我就查了一下资料，并用现代力学理论进行计算、验算，结果令我非常兴奋，简直不敢想象，在1400前科学还没有发展起来的时候，我们的祖宗完全凭灵感，凭自己的一种天才，能造出这样的一座桥，而且到今天，这座桥还是完好的。这样的一座桥保留下来，增添了我许多自豪感，激起对中国前途的信心。1988年3月，我到比利时去讲学时，就把它作为讲学的内容之一，引起比利时同行们非常的钦佩，我自己也觉得脸上很有光彩。[①]

20世纪90年代末，关于赵州桥的计算力学分析，钱令希也在大工为工程力学研究所和工程力学系的师生做过报告。隋允康教授在听完这个报告后，就问正在他指导下做博士论文的杨德庆（现为上海交通大学船舶海洋与建筑工程学院教授）："听了钱先生的报告有什么想法？"杨德庆答道：

[①] 辽宁电视台、辽宁教育出版社录制：一盏文化的灯火——大连理工大学教授钱令希。见：录像带《电视台录制播放的有关钱令希节目集锦》，1996年2月录制。录像带及其电子版存于采集工程数据库。

"师爷太了不起了！"隋允康说："当然，可是我希望听到你联系自己的博士论文工作。"杨德庆的博士论文工作是编制程序，实现隋允康提出的连续体结构拓扑优化的 ICM（独立、连续、映射）方法。隋允康指出：如果用刚刚调通的 ICM 方法拓扑优化软件

图 7-24　1988 年 3 月，钱令希在列日大学做题为《1400 年前古老的中国石拱桥——赵州桥的计算力学分析》的学术报告

计算赵州桥的最优拓扑构型，有可能从另一个途径印证赵州桥的奇迹，他立刻把赵州桥的载荷、边界条件等告诉了杨德庆。杨德庆马上去实验室计算，不久就算出了一个同赵州桥极为相似的拓扑形式。隋允康立即打电话让钱令希一起分享快乐。他们都同时为赵州桥的建造者李春的设计竟然同弹塑性理论和连续体拓扑优化 ICM 方法的高度吻合而赞叹不已！[①]

当时，钱令希恰好要去新加坡参加"陈嘉庚技术科学奖"颁奖大会，会议举办方要他做一个学术报告。钱令希计划做一个题为《结构优化》（"Structural Optimization"）的学术报告，以展示大工工程力学研究所近年在结构优化领域所取得的成果。于是，钱令希让隋允康帮自己采访所里有关老师们，替他做一套体现全所研究成果的幻灯片。并且叮嘱，务必也要把拓扑优化的奇妙结果连同压力线和拱轴线重合的奇妙结果，同时做到演讲用的幻灯片中。果然不出钱令希的预料，国外学者听了他的学术报告后，对于赵州桥经得起两种不同力学方法的验证而感到万分吃惊，他们对中国古代文明予以高度赞赏（图 7-25，图 7-26）。[②]

钱令希就是在这种国际学术交流的场合，借助现代科学分析方法在世

[①] 隋允康：追求完美——母校熏陶所养成的素质。见：《追求完美——献给母校校庆六十周年》。大连：大连理工大学出版社，2009 年，第 51 页。

[②] 隋允康：钱令希院士毕生的重要贡献。《北京工业大学学报》，2016 年第 42 卷第 12 期，第 4 页。

图 7-25 1998 年 4 月，钱令希在新加坡的学术报告 "Structural Optimization" 所用的幻灯片赵州桥图片

图 7-26 1998 年 4 月，钱令希在新加坡的学术报告 "Structural Optimization" 所用的幻灯片之一

界上展示了中华文明的成就和惊人的魅力，使国际同行目睹了中国科学家以现代科学的手段验证了古老华夏大地发生过的奇迹。

对赵州桥的理论分析是钱令希首次用现代力学方法做出的很有意义的工作，他的现身说法引导隋允康等后辈力学研究者继续跟进。隋允康虽然在塑性力学和结构拓扑优化两个方面都印证了赵州桥的科学性而感到高兴，但又为最终拓扑构型在局部细节上与赵州桥的不一致而奇怪。为此，他仔细考察优化计算模型，发现基结构当中漏掉了埋置在土中的引桥部分。于是，他指导博士生彭细荣（现为湖南城市学院教授）按照修改正确的基结构，采用 ICM 方法进行拓扑方法计算，得出的结构拓扑构型与赵州桥结构更加吻合。① 后来，隋允康又指导博士生边炳传（现为山东泰山学院教授）用 ICM 方法计算赵州桥算例。结果表明，无论按弹塑性理论还是按结构拓扑优化，赵州桥都契合现代力学理论。对此，钱令希曾经同隋允康讨论说："李春早于牛顿 1000 多年，那时还没有力学，怎么会有这种符合力学原理

---

① 邱棣华、邱爽、邱犖：《经济发展与力学》。北京：北京工业大学出版社，2012 年，第 89 页。

的结构设计？"隋允康回应道："古代工匠也许通过类似于生物进化的方法，一代一代在改进设计中使结构渐渐安全，以至于达到符合力学原理的程度。"钱令希认为隋允康的这个想法挺有道理。①

---

① 隋允康：《平衡·协调·本构——趣谈力学三要素与老子"二生三"之道的巧合》。北京高校力学教育与学风建设研讨会特邀报告PPT，2019年1月19日。

第八章
功勋教师

钱令希曾言:"培养人才要有一种感情。[①]"从 1942 年 8 月起,他先后在云南大学、浙江大学、大连理工大学任教近 70 年,从一名普通的大学教授到大学校长,再到具有战略眼光的教育家。在知识越多越反动的动乱时期,他苦恼极了,痛惜教育的荒废。"历劫终教志不灰",但他培养人才的坚定心志从来就没有动摇过,长期养成的感情也没有随时间的流逝而减弱,相反却越来越加强。1994 年 9 月的第十个教师节前夕,他被辽宁省人民政府授予辽宁有史以来的第一批"功勋教师";2009 年 6 月,他又被推选为"大连理工大学建校 60 周年功勋教师"。"功勋教师,既是教育实践家,又是教育理论家。[②]"他"最大的成就不仅在他的学术上,更在育人上。[③]"《钱氏家训》中有云:"兴学育才则国盛。"钱令希对《钱氏家训》了然于胸并一生践行,在兴学育才回报社会做出了令人瞩目的成绩。他的育人成才与学术创新是相映成辉的道与德高境界的本质体现,毕生带着浓厚的感情致力于做人做学问只不过是表象而已。

[①] 钱令希院长在全院大会上的讲话。《大连工学院校刊》,1981 年 11 月 27 日,第 1、2 版。
[②] 于月萍、宁安生:辽宁省功勋教师的教育观研究。《教育研究》,1996 年第 17 卷第 3 期,第 68 页。
[③] 著名力学家钱令希。见:陶福贤主编,《枝繁叶茂钱王后裔名人录》。杭州:浙江大学出版社,2008 年,第 173 页。

永远的讲堂

钱令希不仅有科学研究和工程实践的热情，而且也有讲课的激情。在他心中，教学甚至具有高于科研的神圣地位。这从他于 1998 年暑期赠送给即将离连赴京任职的隋允康教授的墨宝中可见一斑："勤科研工作，理所当然。乐教学工作，难得难得。乐教学，教学乐，快乐教学"（图 8-1）。

1943 年 10 月下旬，钱令希跟之前在叙昆铁路工程局的同事兼好友刘恢先谈及云南大学的一年力学教学体验时，津津乐道，说有机会还想重拾教鞭。这直接促使他于不久后的 1943 年 12 月被浙江大学工学院代理院长王国松聘为土木系教授。加盟浙大后，他便为土木系大四学生开设选修课高等结构。在课堂上，他会向学生介绍学术研究的基本常识和他自己的研究内容。例如，在给 1946 届土木系上课时，他曾介绍美国土木工程师学会 Proceeding 和 Transaction 的区别，并将他当时正研究的悬索桥理论的相关成果扼要，在学期结束前印发给学生参考学习。[①]

1949 年秋季学期，钱令希继续为浙大土木系大四学生开设高等结构选修课，但这一届选课的只有胡海昌和潘家铮两名学生。在课堂里，他用讨论交流的方式教学，有时候他给他们看自己的讲稿提纲，鼓励

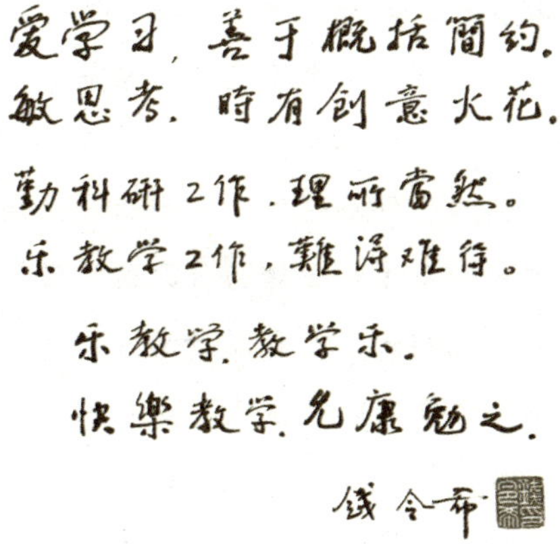

图 8-1　1998 年暑期，钱令希为即将赴任北京工业大学的隋允康题词（隋允康提供）

---

① 周善生：时逢盛世忆当年——漫话浙大土木系。见：贵州省遵义地区地方志编纂委员会编，《浙江大学在遵义》。杭州：浙江大学出版社，1990 年，第 193 页。

他们提出意见。当学生提出有意义的新见解时，钱令希就鼓励他们把想法写成文章，同时也吸收到自己的教材中去。师生之间切磋琢磨，教学相长，双方都感到是一种精神上的享受。关于钱令希的这种"启发式认真教"的教学模式，多年以后的2006年，已是两院院士的潘家铮在庆祝恩师90岁华诞的文章里写道：

> 印象最深的就是老师那种以启发学生思考为主的教学方式。我自童年读百家姓开始到小学、中学，无日不在"先生满堂灌输、学生死记硬背"中度过，已经把这种模式认为天经地义。听了老师的课真有耳目一新的感受。老师开的是高等结构学，他在讲了枯燥和深奥的柱比法（一种分析拱结构的方法）后，话题一转："外国人的钢筋混凝土拱都是整体结构，不让开裂的，而中国人在几千年前就能用一块块的石头砌成一道拱，同样能承受极大的荷载，秘密在哪里？"还指示我们想一想"中国拱"上面回填的土和石起了什么作用，甚至指出大的石拱桥拱洞两侧常镶有一副石刻对联，可能起什么作用？他提醒我们：大自然会将一条悬挂的链索形成一条"悬链线"，使之处处受拉，如果翻个身就是处处受压的拱，等等。一番话引得我遐思绵绵，而且悟出一条道理，一个不连续、柔软的结构，给它一些条件，会起到和刚性结构一样的作用，甚至更好！……他要引入一种新思路时总从身边的事谈起。譬如说，六角形蜂巢的底部由三块菱形片封底，菱形都有个固定的角度，蜜蜂为什么这么做？是否想用最少的材料得到最大的空间？又指出，人和动物的骨骼是中空的，为什么？空洞和骨壁厚度应该是个什么比最合适？以此把"优化"的概念引给我们。
>
> 钱老师打破了"先生讲、学生听"的模式，他让学生们上台讲自己的读书心得和研究成果，由大家评论。我还记得第一个上台的是胡海昌，讲了他创立的分析桁架的"通路法"。[1]

---

[1] 潘家铮：师恩似海永难忘。见：林家浩主编，《力学与工程应用》。大连：大连理工大学出版社，2006年，第271–272页。

后来，钱令希把当时的讲稿，并结合学生们的新见解，撰写成结构力学教材《超静定结构学》，并于1951年由上海中国科学图书仪器公司出版。另外，钱令希为浙大土木系大三（上）的课程"结构（一）"编写的讲义《静定结构学》，在后来参考苏联专家的相关著作后，于1952年由上海中国科学图书仪器公司出版。这本教材中的不少内容也是教学过程中师生互动的心得和成果，如胡海昌提出的"通路法"。另外，在《静定结构学》的序言中，钱令希特地介绍并推崇苏联专家、科学硕士、副教授索科洛夫（А. Г. Соколов）关于讲课的观点：

"讲课是高等学校中教学的基本方式，因此我们对于讲课应该有严格的要求，讲授课程应按照一定的科学的和逻辑的系统，包括这门课程的基本原则和基本问题，而不应掺杂一些不必要的细节。"

"讲课时应该把科学的理论和定理与社会主义建设联系起来，同时应该是一个有机的联系。"

"在上课时必须注意说明物理现象，不能被数学计算所蒙蔽而忽略了物理现象。数学这一工具只应该用来证实过程中的物理方面，而不能成为教学目的。"

"我们常常碰到这种情形，学生非常精彩地做出数学的答案，默写出许多公式，但是完全不了解物理现象，这种知识我们不能认为满意的。"

"讲师应该善于培植学生的科学的思考能力。"

这些经验指示真是十分可贵的。对于保证教学质量来说，不论是结构学或其他任何课程也好，都是最重要的关键。特地摘录以供大家一起来思考。[1]

1952年从大工土木系到1958年建立应用数理系（数理力学系），钱令希一直在讲授结构力学，也就是《静定结构学》和《超静定结构学》合二

---

[1] 钱令希：《静定结构学》。上海：中国科学图书仪器公司，1952年，序言页。

为一的课程，直到 1962 年，他才把结构力学课程交给了钟万勰去上。以后，钱令希又讲授结构稳定理论课程。1979 年 63 岁时，他在大工工程力学研究所首次为研究生开讲结构优化设计，以后这门课程陆续传递给程耿东、隋允康、王希诚等更年轻的教师（图 8-2）。

钱令希善于鼓励年轻人在教学中发挥作用。1978 年，隋允康阅读了钟万勰的 DDJ 软件，他想：这个十分难懂的软件可以成为从事计算力学研究的基础平台，如果能够对原理、程序模块、实施和参数进行说明，那么，在从事不同方向上计算力学研究的各位老师手里，DDJ 软件就会变成一个起点高的法宝。到时候，大家既不会像他自己为了读懂程序而吃尽苦头，耗费许多时间，更不会因为高明的程序如同难懂的天书望而却步。于是他认真整理了阅读程序所写的笔记，补充和完善了基本原理，写了一本讲义《多单元结构分析的原理和程序实现》，征得了钟老师的同意，印成讲义发给各位老师，让大家利用 DDJ 软件作为计算力学研究方向的平台。钱令希和力学研究所副所长林少培老师慧眼识真，安排隋允康给研究生讲这门必修课。[①]

在教学实践中，钱令希也特别强调学生的自学能力，为此他曾说："通过自己的总结才能提高，这才是真才实学。"他要求学生每周写一篇学习总结，每月写一篇学习汇报。钱令希对学生们的学习总结汇报总是当面批改，若是发现学生的字写得龙飞凤舞，便会借机教育学生"写字像做人一样要认真对待"。[②] 另外，钱令希对学生课外作业的批改也是细致入微。曾经上过钱令希开设的结构极限分析选修课，后来留校任教的朱菊芬教授回忆说："还是上大学四

图 8-2　20 世纪 50 年代，钱令希在给学生上课

[①] 隋允康：《追求完美》。大连：大连理工大学出版社，2009 年 6 月，第 18 页。
[②] 蒋亮：钱令希：厚德笃学矢志创新。《教育与职业》，2013 年第 13 期，第 103 页。

年级的时候，钱令希老师给我们上结构极限分析选修课……就是这样一位力学大师，竟为我平时的一次课外作业做了详细的批改，并附上了一页写得工工整整的信纸。信的抬头是我的名字外加'同志'二字。钱老师首先肯定我在一道求解双层刚架极限载荷的习题中，采用了一种非同常规的方法，并得到了正确的结果，说明我在学习中开动了脑筋。接着，他指出我所用的方法缺乏普遍性，只适用于一些简单的对称结构。信的落款写着钱老师的姓名。更令我感动的是，下一次上课时，钱老师还没忘记问我是否弄清了问题。这件事似乎平常，却深深印在了我一生的记忆中。"[1]

钱令希从年轻时就形成了一种亲近听众的明朗的讲课风格，即概念叙述深入浅出、简洁流畅，理论推导化难为易、化繁为简，叙述表达通俗易懂、饶有风趣。对此，曾经上过钱令希的材料力学和弹性力学课程的大工水利系1955届校友石湘淼（1928—   ），多年以后在给钱令希的信中写道：

印象特深的是听您上课，讲得清晰、有条有理、重点突出、难点讲透、逻辑严密、概念明确，像磁石一般吸引着大家，让我们对力学产生了浓厚的兴趣。您不仅传授知识，而且讲究学习方法，真的，您给我们的不单是"干粮"而是"猎枪"，这是永远不会忘怀的厚意。听您的讲课诚是一种享受，我表示由衷地感谢。[2]

朱菊芬教授对钱令希授课的风格也有类似生动的描述：

凡是听过钱老师讲课的人，无不感到是一种艺术享受。他既能准确把握事物的本质，又能根据不同对象把深奥的道理用浅显的语言讲出来，有一种"举重若轻"的感觉，富有很强的吸引力。至今我还清

---

[1] 朱菊芬：在点滴中感佩大师。林家浩主编，《力学与工程应用》。大连：大连理工大学出版社，2006年，第289页。

[2] 石湘淼致钱令希关于寄借北京大学教授武际可等著《力学诗趣》一书的信，2003年5月2日。资料存于采集工程数据库。

楚地记得，钱老师把采用开孔（或倒圆角）的方式来改善结构在尖角处的应力集中，比喻为人穿衣服时的感觉。他说，如果把衣领的扣系得太紧了，人会感觉很难受，甚至喘不上气来，那就不如松松或干脆挖个圆领，人就感觉舒服了。如此的问题，让钱老师这么一讲，就再明白不过了。[1]

不仅课堂讲授如此，钱令希的学术演讲也如此，这种风格直至老年依旧保持。1993年9月，钱令希为大工力学专业本科生做了题为《纵观结构力学》的报告。他的报告虽然仅有70多分钟，但却"分析"了力学与技术的关系，纵观了两者发展的历史，论述了每个时期随着生产需求与技术进步必然引起结构力学发展的过程和今后的发展趋势。所涉及的学科领域包括力学、物理、规划论、控制论、计算技术和人工智能等。虽然涉及的内容和方法非常广泛，但是始终以力学基本概念和解决结构分析的策略思想为主线，将其恰到好处地统一起来。钱令希的讲解既入木三分、透彻见底，又深入浅出，机智幽默，易于接受。以至于当即就引起了学生讨论，他们纷纷提出问题。启发式教学由此可见一斑。[2] 润物无声，钱令希的这种讲课风格熏陶了周围的弟子和助手，他们也力求像钱先生那样为听众着想，让他们听懂，体察听众的水平；像钱先生那样运用智慧，用他们听得懂的话语体系去讲，搭建好学术高端与听众知识低端的桥梁；像钱先生那样去汲取积累的人生经验，包括生活经验、工程经验、研究经验，精心建构每次讲课和演讲的脚本。对此，曾经跟随钱令希在鲇鱼湾深水输油码头冲锋陷阵的青年教师、后来任大工力学系主任的曹富新等写道：

> 著名力学家、教育家钱令希院士最近为大学生做了一次题为《纵观结构力学》的科学报告。此报告原本是为工程力学专业的大学生准备的，去听讲者还有其他专业的大学生以及部分研究生、教师，使容

---

[1] 朱菊芬：在点滴中感佩大师。林家浩主编，《力学与工程应用》。大连：大连理工大学出版社，2006年，第289页。

[2] 周建新：《钱令希传略》。大连：大连理工大学出版社，2013年，第107页。

纳三百余人的大阶梯教室座无虚席。这次报告在学生中引起了强烈反响，从低年级大学生到研究生都有程度不同的收获，讲授多年课程的教师也深受教益。报告内容丰富，讲演精彩生动，极富吸引力。它是一场学术报告，也是讲授结构力学的课程，使我们从教学上受到了许多启迪。

……从钱先生的报告中我们深深感到，没有广博的知识就很难提出这样新的结构力学体系。在现代科学的发展中，学科之间日益互相交叉、互相渗透，知识面过窄既不利于学术上的发展，也会影响教学水平的提高。

……从钱先生在报告中提出的结构力学的新体系可以看到，结构力学高层次的发展是从全局上使结构力学与工程实际更加密切地结合。所提出的新概念、新思想、新方法又都适时地引出例证或工程背景，这也使报告那样的引人入胜，易于理解和接受，没有非常丰富的实践经验是不易做到的。有时我们感到自己的课讲得呆板、乏味，引不起学生的兴趣，其原因之一就是缺乏实践知识。

……这次请钱先生做报告，由于听讲者层次差别太大，我们担心许多人听不进去。实际情况是，不同层次的人都能听进去，而且听得入神，都有收获，都能从现有知识水平上汲取更深入的知识。当然做到这一点是不容易的。如果说讲课是一门艺术，那么我们从钱先生这里可以学到许多。这里当然包含着语言艺术，如比喻恰当、描述形象和逻辑清晰等。同时，钱先生的讲课又是非常讲究教学方法的，这样就取得了极好的效果。为了提高教学水平，我们也应该不断地学习、研究、改进教学方法。[①]

钱令希不仅为高校师生开设学术讲座，有时也会为一些大型企业的科技人员讲课。20世纪90年代初期，钱令希曾应上海宝钢集团教育委员会之邀，为宝钢专业技术人员做了一场学术报告（图8-3）。那天，宝钢

---

① 曹富新、杨春秋：课程改革浅议——听钱令希教授报告有感。《（大连理工大学）高等教育研究》，1994年，第3期，第27-30页。

职工大学的阶梯教室座无虚席，在主持者的一番介绍后，钱令希走上讲台，娓娓而谈，向与会的技术工作者介绍最新的科技信息，传授最新的科技知识，备受他们的欢迎。①

图8-3 20世纪90年代中前期，钱令希为上海宝钢科技人员做学术报告

钱令希从事高等教育事业中，教书育人，诲人不倦，他倡导的"启发式认真教"和"创造性自觉学"的理念，深受师生欢迎。

晚年，钱令希离开教学的第一线，但他对讲课仍情有独钟（图8-4）。例如，1998年9月，钱令希就给大连理工大学工程力学系大一新生上了第一节课。当年的学生张延卓后来回忆说："我大学的第一课就是钱先生给我们上的，

图8-4 20世纪90年代，耄耋之年的钱令希仍钟情三尺讲台

记得是1998年的夏天，在力学楼207室。大学期间钱先生还来听我们的力学基础课。"另外，钱令希对讲课的激情，也体现在他晚年随堂听课的过程中。2002年春新学期伊始，已经86岁高龄的钱令希，选择大连理工大学理论力学和工程力学两门本科生基础课进行全程听课。其中听李心宏教授主讲的理论力学共计24学时，4月2日听完最后一节课后，他登上了讲

---

① 樊纯诗：企业教育模式的嬗变——校企合作在宝钢的实践与思考.《教育发展研究》，1999年，99合作教育专辑，第23-27页。

台亲自给学生讲课。钱令希深入课堂听课，关注本科生教学的事迹，《光明日报》《中国教育报》《科学时报》《辽宁日报》《大连日报》以及大连广播电台等媒体陆续进行了报道。其中《光明日报》报道：

　　一位银发皓首的耄耋老人端坐在教室的一角，与大学生一起认真倾听着老师的讲授。这是记者近日在大连理工大学2001级的工程力学课上目睹的动人情景。这位老人便是中国科学院院士、大连理工大学教授钱令希。从本学期起，他悄悄地走进大学课堂，当起了一名"编外大学生"。

　　钱先生今年已86岁高龄，应该颐养天年了。可是，作为一名老教育家，他一直都在关注着中国教育的走势、大连理工大学的发展以及大学生的成长。特别是看到教育部下发的《关于加强高等学校本科教学工作提高教学质量的若干意见》后，他的心事更重了：本科教学的内容、方法该怎样改？教师和学生该如何适应？大学生有什么意见和要求？老先生决定以学生的身份到课堂上听一听，看一看。于是，本学期一开学，他便精心挑选了时间不冲突、分别使用多媒体教学的工程力学和采用传统板书式教学的理论力学两门一类课程进行全程跟踪。开学至今，这两门课他基本没落过。

　　老先生是个非常守时的"学生"。每次听课，他都准时到。有时还提前到教室坐好。3月14日，天气阴冷，细雨纷纷。学生猜想这样差的天气，老先生身体又不大好，该不会来了吧。主讲教师李心宏教授却说："别急，老先生保证准时到。如果他不来，一定会提前请假的。老先生做事一向这么认真！"果然，李教授的话刚刚说完，老先生就到了。

　　老先生是个特别认真的"学生"。听课时，他偶尔记记笔记，更多的是在认真地听，认真地看，认真地思考。课前或课间，他时常与师生交谈，询问教材的编排情况、多媒体教案的准备过程、老师讲课的速度同学们能否跟上、坐在后面的同学能否听清等。当他发现多媒体教室里光线较暗、课堂信息量大、课本上没有的新内容较多、学生听和记常常顾此失彼时，就在课间告诉同学们，课上不要忙于记笔记，要专心听讲，跟上老师的思路，并做好课前预习和课后复习，这样才能把知识学扎实。课后，他经常与力学系主管教学工作的副主任交流自己对搞好一类课程建设，提高教学质量以及本科生培养工作的一些看法，还对工程力学本科生培养计划逐字逐句地进行修改。有的老师不忍心老先生这样劳心劳力，劝他听几课指导指导就行了。老先生却说，我不是来指导的，我就是来当当学生，体验一下现在的课堂教学。如果我的意见能对你们有所帮助，我就最高兴了。

4月2日，听完了李心宏老师最后一节《理论力学》课，钱先生按捺不住自己的激动，也登上了讲台。他给学生讲理论力学和工程力学的区别，讲述钱学森等我国著名科学家对力学研究的贡献和他对同学们的期望。他的精彩授课赢得同学们欢快的笑声和一阵阵热烈的掌声。走下讲台，他风趣地对记者说："讲课也是一种享受，如同米卢的'快乐足球'"。①

钱令希听完课后，作为学校顾问，又给学校领导一封建议书，希望学校郑重选择、礼聘若干富有经验并热心基础课教学的退休教师回校主讲部分基础课。对大学基础课的重视，以及对上课的那两位老师的印象，钱令希在给李心宏教授《教育与教学研究论文选集》的序言中写道：

> 事实上，大学生在一、二年级打好基础是最重要的，对素质提高和以后的专业课学习有决定性的影响。因此，学校必须建立一支高质量的基础课教学的师资队伍，这支队伍应是老、中、青教师结合，才能持续保持教学的高质量。学校礼聘有潜力和经验的老教师教基础课，同时鼓励中年教师探索教学创新，并安排青年教师听课助课，是很有远见的。

---

① 宋言荣、王丽丽：钱令希院士听课记。《光明日报》，2002年4月10日，第A2版。

今年3—4月,我选择了听理论力学和工程力学两门基础课。理论力学便是由本集作者李心宏讲授,200多人的大教室挤得满满的,他在讲台上边讲边写黑板,完全脱稿,深入浅出。师生思维互动,课堂气氛十分活跃而专注。课后他对我说:"上课面对愿听愿学的学生,在讲台上是一种享受;在家里,面对200多份作业,有一种责任感,所以我全批全改",我为他的精神深深地感动了。教工程力学的那位中年教师也令我很受鼓舞,他采用多媒体教学方式,事先的准备工作量非常大,一堂课的信息量很饱满,而且十分严谨和有条理,看得出来,他处处在为听课的学生们着想。他是在做教学创新的尝试,他付出了很多,接下去的改进工作还有很多,肯定他感到是很值得的,所以努力地在干。这次听课,使我感到兴奋的是,还有很多像他们那样的基础课教师在为学生打好基础而努力。①

钱令希认为,教学与教育是紧密相连的,教育的目的是培养人,教学是达到教育目的的手段。尽管艰巨的科研任务、繁忙的行政事务、频繁的社会活动牵制着他,可他仍是一名不愿意脱离课堂的教育家,一定要挤时间、抽时间去上课。而且,他还十分珍惜同那些从事教育研究和教育期刊的人们的友谊,大工高等教育研究所、大工《高等教育研究》杂志都得到钱令希的关心,那里的史振声、谢秉智、李爱梅、谢惠玲等教授都是与他进行过教育研究交流的好朋友。② 1985年8月4—9日,中国高等教育学会第一届理事会暨学术讨论会在哈尔滨举行。时任该学会副会长的钱令希因病不能与会,但亲自撰写推荐信委派大连工学院高等教育研究室副主任谢秉智前去参会,并认真审阅谢秉智关于教育评价的论文《高等教育评估问题的若干设想》。该论文是我国最早的一篇关于高等教育评价的论文,被选为大会发言,后被《高等教育学报》(《中国高教研究》前身)刊载。③

---

① 钱令希:序。见:李心宏,《教育与教学研究论文选集》。2002年7月,内部资料。
② 隋允康:钱令希院士毕生的重要贡献。《北京工业大学学报》,2016年第42卷第12期,第9页。
③ 周建新:《钱令希传略》。大连:大连理工大学出版社,2013年,第91页。

为工程服务的教学方向

1982年4月,钱令希在一篇指导高中毕业生填报志愿的文章《工程力学介绍》中写道:"工程力学是从工程实际中得到生命,它必须紧密联系实际,为工程服务,才能生存成长。"[1] 2001年12月,他又在《钱学森先生与计算力学》一文中指出:"就我个人的工作而言,自从事工程转向力学之后,在钱先生的技术科学思想的影响下,逐渐明确了教学与科研的努力方向,并与教学同仁讨论后取得以下共识:①明确我们的力学工作是为工程技术服务的;②大家尽快掌握现代化的计算技术,建立计算力学队伍;③先掌握以有限元法为主的结构力学分析,然后转入结构优化设计的理论和应用的研究,更好地为工程建设服务。"[2]

钱令希在大学阶段修习土木工程,毕业后先后在大西南的叙昆铁路工程局、川滇铁路公司和交通部桥梁设计工程处、浙赣铁路局工作过,做过路线踏勘,搞过桥梁设计和施工。时值抗日战争和解放战争的困难时期,尽管受客观环境的限制并没有干成什么值得骄傲的工程,却为他后来的教学和科研工作打下了工程实践的基础。此后,他带着工程中碰到的一些力学问题,开始转向力学研究,为工程建设服务,同时在大学里教书育人。他所做过的研究工作,差不多都有一定的工程背景,涉及建筑、水坝、桥梁、船舶、码头等工程构筑物。他所从事的结构力学、弹性力学、塑性力学、计算力学的教学,在本质上都是为工程服务的教学工作。

20世纪50年代末,钱令希任大工数理力学系系主任,确定了专业的发展必须坚持为工程服务的大方向。诚然,钱令希在其一生的力学教学,尤其是研究生的培养过程中,始终坚持为工程服务的方向。对此,大工工

---

[1] 钱令希:工程力学介绍。见:科学普及出版社编,《选准目标立志成材——科学家向青年介绍专业与志愿(上册)》。北京:科学普及出版社,1982年,第191页。

[2] 钱令希:钱学森先生与计算力学。见:宋健主编,《钱学森科学贡献暨学术思想研讨会论文集》。北京:中国科学技术出版社,2001年,第123页。

程力学专业首届本科毕业生、钱令希于1962—1966年指导的研究生陈浩然回忆道:

> 在我本科和研究生学习阶段,我相继进入了东江拱坝研究组、某驱逐舰振动研究组和某潜艇研究组,在老师指导下学习和参加一些研究工作。在历次讨论会和总结会上,先生的发言一贯强调力学发展的源泉来自工程的思想,因此,这一教诲在我的心中留下了极其深刻的印象……1983年我从美国进修返校后,钱令希先生见到我的第一句话,就询问我在美国学习和研究工作是否能用于我国航天和航空飞行器中复合材料结构分析和设计,并立即亲笔写了一封推荐信给宋健同志(当时航天工业部常务副部长),介绍我去三机部(航空工业部)、七机部(航天工业部)和五机部(船舶工业部)等下属的有关研究所和设计所做报告,并要求我争取承接课题。我回国开始的研究课题是从五机部和七机部得到的,以后又在三机部承接了有关课题。遵循钱令希先生"力学学科研究必须与工程研究相结合"的一贯教诲和要求,我从1983年以来先后主持了国防科工委项目和863计划4项,部级重点科研项目16项和国家自然科学基金面上项目10项,为我国复合材料力学的研究做了一些工作。①

钱令希这种培养人才坚持为工程服务的方向,让学生能很快在研习的过程中成长起来。曾是大工最早的三位博士后之一、后任清华大学机械工程系教授的曾攀(1963—2019)有亲身的经历,他说:

> 记得钱先生有一种观念:"科技工作者的一个重要使命就是应该能够解决实际工程问题,为国家的重大工程服务。"到大工后的第三个月,钱先生就安排我参与胜利油田人工岛工程的可行性研究。1988年11月,我同海岸工程和土木工程的老师一起到了东营胜利油田,亲

---

① 陈浩然:铭记教诲。见:林家浩主编,《力学与工程应用》。大连:大连理工大学出版社,2006年,第282页。

自参与了油田的实地考察和工程结构方案的分析，感受到了一个科技工作者的责任。正是在钱先生的引导和激励下，我在后来的科研经历中，非常重视将基础理论研究与重大工程进行结合，在解决一些重大工程问题的同时，也从中提炼出具有重要工程背景的学术问题，使两者能够有机地进行结合。自1993年起，先后参与了我国最大的4万吨薄板液压机、新一代北京正负电子对撞机核心部件（漂移室、量能器）、我国最大的3000吨镁合金压铸机关键部件等项目的结构设计和数值化分析工作，为国家的经济建设做出了一点贡献。我在科学研究上取得的成绩都与当年钱先生对我的谆谆教诲分不开。①

对于大工工程力学研究所/系的学生，即便不是他直接指导的研究生，他亦不忘对他们进行这方面的教育和指导。师从程耿东院士、1998年博士毕业，现任大连理工大学运载工程与力学学部部长的李刚教授回忆说：

答辩结束之后，钱先生特地把我叫到他的办公室，跟我谈了很久。鼓励我走与工程结合的科研之路，强调工程力学一定要为工程服务，从工程中来，到工程中去，把科研之路定位为以工程为背景，从工程中提炼出问题，做深入的理论与算法研究，然后再应用到工程上去。那一次的谈话使我受益终身，更加坚定了我今后与工程相结合的学术道路。

我做博士后期间，有幸参与钱先生的科研项目，倾听先生的教诲。1999年4月，作为钱先生的助手，我协助他做北良大型国家储备粮库筒仓结构加固工程项目，其间，深深感受到这位83岁高龄的老先生那令人敬畏的工作热情与责任心。即使是在赴美探亲期间，钱先生仍然放不下北良工程，一再指点我查找资料，给他传真到美国（图8-5）。从美国回来后，他不顾旅途劳顿，坚持多次亲赴施工现场，掌握第一手情况。到施工现场一去就是一整天，没有午休，午饭就是食

---

① 曾攀：先生培养我三种坚实的能力。见：林家浩主编，《力学与工程应用》。大连：大连理工大学出版社，2006年，第302页。

堂的工作餐。为了详细了解筒仓顶部结构的具体构造与施工情况，钱先生不满足于图纸的审阅与工程师的介绍，亲自攀上临时扶梯到50多米高的筒仓顶部仔细察看施工现场。那是非常简陋的临时扶梯，连我这个30多岁的年轻人看到这样的扶梯都心有余悸，但钱先生不顾大家的劝阻，依然一步步稳健地向上攀升。至今，先生攀爬扶梯的背影依然定格在我的心中，或许，这就是激励我们一代又一代大工力学人不断向上攀升的永恒动力。

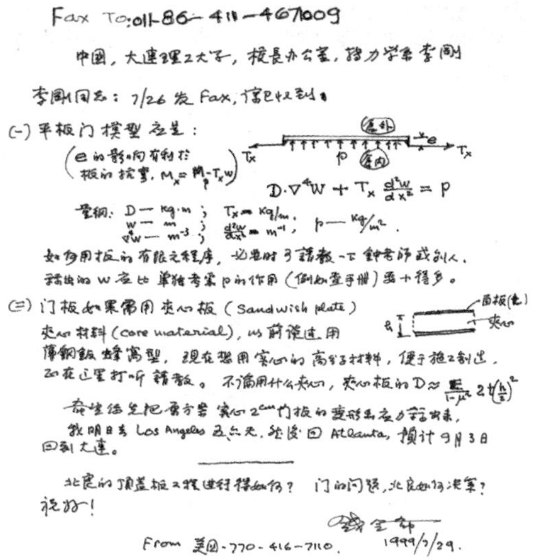

Fax To:011-86-411-4671009

中国，大連理工大学，校長办公室，力学系李刚

李刚同志：7/26发Fax，信已收到。

$$D\cdot\nabla^4 W + T_x \frac{d^2w}{dx^2} = p$$

(二) 门板如果需用夹心板（Sandwish plate）

夹心材料（core material），

我明日去 Los Angeles 五六天，然后回 Atlanta，预计9月3日回到大連。

门的问题，北良如何决策？

祝好！

From 美国-770-416-7110. 1999/7/29.

图8-5　1999年7月，钱令希就“大连北良港粮仓加固工程”相关问题从美国发给李刚的传真

考虑到当时筒仓顶盖钢结构部分已高空架设完毕、仓面混凝土盖板尚未铺设的具体情况，钱先生巧妙地提出了顶部结构加固方案，即重新设计屋面钢筋混凝土板，并与钢桁架有效地焊接起来，使之成为一个整体。这样，面板既能承载抗弯，又能在桁架间起传递剪力的作用，使原来单纯的“顶部钢桁架”受力体系，转换为“钢筋混凝土圆锥壳＋钢桁架”整体受力体系，发挥了混凝土面板的作用，而且施工很方便。北良工程项目的圆满完成，又一次充分展示了钱先生抓关键带全局的工程理念以及化腐朽为神奇的杰出工程思想。①

① 李刚：业精于勤奋 功成于坚韧。见：钱志仁、钱维均主编，《兄弟院士钱临照、钱令希家传》。2016年7月，第255–256页，内部资料。

表 8-1　钱令希作为第一导师培养的研究生、博士生、博士后一览表

姓名	学位级别	起讫年份
王前信	副博士研究生	1956—1961
许福宗	副博士研究生	1956—1961
刘锡礼	研究生	1961—1964
林少培	研究生	1962—1966
陈浩然	研究生	1962—1966
王长兴	研究生	1962—1966
林家浩	研究生	1964—1968
任海星	研究生	1964—1968
李兴斯	博士	1981
施浒立	博士	1982—1984
刘英卫	博士	1983—1986
王志必	博士	1984—1987
王希诚	博士	1985—1988
林树枝	博士	1985—1988
刘扬	博士	1985—1988
顾元宪	博士	1985—1988
颜毅华	博士	1986—1989
邓康	博士	1987—1990
张雄	博士	1989—1992
邢誉峰	博士	1989—1992
陈陆平	博士	1990—1993
唐纪晔	博士	1993—1996
曾攀	博士后	1988—1990
吴承伟	博士后	1988—1990
潘敬哲	博士后	1988—1991
栾茂田	博士后	1991—1992

注：研究生仅列出"文化大革命"前招收的四年制研究生名单。

1991年11月，钱令希应青年摄影家侯艺兵之请，为《院士风采》一书题词题字："我研究力学是为工程服务的。"（图 8-7）[①]1997年3月，浙江大学在建校90周年前夕出版的《求是英才传》中，该题词题字又刊印

---

① 何仁甫、陈丹:《院士风采——中国优秀科学家肖像手迹集》。杭州：浙江科学技术出版社，1995年，第148页。

图8-6 1978年9月,钱令希与大连工学院数理力学系1975级抗震班毕业合影留念(第二排左八为钱令希,左七为唐立民)

在其中的小传《钱令希》篇首页上。钱令希曾在很多场合下,都提过类似的观点。20世纪70年代末,钱令希联合王生洪、林元培等全国各地有热情、英语好的年轻力学工作者选编 Selected Papers on Structural Optimization(《结构优化论文选集》),他在该书的序言中写道:"结构优化研究的目的是为工程服务的。"① 1990年10月,他在《力学

图8-7 钱令希的手迹"我研究力学是为工程服务的"(资料来源:浙江科学技术出版社1995年版《院士风采》第148页)

---

① 钱令希主编:Selected Papers on Structural Optimization。北京:光华出版社,1919年,前言页。

第八章 功勋教师

与工程》一文中指出："应用力学（或工程力学）的目标是服务于科技发展和工程建设。……工程与生产实践需要力学，但是没有力学工作者参与，工程和生产也能进行和完成。反之，力学工作者离开工程与生产实践就没有知识源泉和工作任务，也没有检验的标准。所以应用力学的发展必须依靠工程和生产实践。也就是说，'力学之有赖于生产，甚于生产之有赖于力学'。"① 2002年2月，他在为《工程·技术·哲学——2001年技术哲学研究年鉴》撰写的文章《祝贺与期望》中写道："我始终坚信力学必须为工程服务，力学研究的课题应当来自工程的实践。"② 2003年7月31日，他在给辽宁大学数学系刘福林教授的信中写道："我本来是学土木工程的，搞力学是为工程服务的。……几十年的经历，乏善可陈，不过有个深刻的感受：力学在现代工程建设中可以起很重要的作用，甚至关键的作用，而计算力学是力学工作者通向应用的桥梁，应该得到重视。"③

钱令希确定力学教学为工程服务的方向，除了源自他丰富的工程实践体验之外，更是因为他具备能一针见血地抓住解决关键工程问题的能力。1958年，他提出的用钢索缠绕筒身加强强度的概念，为大连工学院化工机械系高压容器研究组成功研制出具有很多独特优点的绕丝高压筒奠定了理论基础；④ 1970年前后，在一些专家束手无策的情况下，他曾先后成功地解决海军073型舰（中型登陆舰）首制舰在试航时所出现的舰桥振动问题、第一代核潜艇09主泵样机泄露问题以及我国首艘导弹驱逐舰尾轴振动的问题。

1986年，大连少年足球学校为了训练小球员射门的力度和刁钻度欲设计电子足球门。电子足球门的几何尺寸与实际球门相同，材料为A3普通碳素钢，球门边框横截面为箱型用条形钢板焊接而成，球门用扁钢焊制成

---

① 钱令希：力学与工程。《力学与实践》，1990年第12卷第5期，第4页。
② 钱令希：祝贺与期望。见：刘则渊、王续琨主编，《工程·技术·哲学——2001年技术哲学研究年鉴》。大连：大连理工大学出版社，2002年，第7-8页。
③ 钱令希致刘福林的信，2003年7月31日。资料电子版存于采集工程数据库，原件存于钱唐家中。
④ 杨芳毓、肖世叶、张文职，等：绕丝式高压容器研究。《大连工学院学刊》，1959年第1期，第1页。

网状，在球门上安装拾波测振仪完成射门信号的采集。足球学校请大工工程力学系杨春秋老师对球门做刚度和强度校核。那时，力学系已经告别了笨重老迈的乌拉尔-Ⅱ电子计算机，新购置了 STM 微型计算机，结构计算程序语言也用 FORTRAN77 取代了 ALGOL60，足球门计算实在是不足挂齿的小问题。为减少计算工作量，考虑对称性截取足球门的十分之一建立力学计算模型。用空间刚架程序进行计算，力学计算模型有 353 个节点、665 个梁单元、4 个固定节点、2094 个自由度。当时尚未开发出前处理程序，约束信息、节点坐标、单元连接、截面尺寸、物理性质、载荷信息都是建立数据文件后输入计算机，杨春秋花费一周的时间提交了计算报告。校方恳请钱令希对杨春秋的计算结果再做校核。钱令希了解事情的来龙去脉后，对校长说：我今晚回去校核，你明天来拿报告吧。第二天钱先生给出手算结果。此时，杨春秋心生疑窦："我用计算机及现有的计算程序，堪称计算的'现代化武器'，花费一周的时间，钱先生用什么方法一个晚上就能出结果？！"她穷追不舍要问个究竟，钱令希说："你是讲板壳力学的，足球门力学计算模型可以简化为薄板，求出薄板的等效刚度及总势能，总势能最小可以求出挠度，继而求得内力及应力。"杨春秋听得目瞪口呆，心想原来还可以这样简洁有效地解决问题。这个足球门计算，钱令希能用更简明的力学模型、更适宜的计算方法、更小的计算工作量，得出可供设计借鉴参考的数值结果，源于他对工程结构力学性能深邃的认识。[①]

隋允康也有类似的回忆：

> 分配到抚顺涤纶厂的张凡同学为了把树脂切片从一楼吹到四楼，写信问我，已知每天要运送切片的数量，怎样求出风机的功率和速度。我按照流体力学从粘滞性和非粘滞性两种情况建模，进行了理论推导，让妻子叶宝瑞用复写纸誊写出 3 份，当时没有复印机，妻子每次帮我抄稿都是用圆珠笔、复写纸和薄纸完成。一份寄给张凡同学，

[①] 杨春秋：力学情结怎样织就——以拙文纪念钱令希先生百年诞辰。见：钱志仁、钱维均主编，《兄弟院士钱临照、钱令希家传》。2016 年 7 月，第 253 页，内部资料。

一份自己留底，一份由我回大连市送给钱令希先生，向他请教。

钱先生称赞了我能够利用流体力学建立模型进行推导，接着他启发我："你能不能用一个简洁的方法，来检验你的结果是否正确？"在他的启发引导下，我想到了动能与势能的转化，考虑到能量有损失，要用效率系数打折扣，而效率系数的多估和少估就可以得到能量转化的上、下界，如果算出的结果在二者之间，那就可能是一个正确的结果。①

钱令希当时还告诉隋允康，庙岭大队请他帮助选择抽水机，他就是用这种能量方法计算出来的。

钱令希这种解决工程问题时总能手到病除，找到最简单实用办法的功夫，即便在晚年退出力学教学一线后也是不减当年。1994年年初，上海宝钢1号高炉的关键部件——60多米长的大钟上料杆已经达到8年的设计使用寿命。如果更换，需要从日本定做，进口上料杆费用和高炉长期停产造成的经济损失将达上亿元。为此，上海宝钢找到了当时已经78岁高龄的钱令希和程耿东，希望能够判断上料杆可否再用一个炉龄（8年）。他们俩就和大工工程力学所吴承伟等年轻人一起反复讨论，最后决定同时采用三种办法：有限元计算分析、剩余疲劳寿命估计和现场损伤检测。对于前两种方法大家得心应手，但第三种方法（也是最关键的方案）遇到了难题。因为上料杆的可见部分只有2米左右，其余都处在高温的炉内，无法直接进行损伤检测，国内外又没有同类问题可以借鉴。经过多次讨论后，决定采用应力波反射法进行损伤检测，并在实验室进行了小尺寸实验方案预演，钱令希还亲自来到实验室观看。1994年4月，吴承伟等一行去上海现场的前一晚，钱令希打电话告知在自己家里发现了一本关于断裂力学的英文书，其中有一章可能对他们现场检测有用，要吴承伟第二天早晨去码头时务必从他家路过，带上这本书研究一下。第二天，当吴承伟取书时，钱令希告诫说，到一次现场不容易，要多观察、多记录，数据越多越全越

---

① 隋允康:《追求完美》。大连：大连理工大学出版社，2009年6月，第8页。

好。吴承伟等在轮船上仔细研究了这本书，觉得书中介绍的简化理论解简单实用，但现场检测时要注意消除杆的横向振动并搞清约束条件。到达现场后由于他们准备工作细致充分，提取了大量重要的实验数据（但有的在现场时并没有认识到十分重要），返校后三套方案分析工作同时进行。最后发现三套方案结论基本吻合：大钟上料杆没有发现明显损伤，在正常使用状态下使用寿命为无穷疲劳寿命，再使用8年没有问题。结合其他方面的研究，上海宝钢最后采用了他们的建议，没有更换大钟上料杆，后来继续使用了10多年均没有发现重大问题。[①]

  大工的工程力学专业创建于20世纪50年代末，曾经历过辉煌，从20世纪60年代至80年代中期一直是学校名牌专业，招生录取分在校内名列首位。但20世纪80年代中期起，大工的工程力学专业开始出现困境，招生录取分逐渐下滑。这时，钱令希便指导工程力学专业进行改革。1993年，大工工程力学专业的本科生培养，在全国最先开始由单一培养模式转为研究型和工程型的二维模式。这样，在其他院校同类专业减少招生、转方向或停招本科生的大气候下，大工工程力学专业招生规模却稳中有升，第一志愿录取率平均达86%，辽宁省内录取平均分在校内又回到前列。2000年起，大工又构筑工程力学专业培养的三维模式：研究型、建工、软件与工程应用。这次，钱令希亲自审阅修改工程力学专业的培养方案，指出要注重提高学生的能力和素质。分岔培养，适应社会对工程力学人才的不同需求；着眼改革，实行课程的模块化和小型化；增加选课，使培养方案适于本科生和硕士生的衔接。同时，他又提出，优势专业建设必须以强势学科为依托，以高水平师资队伍建设为保障，以培养模式多元化为主线，以课程体系和教学内容改革为必要条件，以加强实验实践环节为基础，从而使工程力学专业本科生的综合素质得到提高。2005年，力学专业改革获得辽宁省优秀教学成果二等奖。当时分管教学的工程力学系副系主任杨春秋兴冲冲地把奖杯拿给钱令希看，然而，钱先生并没有预想中的欣喜，而是告诫说，奖杯是专家评出来的，口碑是来自毕业生的，口碑重于奖杯；专业

---

① 吴承伟：师恩重如山。见：林家浩主编，《力学与工程应用》。大连：大连理工大学出版社，2006年，第298页。

建设无止境,"出口"解决了,"入口"自然就打开了。① 这种注重毕业生信息反馈的培养模式,或许以另一种方式很好地诠释了钱令希为工程服务的力学教学理念。钱令希一生心系的大工工程力学所/系的研究生培养更是注重与工程实践的结合。他们"坚持在科研第一线培养研究生",毕业研究生的学位论文坚持"高起点,严要求""面向国家经济建设的主战场",尤其"强调理论联系实际,解决工程实际问题,'真刀真枪'地做实际科研课题"。② 1984 年获大工工程力学专业硕士学位、现任中国载人航天工程总设计师的周建平院士是毕业生中的杰出代表。他说,他虽然只听过钱令希的报告,但却是钱先生的忠实粉丝。钱令希严谨的治学态度,特别是他强调的力学与工程相结合的理念,对周建平的思想影响深远。"我现在是一个工程师,而不是一个力学家。正是听了钱老的学术报告,使自己在日常学习中既重视理论学习,也重视工程应用。"周建平认为,正是大工力学系的学术思想和氛围让自己从一名学者转变成一个工程师。③

钱令希既是一位亲和力极强的力学教师,又是当代颇具影响的工程力学家。他终生巡视于"此岸"(即工程,包括桥梁工程、水利工程、舰船工程、港湾工程等)与"彼岸"(即力学)之间。这个此岸与彼岸之间的"桥梁"就是他一生所钟情的工程力学。作为工程力学家和力学教师,钱令希又具有不同凡响之处:终生既不停留于此岸也不停留于彼岸,并不断地为两岸间的桥梁加固做出自己独特的贡献。因此,他被誉为一位罕见的在工程与力学领域的"两栖人"。④ 2009 年,为纪念作为教育家、工程力学家的钱令希院士,大连理工大学工程力学系决定筹建高层次复合型力学专业创新人才培养基地——钱令希工程力学班(后学校定名为"钱令希力

---

① 杨春秋:力学情结怎样织就——以拙文纪念钱令希先生百年诞辰。见:钱志仁、钱维均主编,《兄弟院士钱临照、钱令希家传》。2016 年 7 月,第 253-254 页,内部资料。

② 工程力学系:培养跨世纪的高层次力学人才——力学一级学科的研究生教育及学科建设。《大连理工大学报》,1996 年 11 月 27 日,第 3 版。

③ 龙海波:周建平院士:中国载人航天工程的领头人。大连理工大学校友会网站,2014-04-07。

④ 隋允康:巡视于此岸与彼岸之间的钱令希。《科技导报》,2017 年第 35 卷第 21 期,第 142 页。

学创新实验班"），2011年秋季获准开始实行高考零批次招生。作为大连理工大学、运载工程与力学学部和工程力学系共同创办的力学精英人才培养平台，钱令希力学创新实验班设置本、硕、博多通道出口，将本科与研究生培养过程有机衔接。这种新的工程力学专业培养模式，在一定程度上可谓对钱令希"教学需与研究相统一，教学要为工程服务"理念的继承与拓展。

从"小"到"大"的学科建设

1950年8月，钱令希担任浙江大学土木系系主任之后，励精图治，在改革中求进取，大力整顿和加强了资料室和实验室，并提倡教师写教学大纲，改进教学方法。这些是他早期在学科建设上做的工作。

1952年来到大连工学院后，钱令希遵循屈伯川院长的办学思想，完善土木系，主持创办全国第一个港口工程专业。1958年5月，大连工学院成立应用数理系（1959年3月改称数理力学系），钱令希任系主任。如同谷物的分蘖效应、蜜蜂和蚂蚁的分窝效应，"文化大革命"后，数理力学系又孵化出了计算机科学与工程系、应用数学系、物理系、工程力学系、工程力学研究所，使整个大工的学科门类更加多样。数理力学系经过30多年的发展，凝聚了人才、培养了新秀，在力学、数学和物理方面做出了很多研究成果。这些都与钱令希自数理力学系建立以来的努力分不开。例如，他曾组织各个专业的带头人一起制定了学术领先、内容充实的教学大纲，认真发展自己的专业；鼓励各个学科的带头人发挥自己的特长，扬长避短地促进研究活动。[①]

1953年10月起，钱令希任大连工学院科学研究管理机构（研究室、研究部）负责人多年，因此，他在学科建设中主张教学与科研相互促进。

---

① 隋允康：钱令希院士毕生的重要贡献．《北京工业大学学报》，2016年第42卷第12期，第6—8页。

作为数理力学系主任，他从大工的力学专业入手，形成经验，不仅使之进入全国高校力学专业的前列，而且成为数学和物理专业的楷模。以力学专业为例，课程设置很好地把夯实宽基础与预设灵活应用接口相结合。欲使学生夯实宽基础一定要选好教材，例如，物理专业选用黄振中的《高等数学》、梁昆淼的《数学物理方法》、苏联洛强斯基的《理论力学教程》、苏联艾利斯哥尔茨的《变分法》等，这些在"文化大革命"前的课程和教材很有远见，在当时就强调分析力学、变分法，今天从能量变分的角度来看就十分顺理成章，很容易掌握。还有程序设计课，虽然讲的是编码程序，当后来有了"计算机算法语言"，当时学过这门课的人一下子就透亮了。"文化大革命"后，又增添了结构优化设计课程。灵活应用接口的课程是指画法几何与机械制图、电工学等，为力学专业的毕业生联系工程实际或改行从事工科行业提供方便。① 20 世纪 80 年代初，以钱令希和唐立民为学术领导人的大连工学院力学教师，形成了向工程力学进军的四梯队，他们协同作战，在教学和科研中做出了令人瞩目的成绩。②

任工程力学研究所所长时，钱令希为了力学的学科建设，按照他后来提出的"学术细胞"的构想，打破原来既有的按学科或课程划分的教研室建制，将研究室的划分同拟发展的学术研究方向相对应。这样，工程力学研究所设置的研究室有：计算力学与结构优化、有限元方法、弹塑性理论与方法、流体力学、爆炸力学等。另外，钱令希很注意根据业务骨干学术上成熟的程度，根据本人志趣和专长，让他们担任研究室主任的重任。例如，曾与之合作搞壳体塑性极限分析课题的周承倜，在学术实践中找到学科新的生长点——复合材料力学分析研究，就积极给予支持，帮他搭起一个"窝"，由他领导弹塑性和复合材料力学研究室。1982 年，材料力学实验室主任，从事材料力学教学和金属材料的力学性能、疲劳、断裂等强度测试及应力分析方面研究的沈梧（1930—　），为适应渤海石油开发的需要，在钱令希的指导和影响下转入冰力学研究工作，在国际上首先研究了

---

① 隋允康：钱令希院士毕生的重要贡献。《北京工业大学学报》，2016 年第 42 卷第 12 期，第 6-8 页。

② 孙懋德：向工程力学进军的一支梯队。《人民教育》，1981 年第 1 期，第 18-22 页。

海冰的Ⅱ型以Ⅰ、Ⅱ型复合断裂问题，在国内首先实现海冰拉伸研究；[①] 1988年工程力学研究所成立冰力学研究室，沈梧被任命为室主任，为建立大工的冰力学研究基地和研究队伍，做出了重要贡献；由于在国内外有良好影响，沈梧领衔的课题组还得到渤海工程设计公司资助，在1987—1990年合作研究了辽宁湾海冰的物理力学性质，为相关工程设计提供了可靠依据。尤其可圈可点的是张凯任室主任的爆炸力学研究室的创立。

张凯（1931— ）是大连工学院机械系1949级（首届）学生，1953年5月毕业后留校任助教。之后的经历，也许太超过一般人的想象，以至于张凯回忆起来还是那样清晰：

> 1958年，"反右"斗争结束了，因为单位没有完成"右派"人数指标，我又被戴上"右派"的帽子。从此，我在辽宁本溪的工厂和农村开始经历了"右派"、不被通知的摘帽、再"右派"、再摘帽，直到1978年我进了本溪一家机械厂做技术工作。1980年，在落实政策调回大连工学院时，机械厂不同意放我回大工，放人就不给职称。同年9月，也就是22年后，又回到了大连工学院，但因无职称没有合适的去处。钱老师知道我的情况，便设法把我安排到工程力学系。
>
> 1981年年初，钱老师问我要干什么好。我回答："我一直搞机械，以前学的都落后了，力学我不懂。我不知道能在力学系干什么。"半个月之后，钱老师又找我，说："我去沈阳开人民代表大会，在火车上和陈火金坐对面，我介绍了你的情况，他同意和你见面，你就去陈火金那里搞爆炸焊接吧。"
>
> 我说："我不知道什么是爆炸，也不懂炸药。我什么都不会，怎么搞？"在这之前，钱老师曾让我审一篇力学论文。我想他是在考我的业务水平。由于我出色完成审稿，钱老师可能认可我了。钱老师说："即使你现在什么都不会，我相信你行。"听了钱老师的话，我就去陈火金那里。我的工作是钱老师介绍给我的，他帮我找到了研究方向。

[①] 刘益群主编：《大连科技精英》。大连：大连出版社，1988年，第110页。

1981年五一节后，我每周两次在路上等陈火金所坐的班车，和他一起去棠梨沟的爆炸加工研究所做实验。我还到北京图书馆（现国家图书馆——编者注）查文献，三天复印60多份资料。回来拼命研读，每天工作到半夜。这样，我开始搞起爆炸力学，在大连工学院创建爆炸加工研究室。

1981年12月上旬，全国第二次爆炸力学大会在扬州召开。我去找钱老师说："我想去开会，以什么名义参加？报名表上要填职称，可是我什么职称都没有。"钱令希想了想说："你就填副教授吧。"会议期间，我和北大一位副教授住一个房间。这位北大副教授特别能讲，讲爆炸力学研究的前沿方向，讲能测试到微秒的设备，等等。正讲着，有人敲门。一开门，进来两位专家：一位是北京工业学院（1988年更名为北京理工大学）丁儆，兵器专家；一位是中国科学院力学研究所郑哲敏，力学专家。他们俩进了门就问，哪位是张凯同志，并说："我们刚接到钱令希教授的电话。钱令希教授说'我正在北京开人大会，我们大连工学院有位张凯同志在你们这里开会，请多照顾。'"这两位爆破力学的大家，一般是请不到的，现在居然亲自上门，我感到喜从天降，太高兴了。

我不是钱老师的学生，我和钱老师搞的也不是一个专业。在这个节骨眼上，钱老师请他们两位过来看我，一下子把我推到爆炸力学全国最高水平的大家面前，我一下子就能够站在一个高点上来搞爆炸力学。这两位大家来看我这件事，对我非常重要。以前，行业内没有人认识我，我想搞出名堂会非常难。这次大会，我还认识了邵丙璜先生（爆炸复合方面的专家），以后我们成了莫逆之交。有了这些专家的关照，我的事业就像插上翅膀一样做起来了。[1]

后来，张凯带着几名年轻助手与陈火金合作，将力学的理论与方法应用于温度场、爆炸冲击波、爆炸成形和焊接的研究，开辟了爆炸力学理论

---

[1] 张凯访谈，2019年6月19日，大连。资料存于采集工程数据库。

研究的领域（图 8-8）。钱令希安排张凯任爆炸力学研究室主任，并帮助他从学校申请一笔拨款，在棠梨沟建设一座二层楼的爆炸实验室。从此，张凯可站在一个高点，开始自己的爆破力学事业，大工工程力学研究所也新设爆炸力学专业，并于 1981 年招收我国第一名爆炸加工专业硕士研究生，1987 年他又与邵丙璜合作出版我国第一本爆炸理论的专著、大学爆炸加工专业教材的蓝本《爆炸焊接原理及工程应用》（钱令希作序），促进我国爆炸力学、爆炸加工专业的发展，也使大工的爆炸加工专业成为国内最强者，一波又一波从事爆炸加工理论研究和实践的学生从这里毕业，其中现任大工工程力学系爆炸技术研究所所长、中国爆破行业协会副会长的李晓杰教授就是最具代表者。在爆炸焊接工程方面，张凯也做出骄人的成绩：1985 年 12 月 11 日，张凯等在大连大黑石拆船厂，采用"爆炸分段切割"新技术，对该厂一艘长 300 米、宽 49 米、排水量 29 万吨的超级油轮"培来欧"号进行分段拆解，在我国首次成功地将爆炸方法用于拆船工业；1986 年，在秦皇岛首次用该技术完成水下大型钢筋混凝土沉箱的拆解工作；1990 年，为大庆油田完成 800～1000 米地下采油套管错断口爆炸复位与整形的首创技术与理论研究工作。1991 年 11 月 5 日，张凯荣获大连市首届科技金奖，而负责该奖项评选的大连市科技奖励基金会的理事长，正是昔日的"伯乐"钱令希。

钱令希任大连理工大学顾问时，即便到了晚年，也以其他的方式关心力学学科的建设。1997 年 7 月 27 日，他给在美国工作的女儿、女婿发传真，请电话联系在美国的吴承伟，告知大连理工大学希望他回国接任大连理工大学力学系重点实验室主任。传真写道：

图 8-8　2000 年，均已退休的陈火金（左）与张凯在回忆当年的合作岁月（李晓杰提供）

>我和程耿东、钟万勰、邱大洪三位同来北京科学院开会。曾议论到学校人事。力学系重点实验室按国家教委要求，今年必须组建新班子，而程校长按规定不能再兼任主任。程耿东的意思是由吴承伟接任比较理想，我们也都赞成。只是主任应早点落实到位，才能着手组织新班子。时间已经紧了，不知吴能否九、十月份回国（程说最好是九月）。我们这样盼望，但又不想勉强，使吴为难。所以程校长想托钱唐给吴通个电话，请他考虑，当然希望尽早有个答复，学校好作安排。①

接到传真后，钱唐马上通过电话联系了吴承伟，还抽空驱车四百英里去北卡罗来纳州的首府罗利看望他。吴承伟听从了呼唤，如约回到大工，接任重点实验室主任的工作，并在岗位上发挥了重要作用。

如果说上述的工作是钱令希在"点"上的学科建设，那么上一章关于他发展"计算力学"的努力，则可视为全国范围内"面"上的学科建设，兹不赘述。另一个"面"上的工作，是他于1981年左右应邀撰写的《工程力学介绍》。该文对工程力学学科的内容做了简明扼要、准确概括的介绍，写得生动活泼、深入浅出，不仅对报考高校的青年具有指导意义，对有志自学的青年是一个入门的向导，对一般的读者是一本很好的科普读物，而且对整个中国工程力学学科建设具有一定的促进作用。他在文中写道：

>工程力学是力学中直接为工程技术服务的部分。马克思指出，"力学"是"大工业的真正科学的基础""大工业把巨大的自然力和自然科学并入生产过程"。工程力学作为技术科学的一门学科有广泛的研究对象和服务领域，并将有很大的发展。
>
>……
>
>工程力学为工程技术服务的主要手段是计算和实验。力学研究从复杂的工程技术问题中，找出主要矛盾，建立数学模型或实验模型，

---

① 钱令希致钱唐夫妇的传真，1997年7月27日。资料电子版存于采集工程数据库，原件存于钱唐家中。

然后进行计算或实验，得出运动规律的定量关系，对具体的计算结果或实测数据进行分析和综合，达到解释自然和改造自然的目的。随着电子计算机的出现以及现代各种测试新技术的发展，力学研究的工作领域得以扩大，效率得以提高，工程力学理论与方法的研究正进入了一个新的发展阶段。因此从工程力学的工作手段来看，它有两个方面：

计算力学。用电子计算机来进行数值运算以解除以前力学在计算手段方面受到的限制，使工程力学的发展大大地加速了步伐。……计算力学使力学研究的手段更新、领域扩大，能更好地为工程服务。

实验力学。实验力学在力学发展中一向占极重要的地位。……实验力学包括实验的理论与方法、提高精度、研制设备、数据处理自动化等的研究。

以上介绍的工程力学梗概，很不全面；但已可以看出工程力学是从工程实际中得到生命，它必须紧密联系实际，为工程服务，才能生存成长。工程力学应为祖国四个现代化服务，做出应有的贡献。[①]

1981年11月，钱令希继屈伯川之后任大连工学院院长。至此，他能够进一步在全校施展帅才能力了，他借鉴力学学科的发展经验，号召所有学科都拓宽方向，促进发展。例如，他呼吁各个学科都把"分析"推向"优化"研究。他在全校组织跨学科的优化方法及其应用的学术交流大会，各科优化都聚在一起，大方向都是优化，有数学、力学、土木、机械、造船、化工，等等。钱令希还个别鼓励与指导各系的精英从事本学科的优化研究，例如机械系教师滕弘飞就常常同他切磋机械优化的问题。[②]

为了数学学科建设，钱令希反复动员大工数学系的夏尊铨、唐焕文、冯恩民、施光燕、阳明盛等老师，从对一般数学转到对数学规划的研究。他们觉得钱先生说得对，成立了运筹学研究团队，很快出了成果，培养出

---

① 钱令希：工程力学介绍。见：科学普及出版社编，《选准目标立志成材——科学家向青年介绍专业与志愿（上册）》。北京：科学普及出版社，1982年，第188-191页。
② 隋允康：钱令希院士毕生的重要贡献。《北京工业大学学报》，2016年第42卷第12期，第6-8页。

了人才。另外，钱令希还让隋允康和李兴斯作为研究优化方法兼职的博士生导师，帮助大工数学系申请获批了运筹学博士学位点。他们这个运筹学团队很活跃，陆续从北京邀请到中国著名的运筹学专家桂湘云、越民义、吴方、韩继业教授等来大工讲学。①

钱令希深深懂得，要想成功发展，没有团队为依托是不可能的。成就大，必须有大团队；成就小，团队小是一个原因，没有强有力的学术带头人则是另一个原因。他知道数学学科建设也是相同的道理，他意识到打造出强有力的数学团队的重要意义。

吉林大学数学教授徐利治（1920—2019）是一位治学有方、研究成就卓著的数学家，也是在"文化大革命"中没有中断研究工作的少数几位数学家之一。在徐利治政治上所受到的不公正待遇被彻底推倒之后，他在学术上的长期积累已十分引人注目。1979年8月，徐利治在大连出席东北运筹学学术会议。屈伯川、钱令希等大工校领导得知此事，决定会见徐利治，于是责成应用数学系青年教师张鸿庆把徐利治从招待所接到大工校长办公室。屈伯川、钱令希和雷天岳盛情相邀，真诚地请徐利治来大连工学院帮助建设应用数学专业，并担任刚刚成立不久的数学系（1980年5月复名"应用数学系"）系主任。当时的系主任是肖义珣教授，徐利治表示对主任一职坚辞不受，但可来校任教授。对此，徐利治回忆说，与学校领导一席谈话很愉快，他们都是有远见卓识的人，他们的"没有一流的理科，就没有一流的工科"的思想，令人感到学校领导既懂教育，且抱有要大力发展数学学科的决心，所以欣然接受了他们的邀请。② 其实在1979—1983年，徐利治曾获得许多调整工作环境的机遇，如从1980年起徐利治就任兼职教授的华中工学院（现华中理工大学）就有意调他。1981年春，屈伯川院长和当时任副院长的钱令希开始实施心中早已谋划好的"人才战略"，给相关工作人员一项艰巨的任务：把徐利治教授的工作关系调入大工。几

---

① 隋允康：钱令希院士毕生的重要贡献。《北京工业大学学报》，2016年第42卷第12期，第6-8页。

② 吕东光：徐利治的数学人生——写在徐利治先生90寿辰之际暨庆祝《徐利治论文集》出版。《大连理工大学报》，2010年7月23日，第1版。

经努力，他们在1981年如愿将徐利治请入大连工学院，并升他为一级教授，兼任是年6月新成立的应用数学研究所[①]所长，但他的人事关系还是留在吉林大学。后来，徐利治有一次去辽宁省兴城疗养，时任吉林大学校长唐敖庆得到这个消息后，便携同吉大数学系主任与党委副书记，一同看望徐利治，表达学校诚恳挽留徐利治，请他不要调离吉林大学。后来，他们看徐利治去意已决，便与徐利治订下"君子协定"——请他5年之内不要完全离开吉林大学，吉林大学还为他保留教学与研究的职位，每年在吉林大学工作一个学期。因此，在20世纪80年代的头几年里，徐利治不停地在大连、武汉与长春三地之间来回奔波。数学家苏步青先生曾戏称徐"狡兔有三窟"。他在这三处都有研究生。他所钟爱的数学方法论，其研究与教学的鼎盛时期，也就是在这个阶段，后来，因唐敖庆校长离开吉林大学，那个"君子协定"也就自然解除了。徐利治的档案与工资关系最终转至大连工学院。[②] 徐利治到大工后，于当年4月便创办了全国性综合数学学术期刊《数学研究与评论》，并任首任主编。由于当时国内数学专业的学术期刊极少，因此《数学研究与评论》的影响力较大。如今的《数学研究与评论》已跻身中国数学类核心期刊之一，且在同类核心期刊中位置前列，在国际有一定影响力，曾被《中国大百科全书（数学卷）》列为8种中国主要数学刊物之一，并从创刊起就被国际上最著名的数学类文摘刊物所收录。此外，该刊还是《中国科学引文数据库》首选500种核心摘录期刊之一、《中国数学文摘》摘录核心期刊之一。[③] 1982—1984年，徐利治接受钱令希的建议，组织应用数学系和应用数学所的教员开办数学方法研讨会，美籍匈牙利数学家波利亚（G. Polya）的名著《数学的发现》（*Mathematical Discovery*）和《数学与猜想》（*Mathematics and Plausible Reasoning*）两本书作为研讨会的主要参考书。这项活动使中青年教师受益

[①] 1991年3月改为数学科学研究所，1998年11月应用数学系与数学科学研究所合并为应用数学系，合并后数学科学研究所作为科学研究机构，不再具有行政职能。

[②] 杜瑞芝、姜文光：《上下求索——徐利治》。哈尔滨：哈尔滨出版社，2001年，第74-75页。

[③] 王天明口述，戴卓、戴春祥整理：辉煌的应用数学系。见：《走近老教授：追寻大工记忆》。大连：大连理工大学出版社，2013年，第66页。

匪浅，不仅提高了教学质量，也促进了科研能力。1981年，徐教授争取到教育部的硕士点，为大工和华中工学院两校联合招收硕士研究生。1984年以后，又开始招收博士研究生。数学学科的建设很快就实现了钱令希的预想目标。另外，吉林大学数学系教授王仁宏（1937—　）等一批数学队伍后来也跟着徐利治来到了大工，以他为核心，形成了一个实力雄厚的数学团队，大工的数学学科得以壮大起来。今天大工数学科学学院的成立，就是那时奠定的基础。

图8-9　1989年7月3日，钱令希与出席"逼近、优化与计算"国际学术会议的徐利治、王仁宏等在一起（左起：钱令希、王仁宏、徐利治、路见可）

关于徐利治调入大工对学校学科建设的意义，1963年毕业于大连工学院数理力学系后留校任教的王天明教授，在接受采访时说："应用数学研究所成立之后，或者说有了徐利治的加盟，我校应用数学系进入了快速发展期，由过去专注教学工作转为教学与科研并重。徐利治是一位数学名家，他的人生经历和治学态度对我校应用数学系教师影响很大……在我校工作期间，徐利治兢兢业业，极为勤勉，是年轻教师的典范与偶像……在徐利治的影响之下，应用数学系的施光燕、罗元诠等年轻教师也成长为颇具影响力的骨干教师。可以说，我校应用数学在徐利治的带领之下，在全体教师的努力之下，已经达到了国内先进水平。"[①]

1983年，大连工学院水利系开设建筑学专业，同年招收首届本科建筑学专业学生34名。这时，任院长的钱令希有意在大工成立建筑系。1984年10月18日，经教育部批准，建筑工程系成立，由刚被钱令希请来的大

[①] 王天明口述，戴卓、戴春祥整理：辉煌的应用数学系。见：《走近老教授：追寻大工记忆》。大连：大连理工大学出版社，2013年，第66—67页。

工兼职教授、南京工学院（现东南大学）建筑研究所所长、建筑学专家齐康出任系主任。在这之前的4月27日—5月5日，《高等学校工科本科专业目录》审订会在北京召开，那一次大工去了6名教授，住在京西宾馆。晚上散步的时候，水利系副主任齐东海向时任副院长林安西讲起，这次来开会，有位叫齐康的教授是名了不起的建筑学家。钱令希对齐康很感兴趣。第二天，他就碰见了齐康，齐海东把齐康介绍给了他。钱令希说，齐老师啊，我们大工要成立建筑系，请你做建筑系主任。齐康很敬仰钱令希的学识，也很钦佩他的人格，更欣赏他义气而又豪爽的性格，欣然接受。钱令希唯恐生变，随即让也在参会的林安西副院长立刻去南京工学院，把这件事情落实。是年暑期，大工在主楼的三楼会议室为齐康举办了一个任职欢迎会。会上，齐康教授说："今年5月，钱老向我提出了做大工建筑系兼职教授。钱老名望那么高，还那么诚恳地邀请我，我确感意外，当即答应了邀请。"[1]齐康教授接受正式聘任后，就着手大工建筑系的师资队伍建设、教学、行政管理、设计创收等关键性的工作。在兼任系主任期间，他每学期至少到系两次，落实、布置教学、科研、行政等工作安排。今天大连理工大学建筑与艺术学院的诞生和发展与齐康密不可分，获得鲁班奖的大连理工大学标志性建筑伯川图书馆和大连市有名的贝壳博物馆的设计者都是齐康。1993年，齐康当选为中国科学院技术科学部学部委员（院士），2001年以最高票数获选首届中国建筑界的最高奖"梁思成建筑奖"。2009年4月，年近八旬的齐康惊闻钱令希辞世，不顾身体的虚弱，当即放弃了住院治

图8-10 20世纪90年代，钱令希（右）与齐康合影

---

[1] 姜吉文：在重建建筑系的日子里——回忆我校建筑系诞生的片段。见：张文翰主编，《甲子抒怀》。大连：大连理工大学出版社，2009年，第158-159页。

疗，抱病从千里之外的南京赶到大连，冒雨送老友最后一程。齐康院士胸戴白花，身体承受不住内心巨大的悲伤，不时颤抖着。从北京偶遇，到欣然受邀任教大工，二十几年了，两人相交甚笃，友谊深厚。尽管齐康院士的人事关系不在大工，可没有妨碍他成为大工的人。接受记者采访时，齐康院士眼含热泪，只说了句"他是一个很好的学者，也是一位伯乐院士，令人崇敬"，便再也说不下去了。①

1984年10月28日，基于大连工学院机械工程系铸造专业和金属材料及热处理专业的材料工程系正式成立，系主任由钱令希不久前请来的中国科学院学部委员、瑞典皇家工程科学院外籍院士、中科院沈阳金属研究所所长郭可信（1923—2006）兼任。就在10多天前的10月16日，钱令希曾派刚从美国留学回来的大连工学院教师杨大智②专程赴沈阳拜访郭可信教授，并将10月13日亲笔撰写的邀请郭教授兼任大连工学院即将成立的材料工程系系主任的信由杨大智面呈。钱令希在信中写道：

可信同志：

这次您来大连，感谢您对学校的关怀。由于大家都很忙，没有好好谈，希望下次再谈。

现在请杨大智同志专诚走访，请考虑我们的一个愿望：我院成立材料工程系，大家想倚重您的声望和指导，兼任系主任。知道您很忙，由杨大智同志任常务副系主任，在您领导下做工作。这样，您可以少花费宝贵的时间和精力，同时能培养年轻一代独立工作。我院材料系这样就可以用很快的速度上去。您对于我们这里的情况是了解的，请能理解我们的愿望。

---

① 周建新：《钱令希传略》。大连：大连理工大学出版社，2013年，第97-98页。

② 杨大智，1938年9月出生江苏省常州市，1962年毕业于清华大学，1962-1972年任东北工学院助教，1972-1981年任大连工学院讲师，1981年5月-1983年9月在美国伊利诺伊大学留学，是我国从事形状记忆合金研究从国外回来的第一人。1992年被人事部批准为有突出贡献的中青年专家，1987年起任大连理工大学教授。退休前曾任任大连理工大学材料工程系博士生导师、大连理工大学形状记忆合金研究所所长、三束国家联合重点实验室学术委员、大连理工大学学术委员会委员、大连理工大学材料学学科带头人。

请您跟杨大智同志谈谈。盼望您的好消息。①

关于此次奉命赴沈阳拜访郭可信教授的过程，杨大智在次日整理的谈话纪要中有详细的记述：

1984年10月16日晚6点20分至8点15分，承郭可信先生的盛情，接待了杨大智同志。杨首先谈了这次专程来沈拜访他的目的，并转交了钱令希院长和郭可仭教授（郭可信的哥哥，时任大连工学院机械系教授——编者注）的二封亲笔信。

郭先生说：大连工学院要我去任院长一事过去曾说过，我说明了不能去的缘由。实际北京钢铁学院也曾有过此意，我也没有同意。一是我已与国外建立了广泛的联系，这对我国科学事业的发展有好处，现在已有了很好的基础。既然已冲出去了，我也不愿半途而废。二是科学院不会放我，而且我在科学院也有许多事情要做。现在又希望我兼任你们的系主任，做这件事之前要明确几件事。办材料系，我们的想法要一致（指郭的想法和大连工学院的想法）。我不知你们院领导想把材料系办成什么样一个系。你们原来是搞传统的金属材料，现今材料还包括陶瓷、高分子聚合物、电子材料等。也就是说，材料工程系具体包括有哪些内容，即明确办系的思想。再有，以后能提供我多少人力和设备？每年给多少经费？现在起用中青年人，像启用你们这些欧美学成回来的，这种想法是好的。你知道，美国一些有名大学，像MIT，教学并不是最好的，但是他们的科研搞得好。科研和教学应怎么摆法？学校搞得好不好，关键在于研究工作。应该用科研来带动教学，科研出了名，就会有好学生来，学生质量高了，教师讲课也好教，学生主要在于自学能力。我记得曾跟你说过，假若你们能在国际有名望的杂志上多发表几篇文章，你们学校就有名气了。要我兼系主任，就要把系搞出点名堂，要不我去干什么？要我发表意见，出点

---

① 钱令希致郭可信关于兼任大连工学院新成立的材料工程系系主任的信。见：中国科学院物理研究所编，《郭可信纪念文集》。2008年8月，第71页，内部资料。

子，我已经是你校的兼职教授，不同样可以出点子嘛！你们要我兼系主任，倚重我的声望，搞不出点名堂，那也没有什么用，我也不愿做这样的事，不知你们院里下多大决心。你说的，是钱院长一个人的想法还是院党委大多数人的意见？要得到党委的支持，才能克服各种阻力。说改革，我同意钱院长的想法（即可以取消教研室，重新组合，有些人可以编外养起来。郭说，这些人可以让他们与工厂结合）。你们都是搞工科的，又是金属材料出来的，现在国外搞材料系的不少是学物理的，应该吸收一些人进来，同时多选拔一些人出国（杨介绍了几个专业出国人员情况）。我这里出过国的人学术思想活跃，并不是外国的指导教师水平都高，我知道有些导师水平不如我，但是出去了，那里的科研环境不同，思想活跃。出国回来的，他们都思想不错，不是追求享受而都是兢兢业业地工作。我这里要搞歪门邪道也搞不起来。一个人的能量是一定的，他在业务上释放多了，在歪门邪道上就释放少。我这里研究生也用不着多管，像贾春林那届有八名，其中有一名一年半就硕士毕业，其他人也就坐不住了，都着急，日夜加班，不服输，相互比。要在教师队伍中引进一批新的力量，我可以帮助你们物色一些人。从我这里（指金研所），从吉林大学引进一些。大连工学院还是不错的，学生质量不错，也有人愿意去。注入一些学物理的、学化学的，把搞材料的人搭配齐。我不知你们学院是否能给我几个编制，譬如，我这里的乔桂文（65金物毕业），他去了就可以带动你们电镜工作上去，他现在用电镜搞催化剂很有成绩，他去了可以带动你们化工系搞各种催化剂的，他的水平已够副教授了，去后是不是可以让他升副教授？我需要你们系的教师队伍的背景材料，看哪些人能上得去，应该组织几个人能冲上去，把水搞活，那么就能带动全系。我不是只看几个人，要考虑到原来的情况，需要一些人搞实际，有经济效益的，你们的表面技术不是搞得好吗？表层的结构分析不会有多大困难，需要有少部分从事理论、结构分析的，他们搞上去也就带动实际工作的水平上去了。不知你们院有多大决心。如果说是因为电镜要我去，那我觉得没有必要。我北京、上海（上海交大，冶金所、复旦），可以说哪里都有人（指郭先生指导的人才），有人才，有好的技术设备，相比起来，你们工学院不如他们。如从搞材料上能搞出点起色，那还是可以考虑。要搞就得有点名堂。总之，除钱院长外，是不是党委大多数人的想法（杨说：可能，但不一定有您想得那么细），我想，只要我们思想一致，五年就能搞上去，在中国下个蛋，在中国的工学院中搞出点起色。

杨：那么，是否可以说，您基本上已同意，学校等看我的消息呢！

郭：还不能这么说。只能说，我们在认识上有共同的想法，我希望能提供我上述一些想法的材料，让我再细致考虑。为什么要那么急呢（指组建领导班子），要细致考虑，有了想法要有具体措施，还得交换意见，特别是你院的常委意见。①

杨大智回大连后，在得到大连工学院校方的明确答复后，受钱令希院长委托又去了一趟沈阳，与郭可信先生确定来大工兼任材料工程系主任之事。对此，杨大智后来在自己的回忆录中写道：

郭可信是我国一位享有极高声誉的学术大师，我认识他是在1984年，那年我受钱令希院士之托（当时钱先生任大连工学院院长），去邀请郭先生出任我校首届材料系主任。为此事，我去了沈阳中国科学院金属研究所两次，转达了钱先生的托付，倾听了郭先生的意见。最后郭先生接受了钱院长的聘请，出任我校首届材料工程系主任（兼职），我任副系主任，协助郭先生工作。②

郭可信兼任材料工程系主任后，经常来大工讲学并指导教学科研，对

---

① 杨大智：与郭可信教授谈话的纪要。见：中国科学院物理研究所编，《郭可信纪念文集》。2008年8月，第58-59页，内部资料。

② 杨大智：杨大智教授回忆录。出处同上，第59页。

大工材料工程系及其学科建设、"三束材料改性"国家联合重点实验室大工分部（2009年7月作为教育部重点实验室独立运行）的创建做出很大贡献。①

对于桥梁、造船、机械乃至全校各个学科的建设，钱令希倾尽自己的心血。例如，20世纪80年代，大连工学院还没有桥梁专业，时任院长钱令希意识到创建桥梁专业的必要性，1985年将刚来大工工作的土木工程系讲师张哲调到学校桥梁专业，想为桥梁学科发展打下基础。学科组建初期缺师资、缺资金、缺实验条件，张哲采用以工程设计带动教学科研的发展思路，经数年实施效果显现出来，所培养的学生理论与工程实践相结合，从而提高了教学质量。基于桥梁专业，大工后来又成立桥梁工程研究所、设计院桥隧分院、桥隧研发基地。2015年5月，大连理工大学桥隧研发基地的"桥梁与隧道技术国家地方联合工程实验室"获国家发展改革委员会批复，成为国家地方联合工程实验室。

钱令希任大连工学院院长期间，还开始聘请境外知名专家任学校名誉教授或客座教授。1985年7月1日，钱令希将大连工学院第一份名誉教授的聘书授予日本著名化工能源专家、东京大学前校长向坊隆（1917—

图8-11　1988年7月4日，钱令希（左二）出席大连理工大学颁授狄豪兹（左三）名誉教授仪式

---

①　徐景南主编：《大连理工大学科学技术志》。大连：大连理工大学出版社，1994年，第423页。

2002）。之后，大连工学院又先后聘请美国麻省理工学院航空和宇航系教授、国际著名力学家卞学鐄（1985年7月9日），日本中央防灾会议专门委员、东京大学教授冈本舜三（1985年9月25日），西德亚琛工业大学工业化学和石油化学研究所教授、所长凯姆（1987年8月21日），英国威尔士大学斯旺西分校教授辛克维奇（1987年12月1日）等为名誉教授；聘请日本吉井菌学研究所所长吉井常人（1985年6月29日），日本东京大学教授田村重四郎（1985年9月25日），西德波恩大学应用物理研究所教授乌尔班（1985年10月7日）等为客座教授。①

钱令希对大连工学院英语专业的创立和发展也倾注了心血。"文化大革命"前，由于受当时的时代背景、大连历史条件等因素的影响，大连工学院外语教学以俄语为主，英语被作为"二外"在大三、大四年级讲授。钱令希任大工院长后，清楚地认识到为了更好地与国际接轨，也为日后建设综合性大学打基础，必须成立科技英语专业。于是，他和时任大连工学院副院长金同稷等领导，以及教务处处长罗胜初等商讨筹办该专业。最初抽调5位英语教师成立了科技英语教研室，并聘请1957年从北京外国语学院英语系毕业分配到大连工学院工作的张丽美老师为首任教研室主任。1985年，大工招收第一届英语专业班学生20人，并于当年成立了外语系。当时的英语专业，不仅开设阅读、听力、口语、写作等，还教授一些理科的课程，而且还聘请了外教。经过几年的发展，到1990年大工外语系科技英语专业开设了两个班级，招生人数达到40人。②

钱令希不仅操劳上述"硬学科"的建设，而且关心"软学科"的建设。1984年7月，大连工学院在原政治理论教学部基础上成立社会科学系（简称社科系，现人文与社会科学学部）。1985年，钱令希将曾参与大工社会学学科恢复与重建，时任东北师范大学政治系副主任的柳中权（1928—2018）调入大连工学院社科系。据柳中权回忆，当时作为大工院长的钱令

---

① 孙懋德主编：《大连理工大学校史 1949-1989》。大连：大连理工大学出版社，1989年，第330-331页。

② 俞可怀口述，李阳、张新宇整理：钱令希院长倡导实践教学：办外语专业要真刀真枪地去做。见：《走近老教授：追寻大工记忆》。大连：大连理工大学出版社，2013年，第180页。

希准备在大工社科系创办城市社会工程专业，并筹备成立教研室。这是一门全新学科，主要研究城市功能、规划、发展等领域，当时世界上只有日本和澳大利亚的几所大学设立了这一学科。[①] 由于不属于传统学科，城市社会工程专业报批最终没有成功，但是还是成立了城市社会工程教研室，柳中权任室主任，这在一定程度上促进了大工其他相关软科学学科的发展。

钱令希对社科系的刘则渊（1940—2020）等从事自然辩证法学科教学与研究的老师给予大力支持。钱令希参加刘则渊他们的学术活动，曾一度设想让他们几个在工程力学研究所下设立一个自然辩证法研究组。1978年11月，大连市自然辩证法研究会成立，钱令希任研究会首任会长（后任名誉理事长），并积极参加相关学术活动。1979年10月下旬，由大连市自然辩证法研究会发起、市科协主办的纪念李四光诞生90周年学术报告会上，他发表了题为《学习和弘扬李四光的科学精神》的演讲。1979年9月，大连工学院成立自然辩证法研究会，钱令希任研究会副理事长，并提议由时

图8-12 2001年6月5日，钱令希应邀出席全国工程科学与技术哲学专题学术研讨会（左起：刘永振、肖洪钧、远德玉、陈昌曙、钱令希、刘则渊、邢润川、王续琨）

---

① 苏琳：八旬老部下向钱老交"作业"。网易新闻频道，2006-09-03。

任党委副书记王亦纯担任理事长。那时，大工自然辩证法研究会经常举办学术研讨会，钱令希几乎每次都来参加，并带动了许多教师参会讨论。当时，大工自然辩证法教研室在主楼五楼办公，主楼那时没有安装电梯，钱令希经常步行到五楼，了解自然辩证法教研室老师的教学与研究工作，审阅他们尚未发表的论文。即便是在1981—1985年任院长期间，他也要忙里偷闲，每月一到两次到主楼五楼光顾该教研室。他曾说：你们的文章文字表述都很好，但方法上除了哲理分析，还要做些必要的定量研究，适当加上统计图表。他每次来都会有所点拨，教研室老师们也都有所收获，且受到莫大鼓舞与鞭策。

钱令希也对他们的研究成果推向全校甚至全国提供条件和支持。在他的支持下，大工科研处连续几年拨付1000元给自然辩证法教研室做活动经费，编印内部刊物《自然辩证法信息》，刊载教师们探讨科技方法论的文章。中国自然辩证法研究会第二届理事长、著名哲学家龚育之对大工《自然辩证法信息》的水平给予高度评价，国家顶级期刊《哲学研究》多次选登《自然辩证法信息》上的学术论文。

1986年，大工科学学教研室和自然辩证法教研室老师林康义、刘则渊、王海山等编著《技术开发原理与方法》一书。钱令希欣然为之作序，其中写道：

> 这本书的内容，对我来说是完全生疏和新鲜的。它对宏观的技术结构和体系，发展模式和战略，以至微观的技术发明和推广、企业组织和管理都有所论述。我不能对它的内容作什么评价，但是我相信这些探讨是有益的，可以给关心技术开发的人们提供一些启发和帮助。我们每个人的工作性质和范围，千差万别，但是了解技术开发的一般原理与方法等方面的知识是有必要的。当然，不同专业有不同的特点，这就需要把技术活动的一般规律同自己专业领域的实践结合起来。哲学工作者和社会科学工作者对于技术开发的研究，并不能代替技术工作者自身的研究。"纸上得来终觉浅。"技术工作者还是要从自己的技术开发的实践中，总结提高，使之科学化，既提高自己工作的

效益，又丰富了这门学问的内容。

作为一个同工程技术实践有着不解之缘的力学工作者，深愿这本书的出版能够引起人们对技术开发这门学问做更多的研究，这便是我答应为此书写几句话的初衷。[①]

钱令希不仅关心大连市、大工的自然辩证法学科建设与研究，对在我国理工科研究生开设理论必修课"自然辩证法概论"也很支持。20世纪80年代初，中国科学技术大学、中南矿冶学院（现中南大学）、华中工学院（现华中科技大学）、大连工学院和西安交通大学五所理工院校决定合作编写一部适合理工科研究生特点的教材《自然辩证法原理》。1983年年底，编写老师将一份初稿送给钱令希，请求他为教材作序。经过慎重考虑，他欣然同意。在序言中，钱令希指出："我多年从事工程力学的教学与研究工作，最近几十年，由于社会生产、国防建设的实际需要，由于各个科学部门的相互渗透，相互影响，力学中出现了许多新的分支学科、边缘学科和新的研究方向。在这种形势下，了解客观事物之间的普遍联系，了解科学技术发展的趋势和规律性，了解科学研究的方法论原则，一个科学技术工作者才能保持旺盛的学术生命和创造活力……有鉴于此，我很希望能够有一本具有理工科院校特点的自然辩证法教材，供硕士研究生使用，同时也为像我这样从事工程技术研究与教学的人学习自然辩证法，提供一份参考资料……说实话，本不该对自己不很熟悉的学问发议论，但考虑到编者们的意图与我的上述想法颇为相通，加上我作为研究生的指导教师有责任支持这项工作，便欣然从命写了这么一些未必得体的话。"[②]

进入21世纪，大连理工大学科学学教研室的老师拟编辑出版《中国技术哲学研究年鉴》，已是耄耋之年的钱令希同样给予热忱支持。他不仅任年鉴编辑委员会名誉主任，为封面题字，而且还为2001年的创刊号撰写

[①] 钱令希：序。见：林康义、刘则渊、王海山等编著，《技术开发原理与方法》。大连：大连工学院出版社，1987年。

[②] 钱令希：序。见：中国科学技术大学、中南矿冶学院、华中工学院等编，《自然辩证法原理》。长沙：湖南教育出版社，1984年。

《祝贺与期望》一文，真诚地祝贺这份年鉴的问世，并希望这份年鉴"能够持续编辑出版，逐年积累，从而形成自己的特色，既能受到科学技术哲学工作者的欢迎，又能受到工程技术人员和研究者的关注"。[1]

2003年7月，钱令希又为王续琨教授著《交叉科学结构论》（大连理工大学2003年12月初版，人民出版社2015年1月再版）作序。他在序中写道：

> 为了给本科生、研究生提供跨学科、跨专业交流和学习的方便条件，最近学校正在筹备成立大学生创新院。这件事引起了我对高等教育文、理分家传统的反思。恰好《交叉科学结构论》的作者王续琨交给我厚厚的一叠书稿，我在翻阅书稿的过程中很自然地将这个问题与交叉科学、创新教育联系起来，有了一些想法，写在下面，也算是对作者多年来致力于交叉科学领域学术探索的一种声援和支持。
>
> ……
>
> 交叉科学作为所有交叉学科的集合，也有自身的结构。研究交叉科学的结构，搞清交叉科学包含哪些学科，这些学科之间有怎样的关系，也很有意义。也许我们可以根据交叉科学的发展趋势，事先进行学科结构分析，判断还有哪些学科没有建立起来，交叉科学近期的发展重点在什么地方，哪些方面研究应当组织力量进行攻关，等等。这样，就可以充分运用我们的主观能动性，推进交叉科学的发展。也许这就是《交叉科学结构论》一书作者的初衷。至于能不能达到这样一种境界和状态，还有待于实践的验证，有待于学术界的共同努力。
>
> ……
>
> 对我来说，回顾自己几十年来走过的为学之路，深感长期以来没有对交叉科学给予应有的重视，也许是一个无法弥补的缺憾。今天，作为一个对交叉科学略有感悟的老科学工作者，我愿意向年轻的朋友

---

[1] 钱令希：祝贺与期望。见：刘则渊、王续琨主编，《工程·技术·哲学——2001年卷技术哲学研究年鉴》。大连：大连理工大学出版社，2002年，第7-8页。

们推荐王续琨的这本书。希望青年科学工作者能够重视交叉科学并关注交叉科学的研究状况，能够"跳出专业看专业"，不要太拘泥于所谓的"专业对口"，应当积极地促进学科之间的交叉，甚至参与交叉科学领域的研究，推进交叉科学在中国的发展。[①]

由于钱令希善交朋友，有求必应，思想开放，所以大工的人文社科教师林康义、林永康、周怀珍、刘永振、王海山等也自然视钱先生为良师益友，经常同他畅谈交流。对钱令希的支持和关心，大连理工大学人文社会科学学院首任院长刘则渊教授曾深情地说："可以毫不夸张地说，我们每一个进步，都凝结了钱先生的心血"；钱先生和学校的重视与支持，"为我们创办科学学与科技管理博士点、成功申报科学技术哲学博士点和哲学一级学科博士点，打下了扎实的基础"。[②]

独具慧眼的"人学"专家

钱令希不仅是一位著名的力学专家，更是一位独具慧眼的"人学"专家，这除了表现在他会识才选才上，还充分表现在他会培养人才、会爱惜人才上。[③]另外，钱令希对人才评价问题，也有得到的见解。他认为，"怎样衡量、评价一个知识分子的成绩和水平，非常重要"，但是要改变评价权掌握在非研究一线的老人和不懂业务的干部的手里的状况，建立新的评价机制，即像运动员那样，"谁得冠军，不是靠哪一个权威去'封'，他是

[①] 钱令希：序。见：王续琨，《交叉科学结构论》。大连：大连理工大学出版社，2003年，序第1—5页。

[②] 刘则渊：《从跨学科视野追忆钱令希先生》。2016年7月22日，未刊稿。资料电子版存于采集工程数据库。

[③] 于月萍、宁安生：辽宁省功勋教师的教育观研究。《教育研究》，1996年第17卷第3期，第68页。

竞争出来的，成绩是公认的。"①

早在浙江大学时期，钱令希曾于1949年杭州解放前夕，保护过他曾经的学生、时为浙江大学土木系教师和地下党员的朱兆祥。朱兆祥后任中国科学院力学研究所学术秘书、宁波大学首任校长，曾在中国科技大学建立和发展了我国第一个爆炸力学专业，是我国在材料本构关系理论进行研究和教学工作的先驱者，也是一位教育家和科技事业活动家。朱兆祥自20世纪70年代末以来长期讲授材料本构关系理论（现代连续介质力学）课程，由此课程讲稿整理成的书稿《材料本构关系理论讲义》，却一直由于他坚持严谨态度而未能正式出版。为此，钱令希特地嘱咐曾任宁波大学副校长的王礼立教授将朱兆祥此讲稿整理正式出版。最终，通过王礼立与沈利君共同校核整理，《材料本构关系理论讲义》由科学出版社于2014年出版面世。② 20世纪40年代末，两位选修钱令希开设的高等结构课程的学生胡海昌、潘家铮，在上学期间和毕业分配时，均得到钱令希的帮助和指点，在工作后各自很快地进入角色，在事业上取得骄人的成绩，双双于1980年当选为中国科学院学部委员（院士）。后来，胡海昌成为中国空间技术研究院的力学专家，潘家铮任水电部总工程师、中国工程院副院长。

钱令希爱才如命，被誉为"伯乐院士"。1962年，他把"漏网右派"钟万勰从北京调到大工。1973年，他克服种种阻力，先后从沈阳把受到"文化大革命"影响而不能充分发挥才干的大工毕业生程耿东、林家浩调回

图8-13 1993年3月中旬，钱令希赴北京参加中国科学院技术科学部常务委员会会议，正在出席政协第八届全国委员会第一次会议的潘家铮、胡海昌赴钱令希下榻的中关村专家公寓看望恩师（左起：钱令希、潘家铮、胡海昌）

---

① 钱令希：谈我国智力资源的开发和保护.《现代化》，1985年第7卷第6期，第15-16页。
② 王礼立、沈利君：《材料本构关系理论讲义》后记。见：朱兆祥编,《材料本构关系理论讲义》。北京：科学出版社，2015年，第125-127页。

第八章 功勋教师

大连工学院。1978年，在钱令希的推荐下，钟万勰被破格由讲师提升为教授。1981年，钱令希出任大连工学院院长不久，就把工程力学研究所所长的重担交给了钟万勰。1993年，由他推荐，钟万勰当选为中国科学院学部委员。1995年，由钱令希推荐，程耿东当选了中国科学院院士，同年出任大连理工大学校长。钱令希除指导过1991年当选中国科学院学部委员（院士）的土木系青年教师邱大洪，对1997年当选为中国工程院院士的赵国藩（1924—2017）也有所帮助。赵国藩当时是土木系工程结构教研室的青年教师，钱令希曾鼓励并指导他撰写论文《建筑结构按照"计算的极限状态"的计算方法》，后来该文发表在《大连工学院学刊》的创刊号上。对于钱令希的指导和帮助，功成名就后的赵国藩院士没齿不忘。2000年6月12日，他致信钱令希和大连理工大学，决定将6月9日在北京两院院士大会期间获得的1999年度第8届陈嘉庚技术科学奖奖金10万元捐给"钱令希力学奖励基金"项目。① 他在信中写道：

> 尊敬的校领导、尊敬的钱老师：
> 　　6月9日，我在北京两院院士大会上获1999年度第8届陈嘉庚技术科学奖，并获奖金10万元。我深知我之所以能获奖，不是我个人有什么特殊成就，而是校领导和钱老师多年的培养、教导和集体（包括历届研究生）的努力。特别是校领导对我多病之躯，每年要付出很多的医疗费用，使我得到治疗，得以继续工作。这些恩情，永世不忘。因此，我将奖金10万元，捐入"钱令希院士奖学金"项目（不署名）。数额很小，只能略为协助钱老师帮助经济困难、学习优良的同学。②

此外，1997年当选为中国科学院院士的土木系林皋教授也曾得到钱先

---

① 数年后，这笔钱一直留在银行里。当年赵国藩捐出这笔钱后，可学校却把这笔钱退了回来，校长当面对赵国藩说，这笔钱是对你个人的奖励，是个人财产，学校不能收。参见：李广宇《赵国藩：可靠理论沿用20多年》，载《东北之窗》2009年第13期。

② 赵国藩致大连理工大学校领导、钱令希关于将陈嘉庚技术科学奖奖金捐入"钱令希力学奖励基金"项目的信。见：仲伟秋，怀念恩师赵国藩院士.《中国研究生》，2017年第4期，第6页。

生的鼓励和指导。1956年，我国第一座拱坝工程流溪河水电站在广东修建。若采用新型的坝上挑流泄洪方案，既可以大大节约工程量和工程投资，又可以避免当时国外工程采用的坝顶溢流泄洪威胁坝基安全的弊端。但挑流振动对坝安全的影响是亟须解决的关键技术问题之一。当时没有可借鉴的经验，而且动力模型试验技术在我国还没有开展起来。那时，大连工学院"抗震结构"科研组[①]刚刚成立，上海勘测设计院遍访全国许多单位没有得到响应，便向大连工学院求援。当时年仅27岁的林皋凭着"为新中国的建设贡献自己的一分力量"的满腔热情挑起了项目具体技术负责人的担子。当时，一切都得从头开始，要研制模型材料，要通过试验深入了解水流的脉动规律，还要解决脉动振动产生的坝的动力响应等模型试验技术问题，甚至量测仪器也得自己试制，困难可想而知。关键时刻，钱令希给予林皋很多鼓励和支持。经过夜以继日的艰苦探索，使这些问题得到解决，为挑流泄洪方案的实施提供了技术论证，保证了工程顺利完成。当时苏联的技术文献对此评价："进行了精细的模型研究，具有很高的科学水平，应用了先进的量测仪器……所进行的研究论证了结构足够的动力稳定性。"[②] 2009年4月20日，钱令希与世长辞。惊悉噩耗，林皋不胜悲痛，在唁电中深情地写道："回想我的成长过程，多得钱先生的教诲。没有钱先生，就不会有我的今天。我深深怀念这样一位不可多得的良师。"林皋的感念之情，溢于言表。

1978年，钱令希又通过多方努力，把隋允康从吉林省通化地区调回大连工学院。隋允康回到大工后，钱令希以"师带徒"的方式，使他在科研、教学和指导研究生中很快成长起来。1980年7月，隋允康在杭州完成DDDU程序的第一个版本之后，经上海乘船回大连，钱先生亲自驱车到大连码头迎接他，使隋允康十分感动。20世纪90年代初，隋允康在进

[①] 1956年，在大连工学院校方的统一领导下，土木系和机械系6个教研室共计30余名教师（其中有钱令希、戴宗信、杨长骙、姜际升、张世钧、杨国贤、徐积善、沈梧）共同组成了"抗震结构"科研组。下设地震、结构的动力性质、一般建筑及结构的抗震、结构的动力计算等专题组。科研组成员通力协作，并定期做报告，进行交流。

[②] 王丽丽：林皋. 孙懋德编，《群星璀璨》。大连：大连理工大学出版社，1999年，第162页。

行晋升教授的答辩时,钱令希亲自参与并提出"解决了什么工程项目"的问题,实际上是让其他评委更广泛地了解隋允康的工作,以便投支持票。1998年,隋允康因小女儿独自在北京,便萌生了去北京为孩子营造一个避风港的念头。对此,钱令希非常体谅隋允康的心意,并对他说:"你已经在大工干了20年,在教学与科研上做了大量工作,我理解你作为父亲对子女的心情,放心地走吧!"正是由于钱令希的理解和支持,大工的校领导才能毅然同意他离开母校。来到北京工业大学之后,隋允康被任命为机电学院工程力学部主任,担任该校力学学科负责人,领导工程力学学科"十五"期间"211工程"建设。他汲取恩师钱令希发展计算力学学科的经验,创建了工程数值模拟中心,并将其建设成北京市重点建设学科,领导申报获批力学博士后流动站、工程力学博士点、工程力学硕士点。隋允康在教育和教学上也仿效钱先生的风格,把材料力学和理论力学两门课程分别建设成为北京市精品课程,2008年又把材料力学建设成为国家精品课程,获批国家实验教学示范中心、国家级优秀教学团队。他个人也被评为北京市教学名师、北京市工会教育创新标兵、北京市师德先进个人,获得国务院政府特殊津贴。

2001年11月18日,为支持隋允康在北京工业大学营造力学学科的学术氛围,钱令希应邀到北京工业大学机电学院讲学,并饶有兴致地听取隋允康关于软件开发工作的汇报。隋允康曾任校长助理兼教务处长、校学术委员会副主任兼秘书长、校教学指导委员会副主任;退休前后任校教学督导组组长、校教学督导咨询委员会主任;曾任教育部基础力学教学指导委员会副主任、中国力学学会理事兼计算力学委员会委员、中国力学学会力学史与方法论委员会主任、中国力学学会教育工作委员会委员、北京力学学会副理事长兼计算力学专业委员会主任、中国力学学会《工程力学》副主编、《计算力学学报》编委、《力学与实践》编委。隋允康认为,上述所有的这一切,都是恩师钱令希身教、言教的结果。[①] 2010年,隋允康在回顾恩师钱令希以"师带徒"方式培育像他这样的年轻人的事迹时,阐述

---

① 隋允康:系缘寸草心 难报三春晖。林家浩主编,《力学与工程应用》。大连:大连理工大学出版社,2006年,第292—293页。

了导师营造和谐的师生关系、达到师贤生斐目标，在亦师亦父、亦仁亦德、亦示亦言、亦道亦术、亦德亦才、亦慈亦严六个方面的具体定位和做法。[①] 他于2011年、2013年先后出版的专著《响应面方法的改进及其对工程优化的应用》和《连续体结构拓扑优化的ICM方法》的扉页上，均写着"谨以此书缅怀在中国倡导结构优化的恩师钱令希先生"[②③]，2018年出版的英文专著 Modeling, Solving and Application for Topology Optimization of Continuum Structures, ICM method based on step function 的扉页上，写着"To our teacher Academician Lingxi Qian's soul"[④]，以示纪念。2016年12月，隋允康在《北京工业大学学报》第42卷第12期主编纪念钱令希院士诞辰100周年专题，刊登了钱令希的10张照片，除了隋允康撰写的长文《钱令希院士毕生的重要贡献》以外，还刊登了钟万勰、程耿东、林家浩和隋允康及其弟子们的计算力学和结构优化论文。

1962年毕业于大连工学院数理力学系应用数学专业的杨名生（1938— ），在留校任助教一年多后的1964年2月被派到钱令希的身边做科研助手，主要从事圆柱壳开孔问题的研究，1971年调至沈阳市电子研究所工作。1981年，钱令希又设法把他调回大连工学院，并派他到钟万勰身边做计算机绘图工作。为了使杨名生没有后顾之忧，钱令希还把他全家调回大连。1985年起，杨名生任大连工学院计算中心主任、研究员，从事结构分析前/后处理的计算机绘图算法研究，在图形学基本理论、消隐线算法、等值线画法、CAD技巧和应用、有限元网格自动划分技术、绘制结构变形图、绘制结构分析应力分布图以及建筑日照阴影分析等方面做出贡献，著有大学生和研究生的选修课教材《计算机图形学及CAD》。杨名生曾说："我取得的每一点成绩都是恩师谆谆教育的结果……我有幸在钱老师的身边生活了几

[①] 隋允康：师贤方能生斐——谈导师在和谐研究生师生关系中的角色和作用。《学位与研究生教育》，2010年第12期，第1-6页。

[②] 隋允康，宇慧平：《响应面方法的改进及其对工程优化的应用》。北京：科学出版社，2011。

[③] 隋允康，叶红玲：《连续体结构拓扑优化的ICM方法》。北京：科学出版社，2013。

[④] Sui Yunkang, Peng Xirong: Modeling, Solving and Application for Topology Optimization of Continuum Structures, ICM method based on step function。Elsevier，2018年。

十年。钱老师的教诲和关怀,是我和我们全家的宝贵财富。"①

在大工学科建设方面,钱令希也体现出选人、用人的慧眼。无论是当院长前后还是任大工顾问时,他都坚持认为,教育要以人为本,以人才为本。未就任院长时,他考虑的人才大多是力学方面的;当身份变成大工院长时,他对人才需求的范围更加广泛了,理工、人文各方面的人才都纳入了他的思考范畴。还有一种人才更让他上心,那就是实践型人才。比如,爆炸力学专家陈火金就被聘到大工做研究、讲课,成为编外教授。在钱令希看来,一个十八般兵器都能舞起来的队伍,才是一个完整的人才队伍,才是一个能战斗的队伍。②

作为"人学"专家,钱令希的爱才、惜才也表现在他对博士生的选拔和研究生培养的理念上。

1979年1月30日,《光明日报》刊载了长篇通讯稿《"伯乐"和"千里马"之间》,介绍了钱令希选拔、培养青年力学家钟万勰这匹"千里马",并合作追赶世界先进水平取得成果的故事。当时在西北电讯工程学院读硕士研究生的施浒立,看到了这篇报道,受到很大震动,萌生了报考钱令希博士生的想法(图8-14)。对此,施浒立在接受采访时说道:

图8-14 1984年3月,钱令希(右)与施浒立在讨论博士论文

报考钱先生的博士生,我认为有两个原因,一是钱先生很爱国,二是我研究的方向跟钱先生是一致的。我在西北电讯工程学院学的是天线,必须要做力学分析,当时力学分析刚刚开始用计算机来做,而当时

---

① 杨名生:师恩绵绵——贺钱令希老师九十大寿。林家浩主编,《力学与工程应用》。大连:大连理工大学出版社,2006年,第281页。

② 周建新:《钱令希传略》。大连:大连理工大学出版社,2013年,第96-97页。

在大工，钱先生已提出了计算力学，正好就是我需要学的东西。当时还没有开始招博士生，我先写了封信给钱先生，介绍了我的情况并表达希望到大工计算力学系读博士的愿望。钱先生很快给我回了信，表示欢迎并了解了一些我们专业的情况。①

钱令希在收到施浒立专业情况介绍的来信和相关文章后，于1981年8月18日亲自回信道：

施浒立同志：
　　来信收到。您的文章也看了。欢迎您来考4年制（关于博士研究生招考，当时教育部还没有发文，实际上指的是博士研究生——编者注）。但是争取得到西电工和叶尚辉老师同意才好。
　　我们这里主要是搞计算结构力学（复杂结构的分析和程序系统，优化设计）。我暑期中很忙，九、十月份还要出差。您想来大连的事，延缓再说。现在，还是集中精力，做好毕业论文，迎接答辩。②

施浒立1944年1月生，1968年7月在浙江大学机械系机械工程专业毕业后，先是到广东潼湖军垦农场劳动锻炼，1970年2月被分配到位于石家庄的国防部第十研究院第十九研究所（石家庄通信技术研究所，即现在的中国电子科技集团公司第五十四研究所）从事雷达天线座架结构设计工作。其间，他感到我国天线设计与世界先进水平有较大差距。为了改进这种状况，1978年10月，施浒立跨学科考入西北电讯工程学院天线结构设备专业攻读硕士研究生。随着学习进程的加深，他发现电子机械学里的一个重要的、尚待突破的领域——力学分析。在完成学位论文《任意曲面天线的最佳吻合与保形设计》答辩后不久，1982年1月初，施浒立接到钱令希发来的电报，希望他能前往大连，参加博士研究生入学考试。他兴奋地前往应试，以优异的成绩被录取。在钱令希的精心指导下，施浒立勤奋地

---

① 施浒立访谈，2017年11月4日，北京。资料存于采集工程数据库。
② 钱令希致施浒立的信，1981年8月18日。存地同上。

在学海泛舟。他的博士论文从系统工程出发，横跨结构与电磁两个学科，应用复合场最佳耦合原理和计算力学的方法，解决了统一考虑结构和电磁的双反射面天线的系统优化设计问题。1984年7月上旬，出于对人才的爱惜，就在施浒立博士论文答辩前夕，钱令希又向中国科学院北京天文台推荐，希望吸收他去攻读天体物理专业的第二个博士学位。他在给北京天文台的推荐信中写道：

施浒立同志于1968年毕业于浙江大学机械制造专业。曾在电子工业部1914所从事雷达结构设计多年，1978—1982年在西北电讯工程学院天线结构设备专业读硕士学位。1982年3月考入我院计算力学专业读博士学位，将于本月末答辩博士学位论文。

施浒立同志来我院读博士学位时是带着明确的研究方向：双反射面无线结构——电磁系统的优化设计。多年的学习和实践使他认识到要提高现代通讯中双反面无线的质量和效率，必须研究结构变形场与电磁辐射场的结合效应，才能有新的突破。而结构与电磁两个专业之间的跨距较大，要研究两种场的最佳结合，必须具备近代计算力学的知识。他的学位论文就是以复合场的最佳结合设计方法为目的，具有跨学科的特点，不同于过去从单学科（结构或电子辐射）观点的天线设计。复合场最佳结合的设计方法确实把无线的效率有效地提高了一步。

施浒立同志在这里读学位期间，研究方向明确，结合实际，面向国民经济建设需要。研究中博采国内外先进研究成果，不止围着一人或一家转，而能学习各人各家之长，探索解决问题的途径。

施浒立同志在机械制造、结构力学、无线电学方面有良好的基础；对天线有相当丰富的专业设计知识；在计算机应用方面相当熟练自如。

施浒立同志读完计算力学专业博士学位后，志愿再攻射电天文博士学位，我是很赞成的。建议他在攻读双科学位时，一面学习，一面工作，结合工作去学习，这样可以及早发挥他已有知识的作用，为国家建设服务，同时继续扩大知识面，成为更加有用的人才。我认为他是具备这个条件能完成工作与学习的双重任务的。

特此推荐。①

1984年7月21日,施浒立跨学科的博士论文《双反射面天线"结构—电磁"系统优化设计的研究——复合场的最佳耦合设计方法》举行公开答辩会。由中国科学院学部委员、数学物理学部副主任、北京天文台台长王绶琯(1923—2021)研究员,中国科学院学部委员、著名力学家胡海昌研究员,原电子工业部1412所总工程师、国务院学位委员会电子学与通信学科评议组成员吴鸿适教授等10位专家组成的答辩委员会,对这篇独辟蹊径的学位论文给予高度评价,施浒立顺利通过答辩,成为辽宁省第一位由国内培养并授予博士学位的人。任答辩委员会主席的王绶琯研究员当即同意施浒立到北京天文台攻读第二博士学位。是年秋,施浒立进入北京天文台,成为王绶琯研究员的博士研究生。1987年2月24日,施浒立的第二篇博士论文《天文望远镜设计理论和方法的研究和探索》通过答辩,成为我国第一个理、工双科博士学位的获得者,并于1991年1月24日获国家教委、国务院学位委员会授予的"做出突出贡献的中国博士学位获得者"荣誉称号。针对施浒立在跨学科领域取得的成就,钱令希于1985年就我国开发智力资源和保护智力资源方面的问题,在接受中国科学技术协会主办科普杂志《现代化》的记者采访时说:"教师一定要让学生到别的领域去逛一逛!要让年轻人的天地广阔一点!我的一个博士生,原来是学天线的,可他居然要到我这个计算力学的领域里来,因为他感到光在自己的领域里钻,搞天线不会有什么突破。结果他在我这里搞了两年半,天线效率从75%提高到83.5%,这也是世界纪录了!所以说中国的智力资源很丰富,稍微一开发就出来了。"②

1983年12月,钱令希招收的第一个在职博士生刘英卫入学。刘英卫的录取和培养也体现了钱令希识人和育人不拘一格的特点。刘英卫于1942年出生,1967年由清华大学数学力学系毕业后,到位于南昌市南郊新溪桥

---

① 钱令希致中国科学院北京天文台的信,1984年7月5日。资料存于采集工程数据库。

② 钱令希:谈我国智力资源的开发和保护。《现代化》,1985年第7卷第6期,第15—16页。

第八章 功勋教师 *357*

的国营洪都机械厂(1985年11月更名为南昌飞机制造公司,现中航工业江西洪都航空工业集团有限责任公司,简称"中航工业洪都")从事飞机设计工作。由于勤奋刻苦,成绩突出,他多次受到奖励。在工作中,他强烈感到沿袭外国的旧设计方法极不合理,立志把先进的计算力学的优化设计理论和方法应用到工程实践中去,并为之刻苦钻研10年之久,取得的成果引起了我国航空界的注目。1983年,经国营洪都机械厂和航空界三位专家的推荐,钱令希对他进行考核,认为他是一个很难得的人才。就这样,刘英卫跨越硕士研究生,被钱令希破格录取为大连工学院直攻计算力学专业的在职博士生。[①] 由于刘英卫承担着"六五"攻关任务,不可能长期住校,钱令希教授就给他详细讲解了近年来国内外和大连工学院计算结构力学研究的状况,指导他结合自己的课题确定了研究方向,并且引导他有针对性地吸收大连工学院几位教授的研究成果。刘英卫在南昌完成了博士论文。他奋发进取,在两年多的时间内研制出了数十个结构分析和优化计算的程序,解决了现代飞机结构分析与设计中的一些关键问题,其博士论文的一部分——关于结构三维形状的优化,在法国召开的第十四届国际航空科学理事会上宣读,得到好评。学习期间,他被中华全国总工会授予了五一劳动奖章,并荣获全国优秀科技工作者的光荣称号。[②] 1986年7月10日,刘英卫结合"六五"攻关任务完成的博士论文《变后掠翼结构分析与优化设计》通过答辩。我国航空界和高校专家教授组成的答辩委员会给予了高度评价,不仅认为刘英卫在理论上达到了当前国际前沿的水平,而且十分称赞他独立研究工作的能力和超乎常人的勤奋精神。[③] 是年7月30日,大连工学院学位评定委员会授予刘英卫工学博士学位。不久,刘英卫就担任了南昌飞机制造公司的主任设计师。1989年,他被评为中国航空航天工业部有突出贡献的中青年专家,同年被国务院授予全国劳动模范称

[①] 吕振民:大连工学院不拘一格培养人才 没有硕士学位的刘英卫通过博士论文答辩。《光明日报》,1986年11月14日,第2版。

[②] 孙懋德:学校顾问钱令希教授传略。见:孙懋德主编,《大连理工大学校史 1949-1989》。大连:大连理工大学出版社,1989年,第536-537页。

[③] 大连工学院研究生院:全国优秀科技工作者刘英卫的博士论文获得高度评价。《学位与研究生教育》,1986年,第4期,第104页。

号，1991年获做出突出贡献的中国博士学位获得者荣誉称号，同年享受政府特殊津贴。2011年获得中国航空工业集团公司新中国航空工业创建60周年航空报国突出贡献奖。1985年，钱令希又招收由大庆石油学院（现东北石油大学）选送的青年教师刘扬[①]为在职博士生。刘扬以集输管网优化设计为背景攻读博士学位，1988年在导师的指导下完成了博士论文《一类多级网络的优化设计》，并据此对一个油田开发的管网优化进行计算，结果表明可节约投资百万元以上，受到油田设计部门的高度评价。结合培养在职博士生刘英卫、刘扬的成功经验，钱令希有意向全国推广。1989年，他在接受《光明日报》的采访时指出："我国的博士生培养工作和政策有调整的必要，应改变目前存在的单纯为拿学位而读博士的倾向，从我们的实践看，培养在职博士生更能体现当今时代的要求。"[②]

钱令希不拘一格录取博士生，也体现在张雄身上。1989年，张雄报考了钱令希的博士研究生。他本科学的是物理（教育）专业，力学基础不是很好，博士生入学考试前夕又一直在沈阳变压器厂忙于硕士论文工作，因此入学考试的专业课振动理论的成绩很差。后来，钱令希基于张雄的硕士生导师邓可顺教授的推荐意见和面试情况，最终还是录取了他。在随后的3年间，钱令希对张雄悉心指导，在博士论文选题、课题研究、论文写作和研究能力培养等各方面都投入了大量的心血，逐步将他引入了学术研究的殿堂。对此。张雄回忆说："钱先生非常重视对学生独立科研能力的培养。'七五'期间钱先生主持了国家自然科学基金重大项目子课题，他安排我参加了一次课题的年度汇报和考核，给我提供了一次非常好的训练机会，并使我有机会接触国内著名专家。在参加课题汇报前，先生多次和我讨论汇报内容，一遍遍地修改年度总结材料，使我在基金项目的相关环节

---

① 刘扬，1957年11月出生，河北秦皇岛人，1978-1984年就读于大庆石油学院（现东北石油大学），1998年1月至1998年12月在美国休斯敦大学作高级访问学者，历任大庆石油学院石油机械系副主任、大庆石油学院秦皇岛分院院长、大庆石油学院院长助理、大庆石油学院副院长、大庆石油学院校长等职。2002年至2017年3月任东北石油大学党委副书记、校长；2015年4月25日获"大连理工大学2014校友年度人物"校友成就奖；2017年1月7日荣膺"2016年学生喜爱的大学校长"称号。

② 宋言荣：大连理工大学工程力学所五年培养十五名在职博士生。《光明日报》，1989年3月6日，第1版。

中得到了非常好的训练，为我博士毕业后独立成功申请国家自然科学基金打下了很好的基础。另外，他自己放弃了该项目国际交流经费的申请，安排我参加了1991年12月在香港召开的亚太地区计算力学国际会议，宣读论文。"[1] 1994年6月，张雄从成都科技大学水利工程系博士后出站后到清华大学工程力学系工作，现任清华大学航天航空学院教授，先后获得了获教育部自然科学奖二等奖、一等奖和国防科学技术进步奖一等奖，2004年入选了教育部新世纪优秀人才支持计划和爱思唯尔2015年中国高被引学者榜单（计算力学），并获北京市高等学校教学名师奖，2016年获第四届"钱令希计算力学奖（成就奖）"。

1996年11月，钱令希在庆祝大连理工大学研究生院成立10周年前夕，撰文论述研究生如何培养"自适应"和"开拓创新"能力。他写道：

> 研究生将要面临的环境是科教兴国高潮和科技迅猛发展的时代。"自适应"应表现在能够随着生产发展、科技进步的快节奏，主动地去进行知识更新、拓宽专业，使永无停歇的学习伴随着一生的奉献。他们既要适应科教兴国的各种要求，也要适应商品经济的千变万化，使自己的才智能按多种模式为社会做贡献。为加强"自运应"能力，首先要打好基础，包括深化基础知识、加强文字表达能力、提高外语水平以及探索文献和信息的能力。实际上，这些要求在读大学本科时期就应基本达到，不过对研究生的要求更高了。因为只有具备了求实的这种基础，才能培养出研究生应具备的"开拓创新"能力。开拓就是要能扩大研究境界，走向科学前沿。创新就是要能提出新概念、新思想、独立思考地解决问题。研究生不应总是在别人的框框里跟在后面跑。"自适应"和"开拓创新"能力不单是智力因素的培养，还有诸多非智力因素的升华，首先是学习为了报效国家和奉献社会，这是根基。提高自身的道德素养，踏踏实实学习与工作，锲而不舍的努

---

[1] 张雄：《怀念我学术生涯的启蒙者恩师钱令希先生》。大连理工大学运载工程与力学学部网站，2016-06-23。

力，必能很快成才。①

钱令希爱才惜才，也体现在他对大工年轻一代教师的扶植。20世纪80年代，被钱令希调到学校桥梁专业的张哲，其科研工作因为有了工程实践背景而明确了方向，由设计工程提供的资金添置了科研设备，特别是20世纪90年代中期广东金马大桥中标，钱令希看到了桥梁学科发展的良好势头，约见了张哲，并在他们自筹资金进行风洞实验室及桥梁结构实验室建设时给予了大力帮助。20世纪90年代末，大连理工大学博士生导师评选时，张哲因为发表的论文没有达到规定数量，在投票中落选，可事实上张哲已带队设计了近20座高水平的桥梁。钱令希爱才之心再一次按捺不住，他找到校领导和评审组，反复说道："成功的工程设计要比论文数量更加重要，没有丰富的学识和强烈的事业心是根本没有办法做好工程的！"经过评审组的复议，张哲终于当选博士生导师。事实验证了钱令希的判断，后来张哲到2015年时已培养出26名博士毕业生和100多名硕士毕业生，当年在读博士14名，为国家培养了一大批桥梁专业人才。2002年6月竣工的大连金石滩金湾桥、2015年11月通车的大连星海湾跨海大桥，它们的设计均出自张哲之手。2015年，已是大连理工大学桥隧研发基地负责人、桥梁工程研究所所长、大工设计院桥隧分院院长、大工检测公司桥隧检测所所长、桥隧结构实验室及风洞实验室主任的张哲，在接受记者采访时，谈到钱令希先生，依然感慨当年他的支持和帮助（图8-15）。②

顾元宪是国家级有突出贡献的中青年专家，从大

图8-15　2001年夏，钱令希（中）应邀赴丹东参观由张哲（左）主持设计的月亮岛大桥工地（大连理工大学档案馆提供）

---

① 钱令希：对研究生的一点希望．《大连理工大学报》，1996年11月27日，第3版．
② 于抒霞、王晓彤：力学泰斗 桃李竞芳．《桥梁》，2015年第6期，第90-95页．

图 8-16 2002 年 5 月 8 日，钱令希（右）与顾元宪在大工工业装备结构分析国家重点实验室大楼前合影（武金瑛提供）

学生到教授再到学科负责人，跟随钱先生 27 年。在科学之路和半个人生中，他亲身体验了钱令希扶植年轻一代的殚精竭虑和良苦用心（图 8-16）。对此，顾元宪深情地写道：

我于 1996 年担任了系主任工作，那年钱先生已经八十高龄，虽然不在第一线工作了，但他仍然十分关心学科建设和教师队伍，许多事情都亲自出面过问和安排，帮助很多人解决实际困难。吴承伟教授曾经获得中国青年科技奖，在摩擦学、智能材料和燃料电池等研究领域颇有建树。为了安排这样一位优秀人才回国工作，钱先生多次和他直接通信，在工作和生活各个方面做了精心的安排。在他回来后，不仅亲自为他联系介绍科研项目、帮助筹建实验室，而且具体帮助他解决了孩子户口和上学、爱人工作安置以及父母的住房困难等问题，真是到了细致入微的程度。在他的关心下，吴承伟教授很快就将科研工作开展了起来。

为了抓好教学工作，钱先生推荐杨春秋老师担任主管教学的系主任，而且经常指导和支持她的教学组织和改革工作，提出了礼聘优秀老教师示范讲授基础课、工程力学求解新体系教学改革等建议。在杨老师的教学和管理工作取得出色成绩后，钱先生又及时提醒我们关注教学工作的重要性和杨老师的工作业绩，使杨老师适时地被评聘为教授。

钱先生是我国计算力学的创始人，他非常重视计算力学软件开发这一具有特殊性的研究工作，不仅热情鼓励和赞扬我们坚持不懈地工作，而且关心和了解课题组年轻教师的工作和生活情况，帮助他们解决具体困难。青年讲师李云鹏长期从事软件系统开发工作，发表文章不是很突出，在评职称时钱先生就引导我们客观全面地评价他的工作特点和贡献，得到大家的共识，小李被评聘为副教授，这不仅使他本人的工作热情更高，而且使其他青年教师对自己的发展树立了信心。为了解决青年教师陈飙松和赵国忠的爱人工作问题，他亲自向附属学校校长推荐她们去做教师。老院士如此关怀青年教师，不仅使他们深受鼓舞，也令附属学校校长感叹不已。

在我的成长过程中得到钱先生的教诲和培养难以记述，其中对我影响最大的有两方面：一是在学术发展上创造各种锻炼机会，二是经常教导我要发挥大家的积极性，培养年轻教师，导师的言传身教使我终生难忘。他还在生活、家庭、身体等各个方面，给予我无微不至的关怀。他经常叮嘱我要劳逸结合，有时甚至半夜打来电话："顾元宪同志，你现在马上去睡觉。"他亲自张罗改善我的住房条件，关心我爱人的病情和孩子的学习，并一再教育我们要让孩子自主发展、在快乐中学习。在小学生"手拉手"活动中，他欣然接受我女儿的邀请，在"六一"全市典型汇报中，我女儿的发言"和院士爷爷手拉手"引起大家的诸多感慨。有这样一位耄耋老人、德高望重的院士如此细致入微的关心，真是我们后辈的福分。①

1993年7月16日，不仅是钱令希77岁的纪念日，也是他作为"人学"专家值得纪念的日子。就是在这一天，他任名誉理事长、旨在奖励大连理工大学优秀青年力学人才的"钱令希力学奖励基金会"（简称"钱令希基金会"）成立。1993年，基金会收到来自大工工程力学研究所优化研究室、大工海内外校友及钱令希本人的捐款共计人民币30.5万元（钱令希本人1万元）、港币3万元，当年获息人民币1.5万元。1994年9月30日，"钱令希基金会"首届颁奖仪式隆重举行。钱令希出席仪式并致辞："有人说'教

---

① 顾元宪：高风亮节育后人——钱先生的二三事。《连友》2005年5月，第15期第4版，内部资料。

授穷，博士傻'。我说穷富是相对的，有钱叫富，有知识也叫富。没钱不行，钱多也不一定是好事。钱多生烦恼，闹出不少事来。所以钱不是越多越好，有钱恰当才好，可知识却是越多越好。知识多了，为人类谋利益，心情平稳，家庭幸福。能说有知识不富有吗？现在，经济大潮来了，紧跟着知识大潮就要来。我希望在座的要甘于清贫，做知识的富有者。要打好基础，开阔眼界，真正成为高质量的跨世纪人才。"[①] 他的这一席话令人深思，引得全场掌声雷动。

1994年，基金会首届颁奖仪式（图8-17）举行的前夕，钱令希写下名为"春风化雨点滴入土"的题词："本基金会是1993年由大连理工大学工程力学研究所的结构分析与优化研究室以科研的辛勤结余建立起来的。得到了校内外各方的热心支持，特别是香港校友们的赞助。奖励对象是我校从事力学工作的优秀研究生和青年教师。虽是杯水车薪，也足以表达对力学教学与研究的殷切期望和鼓励，令人感奋。"该题词后在校报《大连理工大学》1994年10月30日第3版上刊载。

图8-17 1994年9月30日，"钱令希力学奖励基金会"首届颁奖仪式（左起：钱令希、屈伯川、钟万勰、林家浩）

[①] 吕振民：六十六位优秀青年荣获首届钱令希力学奖学金。《大连理工大学》，1994年10月30日，第3版。

钱令希生前几乎每一届的颁奖仪式都出席，亲自表达对获奖者的祝贺与勉励。钱令希生前立下遗嘱，将其遗产中的 20 万元捐赠给"钱令希力学奖励基金会"。他的这个遗愿得到了儿女们的支持，2011 年 4 月 19 日，大工工程力学系系主任李刚教授与系主任助理武金瑛老师从钱令希律师手中接过第一笔捐赠 10 万。在收到捐赠后，李刚感慨万千，表示："这笔捐款将打入基金会，用于年轻学者和学生的奖学金，一直滚动下去。"[①] 截至 2020 年 9 月 29 日，钱令希基金会已颁奖 27 次，惠及优秀青年力学人才达 1000 多位，有力地推动了大工乃至全国力学学科的持续发展。

领先改革的教育家

1979 年 3 月，钱令希任大连工学院副院长；1981 年 9 月，任大连工学院院长，11 月开始履职。1983 年 5 月 29 日，他又在北京召开的中国高等教育学会成立大会上，与季羡林、何东昌、李国豪等人当选为学会副会长。1987 年，他的传记被收入我国第一部大型现代教育家传记集《中国现代教育家传》（第六卷，湖南教育出版社 1987 年 6 月出版）。在任大工数理力学系系主任、工程力学研究所所长期间，钱令希在教学、科研和管理实践中摸索出来的经验，在他任大连工学院副院长、院长和中国高等教育学会副会长期间，得以在全校，甚至全国更大的范围内推广，有的还上升到理论的高度。

钱令希提出的教育思想中，最具代表的是其大学建设的"两个中心"、大学教师组织的"学术细胞""短线科技人才"培养、关于"在真刀真枪中实践"的教学方法和研究生创新能力培养等的论说。

1983 年 6 月，钱令希为把自己多年总结的教育理念用于实践，在《解放思想 放宽政策 开创高等教育的新局面》一文中指出："随着历史前进的

---

① 王博文、李汶澍：10 万！钱令希遗产捐给基金会.《半岛晨报》，2011 年 4 月 20 日，第 A20 版.

步伐，一个重大的任务摆到了我们的面前，那就是要建设起一个具有中国特色的、适应现代化建设需要的社会主义教育体系。对我们理工科大学说来，就是要开创这样一种新局面：既能更多地为国家培养高质量的又红又专的建设人才；又能更多地拿出面向国家经济建设的科学研究成果。"① 虽然其中的语言有着那个时代的印记，但他一直以来所提倡的建设教学和科研"两个中心"的办学理念还是彰显无遗。

其实，钱令希早在20世纪50年代就提出了"两个中心"说。1953年10月，他任大连工学院新成立的研究室主任后，便在全校范围内积极倡导教师要从事科学研究工作。1954年4月15日，他在大连工学院校报上发表关于提高师资水平，开展科学研究工作的文章。次月，文章《提高师资水平开展科学研究工作》在《科学通报》上发表。在文中，钱令希就大连工学院的科学研究工作问题，谈了五点看法：①逐步开展科学研究工作是关系着本院发展的重要因素；②教师进修的目标，不仅限于能够开课，更重要的是要在科学大道上不断前进；③结合教学开展科学研究工作是完全可能的；④教师水平的提高和科学研究的实践是分不开的；⑤充分利用现有条件积极开展科学研究工作。他指出，高等工业学校教师必须有独立进行科学研究的能力和习惯；大学如果没有科学研究工作，便不成为大学；教师如果不能从事科学研究工作，就是不够格的教师。因此，教师应充分利用现有条件，结合祖国大规模的经济建设的发展，来进行科学研究工作，解决企业中的技术问题。② 这是钱令希"两个中心"办学思想的雏形。

1958年，钱令希在屈伯川院长的支持下，创建了数理力学系，并且被任命为系主任。1978年之后，陆续成立的计算机科学与工程系、应用数学系、物理系、工程力学系和工程力学研究所，都是在此基础上孵化出来的。钱令希在工程力学学科践行的"两个中心"办学理念，卓有成效。1979年1月4—24日，国家科委、教育部和农林部在北京联合召开全国高等学校科学研究工作会议，根据十一届三中全会"改革开放"的决策，把

---

① 钱令希：解放思想 放宽政策 开创高等教育的新局面。《高等工程教育研究》，1983年第1期，第11页。

② 钱令希：提高师资水平开展科学研究工作。《科学通报》，1954年第5期，第7-9页。

全国重点高等学校办成"既是教育中心,又是科学研究中心"的精神,初步总结了1949年以来高等学校的历史经验,讨论了随着全党工作着重点的转移,如何把高等学校办成既是教育中心,又是科研中心的问题。会议提出:高等学校是我国文化和科学水平的重要标志,它担负着培养专门人才,发展科学技术的双重任务,要在整顿中前进,在前进中整顿。钱令希与大连工学院党委书记周明、院长屈伯川出席了这次在我国高教史上具有重要意义的会议。会议前,教育部要大连工学院总结有关如何把高校办成"两个中心"的经验和意见。为此,大工结合钱令希领导下的数理力学系和后来的工程力学研究所的发展历史,以大工党委的名义,准备了一份经验交流材料,在会上进行了交流,后又在《光明日报》开辟的《高等学校怎样才能建成"两个中心"?》的专栏上发表。[①] 他们写道:

  我院工程力学研究所成立于1958年。那时,仅有教授、副教授、讲师各一名,青年教师十余名。由于他们从一开始就在抓教学的同时,积极开展了研究工作,因此在60年代初期,就形成了"壳体塑性极限强度""壳体开孔应力集中"等研究方向。1964年成立固体力学研究室时,已经初步建起了老、中、青三结合的科学研究梯形队伍。

  20年来,全所同志共完成较重大的研究课题50多项,提出论文报告240多篇。其中,有的成果曾向国外做了介绍。在全国科学大会上有5项研究课题受到了奖励。最近在大连召开的教育部直属高等学校1978年计算结构力学学术交流会上,他们又提出了20篇论文。其中绝大部分是适应加速实现四个现代化的需要,努力促进力学现代化所进行的工作。20年来,他们服务的对象涉及中央十多个部,所解决的大部分是国民经济中的重大技术问题。

  工程力学研究所的科研成果不仅促进了院内其他所、系的科研工作,同时也有力地促进了教学质量的提高。他们运用科研成果丰富教学内容,着手研究改革某些课程的体系,陆续增设了"有限元""结

[①] 孙懋德主编:《大连理工大学校史 1949—1989》。大连:大连理工大学出版社,1989年,第229—230页。

构电算"等新课,并积极创造条件,让学生掌握电子计算机使用技术,以适应现代化的要求。随着教学和科学研究工作的发展,教师队伍扩大了,提高了。工程力学专业现有教师52人,其中教授3人,副教授2人,讲师20多人。1958年时,只有几名教师能搞科研工作,现在全专业95%以上的教师都参加了科学研究。其中,能独立领导专题研究、具有指导研究生能力的有十余人。他们中间有造诣较深的学术领导人,有独立工作能力较强、能承上启下的中年骨干,还有一批有朝气的青年教师和研究生作为生力军。

怎样建设一支又红又专的教师队伍?从工程力学研究所20年的实践来看,首先是充分发挥学术领导人的作用。有一定造诣的学术领导人是学校的宝贵财富,必须充分发挥他们的专长,充分发挥他们在确定科学研究方向和研究课题,以及发现和培养新人才方面的作用。工程力学研究所所长钱令希教授的实践充分说明了这个问题。这如同打仗,能否取得预期的胜利,关键在于指挥员能否全面掌握情况,正确分析判断,妥善制定作战计划,准确地选择突破口。钱令希教授不仅有深厚的业务基础,而且他始终坚持亲自进行科学研究工作,因而能比较深刻地掌握一定范围内科学发展的形势和动向,有发展科学的强烈责任感和紧迫感。这样,在确定工程力学研究所的研究方向时,就较一般同志看得远一点、前一点、深一点。

……

研究方向和研究课题确定了,队伍组织起来之后,一个重要问题,就是用什么作风、经过什么途径去培养队伍,使之在攻克科学难关的过程中,成为一支有战斗力的队伍。20年来,钱令希教授一直注意教育大家,要发扬毛主席一再倡导的理论与实际统一的学风,而且以身作则做出榜样。钱令希教授对待工作的高度责任感,严谨的治学态度,苦干实干精神,教育了全所中青年同志,培养了一种打硬仗的作风。[1]

---

[1] 中共大连工学院委员会:尊重科技人才成长的规律。《光明日报》,1979年2月15日,第2版。

1979年4月14日，时任大连工学院副院长的钱令希在学校第九届科学报告会开幕式上做题为《努力把我院建成教学、科研两个中心》的报告。一时间，如何把大连工学院办成"两个中心"成了校内的中心话题。1981年7月，钱令希以朱熹的一句诗句为题，在《人民教育》上发文《为有源头活水来》。他阐释了大学建设的教学、科研"两个中心"说：

> 教学与科研是相辅相成的；不开展科研，教学便是一潭死水。朱熹说得好："问渠那得清如许，为有源头活水来"。科学教育的各个方面不能形成优化结构，对教育和科学的发展都是不利的。
>
> 那么，怎样才能形成一泓源头活水呢？我以为重要的是要使科学教育的结构成为一个开放的动态结构。五十年代初期我曾说过，学校最需要的是浓厚的学术空气，各种科学思想和见解都能自由发表，教与学都能有主动工作的余地。……一个学校有好的校风，有教学和科研的学术环境，就可以造成师生为振兴中华而献身教育与科学事业的热情和责任感。尊重师生的这种热情和责任感，在专业的设置，教学的计划、内容和方法上，要充分信赖师生的主动性和创造性。在人员的工作结合和分配上，给以适当的活动余地。这种科学教育的开放式动态结构，将会导致争艳创新，各具特色，群贤毕至，人才辈出的局面。①

1981年11月17日，钱令希正式履职大连工学院院长。他在当天的任职讲话中表态说：

> 学校最重要的头等任务是培养人才，而培养人才是要遵循科学规律的。合乎规律则人才辈出；不合乎规律，甚至违背科学规律人才就被压制或者被扼杀。正确的科学规律是什么？这是个大学问，我经过30多年没有学到，现在，世界上也无定论，要到实践中去会探求。但

---

① 钱令希：为有源头活水来.《人民教育》，1981年第7期，第9-10页。

是，已有的经验告诉我们，依照科学规律办好学校，要注意这几个方面。第一，要有一个"活"字，要有活跃的学术空气，让教和学的人都有主动权。只给一方主动权，人才就出不来。我们国家的大学办得不太活跃。最近，我到国外走了一趟，加深了我这个感觉。第二，培养人才要有一种感情。在这里，感情浓厚与不浓厚是大不一样的。除了革命的责任感之外，还要有一种惜才爱才，荐贤举能的感情。妒贤嫉才、文人相轻是我们知识分子的老毛病，不改是不行的。我们应该希望后人比我们强。我们全校教职员工不论做什么事情，都要统一到培养人才的思想上来，统一到要培养人才的感情上来。这样，就能造成一个良好的培养人才的环境。好的教员不但不想离开大工，外校的好教员也还要到大工来。这正是我们希望出现的"群贤毕至，人才辈出"的局面。

……

大连工学院的任务是光荣、艰巨的，我个人能力有限。希望大家团结起来向前看，在党中央和省市委的领导支持和关怀下，在教育部和省市政府的直接领导下，努力办好学校，使之成为既是教育中心，又是科研中心，为国家四化做出应有贡献。[1]

之后，在大连工学院干部、群众讨论的基础上，钱令希集思广益，对学校工作做了全面安排，在全校范围内践行"两个中心"说。大连工学院也在制度保障上拟定了《大连工学院教学工作量试行办法》《大连工学院试行科学研究工作量暂行办法》《大连工学院关于选派教师、研究生出国考察、进修、学习的几点意见》，提出了到 1985 年的几个奋斗目标。

1984 年仲夏，钱令希在接受王续琨、刘则渊采访时，在谈及新形势下改革理工科院校的教学科研建制问题时，认为一所办得好的理工科院校应该成为集科研、教育二任于一身的"科学教育综合体"。

---

[1] 钱令希院长在全院大会上的讲话。《大连工学院校刊》，1981 年 11 月 27 日，第 1、2 版。

开创科学教育的新局面，要求我们解放思想，摆脱新、旧框框的束缚，大胆地进行改革。为经济建设服务，是进行改革的根本目标；既搞好教学，又搞好科学研究，是改革的努力方向。最近，听说大连内燃机车研究所、大连铁道学院、大连机车车辆工厂已经建立起"科研－教育－生产联合体"。这是一种新的尝试，其根本目的在于促进经济建设的发展。实际上，一所办得好的理工科院校，应该成为集科研、教育二任于一身的"科学教育综合体"。教学与科研，二者均不可偏废。不搞好教学，学校则徒有其名；不抓好科学研究，重点院校则有负众望。教学出人才与科研出成果，如同车之两轮、鸟之双翼，必须相互扶持，协同发展。

从教师个人来说，教学与科研也是相辅相成的关系。40多年来，我一直在大学任教，除了"文化大革命"那几年，几乎没有中断过科学研究，并且经常参加有关的工程技术实践。要教会学生搞科学研究、技术开发，教师必须有科学研究、技术开发的实践。教师当然要教书，但不能只是照本宣科，做"教书匠"。不搞科学研究，教学内容就失去了"源头活水"，整个学校教师队伍的水平也就无法提高。[①]

1988年4月，钱令希发表《坚持"两个中心"是办好大学的关键》一文。他结合大连工学院坚持"两个中心"办学的实践经验，论述了"两个中心"（教学中心，科研中心）和"三个面向"（面向现代化，面向世界，面向未来）：

如何办好理工科大学，我感到邓小平同志关于"两个中心"和"三个面向"的方针是办好大学的关键。应当指出，目前还有不少同志对于"两个中心"还持怀疑态度，认为大学只应有一个教学中心，不应有科研中心。其实，只有一个中心是难以实现"三个面向"的。"面向现代化"，必须要反映现代科学技术的发展；要实现党的十三大

[①] 王续琨、刘则渊：科学教育要面向经济建设——访大连工学院院长钱令希.《科学学报》，1984年第7期，第20-22页。

路线，为建设现代化国家多出成果、出人才，而要做到这些，如果只抓教学，不抓科研，教员不仅不能用自己的才智为现代化建设做出应有的贡献，而且也不能把最新的科研成果反映到教材和课堂的讲授之中。"面向世界"，也要求科研与教学并重，否则就难以打进国际学术交流网，没有自己的成果与对方交流，又怎么能取得有关科技最新成果的信息呢？"面向未来"，更是要求在科学技术的各个领域里高瞻远瞩，而且，未来尤其需要更多的创造性人才，只有那些既从事教学又从事科研的教员才能培养出具有创造精神的学生。这是因为他们有切身的体会能够在教学中自觉地对学生进行能力的培养，而不是只向他们灌输知识。总之，"三个面向"的实现途径是抓好"两个中心"。

大连工学院近几年的经验表明，坚持"两个中心"是促进出成果出人才的重要方针。我校有些走在前列的专业、系或研究室，他们的共同经验，就是抓了"两个中心"，具体说有如下几条：①教员既要抓教学又要搞科研，中青年骨干教员每个学期都要开一门课，并且努力参加一至几个课题的研究工作。②给中青年教师压上科研与教学的重担，鼓励他们指导或辅助指导博士生、硕士生或大学生，让研究生真刀实枪地进行锻炼。多数研究生的论文结合工程实际，基本上形成了一支老、中、青相结合的梯级队伍。③通过开设选修课和必修课的方式，通过教材更新的途径，及时把国内外和教师本人的最新科研成果反映在教学之中。④既注意工程应用直接为现代化建设做贡献，又提倡理论升华工作；既有利于科学技术转化为直接的生产力，又有利于教育跟上科学技术的蓬勃发展。⑤处理好创收问题，不单纯地追求经济上的收益，而是通过创收购置设备，改善教师和学生的生活条件。通过承担实际课题，解决了生产上急需的难题，直接为工程实际做贡献，促进了理论联系实际，同时为理论学科的发展筹集了发展基金，还改善了教师们的生活福利。⑥用课题组形式的"科研细胞"集结科研力量，形成教员与研究生搭配的攻关力量，保证科研的顺利进行。⑦立足于自己的科研成果，派人出国进行多种形式的科研合作、交流，请进研究方向相近的国外研究人员来讲学、交流。

概言之，只有抓好"两个中心"，才能保证"三个面向"，而"三个面向"的实施，又促进了"两个中心"的建设。①

在大学建设的"两个中心"说的支撑下，作为一校之长，钱令希面对的学校教学、科学研究、学校管理、工程服务等几项大事齐头并进，大连工学院的办学景象也是一片繁荣。据1989年11月16日中国管理科学研究院"高等院校比较研究"课题组提交的报告《我国重点高等院校科学计量多项指标排序及其分析》，1985—1987年，大连理工大学在全国52所工科重点大学的"国家级成果奖""在国外和全国性刊物上发表的学术论文""专利批准"三项科学计量指标排序中，综合排名仅次于清华大学、西安交通大学、浙江大学、天津大学、华中理工大学，位列第六。②这一教育思想在全国也产生广泛反响，《人民日报》曾进行了报道。

"学术细胞"论是钱令希提出的与"两个中心"说相关的一个教育理念。钱令希任大连工学院数理力学系系主任时就开始思考如何从改善体制上发挥教师的主导意识。1978年3月，从大工数理力学系析出一部分在科研上有一定体验的教师成立工程力学研究所，钱令希任所长。工程力学所下设的研究室就是他后来所称的"学术细胞"。

钱令希任大连工学院院长后，主张学校要发展，必须解放思想，摆脱新、旧框框的束缚，大胆进行改革，既搞好教学，又搞好科学研究和技术开发。为此，他在大工全校范围内推行工程力学研究所创建"学术细胞"的做法。

也是1984年仲夏在王续琨、刘则渊的采访那一次，钱令希在阐发"科学教育综合体"之后，结合大连工学院的实际情况，首次比较系统地阐述了他的"学术细胞"论：

为了保证整个学校成为"科学教育综合体"，学校的基层业务单

---

① 钱令希：坚持"两个中心"是办好大学的关键，《上海高教研究》，1988年第3期，第26页。

② 我国重点高等院校科学计量多项指标排序及其分析，《学会》，1990年第2期，第9-12页。

位也应当兼具教学和科学研究两种功能。目前高等学校的基层业务单位是按学科划分的教研室。这种教研室基本上是一个没有多少自主权的行政组合，少则十几人，多则几十人，业务负担有轻有重，工作潜力没有充分挖掘出来。总的来说，教研室偏重于教学而忽视科学研究。我们曾经设想，打破现有的教研室建制，重新组合成人数较少、更有活力的学术"细胞"，让它起新陈代谢的作用。这种学术"细胞"可以叫学术组或其他名称，它与教研室相比，一是人数少，三五人、七八人，二是业务活动有很大的自由度。

学术"细胞"既是教学单位，又是科学研究组织。每个学术"细胞"的构成，在学科专业、智能类型、年龄梯级结构等方面要有合理的比例。也就是说，人员可以超出原教研室的范围，按需要由不同学科组成，既要有创造型人才，又要有擅长于观察实验、理论计算的人才，既有老年教师，又有中、青年教师。带头人一般由年富力强的中年教师担任。他有权找志同道合的教师自由组合成"学术细胞"。在学校职权范围内，给他人权、财权、物权，由他自主地使用，让他自己开动脑筋，集思广益，去找任务、找课题，谋生存，求发展。在"学术细胞"内部，每个人都各得其所，和谐地工作。这样的"细胞"多了，相互间就有个比较，就可以互相启发，互相带动，开展你追我赶的竞赛，或者叫社会主义的竞争。我们相信广大教师是有才能的，他们的才智一旦充分发挥出来，是能够有较大作为的。退一步说，如果干了几年没有起色，"学术细胞"也可能解体。因此，要维持下去，就必须开动脑筋，在奋斗中开拓生路。[①]

1984年9月3—9日，教育部委托北京、上海、江苏和辽宁四省市高教局在大连主持召开1949年以来的第一次高校师资研讨会——"1984年高校师资管理研讨会"。参加会议的代表有10个省市高教局的负责同志、37所高等院校的院校长和从事高校师资管理、研究的同志、中央有关部门

---

① 王续琨、刘则渊：科学教育要面向经济建设——访大连工学院院长钱令希，《科学学与科学技术管理》，1984年第7期，第20-22页。

的同志共 80 多人。与会代表本着"总结历史，借鉴国外，面向未来，指导现实"的思想，从理论与实践的结合上，重点讨论与研究了高校师资队伍的结构和交流问题，并就学术梯队的建设和合理师资结构的数学模型等问题充分交换了意见。[1] 大连工学院高等教育研究室的谢秉智参加了会议，并在在会上交流论文《试论重点学科教师队伍的群体结构》，第一次在全国范围内推介钱令希关于在高校中建立"学术细胞"的理念：

> 钱令希教授长期以来就主张打破现有的按学科或课程划分的教研室建制（因为它基本上是一个没有多少自主权的行政组合，少则十几人，多则几十人，业务负担有轻有重，工作潜力没有充分挖掘出来。他一再倡导重新组合成更有活力的学术"细胞"，让它起新陈代谢作用。它与教研室相比，一是人数少，三五人、七八人；二是业务活动有很大的自由度。学术"细胞"既是教学单位，又是科学研究组织，兼具教学和科学研究两种功能。）每个学术"细胞"的构成，在学科专业、智能类型、年龄梯级等结构方面要有合理的比例，由志同道合的教师自由组合。更重要的是给他们创造一个稳定的环境，包括学术自由、浓厚的学术空气、人们对学术的向往等，"学术细胞"这种组织形式有利于使他们能够潜心研究与教学，而不受到来自各方面的干扰和冲击，这是做学问的起码条件。在学校职权范围内，给学术"细胞"的带头人以人权、财权、物权，由他自主使用，让他自己开动脑筋、集思广益，去找任务、找课题、谋生存、求发展。在"学术细胞"内部，每个人都能充分发挥才智，各得其所，和谐地工作。这样的学术"细胞"多了，相互间就有个比较，就可以互相启发，互相带动，开展竞赛和竞争。如果干了几年没有起色，这个学术"细胞"就可自行解体，要维持下去，就必须开动脑筋，在奋斗中开拓生路，也只有奋斗出来的学术"细胞"，才具有旺盛的生命力。

目前，在我院还有些学科如水利工程、海洋工程、化学工程、精

---

[1] 孙霄兵、王革：调整师资队伍结构 促进人才合理流动——1984年高校师资管理研讨会纪实，《高教战线》，1984年第12期，第19页。

细化工、煤化工、机械制造、金属材料工程、内燃机等学科的教师队伍，虽没有像工程力学学科这样典型，但在教学和科研实践中都有共同的感受，也出现了与之类似的情况，特别是海洋工程、系统工程、内燃机、精细化工等学科的研究和发展，近些年来颇有起色。①

1985年10月21—25日，由国家教委师资办公室组织的大学师资管理国际学术讨论会在上海举行。会前，钱令希请谢秉智用自己一贯阐发的"学术细胞"思想起草《大学教师组织的结构和功能的基本单位——"学术细胞"》一文，他自己又进行了仔细修改。会上，他就该文的内容发言，首次系统地向全世界的大学管理者介绍他的"学术细胞"思想。他首先介绍三个方面的问题：①教师工作的特点和相应的组织管理；②教研室的历史作用及其存在的弊端；③充分发挥"学术细胞"在大学师资队伍建设中的作用。然后从四方面阐述"学术细胞"的特点：①"学术细胞"是以学术带头人为核心，让教师在共同的学术方向的基础上自由组合；②体现学术自由；③实行理论与实践、教学与科研紧密结合；④"学术细胞"富有弹性。最后总结说："在各大学里，凡是搞得颇具特色的学科中，不难发现都有一些富有生气和活力的'学术细胞'在有成效地进行活动，因此发展得比较迅速，使得有才华的教师一批批脱颖而出，一个个分支学科相继建立，取得了较好的教学和研究成果，有些领域达到了学术前沿，培养了大批本科生和研究生，形成了学术梯队。"他大胆预测，"如果我们能够自觉地倡导与着力建设这种富有生气和活力的'学术细胞'，可以期望，众多的'学术细胞'将在建设具有中国特色的、符合"三个面向"要求的大学师资队伍中充分发挥作用，做出贡献"。②

同年11月19日—22日，上海交通大学高教研究室、同济大学高教研究所联合又在同济大学举办高等工业学校教学组织和教学管理改革研讨

---

① 谢秉智：试论重点学科教师队伍的群体结构。见：辽宁省高等教育研究所编，《师资管理研究论文集》。1984年12月，第188-189页，内部资料。
② 大连工学院名誉院长钱令希教授谈大学教师组织的结构和功能的基本单位——"学术细胞"。《教育情报参考》，1985年第49期，第4-6页。

会。钱令希因工作繁忙，故委派谢秉智老师参会并在大会宣读《谈大学教师组织的结构和功能的基本单位——"学术细胞"》一文，受到大会高度关注。次年春，该文又分别在大连工学院高等教育研究室主办的1986年第1期《高等教育研究》（现《大连理工大学学报（社会科学版）》前身）和教育部主管、华中工学院主办的《高等工程教育研究》1986年第1期上刊载，此后此文又被中国人民大学复印报刊资料《高等教育》1986年第3期全文转载，并于1988年获高等工程教育研究优秀论文三等奖。《大学教师组织的结构和功能的基本单位——"学术细胞"》体现了钱令希先生教育思想的一些重要内容，在全国高教界产生了很大影响。[1]

"学术细胞"是钱令希几十年来苦心经营力学学科建设的基层组织形式。他关于大学教师组织的"学术细胞"论，充分体现了改革开放的精神，他希望通过经验的推广，达到所有学科都能够受益的目的。与"学术细胞"论相关的是他关于"学科交叉和联合"的论说：

经济建设中的许多科学技术课题，往往都带有不同程度的综合性。解决这样一些课题，需要不同学科的科学技术工作者联合起来，协作攻关。理工科院校是科学研究、技术开发的一个重要方面军。今后，科学研究面向经济建设，组织协作攻关仍然是必不可少的。这就要求各个专业在科学技术新课题面前做"伸手派""动手派"，通力合作，取长补短。从学校建设上来说，应当有意识地扶持那些顺应科学技术发展方向的边缘学科和综合性学科，在力所能及的条件下建立跨学科的教学科研机构。

我院水利系、工程力学系、造船系的教师建立联合，围绕海洋工程这个课题进行协作。许多教师看到了这种跨系学术委员会的优越性，已初步筹建了计算机软件、癌症早期诊断及治疗两个委员会，能源、系统工程这两个委员会正在筹建之中。当然，这种联合也不应局限于一个学校。前不久，在教育部的直接领导和支持下，围绕海洋工

---

[1] 周建新：《钱令希传略》。大连：大连理工大学出版社，2013年，第91页。

程的协作,全国十一所部属理工科院校酝酿联合起来,积极开展科学研究和科技咨询工作。我想,这样做,对开发我国的海洋资源,解决经济建设急需的能源问题,是会做出更多贡献的。①

关于"短线科技人才"培养,钱令希也有论说。20世纪80年代中期,我国高等教育的人才培养结构不尽合理,急需改变。国外曾有人把世界上所有的国家分为四种类型:工业化后的国家、工业化第二阶段的国家、工业化第一阶段的国家和工业化前的国家。据此,当时的中国当属第三类,即工业化第一阶段的国家。第三类国家在最高标准的出类拔萃的科学家与依然处于半文盲状态的广大群众之间,往往存在着很大的空白。这个空白,要依靠居于中间层次的专家和技术人员来填补。这个中间层次如果力量薄弱,现代科学就无法渗透到整个社会结构中去。钱令希认为,这个看法很有些可取之处。他认为,就整个国家来说,科学技术人才的群体结构按照工作性质可以粗略地分为三个层次:第一个层次,是具有世界水平的第一流的理论科学家,他们主要从事基础性的理论研究,探索自然界各个不同领域的规律,为技术发展提供长远的科学贮备;第二个层次,是高级科学技术人员,包括高级管理人员,他们主要从事应用研究、技术开发和管理工作;第三个层次,是中级和初级科学技术人员。毫无疑问,我们中国缺少世界第一流水平的科学家,缺少能够拿诺贝尔奖的杰出科学人才。但是,我国目前经济实力比较薄弱,不可能将大量资金用于基础研究方面。因此,对中国来说,要振兴经济,要用先进的科学技术武装国民经济的各个部门,要引进国外的先进科学技术,迫切需要大量培养第二、第三层次的科学技术人才。如果借用"短线产品"这个经济学术语,中国就是应该特别重视"短线科技人才"的培养,而且这应当成为科学教育的重点。一般来说,第二层次的科技人才是从大学本科生和研究生中成长起来的,第三层次的科技人才主要由大学专科、中专来培养。20世纪80年代中前期,中国高等教育体制单一化,缺少必要的层次,与那时的经济建设

---

① 王续琨、刘则渊:科学教育要面向经济建设——访大连工学院院长钱令希。《科学学与科学技术管理》,1984年第7期,第20-22页。

对不同层次人才的需求不相适应。理工科院校几乎是"清一色"的四、五年制,二年制的专科寥若晨星。这样,四、五年制的本科毕业生有相当多的一部分人不得不从事中、初级科技人员就能胜任的工作。这是一种极大的浪费。要改变这种状况,就要培养多种规格的人才,钱令希认为,一方面调动现有理工科院校的积极性,多办二年制的专修科,另一方面,创办更多的市管大学、夜大学,学制以二、三年为主,培养当地经济建设的急需人才。当时,一些老牌学校扩大招生,筹办地区性的新学校,为解决学生的食宿问题,实行走读,但招生面受到很大限制。为此,钱令希建议,可建造一些学生公寓来解决这个问题。[①]

如果说"两个中心"说、"学术细胞"论、关于"短线科技人才"培养的论说已上升到一定理论高度的话,那么钱令希的"在真刀真枪中实践"的教学方法,则是他在力学学科所坚持的理论研究与工程实践相结合的经验总结。而他的这种经验也被拓展到其他学科,甚至是人文学科。

1985 年,才起步的大工英语专业教学和大连外国语学院竞争十分激烈。时任大连工学院院长的钱令希指出:"办外语专业要真刀真枪地去做,外语学习不要总是在家里纸上谈兵,必须要到社会上去。"当时,英语专业学生很难找到实习单位。钱令希得知大连市外经贸委主要负责举办商品贸易交易会这样的大型国际会展,有很多与外国商户接触的机会,于是他便向外语系介绍了两位大工校友:大连市办公厅主任王希智和大连市外事办公室主任吕万山。英语专业教师俞可怀和外语系辅导员赵秋娜老师专程去大连市外经贸委,幸运的是,他们找到了大工校友乔世增副主任。就这样,在他们辛苦奔波和校友们多方支持下,大工英语专业的学生实习单位最终有了着落。除旅行社的实习外,他们还找到了大连市外经贸委,通过每年一届的大连市进出口商品交易会,为学生们搭建更多的实习平台。市外经贸委的领导和展览馆的同志希望大工外语系能够提供一些综合素质较高的学生协助他们开展对外联络和布置展馆等工作。与学生们进行深入交流后,他们对学生们的口语水平表示十分满意,还有几位学生给外经贸委

---

① 王续琨、刘则渊:科学教育要面向经济建设——访大连工学院院长钱令希.《科学学与科学技术管理》,1984 年第 7 期,第 20-22 页。

乔世增副主任当翻译。乔主任对大工前来实习的师生非常关心，提醒他们要穿戴整洁、仪表端庄，展现出中国新一代大学生的良好精神气质。当时有许多同学来自农村，对于社交礼仪并不是很清楚，如在宾馆乘坐电梯的时候，不知如何按电梯按钮，更不了解外国人的饮食习惯。但在实习中逐渐积累了社交场合的礼仪与经验，不但学会如何与外国客商打交道，还了解到外国人的生活习惯和文化背景，真应了钱令希"真刀真枪出真知"这句话。后来，经时任外事办公室主任的吕万山介绍，通过大连市旅游局，外语系联系到了大连中国国际旅行社。大连中国国际旅行社总经理周传山给了大工学生实习机会。1987年，1985级的学生才开始了第一次实习。实习内容主要是协助大连中国国际旅行社接待乘坐客轮到中国旅游的欧美游客。学生们出色的英语口语和周到的服务，赢得了外国游客的一致称赞。钱令希得知这一切后，对参与实习的师生说："你们要继续在外面'真刀真枪'地去做，打出名堂来！"钱先生对大工英语专业学生的实习活动的满意与赞赏，溢于言表。

那时，大工外语系老师不仅带领学生到社会上实践，还指导毕业班学生翻译了英美报刊上的大量奇闻趣事和科技文献，在《人民日报》《辽宁日报》《辽宁科技报》《大连日报》等媒体上发表，把这些媒体作为学生笔译的"实习园地"。钱令希对外语系教师指导学生们进行笔译实习的活动，也是充分肯定和热情支持。他还多次把国外寄给他的有关资料送给外语系教师，让他们组织学生进行翻译。他曾亲手在一份材料上写道："这些材料是值得翻译过来的，可以给大家增加科学知识。"钱令希推荐的一份资料经俞可怀教授和学生笔译后，以《双胞胎：研究疾病遗传基因的最好对象》为题，刊登在1993年10月23日《世界科技译报》第3版上。走出课堂，到社会上去锻炼，钱令希"在真刀真枪中实践"的教学理念，引导着一代代大工人的成长，充分体现了钱令希等一批大工人注重实践教学的优良传统。[①]

钱令希不仅关心英语专业的教学，对大工的公共英语教学也倾注心

[①] 俞可怀口述，李阳、张新宇整理：钱令希院长倡导实践教学：办外语专业要真刀真枪地去做。见：《走近老教授：追寻大工记忆》。大连：大连理工大学出版社，2013年，第180-182页。

血。1990年5月18日,大连理工大学成立教育改革咨询组,钱令希任组长,副组长为刘健教授,组员均为学术水平高、教学经验丰富的教授和副教授。咨询组重点研究高等数学和大学英语等课程的教学改革,深入课堂,与师生共同商讨,提出了许多极有价值的建议,推动了课程教学质量的提高。①

钱令希在任大连工学院院长期间,对学校的后勤体制也提出一些想法。当时,针对后勤这个高校管理中的老大难问题,有人设想,像某些西方国家那样,把有关生活和后勤的工作统统交给社会。钱令希认为,这种想法当然合理,将来也许可以这么办,但当时还做不到,需要寻找一条适合中国国情的现实可行的路子。在钱令希任院长后不久,为调动后勤职工的积极性,大连工学院校方对他们下放一些权力,放宽一些约束,他们也为师生员工做了十件好事。例如,院部学生生活区占地20多万平方米,居住5000多人,10年内乱后曾是个内偷外盗、脏乱不堪的地方,经过一年努力,已经成为一个整洁美观、清静安全的良好学习处所。诸如此类的变化,是因为后勤各个部门试行了岗位责任制,通过订合同,把职工的责、权、利结合起来。有鉴于此,钱令希便进一步设想,干脆把学校所有的后勤部门组织起来,成立一个后勤服务公司,分权独立,自撑门户,给他们以自主权。学校每年把教育部拨下的有关经费交给他们,把有关后勤的人权、物权也下放给他们,同时通过合同制向他们布置任务,提出要求。他进一步指出,生活后勤部门的分立,是学校内部建制改革的一个重要方面,是使学校成为"科学教育综合体"的一个基本保证。② 1983年2月,大连工学院党委在寒假召开常委会和党委扩大会议。钱令希在会上发表讲话时,对学校后勤部门改革所取得的成就进行充分的肯定,并提出进一步改革提出意见和建议。他说:"作为一个教员,我以前对后勤部门不了解,意见较大;后勤部门的干部和职工是很努力的,很辛苦的。一年来,

---

① 孙懋德:《大连理工大学五十年纪事》。大连:大连理工大学出版社,1999年,第262页。
② 王续琨、刘则渊:科学教育要面向经济建设——访大连工学院院长钱令希.《科学学与科学技术管理》,1984年第7期,第20—22页。

他们用改革的精神改进工作，试行责任制已经取得显著成绩。现在西山学生区有很大变化。"他建议再进一步，给后勤部门更大的自主权，尽快成立全院的生活服务公司，同学校用法律形式建立承包合同。①

1985 年 9 月 4 日，钱令希卸任大连工学院院长，任大连工学院顾问。尽管角色已转换，但钱令希对大工的热情依旧，学校的一些重大事情依然参与，有的甚至起到关键性的作用。大连理工大学的英译名的出台就是典型的例子：

> 1988 年 3 月，经国家教委批准，大连工学院更名为大连理工大学。新校名的英译名需要首先刊登在即将出版的《大连理工大学学报》（1988 年第 2 期）的封面上。时间十分紧迫，国内外有关媒体也在等待我校新译名的面世。那时我负责《大连理工大学学报》的英文审校工作，时任《大连理工大学学报》编辑部主任朱诚约我一起到学校顾问、学报编委会主任钱令希院士的办公室汇报。钱院长听后严肃地说："新校名的英译名是关系学校的声誉和地位的大事，不能草率行事！"他嘱咐我们要邀请校内一些曾留学英美的资深教授集中探讨再决定。
>
> 两天后的周五下午，钱院长早早地来到主楼 311 会议室，他让编辑部的同志为与会者每人准备一杯清茶。不一会儿，唐立民、胡国栋、方孝淑、刘培德、宋或浙、姜际陞等老教授先后走进了会议室。
>
> 大家刚一落座就热烈地讨论起来。……钱院长见大家再没有什么新建议，便微笑着说："现在我来折中一下吧。既然大家都喜欢 University 这个词，那就用它替换原英译名中的 Institute。Science 这个词就不要加了，以免造成缩写词的贬义理解。这样新校名的英译名就是 Dalian University of Technology，其缩写为 DUT，正好与美国名校麻省理工学院 MIT 相对应。美国人为了保持百年名校的传统，后来不也是没有加理科这个词吗？"钱院长的话有理有据，说得大家频频点头。

---

① 钱令希同志说：党创办的学校我们办不好对不起党。《大连工学院校刊》，1983 年 3 月 5 日，第 1 版。

最后钱院长补充说:"我们在这里通过了不算数,还得请校长批准后才能见报。"第二天,朱诚老师委托我带着我校的新译名及其缩写词请金同稷校长签字批准。金校长愉快地说,"钱先生已经跟我和老钱(校党委书记钱冬生)说过这件事情,老先生们都讨论通过了,我们没有意见"!说完,他拿起钢笔,在新校名英译名和缩写词下批了五个大字:同意!金同稷。①

进入21世纪前夕,钱令希与大连理工大学工程力学研究所副所长徐新生教授合撰的《关于培养研究生创新能力的思索》在《教育改革与管理:研究生教育》上发表。该文在介绍研究生培养的特点及现状后,针对新世纪研究生创新能力的培养,提出一些有见地的思考,指出,"作为在更高平台的研究生教育仅使知识再更新是完全不够的,创新能力的培养是根本支点。研究生不同于本科生,研究生是做研究的学生们,具有研究人员和学生的双重身份,在学习中研究,在研究中学习,因而研究生教育具有自身的特殊性,不同于其他学习或研究";"在新形势下对研究生创新能力培养、素质教育、发挥研究生个人能动性和潜力等方面还需要探讨。研究生导师培养人的观念需要转变。导师的素质和水平需进一步的提高。培养研究生的模式需要更新。研究生创新能力培养需要创新";研究生与导师的关系应该是同事和朋友,导师不仅要把研究生培养成"将军",更应该把他们培养成"元帅","在研究生学习、生活和工作这短短的几年中,研究生导师不仅应该在生活上关心学生,在课程学习上帮助学生,更应在科学研究上培养学生。将学术思想、研究方法、科学手段等传授给研究生。对研究生提出的新想法、新思路等应予鼓励和支持。给研究生留'一块自留地',在这个空间随之设想和幻想。即使是不成熟的甚至是错误的新设想也应尊重,导师应提出自己的意见加以讨论、分析、辩论……。'交朋友式'的培养研究生是一个很好和有益的方式。平等和谐的学术环境更有利于培养

---

① 俞可怀口述,李阳、张新宇整理:钱令希院长倡导实践教学:办外语专业要真刀真枪地去做。见:《走近老教授:追寻大工记忆》。大连:大连理工大学出版社,2013年,第182—184页。

出研究生的创新能力"。① 钱令希在给导师和研究生的一些学术讲座中，也倡导他的这种"一日为师，终身为友"理念，构建平等的师生关系。2001年11月18日，钱令希应邀在北京工业大学机电学院给研究生和教师们做报告时指出，应将"一日为师，终身为父"改为"一日为师，终身为友"，以达到导师和研究生共同进步的目的。②

作为教育家，钱令希的战略眼光还体现在指导他的学生朱兆祥筹建宁波大学的超前思想上。1984年12月，华人世界船王、宁波籍香港富商包玉刚（1918—1991）决定捐资相当于5000万元人民币的外汇创办宁波大学。1985年秋，朱兆祥受浙江省政府和宁波市政府三顾茅庐之请出任宁波大学首任校长。"所谓大学者，非谓有大楼之谓也，有大师之谓也"。以朱兆祥为首的校领导班子当然明白，对于办一所像宁波大学这样的新大学，在有了包玉刚的慷慨捐资后，教师队伍的聘请和建设是远比建房子困难得多的、而又是最重要的工作。于是，从1985年年末到1986年上半年的一段时间内，他们开始了后来被戏称为办宁大的"穿梭外交"之行，得到了众多知名高校、科研院所和一些教育大家的帮助，其中就有钱令希。对此，曾任宁波大学首届副校长、学术委员会主任的王礼立（1934—　）教授后来回忆说：

> 钱老极力支持他的高足朱校长把宁大办成一所新型综合大学的思想，特别强调教师在办好大学中的作用和地位。1986年6月我出差北京，喜悉钱令希先生正在中关村中科院力学研究所。经联系，6月8日朱兆祥校长和我赶去，在郑哲敏所长的办公室里与他见面，向他请教。给我极深印象的是：钱老把"请教授"列为办好大学的头等大事。他从老浙大竺可桢校长聘请谈家桢教授等事例和那时浙大的工资体系等谈起，讲到如何礼贤下士，如何让教师安安心心、一心扑在教

---

① 钱令希、徐新生：关于培养研究生创新能力的思索.《教育改革与管理》，1999年第2期，第1-2页。

② 北京工业大学电教室录制：《钱令希在北京工业大学讲学》。2001年11月18日。视频电子版存于采集工程数据库。

学科研上。

他针对当时很多大学只给管理人员提供办公室,而教授只能回家在斗室备课,师生接触太少等现实,提出宁波大学从一开始就应该"给教师提供办公室,即使小一点,要给教授一个单间办公室,可以互不干扰"。他提出学校后勤要为教学科研服务、为教师集中精力教书育人服务,他建议"教授办公室里可以放个小床,让他中午休息""要关心教职工子女教育,让教职工没有后顾之忧。譬如办好附中,可以请退休教授来当顾问,有号召力……买电子计算机给附中,好让学生早接触计算机。"总之,"把学校搞得比家里还安逸,让教师愿意在学校里专心工作。"他还提出:"宁大一开始就要招研究生,请了教授就要招研究生。发挥了教授的作用,又为自己培养师资。"在钱老的支持下,我们聘请了大连工学院的向惟交教授出任宁大教务长,为宁大及早建立正常教学秩序做出了不可磨灭的贡献。

在1986年时,钱老的这些思想既是从当前实际出发,又是超前的。我们当时曾经立即按钱老的意见,在新建的王阳明楼(包氏3号楼)专辟出教师办公室,教授一人一间,副教授两人一间,引起不少外校教师的羡慕。后来我在英国剑桥大学Cavendish实验室做研究时,看到不仅每个教师有办公室,而且教授办公室门上的把手是镀金的,显示和肯定教授在大学和社会上受人尊敬的地位。钱老早已深知其理,他在大连理工大学当校长时一定是力图实现他的想法而因种种原因未能如愿,因此他又寄希望于宁波大学新办时能实现这一想法。现在我周围的正教授都有自己单独的甚至于带套间的办公室,这是可以告慰于钱老的。

钱老后来一直继续关怀宁大,还和程耿东校长一起专程访问过宁大。2000年年底,我曾经给钱老写过一封信:"敬爱的钱老:好久没有机会拜见您了,但您对我的教导和关心一直铭记在心,激励自己要加倍实干,决不能辜负您和其他老一辈科学家和教育家的期望,并默默祝福您老安康长寿!还记得十五年前,当我意外地被推荐为宁波大学副校长、协助朱兆祥先生筹建宁波大学时,曾有幸和朱先生一起在北京向您请教如何办好大学。您的真知灼见似乎尚在耳边回响，而一转眼，宁波大学已成长为一所学生数超万的综合大学了……"①

钱令希对我国中小学教育的发展也很关注。1986年3月25日—4月12日，钱令希作为第六届全国人民代表大会代表、辽宁省代表团副团长，参加六届全国人大四次会议。其间，他在讨论发言中指出"'七五'计划草案把教育事业提到战略地位上来，对教育的投资有一定幅度的提高，这是非常值得高兴的。但是过去由于教育经费在国家财政支出中的基数太低，现在的提高只是略高于经常性财政收入的增长速度，仍然不能完全适应需要。一些地方小学经费不足的问题还很突出。解决这个问题，一方面要根据'七五'计划对教育事业发展的任务和要求，相应地安排用于教育经费的财政支出；另一方面还要征收教育附加费，广开资金渠道，鼓励各种社会力量给予资助。"②

1999年春节前夕，大连理工大学附小宓鹏菲、韩放等小朋友给钱令希拜年（图8-18）。钱令希很高兴，勉励他们"好好学习，为祖国多做贡献"，并以谈治学的经验教训为内容的文章相赠。此文大部分内容源自应上海教育出版社《中国科学院院士自述》编委会之邀而撰写的自述文章，不久后又以《难忘的经验教训》为题刊载于《大连理工大学报》1999年3月8日第3版。该文言简意赅，十分亲切，催人奋进。

2000年11月初，钱令希在女儿钱唐的陪同下，访问、游览事业起步之处云南昆明等地，特地于6日去参观了西双版纳允景洪中学（2010年更名为"西双版纳傣族自治州第一中学"）。访问期间，钱令希对允景洪中学所取得的成绩给予了充分肯定，并鼓励他们转变观念，落实素质教育措施，为边疆少数民族地区经济腾飞输送更多的合格的人才。③ 创刊于1985

---

① 王礼立：回忆钱令希院士对创建宁波大学的关怀——教师在钱老教育哲理中的重要地位. 王礼立科学网博客，2009-04-27.

② 各族人民团结起来 为完成"七五"计划而奋斗——全国人大六届四次会议部分代表发言摘要（三）.《人民日报》，1986年4月4日，第3版.

③ 钱令希到允中考察. 见：《西双版纳年鉴2002》. 北京：北京燕山出版社，2003年，第486页.

图 8-18　1999 年 2 月，钱令希与前来家中拜年的大连理工大学附小学生合影（左起：韩放、宓鹏菲、钱令希，大连理工大学档案馆提供）

年、由已故著名科学家华罗庚题写发刊辞的《初中生》杂志，在我国中学生中有较大的影响。2001 年 10 月，应《初中生》编辑部之邀，钱令希撰写了《把学和问统一起来》一文，告诫青少年学生"学"与"问"的道理。文中写道：

> 我们祖国的语言文字常常把知识称作"学问"，这是有一定道理的。
>
> "学"指学习，就是接受知识；"问"指提问，也就是追求知识。好学是一种美德，但如果总是被动地学，恐怕也是学不好的。只有把"好学"和"好问"结合起来，在听课和读书的过程中，不断地开动脑筋提出问题，不断地问自己为什么，或向他人、向书本提出质疑，这样，你的学习才会生动活泼，你也才会真正学有所获。只有多问，学到的知识才会更牢固，你的智力水平才会得到更快的提高。这种不断地在学中问、在问中学的方法，对你将来的学习和工作也是大有裨

益的，而且会令你一辈子受益。

现在，同学们都在各级学校中接受正规的教育，你们的主要任务就是学习。怎样才能学得更好呢？古往今来，不少学问家都做过十分精辟的论述。依我看，最重要的一条，就是要把"学"和"问"统一起来，做到以学为主，学中有问，好学多问，不断创新。这样，你们才可能真正成就学问。①

即使是耄耋之年，钱令希仍不忘对下一代的关心。2004年11月15日，钱令希再一次到大连理工大学附校看望学校师生。一大早，他便走进教室，听了一年级英语课和二年级的美术课。当他看到一年级教室前面的"健康、乐学、友好、向上"的班训时，高兴地说，把健康放在第一位很好，乐学才能学好。他叮嘱大工附校的教育工作者摒弃应试教育，推进素质教育，并语重心长地说："现在的独生子女教育难度大，要从教做人开始"。②

在结束本章之际，我们引用钱令希在1978年参加全国科学大会后有感而发的短文摘录：

工作千件万件，最重要是培养人才，当好人梯，让更多的中青年踏着自己的肩膀向上攀登。对我们来说余生的每分钟都是珍贵的。我们要像春蚕那样，直到吐尽最后一根丝。

献身科教效春蚕，岂容华发待流年；翘首中华崛起日，更喜英才满人间。③

---

① 钱令希：把学和问统一起来。《初中生》，2001年，第29期，第1页。
② 闻峰：九旬院士情系未成年人。新浪网，2004-11-17。
③ 钱令希：岂容华发待流年。1980年，未刊稿。资料电子版存于采集工程数据库，原件存于钱唐家中。

第九章 科教之外

科教之外，钱令希拓展着人文情怀。体育、书法、传统音乐是他的爱好。他珍视各种亲情，心怀桑梓，乐善好施，信交善缘，赢得后世怀念。

体艺爱好者

钱令希爱好广泛，年轻时就热爱网球运动，晚年又热衷书法，喜欢听音乐、看足球赛。他很喜欢听维也纳新年音乐会，每一年的音乐会光盘都会买来收藏和欣赏。钱令希作为无锡人，特别欣赏无锡民间音乐家阿炳（1893—1950，原名华彦钧）的二胡曲，即便在晚年病重住院后，还托人买来阿炳的CD，让护士在病房中给他播放。

钱令希幼年身体强壮，但小学时跌伤过两次，其中一次还很严重，这对他后来的健康一直很有影响。[1] 为此，在参加工作后，他就注重自己的身体锻炼，经常在工作之余参加体育活动。1940年前后，钱令希任职叙

---

[1] 钱令希：思想总结·本人历史。1952年，未刊稿。资料存于采集工程数据库。

昆铁路工程局工务课桥梁股期间，主要工作是在局机关做室内设计，有时会在工作之余，相约同事以打排球健身，且还是叙昆铁路工程局排球队员（图9-1）。1943年，到位于贵州遵义的浙江大学工学院任教后，网球运动则成为主要的锻炼了。他常应竺可桢校长之约，到当时浙大总部所在地子弹库打网球（图9-2），这在竺可桢日记中有不少记述。这时的网球球友除竺可桢外，还有金岱峰、章张图、陈卓如、王欲为、张福范、苏元复等人。有时，钱令希也与浙大同事主动约请校长竺可桢。例如，1945年8月18日，他曾与王启东（1921—2019，曾任浙江大学副校长）一起约请竺可桢校长下午三点至子弹库打网球，直到五点才结束。①

图9-1 20世纪40年代，钱令希（右）与好友刘恢先在排球场上

图9-2 20世纪40年代，钱令希（左一）与网球队球友合影

1946年浙江大学复员回到杭州后，在浙江大学的网球场上也常有钱令希的身影。这一时期，竺可桢继续在钱令希的球友之列，另外新增有王承基、王爱予、俞国顺等人。1947年11月，

---

① 竺可桢：《竺可桢全集 第9卷》。上海：上海科技教育出版社，2006年，第488页。

钱令希牵头，会同竺可桢、田浩来、俞国顺等 15 人发起成立浙江大学教职员网球会。他们在《组织教职员网球会启事》中写道："本校新网球场业已完工，时值秋高气爽，正宜网球游戏。兹发起组织教职员网球会，凡本校爱好是艺者，均欢迎签名参加（可用书面）。报名处：体育课办公室高尚志先生处。"[①]

1952 年到大连后，钱令希继续保持网球锻炼的习惯，即使是古稀之年，仍乐此不疲，有时是让儿子陪自己打，更多的是与球友互相切磋（图 9-3）。在大连市的老年网球爱好者中，他颇具盛名，还被推选为大连市老年网球协会的会长。正因为如此，钱令希的手劲很大。即使是过了米寿之年，有朋友来探望，他还会握住对方的手问感没感觉到力量。在生命最后的几年，他因病已不能驰骋球场，但每到大工的网球场边，看到网球爱好者在挥舞着球拍时，总会驻足观看，有时还与他们进行交流。

图 9-3　20 世纪 80 年代，网球场上钱令希矫健的身姿

除了打网球之外，晚年的钱令希喜欢的另一项体育运动就是散步。他说自己长寿的秘籍就是"基本吃素、坚持走路"。1998 年 12 月，住处从大连市南山的枫林路 40 号搬到大连理工大学校内东山小楼后，他每天早晨坚持绕行校园内的花果山，走上一圈儿再爬上教学楼。[②]

钱令希对书法艺术更是情有独钟。他在中小学时就练习书法，故有一定的书法基础。在云南大学和浙江大学任教时，他用毛笔小楷做备课笔记，这些笔记本一直保留到 1966 年。后因工作繁忙而疏于笔阵，但对中华传统翰墨文化一直深爱有加。在 70 岁工作稍微轻松些后，他便重新提笔，

[①] 组织教职员网球会启事.《国立浙江大学校刊》，1947 年复刊第 168 期，第 3 页。
[②] 周建新:《钱令希传略》. 大连：大连理工大学出版社，2013 年，第 117 页。

1986年，大连市老干部书画协会成立。钱令希加入该协会，后还任名誉副会长。① 此后20多年间，他笔耕不辍，从临摹到后来铸就了自己的风格（图9-4）。

1992年，钱令希临摹王羲之"天下第一行书"《兰亭序》帖（图9-5）。这一作品字迹清新飘逸，整齐悦目，在大连市老年书画展览会上展出时，受到书法爱好者的称道："一位从事理工的教师能有此等功力，实在难得！"这幅作品，钱令希自己也很珍爱，装裱后一直挂在自己的书房里。

钱令希的另一临摹作品是祝枝山（1460—1526）草书苏东坡《前赤壁赋》。《前赤壁赋》和《后赤壁赋》是宋代文豪苏轼的散文名篇；在小楷和草书上均有成就的明代书法家祝枝山的作品风神萧远，在书法史上很有地位。他临摹的这幅作品有700字左右，共用两张宣纸，

图9-4　古稀之后的钱令希练习书法修身养性

图9-5　1992年，钱令希临摹王羲之《兰亭序》帖

---

① 钱令希（小传）。见：大连市老干部书画协会编印，《老树新花：纪念大连市老干部书画协会成立二十周年会员作品特辑》。2006年6月，第7页，内部资料。

写得行间茂密，不失奔放，洒洒落落，别具风采。1995年，钱令希将其中的一份送给大工的书法爱好者孙懋德（1930—2012）。2000年年初，孙懋德乔迁新居，特意请人精心装裱，悬挂在客厅里，别添情趣。钱令希听说后，还特来访孙懋德新家，细心观察，谦逊地说："我草书练得很少，如今老了，再也写不到这个样子了！"[①]

钱令希不仅爱写字，还乐意将书法作品送给同事、朋友、学生等。例如，1993年，以工笔手书宋代周敦颐的《爱莲说》送给大连工学院土木系1954届毕业生、中国大陆派去香港工作的中国港湾建设总公司驻香港代表、振华工程有限公司董事长兼总经理方天中。1996年2月19日，丙子年春节，书写罗贯中《三国演义》开篇词《临江仙》、曹操《短歌行》分别赠学生程耿东、林家浩。1998年暑期，题写勉词"爱学习，善于概括简约。敏思考，时有创意火花。勤科研工作，理所当然。乐教学工作，难得难得。乐教学，教学乐，快乐教学"，送给即将调离大连理工大学赴北京工业大学任教的隋允康。不过，钱令希赠送最多的作品就是他的"四乐信条"。

1993年，王续琨想对"求乐"人生做一个条条式的概括，首先想到了三个有"乐"字的成语：助人为乐，知足常乐，自得其乐。后来他又想到在工作和事业上也应该有个"乐"字，先后构思了两个方案：拼搏求乐、奉献求乐。是年10月，王续琨将写有32个字的一张纸拿给钱令希看，请求帮忙做一个判断，是否可以用作激励他自己的人生信条。钱令希思考了一会儿，对奉献求乐提出了意见："奉献"有自我表扬的意味，这个词更适合用在给别人的鉴定或宣传性的口号里边。王续琨欣然接受，将"奉献"改为"勤勉"。后来，又经过多次反复修改，最后拟定了一通用版的"四乐信条"：事业工作，勤勉得乐；处事交往，助人为乐；物欲名利，知足常乐；闲暇消遣，自得其乐。过了一段时间，钱令希打电话告诉王续琨："给你写了一幅字，装裱好了，随时可以来取"。原来，钱令希在书写这幅字时又改动了几个字，变成"事业工作，勤勉则乐；处事交往，助人为乐；

[①] 孙懋德：钱令希纪事。见：张天来、孙懋德、王丽丽，《院士的足迹》。大连：大连理工大学出版社、光明日报出版社，2004年，第44-46页。

生活名利,知足常乐;闲暇消遣,自得其乐"。这就是钱令希手书的第一幅"四乐信条",且"续琨四乐"字后面还有"向你学习"四个字。王续琨看到后,有些受惊了,心里面的感觉一时无法说清。想了很长时间,他才对这四个字终于有了一点感悟:"向后辈学习,这不正是智者所内蕴的一种更高的人生境界吗?钱令希老师写下的这四个字,其实也是为我和我们后面的年轻人树立了活到老、学到老、点滴学起、低处学起的标杆。"①此后,钱令希写过好几种版本的"四乐信条"字幅,送给晚辈后学和身边的人。

钱令希赠予的书法作品,大多都是激励他人或勉励自己的。1987年6月,为大连工学院1987届研究生书写毕业赠言:"展现在大家面前的是精神文明和物质文明的大道,希望大家都是建设者和开拓者。"1998年6月,参加程耿东院士的博士生李刚的博士论文答辩,并任答辩委员会主席,答辩后,又特地把李刚叫到自己的办公室进行谈话,鼓励他走与工程结合的科研之路,后来又书写"业精于勤奋 功成于坚韧"赠予李刚。2000年8月,辽宁师范大学数学史专家杜瑞芝教授主编的《数学史辞典》由山东教育出版社出版(次年获第四届国家辞书奖二等奖)。不久,杜瑞芝便给钱令希送去一册《数学史辞典》和几册已出版的"数学家传奇丛书"(钱令希应杜瑞芝主编之邀,代替胞兄钱临照院士为该丛书作序)。钱令希在当即仔细翻阅后说:"这本辞典的内容很丰富,信息量很大,不错,不错。"10月,钱令希又特地为《数学史辞典》题写了两幅中楷,一幅是"业精于勤奋 功成于坚韧 赞《数学史辞典》出版问世",另一幅是"业精于勤 祝贺杜编《数学史辞典》出版问世"。2001年春节,杜瑞芝去看望钱令希。当她获赠这两幅墨宝时,看着那潇洒秀丽的字迹,感动不已。②2002年8月,大连理工大学附属学校新校舍启用前夕,他应邀题写:"青少年是为人生一辈子打好基础最重要的时期,学习要自觉生活应自理,自

---

① 王续琨:祥和的长者 谦和的学者——写在钱先生逝世五周年之际.《大连理工大学报》,2014年4月16日,第4版。

② 杜瑞芝:无私的帮助 沉痛的哀思——深切怀念钱令希先生.2009年4月22日,未刊稿。资料存于采集工程数据库。

律自强长知识，长身体，像春花一样灿烂有朝气"（图9-6）。这幅书法题词做成了阳刻牌匾，立于学校教学楼前，时刻勉励着过往的学生。2002年10月，他为大工管理学院博士生导师柳中权教授题签座右铭"直面自我　笑向未来　以诚会友　学会快乐"。2004年1月，在即将进入农历甲申年之际，他书写王国维"人生三境界"话语，寄赠给自己曾经的科研助手、北京工业大学教授隋允康。上面写道："王国维《人间词话》借宋词名句描述古今之成人事业人学问者必经之三种境界：昨夜西风凋碧树，独上高楼，望尽天涯路。此第一境。衣带渐宽终不悔，为伊消得人憔悴。为第二境。众里寻他千百度，蓦然回首，那人却在灯火阑珊处。是第三境。"钱令希手书的另一幅王国维"人生三境界"手迹，也悬挂在钟万勰家中的书桌之上。伏案工作时，钟万勰稍稍抬头就看得清清楚楚，睹物思人，感叹云："这正是钱老一生写照，实乃我辈学人楷模。"①

图9-6　大连理工大学附属学校教学楼前钱令希题词的匾额
（2018年5月18日，王细荣摄）

钱令希的书法作品中，也有一些是用于自勉的。2005年年初，在赴北京海军总医院做第二次伽马刀手术前，他手书友人陈右铭词《鹧鸪天·人老心不老》自勉（图9-7）。他曾手书做人处事的"六

图9-7　2005年1月，钱令希手书友人陈右铭词作《鹧鸪天·人老心不老》

---

① 张轶、姜云飞、丁雷，等：献身科教效春蚕——追记著名力学家、教育家钱令希．《大连日报》，2009年4月27日，第A1-A3版。

第九章　科教之外　395

然准则"自勉:"得意失意,心境旷然;得利失利,心情淡然;面对挫折,心迹泰然;面对诱惑,心灵湛然;危急之时,心绪坦然;危难之际,心神凛然。"

钱令希的书法作品工整有法,质朴流美,有时还参加一些书法展。除1992年在大连市老年书画展览会上展出的临摹王羲之《兰亭序》外,1994年5月25日,国家税务总局老年书画研究会大连分会在西岗区唐山街税务局宾馆举办第二届税苑春秋书画展,其中就展出了钱令希的赐墨,还为他颁发收藏证书,邀请他到展览现场参观、笔会。1999年,为庆祝中国科学院建院50周年,钱令希创作《江城子·庆祝中国科学院建院五十周年》:

> 风雨兼程五十载,培硕果,育英才。自力更生,科苑呈异彩。三代伟人倍关爱,寄厚望,系国脉。
>
> 知识经济潮正来,抒心怀,壮气概。科教兴国,华夏雄风在。创新工程风云展,新纪元,高歌凯。

这首词作,钱令希也书写了好几份,其中一份赠送给无锡同宗族侄钱维钧先生收藏,还有一份放在自己家中。[①] 1999年9月10—20日,其中一份作品在中国科学院和中国工程院于炎黄艺术馆联合举办的两院院士书画展上展出。

钱令希的书法作品,一些后来还出版了。例如,上述的《江城子·庆祝中国科学院建院五十周年》,在郭日方主编的《院士书画作品集》(北京希望电子出版社1999年出版)中刊出。2006年,大连市老干部书画协会编印纪念协会成立20周年会员作品特辑《老树新花》,其中载有钱令希于1993年春手书的陶渊明《桃花源记》。2002年3月应无锡市园林局和钱志仁(1936—2020)等故里族众请求恭录后寄送《钱氏家训》,于2018年由上海古籍出版社出版。针对他的书法,曾有评价说:"字如其人,端方严谨,一丝不苟。书法清俊飘逸,意韵平和安详,气脉流畅洒脱,字字潇

---

① 钱令希:江城子·庆祝中国科学院建院五十周年。1999年,未刊稿。资料存于采集工程数据库。

洒遒劲，不愧学者墨宝。"① 在他出版的书法作品中，也有一些是书名或刊名。1994年2月，他任主编的《计算结构力学及其应用》创刊10周年之际，为该刊封面题字；1994年12月，为宁英吉、刘福林主编的《力学教学研究与教育改革》（东北大学出版社1994年出版）一书题写书名（图9-8）。2002年2月，为刘则渊、王续琨主编的《工程·技术·哲学——中国技术哲学研究年鉴》题写刊名。另外，大连理工大学上海校友会主办的内部刊物《连友》报头也是他题写的。随着这些书刊的出版，更多的人便能领略到钱令希作为科学家的人文情怀。

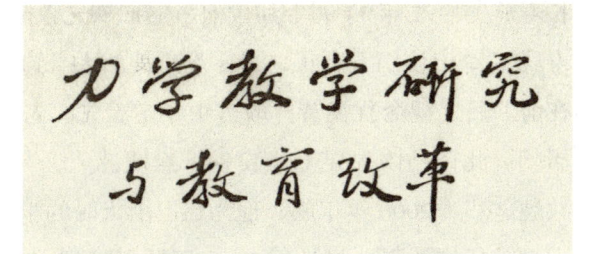

图9-8　1994年，钱令希为《力学教学研究与教育改革》题写的书名

钱令希的手迹，有的还被选用作为雕塑的铭题。2009年6月20日，大连理工大学大连校友会向母校捐赠校庆纪念雕塑"基础"（图9-9）。该雕塑铭题就是选自钱令希手书的"学习，慎起步，要打好基础。研究，忌急躁，要锲而不舍"里面的"基础"两个字，以此来纪念老校长钱令希院士，诠释他们学习和工作的真谛。②

对曾经就读或工作过的学校校庆，友人、

图9-9　大连理工大学图书馆老馆西侧的纪念雕塑"基础"（2018年5月15日，王细荣摄）

---

① 钱志仁、钱维均主编：《〈钱氏家训〉学习与研究：纪念钱令希公恭录〈家训〉八周年 缅怀追思钱令希院士辞世一周年》，2010年4月，前言页，内部资料。

② 龙海波、刘迪、齐秀珍：大连校友会向我校捐赠校庆纪念雕塑"基础"。大连理工大学新闻网，2009-06-22。

同行的寿庆，钱令希有时也会送去自己的书法作品表示祝贺。在浙江大学90周年校庆、上海理工大学100周年校庆、江苏省梅村高级中学90周年校庆时，他均有祝贺题字。1991年3月，为祝贺我国化工教育先驱、浙江大学时的同事李寿恒教授94岁生日华诞暨从教65周年，钱令希欣然题词："桃李满天下，师表足千秋。寿恒先生从教六十五周年，谨致敬意并祝长寿。"[①] 1991年11月上旬，他手书刘恢先教授70自勉诗作，祝贺老友80寿辰："踏出校门五十年，目尽沧桑迎新天。自惭形秽愧岁月，怎当今朝誉在前。后之视今犹视昔，敢言中华定着先。老牛应识夕阳短，莫负光阴思居闲。此诗乃恢先兄七十自勉，意境感人，今值80增寿，谨录祝贺，愿共勉之。"[②] 2000年年底，他为自己浙大时的学生、后来的力学同行、宁波大学首任校长朱兆祥教授80寿辰题写祝词："献身科教赤诚心，岁月如歌任咏评；澹泊明志勤耕作，桃李芬芳最可亲。"[③]

钱令希是抗战期间回国的爱国知识分子，对抗战胜利的意义有深切体验。1995年8月，为纪念抗战胜利五十周年，钱令希挥笔写下自己创作的七言律诗："民族苦难一何深，八年抗战振国魂。中华儿女有铮骨，躯敌靖内大翻身……"

钱令希的书法作品，有些还附上序跋。2002年7月，原《光明日报》资深记者张天来（1932—2016）从北京来大连。钱令希和他是老朋友，久别重逢，交谈甚欢。临别前，钱令希以两件书法作品相赠——楷书苏东坡的词《赤壁怀古》和临祝枝山的草书《后赤壁赋》。这两件赠品均附有钱令希的题跋：前者为"此词如由关西大汉手持铜琵琶、铁绰板，高唱入云，当疑自天上来音"；后者为"壬午盛夏，再学写祝枝山后赤壁赋，仍不得要领，可以休矣！"钱令希常言："在学术上，我从来没有满意过自己的工作。"从上述两款题跋中，不仅可以看到钱令希年届耄耋，诙谐依旧，

---

① 李寿恒文献室：《化工教育先驱李寿恒教授专集》。杭州：浙江大学出版社，1992年，第126-127页。

② 国家地震局工程力学研究所：《中国地震工程研究进展——刘恢先教授从事科技工作58年、地震工程研究37年学术讨论会论文集》。北京：地震出版社，1992年，题字/词第5页。

③ 王礼立：回忆钱令希院士对创建宁波大学的关怀——教师在钱老教育哲理中的重要地位。王礼立科学网博客，2009-04-27。

童心仍在的一面，而且也可以进一步窥见，他在书法上，在做人上，也是精益求精，永不满足。①

钱令希酷爱书法，写得一手好字，在大连书法界和业界尽人皆知，再加上他德业双馨、襟怀坦荡，因此有时候会被邀请为一些场馆题名。1998年12月，正值大连理工大学建校50周年前夕，作为学校"211工程"建设的一个标志性工程，伯川图书馆即将竣工，由谁来题写馆名，学校领导很费了一番心思。最后，接受不少老职工的建议，决定由屈伯川当年亲自招聘来的钱令希来书写。钱令希欣然受命，他怀着对屈伯川老院长的深深怀念和敬佩之情，早晨写，晚上练，直到自己和大家都满意才停笔。如今，"伯川图书馆"五个一米见方的大字镌刻在洁白如玉的花岗岩上，高高悬挂在伯川图书馆大门的正上方。这五个字同图书馆门前的屈伯川铜像迎面相对，珠联璧合，为大连理工大学增添了不少文化艺术气息。②钱令希题名的场馆还有大连市甘井子区中小学生科技活动中心。2001年春，大连市甘井子区政府投资100万元、占地8000平方米、建筑面积4000平方米、位于大连城区金三角地区的区级中小学生科技活动中心建成。同年"六一"中心开放后，钱令希应邀参观，欣喜不已，亲笔为中心题写了名牌。③钱令希具有虚怀若谷的品质，有时候也会婉拒题字。2003年，大连理工大学刘长春体育馆落成初期，时任体育馆馆长的周福战曾向钱令希提议为体育馆题写馆名。钱令希却非常谦虚地说："我的字不够好。你们可以请闻世震同志帮忙，他是咱们学校篮球队队员，字又写得不错，刚劲有力，由他写更适合也更有意义。"后来，钱令希帮周福战他们从闻世震的多幅题字中逐字挑选，才确定了现在刘长春体育馆馆名字样。④

在大连举办的一些书法展，常有他的身影，有时还与展品的作者交流、互动，切磋书法。2003年11月13—16日，大连理工大学文化素质

---

① 孙懋德：钱令希纪事。见：张天来、孙懋德、王丽丽，《院士的足迹》。大连：大连理工大学出版社、光明日报出版社，2004年，第46-47页。
② 孙懋德给钱唐的电子邮件。时间不详。
③ 《辽宁教育年鉴2001》。沈阳：辽宁人民出版社，2003年，第200页。
④ 周福战：春风化雨 润物无声——回忆钱令希先生几件小事。大连理工大学新闻网，2016-07-15。

第九章 科教之外

教育基地办公室、伯川图书馆、光华书苑、书画协会联合在大工伯川图书馆二楼中厅举办大连海事大学教授、书法家王有权、汪育才先生的书法作品展。钱令希前去参观，还对汪育才的一幅《无极图》指出："物质世界的大而无外与小而无内。"他的这一理念，使作者深受教育，明白了小小的东西和大大的东西，同样都是一个无穷复杂的客观存在。①② 2003年8月13—17日，第二届全国中国画展暨第四届大连艺术博览会在大连会展中心举行，大连市青年职业书法家李至坤（1962— ）在钱令希参观他的展厅时相识。2004年，经大连日报社马永峰主任的介绍，李至坤又到钱令希家中拜访。钱令希泼墨挥毫，手书杜甫的《春夜喜雨》和钱俊瑞填词的《无锡太湖之滨》赠送李至坤，落款为"至坤先生雅正"。是年9月28日，李至坤在大连中国旅游品工艺品交易市场举办书法展，钱令希一早就到了，他在欣赏李至坤的作品时露出欣喜的笑容，并对李至坤说："好好刻苦努力，你会成功的。"李至坤深受感到和鼓舞。③ 2004年夏，钱令希曾应邀参观大连市书法篆刻研习者李继东在大连中国旅游品工艺品交易市场举办的书画展，并在书画展上签名留念。

2005年5月30日，钱令希的学生、大连理工大学优秀中青年知识分子顾元宪教授在巴西出席国际会议时突发心脏病去世。惊闻噩耗，他难掩心中悲痛，泪洒衣衫。6月9日，在大连医科大学附属第二医院的病房里，因病痛折磨许久不曾写字的他，让秘书摆好笔墨纸砚，用那有些颤抖的手为爱徒的英年早逝写了一幅字，其中有云："承前启后，后来居上，荣为全国劳动模范；冲锋陷阵，创新立业，尊称一代领军人物。"④ 这是钱令希留下的最后一份墨宝，以后病情加重，再也没能挥洒笔墨。

---

① 赵寿堂：著名书法家王有权、汪育才先生书法作品在我校展出。汪育才的科学网博客，2014-11-03。
② 汪育才：与王德华老师的对话。汪育才的科学网博客，2015-02-17。
③ 李至坤：忆钱令希老人。李至坤声浪博客，2009-09-27。
④ 张轶、姜云飞、丁雷，等：献身科教效春蚕——追记著名力学家、教育家钱令希。《大连日报》，2009年4月27日，第A1-A3版。

亲情孝悌慈

中华民族自古以来就重视家庭、重视亲情。《钱氏家训》也有言:"父母伯叔孝敬欢愉,妯娌弟兄和睦友爱。"受中国传统文化熏陶和家风家训影响的钱令希,不仅是工程力学家、教育家,也是父母的儿子、妻子的丈夫、儿女们的父亲……他的生活,亦是一个演绎亲情的舞台。

钱令希很小的时候就离家到外面求学和工作,但事亲为大。1938年冬,母亲华开森在大嫂钟萃英的陪同下经上海,绕道越南海防抵达昆明,住在昆明北郊黑龙潭的钱临照家。那时,钱令希住在昆明东郊小石坝的叙昆铁路工程局员工宿舍。小石坝到黑龙潭有20千米的路程,但钱令希还是经常步行去黑龙潭大哥家看望母亲兄嫂,就连自己结婚的地方也选定在黑龙潭。1942年2月结婚后,钱令希又携妻子倪晖经常前去看望。1942年暑期,哥哥钱临照全家迁往位于昆明市郊黑龙潭与龙头镇之间的落索坡北平研究院史学研究所(1936年由史学研究会改组而成),钱令希又与倪晖前往哥哥家新住处探望(图9-10),且不久后还将自己的家从小石坝搬到昆明东北郊、离大哥新家不远处的浪口村,但这里离他自己任职的云南大学却更远了。

图9-10 1942年夏,钱令希夫妇赴钱临照家探望母亲华开森(前排左起:钱良玉、钱平凯、华开森、钱黎明;后排左起:钱临照、钱大中、钱令希、倪晖、钟萃英)

父亲钱伯圭一直住在无锡鸿声老家。1942年7月下旬,钱令希在即将离职川滇铁路公司到云南大学任教之际,特地返回已是沦陷区的家乡无锡县鸿声里看望父亲。① 1947 年 12 月 4 日，父亲钱伯圭在无锡鸿声家中病逝，钱令希从杭州返回鸿声里奔丧，因大哥钱临照此时在墨西哥城参加联合国教科文组织第二届大会，不能及时赶回无锡老家，便代替大哥长子的身份为父亲料理后事。

20 世纪 50 年代，钱令希把母亲从北京大哥的家接到大连同住。那时老人已 70 多岁，身体也不好，钱令希与妻子倪晖悉心照顾。对此，钱令希的女儿钱唐回忆说："那时正赶上'困难时期'，大连吃的东西很成问题，细粮、肉蛋、食用油，都要凭票购买，而且给得极少。父母就把'好婆'（无锡对祖母的称呼——编者注）的需要放在第一位，特别让保姆为'好婆'做小灶。"有时候，倪晖会把难得买到的点心放到饼干盒子里，嘱咐保姆单独给老人。1961 年 4 月 16 日早上，老人再没有醒来。知道婆婆去世后，倪晖大声痛哭，而一向不善于表达感情的钱令希也掩面而泣，并拉着女儿钱唐的手，一起跪下，向老人磕头告别。② 1963 年，钱令希与大哥钱临照将母亲的骨灰、父亲的衣冠合葬于北京八宝山。去北京时，钱令希时常会赴八宝山父母亲的墓地祭奠（图 9-11）。

钱令希比胞兄钱临照小十岁，早年求学时曾受惠于大哥。1938 年秋从比利时回国时，他就直奔已先行到达昆明的大哥在昆明黑龙潭的家。后来，在大哥的影响下，钱令希也走上科教兴国之路，并于 1955 年与哥哥

图 9-11 20 世纪 90 年代，钱令希在北京八宝山墓地祭奠父母

---

① 钱胜颖：钱令希智退敌寇。见：《啸傲泾钱氏》（第四期）。2016 年 10 月，第 41 页，内部资料。

② 于志刚：钱令希女儿回忆父亲生前往事 保姆有病钱老掏钱给治。《半岛晨报》，2010 年 4 月 20 日，第 B06 版。

同届当选为中国科学院学部委员（院士），故他对这位大哥感情特别深厚，晚年尤甚。1993年4月，钱令希与钱临照、王仁、胡海昌等倡议，将我国材料力学史专家、国防科技大学副教授正老亮（笔名"老亮"）提出的"郑玄说"——我国东汉学者郑玄早于英国胡克1500年发现弹性定律（即胡克定律）——写入现行的中学物理课本有关胡克定律的介绍中。① 简言之，胡克定律应当称为"郑玄—胡克定律"（Zheng-Hooke's Law）。② 1996年6月下旬，钱令希赴合肥中国科技大学胞兄钱临照寓所看望兄长，出席6月27日中国科技大学等为胞兄举行的九十华诞庆祝会（图9-12）。几天后，钱令希怀着对大哥敬仰和感恩之情写下《谨记》（图9-13）。

图9-12　1996年6月27日，钱临照九十华诞学术报告会合影（前排左起：刘有成、葛庭燧、钱令希、钱临照、谢希德、冯端；后排左起：唐孝成、王水、霍裕平、冼鼎昌、郭可信、闵乃本、朱清时、何多慧）

---

① 唐湘岳、朱水平：弹性定律最早发现者在我国　东汉学者郑玄比英国胡克早发现1500年。《光明日报》，1993年4月19日，第1版。

② 其实老亮于1987年提出我国东汉经学家郑玄在对《考工记》做注释的过程中即发现了弹性定律后，学界对这一问题一直存在有争论：有的学者对郑玄发现弹性定律深信不疑；有的则认为郑玄的观点不属于弹性定律的科学表述，郑玄之论与胡克定律不等价。

第九章　科教之外

图9-13 1996年7月,钱令希为钱临照九十寿辰写下的《谨记》[1]

1996年11月底,已是80高龄的钱令希,在女儿的陪同下,带着精心准备的礼物再一次去安徽合肥看望兄长(图9-14)。他还特别嘱咐侄儿钱黎明不要惊动中国科技大学的领导。在合肥的三天时间,钱令希一直都陪伴在大哥左右,问寒嘘暖,了解兄长的健康起居饮食方

图9-14 1996年11月30日,钱令希(左)赴合肥探望钱临照(钱唐摄)

方面面,还帮助为兄长排难解忧。[2] 兄弟情深,可见一斑。

1998年,数学史学者杜瑞芝教授主编"中外数学家传奇丛书"(后由哈尔滨出版社2001年出版)、"数学家传奇丛书"(后由山东教育出版社2001—2008年出版,共8册;哈尔滨工业大学出版社2018年再版,共9册)。钱临照是中国科学史事业的开拓者、中国科技史学会首任理事长,且热心支持科学家传记的写作。于是,杜瑞芝特请钱临照先生为这两套丛书作序。然而,钱临照此时已是92岁高龄,身体又不好,不便握笔写作,便找了弟弟钱令希谈了自己的想法。钱令希根据兄长的意见,为丛书撰写

---

[1] 钱令希:贺胞兄九十寿辰记。1996年7月,未刊稿。资料存于采集工程数据库。

[2] 钱唐:高尚品格,逾远弥存——纪念父亲钱令希院士逝世一周年。大连理工大学新闻网,2010-04-22。

了序言。此举不仅让丛书主编备受感动，更能反映钱氏兄弟的绵绵深情。

1999年7月26日，即钱令希83岁生日这天，胞兄钱临照在合肥中国科技大学校医院逝世，冥冥之中，兄弟缘分彰显无遗。钱令希不巧此时在美国探亲，便委托儿子钱昆明赴合肥参加胞兄的追悼会。

2000年4月4—5日，中国科技大学先后举行纪念钱临照先生学术报告会和钱临照铜像揭幕仪式（图9-16）。钱令希特地从大连赶赴合肥出席，并在铜像揭幕仪式上以家属代表的身份发言，其中

图9-15 1937年4月，钱临照、钱令希兄弟在比利时列日市圣文森特天主教堂前合影

图9-16 2000年4月4日，出席纪念钱临照先生学术报告会的专家学者等合影（前排左起：胡化凯、席宗泽夫人、王渝生、江晓原、刘钝、朱清时、钱令希、席宗泽、张秉纶、金秋鹏、李志超、吴佩卿）

第九章 科教之外 　405

有云：

> 家兄生前教导我们，人生不论长短，在几个关键时候必须走好，才能不虚此生。据我了解的，他有过两次关键时刻。第一次，1931年东北沦陷，他在流亡到北平、生活没有着落的时候，上海有家洋人电话局招他去，待遇还很不错，他在整装待发的最后一刻，接到老师严济慈先生的电话，说可以为他在北平研究院谋个半薪的助理研究员工作。我哥立即从人力车上搬下行李留下不走了，从此走上了他一生从事科教事业的道路。后来，抗日战争八年，他努力从事北平研究院的搬迁工作。北平沦陷前，从北平搬去云南，抗日战争胜利后，又从云南搬回北平。第二次关键时刻，1949年新中国成立前夕，他当时是"中央研究院"代理总干事，奉命随"中央研究院"搬去台湾，他果断地和很多科学家一起留了下来不走。此后他就先后在中国科学院和中国科技大学工作，直到生命最后一息。他忠诚于祖国的科教事业，今天他的塑像能立在他热爱的科大校园里，可以日日夜夜地看着这里百花齐放，人才辈出，科研丰收，成果累累，一步一步地向世界一流大学迈进，他一定非常满意，感到不虚此生。
>
> 最后，请允许我代表钱临照先生的家属，在这里再次深深感谢大家，并衷心祝愿中国科技大学在科教兴国的大路上迈开大步，前途无量，早日成为世界一流大学。
>
> 谢谢大家！[1]

铜像揭幕仪式后，他还与钱临照家人在钱临照铜像前合影。

2001年，安徽教育出版社筹划出版由中国科学技术大学校长朱清时院士任主编的《钱临照文集》。出于对兄长的尊敬和怀念，钱令希欣然接受出版社的聘请，担任该文集的顾问，而且亲自审核出版社提供的著述目录，并提出一些调整或增补意见。

---

[1] 钱令希：在钱临照铜像揭幕仪式上发言。2000年4月5日，未刊稿。资料存于采集工程数据库。

钱令希也非常看重与堂兄弟、表兄弟等之间的情谊。堂兄钱大中是钱令希四叔钱秉瑞长子，原名临焘，字如夏，1915年3月15日生，1942年出任滇缅公路局出纳会计，1943年左右考进昆明交通银行，不久被派往越南海防交通银行工作，1952年任职越南西贡交通银行，1973年任西贡交行襄理，1981年任台湾高雄交通银行副理，退休后定居美国。1984年5月，钱大中回中国大陆省亲，因时间较紧，不能来大连。自抗战期间分别后，钱令希与钱大中已40多年未曾见面，但彼此都牵挂对方。于是，钱令希抽空，与夫人倪晖一同赶到北京，与堂兄相聚。对此，钱大中非常感动。返美后，他在给钱令希夫妇的信中写道：

希弟、晖嫂：

　　分离了四十余年，这次返国探视，我们才能相叙一堂。看到希弟正值事业旺盛的时期，晖嫂也身体康健逾昔，非常快慰。

　　……

　　此次回国，来去匆匆，我们促膝长谈的机会太小，深为遗憾。而车站分别时，又因亲友太多，失去再谈的时刻，也属怅怅。此去何日再能相聚，不胜惆怅之至！

　　想此信到达晖嫂手中时，希弟尚在欧洲，祝他一路平顺。将来他有机会来美时，盼能在美一聚，是幸。①

字里行间，钱令希与堂兄钱大中的情谊，可见一斑。后来，他们之间常有书信往来。1999年暑期，钱令希赴美探亲访问期间，还特地从亚特兰大到洛杉矶看望堂哥钱大中夫妇（图9–17）。

华洪涛（1908—1985），是钱令希姑妈钱补时的儿子，无锡旅沪工商实业家、社会活动家。华洪涛夫人许静霞，早年毕业于无锡县第一女子中学，任无锡白水荡小学校长，1949年后曾任中国民主建国会上海市卢湾区常务委员，他们的长子华中一（1931—2007）专长电真空物理研究，曾

---

① 钱大中致钱令希、倪晖的信，1984年6月14日。资料存于采集工程数据库。

图 9-17 1999 年 7 月，钱大中夫妇在洛杉矶机场为前来看望自己的钱令希与钱唐送行（左起：钱大中夫人农桂芳、钱令希、钱唐、钱大中）

图 9-18 1996 年 12 月 16 日，钱令希与许静霞在她上海的家中合影（钱唐摄）

任复旦大学校长，其他子女皆学有所成。钱令希与表兄华洪涛关系也比较好，晚年尤甚，到上海出差时，一般会去表哥家中拜访。表兄去世后，钱令希也常去探望兄嫂许静霞女士，嘘寒问暖。例如，1996 年 12 月，钱令希在女儿钱唐的陪同下，特地到上海许静霞家中探望（图 9-18）。

钱令希也常有远房亲戚来家中做客，他们夫妇均热情招待，有的还被留在家中住上一段时间。1978 年夏，中国南方地区奇热。家在南京的远房堂妹来大连避暑，钱令希夫妇让她在自己家中住了一个夏天，其乐融融，还陪同她游览大连南山公园等地方。

钱令希与妻子倪晖从艰苦的抗日战争岁月里携手成为连理起，甘苦与共、相互关爱，一路走来（图 9-19）。他们珍爱彼此、感情越久越醇。后来，钱令希工作日益繁忙，生活上更多的是妻子照顾他，但得空时，也会与妻子对弈。暮年，由于倪晖身体不好，则是钱令希照顾她了。2004 年 11 月下旬，钱令希自己生病，要去北京做手术。但是，他对老伴倪晖实在是放心不下。早在 5 年前，老伴倪晖身体就不太好，虽然请了保姆，钱令希自己还是尽可能抽出时间陪伴她。有时因工作不得不外出，就请同事住在家里替自己陪伴她。这次临行前，钱令希手写了一份日程计划，让秘书武金瑛打印出来,他们人手一份。日程表上这样写着:11月22日出发赴京治疗,11月23日完成各项检查,11月24日进行伽马刀手术同时内放疗,11月28日返回大连。这份行程计划表,反映出的是钱令希战胜病魔的信心与乐观,但更多的是他对卧病在床的老伴的惦念。他期盼着早一点儿回来,帮老伴翻身,喂老伴吃饭,陪老伴说话,推老伴出来晒太阳……11月底,钱令希如期回到了大连,回到了老伴的身旁。尽管老伴没有多少反应,他依然很高兴,向老伴倾诉着自己的治疗过程。

图9-19 相濡以沫63年的钱令希、倪晖夫妇(20世纪90年代末)

然而,钱令希没有想到,回到大连还不到一个月,老伴的病情急转直下。2004年12月27日下午3时,陪伴着钱令希走过了63年风风雨雨的倪晖,走完了自己的生命历程。一般情况下,病人去世后,遗体马上就会运到太平间停放,钱令希却执意再多陪陪老伴,直至第二天,遗体才运走。当载着老伴遗体的灵车缓缓启动的时候,钱令希死死拉着车门,泣不成声,说什么也不肯让灵车走。他不相信他的倪晖会这么抛下他,独自到另一个世界去。妻子下葬后,钱令希坚持为爱妻守灵七七四十九天。倪晖走了,钱令希的心也似乎跟着走了。他经常神不守舍地发愣,人也变得沉默寡言。有时,面对着妻子的遗像,他会一边自言自语:"倪晖,你怎么样啊?"一边老泪纵横。①

钱令希与妻子倪晖,一生的相亲相爱不仅仅是口头上的承诺,更是在他们一路携手走过的63年中的每一天,在生活的细微之处。对此,他们的女儿钱唐写道:

---

① 周建新:《钱令希传略》。大连:大连理工大学出版社,2013年,第122-123页。

第九章 科教之外

图9-20　20世纪50年代初，钱令希全家福

父亲母亲第一次相见就都对对方情有独钟。之后，他们互亲互爱、相知相守，过着平实而简单的日子，即使在物欲横流的喧腾中，他们依然持守简朴、诚实、踏实、勤勉和起初的理想……在63年的相濡以沫中，他们交替地照顾对方。母亲晚年有病，父亲无微不至地照顾，事无巨细地观察母亲的起居和病情。当母亲因糖尿病综合征而脚趾溃烂，父亲心急如焚、想尽办法。他发现用氧气吹溃烂处能有效防止病情恶化后，就亲自每天数次为母亲吹脚，母亲的脚奇迹般地保住了。①

钱令希对儿孙，既有温情，也有教育，且身教多于言传。1960年秋，儿子钱昆明第一次远离父母到外地上大学。他对儿子的事无巨细的关心与教育，从下面给钱昆明的一封信中，可窥一斑：

昆明：

今天（星期日，27日）收到你24日的信。

……

你来信写的字可真是太小了，这很费眼力，孩子，要注意保护自己的目力，去买一只粗一点的钢笔吧！还有眼镜框子也一定去换一副吧，不要拖延，把眼镜片打了更不好。

妈妈又替你做了一副厚的护膝，还想给你做条棉裤。听说邮包寄

---

① 钱唐：一本我永远读不完的书——献给父亲钱令希院士的百年冥诞.《大连理工大学报（纪念钱令希院士百年诞辰专刊）》.2016年7月16日，第2版。

得非常慢，还是想法托人带给你吧。

你身体如何？天是很冷，大连也如此，我们学校煤还没运到，家里倒已生了二天暖气了。你们这几天暖气生了吗？还热吗？头还痛不痛，关节呢？下次来信时谈谈。

……

钱和东西收到后，就来信。写信时，看看我们的信，把我们问你的事答复上，我们都日夜关心着你的一切。好婆，唐，妈妈和我都很好。妈妈教学很忙，我还有四周才上课，不过目前备课和科研任务很重，正在加油干。

盼来信。要寄什么东西吗？①

从咿呀学语的童年到年过花甲，钱昆明都一直有父亲的关爱相随（图9-21）。有些事情一直留在钱昆明的记忆里。他写道：

我对父亲最早的记忆是在遵义，那时父亲在西迁的浙江大学教书。一天，父亲正抱着我在街上走，碰到一个耍猴的人。猴子看见我穿的红衣服，向我张牙舞爪，我吓得直叫。

图 9-21　1988 年 3 月，钱令希（中）携儿子钱昆明（左）看望在比利时工作的中法国立工学院 1934 届校友华贻干（中法国立工学院校友会提供）

……

到了杭州以后……一次，我和一群孩子在院子里的草地上踢球。忘了因为什么，邻居家的一个男孩捡起一块石头砍了过来，正好打在我的左后脑勺上，顿时躺在了地上，还流了不少血。父亲正好在家，

---

① 钱令希致钱昆明的信，1960 年 11 月 27 日。资料电子版存于采集工程数据库。

赶紧抱起我来去医院处置，幸好只是留了个小疤……

大约在1951年，父亲应屈伯川院长之邀，要到大连工学院工作……那时大工的校区都在一二九街。父亲每日早出晚归，很忙。我很小，也不知道他在忙些啥。后来来了几位苏联专家，为了与苏联专家交流，父亲还学会了说俄语。

……

我上大学后，除了寒暑假，只有父亲出差北京的机会才能见面。每次他来开会我去看他，他都会详细询问我在学校学习的情况……①

钱令希从来不把外面的烦恼与压力带回家。在女儿钱唐眼中，钱令希总是慈祥的，没有愁容，只有坦荡的笑。钱令希对女儿也是疼爱有加，但却不失严厉。钱令希夫妇不检查孩子们的作业，更注重他们的身心是否健康成长。儿女做错事或讲错话，从不姑息，还反复提醒；但对他们的优点绝不轻易当面表扬，而是告诫说，一定不要浪费时间，不要把今天的事儿放到明天去做，掌握学习的方法和养成自学的习惯更重要。②

"文化大革命"开始的1966年，钱唐是大连二十高中的学生。1968年10月，钱唐要和7000余名第一批知识青年分乘4趟专列远赴塞外北票。当时，钱令希仍然没有获得完全的自由，只在临行前十几天，请假与妻子倪晖同钱唐在劳动公园照了一张合影，为的是让女儿知道，带着照片，无论走到哪里，父母都站在她的身旁（图9-22）。10月18日是第

图9-22 1968年10月1日，钱令希夫妇与即将下乡的钱唐在大连劳动公园合影留念

---

① 钱昆明：怀念父亲钱令希．《大连理工大学报》，2012年4月13日，第4版。
② 于志刚：钱令希女儿回忆父亲生前往事 保姆有病钱老掏钱给治．《半岛晨报》，2010年4月20日，第B06版。

一趟专列,送行的人比远行的知青还多。在人山人海的大连火车站广场,许多父母同远行的子女拥抱在一起,哭声一片,而钱唐怀揣照片,手拎行李,独自离开了大连。

直到抵达插队落户的辽宁北票县黑城子公社后,她才从父亲来信中得知:父亲希望她自己坚强地迈出这一步。在钱唐插队北票期间,钱令希和妻子每隔一个星期就会去信给她。信中,钱令希敦促钱唐在劳动之余一定要坚持自学,说将来建设国家还是需要科学技术的。为了给钱唐创造条件学习,钱令希还托知青点的同学给她捎去一台收音机和几本书。因此,高考恢复后的1979年,钱唐以同等学力考上大连工学院的研究生。很多年后,钱令希对钱唐说:"我在努力把程耿东和林家浩从沈阳调回大连的时候(指1973年——编者注),你正在工厂做工。当时爸爸想的是力学需要人才,忘了你也是可以培养的人才。如果我帮你进大工,当工农兵学员,你固然可以少失学几年,但这对你的未来人生并无益处。"借自己工作的便利和影响力,给家人找门路、捞好处,钱令希想都没想。钱令希晚年生病经常住医院,但还惦记学生们力学科研课题进展情况。女儿心疼地跟爸爸说:"你都病了,一天到晚怎么想的还是力学啊。"

1985年,钱唐"洋插队"到了美国。钱令希又提醒她在美国会有更多的困难和考验等着。这时,钱令希和倪晖给钱唐的越洋书信,就成为钱唐信步异域风雨的力量来源。①

钱令希对孙辈们也是关爱有加。钱令希夫妇和孙子、外孙除了下过围棋,更常与他们谈学习、生活(图9-24)。1997年年初,他在得知外孙在

图9-23 2005年2月28日,钱令希第二次在北京海军总院治疗,离京时与陪同的女儿钱唐留影于首都机场贵宾候机厅

---

① 钱唐:一本我永远读不完的书——献给父亲钱令希院士的百年冥诞。《大连理工大学报(纪念钱令希院士百年诞辰专刊)》。2016年7月16日,第2版。

图9-24　约1979年暑期，钱令希与孙子们对弈（钱昆明提供）

大学第一学期的各科成绩不全都是"A"的消息后，用英文写了一封信给外孙，讲自己早年求学经历，教育他求学应"慎起步"，失败乃成功之母。在信中，钱令希特别提到外孙还在高小就能熟练地用电脑帮助自己整理英文稿子。钱令希鼓励外孙从现在开始努力，找准方法，以后一定会取得好成绩。此后外孙扎实学习，每门功课都取得了好成绩，没有辜负钱令希的期望。①

信交各界朋友

　　钱令希是著名的工程力学家和教育家，是集睿智、儒雅、谦和于一身的师者，他传统不守旧、严谨不刻板、包容不纵容、位高不傲慢。②一生中，他不仅有许多同行挚友，亦师亦友的学生、同事，还有不少跨界的友人。如前面提到的"文化大革命"期间的庙岭生产大队金孝发，核潜艇工程办公室陈右铭，军管会主任莫庆云，等等。下面提一下曾任大连工学院党委副书记、"革委会"副主任的李荒，大连文博工作者刘志惠，中国冰人王刚义，工程设计者、曾先后任大连港和大连北良企业集团有限公司总工程师的浦历生等不同领域的友人。另外，由于国际学术交往，钱令希与日

---

①　钱令希致外孙的信，约1997年1月。资料电子版存于采集工程数据库，原件存于钱唐家中。

②　杨春秋：力学情结怎样织就——以拙文纪念钱令希先生百年诞辰。见：钱志仁、钱维均主编，《兄弟院士钱临照、钱令希家传》。2016年7月，第254页，内部资料。

本东京大学前校长向坊隆成为跨国界的友人。

钱令希因工作关系而认识陈右铭。在工作交往中，他们加深了了解，彼此相互敬重，相互关怀。2004年，陈右铭得知钱令希患病，非常着急，随即为他联系了北京海军总医院，接受伽马刀术的治疗。钱令希欣然同意，于11月22—28日，在北京海军总院做了第一次伽马刀手术。次年2—3月，钱令希在北京海军总医院第二次做伽马刀手术。两次住院期间，陈右铭都到病房来探望老友钱令希。（图9-25）。

图9-25　2005年2月23日，钱令希与来北京海军总院病房探望的陈右铭、隋允康合影（左起：钱令希、陈右铭、隋允康，隋允康提供）

20世纪80年代初的一天，钱令希到北京海军大院探望陈右铭，对陈右铭大女儿陈晋南的学习做过指导。于是陈晋南分别到清华大学和北京工业学院（现北京理工大学）进修与旁听。1986年，她自费到美国攻读，并以优异成绩在1994年获得物理硕士和工学博士学位。1995年年底，她放弃美国约翰·霍普金斯大学化工系博士后研究工作，被引进北京理工大学。钱令希给她寄去了他裱好的亲笔字幅"晋南同志四乐"。陈右铭给钱令希的信中写道："晋南在美学习取得较好成绩，与国内外像您这样的导师的帮助（指导）与鼓励分不开，故还得谢谢您！"[①]

陈晋南只要有机会到大连，都会带着父亲的慰问看望生病的钱教授。钱令希都对陈晋南深情讲述陈右铭如何在"文化大革命"中让他参加了中国第一代核潜艇工程，巧妙地保护了他，又讲述陈右铭如何关心他的生活

---

① 陈右铭致钱令希的信，1994年1月29日。资料存于采集工程数据库。

和医治等情况。两位老人之间的友谊和他们为国家奋斗的经历，让他们的后代和在场的人热泪盈眶、感动不已。①

李荒（1916—2014），辽宁营口人，又名李枝伟。1973年6月27日，李荒恢复了工作，担任大连工学院党委排名第五位的副书记、"革委会"副主任。李荒到大工任职后，开始住西山学生宿舍。不久，大连市为他在南山秀月街找了一座"蒙古包"式的住宅。秀月街离大工16千米，需要倒两次公共汽车，要一个半小时到大工校园。当时，李荒已是花甲之年，而且身体并不很好。按说，大学的副书记、副主任可以坐小车上下班的，但李荒坚持坐公共汽车上下班。

尽管这时钱令希的境况比"文化大革命"前期有所改善，但鉴于"知识越多越反动"的政治大气候，理睬钱令希的人并不多。李荒却不以为然，认为钱令希不是什么"反动学术权威"，而恰恰是"中国的宝贝"，并主动与钱令希接近。当时，李荒与钱令希的住处相距不远，他们俩常一起挤公共汽车去上班，久而久之就由相识到相知，由谈话到谈心。钱令希和李荒的办公室中间隔着军代表的办公室，但办公室隔不住两个人交往。每天吃完中午饭两人相约打乒乓球。李荒的球艺比钱令希略高一筹，钱令希说："我总打不过他。"表面上，他们打的是乒乓球，实际上，他们是让大工的"干部"看看李荒在与钱令希"打交道"，给高级知识分子传递信息。钱令希与李荒"熟"了，一有时间，就到李荒办公室走走。两人见面，无话不谈，或相互劝慰，或探讨学问。钱令希说："李荒是搞学问的。有时一个词和我讨论很久，怎样解释。"李荒曾对钱令希说："读书要读原著，不要只看别人的体会。"

后来，大连工学院根据上级指示落实知识分子政策，要用小车接送钱令希上下班。钱令希说："李荒书记都不坐小车，我怎么坐啊！他坐，我才能坐。"这样，李荒同钱令希便一道坐小车上下班。他们交往甚厚，相互牵挂。一天，钱令希同李荒一块到斯大林广场（现"人民广场"）开会，

---

① 陈晋南：爸爸讲过的故事：千里请名师——纪念钱令希院士百年诞辰。见：钱志仁、钱维均主编，《兄弟院士钱临照、钱令希家传》，2016年7月，第247-251页，内部资料。

突然阴云密布，雷声大作，下起雨来。会议就中止了。当钱令希找李荒时，李荒不见踪影。钱令希一直放心不下。第二天一上班，钱令希就问李荒："昨天你是怎么走的？"李荒说："我顶着雨，走回家去的。"钱令希说："哎呀！那么大雨，也不坐车！"

1974年上半年，"批林批孔"运动期间，李荒带领大连工学院千余名师生从大连坐火车北上，经由海城去辽宁省岫岩县开门办学。行前大工"革委会"副主任许占劝李荒说："你不要去了，那么大岁数了。"但是，李荒坚持要去，说："不行！这回我得去！你已经去过了。再说，你家里还有些事。"这次岫岩开门办学，钱令希也去了。他听说李荒在车上，找了好几个车厢才找到李荒。两个老朋友在车厢里相遇，都很高兴。钱令希看到一些人在车门口附近有说有笑，就李荒一个人坐在车厢里，便说："你一个人坐在这里，也没有权啊！"说着，两个人会心地哈哈大笑。

钱令希曾感慨地说："李荒使我能正确对待很多问题。党的干部都能像李荒这样，就好了！"1977年4月，李荒调离开大连工学院。尽管如此，钱令希与李荒的友谊与日月同在。1983年4月，李荒响应中央关于干部年轻化的精神，主动要求"裸退"，彻底退出领导岗位，成为全国第一位从正省级领导岗位上退下来的干部。当得知李荒一下子退到三线时，钱令希说："李荒是个明白人！"①②

刘志惠1980年从吉林大学历史系考古专业毕业后，先后在旅顺博物馆、大连市文物管理委员会、大连现代博物馆工作，博物馆研究馆员。钱令希非常关心刘志惠的文物工作，其间还送给她一张珍藏的长海县军事地图（测绘图）。当时，刘志惠对钱令希说是借用，但钱令希说："你先拿着，在我这呢暂时还用不上，等我用的时候我再向你要。"钱令希一直没有去要这件文物，它一直夹在刘志惠的笔记本里。2009年，刘志惠退休后自筹资金创办民间博物馆——惠丰博物馆，并任馆长，要把钟爱的文物工作继续做下去。这张地图就成为馆藏钱令希资料中的重要藏品。这或许是刘

---

① 郑奇志：《李荒传略 第2版》。沈阳：辽宁人民出版社，2009年，第89-112页。
② 陈文清：李荒，党在意识形态战线上的忠诚战士。《党史纵横》，2008年第12期，第48、49、51页。

志惠对已故的钱令希的最好怀念。刘志惠收藏了许多钱令希有关的著作、文件、书信、报纸等资料（图9-26）。在分类整理后，她用一个厚厚的册页一张一张地夹起来。其中就有一张钱令希亲手制作的"爱国主义与改革开放"简报，钱令希曾主动赠送一些"宝贝"给了她。其中有那张刊载大连城市供水的《大连晚报》1999年11月9日《新闻特刊》专版，刘志惠对它特别充满感情，因为看到它，就想起她和钱老在1973年初识的情景。有价值的历史遗址也是钱令希和刘志惠共同关心的文物话题。位于大连市开发区大连湾东南一座濒海的土丘上大嘴子遗址，是目前东北地区发现的最明确和最富有科学依据的青铜时代遗址。遗址在1987年夷为平地。事隔多年，钱令希想起当时以市政协委员的身份呼吁过但没有成效，无不遗憾地对刘志惠说："小刘啊，太可惜了，要是你早一点把这个工作做起来，就好了！"钱令希对文物事业的关心，激发刘志惠尽自己微薄之力收藏承载历史记忆的藏品在惠丰博物馆展出，让年轻一代了解曾在大连这块土地上发生过的故事。目前惠丰博物馆展只能预约开放。

图9-26　1994年12月10日，钱令希在家中接待刘志惠（刘志惠提供）

　　王刚义（1956—2018）是第一个在智利大冰湖游泳的人。2001年3月18日，他创下了"南极游泳之最"吉尼斯纪录，2001年9月成为大连理工大学一名法学教师。这一职务给了王刚义和钱令希相识的机会。

　　2002年5月，王刚义和钱令希第一次见面。5月的一天，王刚义在大工第二教学馆（简称"二馆"）219房间上法律课，课间休息时偶然认识了在对面教室上课的武金瑛老师。当王刚义知道她是钱令希的秘书时，马上取了两张中央电视台为王刚义制作的《东方之子》光盘，请她转交给钱老，希望钱老能抽时间看一看他挑战南极的实况。仅隔了一天，王刚义再次来到二馆 219 教室上刑事诉讼法课。当第一节下课时，王刚义看到有一位和蔼的老人站起来，微笑着走到讲台前，向他自我介绍："我叫钱令希。"当王刚义听到"钱令希"这三个字时，是又惊又喜，赶紧请钱先生为自己的课程提些宝贵意见。钱令希却说："你真不简单，不仅会游泳，还会讲法律，你能来大工是我们大工人的荣幸。"接着，钱令希提出第二节课由他主讲，题目为《挑战极限超越自我》，并用粉笔在黑板上写下了这八个大字。然后，钱令希用他一贯深入浅出的讲课风格畅谈了青年人要如何挑战极限并超越自我。上课的学生听到钱令希声情并茂的演讲，十分兴奋，也深深地被他那大将风度所折服，而王刚义对钱令希更加肃然起敬。[①]

在大工刘长春体育馆，曾举办王刚义挑战南极的图片展，钱令希亲赴现场剪彩并观看，并称赞体育馆馆长周福战的这一安排很好，是鼓励青年人奋发向上、弘扬挑战自我精神的一个很好的机会。[②] 2004 年 1 月 3 日，"王刚义挑战北大西洋冰海壮行仪式"在人工刘长春体育馆新闻发布厅举行并致辞。钱令希亲自到场为王刚义壮行并致辞。

钱令希患脑瘤后，开始规划身后事能按自己的意愿执行。钱令希自然想到学法律的王刚义做自己的遗嘱律师，但是王刚义没有当遗嘱律师的经验，更不要说为名人当遗嘱律师。不管如何，都要学习，王刚义还是应允了。2018 年，王刚义不幸病逝，钱令希的遗嘱最终没有完全执行，这成了钱令希的一件憾事。

浦历生（1937— ）是钱令希的工程界朋友之一（图 9-27）。1959 年，浦历生从上海交通大学毕业后分配到中国科学院辽宁分院机械研究所工作。当时，该所设在大连工学院机械系，故浦历生不久就在大工校园里碰见钱令希，从此得以相识。不过，浦历生与钱令希建立友谊则是在 20 世纪 70 年代的大连鲇鱼湾港口工程建设中，前者是输油管臂的设计者，后者是栈桥的设计者。在随后的 30 多年中，只要浦历生涉及港口的工程问题，不论多忙，钱令希总是有求必应。1999 年，浦历生又一次找到了已经是

[①] 王刚义：给钱令希院士当律师是我一生的荣幸。见：声浪"大连儿童村的博客"，2010-04-23。

[②] 周福战：春风化雨 润物无声——回忆钱令希先生几件小事。大连理工新闻网。

83岁高龄的钱令希,钱令希欣然应允。"北良大型国家储备粮库筒仓结构加固工程"的施工出现了问题,钱令希并不满足于图纸的审阅与工程师的介绍,还沿着陡峭的临时扶梯,一步一步地爬上50多米高的仓顶,仔细察看,最终给出了最佳改进方案。在粮食的装仓过程中,又有一个难题难住了浦历生。粮食从50米高空落下,总会有一部分被摔碎,便又去请教钱先生。钱令希利用力学原理,提出了一个消能的方法,即在筒仓中设置一些遮板,缓冲粮食在装仓过程中的碰撞。这个思路让浦历生茅塞顿开。[1] 1999年春和2003年春节,钱令希先后书写苏轼的词作《江城子·湖上与张先同赋时闻弹筝》等多幅字送给浦历生夫妇。

图9-27 1991年4月30日,钱令希与大连港总工程师浦历生(左)在大连新港建港15周年庆典上

钱令希于2009年4月逝世后,浦历生作为友人,曾多次接受采访。2009年4月下旬,浦历生接受《新商报》记者采访,他说:"我俩相识有50年了,他是一个好老头儿,学识渊博,宽容谦和,是很多人的良师益友。"[2] 在工程建设中,钱令希与工人、工程技术人员打成一片,许多工程技术人员他都能一一叫出名字。这是因为他经常亲临工程一线,跟工人讨论难题,帮助他们想出解决问题的方案,久而久之,交了很多工人朋友。

---

[1] 周建新:大音希声——记中国科学院院士、著名力学家钱令希。见:中国科学技术协会调研宣传部编,《科技工作者纪事(上)》。北京:中国科学技术出版社,2011年,第201页。

[2] 徐阳:北良企业总工程师浦历生追忆好友——他记得很多一线工人的名字。《新商报》,2009年4月24日,第13版。

面对《新商报》记者,浦历生回忆说,有一次,钱令希向他打听起一个普通工程技术人员,"钱老问我那个工人最近怎么样,还跟我说这个小伙子很不错,技术方面也十分过硬,还说自己在他身上学到了不少东西。"② 2016年,浦历生在接受无锡《百年伯仲》纪录片摄制组采访时,特别谈到钱令希非常关心大连新港栈桥的运行和栈桥的寿命。他说:"钱老在材质选择上、工艺上、对焊点都非常注意。本来设计这座栈桥寿命是 20 年,现在都 40 年了,还很棒。"①

向坊隆,1917 年 3 月 24 日生于中国大连市,原籍日本福冈县,在日本素有"科技天皇"的美称,1985 年 6 月获大连市荣誉市民称号,1989 年荣获日本政府最高终生奖——一等瑞宝勋章。1939 年 3 月,向坊隆从东京帝国大学工学部应用化学科毕业后任东北产业科学研究所技师,同时在母校研究室从事研究工作,1943 年 4 月任东京帝国大学讲师,1947 年升任副教授,1954 年 9 月任驻美大使馆科学参赞,同年以论文《电气化学装置的化学工学研究》获东京大学工学博士学位,1959 年 6 月任东京大学教授,1963 年 7 月兼任日本原子能研究所主任研究员,1965 年任原子能委员会原子反应堆安全审查会会长,1968 年 11 月任东京大学工学部部长,1977 年 4 月—1981 年 3 月任东京大学校长,1981 年 3 月任 21 世纪文化学术财团理事长,同年 7 月任原子能委员会委员长代理。1982 年任日中民间人士会议日本委员会代表,1988 年 6 月—2000 年 7 月任在日本外务省注册的社团法人——日中协会第二任会长。②③ 1989 年 5 月 18—20 日,向坊隆以日中协会会长和副团长的身份,率领"日中东北开发协会"15 家骨干会员企业负责人组成的一行 40 人代表团,赴大连出席"第一次中日大连开发会议",与大连市政府讨论和研究如何推进中日合作开发大连地区的问题。

20 世纪 70 年代末以来,向坊隆曾多次来华访问,受到胡耀邦、邓小平、王震、方毅等党和国家领导同志接见。他不仅在日本学术界、政界享

---

① 浦历生访谈片段。见:无锡星泽文化传媒公司出品,《百年伯仲——无锡籍兄弟院士钱临照 钱令希》,2016 年 5 月。

② 山田圭一:《故向坊隆先生简历》。资料存于采集工程数据库。

③ 中国现代国际关系研究所:《世界人物大辞典(上册)》。北京:国际文化出版公司,1990 年,第 573 页。

有盛誉，而且为中日友好做了大量工作，1993年被中日友好协会授予"中日友好使者"称号。1984年，时任日中协会副会长的向坊隆，到中国出席中日民间人士会议第二次会议，1985年6月再次来华出席日中民间会议"中日科技能源合作"全会。其间，他继1981年、1983年两次访问大连工学院后，又一次造访大连工学院，并于是年7月1日从钱令希手中接过大工第一份名誉教授的聘书（图9-28）。在这次访问大连工学院期间，向坊隆应院长钱令希之邀，还在大工先后做题为《日本的工业教育》《能源》《日本的化学工业》3场讲演，并同钱令希等校领导、大工化工系的教授们座谈，研讨今后加强科技合作和学术交流等问题。① 从此，钱令希与向坊隆成为跨国界的好朋友。

图9-28 1985年7月1日，钱令希向坊隆博士颁授大工第一份名誉教授聘书和校徽（大连理工大学档案馆提供）

1985年11月28日—12月9日，应向坊隆的邀请，钱令希在大工物理系郭永江副教授的陪同下访问了日本。11月30日，向坊隆尽地主之谊，在日本伊东温泉招待钱令希一行。在向坊隆先生的安排下，钱令希此行先后访问东京大学、大阪大学、东京工业大学和同志社大学等高等学校和科学研究机关，并进行学术交流。他们每到一处皆受到热烈欢迎，《日刊工业新闻》还发表了他的专文和照片。②

此后，向坊隆几乎每年均要访问大连和大工，钱令希如在大连，也会会见这位自称"半个中国人"的异域朋友。1993年6月初，向坊隆再一次来访大连理工大学，并决定将自己不久前获得的日本"文化功劳赏"年金

---

① 孙懋德、马辉：我院聘请日本著名化工、能源专家向坊隆博士为名誉教授．《大连工学院校刊》，1985年7月5日，第1版。

② 钱令希顾问访问日本．《大连工学院校刊》，1985年12月22日，第1版。

的一部分（每年50万日元）捐赠给大连理工大学，设立"向坊隆奖学金"。6月4日，钱令希与大连理工大学校务委员会主任金同稷、校长林安西一起，会见向坊隆和日本筑波大学教授山田圭一，并出席当天举行的向坊隆先生赠款、聘请山田圭一为客座教授仪式。1994—2001年，在每年的5月底或6月初，向坊隆均会从日本来到大连，亲自为获得"向坊隆奖学金"的大工研究生颁发奖金。钱令希曾对老朋友向坊隆说："槐花一开，就知道您要来了！"而向坊隆则回答说，看到您很高兴。[1]钱令希只要在大连，每一届"向坊隆奖学金"颁发仪式均会出席。2001年5月，就在向坊隆即将来大连理工大学颁发第八届向坊隆奖学金之际，钱令希不禁回忆起他1985年那次日本之行：

一九八五年冬，应向坊隆先生之邀访问日本。周末同赴伊东休息，宿山上客舍，有温泉潺潺，饭后浴罢，闲坐窗前，远眺山下夜色，纵论古今风物，向坊先生赋诗忆大连星海之游：

暮色乘凉出宾馆，远望沧海金波娴；

只好明朝观潮时，想念往时星海园。

予亦酬和奉答：

星海伊豆两情牵，海碧泉温互倾羡；

同文喜结无形友，古国新貌谈笑间。

向坊先生乃大连市荣誉市民，又为我校名誉教授，为中日友好，不辞辛劳。喜闻今年五月，向坊先生又将来校，为我校莘莘学子亲自颁发第八届向坊隆奖学金，不禁忆及往事，遂录当年酬和旧作，以抒怀旧欢迎之忱。[2]

孰料此行成为向坊隆最后的大连之旅。2002年5月28日，第九届向

---

[1] 金华：向坊隆来校颁发第二届"向坊隆奖学金"。《大连理工大学报》，1995年6月16日，第3版。

[2] 钱令希和日本向坊隆诗手稿，2001年5月。资料电子版存于采集工程数据库，原件存于钱唐家中。

坊隆奖学金颁奖仪式如期举行，向坊隆因病未能出席，由山田圭一代替他将奖金颁发给获奖者。是年 7 月 4 日，向坊隆在日本东京逝世，钱令希以个人的名义发去了唁电。曾与向坊隆多次同访大连理工大学、出席"向坊隆奖学金"颁发仪式，也是大工名誉教授的山田圭一先生，知道钱令希与向坊隆私交甚笃，便于是年 9 月初，将 8 月 8 日向坊隆先生告别会的照片和有关资料（包括向坊隆的简历）寄给了钱令希一份收藏。向坊隆逝世后，大工的"向坊隆奖学金"继续颁发了一届。2003 年 9 月 29 日，山田圭一教授来到大连凌水河畔，向第十届即最后一届向坊隆奖学金获奖学子颁奖。出于对故友的怀念，钱令希也亲临颁奖会现场。2005 年，日中协会常任顾问、大连市名誉市民、大工名誉客座教授村井隆，为了纪念自己的老师向坊隆先生向大工捐赠，设立"'纪念向坊隆'村井隆奖学金"。

钱令希信交朋友，淡水之交、道义之交、故人之交、管鲍之交，体现在他人珍惜友情，助人为乐，谦虚向人学习的美德上。他从不同的朋友里他学习许多书本上学不到的东西。他曾说，能有那么多朋友，是自己这一生的巨大财富。

助 人 为 乐

钱令希辞世时龄高 93 岁，可谓长寿者。生前，有人曾询问他健康长寿的秘诀，他便写了"四乐"信条：工作奉献求乐，处事助人为乐，生活知足常乐，闲暇自得其乐。1999 年，钱令希在美国探亲期间，到洛杉矶访问时赠予大连工学院物理系 1981 级研究生、后赴美攻读博士学位的张继光"令希自律"手迹，上面写有"人生四乐"：事业奉献是乐，处事助人为乐，生活知足常乐，休闲自得其乐。类似的"四乐笺言"墨宝，钱令希也送给了自己的子孙、晚辈，还有同事、后学，朋友，如大工力学系教授杨春秋、秘书武金瑛等。钱令希一生中帮人无数，除了潘家铮、施浒立等自己的学生之外，也有学校的老师、亲戚、朋友、家乡族人和家中保姆，甚至友人介绍需要帮助的人。

潘家铮是钱令希在浙江大学时的得意门生,不仅在学术研究和毕业分配受惠于恩师,在生活上也得到钱令希的帮助。对此,潘家铮回忆道:

> 钱老师对学生的关心,更是达到无微不至的程度。当时正是学潮汹涌白色恐怖严重之时,老师明显地同情和支持我们的罢课和游行抗议,千方百计保护、庇护进步学生。对我来说,连生活也管到了。我考入大学后,父亲暴亡,母亲重病,哥哥和姨母患精神病,二年级时又因代人补考被学校处以留校察看重罚,剥夺公费和工读权利,经济上陷入绝境,已打算休学去当教师了。这些事情我从未透露给老师,他从旁知道后,从微薄的薪资中挤出钱来资助我,让我完成了学业。毕业后介绍我走上水电建设之路,还继续借款帮我渡过难关。多少年后我把这些事告诉妻子时,她不禁泪如下雨,可见感人之深。①

在得知老师生病后,2004年8月25日,潘家铮偕夫人专程赴大连到家中看望了恩师钱令希院士。钱令希与潘家铮的师生情谊,可见一斑。

1985年春,中国科学院为了照顾施浒立,想把他的爱人高春英调来北京工作,前提是施浒立必须是北京天文台的在职研究生,但这需要大连工学院开出一个分配派遣单,北京市才给办调户口。为了使这件事情办成,当时钱令希在北京开会,随即分别给大连工学院研究生处负责人和辽宁高等教育局董鸿书局长致信。他在给大连工学院研究生处项德镛、陆敏的信中写道:

> 我现在北京,有件事跟您商量如何办好?
> 施浒立同志来科学院天文台攻读双学位,深得王绶琯台长的培养,学习和工作都很顺利。但是他爱人高春英同志在石家庄工作,去年得了癌症,幸亏及时动了手术,现在情况良好。只是家庭负担比较

---

① 潘家铮:师恩似海永难忘。见:林家浩主编,《力学与工程应用》。大连:大连理工大学出版社,2006年,第272页。

第九章 科教之外 *425*

重，科学院为了照顾浒立同志，想把他家属调来北京，恰好天文台有两个人调出北京，有条件调进一人。问题是浒立，必须先转成在职研究生，这就需要我院补一个分配派遣单，北京市才给办调户口。

现在天文台派人事处长亲自去大连，请您们帮助办一下。我估计困难是派遣单是否必须要省高教局盖章。如果必须，则又应如何办？这里我又写了一封信给高教局董局长，学校再出一份公函，您们看如何？

反正，培养一个人才很不容易，而中年知识分子的处境又如此困难，我总想把此事办成，对国家和浒立同志本人都是有利的。您们谅亦同此心，请多设法。①

在给董鸿书局长的信中，钱令希写道：

我有一个博士研究生，去年毕业。原来分配到电子工业部。施浒立同志的博士论文涉及力学和电磁学两个专业，研究无线结构的优化设计，答辩委员七人（其中三人是中国科学院学部委员）一致认为这种跨学科的论文和人才是很难得。答辩委员会的主席王绶琯教授（科学院天文台台长，学部委员）当初愿意吸收施浒立同志到科学院天文台再攻读双博士学位，继续研究天线科学。科学院办了录取手续，我也很乐意为国家输送一个人才。施浒立同志现在是科学院攻读双学位的研究生，很是努力。不过最近他遭遇到一个困难，他爱人在石家庄工作，去年得了癌症，幸亏及时动了手术，现在情况良好。但是家庭负担实在困难，天文台想把他爱人调来北京。北京市就要求施浒立同志必须是个在职研究生才好办。这样就需要大连工学院的分配派遣单，并有省高教局的批准。现在，科学院派了位人事处处长专程来省办这件事。我想，发现和培养一个人才很不简单，当前中年知识分子的困难又如此之多。施浒立同志到科学院已半年多。希望我们大家能

---

① 钱令希致德镛、陆敏的信，1985年3月24日。资料存于采集工程数据库。

帮助他专心于他的事业，这对国家和他本人都是有利的。您一定也是这个心情，如果手续上有什么困难，请酌情解决为感。①

上述信件的字里行间，钱令希爱才惜才的心情显露无遗。最终，施浒立的爱人如期从石家庄调入北京，解决了施浒立工作的后顾之忧。

大工的岳前进教授，是钱令希帮助过的众多同事之一。岳前进的硕士导师是沈梧教授，博士导师是钟万勰院士，但钱令希对他的学术研究还是关爱有加。1996年，岳前进准备申请国家自然科学重点基金，由于当时年轻，还只是副教授，申请重点基金毫无把握。一天，他将起草好的国家重点基金申请书送到钱令希的办公室，请求审阅指导。钱令希认真修改，在申请书的每一页上密密麻麻地写满了注解。几天后，钱令希把岳前进找去，又对项目的总体思路与具体内容都做了具体的批示。后来，他按钱老的指示做了几次较大的修改，最终得到钱先生的认可，被告知应当有信心申请下来。果然，该项申请被国家自然科学基金委批准，并被选定为项目的第一主持人。而且由于项目的重要性，还得到了黄河水利委员会、松花江辽河水利委员会、中国海洋石油总公司的联合资助，与国内多家科研院所联合共同攻克难关。该项目在我国首次对河冰与海冰形成的灾害与对策进行了系统研究，经多方共同努力，取得了系列的研究成果。钱令希亲自参加了项目的验收会，并一直坚持听完了所有参加单位的汇报。当得知项目的评价为A时，他笑得非常开心，而岳前进的感动更无法用语言形容。2001年，岳前进又准备申请国家863重大专项课题"新型抗冰振海洋石油平台技术"。这次，钱令希又亲自组织了几次有钟万勰院士、程耿东院士及工程力学系相关教授参加的研讨。在钱令希指导下，该项申请又获得了批准。在项目执行过程中，尽管钱令希因年事已高，身体日渐虚弱，但他始终十分关心项目的进展，经常请课题组成员到他家里去汇报，有时想到个好主意就来电话找项目组成员去商议。2004年春天，钱令希听说岳前进项目组在做平台模型实验，他到实验室观看了实验全部过程，对试验的细

---

① 钱令希致董鸿书的信，1985年3月24日。资料存于采集工程数据库。

节与数据都过问得很详细。对于钱令希的帮助，岳前进在 2006 年祝贺钱令希 90 寿辰的文章中感激地说："我从事海冰研究十余年了，若说略有所成，实得益于钱先生的精心培养。"① 2016 年 7 月 19 日，为纪念钱令希先生诞辰百年，岳前进应邀做客令希书院第七期教授茶座，通过分享个人学术科研历程，再次真情讲述了钱令希对自己发自内心的关照的故事。②

钱小解，1949 年出生于江苏无锡县鸿声镇三房巷村（今属无锡市新吴区鸿山街道），为钱镠第 18 世孙钱顺德支后裔。钱令希是钱镠第 18 世孙钱种德支后裔，与钱小解同为钱镠的第 36 世孙。钱小解于 1956—1962 年就读于无锡鸿声小学，小学毕业后即患眼疾，视力非常低。钱令希获悉后，把钱小解接到了大连，请当时大连医学院著名眼科医生李辰教授为其做了手术。1996 年 12 月，钱令希回老家鸿声时，还特意去看了钱小解（图 9-29）。

图 9-29　1996 年 12 月 5 日，钱令希访问无锡鸿声时看望钱小解母子（左起：钱唐、钱小军岳母陆爱英、钱小解、钱小解母亲俞亚倩、钱令希）

钱令希对家中的保姆就像对待亲人一样，当她们有困难时，均会伸出援手。20 世纪 60 年代，在家中工作了十几年的保姆王秀英的腿上长了一个瘤子。钱令希发现后，就主动询问，保姆说不要紧。钱令希却把这件事放在心上，主动去找医生进行咨询。随后，他雇了一辆三轮车，将保姆送到了医院。几年之后，保姆向钱令希的女儿钱唐讲述这件事时说："我一生有三件事儿，要永远感谢钱先生，其中一件就是主动为我联系大连医学院

---

① 岳前进：在我成功的背后。见：林家浩主编，《力学与工程应用》。大连：大连理工大学出版社，2006 年，第 300 页。

② 令希书院：百年令希，厚德笃行——岳前进院长做客令希书院第七期教授茶座。大连理工大学盘锦校区网站，2016-07-22。

的医生给我及时动手术,治好了我的腿,还付了手术费。"在 20 世纪 80 年代至 90 年代,钱令希家中又请了一位叫郁金悌的保姆。1998 年,她已 75 岁了,提出要回南方的老家。临走时,钱令希主动找来车,把郁金悌送到大连港,然后又嘱咐在烟台的学生,开车去接坐船过去的她,然后把她送到回老家的车上。① 1998 年年底,在新年来临之际,钱令希还给郁金悌寄去 100 元钱,并致信问候。1999 年 1 月 12 日,在收到信和汇款后,郁金悌的儿子张惠平回信表示感谢,其中写道:

钱院士,你好。
上次来信已经收到,知悉你们已乔迁新居,我代妈和全家表示祝贺,祝愿新居安逸。
这次从邮局寄来的壹佰元已收到,并已转交我妈,请放心。我妈感到很内疚,要我来说谢谢。她老人家时常惦记着你,询问你的身体如何,这么高龄还每天上班,要保重自己的身体,注意休息。②

保姆郁金悌也非常信任钱令希。临走时,她把自己的一张未到期的定期存单放在了钱令希处,上面有三万块钱,打算到了日期后,让他取出来,再汇给她。这样不会损失利息。当时,钱令希把这张存单夹在一本书里,后来却忘了是在哪本书里。他为此急得不得了,一度打算自己掏钱给郁金悌汇过去。后来,女儿钱唐在帮父亲整理书籍时,发现了这张存单,钱令希才舒了一口气。另外,钱令希经常接济需要帮助的亲戚,开始都是由老伴倪晖负责给寄钱,后来倪晖身体不好,不方便出门,钱令希自己去汇款,女儿回来,就让女儿钱唐去邮局汇款。钱令希帮助别人之事,从不谈及。③

钱令希曾将《春夜喜雨》写成书法作品送给自己的秘书武金瑛。"好

---

① 钱令希女儿回忆父亲生前往事　保姆有病钱老掏钱给治。大连理工大学新闻网,2010-04-20。
② 张惠平致钱令希的信,1999 年 1 月 12 日。资料存于采集工程数据库。
③ 钱令希女儿回忆父亲生前往事　保姆有病钱老掏钱给治。大连理工大学新闻网,2010-04-20。

雨知时节,当春乃发生,随风潜入夜,润物细无声。"钱令希的一生正如这首诗的寓意,一生助人无数,但又能让受惠于他的人感到"润物无声"。对此,武金瑛说:"当他知道别人需要了解一些东西的时候,他不会直接跟你说,'我来帮你吧',而会说'这方面的资料我也需要,我们一起来研究吧!'不让人察觉是他在帮助别人。钱老总是悄悄地帮助别人,把别人的事当作自己的事来做,他不求回报,不让受助者觉得有压力,对他感恩戴德。"[1]

钱令希自己不乱花钱,但接济别人不含糊,就连儿子班上的同学也不例外。这或多或少也是得益于父亲钱伯圭的勤俭、好施的身教。

桑梓情深

钱令希曾对他的后辈说:"是鸿声的一方水土养育了我们,我们的根就在鸿声。"他对故乡之情,是一种浸蕴到骨子里的情结。

钱令希的父亲钱伯圭1947年病逝,在1950年中国农村进行的运动中,成分定为地主。在后来历次的运动中,他被扎成纸人揪出批斗。这些情况让钱令希不寒而栗,躲犹不及。直到改革开放后的1991年,钱令希离乡44年后,第一次踏上思念已久的故土。"少小离家老大回,乡音无改鬓毛衰。"这次回家乡访故里,他在鸿声镇镇党委书记等人的陪同下,先去父亲下葬的那个地方驻足默默祭拜,接着参观鸿声中心小学、鸿声中学,游览泰伯墓景区。

1992年10月上旬,钱令希与李国豪、曾威、程庆国等全国各地的桥梁专家应邀参加国家计委委托中国国际咨询公司和交通部联合在无锡市太湖饭店召开的《江阴长江公路大桥工程可行性研究报告》审查、评估会(图9-30)。会议结束后,他再一次专程回故乡无锡鸿声访故寻亲,三天的行程全部由

---

[1] 黄华:秘书武金瑛回忆钱令希院士.《新商报》,2009年4月24日,第12版。

图9-30 1992年10月初,钱令希(中)和《江阴长江公路大桥工程可行性研究报告》审查、评估会议的与会专家合影(右为钱冬生)

时任鸿声乡工业总公司办公室主任的钱福明陪同。返回大连后,钱令希手书贺知章《回乡》诗,并将其邮寄给钱福明,以作纪念。钱令希在这幅手迹的题记中写道:"岁次辛未与壬申两度回鸿声故里,距离乡已四十六七年矣!家乡旧貌全变,新颜已不复相识。惊喜之余,感慨系之。"钱令希的故乡情结,可见一斑。关于钱令希此次访旧,钱福明在多年后回忆说:

> 钱老虽然是鸿声人,然已40多年没回过家乡,我和钱老从未谋面。只知道他11岁外出求学,先苏州、上海,后去比利时留学。回国后一直在大学从事教育和科研工作,是了不起的科学家、教育家。我第一次接待规格这样高的大人物,心里忐忑不安。见面寒暄后,我仔细打量身边这位老人,他中等偏瘦的身材,头发花白,但精神矍铄,慈祥可亲。我主动作自我介绍:"我叫钱福明,与您同姓同宗。您在鸿声的行程由我全程陪同。"钱老听后,笑容满脸地说:"好,好,那要麻烦你了,谢谢。"那次钱老回鸿声主要是访故寻亲,乡党委、政府没有安排大的活动,大部分时间由钱老自己支配。
>
> 午后,稍事休息,钱老急着要去看鸿声老街上他家的老宅。斗转

第九章 科教之外

星移,他家的老屋已不复存在。钱老一到老宅基,仿佛一个孩童,东看看,西瞧瞧;时而伫立,时而蹲下;嘴里自言自语,这里原是厅堂,这里原是灶角……只见他满脸记忆,满腔深情,两眼迷离,几近忘我。不知不觉,太阳西沉,钱老仍依依不舍不肯离开。我对钱老说,我在街镇上新盖了房子,请您光临寒舍。钱老愉快地接受了我的邀请,遂离开了他家的老宅基。晚上我陪钱老住在工业总公司招待所,两人一边看电视一边聊天。钱老饶有兴趣地向我介绍他年幼时鸿声街镇的情况。说着说着,钱老突然站起来说,出去走走吧。我以为他要去看鸿声街镇的夜景。不料钱老仍然向他家的老宅基走去。我伴随着他,钱老对我说:年幼时祖辈经常告诫他,一个人的生养血地是千万不能忘记的。到了老宅基,钱老坐在石条上,闭目沉思。似在追思,似在祈祷。我和钱老在故地的石条上足足坐了半个多小时,在我的催促下,钱老才一步三回头离开了梦牵魂绕的"血地"。

第二天下午,钱老提出要到庙庵、张塘桥去转转。先到庙庵桥。原来那座高大雄伟的石拱桥已在10多年前拆除,代之而起的是西移50米的公路桥,但原桥址还可辨认。一到庙庵桥北堍,钱老的话匣子打开了,他对我说,这里原是石拱桥,这里原有轮船码头,那边有一座春申庙,一座祈福庵,所以这个村就叫庙庵。他还告诉我,祈福庵建于宋代,当时出了个了不起的高僧圆照法师,皇帝还请他到金殿上去讲经说法。小时候,此地的一庙一庵香火很旺,和尚做法事名气很响。听着,听着,我惊呆了。我像一个小学生,聆听这位有传奇色彩的老人在上家乡的历史文化课。后来,在原轮船码头遗址,钱老感慨地对我说,这里原有个码头,木桩打在离岸不远的地方,上面铺上木板,供乘客上下船。那时交通主要靠水运。庙庵码头每天定时有到苏州、无锡的航船,后来有客轮。他11岁到苏州读书,就是从这里起航的,到苏州航船要乘大半天。

接着,我们驱车前往张塘桥。张塘桥原是一座由沙石水泥建成的石拱桥,是鸿声到鸿山、厚桥的必经之桥。桥不远处,原有钱老祖坟。钱老在祖坟位置的地方满脸虔诚,双手合十,默默致敬。

第三天上午，我又陪钱老到甘露去探望他的妹妹。他妹妹见了钱老就流泪。钱老语重心长地对她说，人家造了楼房但家里没有大学生，你住平房，但两个孩子都是大学生，好好培养他们，好日子在后头。听了钱老的话，他妹妹马上破涕为笑。两人聊起了家常，兄妹之情溢于言表。[1]

1996年12月5日，钱令希在女儿钱唐的陪同下，又一次访问故乡鸿声。这次回乡，钱令希受到了鸿声镇党委、镇政府领导的热情接待，并在他们的陪同下考察了家乡的化工厂、玻璃钢厂等骨干企业，参观了鸿声中学、鸿声中心小学，游览了泰伯墓、鸿隐堂等鸿山古迹。[2] 当钱令希在参观鸿声中学的教学楼、实验室以及宿舍楼、食堂、标准化操场等设施后，对故乡大力发展教育事业倍加赞赏。他说，家父于1908年在钱氏义庄创办南下初等学堂，到如今不但有中学，还有中专，规模如此之大，设施这样的好，很了不起。在听了鸿声中学校领导的教学汇报后，便对他们谈起其"慎起步"的求学之道：学习如同钉螺丝钉，一定要把头开好，先要锤几下，搞正方向，把基础打牢，后来拧起来就顺利了；否则，开头钉得歪歪扭扭，拧起来就事倍功半。鸿声中学的老师们，牢记他的这个教诲，并在他们平时的教学实践中积极地贯彻（图9-31）。[3]

之后，钱令希又有几次故乡之行。他生前最后一次回鸿声是2004年秋。是年4月，钱令希被确诊患有脑瘤。9月14日，他携儿孙、女儿等家人从大连出发，经上海到达无锡老家鸿声，受到家乡鸿山镇（2003年10月，鸿声镇与后宅镇合并设立鸿山镇；2009年，撤销鸿山镇，设立鸿山街道）领导等的热情接待，把收藏40多年的书法作品《虞美人·无锡太湖

---

[1] 钱福明：忆钱令希院士的家乡情结。见：钱志仁、钱维均主编，《兄弟院士钱临照、钱令希家传》。2016年7月，第260-261页，内部资料。
[2] 华敏奇、邹瑾：中科院院士钱令希回乡考察。见：锡山市地方志办公室编，《锡山市年鉴1996》。南京：江苏年鉴杂志社，1997年，第311页。
[3] 钱伟华：欣喜故乡的教育事业的发展。出处同①，第258-259页。

图9-31 1996年12月5日，钱令希参观鸿声中学学生宿舍（左起：鸿声镇干部、副校长钱伟华、钱令希、副校长蔡金霞、教务主任李振兴、宿管周老师）

之滨》《清平乐·返鸿声里故居》[①]赠给家乡鸿山镇收藏，同时手抄一份送无锡市吴文化公园吴学研究所收藏。这份珍贵的佳品，是钱令希于1959年春夏之交赴京出席中国人民政治协商会议第三届全国委员会第一次会议时，由时任第二届全国人民代表大会代表、中国人民政治协商会议第三届全国委员会委员、中科院社会科学部委员、同乡族叔兼儿时玩伴钱俊瑞赠送的，原件现悬挂于无锡市新吴区怀海义庄家谱修编室墙上。那天接受捐赠的怀海义庄负责人钱煜，后来在接受记者采访时说："他（指钱令希——编者注）担心自己不在了，这份承载钱氏族人珍贵情谊的手稿也就丢了，他想让更多的钱氏子孙来体会这份珍贵情谊。可以说，给手稿找个长久的家，这是钱老返乡的重要心愿。"[②]这次故乡之旅，钱令希还瞻仰了泰伯墓、泰伯庙、梁孟祠、惠山钱氏祠堂、钱家墓地，参观吴文化公园、湖鼋头渚、张塘桥华家、鸿声镇容、梅村镇容，访问梅村高级中学、无锡新区实验小学（现梅村实验小学）。在梅村高级中学访问时，他还应邀为学生做专题报告《母校情怀》。

从1949年到20世纪90年代，钱令希由于各种原因，不能亲临故土，但对来自家乡人士的求助，总是热情接待，尽力帮助。曾任无锡龙舜实业总公司总经理的钱维均就有两次这样的经历。一次是1962年，钱维均从

[①]《虞美人·无锡太湖之滨》写道：浩波三万六千顷，向暮群山暝。鼋头渚上挂横云，点点归帆唱晚渔家人。湖光山色见多少，只有今朝好。卅年往事恁匆匆，恰喜故乡如画沐东风。《清平乐·返鸿声里故居》写道：归棹到了，陌上行人少。喃呢乡音分外好，华发归来未老。婶娘领看食堂，侄儿絮语蚕桑。最爱儿时陋室，权宜改作工场。这两首词是钱俊瑞在1959年春返乡调查研究时所填写的。

[②] 钱门6院士情深谊长.《半岛晨报》，2009年4月25日，第A05版.

苏州工业专科学校毕业，分配到地处家乡鸿声的一县属塑料厂工作，厂里要他当会计或仓库保管员。钱维均学的是机械制造，到塑料行业已是改行，做会计更是牛头不对马嘴，心里很苦闷。于是，他便给堂叔钱令希写出了第一封诉苦的书信。不到半月，钱维均收到了一封沉甸甸的长信，信中大意是：不要灰心，人生道路是曲折的，关键是要自立、自强。钱令希还说，塑料工业是一门新兴的工业，你现在是一张白纸，但你正可以利用现有的空闲时间，写出最新最美的文字，画出最新最美的图。多学一门专业，对你将会终身受益，并建议报考成都工学院塑料成型专业函授部。后来，钱维均听从了钱令希在信中的教导，利用"文化大革命"时期的空闲时间，全部自修完了该专业，在工作岗位上做出了非凡的成绩，获得了"江苏省有突出贡献的中青年专家"称号。另一次是1995年，钱维均儿子钱镭正值高三毕业，在选择报考哪所高校时，钱维均曾有过一念：是否报考大连理工大学？于是，他又给钱令希去信征求意见。不日，钱令希又及时地回信。在信中，钱令希实率地告知："一、大连理工在江苏招收的指标很少，这对你们来说是不利的。二、大连理工在北方，对在南方成长的孩子们不能算是理想的选择。"钱令希还指出，江苏、浙江、上海等地大学众多，好专业亦多，没有必要舍近求远。钱令希还说："我来北方已经几十年，生活上已经习惯了。若孩子们来，要过生活不习惯这一关，我看就没有必要了。大学学习是老师领进门，提高素质和打好知识基础，毕业后，靠自己努力、实践、刻苦钻研、才能成才。"朴实的几句，深深地打动了钱维均一家，深感堂叔的每句话实实在在，句句在理。事后，他们遵循钱令希的教导，钱镭就近选读了大学，毕业后在创业的道路上也卓尔不凡，现任民营科技企业无锡市钱氏功能塑胶有限公司经理。多年以后，钱维均在谈起钱令希的回信时说："这对我以后的工作与人生道路，的的确确起到了很大的作用。这真要感谢'为人师、慈如父'的令希叔。"[①]

对于从家乡考入大连理工大学求学的晚辈，钱令希也是多方引导，给以一些学习、生活方面的具体建议。对此，2002年考取大连理工大学的陈

[①] 钱维均：缅怀大师风范激励后人奋进——纪念世叔钱令希诞生100周年。见：钱志仁、钱维均主编，《兄弟院士钱临照、钱令希家传》。2016年7月，第257-258页，内部资料。

晓阳回忆说：

> 我父曾有缘与钱老见过数面之交，故8月底前去大连理工大学报到时，在接待人员的帮助下，抵连第二天，我父子俩就去钱老家。钱老热情接待了我们，见到我父所带去的无锡水蜜桃，甚是高兴。钱老对家乡的思念之情溢于言表。
>
> 其间，钱老多次问及家乡情况，时不时还冒出家乡方言"东横头"（东边）"西横头"（西边），令我们倍感亲切。我觉得对面坐着的不像是闻名遐迩的教授，更像是一个家乡的老阿爹。
>
> 钱老问及我所选机械专业，钱老也表示赞同。谈话中，钱老特还提及现在的孩子都娇生惯养，太娇气，我以为钱老是在敲打我，当即回答，我从初中开始就住校，断不会不适应离家的集体生活。钱老闻之，笑道："我很小的时候，已经独自到外面求学了。那时的艰苦，你们是想象不到的。"眼中满是回忆。钱老要求我把联系方式留下，说我们是同乡，以后如有什么事可联系。我就在便签纸上留下宿舍地址。钱老拿起一看，摇了一下头说，字要好好练啊。我无地自容，但仍狡辩一句，学业重，没有时间练。钱老顿时教训道，字不可不练，你自会理解的。在客厅靠窗一角，有一张桌子，桌上文房四宝俱全，垫子上墨迹斑斑，似在无声诉说主人的勤奋。钱老的勤奋令我这个小辈敬畏。羞愧之下，匆匆告别而去。此后，我遵钱老教诲，勤奋学习，认真习字。[①]

钱令希的桑梓之情也体现在他对家乡科技与文化事业的关心上。他年岁愈高，思乡愈切，经常在网上搜寻有关家乡的消息，特别是1999年6月被无锡市政府聘为高级科技顾问后，钱令希常想着要为建设家乡美好的明天尽绵薄之力。2002年，他得悉家乡无锡正推出大手笔治理太湖、五里湖、城区内河等水污染问题后，迅速向无锡科技局"走马荐诸葛"。他在给无锡市科技局负责人的"特快专递"信中，推荐了美国一项治理污水的

---

① 陈晓阳：钱老教谕　终身铭记。见：钱志仁、钱维均主编，《兄弟院士钱临照、钱令希家传》。2016年7月，第259-260页，内部资料。

技术。①

  以吴文化为内涵，始建于 1984 年仲春、位于无锡市惠山区堰桥西高山的吴文化公园（又称吴文化博览苑，简称"吴苑""吴园"），是一项国内罕见的独具特色的文化建设工程，也是国内由农民捐资创办的第一座大型文化园林。钱令希曾数度参观吴文化公园，也曾在到访时题词"锦绣江南吴文化"。2000 年 7 月，应公园创办者、公园管委会主任高燮初先生之邀，钱令希任吴文化公园和吴学研究所学术指导委员会顾问。2000 年夏，钱令希邀请高燮初到大连做客，并全程陪同游览（图 9-32）。钱令希心系吴文化公园建设筹款事项，曾帮助公园与自己的海外弟子建立联系。钱令希还特地将自己的一幅书法作品赠送给吴文化公园，后来该墨宝被镌刻于园内的爱国碑廊内，②让参观者感受科学大师的故乡情怀和文化功底。

  2001 年，已达 86 岁高龄的钱令希，得知家乡要修复钱王祠，非常高兴，并慨然应无锡市园林局和钱志仁等故里族众的请求，用蝇头小楷恭录

图 9-32 2000 年 7 月，钱令希（左）陪同高燮初参观他指导大工土木系教授陆文发主持设计的大连北大桥

---

  ① 马健、吴立群、缪礼延：老院士"特快专递"荐诸葛.《扬子晚报》，2002 年 12 月 16 日，第 A13 版。

  ② 吴军、陈晓慧：一个人·一座园·一种文化——高燮初的文化痴梦.《江南晚报》，2005 年 8 月 3 日，第 A24 版。

《钱氏家训》长卷,书写多幅,从中精选几幅,于 2002 年 3 月寄到家乡无锡,并附寄题写的勉词"铭记先祖遗训,建设美好生活",以书丹勒石,立碑于无锡钱王祠院内。《钱氏家训》全文分个人、家庭、社会、国家四个部分,从个人的修身、家庭的治理、社会的处世到为官治国等方面,教育子孙、勉励家人,走好人生之路。钱令希还以此告诫族人要"铭记先祖遗训,建设美好生活"。为了不负钱令希的厚望期待,族人钱志仁、钱文浩和钱煜三人,于 2003 年印制他手书的家训条幅 2000 余份,分送故乡无锡宗亲,赠给浙江临安"2003 年海内外钱镠学术研究会"莅会的各地代表和钱学研究人士。[1] 2007 年和 2008 年,钱令希手书的《钱氏家训》被制作成木质漆雕匾额,分别悬挂于无锡惠山钱王祠中堂右壁和无锡新吴区鸿山街道怀海义庄的怀海堂正墙上(图 9-34)。2018 年 4 月,这份抄录的《钱氏家训》书法艺术版,在上海古籍出版社出版。这些举措,均在一定程度上推动了《钱氏家训》的学习、研究和躬行,以及钱氏家族精神的弘扬。

图 9-33 2004 年 9 月 16 日,钱令希(左)访问故乡时与钱志仁合影

图 9-34 无锡市怀海义庄内陈设的钱令希恭录《钱氏家训》的书法木质雕版(2010 年 4 月 9 日,钱唐摄)

---

[1] 钱志仁、钱维均:《〈钱氏家训〉学习与研究:纪念钱令希公恭录〈家训〉八周年 缅怀追思钱令希院士辞世一周年》。2010 年 4 月,前言页,内部资料。

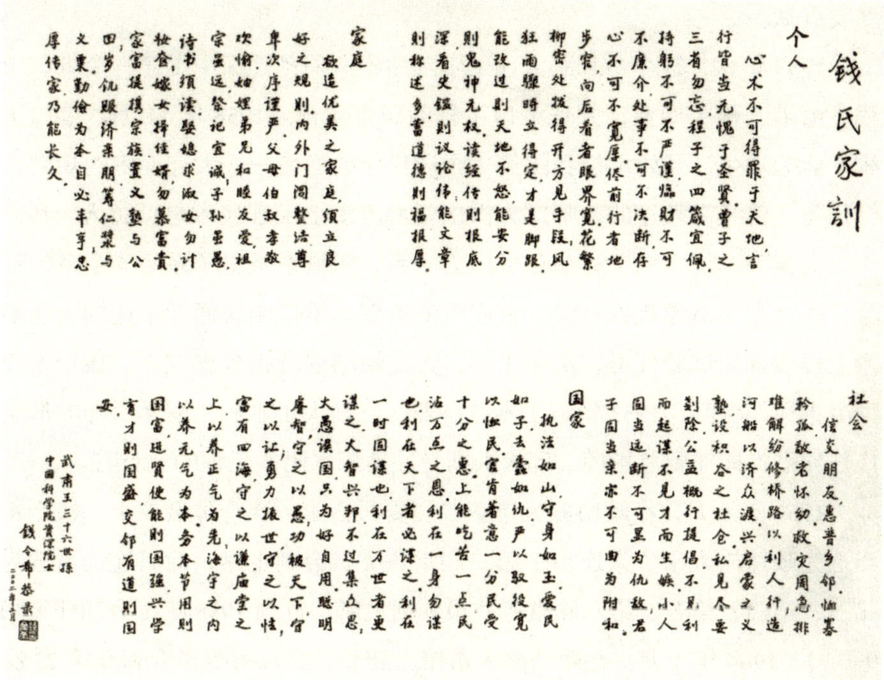

钱氏家训

个人

心术不可得罪于天地，言行皆当无愧于圣贤。曾子之三省勿忘，程子之四箴宜佩。持躬不可不谨严，临财不可不廉介。处事不可不决断，存心不可不宽厚。尽前行者地步窄，向后看者眼界宽。花繁柳密处拨得开，方见手段；风狂雨骤时立得定，才是脚跟。能改过则天地不怒，能安分则鬼神无权。读经传则根底深，看史鉴则议论伟。能文章则称述多，蓄道德则福报厚。

家庭

欲造优美之家庭，须立良好之规则。内外门闾整洁，尊卑次序谨严。父母伯叔孝敬欢愉，妯娌弟兄和睦友爱。祖宗虽远，祭祀宜诚；子孙虽愚，诗书须读。娶媳求淑女，勿计妆奁；嫁女择佳婿，勿慕富贵。家富提携宗族，置义塾与公田；岁饥赈济亲朋，筹仁浆与义粟。勤俭为本，自必丰亨；忠厚传家，乃能长久。

社会

信交朋友，惠普乡邻。恤寡矜孤，敬老怀幼。救灾周急，排难解纷。修桥路以利人行，造河船以济众渡。兴启蒙之义塾，设积谷之社仓。私见尽要铲除，公益概行提倡。不见利而起谋，不见才而生嫉。小人固当远，断不可显为仇敌；君子固当亲，亦不可曲为附和。

国家

执法如山，守身如玉。爱民如子，去蠹如仇。严以驭役，宽以恤民。官肯着意一分，民受十分之惠；上能吃苦一点，民沾万点之恩。利在一身勿谋也，利在天下者必谋之；利在一时固谋也，利在万世者更谋之。大智兴邦，不过集众思；大愚误国，只为好自用。聪明睿智，守之以愚；功被天下，守之以让；勇力振世，守之以怯；富有四海，守之以谦。庙堂之上，以养正气为先；海宇之内，以养元气为本。务本节用则国富；进贤使能则国强；兴学育才则国盛；交邻有道则国安。

武肃王三十六世孙
中国科学院资深院士
钱令希恭录

图 9–35　2001 年，钱令希应邀为家乡书写的《钱氏家训》

服务“第二故乡”

“钱令希，一个大连人并不陌生的名字……作为一个优秀的教育家，他恩泽后辈，为‘第二故乡’大连培养出了难以计数的各类人才。在新中国诞生 60 周年之际，抚今追昔，感恩故人，我们不能忘记这位为大连科技、教育以及城市建设作出巨大贡献的世纪老人。”① 2009 年 9 月 20 日，“大连不能忘记——新中国成立 60 年来为国家和大连建设发展作出杰出贡献的先进典型人物”评选结果揭晓，钱令希入选“新中国 60 年大连英模谱”人物。诚然，自 1952 年成为大连人以来的 57 年，钱令希除了献身祖国科教事业外，还在服务大连经济发展和促进大连社会全面进步方面也做出了

① 林芝、阎峰樵：著名力学家、教育家钱令希。《大连日报》，2009 年 9 月 28 日，第 A7 版。

重要贡献。

1952年秋，钱令希来到大连工学院后不久便创建新中国第一个港口工程（海港工程）专业，并任港口工程教研室主任。1958年11月，港口工程专业的师生，开始承担我国第一个现代化的渔港——大连渔港的规划设计任务，曾经带教过的教师邱大洪出任渔港海上工程技术总负责人。1973年，大连工学院水利工程系和数理力学系、机械系及电子系等6个系的师生，联合大连市建筑设计院、大连市港务局，承担由交通部下达的大连新港工程设计与试验任务，次年1月，大连新港建港指挥部成立。钱令希任建港指挥部顾问，1953年港工专业毕业、已任大工水利工程系讲师的邢至庄任建港指挥部副总指挥，邱大洪则是油港深水码头工程的设计者。

1959年4月，在政协旅大市第二届委员会第一次全体会议上，钱令希当选为政协旅大市（大连市）第二届常务委员会副主席，此后连续当选为第三、第四、第五、第六届常务委员会副主席，直到1988年1月卸任（图9-36）。1964年1月，在政协旅大市第三届委员会常务委员会召开第22次扩大会议期间，钱令希与张毅、张大煜等发起，有108名科技界代表人士签名，向全市科技工作者发出了"积极开展科学技术工作大协作的倡议"。

1974—1976年，钱令希作为大连新港主体工程的海上栈桥总设计师，带领课题小组的青年教师，在经过6次大的修改后，成功完成大连新港一码头"百米跨度空腹桁架全焊接钢栈桥"的设计、试验和安装，为大连新港码头全面建成投入生产赢得了时间。投产前，他带着他的团队，把栈桥仔仔细细检查一遍；栈桥建成后，还常亲自去鲇鱼湾察看栈桥的工作状

图9-36　1987年12月24日，政协大连市六届第三十六次常委会合影（前排左八为钱令希）

态,直到八十多岁,还常常去现场了解情况。1979年12月,钱令希被中共旅大市委、旅大市人民政府授予旅大市特等劳动模范称号。

1980年下半年,大连市科技顾问委员会成立。委员会由84名专家组成,分10个专业组,钱令希应邀任主任。委员会的职责是对大连市科技规划和计划、经济建设和市政建设项目、能源的合理开发和使用、大型工程的方案等进行审查,提出意见。大连市党政领导要求各有关部门在决策前向顾问委员会提供情况和材料,充分听取专家的意见,得到专家认可后,方可把计划等付诸实施。次年3月,该委员会"积极开展活动,协助政府正确决策"的事迹,就被《人民日报》加以报道:"由著名科学家钱令希教授担任主任的大连市科技顾问委员会成立半年多来,积极开展活动,协助政府正确决策。他们的意见有的已被采纳。"[1]

20世纪80年代中后期,钱令希根据大连市水资源短缺的特点和减少城市污染的要求,提出大连工业布局的重点应由老城区向金州以北地区转移的建议,对大连市政府作出在庄河建立后备工业基地和将城区中心地带的工业企业向外搬迁改造的决策起了重要参考作用。对此,应钱令希所邀参与此事的刘则渊教授,在2016年7月22日举行的纪念钱令希院士百年诞辰学术思想座谈会上回忆说:

> 20世纪80年代末大连市面临重化工业如何调整发展,特别是要不要强化石化工业的优势?对此,各方意见不一,莫衷一是。当时钱先生了解到情况后找我商讨如何对待大连工业发展问题。他认为,我们大连城市性质定为"港口、工业、旅游城市",大连城区包括甘井子化工、炼油、钢厂,南沙机电工业,寺儿沟染料厂等工业区企业密集、污染严重、空间狭小,不宜再扩大发展,但大连工业又不能不发展。因此,他设想大连产业结构调整与区域布局调整应当结合起来,大连重化工业应当向金州以北的北三县地方转移,并同时对传统工业企业进行技术改造;大连城区宜发展服务业,特别是旅游、金融、会

---

[1] 张敏求:领导的参谋 决策的助手——大连市科技顾问委员会积极开展活动。《人民日报》,1981年3月19日,第3版。

展等现代服务业。记得市科协要组织专家同市领导座谈,他让我将他这些想法梳理一下,代他发言。那次座谈会,市委书记毕锡桢同志参加,毕书记讲到正在策划筹办的西太平洋石化是大连市好不容易争取的重大项目,希望专家为大连出谋划策,而不要否定这个项目。钱先生马上接上话:我们不是否定项目、更不是反对发展重化工业,而是要转换发展思路,工业应当向北部转移。他让我接着讲具体建议。听完我们的建议设想,毕书记严肃的面孔展开了笑容,工业向北转移的这个建议好。大连城市空间工业布局的调整,后来被视为后任市长的业绩,其实这个思路源于钱先生,基础早已由前任打好;所谓前人栽树、后人乘凉而已。①

对此,原大连市市长魏富海在接受采访时也说:"钱令希教授对大连所关心的海水淡化,解决大连水的问题,大连市中心北移,这些意见都是正确的,现在也都在这么做,对大连的建设也做出了许许多多的重要贡献。"②后来,他们根据大连城市的优势地位以及产业结构的变化趋势,将对大连总体战略与城市性质做出的构想写成文章《对大连地区发展战略的初步认识》,刊载于《大连——走向世界》(辽宁人民出版社 1988 年出版)一书中。③

1988 年 7 月 1 日,钱令希被中共大连市委员会、大连市人民政府聘请为特邀研究员,获颁由大连市咨询办公室颁发的特邀研究员证,参加大连市的社会调查和研究。1990 年 7 月 24 日,在大连市委召开的调研咨询工作会议上,宣布成立大连市委、市政府的决策咨询机构——大连市咨询委员会。自此,钱令希连续多届任中共大连市委、大连市人民政府咨询委员会委员。

---

① 刘则渊:从跨学科视野追忆钱令希先生。2016 年 7 月 22 日,未刊稿。资料存于采集工程数据库。
② 原大连市市长魏富海访谈片段。见:大连理工大学党委宣传部拍摄,《钱令希:纪念钱令希院士诞辰一百周年纪录片》,2016 年 7 月。
③ 该文略有修改后又于 1989 年 3 月以《大连地区发展战略的初步认识》为题发表在王开春、朱殿武主编,辽宁人民出版社出版的《决策与咨询》中。

1990年，钱令希、刘则渊根据我国关于"有限目标，重点选择，跟踪前沿，逐步发展"高技术的战略方针，结合辽东半岛当时基础和实际，提出发展辽东半岛高技术产业的初步构想：以高技术的研究开发为基础，以传统产业的高技术化和高技术成果的产业化为主导，采取分散发展、重点选择高技术产业和相对集中、逐步建立高技术园区相结合的方式，创造良好的社会环境，推动高技术产业群的形成与发展，在20世纪末把辽东半岛建设成为以沈阳、大连为高技术辐射中心，高技术产业初具规模的新兴工业基地。次年3月，位于大连市西南部、国家批准的首批国家级高新技术产业开发区——大连高新技术产业园区（即大连高新技术产业开发区，简称"大连高新区"）建立。建园以来，大连高新区以"又要高、又要新"为发展目标，紧扣"创新""创业"两大主题，已发展成为沿海经济带开发开放战略中创新能力最强、特色产业最鲜明、经济建设最活跃的地区之一，成为大连市经济发展中新的增长极。截至2021年4月6日，园区拥有2000余家软件和信息服务企业，其中包括IBM、惠普、爱立信、戴尔等130多个世界500强和全球领军企业；高新技术企业总数967家，雏鹰企业399家。[1] 1999年底，为了拓展大连市高新园区的发展空间，大连市委、市政府于决定，在开发区和金石滩旅游度假区之间的黄金地域，建设以数字技术和生命技术及其产业为主导的新兴科技城——大连双D港[2]，引进以"双D"技术为核心的高新技术和人才，发展以"双D"项目为主的高新技术产业（图9-37）。

1990年7月，钱令希被大连市政府聘为高校教学质量顾问组成员。大连市政府领导认为，要市领导到大学讲课不行，但帮助高校搞好协调、改善外部环境、促进教学质量的提高是可以、也一定能办到的。于是他们聘请钱令希、杨烈宇等一批专家、教授组成高校教学质量顾问组。他们要求院（校）长集中精力抓好教学管理和教学研究，提高课堂质量。教学质量顾问组成立近一个月，大连各院校普遍强化院（校）系领导听课制度，有些院校注意发挥离退休老教师的作用，组成教学顾问团，加强教学观摩和

---

[1] 园区概况。大连高新区管委会网站，2021-04-06。
[2] "双D"即DIGITAL和DNA，分别代表数字技术和生命技术。"港"具有集散、交流、辐射的功能。

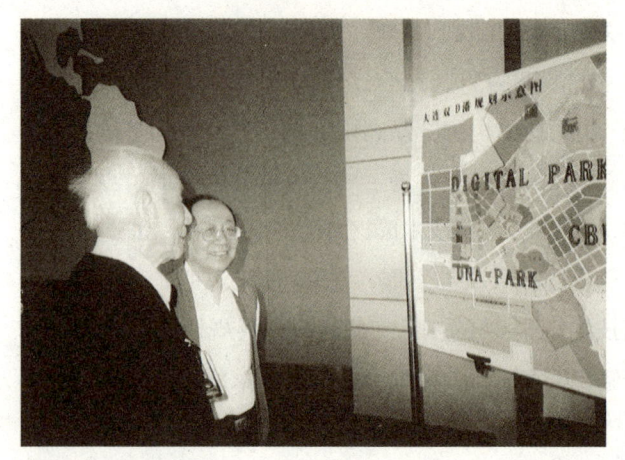

图9-37 2002年5月22日，钱令希以大连市咨询委员身份应邀参观"双D港"（左为钱令希，右为邱大洪，大连理工大学档案馆提供）

评估工作，并抓紧对青年教师的培训。①

1990年年初，大连市政府和大连市科委商量，决定制订有关成立民间科技奖励基金会方案，重奖那些为振兴大连做出贡献的中外科技杰出人才。为此，大连市政府、市科委有关领导，多次登门拜访屈伯川、钱令希、楼南泉等著名专家、学者，商谈兴办科技奖励基金会有关事宜。屈伯川、钱令希、楼南泉这些老科学家们被市领导们的热诚感动了。屈伯川连连赞许基金会这件事办得好；钱令希也四处走访科技界人士，征求筹办基金会的意见；病卧在床的楼南泉为基金会连连叫好，似乎忘却了病痛。他们纷纷表示，愿意参加基金会的领导工作。社会各界也热烈响应。著名企业家李永金、仲伟先、傅纯力、张和、刘金堂等高瞻远瞩，先人一着，加入了赞助者的行列。是年6月7日，大连市科技奖励基金会正式成立，钱令希出席成立大会并发表讲话。②

以"促进全市科技进步和繁荣，进行资金筹集、科技咨询服务，推广科技成果"为宗旨与任务的基金会成立后，就着手"大连市科技金奖"的评选工作。作为基金会理事长的钱令希，与副理事长楼南泉等其他理事，以严谨、求实的科学态度，主持了从推荐提名、考核评审、答辩到理事会全会投票的全套评选过程，最后由大连市公证处揭箱监票，最终确定了6

---

① 大连市学术专著资助出版评审委员会简介. 大连市学术专著资助出版评审委员会官方网站，上传时间不详.

② 方世璞：科技兴市的战略抉择——写在大连市科技奖励基金会成立之际.《东北之窗》，1990年第8期，第14-15页.

名获奖者：熊以恒、王逢寿、任本、王喆、张凯、张孟福。1991年11月5日，大连市科技金奖首届颁奖大会举行，钱令希出席颁奖大会并致辞（图9-38）。颁奖大会结束后，手捧花束的6名获奖者坐在第一排，与辽宁省、大连市领导和大连市科技奖励基金会的全体理事合影，纪念大连科技史上很有意义的一天。①

图9-38　1991年11月5日，钱令希在大连市科技金奖首届颁奖大会上致辞

20世纪90年代初，钱令希与大连海运学院教授杨烈宇、大连名医周鸣歧共同提议，由大连市政府出面资助、挖掘、整理出版那些专业太过精深、读者面窄、出版印数少的优秀学术成果。此举得到时任大连市委、市政府领导的高度重视，于1992年10月12日设立大连市学术专著资助出版评审委员会。该委员会隶属中共大连市委领导（1999年由大连市政府管理），设顾问2人、主任2人、副主任4人、委员40人。委员会下设市自然科学专家评审组、市工程技术专家评审组、市农业（水产）专家评审组、市医学专家评审组、市中医药学专家评审组、市经济与管理专家评审组、市社会科学与哲学政治学专家评审组、市语言学专家评审组。同时配备委员会的专门办事机构——评审委员会办公室，下设评审部、综合部、财务部。钱令希亲任该委员会名誉主任。到第二年，即有14部优秀学术专著在这个委员会的资助下出版。钱令希高瞻远瞩，从一开始就给委员会立下规矩：扶持中青年学者。截至2009年钱令希辞世，受资助的570多部专著中有一半左右是中青年学者的优秀成果。事实证明，这些中青年人学者，大多成为博士、硕士研究生导师，获得国家科技发明一、二等奖各1

---

① 冯越：六名科技英才荣获我市首届科技金奖.《大连日报》，1991年11月6日，第1版。

项、国家科技进步二等奖 1 项，获省部级科技进步奖励多人，其中两人还当选为中国科学院院士。①②

1994 年，钱令希受聘担任大连市"烟大火车轮渡大连港址首选羊头洼港专题论证"工作组总顾问。其间，他不顾高温酷暑，亲自到港址现场考察，向《专题论证报告》主笔刘则渊教授介绍、分析羊头洼与和尚岛两个港址的各自利弊等情况。该报告完成后，他又仔细审阅论证，并提出许多宝贵意见。对此，刘则渊回忆道：

> 当时钱先生已 78 岁高龄，还亲自到港址现场考察，非常支持这项论证工作。见到钱先生，他有条不紊地对比了羊头洼与和尚岛两个港址的各自利弊，认为问题的关键在于选择羊头洼港可以带动发展相对滞后的旅顺口区对外开放与经济振兴，同时大连沿海东部与西部的港口资源可以合理均衡利用……钱先生的见解让我茅塞顿开……由我主笔的专题论证报告被市政府肯定接受，在国家计委、铁道部、水利部参加的论证会上由我汇报，最后采纳了由我校论证的大连市政府方案。③

1994 年 12 月 18 日，以弘扬中华民族传统文化，繁荣大连文化艺术事业为宗旨的大连市华夏文化促进会成立，钱令希受聘为该会名誉顾问。该会成立后，紧密围绕大连市委、市政府中心工作，充分发挥会员的积极性和创造性，积极开展各项主题活动，如与相关单位合作编辑出版了《简明大连辞典》、美术作品集、图片集等，撰写了学术论文、文学艺术作品等，组织学术研讨会、文化艺术展演，参与企业咨询与策划活动，开展对外文化艺术交流等具有特色的文化活动，为弘扬华夏优秀传统文化，建设富庶美丽文明大连，促进社会主义文化大发展、文化大繁荣，为中华民族的伟

---

① 张轶、姜云飞、丁雷，等：献身科教效春蚕——追记著名力学家、教育家钱令希.《大连日报》，2009 年 4 月 27 日，第 A1-A3 版。
② 宋言荣：大连市积极为高等院校排忧解难.《光明日报》，1990 年 7 月 19 日，第 1 版。
③ 刘则渊：从跨学科视野追忆钱令希先生。2016 年 7 月 22 日，未刊稿。资料电子版存于采集工程数据库。

大复兴贡献了力量。①

钱令希是我国当代著名的工程力学家,自然会在大连市一些重大的市政工程建设中,贡献自己的才智。

始建于1925年的大连市人民体育场是大连市大型集会和体育活动举行的场所(2009年已拆除)。1997年7月,大连市人民体育场开始进行大规模改造。1999年的7月,改扩建工程即将竣工,大连市政府准备在这里举行大连国际服装节。市领导在视察工程现场后,得知改造后的看台坡度超出设计规范,对大悬臂式钢结构网架遮阳棚的安全保障不尽放心,责成已于1997年从大连市建委退休、受聘担任大连市委市政府咨询顾问的郭昌慧(大工水利工程系港工专业1963年本科毕业)邀请知名专家论证,给出一个可信的结论。翌日,郭昌慧主持了一个以钱令希为组长的工程结构专家论证会。会议开了半天。与会者听取了设计单位的汇报,钱令希在肯定了设计单位的设计成果后,建议对遮阳棚的结构设计的荷载取值、计算程序及其整体安全度再进行一次复核,先不急于当场形成会议纪要。当晚9时,郭昌慧突然接到钱令希的电话,说要来郭昌慧家一趟。郭昌慧十分诧异,说:"钱老师,您有急事?外面正下着大雨呢。您不要过来,我去您家。要不然等到明天……"钱令希说:"不能明天。我睡不着觉,我着急。我已经要好了车子,一会就到。你到你家楼下接我一下。"语气近乎命令。郭昌慧只好操起雨伞,和女儿一起到楼下接钱老师。钱令希进屋刚坐下就说:"上午那个会,我很不放心,回家后我一直在算。虽然设计院的计算程序、荷载取值都符合规范,但我认为结构的综合安全度偏低。我们应考虑遮阳棚下坐着的是'人'。设计要以人为本,以人的安全为本。"接着,钱令希提出,要适当加大风荷系数,或者从结构远端取消一节遮阳板,以提高结构的安全度的措施。郭昌慧在送走钱老师回来时,已是深夜十一点了。郭昌慧的女儿终于忍不住流下了眼泪,叨念说:"为这件事,一位资深的院士,83岁的老人,深夜冒着大雨来到学生家来……这样的专家学者真是世上少有啊!"郭昌慧也感慨地回答道:"是啊,为这件事,钱老已连

---

① 孙激扬:《大连社会科学》。大连:大连海事大学出版社,2008年,第99-100页。

续工作了14个小时。这是钱先生对人民的负责,对科学技术的一丝不苟,对事业的担当。"第二天,郭昌慧和设计单位一起向指挥部领导传达了钱令希的意见,对遮阳板的结构设计进行了调整,去除了大连市领导的一块心病。关于钱令希对大连城市建设项目论证所表现出来的认证、负责的态度,郭昌慧还经历了另外一件事情。对此,他在回忆文章中写道:

这是20世纪初的2002年的事。

大连市政府为了新世纪的到来,拟于东港海滨建立一座城市标志性雕塑。这是一尊高度近百米、身着布拉吉、身体略有前倾、扬起右臂、满怀豪情的少女雕像。寓意东方女神,欲与美国的曼哈顿自由女神相媲美。方案一出,雕像的朝向(是朝向海外还是朝向市中心?)便成了界内热议的话题。政府主管部门和领导,谁都不想在如此要害问题上犯争议,于是有了一个向国内外征集设计方案的可行性专家评审会。

评审会于2002年1月8日在大连市香格里拉大酒店举行。参加会议的有钱令希等三位院士和四位教授、研究员级高级工程师、政府部门的有关领导和六家投标的设计院代表等共71人。我被推举为专家组组长。上午,会议在听完6家设计单位介绍后,距吃午饭还有半个小时时间。钱老提出:"我最近身体欠佳,想先发表一下意见,下午回去休息。"接着,钱老全面评价了6家设计方案的优点和不足。对北京一家设计院提出的塔身可随时旋转,以解决塔身朝向的方案也予以了认可。

中饭时,我反复思考下午的会议该怎么开法?钱老身居高位,老人家的表态会得到响应。可是这个方案是设置了56台同步电机来实现塔身上部结构360度旋转的。这不但使工程投资陡升,也可能给日后的经营管理埋下隐患:当外电源停电或因电机故障电机不能同步时,雕像的朝向可能不当不正,又该如何交代?作为组长我要负责起草会议纪要的,对钱老的这条意见该如何表述?我着实犯了难。饭桌上,我神不守舍,心事难免不溢于言表。钱老似乎看出我有心事,就问我:"你没有吃好饭,好像有心事。说出来!"基于我对钱老以往的了解,我终于铆足勇气,道出了我憋在心底的上述心病。

钱老听后,思量片刻,对我说:"你的考虑有道理。不要犯愁,下午我不走了。"

下午的会议继续进行,钱老又是第一个发言,他从座位上站起来,简而概地说:"中饭时,我又仔细询问了一下北京设计院塔身旋转方案的运转方式和工程造价,觉得我对这个方案的认可不太全面。我收回我的意见。"说完,他又稳稳地坐下。

他没有走,一直坚持到会议结束。

钱老的发言,化解了我的心病,使我如释重负。我终于敲定了会议纪要草稿,得以在会议上顺利通过。

后来,这个项目终因立意平平、投资不足、公众议论难平而搁置下来。①

钱令希有时还亲自到大连市市政工程的工地上考察、指导施工。1998年5月初,钱令希应大连市道路桥梁工程指挥部(1998年9月改制为大连绿波房屋开发集团有限公司)之邀,亲赴"大连六桥"(即大连市东北路、桃源街、五惠路等六座城市立交桥简称)建设工地参观、指导施工(图9-39)。

钱令希还是大连市各厂矿企业的"救火"专家,有求必应,且手到病除。1977年,他曾为大连自行车厂解决一久攻不下的技

图9-39 1998年5月初,钱令希(左三)应邀在"大连六桥"建设工地指导施工(左二为林安西)

---

① 郭昌慧:于细微处见知著——写于钱令希院士百年诞辰。《大连理工大学报》,2016年4月18日,第4版。

术难关。当年在大连自行车厂工作并亲历此事的秦凤翥回忆道：

  1977年年初，我设计的"中小件电镀自动线"进行安装时发现，26米长的起升桥架中点竟下凹了4厘米！而桥架自重7吨，负荷3吨多，设计计算空载时中点应上凸3厘米，而加负荷后全梁应近似水平。设备将无法运行！问题出现后全厂上下反响很大。因这条自动线若不能及时投产必将影响全年生产计划之完成。我作为主要设计人压力是很大的。我反复计算，又在现场苦苦检查，总是找不到原因。厂领导从市里请来很多人现场会诊。有的说"设计错了，太单薄了"。有的说"别的自行车厂这么长的自动线用三个起升油缸，你为什么只用两个？胆子未免太大了！"又有的说"要加强结构刚度，加辅助梁"，但是又提不出依据。而我经再三仔细核算，认为刚度不应有问题。这一技术难题一时令全厂陷入僵局。怀着忐忑不安的心情，1977年4月17日的晚上，我带着图纸敲响了钱令希教授家的大门。将解决不了的难题对他说了。他打开图纸看了很久，一言不发。屋里静得只听见钟表的嘀嗒声。后来，他抬起头来问我："实物是否完全符合图纸标注的尺寸？你仔细地核对了吗？"我说："完全符合。"钱教授说："明天下午我有时间，去现场看看。"

  第二天下午，钱教授按约定来厂。没有休息，直接就去了现场。他爬到桥架上，拿出卷尺对照图纸仔细核对了关键尺寸，然后掏出一个小本开始计算。约10分钟后，他将笔记本上的现场计算结果那页撕下来递给我，说"设计没问题！"我问"那为什么下凹呢？"他严肃地对我说："秦凤翥，这是你们设计人员的通病！忽视制造工艺细节，你的焊接有问题！"他当场提出了补救方案，制订了详细的焊接工艺方案（此方案不是三言两语所能说清楚，此处从略）。钱教授走后，全厂又议论开了："这个老头来看了十几分钟就能解决问题？""若真解决那就成神仙了！"朱波厂长说"我相信他！就按钱教授的方案干。"

  我马上组织材料、设备，做相应的施工准备，并选了四个技术最好的电焊工。按钱教授制订的工艺方案施工。施工结束后，当即用水平仪测量。结果为：上凸 2.8 厘米（钱教授现场计算的数据是 2.6 厘米），加负荷近似水平微上凸 0.1～0.3 厘米。数据出来后，大家高兴极了。有个工人爬到桥架上蹦高，向下喊"原来站在这发颤，现在棒棒的！"

朱波厂长说："一群人吵了两天没解决的问题，钱教授来看了十分钟就解决了，真是国家的宝贝呀！"

罗跃辉工程师说："他有真本事，大学教授现场解决问题，一眼中的，难得！"①

大连造船厂一位从事通信导航设备工作的员工莫伟（莫庆云长子）还讲述了钱令希另外一件"救火"故事。1976 年 8 月下旬，大连造船厂（时称"国营红旗造船厂"）建造的我国第一艘 5 万吨级远洋油轮"西湖"号砍缆下水，但船体强烈振动，无法正常航行。如何解决这个问题？船都造好了，只能局部修补。这时候，有人提出请专家钱令希看看。钱令希来了就先找出振动源在哪里。分析振动的原因，钱令希提出把振动源移走，这样把振动分散到各个地方。振动不集中，振动力就大幅度减小。方法果然有效，"西湖"号最终顺验收合格，交付使用。时隔半个世纪，这位工人说，对专家来说是个小事，可是解决了大问题。

即使是在国外访问或探亲的时候，钱令希心中总还是装着大连。1999 年夏天，钱令希应女儿钱唐一家邀请，到美国探亲。虽已是 83 岁高龄，可他还抓紧每一个机会，对美国社会进行一番深入的考察。一位美国环保科学家来亚特兰大女儿家探访他时，提到一个成功的环保工程——城市垃圾处理工厂。于是，他到公司总部听美国环保专家的演讲之后，不顾劳累，还要让女婿驾车带他到工厂实地考察（图 9-40）。看到美国垃圾处理现代化、废物利用又不污染周边居民区，他认为这个环保项目很有意义，要女儿搜集有关材料，并马上整理成中文资料，送给了大连市和有关科研部门

---

① 秦凤翥：他有真本事——忆钱令希当年现场为大连自行车厂解决技术难关。林家浩主编：《力学与工程应用》。大连：大连理工大学出版社，2006 年，第 287 页。

第九章 科教之外 *451*

图 9-40　1999 年 8 月 26 日，钱令希在女儿、女婿的陪同下参观考察美国一座自动化处理垃圾的工厂（左起：自动化处理垃圾厂负责人、乔治亚理工大学环境工程系两位专家、钱令希，钱唐摄影）

参考。钱令希对大连的养老事业十分关心。在这次美国探亲期间，他特意让钱唐领着他走访美国不同类型的养老院，详细地了解老人生活医保待遇等方面。回到大连，他把自己看到的、听到的讲给大连市领导，积极倡导建立养老院。①

2007 年 2 月 7 日，由大连日报社组织的"2005·2006 非常感动"十大人物评选活动正式揭晓，钱令希与徐绍芳、李新、刘敏、王延良、张秀兰、王正春、王大明（5 位年轻人的组合）、王亮、庄慧当选。评选委员会给钱令希的颁奖词很好地诠释了他为其第二故乡——大连所做出的贡献：

> 他是淡泊的，他认为他只是尽了一个教育和科技工作者对社会应尽的绵薄之力，而社会给了他太多的荣誉；他又是炽热的，一位出生江南的大才子，却将人生大半的时间和所有的才华奉献给了大连这座北方的城市，除了对这座城市、对他所投身的科学和教育事业有着满腔的热情和爱，我们找不到别的理由。钱令希，自从 35 岁留学归国后来到大连，他就再也没有离开过。作为我国第一批中国科学院院

---

① 钱唐：高尚品格，逾远弥存——纪念父亲钱令希院士逝世一周年。大连理工大学新闻网，2010-04-22。

士，钱老不仅是一位杰出的科学家、卓越的工程大师，更是一位大师级的教育家。不仅培养出多位两院院士，还在86岁高龄亲自为本科大学生上课。作为报效祖国的科学大师，钱老对我们这个城市的无私奉献，更将成为我们宝贵的精神财富。①

在获奖感言中，钱令希则这样写道："自从建国初期来到大连，我在这座城市已经生活了半个世纪。其间为国家的教育和科技事业做了一些力所能及的事情，也亲历了这座城市的发展和变迁，见证了她的振兴和繁荣。如今，我已到耄耋之年，面对城市和人民再次给予我的殊荣，感到荣幸的同时，也深感不安，我只是尽了一个教育和科技工作者对社会应尽的绵薄之力，而社会给了我太多的荣誉"。②两年后的2009年1月9日，钱令希又当选为大连市第四届"文明感动人物"。

钱令希的后半生都是在大连度过的。50多年来，他的足迹遍布大连的工厂、学校、矿山、码头、乡村，致力于科技成果应用于地方建设。诚然，钱令希对这座城市抱有深厚的感情。如今，大连的城市面貌变得更加繁华美丽了，钱令希在九泉之下一定是会很欣慰的。

后 世 纪 念

2009年4月20日，钱令希因病医治无效，在大连逝世，享年93岁。

钱令希逝世后，各界人士通过各种方式表示沉痛哀悼。大连理工大学师生也设立画廊展示钱令希生前照片。熟悉他的人士或未曾谋面者纷纷在自己的博客或个人空间发文致哀。上海交通大学土木系教授、第五届中国

---

① 钱令希先生当选大连日报"2005·2006非常感动"人物。大连理工大学新闻网，2007-02-12。

② 张轶、姜云飞、丁雷，等：献身科教效春蚕——追记著名力学家、教育家钱令希。《大连日报》，2009年4月27日，第A3版。

青年科技奖获得者、与钱令希仅有一面之缘的陈龙珠在其科学网博客中撰文悼念：

当年我在浙大土木系求学时，就听说钱令希先生在新中国成立前后一段时间曾在这里任教并担任过系主任；浙大土木系毕业校友中就有2位中科院学部委员（现改称为院士，潘家铮、胡海昌先生），当年曾获益于钱先生的精心培养。由此，我们对钱先生的敬佩油然而生。

我仅有一次机会直接感受了钱令希先生的治学精神，那是在十几年前由他到浙大土木系主持一项我参加的国家"八五"攻关科研项目（负责人是李翼祺教授）的鉴定会上，这个项目的研究目的是为秦山核电站燃料容器在装卸过程中防跌落撞击提供减振技术措施的。在鉴定会上，我汇报了其中的一个专题研究结果。或许是在老前辈面前汇报时过于紧张，而在报告一个研究结论前忘记附加重要的前提条件了，之后不久便听到钱先生发出的批评（大意是）：研究认为防撞击减振结构层阻尼对减振效果影响不大，缺乏结构动力学的基本概念。因不熟悉钱先生的脾气，可这事又不得不予以及时地加以解释，我缓过一口气后赶紧补充道：在阻尼达到一定数值后，在一定的范围内再加以改变，减振效果变化不大。在经过一天充满学术气氛的汇报和讨论后，我们的项目顺利地通过了验收和鉴定，后来还获得了浙江省科技进步二等奖。但鉴定会上钱先生的批评，对我本人后来从事科教工作必须认真严谨，一直起着深刻的警示作用。

钱令希先生现在虽然走了，但他爱才如命、严谨治学的精神，将永远值得我学习和实践！[①]

爆炸力学和冲击动力学专家王礼立教授，也在其科学网博客中发文悼念：

---

① 陈龙珠：悼念钱令希先生。陈龙珠科学网博客，2009-04-25。

惊闻钱令希院士因病医治无效，于4月20日在大连逝世，不胜悲痛！去年我去大连时曾一心想去拜访问候他老人家，钟万勰老友了解后告诉我，说钱老正住院不便探访。谁知竟失去了和钱老见面的最后一次机会。绵绵哀思之中忆及钱老对创建宁波大学的关怀，特别感受到在钱老教育哲理中教师的重要地位，特作博客，以志永恒纪念！[①]

一名未曾上过钱令希的课、未曾受过他的指导，甚至未曾见过他本人的网友温迪在自己的新浪博客中写道：

钱老病逝，我很难过，每个知道他的大工人都很难过。
没有上过他的课
没有受过他的指导
也没有见过他本人
他，却如同一枚徽章
深深地嵌入每个大工人的肌肤
那是大工人治学的严谨
那是大工人科研的创新
那是大工人做人的求实
那是大工人工作的勤奋
那是大工人胸怀的宽广
那是大工人记忆的最初
那是大工人内心的骄傲
当校园里曾经熟悉的一幢幢老楼倒掉时，我看到一幢幢新楼拔地而起
当校园里曾经熟谙的一张张面孔消失时，我看到一批批新人从四面八方涌入
当钱老离开我们时，他永远地矗立在我们心中

---

① 王礼立：回忆钱令希院士对创建宁波大学的关怀——教师在钱老教育哲理中的重要地位。王礼立科学网博客，2009-04-27。

此刻，我想做的，只是收起眼泪，怀着敬仰，继往开来。①

4月20—24日，钱令希的同行、学生与社会各界人士向钱令希院士治丧委员会发去唁函或唁电。

4月21日，钱令希于1985年从东北师大调入大工的柳中权写下一副挽联："伯乐院士，纳百川，育英才，敦厚刚正；力学泰斗，架飞虹，攀高境，至爱峻德。"

4月23日晚6点，由大连理工大学学生会发起的"烛光寄哀思"沉痛悼念钱令希院士活动在研教楼举行。全校数百名本科生、研究生相聚在一起，燃起烛光，悼念这位令人尊敬和爱戴的老人。

4月24日，钱令希的遗体告别仪式在大连市殡仪馆特大厅举行。大厅正中，黑底白字的挽幅上写着："沉痛哀悼钱令希先生。"挽幅下方正中是钱令希的大幅黑白照片。两侧悬挂的是钱令希93载人生真实写照的挽联："力学泰斗，自幼立志报国，知行并重，造桥、筑坝、建港，引领计算力学，誉满神州；一代宗师，毕生教书育人，慧眼独具，爱才、识才、育才，赢得桃李满园，天下芬芳。"近千位学校师生和社会各界来宾冒雨参加了告别仪式。②

2009年12月30日，《中华读书报》刊载《2009 永远的怀念》一文，介绍2009年去世的大师级人物，除钱令希外，还有钱学森（1911—2009）、贝时璋（1903—2009）、季羡林（1911—2009）等18人。文中写道："他们的一生，真可谓是'近百年来中国知识分子历程的写照'，他们被国家和民族的命运捆绑在一起，时同风起，时逐浪没，人世间的沧桑冷暖，几乎尝尽。然而他们超越了种种悲苦与磨难，在学问里和事业中，找到了精神上的安魂处，摆脱掉世俗的羁绊，冲淡平和，从容坚定，宠辱不惊，从心所欲而不逾矩。"③

---

① 温迪：致哀敬爱的力学家——钱令希院士。温迪的新浪博客，2009-04-20。
② 张轶、姜云飞、丁雷：钱令希院士遗体告别仪式昨日举行。《大连日报》，2009年4月25日，第A1版。
③ 2009 永远的怀念。《中华读书报》，2009年12月30日，第5版。

钱令希一生光明磊落，不为名利所累，也不为五斗米折腰，直到去世时没有片瓦是在自己名下。生前，他为自己和夫人在大连选择一块墓地，背靠大山，面向碧海，亲自拟定只有七字的碑文"钱令希倪晖之墓"。碑文简约，墓碑朴素，显示知识分子的人格风范与风骨，也让后人有无限的遐想。

2010年3月，为纪念钱令希对中国计算力学的杰出贡献，奖励在计算力学研究领域做出突出成绩的国内学者，中国力学学会计算力学专业委员会和大连理工大学"钱令希力学奖励基金会"联合设立"钱令希计算力学奖"。该奖每两年评奖一次，每次评选"钱令希计算力学奖（成就奖）"和"钱令希计算力学奖（青年奖）"各1项。是年7月7日，第一届"钱令希计算力学奖"评审会在大连理工大学工程力学系召开；8月21日，在四川绵阳召开的"'中国计算力学大会'2010暨第八届南方计算力学学术会议"期间，举行"钱令希计算力学奖"第一届颁奖仪式。截至2020年7月，已颁授六届"钱令希计算力学奖"。

大工建筑与艺术学院的邓威老师出于对钱令希的敬仰，早在钱令希生前，根据对他肉眼观察和对照片的分析，开始了钱令希雕像的创作。后来，大工领导部门决定在即将落成的令希图书馆采用这个雕像设计。2010年7月16日，最后由厂家精心铸建的《钱令希雕像》正式落成在令希图书馆内。9月9日，西校区图书馆正式命名为"令希图书馆"，并于当晚举行了隆重的命名仪式。2012年7月16日，位于令希图书馆入口对面的钱令希塑像落成，并于当日在令希图书馆举行揭幕仪式（图9-41）。

图9-41　钱令希铜像坐落在令希图书馆主入口对面
（2018年5月17日，王细荣摄）

2013年9月，大连理工大学令希书院在新启用的大连理工大学盘锦校区成立。令希书院以钱令希的科研精神和教育思想为指导，确立了"科技创新，学术自由，爱国奉献，知行合一"的书院精神，并以此作为书院各项工作的精神指引和行为准则。

钱令希心怀桑梓，心系族亲，家乡人民甚是感念。2010年4月，为纪念钱令希恭录《钱氏家训》8周年、逝世1周年，无锡市钱镠研究会、无锡鸿声钱氏家族特刊印纪念集《〈钱氏家训〉学习与研究》，其中包括钱令希肖像、纪念钱令希恭录《钱氏家训》8周年研究文章6篇、缅怀钱令希逝世1周年文章4篇，以及钱令希逝世报道和钱令希小传等内容。2014年，钱令希故乡的宗亲钱维均、钱志仁、钱新伟、钱光益、钱维坤、钱胜颖六人发起策划了钱临照、钱令希兄弟院士百年纪念活动，并成立纪念系列活动筹备组。该项纪念活动得到无锡市新吴区人民政府的支持。无锡市新吴区鸿山街道接手举办了"百年伯仲，双星闪耀"系列纪念活动。2016年5月6日在江南大学图书馆五楼报告厅举行的"中国计算力学自主创新之路——纪念钱令希院士诞辰100周年"学术报告会，5月7日在中华赏石园会议大厅举办的"百年伯仲 双星闪耀——纪念钱临照诞辰110周年、钱令希诞辰100周年纪念活动"的盛大集会。故乡钱氏宗亲与地方领导与各界人士，与各地赶来的两位院士的弟子、亲属等百余人一起出席了盛会（图9-42）。此外，家乡宗亲出资出力编写印刷了有家族历史、学术成就、和弟子宗亲怀念的《钱临照钱令希兄弟院士家传》，还筹资制作了《百年伯仲》纪录片。科学出版社主动接手出版了《钱临照、钱令希纪念文集》（2016年5月出版）。

2016年4月5日，为弘扬钱令希科学报国的情怀、开拓创新的精神和严谨治学的风范，大连理工大学启动纪念钱令希诞辰100周年系列活动。

2016年7月22日，钱令希院士百年诞辰学术思想座谈会暨国际计算力学要就中心成立学术报告会在大连理工大学伯川图书馆多功能厅召开。与会嘉宾逾百名，他们共同缅怀先生遗风。会上，还放映了大连理工大学拍摄制作的纪录片《钱令希》。

2017年8月13日，隋允康在中国力学大会"第八届全国力学史与方

图9-42 2016年5月7日,出席无锡"百年伯仲"纪念活动的钱令希弟子等合影(左起:杨春秋、李刚、隋允康、程耿东、钟万勰、林家浩、邢誉峰、张雄、武金瑛、钱基宏、钱唐摄)

法论学术研讨会(HMM-VIII)暨全国力学学术大会力学史与方法论分会场"上做题为《追忆恩师钱令希院士毕生的重要贡献》的邀请报告,深情追思恩师,回顾恩师在科学研究、学科建设、教育教学、人才培养和大学管理五个方面的重要贡献。同年11月13日,应约据此报告撰写的文章《巡视于此岸与彼岸之间的钱令希》在《科技导报》上刊发,其中提出:钱令希的一生,就借助于具象的桥(结构工程)和抽象的桥(工程力学),巡视于此岸与彼岸之间,而且不断地为两岸间的桥梁加固做出自己独特的贡献,可称为一位罕见的在工程与力学领域的"两栖人"。

2017年10月,为纪念钱令希院士诞辰101周年,献礼大连理工大学运载工程与力学学部成立10周年,大连理工大学张永达老师作词作曲《记得》,并制成音乐MV。该作品收集了钱令希生平珍贵的照片素材,歌曲节奏舒缓、气势磅礴,歌词中虽没有提及"钱令希"或"钱老"一字一文,但却饱含了对以钱令希为代表的老一辈大工人艰苦创业、献身报国、立德树人、功在千秋的丰功伟绩,是大连理工大学红色基因传承教育的生动体现。作品后被改编成歌伴舞节目,在 2017 年 12 月初大连理工大学"峰岚杯"文艺大赛中获声乐类一等奖。①

2018 年,大连理工大学运载工程与力学学部创作、排练话剧《栈桥》,讲述钱令希与科研人员无数个日夜的努力奋斗,自研理论建成千米栈桥创造奇迹事迹。11 月 25 日,话剧《栈桥》以 9.43 分摘得大连理工大学第 21 届"峰岚杯"艺术比赛总决赛"山巅"组优胜杯。②

2019 年 4 月 15 日,大连理工大学迎来了建校 70 周年纪念日。当日上午,大连理工大学校史馆启用,设在三楼人物厅的钱令希展室随之对外开放(图 9-43)。

图 9-43　大连理工大学校史馆三楼人物厅之钱令希展室一角(2019 年 5 月 9 日,王细荣摄)

---

① 大连理工大学学生会:第二十届"峰岚杯"文艺大赛精彩落幕。大连理工大学新闻网,2017-12-08。

② 李浩男、周鹤:《恭祝运载学部峰岚杯总决赛再创佳绩》。大连理工大学运载工程与力学学部网站,2018-11-27。

结　语
钱令希学术研究的特点与成功的因缘由

钱令希是集智、仁、勇于一身的科学家，正所谓"好学近乎知，力行近乎仁，知耻近乎勇"。钱令希学术功力之高深，可以熔冶力学要旨之刚，化为工程应用之柔，正如西晋诗人刘琨《重赠卢谌》中所言："何意百炼刚，化为绕指柔。"

尽管钱令希在科学技术、学科建设、教育教学、人才培养和大学管理等方面均做出了贡献，但是他的主要贡献还是在力学及其笃行的领域。因此，下面将聚焦于力学，对他的科学研究特点予以归纳，分析他的"成才因""成就缘"和"成家由"。当然，除了同许多其他科学家相似之处，也有其独特的地方。

服务工程、实践升华、敏锐追学、力推新器、高屋建瓴、化繁为简、视野宽阔、高瞻远瞩等，这些都是钱令希的学术研究特点。为了叙述方便，把服务工程和实践升华，概括为对于研究领域洒脱的跨越能力，简称为"洒脱的跨越力"；把敏锐追学和力推新器，归纳为对于研究工具敏锐的追推能力，简称为"敏锐的追推力"；把高屋建瓴和化繁为简，凝聚为对于研究对象高超的建模能力，简称为"高超的建模力"；把视野宽阔和高瞻远瞩，融汇为对于研究理念深邃的洞察能力，简称为"深邃的洞察力"。①

洒脱的跨越力

钱令希原本修习土木工程专业，1938 年秋回国后即在西南边陲的叙昆铁路工程局从事铁路工程设计工作，后来陆续到三所大学任教，从事土木工程结构方面的教学与研究。然而，由于对于结构力学的深入探究，他从"运用力学解决工程问题"渐渐过渡到"为了解决工程难题而研究力学方法"。不知不觉，他本人也顺其自然地由喜爱力学的工程师变成了娴熟解决工程难题的工程力学家。②

悬索桥是我国首创的桥梁，早在战国时代就有了，起初由竹、藤等作索为桥，隋唐后才出现由铁作索的铁索桥。东汉早期始建的云南澜沧江的澜津桥（即今日的霁虹桥），是我国现存最早的铁索桥。抗战初期，为抢修滇缅公路，需要在云龙县境的澜沧江上修建一座可通行车辆的吊桥。此桥于 1938 年 3 月 1 日动工，同年 5 月 9 日竣工通车，取名"功果桥"。功果桥为单跨加劲木桁架悬索桥，载重量仅为 5 吨，无法满足重车过桥，远远不能适应当时抗战运输的需要。功果备桥工程处又作出决定，在距功果桥上游约 700 米处再建一座载重 10 吨的钢索吊桥。这座钢索吊桥的桥型选用钢塔单跨加劲钢桁架悬索桥，跨径为 135 米，由钱昌淦任处长的交通部桥梁设计处设计承办。这座桥于 1939 年 3 月 13 日开工，1940 年 11 月 14 日建成通车。在该桥建造过程中，处长钱昌淦 1940 年 10 月因公自重庆回昆明途中遇日机截击，不幸在昆明机场遇难。云龙当地人习惯把 1938 年建成的功果桥称为"功果老桥"，而将 1940 年 11 月通车的功果新桥称为"功果桥"，抗战胜利前夕为纪念钱昌淦的功绩和为此桥而殉职，功果

---

① 隋允康、王细荣：《跨越 追推 建模 洞察——浅析钱令希院士的学术研究特点》。杭州中国力学大会"力学史与方法论"分会暨第九届全国力学史与方法论学术研讨会，2019 年 8 月 27 日。

② 隋允康：巡视于此岸与彼岸之间的钱令希。《科技导报》，2017 第 35 卷第 21 期，第 141-142 页。

桥改名为"昌淦桥"。①②

悬索桥属于吊桥体系，由悬索、吊杆、加筋梁组合而成，具有跨越能力强、省材和美观的特点。1943年7—11月，钱令希在交通部桥梁设计工程处工作期间，了解到功果桥设计、建造和抢修的一些情况后，便开始思考适于200m以上跨的悬索桥的计算方法。1943年12月到达遵义浙江大学后，钱令希利用浙大的图书资料，在经过一年多的探索后，于1945年4月完成他早期的一篇重要研究论文《悬索桥理论及分析之改进》，7月又完成其英文版"A Simplified Method of Analyzing Suspension Bridges"。

后来，钱令希的研究则几乎都是围绕解决实际的工程问题而展开的。如，1958年承担长江三峡水利枢纽相关研究课题而进行的拱坝设计与力学分析；20世纪60年代、70年代，接受核潜艇工程中锥、柱结合壳在静水压力下的稳定性分析任务，进行结合壳稳定性理论与应用研究。到了晚年，钱令希虽然已不进行具体的力学研究，但在一些重大桥梁、港口工程的可行性论证中，还是有他的身影。例如，1985年4月中旬，出席厦门高（崎）集（美）海峡大桥设计方案评选会；1991年1月中旬，参加九江长江大桥钢梁设计安全可靠性的高层专家论证会；1992年10月上旬，参加在无锡市太湖饭店召开的《江阴长江公路大桥工程可行性研究报告》审查、评估会；1995年9月18日，出席在上海举行的东方大港、东方大桥（即双衢山国际大港和沪、舟、甬跨海交通工程）高层研讨会（图结-1），并与李国豪、程庆国、范立础等与会专家签名发起建港建桥倡议书。国家科委在两年后把这项工程的研究作为重大软科学课题，委托上海能源化工总公司承担，并在同年8月由科委组织的评审会上通过。

还有一些工程，钱令希则通过研究直接给出具体的建议方案。1987年8月13日，被称为上海宝钢"咽喉"的原料码头引桥被巴拿马"大鹰海"号货轮拦腰撞断，是年11月6日抢修完工。此后，码头引桥的防护工程尤显重要。1994年年底，钱令希收到宝钢集团科技处寄来的一份报告《钢筋

---

① 陆文发：滇缅公路功果桥抢修忆录。见：朱健主编，《交通大学师生抗战回忆录》。上海：上海交通大学出版社，2015年，第35页。

② 李少军：功果桥的变迁史.《大理日报》，2014年5月28日，第A3版。

图结–1　1995年9月18日，钱令希出席东方大港、东方大桥高层研讨会（左起：邱大洪、钱令希、胡华梁、李国豪、程庆国）

砼锚块拖力现场试验》。经过计算与研究，他于1995年1月2日回信，并附上宝钢原料码头栈桥防护的三种方案（图结–2）。他在信中写道："以上三个方案，第一方案总是要采取的，宝钢已予采取；第二方案是加筑一轻型浮堤以拦截江上远处漂来的1500吨以下的漂游物；第三方案是加筑一重型浮堤以拦截停靠失控的50000吨级矿石船。我个人倾向，在第二和第三方案之间，以选择第二方案较为合理可行。"[①] 之后不久，他应邀赴上海宝钢讲学，还特意到地处长江入海口附近的现场，考察了原料码头及其引桥。

对于力学研究要密切联系工程实践，钱令希有深刻的认识。他曾说："工程与生产实践需要力学，但是没有力学工作者参与，工程和生产也能进行和完成。反之，力学工作者离开工程与生产实践就没有知识源泉和工作任务，也没有检验的标准。所以应用力学的发展必须依靠工程和生产实践。也就是说，'力学之有赖于生产，甚于生产之有赖于力学'。"[②] 根据这

[①] 钱令希：宝钢原料码头栈桥防护方案手稿。1995年1月2日，未刊稿。资料存于采集工程数据库。

[②] 钱令希：力学与工程。《力学与实践》，1990年第12卷第5期，第4页。

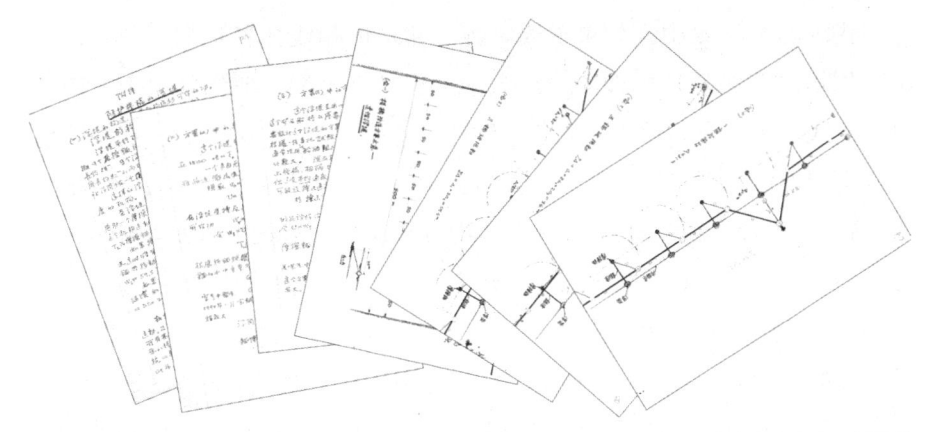

图结-2　1995年1月2日，钱令希给宝钢集团寄去的原料码头栈桥防护建议方案及其附图

个理念，在1979年大连工学院工程力学研究所招收研究生时，钱令希决定采用一个新的复试方法，即让部分初试合格的研究生在一名导师的指导下，每个人完成一件工作，以工作表现（包括业务能力、工作质量、工作态度等）决定复试是否录取。实行这个办法，效果较好，既注重了基础理论，又促使大家更加注意在实践中学习。[1]

　　钱先生借助自己独有的工程直觉，解决了国家重大工程涉及的力学难题，从而也一次次地发展了工程力学；他比那些应用力学家更主动、更有兴趣地关心工程实际，更瞄准工程难题的解决。他能够游刃有余地简化问题、提炼模型、抓住难点。[2]

　　"匠"与"家"的区别就在于对前人的经验是机械、教条地承袭，还是灵活、创造性地继承。钱令希的高明之处就在于，在工程问题中运用抽象思维进行分析、比较、综合、归纳、推理，最终在力学理论与方法上有所突破。[3]

---

[1] 中共大连工学院委员会：尊重科技人才成长的规律。《光明日报》，1979年2月15日，第2版。

[2] 隋允康：巡视于此岸与彼岸之间的钱令希。《科技导报》，2017第35卷第21期，第142页。

[3] 钱令希：把工程问题提炼为力学理论与方法。见：陶伯华主编，《精英思维》。哈尔滨：黑龙江人民出版社，2002年，第99页。

我国的力学家中，如果说钱学森、郭永怀和钱伟长是力学出身，那么，周培源等多是从物理和应用数学工程转过来的，他们都源于数理领域，而钱令希则是为数不多的从工程转过来的力学家。对此，曾任中国力学学会副理事长、计算力学专业委员会副主任的北京大学力学教授武际可（1934— ）评价说："钱令希先生是我最崇敬的力学界的德高望重的长辈之一……从物理和数学转向力学比较容易，而从工程转向力学却有难以言状的阻力，然而就是在这样的情况下，钱先生做出了独立的选择，却完全把自己的专业转向力学。在研究工作上做出了突出的贡献，为国家培养了一大批优秀力学家。他是我国把力学与工程结合并且在两个方面都做出杰出贡献的一面旗帜。"①

诚如武际可所言，因为工程转向力学难度大，所以学工程出身的人尽管需要力学乃至也偶尔研究力学，却往往停留在工程领域，对于力学或敬而远之，或望而却步。钱令希是集智仁勇于一身者，以不入虎穴焉得虎子的勇气，从工程闯入力学。对此，力学专家、中国科学院和中国工程院两院院士张维教授有中肯的评价："从总的看起来，比较多的是从工程出身的人，在力学方面做的工作多一些，对力学的发展贡献大一些。如钱令希先生就是学土木的，能够给大家讲得深入浅出，是因为他有个很扎实的工程底子，又在力学上下了功夫，所以才能这样融会贯通，既能分析，又能综合，不然的话，要做到这样比较困难。"②

由此可见，张维真是钱令希的知音。也正是由于有很好的工程背景，钱令希才在力学理论研究方面取得了不少令人瞩目的成绩。其实，张维所说的，在力学上工作多和贡献大的"比较多的是从工程出身的人"，这个"比较多"并不是说从工程转向力学的人多，而是指他们比包括纯力学专业、数理出身的力学家对力学做的贡献多。

综合武际可和张维所述，可以得出，从工程转向力学的专家比较少，

---

① 武际可：力学与工程结合的旗帜——纪念钱令希先生百年诞辰.《力学与实践》，2016年第38卷第5期，第592，602页。

② 张维：清华大学副校长张维教授的讲话。见：《核反应堆结构中的力学问题（1978年核反应堆结构力学会议资料汇编）》。北京：原子能出版社，1980年，第4页。

他们对于力学研究做出的贡献却比包括数理出身的力学专家更大。类似的现象，在应用数学领域里也能够看到：对于应用数学贡献大的专家，比较多的是理工出身的数学家或数学素养较好的理工科专家。

对于钱令希洒脱的跨越能力，隋允康指出："在他的心中，结构工程代表了有形的、具象的桥，还有一个无形的、抽象的桥，那就是工程力学。他的一生，就借助于具象的桥和抽象的桥，巡视于此岸与彼岸之间：此岸——工程，彼岸——力学。钱先生的此岸不仅是桥梁工程，还有水利工程、舰船工程、港湾工程等领域。"[①]

无论在力学界还是在工程界，具有钱令希这种洒脱跨越能力的人确实很少。人们看到，钱令希不是停留在两岸的某一边，而是洒脱地跨越并且游走在两者之间，这样的专家更是罕见。

敏锐的追推力

如果说，指出钱令希的跨越能力，是对他从事学术领域观察的结果，是一种横向探讨，那么，相对应地，也应当从纵向探讨一下。很自然，横向描述的领域是个空间坐标系，纵向则是时间坐标轴，描述了力学发展的维度。在时间的维度中，对于钱令希的学术生涯，人们不难发现与他相关的重要参数——计算工具。

作为在工程和力学之间洒脱跨越并且游走的工程力学家，较之其他工程力学家和应用力学家，钱令希对于数值结果更为关注，也许同他自称"工程师"有关系。的确，每位结构工程师的设计都离不开力学计算结果。在电子计算机时代之前，工程师只能"手算"：用纸和笔，用算盘或计算尺，查计算曲线或计算表格（图结-3）。如果有幸能够用手摇计算器乃至电动计算器，那就很奢侈了，这也是大型结构对于提高设计精度和缩短设计期限的要求所致。

钱令希及其团队的工程力学计算，在电子计算机时代之前，也只能"手算"。要以工程力学真刀实枪参与国家工程，钱令希作为学术领导人，

---

① 隋允康：巡视于此岸与彼岸之间的钱令希.《科技导报》，2017第35卷第21期，第142页。

图结-3 钱令希对计算尺情有独钟（20世纪80年代，摄于大连枫林街40号家中）

他不能不为低效率却高成本的计算工具所困扰。他不是在象牙之塔里自得其乐的研究者，他带领的团队要以数据说话。因此，他关注计算工具，而计算工具却又影响着力学方法的发展方向。作为带领团队的老帅，他对于计算工具的发展十分敏感。

很幸运，钱令希在有生之年经历了从算盘、计算尺、手摇计算器、电动计算器到电子计算机的发展历程。他庆幸自己在"文化大革命"期间免费争取到了某国防机构要淘汰的乌拉尔机，虽然这台电子真空管计算机占据了当时大工数理力学系二楼，又没有配置计算机算法语言，但是他开始利用这台笨重的机器开展数学、物理、力学和计算机的教学和科研。他敏锐地追赶电子计算的发展，勤奋地学习ALGOL、Pascal和Fortran语言，学习如何用算法语言编写计算程序。

尽管大工只有这种不好用的计算机，但是钱令希并不气馁。1973年初夏，他说服了掌管大连工学院大权的工宣队，派出钟万勰带领的力学小分队到上海去，为工程服务中发展计算力学软件。他坚信，大工以后会有得心应手的计算机。也就是说，他已经从追学新的计算工具，发展到推动新的计算工具来到大工。这就是钱令希敏锐追推崇新研究工具的能力，也是在大工引进电子计算机之前的故事。

作为一位工程力学家，为了更好地理解推动钱令希敏锐的追推力，有必要分析他迥异于应用力学家之处。而为了弄清楚对钱先生工程力学家的定位，有必要区分一下人们通常不加区别地使用工程力学与应用力学的概念。应用力学是理想的变形体力学的分支。它并不强调工程实际背景，"应用"二字是同"理论"相对的概念，理论力学是以质点和刚体为研究对象的力学。应用力学包括弹性力学、塑性力学、流体力学、空气动力学等；工程力学是强调工程实际背景的变形体力学的分支，如材料力学、结构力学、板壳力学、断裂力学、复合材料力学、爆炸力学、船舶结构力学、建筑力学、水力学、土力学、岩土力学、航空航天力学、地质力学等。[①]

钱令希具有敏锐地追推电子计算机硬件和软件的能力。对此，隋允康又进一步从工程力学与应用力学的对照中进行阐说：

> 钱先生更多地关注工程力学，这是他同应用力学家的不同。这个不同点就决定了他在"文化大革命"之前，主要解决国家重大工程涉及的力学难题，从而也更多地发展了工程力学；而在"文化大革命"之后，他因为计算机和有限元方法的发展，敏锐地意识到计算力学行将带来的巨大变革，同时，超前地倡导结构优化设计也同他的"工程师"素质相关。
>
> 他比那些应用力学家更主动、更有兴趣关心工程实际，更瞄准工程难题的解决。他能够游刃有余地简化问题、提炼模型、抓住难点。如果说，应用力学家解决问题经历了援引应用力学—解决工程难题—发展应用力学或工程力学的过程，那么就可以说，工程力学家解决问题经历了援引工程力学—解决工程难题—发展工程力学或应用力学的过程。
>
> 工程力学处于应用力学与工程学科之间的中间地带，从历史上看，应用力学是工程力学的更一般化的抽象；从逻辑上讲，工程力学是应用力学与工程学科的交集。工程力学发挥了把科学技术直接转换为生产力的重要作用。解决工程领域中力学问题的过程，又促进了工程力学的发展，有时进而上升为更一般的应用力学理论。
>
> 工程力学明显地表现为两个阶段——前电子计算机阶段和电子计算机阶段。钱先生身处两个阶段的更迭时期，他"知天命"之前的前半生恰处于前电子计算机时期，当时工程力学问题靠手算或用手摇计算机去算。锐意为工程服务的钱先生在这个时期于工程设计的各个领

[①] 隋允康：钱令希院士毕生的重要贡献．《北京工业大学学报》，2016年第42卷第12期，第1—11页。

域，努力探索方便于工程师计算的精而简的力学方法，研究出了大量的工程力学成果。同时，他也饱尝了手算的艰辛。所以当电子计算机阶段到来之时，他相信工程力学将在计算工具进化的影响下，发生一个飞跃，于是他大力倡导建立计算力学这一新兴学科，身体力行，从事计算力学的研究，并在大连理工大学带领和培养出一支计算力学的队伍。

工程力学领域的研究对研究者的素质有两方面的要求，一方面他应具有应用力学研究者那种深厚扎实的数学力学基础、娴熟的理论推导能力，另一方面要求有丰富的工程施工、建造、工艺等方面的广泛知识和经验，具有密切联系实际的学风和切实解决实际问题的工程意识。两种素质得而兼之的人才是颇为难得的，而钱先生恰恰就是这一类型的工程力学家。诚然，应用力学家也应当兼备两种素质，但是对于他们，可以降低熟知工程的要求。

工程力学的学科性要求在于力学学术性与工程应用性的缺一不可，研究者应善于理论攻坚又善于工程应用，钱先生作为工程力学家兼备这两个特点。他在桥梁方面、水利方面均有工程力学的建树，在国防方面亦然。结构力学作为工程力学的重要分支，其发展首先是研究轴力杆组成的桁架计算，接着是研究直梁组成的刚架计算和曲梁（有时与拉杆组合）组成的拱系计算，进而才深入对板壳体系的计算。这一发展过程体现了由少内力分量到多内力分量、由无曲率到有曲率、由一维到二维这种从易到难的进化顺序。

钱先生的研究轨迹与工程力学的发展相吻合，顺应学科发展的方向，及时地做出了密切联系工程实际又与结构力学发展主流相适应的出色成果。钱先生在壳体的极限分析、开孔应力计算和稳定分析等课题的研究过程中，指导理论推导、数值计算和金属模型的实验，使一支固体力学的科研队伍迅速成长了起来。不仅显示出了他是具有深厚学术造诣的将才，也表现出作为运筹帷幄学术领导人的帅才。

工程力学的实践性特点使其时时带着计算工具的印记。在不得不靠手摇计算器进行繁重运算的年代，工程力学方法集中在模型的简化、计算技巧的猎取和特殊性的处理上。当计算机时代到来之时，真心实意地为工程服务的力学家们必然以极高的热情将工程力学推向计算力学的阶段。计算力学是基于应用力学基础、考虑工程力学的方法论、计算数学具体方法和计算机科学的进展，以电子计算机工具研究解决力学问题的理论方法和软件编制的学科。它补充和完善了实验力学的作用，产生了数值实验的分支，在许多问题上以较低费用和较短周期的数值实验代替较为昂贵和较长周期的物理模型实验。

顺便指出，计算力学学科的出现使计算机化的应用力学和计算机化的工程力学消弭了界限，或者说，计算力学就是计算机化的应用力学和计算机化的工程力学的合二而一。

1984年，钱先生为亲手创办的《计算结构力学及其应用》杂志创刊一周年撰文，题为《纵观结构力学》。他站在历史的高度上，回顾了学科的发展，独具匠心地阐述了他对于工程力学方法论的见解，并且高瞻远瞩地展望了发展前景。他指出："结构力学初期的任务，是分析结构在外因作用下的反应（应力、变形）等。……分析是认识事物的第一步，还应研究结构特征的识别、设计方案的优化和工作状态的控制，这些是结构力学高层次的任务。"他对于"从被动的分析到主动优化设计，再进一步到结构的控制"进行了详尽论述之后，号召大家顺乎生产的需求去努力奋斗，进而，他又一针见血的指出了某些过分依赖计算机程序而忽略了基本理论教育与学习的倾向，强调力学的基本概念和基本理论在工程力学的电子计算机阶段依然有宝刀不老的意义。钱先生作为一生处于工程力学两阶段交替的老一辈力学家，他这些目光犀利的展望和意味深长的忠告，伴随他那些呕心沥血成果一起，留给后人一笔宝贵的精神财富。[①]

高超的建模力

本书前面有不少案例，展现了很多工程师所见证的钱令希高超的现场处理能力。令他们不解的是，钱令希在解决工程问题时，或心中默想或拉

---

① 隋允康：钱令希院士毕生的重要贡献．《北京工业大学学报》，2016年第42卷第12期，第1—11页。

几下计算尺，一个胸有成竹的数据就出来了，他们啧啧称赞，或脱口而出或心中默言："真乃神人！"

如何从这些寓于不同实际问题中的共同现象中，领悟出钱令希的科学特点？大家公认钱令希有"百化刚为绕指柔"的力学造诣。然而，大家好奇的是，对于具体问题，他是如何做到的？智者见智，仁者见仁，大致有两个不同层次的看法：其一，化繁为简；其二，精炼建模。

说到化繁为简，不能不提到奥卡姆剃刀原理、马赫思维经济原则等理念。在人类思想史上，面对思考和处理时，它们都闪耀着"简单性原则"的理性光芒。基于物质世界的和谐统一，科学知识的发现和科学知识的应用，也遵循着简单性原则。纵观科学史，任何一个伟大的科学成就，莫不贯彻一个科学简单性原则。钱令希的科学研究工作，概莫能外。人们一次又一次地看到，在发现工程力学新的规律时，在运用工程力学解决工程实际问题时，无不显示着他将复杂问题简单化的智慧。

说到精炼建模，实际涉及主观认识对于客观规律的映照。主观认识不可能一丝不差地反映客观规律，这好比哈哈镜存在一个扭曲的机制，也就是说，人们借助于模型或模式去映照客观规律，这包括发现和应用规律。如同给人画像，能画的逼真，在于下笔表达了对象的主要特征，而特征则是眼睛所感之后，在脑子里形成了逼近的模型。本质上，通过精炼的处理建立了模型，才出现了对于客观规律的主观认识。主观精炼建模所抓到的是客观规律的主要点，而不是全部点。力学知识亦然，它是力学家通过精炼建模所得力学客观规律的部分内容。应用力学知识去解决实际问题，同发现时颇类似，应用时不得不首先建立问题的力学模型，然后才能应用力学知识求解该模型。精炼建模中含有化繁为简，也含有繁中求精，还有处理转换、浓缩冶炼等技巧。

1944—1945年，钱令希在贵州遵义浙江大学进行的悬索桥的近似分析研究中，发现了两点：一是非线性因素对悬索的水平拉力的数值大小固然有影响，但是对其在桥梁活载下的变化规律却影响极小；二是非线性因素对加筋梁的影响，可以用一个柔度系数来表征，而这个系数在给定的恒载与活载比例下是相对稳定的。他还推演出了一套完全显式的计算公式和供工程实用的曲线,大大地简化了非线性分析,使设计者使用计算尺便能在几个小时内完成。[1]这属于发现规律的一个范例,钱令希同时综合运用了处理转换、浓缩冶炼和化繁为简等技巧。对此,程耿东、林家浩在《〈悬索桥近似分析〉的研究风格》中评价说:"如果我们对比钱令希先生的悬索桥研究和尚利的塑性稳定性研究,可以看到相近的研究风格:简单的力学模型,清晰的力学概念。钱令希先生的这一研究风格贯穿在他的很多精彩的研究工作中,也体现在他的几本教科书中,影响和培养了一批优秀的学者。"[2]

1951年和1952年,钱令希相继出版的《超静定结构学》和《静定结构学》,以其简洁而富有启发性的风格,向读者介绍了静定结构学中机动分析的通路法、超静定结构学中的集体分配法与调整分配法(当用于平行弦空腹桁架时称为"无剪力分配法")及空腹桁架分析等概念新颖、便于工程实用的内容,其中提出的调整分配法,虽然是手算方法,但在20世纪80年代还被同行视为我国优秀的结构分析方法,其基本公式有一定的优越性,用来编制程序在电子计算机上计算仍比其他方法好。[3]这也是发现规律的范例,钱令希同时综合运用了处理转换和化繁为简等技巧。

20世纪40年代末,钱令希开始研究余能理论。之后,他时常用它来解决工程力学问题。在20世纪60年代初,钱令希利用能量原理的概念和方法解决了壳体极限承载能力的问题。这些方法虽然简洁,但钱令希并不满足,力求把方法推向更一般化。此后不久,他和钟万勰联合发表《论固体力学中的极限分析并建议一个一般变分原理》一文,更为塑性力学应用能量变分原理开辟了一条新路。20世纪80年代末,钱令希在指导博士生王志必研究结构极限分析和安定分析的过程中,又将有限元方法、线性规划

---

[1] 陈嘉庚技术科学奖获得者钱令希教授的主要科学技术成就与贡献。见:中国·陈嘉庚基金会编,《第五—七届陈嘉庚奖获得者的主要科学技术成就与贡献1993-1997》。北京:科学出版社,1998年,第108-112页。

[2] 程耿东、林家浩:《悬索桥近似分析》的研究风格。《计算力学学报》,2016年第33卷第4期,第494页。

[3] 王磊、李家宝:我国的优秀结构分析方法值得重视。《冶金建筑》,1980年第9期,第56页。

方法与电子计算技术结合起来，开发出更方便于工程应用的温度参数法，以统一解决结构极限分析和安全分析。后来，他们又改进了这个方法，用弹塑性弹簧和刚性单元构造有限元模型，既简化了计算工作，又提高了应力分析的精度。这些也是发现规律的范例，钱令希同时综合运用了多种技巧，其中包括处理转换、浓缩冶炼、繁中求精和化繁为简等的不同组合。

以上均是关于在力学研究中，钱令希表现出的高超的建模能力。他在解决工程问题时，也同样表现出这一能力。特别要指出，如果不对于工程问题精炼地建立模型，应用工程力学进行计算，无论"手算"还是"计算机算"，都将是寸步难行的。而钱令希却显示了他的高超能力，读者在本书中可以看到大量的范例，这里就不重复了。

钱令希一生均追求简单纯朴，从生活点滴，到60年如一日的科教事业，无不体现着"化繁为简"的神奇智慧。[1] 1996年12月上旬，钱令希到南京探望东南大学的钱钟韩院士、原浙大同事佘坤珊教授的夫人等。拜访结束后，他在佘坤珊女儿佘颖禾的陪同下去南京秦淮河一带游览。钱令希提出首先去参观乌衣巷，因为他对刘禹锡《乌衣巷》这首诗中的两句话"旧时王谢堂前燕，飞入寻常百姓家"特别赞赏。他说要让力学普及，让大家都掌握，也就是"飞入寻常百姓家"。[2] 可能这也是钱令希的一贯研究风格使然：要让计算力学等高深的科学，让大家都掌握，甚至能为普通民众所了解，也就是让"化繁为简"的精神转化为"深入浅出"的表达。为此，他曾与郑哲敏、王仁等共同倡议：力学领域的两院院士和资深教授用科普文章形式宣传力学对科学、技术、国防和经济建设的贡献，即可以先将研究者自己对科学、技术、国防和经济建设所做的贡献，写成适应低年级大学生或中学生水平的可读性强的文章，在中国力学学会《力学与实践》刊物新设立的《科学家谈力学》栏目上发表。[3]

是的，深入浅出是科学普及须臾不可少的特点，当然，它少不了对于

---

[1] 大连理工钱令希院士的故事：力学泰斗 桃李竞芳。80后励志网，2016-03-21。
[2] 佘颖禾：我所知道的钱令希伯伯。浙大校友网，2016-11-16。
[3] 钱令希、郑哲敏、王仁，等：关于撰写科普文章，宣传力学贡献的倡议信。《力学与实践》，2000年第22卷第1期，第70页。

待普及的科技知识的化繁为简，同时在它的前期准备中，也离不开对于高深知识的处理转换、浓缩冶炼和繁中求精等技巧。因此，做科学技术知识的普及，同高超的建模能力息息相关：为了把高深难解的知识转换为普罗大众喜闻乐见的读物，精炼建模是一个有效的法宝。

钱令希曾说："科技知识的普及是提高整个中华民族科学文化水平的重要方面。只有做好这方面的普及工作，才能使广大人民群众，更深入地了解认识科学技术在社会主义建设中的重要地位和作用，从而启迪他们自觉地把科技知识，广泛地应用到社会生产的各个领域。……科学技术工作者的知识，是有它一定的局限性的，他们也需要学习专业领域以外的有关科学知识。……推而广之，对其他一些非自然科学工作者和科普爱好者来说，不是更值得深思吗？"[1]

对于科普读物的写作，钱令希有深刻的见解。他曾说："写科普读物是很不容易的。首先必须深刻理解和掌握要普及的内容，然后深入浅出地把它们表达出来，有时比写专业论文困难得多，因为要让广大读者群众能够理解和发生兴趣，不仅要求作者知识渊博和文字流畅，还要字斟句酌，更要有为读者着想的热情。"[2] 钱令希身体力行，亲自撰写了一些科普文章，如《计算机化的结构力学》（载《光明日报》1979年3月30日第4版）。

图结-4 1986年8月，钱令希与出席中国力学学会第二、第三届理事扩大会议的力学教授在内蒙古希拉穆仁草原合影（左起：王志清、武际可、钱令希、叶开沅、王殿富）

（武际可提供）

钱令希对于一些后学专家撰写科普方面的著作，也是极力赞赏与鼓

---

[1] 王君仁：《现代科技小词典》。沈阳：辽宁科学技术出版社，1984年，序第1-4页。
[2] 钱令希：序。见：王前信，《工程抗震三字经》。北京：地震出版社，1997年，序言页。

励。20世纪90年代中后期,钱令希的第一个研究生、中国地震局工程力学研究所研究员王前信撰写了一本地震方面的普及读物《工程抗震三字经》。钱令希力推此书,他说:"《工程抗震三字经》这本书很有意义,颇具特色。作者以普及为目的,将涉及面很广的最新抗震科学知识凝聚于一篇2000多字的三字经中。……对于三字经正文,所有读者皆可诵读,可作不同程度的望文生义;分段的解释有助于理解正文,适合于一般读者;附加的注对正文内容做了引申,适合有一定科学基础知识的读者。此书以八大行星之一的地球开场,逐步引出地震、震害、抗震……又以'国际减灾十年'结尾。我以为这样的'起、承、转、合',作者是安排得当的。作者是一位知名的地震工程学专家……40多年来,他持续在'抗震'这块园地上辛勤耕耘,收获硕丰,著述不断;如今又有新作问世.且是心裁别出。"[1]欣喜之余,钱令希还特意为此书题写了书名。力学教授王振东和武际可合著了一本科学与艺术交融的高级科普读物《力学诗趣》(南开大学出版社1998年初版,湖北科学技术出版社2013年再版),2000年,武际可到大连出席大连理工大学工业装备重点实验室学术委员会,便送给钱令希一本《力学诗趣》,并且向他索要墨宝。钱令希当天就送给武际可一幅以行书写就的张继《枫桥夜泊》诗,其中落款附记云:"唐诗寒山寺《枫桥夜泊》素为脍炙人口之绝唱,力学家武际可著有《力学诗趣》,书中曾就夜半钟声句中概括之声音夜间传播之现象,以科学之美增益诗情画意之美。谨志"。这段话指的就是《力学诗趣》中武际可撰写的《夜半钟声到客船》一文。武教授深受感动,倍感鼓舞,曾写道:"这个条幅,是我最早听到的老一代学者对我从事科普写作的肯定和鼓励。我将他写的条幅裱好,很长时期挂在我的书房。每当我抬头看到它,心中升起对他的肯定和鼓励由衷的谢意,它鼓励我后来为力学科普去做更多工作。"[2]

---

[1] 钱令希:序.见:王前信,《工程抗震三字经》.北京:地震出版社,1997年,序言页.
[2] 武际可:力学与工程结合的旗帜——纪念钱令希先生百年诞辰.《力学与实践》,2016年第38卷第5期,第592、602页.

深邃的洞察力

钱令希在学术研究中具有宽阔的视野，体现在高屋建瓴和高瞻远瞩两个方面，这来自他深邃的洞察力。钱令希学术研究表现出的宽阔视野和非凡的洞察力，贯穿于他学术研究生涯的始终，即在他工程力学研究的前电子计算机阶段和电子计算机阶段均有体现。

钱令希于1945年发表的第一篇学术论文《"梁"与"拱"函数分布图与其感应图之连锁关系》，就表现出他那深邃的学术思想和宽阔的研究视野。该文面对梁或拱在集中力、力矩、截面转动、截面切移和截面纵离五种形式的外载荷作用下，揭示了包括变位、转角、弯矩、剪力和推力的五种响应函数的内在本质的微分关系，并且得到了一个新的连锁关系矩阵图，把人们熟知的弯矩—剪力—荷载三函数的微分关系从纵向往横向推广。他的这项工作是力学领域独特的基础研究之一，至今在材料力学和结构力学都未见到类似的研究。①

1948年，钱令希对恩格赛提出，但长时期没有得到关注的余能理论进行研究。他首先对"余能"这一概念进行定义和物理描述，提出了包括最小余能原理在内的五个定理，并论证了余能的变分不仅可以表达结构的变形协调，而且不受物体虎克定律的限制。这一工作引发了中国力学工作者对变分原理研究的兴趣和一系列有国际影响的成果，其中一项成果为他的学生胡海昌于1954年提出的、可以广泛用于处理各种工程计算的三类变量变分原理，即胡—鹫津变分原理。关于余能理论的研究价值，胡海昌院士后来评价说："我国的科学技术工作者，一直十分重视弹性力学以及塑性力学中变分原理的研究和应用。中华人民共和国成立不久后，钱令希同志发表了《余能理论》一文，开创了我国研究变分原理的先河，带动了一批土生土长的同志开展变分原理的研究，在活跃的学术气氛中，经过一段不长的时间，就取得了一系列成果，在赶超国际先进水平方面出现了可喜的

---

① 隋允康：钱令希教授发现的梁与拱结构响应函数族关系矩阵.《计算力学学报》，2016年第33卷，第4期，第500—503页.

形势。"①

20世纪70年代，钱令希开始转向计算力学的工程结构优化设计研究，更是具有宽阔的学术视野。1973年8月25日，钱令希经过数月的日夜奋战写出的、原计划于6月在中科院召开的力学学科研究规划座谈会报告的《结构力学中最优设计理论与方法的近代发展》一文，在《力学情报》上发表。该文高瞻远瞩，不仅推动了我国计算力学的发展，而且引发了我国学术界和工程界对于结构优化设计的研究。同时，钱令希把对于结构优化的倡导变成了身先士卒的实际行动。他带领大工力学研究队伍进行了大量适合复杂结构系统的实用优化设计算法的研究，发表了一系列文章，编制了一系列通用的结构优化软件。计算力学是基于力学理论，利用现代电子计算机和各种数值方法，对力学问题进行求解的交叉学科。钱令希能敏锐地找到这个研究方向，得益于其对学科交叉的崇尚。对此，他曾在2003年说："20世纪70年代，我和我的同事试着将电子计算技术、计算方法引入力学领域，一下子就尝到了'交叉'的甜头。"②

钱令希的这种深邃的洞察力也体现在指导研究生和年轻教师的工作中，本书前面都有广泛的介绍。这里，再补充一个例子。李兴斯是大工数理力学系1966届毕业生，1978年考入大连工学院跟随钱令希攻读硕士研究生，1981年毕业留校任教，又被录取为钱令希的博士生，很快就被派往英国利物浦大学土木工程系留学，跟随坦普尔曼攻读博士学位，1987年获博士学位后，回大工工程力学所从事教学和科研工作，1991年晋升为教授，1995年成为博士生导师。李兴斯的学术成长过程，就得益于钱令希的悉心栽培。对此，他回忆道：

> 虽然我在念本科期间，仅听过恩师的结构稳定理论课程，但在第一堂课上，他以形象化的比喻来阐述结构稳定概念的教学方法，就使我领略了大师风范。待到"文化大革命"后考进硕士研究生后，接触

---

① 胡海昌：《弹性力学的变分原理及其应用》。北京：科学出版社，1981年，自序第 i 页。
② 钱令希：序。见：王续琨，《交叉科学结构论》。大连：大连理工大学出版社，2003年，序第1页。

逐渐多了起来。由于我是"老五届"的领头羊，硕士期间免去了几门数学课，这样我就比其他同学有了比较多的自由时间。一天，我在图书馆的书架上翻阅一本杂志时，一篇关于几何规划的文章引起了我的兴趣。以后一段时间里，我就尝试着将这一方法应用到结构优化中，并写了一份读书报告呈给钱老和钟万勰教授看。后来我的硕士论文就选了这个题目，在论文答辩时，钱老对这一工作给予了很高评价。我后来被他取为"文化大革命"后的第一位博士研究生，以致后来他在未征得我个人"同意"的情况下，就帮我联系去英国读博士学位，这一切均源于他当时可能认为我还是一个可造之才吧。……

去了英国半年多以后，我在研究基于可靠性的结构优化问题中，吸纳了模糊集合理论的思想，将影响结构安全的因素分成了两类：随机性质的和模糊性质的，并分别用概率统计和模糊数学进行处理。先生凭多年工程实践的直觉马上对这种处理方式给予肯定，并在我回国休假期间，就这项工作和我进行了认真的讨论。要知道，他当时正身兼学校校长和中国力学学会理事长二职，仍在百忙中抽时间和我讨论问题，可见先生对新的东西总是独具慧眼，我想这也是先生为什么一生成就卓著，总能在科研领域高瞻远瞩驾驭全局的原因吧。我将和先生合写的文章《基于概率极限状态的结构优化设计》放在他九十岁生日的庆贺文集中，算是对这件事做个交代吧。[①]

李兴斯提到钱令希"对新的东西总是独具慧眼"，其实就是他的深邃洞察能力的另一种说法。关于这一点，大家都有不少回忆，例如本书在前面曾经介绍钱令希期望王希诚开展遗传算法及其对结构优化的研究，钱令希说："演化设计算法的研究很重要，早在20世纪70年代末，我们就想送留学生到Holland教授的研究组进修，现在看来，那时没送是个失误，现

---

① 李兴斯：回忆在先生身边的二、三事。见：林家浩主编，《力学与工程应用》。大连：大连理工大学出版社，2006年，第291页。

在应该抓紧这个方向的工作。"①

是的，钱令希具有深邃洞察能力，从而对新的东西就独具慧眼，接着就是学习追赶，进行知识更新，然后结合自己的工作，在他所领导的团队推动相关的研究。生动的例子不胜枚举，例如钱令希十分关注重庆大学王彩华教授和哈尔滨建筑工程学院王光远教授关于模糊数学在结构优化设计中的研究，他曾经对模糊集合论进行知识更新。弟子们经常看到白发苍苍的钱令希手捧书刊"恶补"新知识的景象。

上一节阐述的高超的建模能力，是钱令希科研特点在"点"上的表现，对应于"点"则是"面"，就是本节剖析的钱令希深邃的洞察能力。需要强调的是，倡导计算力学和结构优化是他这一能力最突出的发展。对此，隋允康评价说："如果说早年的钱先生在工程力学领域里独自研究展露了青年'将才'的风采，步入中年，他带领团队研究，不难看出，他原本就是'将帅合一'的人才。就在70年代之后，他由中年进入老年之际，从大连理工大学力学的'帅才'成为立足中国、面向世界的'帅才'，他不辱使命地担当了计算力学和结构优化两个至今仍不过时的重大方向倡导者。"②

的确，20世纪70年代初，与钱令希同量级的学术带头人能提出其中一个的都极为罕见，而他却同时提出了两个。至今，计算力学和结构优化两个重大研究方向仍不过时，其眼光之深远，怎能不令人折服？

钱令希成功的因缘由分析

在全面分析所收集到的资料之后，可梳理出钱令希成功的三个部分：成才、成就和成家。顾名思义，成才是指他求学到学成第一阶段，成就是指他由"将"至"帅"取得成果的第二阶段，成家特指他形成自己科学研究特点的整个人生过程。

成才和成就两个阶段是重叠的，这在前面四节已经阐发。把成家单独

---

① 王希诚：钱老师指导我学优化。见：林家浩主编，《力学与工程应用》。大连：大连理工大学出版社，2006年，第295-296页。

② 隋允康：巡视于此岸与彼岸之间的钱令希。《科技导报》，2017第35卷第21期，第142页。

提炼出来的目的，只是为了探求成家的原因，称之为"成家由"。同"成家由"对应的，则是"成才因"和"成就缘"。总之，本节的目的就是研究一下"成才因""成就缘"和"成家由"。也就是，剖析出钱令希成才、成就和成家的因缘来源。

钱令希的成才、成就和成家都是成功的，其中的原因既有同许多其他科学家相似的地方，如天资聪颖、勤奋好学，也有下述的四方面独特之处。

《钱氏家训》的熏陶和父亲兄长的榜样

钱令希出身于家学渊源久远、书香世代绵延的亲仁堂，是五代十国时期吴越国王钱镠的第 36 世孙。

家训是中国传统文化的一部分，而《钱氏家训》堪称中国第一家训。家训家风所具有的原始性、深入性、终生性等特点，能够使价值观的培养和孕育取得最好的教化效果。《钱氏家训》传为忠懿王钱弘俶总结钱镠"起居录"所作，经后人不断完善而成的一部饱含修身处世的智慧宝典，分"个人""家庭""社会""国家"四章，章章都导引全族子弟要修身正心读书、立品成才报国。家训代代相传，这种儒家思想影响了一代又一代人。这样，《钱氏家训》的思想精髓，从小就渗透到钱令希的心田，融化在他的血液中了。诚然，钱令希一生所奉行的为学、为人之道，都是对《钱氏家训》很好的诠释。

钱令希的家——亲仁堂，辟有"读书处"，因而具有浓厚的文化和书卷氛围。他的父亲钱伯圭，早年在上海南洋公学接受过西方教育，具有革命精神，有从事教育教学的经历，故十分注重对孩子的教育和培养。钱令希的大哥钱临照，长他 10 岁，在钱令希求学期间，也不失时机地进行引导，从而使钱令希在初中只读完一年的情况下，跳级考入上海中法国立工业专门学校（即后来的中法国立工学院）附属高中部。来到西风盛行的上海求学，是钱令希后来走上科教之路的重要一步。后来，钱临照又在经济上资助钱令希，并充当他人生导师的角色，在钱令希人生的几个关键时刻，均指导弟弟正确前行。在钱临照的老照片簿中，有一张兄弟合影照，照片下面有他于 1937 年 8 月 27 日撰写的题字"让我们两个人做三个人的事"。钱临照带着弟弟钱令希怀揣远大抱负，留学欧洲，发誓日后一定要在科学事业上为国家多做事情，正所谓"兄优弟随，庚款留学，逐梦飞翔，科学报国"。①

尽管《钱氏家训》的滋润熏陶和父亲兄长的严格管教是钱令希成才的家庭因素，但是并不是相似条件下的钱家子弟都成才了。这里还有内在的因素，即钱令希本人是具有"孺子可教"的素质。

贤者的慧眼识英和培育提携

"钱令希从来都被认为是慧眼识珠的贤者和伯乐。"② 然而，在他自己的学术成长历程中，也不乏眼光独到的贤者和伯乐。沈昌、茅以升、王国松、屈伯川等，对钱令希来说，他们就是慧眼识英和培育提携的贵人。

钱令希到职叙昆铁路工程局求职，得益于工程局局长兼总工程司沈昌的任用（图结-5）。钱令希求职时，工程局已无空岗，且无介绍信，但钱令希愿意从职位很低的"试用"做起，此举感动了沈昌。沈局长惜才，同意钱令希的请求。在补交严济慈先生的介绍信后，钱令希正式入职该局工务课桥梁股。沈昌是近代中国的铁路精英，勤政爱国，曾得到胡适、顾毓琇、冰心等近现代闻人的赞誉。③ 1942年9月9日，他因积劳成疾，骤然离世。蒋介石特委托何应钦作为吊唁代表，带来其亲书的"英爽犹存"匾额。何应钦说："公学

图结-5 1938年12月25日，沈昌在滇缅铁路、叙昆铁路联合开工典礼上讲话（资料来源：《东方画刊》1939年第1卷第12期）

---

① 钱志仁、钱维均：兄弟院士钱临照、钱令希家传。2016年7月，内部资料。
② 迟寅发、黄华：对后辈的成长，他是指路人。《新商报》，2009年4月22日，第3版。
③ 伏自文：卫国收路权 护滇献英魂——提前20年收回滇越铁路经营权的中国铁路精英沈昌的故事。《云南档案》，2016年第6期，第25-31页。

问优长，识力宏通，叠膺艰钜，均能卓然有所表现，实为少有之人才，方期充当大任，不意遽损英年。其报国矢忱，因劳致疾，鞠躬尽瘁，虽不同于效命疆场，而奉职忘身，实无惭于以死勤事，忠勇报国而浩气长存！"。① 10月4日，昆明各界举行公祭，现场悬挂有蒋介石亲书的"英爽犹存"四字像赞，昆明行营主任龙云、交通部部长张嘉璈等送挽联。② 次年1月6日，国民政府颁发褒奖令，称沈昌"协助军运，贡献尤多"。③ 2015年9月3日，因为中国抗战胜利做出贡献，沈昌荣获中共中央、国务院、中央军委颁发的中国人民抗日战争胜利70周年纪念章。叙昆铁路工程局是钱令希事业的起点，在此积累了工程实践的经验，为日后在教学科研中理论密切联系实际打下了一个良好的基础。对此，钱令希曾说："在叙昆的一段时间，因为工作很多，在自己的业务经验上是有很多进步。"④

钱令希在学术上崭露头角是在浙江大学时期，而这一切均源于时任浙江大学工学院代理院长王国松（图结-6）的不拘一格。当时浙大工学院和土木工程系的教授大都是国内名校毕业和留学英美者。钱令希既不是国内交通大学等名校的毕业生，也没有留学英美的经历，按理说是不会被浙大聘为教授的，但王国松摒弃学历、"帽子"等评价人才的外在形式，仅凭学界同仁刘恢先的推荐，便主动邀请钱令希赴遵义任浙大土木工程系教授。对此，当时浙大土木系有的老师不理解，曾当着王国松的面故意询问钱令希是交大哪一年毕业的，又问在美国的时候是上哪所大学

图结-6 晚年的王国松（资料来源：浙江大学校友总会、电机工程系合编《怀念王国松先生文集》）

---

① 沈蓓：我的父亲沈昌将军。《各界》，2018年第23期，第49-52页。
② 各界昨公祭沈司令昌。《中央日报昆明版》，1942年10月5日，第3版。
③ 国府明令 褒扬沈昌。《中央日报昆明版》，1943年1月7日，第2版。
④ 钱令希：思想总结·本人历史。1952年，未刊稿。资料存于采集工程数据库。

的。① 按照当时国民政府《大学及独立学院教员资格审查暂行规程施行细则》(1940年9月教育公布，1943年11月4日教育部修正公布)规定，"各校所聘教员，未经教育部审查合格者，应于学年开始后九个月内，由校呈请审查"。1944年上半年，浙大将钱令希的履历表、学历学位证书、之前工作服务证书等相关材料上报教育部学术审议委员会申请教授资格，7月15日教育部颁布训令(学字第34329号)公布《第十六批资格审查合格教员名单》，钱令希只获批副教授资格。①② 不过，浙大校方和工学院，还是聘任钱令希为教授，给予其教授的薪水：先是450元，后涨到470元。③ 这与工学院院长王国松的对钱令希学识水平的充分肯定是分不开的。另外，在遵义期间，王国松还介绍钱令希加入中国工程师学会。该学会联络了大批工程技术人员，学术活动较多，对于钻研科技者，有多种奖励措施，出版物较多，会务较活跃。④ 这些对钱令希的学术成长均是极有裨益的。1951年，当钱令希决定赴任大连工学院时，时任浙江大学副校长、代理校长的王国松又充分理解钱令希的抉择，同意他离校，并还挽留他在浙大任教半年。钱令希的浙大岁月，始于王国松的慧眼识英，终于王国松的胸襟坦荡。1943年12月10日，钱令希作为浙江大学工学院新来的教员，受校长竺可桢之邀出席有王国松等学院领导作陪的欢迎招待晚宴。1983年12月3日，王国松驾鹤西去。12月10日，即王国松以浙大工学院院长身份出席的那次招待晚宴整整40周年后，钱令希向浙大王国松教授治丧委员会发去唁电："王国松同志毕生从事教育事业，为国家培养了大批优秀人才。他为坚持和发扬浙大的求是精神，以身作则，数十年如一日。我在浙大十年，就是在他领导下工作的。他是我尊敬的领导和老师。他的逝世，使我深感悲痛。"⑤

---

① 5-2617(2)，国立浙江大学教职员资格审查有关文书。存于中国第二历史档案馆。
② 第十六批资格审查合格教员名单。《教育部公报》，1944年第16卷第7期，第64页。
③ L053-001-1220.1，国立浙江大学教职员名册(自一九四三年至一九四四年)。存于浙江省档案馆。
④ 钟少华：中国工程师学会。《中国科技史料》，1985年第6卷第3期，第36-38页。
⑤ 浙江大学校友总会、电机工程系编印：怀念王国松先生文集。1985年，第130页，内部资料。

如果说沈昌、王国松是钱令希的提携者，那么屈伯川便是他的知遇之伯乐（图结-7）。屈伯川，原名屈伯传，1909年11月出生于四川省泸县，1934年赴德国留学，1937年获得德国化学工程博士学位。他是延安自然科学院创始人之一，1947年1月到大连担任"关东工业专门学校"校长，1948年9月参加大连大学的筹建工作，任工学院院长兼科学研究所所长，1950年7月工学院独立为大连工学院，任院长兼党组书记。屈伯川是一位高瞻远瞩的教育家，深知一流人才对兴办一流大学的意义。钱令希对"三顾之请"的屈伯川，印象很不一般，认为这位延安来的老干部对办学非常懂行。诚然，钱令希来到大连工学院以后，屈伯川始终怀着极大的爱才之心，在政治上视他为同志，充分信任；在工作上视他为知己，从满头乌发合作到双鬓染霜；在生活上关心照顾，为他解决住房等后顾之忧。屈伯川是高级知识分子，对党的知识分子政策领悟得很深，在1952年的知识分子思想改造运动中，便派钱令希去沈阳参加由东北工业部召开的东北地区基本建设工作会议，以一种特殊方式对其进行"思想改造"。后来，屈伯川

图结-7　1989年5月，屈伯川和钱令希（右）在大连理工大学40周年校庆日于主楼前合影

又适时地安排他任学校科学研究部主任，让他担任新成立的数理力学系系主任和后来在此基础上成立的工程力学研究所所长。1981年，屈伯川又推荐钱令希，接任大连工学院院长。1962年，屈伯川冒着风险同意钱令希与钱学森达成的人才交换协议，批准将在政治上有"问题"、已被开除团籍的钟万勰调入大工，作为钱令希的科研助手；在"文化大革命"后期，被接纳为"三结合"领导班子成员不久后，他又积极支持钱令希"建立上海力学小分队"的建议。这些唯才是举，知人善用的做法，为钱令希后来成为工程力学研究的帅才，在大工创立领先全国的计算力学研究基地，为大工乃至全国培养一批计算力学研究队伍，夯实了基础。杜甫在《蜀相》中曾写道："三顾频烦天下计，两朝开济老臣心。"钱令希也因"三顾"之礼遇与屈伯川结下了深厚的情谊，在大工谱写了一幅别样的人生画卷。1997年2月18日，屈伯川溘然长逝。钱令希特撰《喝水不忘掘井人》一文，缅怀追随几十年的老院长屈伯川，其中写道："屈院长办学高瞻远瞩，同时也非常爱惜人才，尊重人才……大连理工大学能有今天，我们'喝水不忘挖井人'。"①

1997年6月18日，以屈伯川名字命名的"伯川图书馆"工程奠基暨开工仪式举行，钱令希出席了仪式，与屈伯川夫人徐烈英为奠基石揭幕，并与各级领导、来宾及校友、师生代表为奠基石填土筑基。1998年12月，钱令希又为伯川图书馆题写馆名，12月18日，伯川图书馆落成，"伯川图书馆"五个一米见方的大字刻写在洁白如玉的花岗岩石上，从此，以一种别致的方式向大工的师生述说着屈伯川和钱令希在大工的四十五载情缘。

时之恒是为传，物之少则为奇，此之谓"传奇"。从世界范围看，那些卓越的大学往往既是一个故事也是一个传奇，既书写有故事，也谱写有传奇，但大学的故事可以复制和替代，而大学的传奇则具有自身独有的标志，屈伯川、钱令希等就是大连理工大学的传奇。②

---

① 钱令希：喝水不忘掘井人——缅怀老院长屈伯川同志。《大连理工大学报》，1997年3月5日第3版。

② 李枭鹰：大学传奇的资本意蕴与生命价值。《新疆师范大学学报（汉文哲学社会科学版）》，2016年第37卷第5期，第145页。

通过分析采集到的资料，不难看出，茅以升在钱令希的学术成长过程中，更是一位举足轻重的人物。茅以升（图结-8），字唐臣，江苏镇江人，著名的土木工程学家、桥梁专家、工程教育家。茅以升1916年以4年总评第一的成绩毕业于交通部唐山工业专门学校（西南交通大学前身），并考取清华留美研究生，1917年获美国康奈尔大学桥梁系硕士学位，1919年10月获美国卡耐基理工学院（现卡耐基梅隆大学）首个工学博士学位，同年12月回国。1920年后历任交通大学唐山工学院教授，国立东南大学教授、工科主任，国立河海工科大学校长，交通部唐山大学校长（今西南交通大学），北洋工学院院长，江苏省水利厅厅长，钱塘江大桥工程处处长，交通大学唐山工学院代院长、院长，1941年兼任交通部桥梁设计处处长，1942年赴贵阳独任交通部桥梁设计处处长，筹备中国桥梁公司，1943—1949年任中国桥梁公司总经理。其间的1939年年底当选为教育部第一届学术审议委员会委员，1940年3月当选为中央研究院第二届学术评议会工程学科评议员（1947年10月中央研究院决定正式建立院士制度之前，相当于中国学术界的最高荣誉），1943年5月当选为教育部学术审议委员会第二届委员会委员、常务委员[①]，1946年12月当选为教育部学术审议委员会第三届委员会委员、常务委员。[②] 1942年夏，茅

图结-8 茅以升（资料来源：《中国桥魂——茅以升画传》）

---

① 沈卫威：现代学术评审制度的建立——国民政府教育部学术审议委员会与学术评奖。《长江学术》，2018年，第3期，第37-41页。

② 教育部训令（学字第06313号）：令知学术审议委员会第三届委员选举结果由。《教育部公报》，1947年第19卷第2期，第26-27页。

以升来昆明招人。钱令希刚好有意离开川滇铁路公司，便决定到茅以升的麾下工作，但提出要待妻子倪晖生产后赴任，茅以升亦慨然应允。这应该是钱令希首次得到茅以升在生活上的帮助。

茅以升虽是名人大家，但温良恭俭让，不批评人、不教训人、为人谦和，言笑晏晏，尤其是他的助人为乐，使人都愿意和他交朋友。[1]一年后，钱令希如约到了贵阳，正式入职交通部桥梁设计工程处，被聘为副工程司。也许是钱令希与茅以升有一些相似的经历，如都以四年总评第一的成绩大学毕业，并获得资助赴海外留学，都在 25 岁左右当上大学教授，加上钱令希又爱好钻研，在桥梁设计工程处要改组搬往重庆、钱令希在工程处工作不满半年时，茅以升慨然应允钱令希离职赴任在遵义的浙大土木工程系教授。

在遵义期间，钱令希受"求是"学风的熏陶，潜心教学，埋头钻研，写出了 2 篇崭露头角的学术论文《梁与拱函数分布图与其感应图之联锁关系》和《悬索桥理论及分析之改进》，并以此申报当时全国最高学术审议机关——民国政府教育部学术审议委员会主持的第五届（1945 年度）学术奖励。当时规定，申报该项奖励，均需要介绍人，即专家推荐，茅以升就是钱令希这两篇论文的推荐者。提交的论文在通过前期专家初审、小组复审后，经过教育部学术审议委员会全体大会议决，获第五届（1945 年度）国民政府著作发明及美术奖励"应用科学类"二等奖（一等奖空缺）。茅以升是教育部学术审议委员会第一届、第二届、第三届委员[2]，第二届委员会常务委员，也是工科的唯一委员，且在这个评审过程中，无论是小组审查还是最后的大会选决，并不是颠覆初审专家的"否定意见"，而是"否决"他们的"肯定意见"。作为审议委员会的常务委员和唯一的工科委员，茅以升充当"伯乐"的角色，应是不言而喻的。

1953 年春，茅以升任中国科学院技术科学部副主任。1955 年 6 月，中国科学院学部成立，钱令希与茅以升同时被国务院批准为中国科学院技术

---

[1] 茅于润：《我的父亲茅以升》。杭州：浙江文艺出版社，2011 年，第 83 页。
[2] 教育部教育年鉴编纂委员会编：《第二次中国教育年鉴 第六编》。上海：商务出版社，1948 年，第 72 页。

科学部学部委员。在我国1949年后的一些重大的工程项目中，也能看到茅以升与钱令希一起的身影。1951年11月12日，钱令希与茅以升、黄文熙、黄万里、张光斗、须恺、谷德振等专家一起，应治淮委员会的邀请，到安徽佛子岭工地开座谈会，对佛子岭水库（治淮计划中所应建的16个山谷水库中的最大的一个水库）采取连拱坝型的可行性进行论证。1955年2月3日，武汉长江大桥技术顾问委员会在北京成立。武汉长江大桥工程是我国桥梁建筑工程中规模最大、技术最复杂的工程之一。铁道部依据此前政务院政务会议决定，聘请了国内桥梁建筑及有关专家、教授组成这个委员会。茅以升任技术顾问委员会主任委员，钱令希是25位委员之一。这个委员会的任务是对武汉长江大桥工程局所提出的有关大桥技术设计、施工中的技术问题和大桥的美术设计进行研究并提出建议。1956年6月25日—7月2日，国际桥梁结构工程会议第五届大会（国际桥梁协会第六次会议）在葡萄牙里斯本召开。经中央批准，我国拟派4人代表团出席会议，首席代表是时任铁道部科学研究院院长茅以升，钱令希与同济大学教授李国豪、清华大学教授张维为代表，遗憾的是钱令希后来因病未能成行。1959年2月23日至3月6日，钱令希与茅以升同为结构组召集人，应邀出席了全国建筑、结构专家审查国庆工程设计的会议，会后，他们又与吴晗、梁思成、汪季琦、杨廷宝、赵深、邓恩诚等其他与会专家联名向周总理、彭真，万里送交《关于国庆工程设计审查会议工作报告》。

  1949年前后，钱令希与茅以升在工作上均有不少交集。他们均是土木工程出身，又有一些共同的经历。茅以升在学术研究、工程实践、处世为人等方面有口皆碑，钱令希获益匪浅。

  诚然，钱令希一生遇到很多贵人，这是他的运气好。不过，机遇偏爱有准备的头脑，贵人钟爱有德行的君子。这两点是钱令希能够得到贵人提携的自身原因。

"成就缘"中科研群体的合作因素

  前两点主要从钱氏家族的熏陶和社会中的贵人相助，分析了钱令希的"成才因"，这里集中介绍他的"成就缘"，在诸多因素中的重要一点——科研群体的合作的作用。

无论现代科学的研究，还是现代工程的开发，都越来越依赖于群体的合作。这种合作的规模大小不一，随着科研课题和工程项目的复杂化和难度的提高，合作的规模会越来越大。"在结构合理的合作群体中，一般都一个或几个学术带头人，在他们的指导和培养下，能把整个群体带到学科的前沿，使群体不仅硕果累累，而且出现人才辈出的局面。"①

在钱令希的科研生涯中，绝大多数项目都是在合作的情况下完成的。他的合作者中，既有同事，也有学生；既有本校的师生，也有外单位的研究者。一些项目甚至是与许多单位协同作战完成的，如1972年6月启动的潜艇结构设计规则课题（即"726"课题）就是一个多单位科技人员协同作战完成的科研项目。该课题由第七研究院702研究所负责总体协调及加筋圆柱壳型主体结构部分，钱令希领衔的大连工学院研究组负责锥柱结合壳，中国人民解放军军事工程学院负责主体结构首尾锥型壳体部分，上海交大负责平面和球面隔壁，中国人民解放军海军工程大学负责超差加强，华中工学院负责加筋椭圆柱壳型指挥室结构和艄部耐压舱结构部分。②

如果说早年钱令希的科研合作主要是师生、同事之间的小规模合作的话，那么20世纪70年代起，钱令希则是在大连理工大学数理力学系和在工程力学研究所领导一个科研集体进行大规模的科研合作，并培养出人才配置合理的力学梯队。

隋允康写道："帅才和将才不一样，大多数出色的教授也好，院士也罢，都是单纯的将才。但是，钱先生是个将才与帅才兼得的人才，而且是个战略性的帅才。他来到大工土木系之后，还是个年轻的教授，想走出一条自己的路，于是钱先生便成立了数理力学系。他组织了很多人，里面有很多非常棒的学者。他自己站在一个高的层次，把这些人组织起来，钱先生组建了第一个非常大的团队——数理力学系中的力学队伍。"③

---

① 宝胜：《哲学视野下的科学技术与社会》。沈阳：东北大学出版社，2014年，第52页。
② 曾广武口述、饶渝泽整理："骨头"再硬也不怕。《华中科技大学报》，2012年3月19日，第2版。
③ 隋允康：钱令希先生倡导研究计算力学和结构优化的大境界。见：王希诚、武金瑛、谷俊峰主编：《科学殿堂的力学之光：第五届全国力学史与方法论学术研讨会文集》。大连：大连理工大学出版社，2011年，第12-13页。

隋允康还写道："1981年，钱先生继屈伯川博士担任大连工学院的第二任院长。如鱼得水，他进一步在全校施展学术发展的帅才能力了，他借鉴力学学科的发展经验，呼吁所有的学科都拓宽方向，促进发展。例如，他呼吁各个学科都把'分析'推向'优化'研究。钱先生的呼吁很有号召力。他在全校组织跨学科的优化方法及其应用的学术交流大会，各科优化都聚在一起，大方向都是优化，有数学、力学、土木、机械、造船、化工等。"①

不是所有的学术团队都能够如同钱令希的团队那样，和谐又高效地运转，原因何在？地势坤，君子以厚德载物。钱令希效仿大地坤柔的仁爱包容，关心自己的团队，爱护每个成员，知人善用，发挥每个人的长处。他因为具有深厚的德行，所以不仅能够承载沉重的学术任务，而且可以享誉任务完成后应得的回馈。

对"成家由"的主客观因缘分析

所说的"成家"，不是人们常说的"成名成家"，而是特指那些成就自己特质的专"家"科研特点。这里的"成家由"是指钱令希的科研特点，下面围绕它的形成予以分析，算是为本章的前四节各画一个句号。

（1）钱令希具有"洒脱的跨越能力"，能够在此岸的工程和彼岸的力学，来回洒脱地跨越，这源于他早年研习的是土木工程专业；可是，他难能可贵地有兴趣在实践中，时时向力学升华；通常，从铸就的工程知识结构向科学领域开拓，是从具体向抽象之路，从易向难之旅，可是钱令希不怕难，他不停地学习，毕生总在知识更新；每每在力学里有了研究心得，又不曾乐不思"工程"之蜀，不曾有割舍"工程"之念，时时存服务工程之想。久而久之，形成了"洒脱的跨越能力"。说在别人身上罕见，亦非对钱令希过于褒奖。通常，学力学的，惧工程的细腻或繁杂；学工程的，怕力学的艰深和难解。于是乎，各居两岸，或不相往来，或往来甚少。

（2）钱令希具有对于研究工具"敏锐的追推能力"，主要体现在把敏锐追学电子计算机原理和算法语言，同时力推新器在力学数值计算的使

---

① 隋允康：钱令希院士毕生的重要贡献。《北京工业大学学报》，2016年第42卷第12期，第7页。

用。早期，他基本上是个人奋斗，一张纸一支笔，好似疆场上将才的坐骑和兵器。后来深入工程现场，须得在纸笔之外携带计算尺。当他承担的课题越来越大，团队的人数越来越多，就顺其自然地走上了敏锐追推电子计算机之路，真可谓时势造英雄也。相比之下，那些陶醉于小范围、独自或带领小团队的学者就没有钱令希对于计算工具特有的敏锐、少有的追推，于是敏锐追推电子计算机应用就成了当时少数学术带头人的科研特点。如果说对于研究领域的洒脱跨越，体现了钱令希横向的研究特点，那么，对于研究工具敏锐的追推能力，则体现了钱令希纵向的研究特点。

（3）钱令希对于研究对象的高超建模能力，源于他的高屋建瓴和化繁为简的本领。高屋建瓴亦即杜甫诗中所说的"会当凌绝顶，一览众山小"，而化繁为简伴随着化难为易和深入浅出。当然，这也并非他与生带来的研究特点，而是他不停地对于科研对象建模和对于工程对象建模经验累积的结果。在前电子计算机阶段，钱令希欲用纸笔和计算尺解决问题，不能不对于理论研究的对象或工程计算的问题做模型化处理。进入电子计算机阶段，钱令希还是不能回避如何用处理过的模型代替真实客体的问题，无论用结构分析软件还是用结构优化软件计算实际问题，都有一个建立计算模型以替代真实问题的上机前工作。对于结构优化的研究，还多出了在理论推导和程序编制之前的优化建模问题。比起前两个特点，拥有此特点的研究者会多一些。

（4）钱令希对于研究理念的深邃洞察能力，是他的视野宽阔和高瞻远瞩的融汇。这也是他长期磨练的结果，也与他的好学与好思密切相关。孔子所讲的"学而不思则罔，思而不学则殆"，是他奉行的格言。他还奉行了韩愈"行成于思，毁于随；业精于勤，荒于嬉"的感悟。正因为钱令希学中思、行于思、不盲随、勤于业，他才能够出类拔萃，洞察深邃。为什么别的大学问家拘于有限元或边界元的研究，不能迈向计算力学？为什么别的结构分析专家不能走向结构优化？两个问题有共同的答案：钱令希是出身于工程的学问家，而且是时刻为工程着想的力学家，而且是饱含激情的跨界大家。虽然因为十年浩劫的干扰，他倡导的计算力学和结构优化拖到20世纪70年代初才提出，竟然至今还不过时！如果说对于研究对象的高超建模能力是他在一个"点"上的修养,那么对于研究理念的深邃洞察能力则是他在整个"面"上的修养。钱令希的这一科研特点,虽然不能用"罕见"概括,但是用"少有"描述并不为过。

钱令希为力学而生。如前所述,他不寻常的四种能力都尽显在力学事业上,这是他的对事业忠诚和热爱。总之,钱令希的成才、成就和成家,"功行圆满"于力学。

附录一　钱令希年表

1916 年

7月26日（农历六月廿七日），出生于江苏省无锡县南延市啸傲泾北岸的鸿声里（现属无锡市新吴区鸿山街道鸿声社区）亲仁堂，原名临熹，按《（无锡钱氏）宗谱备要》记载为五代十国时期吴越国王钱镠的第36代后裔；父亲钱伯圭（名秉瓒，以字行世，1883—1947），母亲华开森（1881—1961），大哥钱临照（1906—1999）。

1921 年

8月，入读父亲钱伯圭与族人于1908年共同创办的南延市第二初等小学读初小。

1925 年

7月，南延市第二初等小学毕业。

8月，入舅父华澄波任校长，位于家乡附近梅村镇的无锡县立第四高等小学住读。

1927 年

8月，考入新组建的第四中山大学区苏州中学，并住读。

9月8日，到苏州中学初中部办理缴费入学手续，12日参加开学典礼，13日正式上课，20日参加分级组考试。

1928 年

9月，跳级考入上海中法国立工业专门学校附属高中部。

1929 年

8月，从法文预备班升入高中一年级，开始受胞兄钱临照资助上学。

1932 年

8月，以优秀成绩直升中法国立工学院大学部。

1934 年

8月21日，因考取第二届中英庚款留学生，胞兄钱临照搭乘英国 Ranpura 号邮轮自上海出发，前往英国伦敦留学。

1936 年

7月，从中法国立工学院土木工程系毕业，因毕业成绩名列该系第一名，获中比庚款项目资助赴比留学的资格。

9月5日，在上海乘坐法国邮船公司的杜美总统号轮船，前往法国马赛。

10月，入比利时布鲁塞尔自由大学，攻读土木系四、五年级课程，与同在该校留学的中法国立工学院校友樊翕（1935年机械电机系毕业）、张九垣（1936年机械电机系毕业）关系甚密。

1937 年

4月，与离开伦敦赴柏林工作、途径比利时的胞兄钱临照相聚，同游比利时一些景点。

冬，与同学一起赴法国北部访问实习，参观矿业工程，并去巴黎参观艺术世界博览会。

1938 年

7 月，由比利时布鲁塞尔自由大学毕业，毕业成绩为班上第二名，获得最优等土木工程师学位。

8 月 25 日，交通部颁令设置叙昆铁路工程局，并派沈昌兼任该局局长、总工程司。

8 月，从比利时出发，到法国马赛港乘船到越南海防港，再乘火车沿滇越铁路到昆明，见到了在昆明黑龙潭北平研究院物理学研究所任专任研究员的胞兄钱临照。

9 月 20 日，由国民政府交通部与四川省、云南省联合组成的川滇铁路公司理事会正式成立，同时组建其下属的叙昆铁路工程局。

10 月，川滇铁路公司在昆明成立，沈昌任公司总经理，同时叙昆铁路工程局改隶川滇铁路公司。

10 月，通过向叙昆铁路工程局局长沈昌自荐，入职该局工务课桥梁股，从"试用"做起。

12 月 25 日，滇缅铁路、叙昆铁路联合开工典礼举行，滇缅铁路工程局、叙昆铁路工程局两局职员参加。

1939 年

3 月，由叙昆铁路工程局实习生转为该局工务课桥梁股工务员。

8 月，后来的终生戚友兼学术同行刘恢先受聘为叙昆铁路工程局代理帮工程司，进入工务课桥梁股工作。

10 月，升职为叙昆铁路工程局工务课桥梁股帮工程司。

1940 年

在叙昆铁路工程局工务课桥梁股工作，主要在局机关做室内设计工作；

与在叙昆铁路工程局会计课任会计、于 1936 年毕业于河南大学理学院算理学系的倪晖邂逅并相识。

1941 年
2 月，调任川滇铁路公司设计股，任副工程司。

8 月，倪晖入职川滇铁路公司。

1942 年
2 月 8 日（农历一九四一年十二月二十三日），在昆明市北郊黑龙潭同倪晖结婚。婚后夫妻俩住在川滇铁路公司所在的昆明东郊小石坝。

8 月，应聘国立云南大学土木工程学系教授，在当年下学期开设钢筋混泥土学、高等结构设计、钢结构设计三门课程。

11 月 5 日，儿子在昆明东北郊浪口村出生，取名"昆明"，以示纪念。

1943 年
春，将家从昆明东北郊的浪口村搬到昆明市内的象眼街云大教工宿舍。

7 月，因到贵阳茅以升任处长的交通部桥梁设计工程处工作（任副工程司），举家迁往贵阳。

10 月底，在贵阳接待内迁到贵州遵义的浙江大学工学院代理院长王国松教授的来访，并慨然应允他提出加盟浙大的邀请，但自己暂时留在桥梁工程处处理手头上的工作，让妻子倪晖和在襁褓中的儿子提前从贵阳搭乘在滇缅公路局工作的堂哥钱大中所雇用的一辆押钞邮车去遵义。

11 月底，到达内迁遵义的浙江大学工学院，任土木工程系教授。

12 月 10 日，浙江大学校长竺可桢于晚上六点在子弹库设宴招待。

1944 年
7 月，指导的浙江大学土木系学生朱兆祥完成毕业论文，以优秀成绩毕业，留校任土木工程系助教。

9月，之前在叙昆铁路工程局的同事、同好刘恢先受聘为浙江大学土木工程系教授，11月到校。

1945年

1月，论文《梁与拱函数分布图与其感应图之连锁关系》完稿。

4月，论文《悬索桥理论及分析之改进》完稿。

6月25日，应浙大土木工程学系1945届级会之邀，做题为《吊桥之新原理》的演讲。

7月4日，下午参加竺可桢校长主持的会议，讨论浙大1945年度夏令讲习会相关事宜。

7月20日，以论文《梁与拱函数分布图与其感应图之连锁关系》申请民国政府教育部1945年度学术奖励。

7月，论文《"梁"与"拱"函数分布图与其感应图之连锁关系》在《国立浙江大学工程季刊》上发表。

7月，论文《悬索桥理论及分析之改进》英文稿由北平图书馆转寄《美国土木工程师学会会报》编辑部。

8月15日，在遵义何家巷三号教室做题为《力学漫谈》的讲座，竺可桢校长亲临讲座现场。

9月，以论文《悬索桥理论及分析之改进》申请民国政府教育部一九四五年度学术奖励。

1946年

2月17日，浙江大学举行教授会议，讨论学校复员费用、路径，回杭后之住宅问题。会上成立浙江大学复员委员会遵义分会，当选为复员委员会遵义分会成员。

8月，离开贵州遵义随浙江大学复员到杭州。

12月27—28日，国民政府教育部学术审议委员会第二届第四次全体会议召开。会议期间，论文《梁与拱函数分布图与其感应图之连锁关系》《悬索桥理论及分析之改进》，经学术审议委员会议决，获第五届（1945年度）国民政府学术奖励应用科学类二等奖（一等奖空缺）。

12月底，全家入住新建的宿舍建德村丙种404号。

1947年

1月，兼任浙赣铁路局铁路桥梁总工程司室正工程司，参加了浙赣铁路战后桥梁修复的设计与施工。

5月31日，参加由苏步青教授主持的本届第三次图书设备委员会，讨论、处理相关的事项。

7月28日，与来浙江大学工学院演讲的钱学森相识。

11月，与竺可桢、田浩来、俞国顺等发起成立浙江大学教职员网球会。

12月1日，论文"A Simplified Method of Suspension Bridge Analysis"（《悬索桥的近似分析》）第一部分在曾世荣主编的《现代铁路》第2卷第6期上发表。

12月4日，父亲钱伯圭在无锡鸿声老家亲仁堂病逝，即回老家奔丧，几天后赶回学校上课。

1948年

1月1日、2月1日，论文"A Simplified Method of Suspension Bridge Analysis"（《悬索桥的近似分析》）在《现代铁路》第3卷第1、第2期上续刊。

春季学期，开始指导浙江大学土木系大二学生胡海昌从事研究工作。

8月20日，女儿在杭州出生，依照出生地，以钱塘江谐音取名为"钱唐"。

9月1日，论文"A Simplified Method of Analyzing Suspension Bridges"（《悬索桥的近似分析》）在《美国土木工程师学会会报》发表。

9月1日，《"梁"与"拱"函数分布图与其感应图之连锁关系》在《现代铁路》第4卷第3期上转载。

附录一　钱令希年表　499

1949 年

1月,《余能原理》初稿完成。

4月25日,应浙大土木系工程学会之邀,做题为《钢圈接木器之应用经过》的讲座。

春,由浙大土木系助教任雨吉、朱兆祥的介绍,在杭州参加中国科协前身之一的中国科学工作者协会。

5月3日,在中国人民解放军进入杭州市区、杭州解放这天,仍在家中做研究、写论文。

8月26日,1949年后浙江大学第一任校长马寅初上任。下午两点,与浙江省府主席谭震林、浙大教授苏步青等人陪同马寅初来到浙江大学师生欢迎会场——图书馆前子三广场发表就职演说。

是年,论文 "A Simplified Method of Analyzing Suspension Bridges" 及同行学者对此文的讨论、钱先生关于讨论的回应在1949年度《美国土木工程师学会汇刊》一并刊发。

是年,在浙江大学土木系开设选修课高等结构,听课的学生只有胡海昌和潘家铮两人。

1950 年

春,论文《余能原理》修改完成。

约4月,介绍潘家铮和胡海昌到隶属燃料工业部水电总局的钱塘江水力发电勘测处工作。

6月6日,与胡海昌合作的论文《空腹桁架应力分析的精简》在《工程建设》上发表。

7月,在胡海昌未被钱塘江水力发电勘测处看中后,面临统一分配去治淮时,又说服浙江大学管分配的军代表让他去搞理论研究,并将他推介给中国科学院数学研究所。

8月,任浙江大学土木工程系系主任。

11月,论文《余能理论》在《中国科学》(现《中国科学:数学》)杂志上发表,开创了中国力学工作者对变分原理的研究。

1951 年

6月18日，美国土木工程师学会（ASCE）来信通知，将被授予1951年度莫采夫奖（Moisseiff Award），要求去美国纽约领奖，并先寄一张照片。

6月，教材《超静定结构学》由上海中国科学图书仪器公司出版。

夏，以浙江大学土木系系主任等身份，接待大连工学院院长屈伯川和该院机械系教授杨长骥一行的来访。

8月28日，接到浙江大学代理校长王国松同意离校，挽留任教半年的信函。

9月3日，鉴于当时形势，给美国土木工程师学会回信，表示不接受1951年度莫采夫奖，也未寄去照片。

9月底，让妻子带领儿女从杭州出发，辗转上海和北京，先行到大连。

10月5日，大连工学院院长屈伯川致专函，恳邀赴大连工学院任教，并告知大连工学院已随函寄发下学期的聘书。

11月12日，与茅以升、黄文熙、黄万里、张光斗、须恺、谷德振等专家一起，应治淮委员会的邀请，到安徽佛子岭工地开座谈会，对佛子岭水库采取连拱坝型的可行性进行论证。

12月底，正式离任浙大土木系主任、教授，从杭州启程，途径沈阳前往大连工学院报到。

1952 年

1月4日，正式入职大连工学院，先住在岭前，接着被安排住进了南山枫林街30号。

4月初—8月25日，参加大连工学院停课进行的教师思想改造运动。

8月，教材《静定结构学》由上海中国科学图书仪器公司出版。

9月，大连工学院根据高等教育部的指示，开始在各系设立专业。带领刚从清华大学土木工程系毕业的邱大洪创建新中国第一个海港工程（港口工程）专业。

1953 年

9月20—24日，在北京举行的中国土木工程学会第一次全国代表大会上当选为中国土木工程学会第一届理事会理事。

10月，任大连工学院于同年5月8日成立的研究室（属教务长直接领导）主任。

1954 年

4月15日，以研究室主任的身份在大连工学院校报上发表文章《在总路线照耀下提高师资水平，开展科学研究工作》。

8月25日，在大连工学院召开的第一次教学与科学研究工作会议上，提出了科研工作的计划，并做学术报告。

10月，《大连工学院学刊》（今名为《大连理工大学学报》）创刊，任编委会任副主任，并在创刊号上发表论文《关于水工有压隧洞的力学计算》。

1955 年

2月3日，武汉长江大桥技术顾问委员会在北京成立，被聘为武汉长江大桥顾问委员会委员，参与桥梁规划、设计和科学研究工作。

2月3日，在旅大市第一届人民代表大会第二次会议上，当选为辽宁省第一届人民代表大会代表。

2月6—8日，出席在武汉召开的武汉长江大桥技术顾问委员会会议，对大桥建设进行研究讨论。

5月31日，在北京召开的国务院全体会议第十次会议上，被批准为中国科学院技术科学学部学部委员（院士）。

6月1日，出席中国科学院学部成立大会，成为当天成立的中国科学院技术科学部的学部委员。

6月2日，大连工学院土木工程系改称为水利工程系。

8月31日，国务院颁布实施《中国科学院研究生暂行条例》。当年，作为中国科学院土木建筑研究所（现国家地震局工程力学研究所前身）结构力学专业学术导师，与刘恢先共同招收1名研究生王前信。

11月4日，受聘为中国科学院数学研究所学术委员会委员、中国科学院土木建筑研究所学术委员会委员。

12月16日，与前来大连工学院参观的著名科学家钱学森再次晤面。两个力学大师畅谈学术，其中计算与力学的关系是谈论的主要议题之一。

1956 年

1月10日，在中国人民政治协商会议全国委员会常务委员会第十二次会议上，被批准为增选的政协第二届全国委员会委员。

1月，赴北京开始参加我国科学技术十二年发展远景规划的制定工作。

1月30日—2月7日，到北京参加政协第二届全国委员会第二次全体会议。

3月，与刘恢先共同招收的中国科学院土木建筑研究所结构力学专业副博士研究生王前信入学。

7月，高等教育部发出《高等学校招收副博士研究生暂行办法》，为大连工学院经高教部批准第一批招收副博士研究生的导师，所带的专业为港与港的结构。

9月，受聘为新成立的中国科学院力学研究所学术委员会委员。

10月22日，任主任的大连工学院研究室更名为研究部。

12月5日，在大连工学院首次招收副博士研究生——港与港结构专业的许福宗。

1957 年

2月10日，在北京举行的第一次全国力学学术报告会闭幕式上当选为新成立的中国力学学会第一届理事会理事，并当选为常务理事、副理事长。

2月22日，《力学学报》创刊号出版，与庄逢甘、周培源、郭永怀、钱伟长等29人任新创刊的《力学学报》编委。

3月，高教部决定，在大连工学院增设力学专业。

8月14日，受聘为国务院科学规划委员会力学组组员。

10月15日，应邀出席武汉长江大桥落成通车典礼。

1958 年

5 月，大连工学院应用数理系成立，任系主任。

6 月 5—16 日，赴汉口出席长江三峡水利枢纽科学技术研究会议。其间，与其他与会的科学家们乘轮赴三峡三斗坪、南津关一带进行实地勘察，参与分组讨论并发言。在承担会议所分配的科研攻关课题中，提出一种新支墩坝坝型——梯形坝的建议。

10 月 12—23 日，由铁道部、中国科学院技术科学部等单位发起组织的长江三大桥（南京、芜湖、宜都）第一次科技协作会议在武汉市举行，会上成立了总体布置及美术、上部结构、下部结构、施工、地质等 5 个协作组，并要求协作单位为这些大桥提出方案或组织研究，供第二次协作会议讨论决定。作为南京长江大桥技术顾问委员会委员出席会议，会上被选为上部结构协作小组副组长。在返回大连后，曾提出了五种方案，带领大连工学院数理力学和土木两系部分师生（如林少培、郑芳怀）进行南京长江大桥"桥式方案"的研究与设计。

12 月 22—28 日，出席在武汉召开南京长江大桥等长江三大桥第二次科技协作会议；带领大连工学院师生设计的、国内首创的"自锚式悬索桥"方案投标南京长江大桥工程正桥"上部结构"，在全国 39 个竞标方案中，获第二名（最终中铁大桥局的方案中标）。

12 月，为首都人民大会堂的施工提出了一个解决抗御温度变化和地震之间矛盾的方案，并被采纳。

1959 年

3 月 6 日，与吴晗、梁思成、汪季琦、杨廷宝、赵深、茅以升、邓恩诚等联名向周总理、彭真、万里送交《关于国庆工程设计审查会议工作报告》。

3 月，大连工学院应用数理系改称数理力学系，任系主任。数理力学系分设数学、物理、力学三个专业，三个专业分设委员会，兼任力学专业委员会主任（后为张锡成），副主任为张锡成。

4 月，数理力学研究所成立，任所长。

4月10—12日，在政协旅大市第二届委员会第一次全体会议上当选为政协旅大市第二届常务委员会副主席（直至1988年1月，后历任旅大市/大连市政协第三、四、五、六届副主席）。

4月13—14日，旅大市科联与旅大科普协会合并为旅大市科学技术协会（后改名为大连市科学技术协会），并召开了第一次代表大会；会上当选为旅大市科学技术协会副主席。

4月17—29日，出席中国人民政治协商会议第三届全国委员会第一次会议。

6月15日—7月22日，中国人民解放军海军党委一届六次全会在大连举行，会议主要研究海军装备建设方针。其间，与钱学森一起，受海军党委副书记、海军副政委苏振华约请到会讲授导弹、力学等现代科学知识，分析核动力和导弹武器出现后海上作战前景。

1960年

3月29日—4月11日，出席政协第三届全国委员会第二次会议。

1961年

7月25日，与学校章守恭教授、侯毓汾教授热心培养青年教师的事迹，新华通讯社播发新闻稿《老树育新枝》，全国有多家报纸采用。

1962年

2月16日—3月8日，全国科学工作会议在广州羊城宾馆举行，出席会议并参加制订我国科学技术发展的十年规划《1963—1972年科学技术发展规划》。会上，和钱学森达成了一项关于交流青年人才的协议：大连工学院派往中科院力学所进修的俞鸿儒留在该所，力学所受极"左"思潮压抑的钟万勰调往大连工学院。

3月23日—4月18日，出席中国人民政治协商会议第三届全国委员会第三次会议，其间在驻地接见了日后重要的科研助手钟万勰。

1963 年

8月26—31日，中国力学学会和大连工学院共同在大连召开全国第一次极限分析及塑性理论学术讨论会，会上宣读的与钟万勰合撰专题性的总结报告《论固体力学中的极限分析并建议一个一般变分原理》，受到与会学者的重视。其间曾表示欢迎北京大学与中国科技大学的毕业生到大连来，结果北京大学的王仁先生与中科院力学所的胡海昌先生分别推荐了他们的学生程耿东与林家浩到大连工学院读研究生。

10月，编写的油印本力学专业讲义《薄板力学》《薄壳力学》由大连工学院出版科印刷发行。

10月21—26日，出席在上海召开的第一届全国流体力学学术会议。

12月，和钟万勰一起在《力学学报》上发表论文《论固体力学中的极限分析并建议一个一般变分原理》，将能量原理的概念和方法推向更一般化。

1964 年

6月，被高教部聘请为《高等学校自然科学学报》数学力学、天文学版（1966年第2卷第2期出版后即停刊）编委会委员。

9月4日，在辽宁省第三届人民代表大会第二次会议上当选为第三届全国人民代表大会代表。

9月12—20日，在政协旅大市第四届委员会第一次全体会议上当选为政协旅大市第四届常务委员会副主席。

12月17日—1965年1月10日，赴京出席第三届全国人民代表大会一次会议。

1965 年

约8月，正式承接"潜水耐压锥柱结合壳的强度和稳定性"的研究任务，向课题组成员传达了任务，并成立了理论与实验两个研究小组。

12月，与唐秀近、钟万勰、杨名生、陈浩然等共同完成的《圆柱壳开孔问题——单圆孔基本解》，以"大连工学院固体力学研究室"为署名在《大连工学院学刊》上发表。

1966 年

5—7 月，海军第七研究院下达的研究课题"导弹核潜艇壳体的强度、开孔和稳定性问题"有重大进展。

1967 年

夏，被大连工学院后面的凌水公社庙岭大队党总支书记金孝发从造反派手中要去，以改造他的名义带到庙岭大队保护起来，暂时逃离了天天挨批斗的苦海。来到庙岭大队后，帮助当地百姓设计了一个利用大连工学院校园里排放的污水灌溉果树的水利工程，设计了不用钢筋的小桥和不用木材的小学教室屋盖，为庙岭东沟水库大坝的设计提出了建议。

6—8 月，在庙岭生产大队劳动期间，暗中和钟万勰、裘春航等课题组成员联系，坚持到学校，从事核潜艇研究壳体强度和稳定性的科学研究工作，并抢在"8·24"大连市大规模武斗发生的前一天，将整理出来的十几份关于我国第一艘核潜艇壳体强度和稳定性的研究报告托人寄到了国防科研单位，也把那一大包原始资料存放在那位可靠的同志家里。

1968 年

春、夏，被造反派关押，不断交代"罪行"。

9 月，在大连工学院校园的路上，收到钟万勰在被关押期间凭记忆用写交代材料的纸张撰写《腰鼓形壳体的稳定性问题》论文，回去后阅读，发现核潜艇中的一个难题已经被钟万勰攻破了。

1969 年

年底，乘到沈阳开会之机，看望鼓励林家浩、程耿东，建议他们去外文书店购买英文版《ALGOL 计算机自动化语言手册》学习。

1970 年

7 月 16 日，因陈右铭提议，得到周总理的保护，可解除军管会的"监控"，参加审查核潜艇结构和编写潜艇结构设计规范。

10月15日，大连工学院成为全国首批试点招收工农兵学员的高校之一。之后，在大连造船厂带领工农兵学员开门办学的日子里，经常步行或骑车往返于住处和船厂之间。

20世纪70年代初，帮助解决我国073型舰（中型登陆舰）首制舰舰桥振动问题。

1971年

是年，在大连工学院与大连造船厂等合办的工人大学重新开始走上讲台，给学生、工人上材料力学课，其中还与火焰矫正专家、大连工矿车辆厂工人左振忠联合讲课。

1972年

3月14日，《光明日报》刊文《三次设计》，报道在大连工学院附近的庙岭生产大队参加劳动期间，为庙岭生产大队第二生产队的一座八米长小桥进行三次设计的事迹。

6月，由第七研究院702研究所牵头、国内10多家研究单位参与的我国潜艇结构设计规则课题（简称"726"课题）启动。指导邓可顺、陈浩然等课题组成员，在钟万勰、裘春航等于1966年基本完成的有关核潜艇研究成果基础上，开始从事"圆锥壳"和"锥柱结合壳"这两章的规则编制和相应的研究工作。

年中，派钟万勰到上海这个有计算机的地方工作，一是为建立"上海小分队"探路，二是帮助钟万勰夫妻俩长期两地分居的问题。

8月，帮助解决我国第一代导弹驱逐舰——051型驱逐舰中的首艘导弹驱逐舰"济南"舰尾轴振动问题，并在舰体加固后出海试航时，登舰随行。

12月下旬，赴京参加由中国科学院力学研究所主办的力学学科基础理论研究座谈会预备会，提出多年来要研究的优化设计理论的想法，得到与会同志的支持。

1973 年

3 月，经过多方努力，冒着政治风险将 1964 年入学大连工学院的研究生程耿东、林家浩以科研助手的身份调回大连工学院数理力学系工作。

初夏，为促进计算机在工程力学上的应用，趁上边强调"抓革命、促生产、促工作、促战备"之机，说服工宣队到有条件的地方去"开门办学"，派出一个小分队到上海，发展计算力学。

5 月，《大连工学院学刊》复刊，并改名为《大连工学院学报》出版。

6 月，主持建立的上海小分队首批成员钟万勰、程耿东和林家浩等中青年教师，赴上海进行计算力学的研究。

8 月 25 日，报告《结构力学中最优设计理论与方法的近代发展》在《力学情报》上发表，署名为大连工学院。

是年，大连工学院水利和数理力学系、机械系及电子系等 6 个系的师生，联合大连市建筑设计院、大连市港务局，开始承担了由交通部下达的大连新港工程设计与试验任务。

1974 年

1 月，辽宁省大连港建港指挥部成立，任建港指挥部顾问。

5 月，国家计委批复同意大连港鲇鱼湾石油码头和铁岭到大连的输油管道建设，开始新港油码头栈桥的设计。

11 月 1 日，大连鲇鱼湾油港建设正式破土动工，带着骨质增生的病体，自愿申请去建设工地进行工作。

12 月，上海小分队撤回大连工学院，鼓励小分队成员把在上海的研究成果运用到本科教学中，使当时还很封闭的大学教育与最先进的技术成果"接轨"。

1975 年

1 月 13—17 日，赴京参加第四届全国人民代表大会第一次会议。

8 月 5 日，指挥工人们，克服海上大风的影响，冒着危险，成功地完成大连新港一码头第一组钢桥的整体吊装。

12月3—14日，为《潜艇结构设计计算规则》起草之事，与邓可顺一起，赴北京七院、无锡702研究所，商讨相关事宜。

12月23日，设计的大连新港一码头九跨钢桥全部吊装完成，栈桥码头水上主体工程告捷。

1976 年

5月1日，大连新港一码头全面建成，投入生产。投产前，带着他的团队，把栈桥仔仔细细检查一遍。

1977 年

4月18日，应大连自行车厂秦凤翥约请，到厂成功解决了"中小件电镀自动线"的技术难关。

8月，指导的科研助手钟万勰，与有关教师协作，成功研制出通用性相当强的大型组合结构分析程序JIGFEX。

11月7日，被评为大连工学院教师积极分子，出席旅大市教师积极分子代表会议，被授予优秀教师称号。随后，出席辽宁省召开的教师大会，被评为省优秀教师。

1978 年

1月17—19日，应邀出席在中国科学院力学研究所召开的全国力学规划筹备会。

2月26日—3月5日，参加五届全国人大一次会议。

3月18—31日，全国科学大会在北京召开。出席大会开幕式，并在主席台上就座。

3月31日，在全国科学大会闭幕式上，因"复杂形状锥、柱结合壳体的有利和不利型式及理论分析方法"和"大连鲇鱼湾油港工程设计与试验"等成果获奖，并作为获奖代表登上主席台领奖。

3月，大连工学院成立工程力学研究所，任第一任所长。

4月2日，与出席全国科学大会的其他代表们一起，受到华国锋、叶剑英、邓小平、李先念、汪东兴等党和国家领导人的接见并合影留念。

4月11日，新华社辽宁分社记者采写的通讯稿《"岂容华发待流年"——访全国科学大会代表钱令希教授》在《人民日报》上刊发。

4月27日—5月6日，在北京友谊宾馆召开了全国力学规划会议（包括固体和流体两大学科）的工作会议，为提出调研报告和规划初稿作动员。此次会议后成立了规划起草小组，在全国范围内进一步组织力学各分支学科作调研报告，同时组建秘书组，负责修改。任秘书组成员。

4月，经过一年多的努力，将在吉林省通化地区建筑设计室工作的隋允康调入大连工学院数理力学系从事教学科研工作。

8月10—23日，全国力学规划会议在北京友谊宾馆召开，全面讨论由各单位送交的调研报告和制定学科规划。出席会议，并于8月13日做题为《计算力学和力学计算方法》的报告，于19日出席召开的中国力学学会第一届常务理事会扩大会议，于8月23日的闭幕式上，被任命为新组建的力学学科小组副组长；倡导发展的计算力学被列入全国力学学科规划。

9月12日，大连工学院"文化大革命"后第一届研究生入学。与唐立民、钟万勰以导师组名义招收的工程力学研究生34名。

11月20—27日，大连工学院与吉林大学共同承办的"教育部直属高等院校计算结构力学学术交流会"在大连举行，在大会上做了学术报告。

1979年

1月30日，新华社通讯员孙懋德和《光明日报》记者张天来采写的通讯稿《"伯乐"和"千里马"之间》在《光明日报》上刊发。

2月5日，《光明日报》记者张天来和新华社通讯员孙懋德采写的通讯稿《"伯乐"和"千里马"之间——著名力学家钱令希和他的助手钟万勰的故事》在《人民日报》上刊发。

3月1日，在《力学与实践》创刊号上发表文章《发展中的计算结构力学》。

3月26日，被教育部党组任命为大连工学院副院长。

3月30日，在《光明日报》上发表《计算机化的结构力学》一文。

10月5日，被聘为高等学校教材编审委员会工科力学教材编审委员副主任委员、结构力学编审小组委员。

12月28日，并出席在北京人民大会堂召开的全国农业、财贸、教育、卫生战线劳动模范授奖大会，登上主席台获颁国务院授予的全国劳动模范证书、奖章。

12月，选编的 Selected Papers on Structural Optimization（《结构优化论文选集》）由中国影印外文书刊的专门机构光华出版社出版。

1980 年

1月11日，《辽宁日报》刊载孙懋德撰写的通讯《钱令希教授满腔热忱育新秀》。

春，赴杭州参加在汪庄举行的会议，其间与从杭州汽轮机厂专程赶来、正在该厂西门子电脑上调试 JIGFEX 程序系统的学术骨干合影留念。

7月，领导大连工学院工程力学研究所相关人员从1978年开始开发的多单元、多工况、多约束的结构优化设计——DDDU 系统研制成功。

9月24日，当选为辽宁省科学技术协会第二届委员会委员、常务委员、副主席。

9月，《大连工学院学报》编委会重新成立，任主编。

11月12—17日，中国力学学会举办、浙江大学筹办的第一届全国计算力学学术交流会在杭州召开，主持会议并应邀做题为《计算机化的结构优化设计》的大会学术报告。

1981 年

4月，成为计算力学国际委员会成员。

4月，与教委党组成员张健、清华大学副校长张光斗等一行组成的国家教委代表团，赴美国华盛顿世界银行总部就世界银行对华教育贷款的"大学发展项目"进行商谈。

5月19日，当选为中国科学院技术科学学部常务委员。

5月19—23日，中国机械工程学会、中国力学学会、中国数学学会联合主办，合肥工业大学承办的有限元法邀请学术报告会在合肥举行。出席会议并致开幕词。

6月12日，当选为国务院学位委员会第一届学科评议组成员。

暑期，邀请比利时列日大学航空航天技术实验室弗鲁瑞博士到大连工学院进行为期一周的访问讲学交流，来自全国各地的结构优化设计研究人员参加了讲习班。

10月，应比利时政府邀请，作为中国学者代表团团长，赴比利时访问布鲁塞尔自由大学、列日大学等，还顺访了英国伦敦大学、利物浦大学、威尔士大学斯旺西分校等，其间就大连新港的建设做了学术报告。

11月3日，被国务院批准为我国第一批博士生指导教师。

11月11日，在北京召开的全国优秀设计授奖表彰大会上，负责主体工程设计的"大连鲇鱼湾油码头工程设计"获国家建委"七十年代国家优秀设计奖"。

11月17日，正式履职大连工学院院长（大连工学院第二任院长），并发表就职讲话。

1982 年

1月上旬，跨学科公开招收了第一位博士研究生施浒立。

4月下旬，国家教委成立由约30人组成的教育部世界银行贷款第一个中国大学发展项目中方审议委员会，任分管计算机方面的委员会副主任、计算机组组长，并出席4月26—29日在北京召开的第一次全体委员会议。

5月9—13日，出席在北京京西宾馆召开的中国力学学会第二届扩大理事会，经学会第一届理事会理事长钱学森推荐，当选为中国力学学会第二届理事会理事长。

6月，与张健、张光斗一起到日本、美国考察高等教育和实验室仪器设备。

7月19日，指导的主要由钟万勰、邓可顺、裘春航等完成的"潜水耐压锥柱结合壳的强度和稳定性"项目（已批准纳入《潜艇结构设计计算规则》）获国家自然科学三等奖。

8月，与钟万勰等撰写的论文《多单元、多工况、多约束的结构优化设计——DDDU 程序系统》获颁辽宁省科学技术协会一等《优秀论文证书》。

10月，选编的 Selected Papers of O. C. Zienkiewicz on Finite Element Method（《辛克维奇有限元法论文选集》）由中国学术出版社出版。

12月14日，拟创办的学术刊物《计算结构力学及其应用》获国家科委批准。

是年，和大连工学院前院长屈伯川等的共同努力，将已兼任大连工学院应用数学研究所所长的著名数学家徐利治教授正式调入大连工学院。

1983 年

5月29日，在北京召开的中国高等教育学会成立大会上，当选为首届理事会常务理事、理事会副会长。

9月5—10日，由大连工学院主办的中美计算工程力学进展讨论会在大连市棒棰岛宾馆举行，担任会议组织委员会主席，其间做了题为《结构优化的一种方法——序列二次规划》的学术报告等。

10月30日—11月23日，邀请英国利物浦大学土木系坦普尔曼博士访问大连工学院，为工程结构优化讲习班学员授课。

12月10日，浙江大学前副校长、浙大时期的老领导王国松教授追悼会在杭州举行，向浙江大学王国松教授治丧委员会发去唁电。

12月，为教材《自然辩证法原理》（湖南教育出版社 1984 年 6 月出版）作序，该教材由中国科学技术大学、中南矿冶学院、华中工学院、大连工学院和西安交通大学五所理工院校相关教师集体编写，为理工院校硕士生所用。

1984 年

2月，任主编的《计算结构力学及其应用》正式公开出版，全国发行。

4月27日至5月5日，在出席在北京京西宾馆召开的《高等学校工科本科专业目录》审订会期间，认识了南京工学院齐康教授，并邀请他出任即将成立的大连工学院建筑系系主任。

6月，出访瑞典、英国，考察了英国的牛津大学、剑桥大学、伦敦大学等高校。

仲夏，接受大连工学院教师、《科学学》（现为《科学学与科学技术管理》）特约联络员王续琨、刘则渊的采访，就理工院校如何面向经济建设和教学教育的管理和改革问题阐述了自己的看法。

7月5日，致信中国科学院北京天文台，推荐施浒立在职攻读射电天文专业第二博士学位。

7月10日，专著《工程结构优化设计》（水利电力出版社1983年出版）被中国出版工作者协会评为1983年度全国优秀科技图书一等奖。

7月21日，指导的博士生施浒立通过在大连工学院公开举行的博士学位论文答辩，成为辽宁省第一位由国内培养并授予博士学位的人。

9月7—14日，出席在杭州举行、中国力学学会计算结构力学专业组主办的第一届全国结构计算应用软件学术会议，并发表讲话。

11月2—7日，带领大连工学院力学所的部分老师出席在四川峨眉西南交通大学举行的、中国力学学会计算力学专业委员会主办的全国结构优化学术会议，并做关于结构优化方面的学术报告。

11月6日，领导研制的工程结构优化程序系统DDDU，通过教育部主持的技术鉴定。

1985年

4月中旬（10—18日），赴厦门出席高（崎）集（美）海峡大桥设计方案评选会。

6月2—7日，出席在加拿召开的第十届国际应用力学大会，并应邀做大会讲演，介绍中国应用力学的现状和展望，受到各国专家学者的重视和关注。

7月1日，出席日本著名化工、能源专家向坊隆博士大连工学院名誉教授授予仪式，把大连工学院第一份名誉教授的聘书授予向坊隆博士，并为向坊隆博士佩戴大连工学院院徽，赠送大连工学院画册和端砚等礼品。

9月4日，卸任大连工学院院长，任大连工学院顾问。

10月21—25日，出席在上海举行的大学师资管理国际学术讨论会，并做题为《大学教师组织的结构和功能的基本单位——"学术细胞"》的发言。

11月28日—12月9日，应东京大学前校长、日中协会副会长、大连工学院名誉教授向坊隆博士的邀请，到日本做学术访问和交流。

1986年

5月15日，领衔大连工学院研究组与702所等14个单位科研人员合作完成的《潜艇结构设计计算规则》（GJB/Z21-91），率领大连工学院数理力学系研究组研制的工程结构优化程序系统DDDU（钱令希、钟万勰、隋允康、程耿东、王希诚、张近东等），获颁首届（1985年度）国家科学技术进步三等奖证书、奖章（1985年10月揭晓）。

5月24日，被聘为中法国立工学院校友会名誉会长。

5月，被国家自然科学基金委员会主任聘为国家自然科学基金委员会第一届（1986—1987年）建筑、环境与结构工程学科评审组成员。

6月8—10日，出席中国科学院力学研究所庆祝建所30年活动，在其间举行的力学未来15年国际学术讨论会上做题为《计算结构力学的现状和展望》的报告。

7月10日，指导的大连工学院第一个不脱离工作岗位，且入学前未取得硕士学位的刘英卫，结合工作实际进行科学研究写出的博士论文《变后掠翼结构分析与优化设计》通过答辩，并于当月30日被授予博士学位，在我国开创了培养在职研究生的新路。

8月3—6日，出席在呼和浩特举行的中国力学学会第二、第三届理事扩大会议，并以学会第二届理事长身份于8月3日做第二届理事会工作总结报告，在第三届理事会第一次常务理事会上卸任第二届理事会理事长。

9月22—26日，国际计算力学协会（IACM）第一届计算力学世界大会（FWCCM）在美国奥斯汀城的得克萨斯大学举行。受国家教委之托，大连工学院牵头组织由清华大学、复旦大学、北京大学、上海交通大学、西安交通大学、同济大学、浙江大学、华中工学院和重庆大学等高校相关教授构成的中国代表团参会；任代表团团长，后因身体原因未能成行，国家教委指派其代表钟万勰率团前往美国参会。

> 1987 年

1月19日，当选为辽宁省科学技术协会第三届委员会委员、常务委员、副主席。

8月18日，当选为中国高等教育学会第二届理事会常务理事、副会长。

9月，被国际自然科学基金委员会主任唐敖庆聘请为国家自然科学基金委员会顾问。

12月1日，英国威尔士大学斯旺西分校教授辛克维奇被聘为大连理工大学名誉教授。出席聘任仪式，并与辛克维奇教授夫妇合影留念。

> 1988 年

1月，指导的第三个博士生王志必通过学位答辩，学位论文《工程结构的安定性和极限分析》系1987年申请并获批的首批国家自然科学基金资助项目"工程结构安定性和极限分析的理论研究与数值方法"（编号：918700404）研究成果之一。

3月中上旬，应邀参加大连理工大学英文新译名讨论会，最后折中各方意见，将大工英文新译名定为 Dalian University of Technology，缩写为 DUT。

3月25日，荣获比利时列日大学以比利时国王名义授予该校的应用科学名誉博士学位。

11月3日，被大连理工大学校务委员会确定为学校学术委员会主任。

20世纪80年代中后期，根据大连市水资源短缺的特点和减少城市污染的要求，提出大连工业布局的重点应由老城区向金州以北地区转移的建议，对大连市政府作出在庄河建立后备工业基地和将城区中心地带的工业企业向外搬迁改造的决策起了重要参考作用。

> 1989 年

5月12日，出席大连理工大学校友联谊总会成立大会，任顾问（后任名誉理事长）。

10月18日—11月1日，应香港大学副校长张佑启教授邀请赴香港讲学，其间受到朱国怀（后任大工香港校友会第三任会长）及其夫人马霁平（也是大连工学院化工系化工设备与机械专业1956届校友）等大连理工大学香港校友的热情接待。

12月26—30日，与张维、李国豪于1988年3月写出的咨询报告《关于试行公开招聘重点高等工科院校学术带头人的建议》在中科院技术科学部全体委员（扩大）会议会上审议后呈送国务院，并由国家教育委员会着手选择学校进行了试点。

1990年

1月，与钱学森商定，将当时美国开始流行的"nano-"一词，拟定名为"纳米"技术。

4月24日，在中国土木工程学会第五届第三次常务理事会议上，被授予中国土木工程学会第二批荣誉会员。

6月7日，大连市科技奖励基金会宣告成立，任基金会理事长。

1991年

1月17—19日，在北京参加由中国国际咨询公司召集的九江长江大桥钢梁设计安全可靠性的高层专家论证会。

7月，与程耿东、隋允康、钟万勰、林家浩、王希诚、顾元宪等共同完成的项目"结构优化设计的理论与方法"获颁国家教育委员会1990年度科学技术进步奖一等奖。

11月5日，出席大连市科技金奖首届颁奖大会，并以大连市科技奖励基金会理事长的身份并致辞。

11月8日，参加国家地震局、中科院、黑龙江省政府为老友刘恢先教授80岁举行的祝寿会，并与刘恢先夫妇在生日宴会上合影。

12月12日，与程耿东、隋允康、钟万勰、林家浩等共同完成的项目"结构优化设计的理论与方法"，获1991年国家自然科学奖二等奖（排名第一，一等奖空缺）。该获奖项目在《高校已成为科技大军的重要力量》一文（载《人民日报》1992年1月13日第3版）中被特别提及。

是年，回到阔别44年的故乡无锡鸿声镇访旧。在鸿声镇镇党委书记等领导的陪同下，参观母校鸿声中心小学、鸿声中学，游览泰伯墓景区。

1992 年

4月25日，在北京召开的中科院第六次学部委员大会闭幕式上，当选为中国科学院第二届（1992—1996）学部主席团成员，当选并被批准为技术科学部常务委员。

10月3—10日，与国家计委、交通部、省交通厅的领导和李国豪、曾威、程庆国等全国各地的桥梁专家参加国家计委委托中国国际咨询公司和交通部联合在无锡市太湖饭店召开的《江阴长江公路大桥工程可行性研究报告》审查、评估会。

10月12日，与大连海运学院教授杨烈宇先生、大连名医周鸣歧先生共同提议由政府出面资助、挖掘、整理出版优秀学术成果的专门机构——大连市学术专著资助出版评审委员会成立。

10月12—14日，再回故乡无锡鸿声访故寻亲。

10月，受聘为上海宝山钢铁总厂高级顾问。

11月9日，加入成立于1986年的大连市老干部书画协会，后任名誉副会长。

是年，临摹王羲之的"天下第一行书"《兰亭序》，并到大连市老年书画展览会上展出。

1993 年

4月，与中国科学院学部委员钱临照、王仁、胡海昌等倡议，鉴于我国材料力学史专家、国防科技大学副教授正老亮（笔名"老亮"）提出的"郑玄说"极具价值，应写入现行的中学物理课本有关胡克定律的介绍。

6月22日，出席香港大学副校长、结构工程和计算力学专家张佑启教授受聘为大连理工大学名誉教授仪式。

7月16日，大连理工大学钱令希力学奖励基金会（简称"钱令希基金会"）成立，任名誉理事长。

9月，为力学专业本科生做题为《纵观结构力学》的报告，吸引了众多师生，容纳300人的大教室座无虚席。

10月，向大连市有关部门提交《关于解决缺水问题补充意见》报告。

1994年

3月18—31日，应香港理工学院（1994年11月25日更名为香港理工大学）之邀访问香港两周，参加由该院中国事务联络小组（现为中国内地事务处）主办的杰出中国访问学人奖励计划（Distinguished Chinese Visiting Scholars Scheme，现中文名为杰出中国访问学人计划）活动。其间，在首届杰出中国访问学人奖励计划开幕典礼上，获杰出中国访问学人奖励计划奖，发表获奖感言；为香港理工学院师生做了题为《纵观结构力学》的学术报告。

7月25日，首届中日结构和机械系统优化设计研讨会在大连理工大学召开，任会议中方主席，并在开幕式上致辞。

9月30日，出席"钱令希基金会"首届颁奖仪式，并致辞。

11月，受聘为宝钢教育基金理事会顾问，并于12月10日在大连理工大学获颁聘书。

1995年

6月1日，会见来大连理工大学颁发第二届"向坊隆奖学金"的向坊隆先生、山田圭一教授，并出席第二届"向坊隆奖学金"颁奖仪式（首届颁奖仪式于1994年5月26日举行，钱令希因公外出未能出席）。

7月，接待访问大连理工大学的全国政协副主席钱正英、教育部前副部长黄辛白夫妇，并陪同他们看望屈伯川老院长。

8月7—11日，出席在大连理工大学召开的首届中国—澳大利亚计算力学会议，并与部分参会代表合影留念。

9月18日，出席在上海举行的东方大港、东方大桥高层研讨会，并与李国豪、程庆国与会的多位院士签名发出建港建桥《倡议书》。

10月19日，获颁1995年度（第二届）何梁何利基金"科学与技术进步奖"。

11月17日，出席第二届"钱令希基金会"颁奖仪式，向获奖教师和学生颁发奖励金。

1996年

5月，经国务院学位委员会第14次会议审议通过，大连理工大学力学学科博士授权点正式成立。这是东北地区高等学校和科研机构中第一个获准按一级学科行使的博士学位授权点。

6月27日，出席中国科技大学等举行的胞兄钱临照九十华诞庆祝会，并在会上发言。

7月16日，80寿辰的生日礼物《计算力学进展》文集首发式在大连理工大学工程力学所举行。

11月10—11日，先后出席在北京香山饭店召开的宝钢教育基金理事会第四次全体会议和在北京人民大会堂举行的1996年宝钢教育基金颁奖仪式，并为获奖者颁奖。

11月11日，领衔大连工学院研究组与702所等14个单位科研人员合作完成的项目"潜艇结构设计计算规则"，获中国人民解放军国防科学技术工业委员会军用标准化科技进步奖三等奖（获奖人为：大连理工大学）。

11月28日，为大连理工大学研究生院成立十周年题词。

11月底到12月初，在女儿钱唐的陪同下赴南方，首先去合肥中国科技大学看望胞兄钱临照，再经苏州先后访问母校苏州中学、无锡市锡山市故乡鸿声镇，到南京探望东南大学的同乡钱钟韩院士、原浙大同事佘坤珊教授的夫人和子女等。

12月9日，在浙江大学土木工程学系教授董石麟（1997年当选为中国工程院院士）等的陪同下，访问浙江大学土木系、杭州大地网架制造有限公司（2009年更名为浙江大地钢结构有限公司）。

1997 年

4月3日，应邀出席浙江大学建校100周年的庆祝大会，并在主席台上就座。

4月25—28日，出席在西安公路交通大学召开的第5届全国加权残值法及其工程应用学术会议，并应邀做学术演讲。

6月18日，出席大连理工大学伯川图书馆工程奠基暨开工仪式，与屈伯川夫人徐烈英为奠基石揭幕，与各级领导、来宾及校友、师生代表为奠基石填土筑基。

6月，被授予"国际计算力学协会名誉会员"称号。

11月13—14日，先后出席在宝山宾馆召开的宝钢教育基金理事会第五次全体会议和在宝钢体育馆举行的1997年宝钢教育基金颁奖仪式。

1998 年

2月27日，在大连理工大学校友联谊会大连分会三届一次理事会上，当选为理事会名誉理事长。

春，代替胞兄、科学史家钱临照院士为杜瑞芝教授主编的"中外数学家传奇丛书"（哈尔滨出版社2001年出版）、"数学家传奇丛书"（山东教育出版社2001—2008年出版，共8册；哈尔滨工业大学出版社2018年再版，共9册）作序。

4月3日，在大连理工大学届伯川教育基金成立大会上，被任命为基金理事会名誉理事长。

4月21日，出席在新加坡南洋华侨中学举行的1997年度第七届陈嘉庚奖（2003年以此奖为基础改设陈嘉庚科学奖）颁奖大会，并接受新加坡总统王鼎昌颁发的"陈嘉庚技术科学奖"奖牌与奖章。

5月初，应大连市道路桥梁工程指挥部（1998年9月改制为大连绿波房屋开发集团有限公司）之邀，在大连理工大学党委书记林安西、土木工程系教授张哲，大工水利工程系港工专业1963届校友、大连市委市政府咨询顾问郭昌慧等的陪同下，赴大连六桥建设工地参观、指导施工。

5月25—28日，出席在大连召开的第二届中美结构工程计算力学进展学术研讨会的开幕式。

5月27—31日,赴深圳参加大连理工大学深圳校友分会成立大会,其间在大工1981届校友、时任深圳赤湾港航股份有限公司董事长傅育宁的陪同下参观了新建的赤湾港储装箱码头等企业和新的建设工程。

6月5日,在中国科学院第九次院士大会、中国工程院第四次院士大会闭幕式上,被授予中国科学院资深院士称号。

11月16日,出席在宝山宾馆召开的宝钢教育基金理事会第六次全体会议。

12月18日,题写馆名的伯川图书馆落成。

1999年

2月10日,《力学与实践》刊发钟万勰、程耿东撰写的《跨世纪的中国计算力学》一文,回顾了30多年来以钱令希等为代表的中国计算力学工作者在计算力学基本理论、方法和应用软件等各方面所取得的成就。

4月23日,出席大连理工大学人文社会科学学院成立大会。

5月22日,出席在大连市体育馆举行的大连理工大学50周年校庆典礼,随后参加大连理工大学伯川图书馆暨逸夫馆开馆仪式、屈伯川铜像揭幕仪式。

6月上旬,与三峡升降机研究项目组部分成员一起,先后访问中国长江三峡工程开发总公司(2009年9月27日更名为中国长江三峡集团公司),参观长江三峡水利枢纽工程工地、隔河岩水坝,访问中国科学院武汉岩土力学研究所,参观复杂岩土介质力学性质及应用开放研究实验室(现为岩土力学与工程国家重点实验室)。

6月,受聘为无锡市人民政府高级科技顾问。

7月中旬至9月初,赴美到女儿家探亲,其间,与乔治亚理工学院的数学、土木工程、环境工程方面的教授交流,到美国洛杉矶看望堂哥钱大中夫妇、参观加州理工学院,参观考察美国一座自动化处理垃圾的工厂,会见在美的部分校友。

9月10—20日,为庆祝中国科学院建院50周年,创作并书写的《江城子·庆祝中国科学院建院五十周年》在中国科学院和中国工程院联合举办的两院院士书画展上展出。

9月16日，由原浙江大学的土木工程学系、建筑学系与原杭州大学的区域与城市规划系联合组建成的新浙江大学建筑工程学院举行成立大会；受聘为浙大新的建筑工程学院（前身即钱令希任系主任的土木系）兼职教授。

10月，分别获得大连市"十佳名人"和大连市建市百年工人运动十大杰出人物称号。

2000 年

4月4—5日，赴合肥中国科技大学，出席纪念钱临照先生学术报告会，参加钱临照铜像揭幕仪式并发言。

5月15日，受聘为宝钢教育基金理事会顾问。

7月25日，受聘为家乡无锡市吴文化公园学术指导委员会顾问。

10月30日—11月8日，访问、游览事业起步之处云南昆明等地，参观植物学家蔡希陶创办的中国科学院西双版纳热带植物园，访问西双版纳允景洪中学（2010年更名为西双版纳傣族自治州第一中学）。

11月，为母校上海理工大学建校100周年，题写预备祝词："百年树人筑基固本千秋业　八方学子饮水思源不了情。"

2001 年

春，派专人给母校江苏省梅村高级中学学生送去亲自题写的《学问歌》与文章《和青少年朋友们谈谈学习之道》。

6月5日，出席在大连举行的全国工程科学与技术哲学专题学术研讨会开幕式，并发表讲话。

7月25—28日，由上海交通大学举办的第八届加强与推动工程科学中计算方法国际会议在上海青松城大酒店举行。与英国辛克维奇教授共同任会议名誉主席，并出席会议。

7月26日，访问家乡无锡锡山市，受到吴文化公园创办人、管委会主任高燮初、梅村高级中学副校长（主持工作）胡平等的接待；为吴文化公园题词"锦绣江南吴文化"，为母校梅村高级中学青年科学院题字。

7月27日，在1998年4月中法国立工学院校友会向上海市地质资源管理局递交《建议将复兴中路1195号有关建筑列为上海市保护建筑事》报告复印件上批示，希望1914年交付使用的原同济德文医工学堂的工科讲堂、当年自己上学时的教学楼，尽可能予以保留。

11月18日，应邀到北京工业大学机电学院做题为《谈谈计算力学》的学术报告。

11月19—20日，出席由中国力学学会、中国空气动力学会、清华大学等单位主办的"新世纪力学研讨会——钱学森技术科学思想的回顾与展望"会议，应邀做题为《工程结构优化设计》的报告。

2002年

3月，用蝇头小楷恭录《钱氏家训》长卷多幅，寄往家乡无锡。

3—4月，选择大连理工大学理论力学和工程力学两门基础课进行全程听课，听完课后又给学校领导一封建议书，希望学校郑重选择、礼聘若干富有经验并热心基础课教学的退休教师回来主讲部分基础课。

8月，为大连理工大学附属学校题词："青少年是为人一辈子打好基础最重要的时期，学习要自觉生活应自理，自律自强长知识，长身体，像春花一样灿烂有朝气。"

9月29日，出席第九届"钱令希力学奖励基金"颁奖仪式并讲话，向获奖教师和学生颁发奖励金。

9月，出席大连理工大学附属学校新校舍启用仪式并讲话，向附校师生传授治学之道。

2003年

1月1日，为母校江苏省梅村高级中学九十周年校庆题词。

2月18日，撰写《重视海水资源开发　服务"大大连"建设》报告。

5月20日，出席上海市科学技术委员会组织召开、由卢浦大桥投资有限公司和上海市政工程设计研究院完成的《非线性薄壁空间杆件稳定有限元法》科研项目鉴定会。

7月,为大连理工大学王续琨教授著《交叉科学结构论》(大连理工大学2003年12月初版,人民出版社2015年1月再版)作序。

8月30日,将珍藏的字画《仿米氏山水图》捐赠给旅顺博物馆,出席当天馆方举行的捐赠仪式。

9月29日,出席第十届钱令希力学奖励基金颁奖仪式并讲话。

9月29日,出席大连理工大学第十届向坊隆奖学金颁奖仪式暨纪念向坊隆先生逝世一周年座谈会。

10月2日,由著名雕塑家吴为山教授创作的钱令希铜像在江苏省梅村高级中学揭幕。

2004年

1月3日,出席在大连理工大学刘长春体育馆举行的"王刚义挑战北大西洋冰海壮行仪式",并首先致辞。

2月19日,出席大连理工大学大学生创新院第一次教学工作会议并讲话。

4月,被诊断患脑胶质瘤病。

8月25日,在大连家中接待专程来探望自己的学生潘家铮院士夫妇,并赴大连理工大学伯川图书馆报告厅出席潘院士为师生做的《十年回首看三峡》学术报告会。报告会后,为潘家铮院士颁发大连理工大学名誉教授聘书。

9月5—10日,第六届世界计算力学大会(The Six World Congress on Computational Mechanics,WCCM-6)暨第二届亚太计算力学会议(Second Asian-Pacific Congress for Computational Mechanics,APCOM 2004)在北京召开。给大会的贺信由APCOM秘书长、澳大利亚S. Valliappan教授在大会开幕式上宣读,并被授予"亚太计算力学协会资深科学家特别奖"(APACM Special Senior Scientists)。

9月14—17日,带领家人赴无锡老家鸿声访问、参观。

11月22—28日，在北京海军总院做第一次伽马刀手术。

12月27日下午3时，妻子倪晖去世。

2005 年

2—3月，在北京海军总医院第二次做伽马刀手术。

4月5日，获2005年大连市最高科学技术奖。

5月，中国科学院院士工作局编写的《科学的道路（上、下）》出版，其中下册载有自传文章《我悟出的求学之道》。

6月9日，听到自己的学生、大连理工大学顾元宪教授于5月30日凌晨在巴西出席国际会议时心脏病突发去世的噩耗，泪洒衣衫，在病房题词悼念，其中有云："冲锋陷阵，创新立业，尊称一代领军人物。"这是钱令希留下的最后一份墨宝，以后病情加重，再也没能挥洒笔墨。

7月16日，接受友人郝桂芳的祝贺，为自己作肖像画。

8月，钟万勰、林家浩撰写的传记纪念性文章《科研硕果累累 育人桃李天下——祝贺钱令希先生九十华诞》在《中国科学院院刊》上发表。

2006 年

7月15—16日，为庆祝九十岁生日，中国力学学会、大连理工大学、钱令希力学奖励基金会分别组织土木、力学专场，航空航天、机械专场，综合专场（暨文集首发式）三场主题为"力学与工程应用"的学术报告会。

7月16日，下午到大连理工大学科技园酒店学术报告厅，出席《力学与工程应用》文集首发式。

10月22日，被评为上海理工大学首届杰出校友。

2007 年

2月7日，当选大连日报"2005·2006非常感动"十大人物。

2008 年

6月23日，大连理工大学举办系列学术报告会庆祝92寿辰。

2009 年

1月9日，当选为大连市2008年度"文明感动人物"。

4月20日，因病医治无效，在大连逝世。

4月24日，遗体告别仪式在大连市殡仪馆特大厅举行。

2010 年

3月，为奖励在计算力学研究领域做出突出成绩的国内学者，中国力学学会计算力学专业委员会和大连理工大学"钱令希力学奖励基金会"联合设立"钱令希计算力学奖"。

2011 年

4月19日，根据临终遗嘱，其20万元遗产中的第一笔10万元，捐赠给"钱令希力学奖励基金会"。

7月，为纪念已故力学家、教育家钱令希院士而设立的大连理工大学高层次复合型力学专业创新人才培养基地，2009年决定筹建的钱令希力学创新实验班（原定名为"钱令希工程力学班"）开始实行高考零批次招生。

附录二 钱令希主要论著目录

一、论文

[1] 钱令希. "梁"与"拱"函数分布图与其感应图之连锁关系[J]. 国立浙江大学工程季刊, 1945（1）: 55-73. [现代铁路, 1948, 4（3）: 117-123.]

[2] TSIEN Linghi. A Simplified Method of Suspension Bridge Analysis（1）[J]. 现代铁路, 1947, 2（6）: 2-42.

[3] TSIEN Linghi. A Simplified Method of Suspension Bridge Analysis（2）[J]. 现代铁路, 1948, 3（1）28-42.

[4] TSIEN Linghi. A Simplified Method of Suspension Bridge Analysis（3）[J]. 现代铁路, 1948, 3（2）: 55-69.

[5] TSIEN Linghi. A Simplified Method of Analyzing Suspension Bridges[J]. Proceedings: American Society of Civil Engineers, 1948, 74（7）: 1093-1128.

[6] TSIEN Linghi. Discussions on "A Simplified Method of Analyzing Suspension Bridges"[J]. Proceedings: American Society of Civil Engineers, 1949, 75（6）: 833-836. [Transactions of the American

Society of Civil Engineers, 1949, 114 (1): 1145-1158.]

[7] 钱令希,胡海昌. 空腹桁架应力分析的精简 [J]. 工程建设, 1950 (5): 35-40.

[8] 钱令希. 余能理论 [J]. 中国科学, 1950 (2-4): 449-456.

[9] TSIEN Linghi, HU Haichang. On the Stress Analysis of Open Web Trusses [J]. Acta Scientia Sinica, 1952, 1 (1): 119-131.

[10] 钱令希,章守恭. 从实践看推行"建筑物结构设计暂行标准"的意义 [J]. 重工业通讯, 1953 (22): 25-26.

[11] 钱令希. 关于弹性地基上基础梁的理论 [J]. 土木工程学报, 1954, 1 (2): 185-235.

[12] 钱令希. 关于水工有压隧洞的力学计算 [J]. 大连工学院学刊, 1954 (1): 54-58.

[13] 钱令希. 在总路线照耀下提高师资水平,开展科学研究工作 [N]. 大连工学院校刊, 1954-04-15 (2).

[14] 钱令希. 提高师资水平开展科学研究工作 [J]. 科学通报, 1954 (5): 7-10.

[15] 钱令希. 关于我院本学期制定科学研究工作计划的情况及几点意见 [J]. 高等教育通讯, 1954 (20): 41-44.

[16] 钱令希. 关于水工有压隧洞计算中的弹性抗力系数"k" [J]. 土木工程学报, 1955, 2 (4): 369-381.

[17] 钱令希,郑芳怀. 电似法应用在弹性力学问题中 [J]. 大连工学院学刊, 1955 (3): 19-31, 100-101.

[18] 钱令希. 高等学校教师在科学事业高潮中的光荣任务 [J]. 高等教育 (高等学校内部参考), 1956 (3): 97-98.

[19] 钱令希. 关于"关于水工有压隧洞计算中的弹性抗力系数 k"讨论文的答复 [J]. 土木工程学报, 1957, 4 (1): 125-126.

[20] 钱令希. 用初参数计算刚架振动的通路法 [J]. 大连工学院学刊, 1957 (1): 1-18.

[21] 钱令希. 拱坝自振频率的近似计算 [J]. 土木工程学报, 1958, 5

（2）：123-131.

[22] 钱令希，邱大洪. 利用电模拟法计算挡水坝在满库时的自振频率[J]. 土木工程学报，1958，5（2）：132-139.

[23] 钱令希. 建议一种空心坝坝型[J]. 人民长江，1958（8）：1-7.

[24] 钱令希. 关于线性常微分方程的解法——转换参数法[J]. 大连工学院学刊，1959（6）：1-9.

[25] 钱令希，杨成章，许兆鑾. 连工〔Ⅰ〕型电模拟计算机[J]. 大连工学院学刊，1959（6）：89-101.

[26] 钱令希，唐秀近，唐俊，等. 关于拱坝的计算（一）——考虑扭转作用的拱冠梁法和多拱梁法[J]. 大连理工大学学报，1959（6）：11-30.

[27] 钱令希，云大真，朴秀男. 建议一种新的大头坝坝型——梯形坝[J]. 大连工学院学刊，1959（6）：117-141.

[28] 拱坝壳体研究组. 关于拱坝的计算（二）——考虑扭转作用的拱冠梁法和多拱梁法[J]. 大连工学院学刊，1960（1）：31-59.

[29] 拱坝壳体研究组. 关于拱坝的计算（三）——坝型的研究[J]. 大连工学院学刊，1960（1）：61-78.

[30] 钱令希. 壳体极限承载能力的若干问题[J]. 大连工学院学刊，1962（1）：1-46.

[31] 钱令希. 关于壳体的极限承载能力[J]. 力学学报，1962，5（2）：67-99.

[32] Чен Лин-си（钱令希）. О НЕСУЩЕЙ СПОСОБНОСТИ ОБОЛОЧЕКК[J]. Scientia Sinica，1963，12（4）：495-519.

[33] 钱令希，周承偶，云大真. 圆锥壳极限承载能力的实验和计算[J]. 力学学报，1963（2）：154-167.

[34] 钱令希，钟万勰. 论固体力学中的极限分析并建议一个一般变分原理[J]. 力学学报，1963，6（4）：287-303.

[35] 钱令希，周承偶，云大真. 截锥对称结合壳极限承载能力的实验和计算[J]. 大连工学院学刊，1964（1）：21-27.

[36] 钱令希，周承倜，云大真. 锥筒结合壳极限承载能力的实验和计算 [J]. 大连工学院学刊，1964（1）：29-40.

[37] 钱令希，钟万勰. 以薄膜理论为基础的锥壳极限分析 [J]. 大连工学院学刊，1964（2）：1-17.

[38] TSIEN Linghi, TSOON Wanshia. A Generalized Variational Principle for the Limit Analysis in Solid Mechanics [J]. Scientia Sinica, 1964, 13 (11): 1763-1772.

[39] 钱令希，钟万勰. 以薄膜理论为基础的锥壳极限分析 [J]. 力学学报，1965，8（1）：1-11.

[40] 大连工学院固体力学研究室. 圆柱壳开孔问题——单圆孔基本解 [J]. 大连工学院学刊，1965（3-4）：1-28.

[41] 王仁，黄文彬，曲圣年，等. 对"论固体力学中的极限分析并建议一个一般变分原理"一文的讨论 [J]. 力学学报，1965，8（1）：63-76.

[42] 钱令希，周承倜，云大真. 圆锥壳极限承载能力的实验和计算 [A]. 中国力学学会第一次板壳理论学术讨论会论文选集 [C]. 北京：科学出版社，1965：130.

[43] 大连红旗造船厂船体车间，大连工学院数理力学系. 船体数学放样的数值松弛法 [J]. 大连工学院学报，1973（1）：1-5. [造船技术，1973（3）：17-20.]

[44] 大连工学院. 结构力学中最优化设计理论与方法的近代发展 [J]. 力学情报，1973（4）：3-28. [大连工学院学报，1973（3）：1-26.]

[45] 数学放样小组. 关于船体数学放样的几个问题 [J]. 大连工学院学报，1975（3）：40-61.

[46] 大连工学院工程力学专业栈桥设计组. 大连新港栈桥的全焊百米跨空腹桁架 [J]. 大连工学院学报，1976（4）：48-66.

[47] 钱令希. 为科学技术大干快上贡献力量 [N]. 旅大日报，1977-07-18（3）.

[48] 钱令希. 在新的长征中奋勇前进 [N]. 旅大日报，1978-03-05（5）.

[49] 钱令希.发展中的计算结构力学[J].力学与实践,1979,1(1):10-14.

[50] 钱令希.计算中的结构力学[N].光明日报,1979-03-30(4).

[51] 大连工学院工程力学研究所板壳研究小组(钱令希指导).环肋锥—柱结合壳在静水外压作用下的弹性稳定性[J].大连工学院学报,1979(4):5-34.

[52] 钱令希,钟万勰.结构优化设计的一个方法[J].大连工学院学报,1979(1):1-21.

[53] 钱令希,钟万勰,隋允康,等.多单元、多工况、多约束的结构优化设计——DDDU程序系统[J].大连工学院学报,1980,19(4):1-17.

[54] 钱令希.大连工学院副院长钱令希教授的讲话[A].核反应堆结构中的力学问题(1978年核反应堆结构力学会议资料汇编)[C].北京:原子能出版社,1980:10-14.

[55] 钱令希.钱令希院长在全院大会上的讲话[J].大连工学院校刊,1981,11(27):1-2.

[56] 钱令希.为有源头活水来[J].人民教育,1981(7):9-10.

[57] 钱令希.对国产电子计算机加强维护和管理案[A].中华人民共和国第五届全国人民代表大会第四次会议提案及审查意见(一至十)[C].北京:第五届全国人民代表大会第四次会议秘书处,1981:1797-1798.

[58] 钱令希.关于加强计算机应用软件发展案[A].中华人民共和国第五届全国人民代表大会第四次会议提案及审查意见(一至十)[C].北京:第五届全国人民代表大会第四次会议秘书处,1981:2119-2120.

[59] 钱令希.工程力学介绍[A].科学普及出版社编.选准目标立志成材——科学家向青年介绍专业与志愿(上册).北京:科学普及出版社,1982:188-191.

[60] 钱令希.要重视大学生的语文修养[J].辽宁教育研究,1982(3):

147-148.

[61] 钱令希. 我国结构优化设计现况 [J]. 力学进展, 1982, 12 (3): 229-237. [大连工学院学报, 1982, 21 (3): 1-10.]

[62] QIAN L X. Structural Optimization Research in China [J]. Engineering Optimization, 1983, 6 (4). [Engineering Optimization, 1983, 6 (4): 185-192.]

[63] QIAN L X, ZHONG W X, SUI Y K, et al. Efficient optimum design of structures—Program DDDU [J]. Computer Methods in Applied Mechanics & Engineering, 1982.

[64] 钱令希. 现代教育结构与社会实践 [J]. 沈阳师范学院学报（哲社版）, 1982, 6(2): 15-16. [（人大复印报刊资料）教育学, 1982(7): 57-59.]

[65] 钱令希.《计算杆系结构力学》序 [M] // 钟万勰, 丁殿明, 程耿东. 计算杆系结构力学. 北京: 水利电力出版社, 1982.

[66] 钱令希. 我国结构优化设计现况 [J]. 大连工学院学报, 1982, 21 (3): 1-10.

[67] 邓可顺, 王希诚, 钱令希. 结构优化设计的齿行法 [J]. 大连工学院学报, 1982, 21 (4): 9-18.

[68] 大连工学院. 努力建设一支有学术带头人的高水平的梯形队伍 [J]. 辽宁高等教育研究, 1982 (2): 33-35, 45.

[69] 钱令希. 德育是一门科学 [J]. 大连工学院校刊, 1983, 10 (27): 2.

[70] 钱令希. 解放思想 放宽政策 开创高等教育的新局面 [J]. 高等工程教育研究, 1983 (1): 11-15, 50.

[71] 钱令希. 祝贺与希望 [J]. 振动与冲击, 1983, 2 (1): 2.

[72] 隋允康, 钟万勰, 钱令希. 杆-膜-梁组合结构优化的DDDU-2程序系统 [J]. 大连工学院学报, 1983, 22 (1): 21-36.

[73] 钱令希, 钟万勰, 程耿东, 等. 工程结构优化的序列二次规划 [J]. 固体力学学报, 1983 (4): 469-480.

[74] 钱令希. 发刊词 [J]. 计算结构力学及其应用, 1984, 1 (1): I-II.

[75] 钱令希,钟万勰,程耿东,等. 工程结构优化设计的一个途径——序列二次规划 SQP[J]. 计算结构力学及其应用,1984,1(1):7-20.

[76] 钱令希. 论工程力学[J]. 工程力学,1984,1(1):4-5.

[77] 钱令希. 谈谈治学的方向、基础和方法[J]. 高教战线,1984(5):31-33.

[78] 钱令希.《现代科技小词典》序[M]//王君仁. 现代科技小词典. 沈阳:辽宁科学技术出版社,1984:1-4.

[79] 钱令希.《自然辩证法原理》序[M]//中国科学技术大学,中南矿冶学院,华中工学院,等. 自然辩证法原理. 长沙:湖南教育出版社,1984:1-3.

[80] QIAN L X, ZHONG W X, CHENG K T, et al. An Approach to Structural Optimization——Sequential Quadratic Programming, SQP[J]. Engineering Optimization, 1984, 8(1):83-100.

[81] QIAN L X. Structural Optimization Research in DIT[C]. Engineering Mechanics in Civil Engineering:Proceedings of the 5th Engineering Mechanics Division Specialty Conference, ASCE, 1984. 62-65.

[82] 钱令希. 谈我国智力资源的开发和保护[J]. 现代化,1985(6):15-16.

[83] 钱令希. 关于结构优化设计中的主观信息[J]. 计算结构力学及其应用,1985,2(2):69-74.

[84] 钱令希. 大连工学院名誉院长钱令希教授谈大学教师组织的结构和功能的基本单位——"学术细胞"[J]. 教育情报参考,1985(49):4-6.

[85] 钱令希. 谈大学教师组织的基本单位——"学术细胞"[J]. 高等工程教育研究,1986(1):21-23. [(中国人民大学复印报刊资料)高等教育,1986(3):66-69.]

[86] 钱令希. 发刊词[J]. 实验力学,1986,1(1):卷首页.

[87] 周志隆,隋允康,钱令希. 杆-膜-梁-壳组合结构优化——DDDU-3 程序系统[J]. 计算结构力学及其应用,1986,3(2):

99-102.

[88] 钱令希. 谈计算结构力学的现状和今后的工作[J]. 计算结构力学及其应用, 1986, 3 (3): 1-6.

[89] 钱令希.《计算结构力学微机程序设计》序[M]//钟万勰. 计算结构力学微机程序设计. 北京: 水利电力出版社, 1986: 前言页.

[90] 钱令希. 中国力学学会第二届理事会工作总结[J]. 力学与实践, 1987, 9 (1): 2-9.

[91] 钱令希.《技术开发原理与方法》序[M]//林康义, 刘则渊, 王海山等. 技术开发原理与方法. 大连: 大连工学院出版社, 1987: 序言页.

[92] 钱令希. 赵州桥的承载能力分析[J]. 土木工程学报, 1987, 20 (4): 39-48.

[93] QIAN L X. New insight into an ancient stone arch bridge——The Zhao-Zhou Bridge of 1400 years old [J]. International Journal of Mechanical Sciences, 1987, 29 (12): 831-843.

[94] 钱令希, 王志必. 基于非关联流动法则的极限分析[C]. 1988年清华大学工程力学与工程热物理学术会议论文集. 北京: 清华大学出版社, 1988. 5-14.

[95] 钱令希. 坚持"两个中心"是办好大学的关键[J]. 上海高教研究, 1988 (3): 26.

[96] 王希诚, 钱令希. 多层次联合的结构优化设计[J]. 计算结构力学及其应用, 1988, 5 (3): 69-75.

[97] 钱令希, 钟万勰, 林家浩, 等. 关于斜拉桥结构型式的探讨——斜拉拱桥[J]. 计算结构力学及其应用, 1988, 5 (3): 117-119.

[98] 钱令希. 全社会应"降热扶教"[G]//王纯山. 深化高教改革的专家征询. 沈阳: 辽宁大学出版社, 1988: 1-2.

[99] 钱令希, 刘则渊, 何心. 对大连地区发展战略的初步认识[M]//中共大连市委研究室. 大连——走向世界. 沈阳: 辽宁人民出版社, 1988: 31-36.

[100] 钱令希，钟万勰，隋允康，等. 工程结构优化设计[J]. 工程机械，1988（5）：22-26，55.

[101] 钱令希，王志必. 结构极限分析和安定分析：温度参数法[J]. 计算结构力学及其应用，1989，6（1）：113-121.

[102] 钱令希，王志必. 板、壳极限分析和安定分析：温度参数法[J]. 力学学报，1989，21（A1）：118-124.

[103] 钱令希. 计算结构力学的现状和展望[A]. 力学未来15年国际学术讨论会论文集（第1卷）[C]. 北京：科学出版社，1989.143-148.

[104] 张维，钱令希，李国豪. 关于试行公开招聘重点高等工科院校学术带头人的建议[G]//中国科学院学部委员咨询报告/总〇〇一—〇〇六. 中国科学院技术科学部编印，1989. 1-11.

[105] 潘敬哲，陈陆平，钱令希. 纤维增强复合材料层压板的失效过程分析：变参量变分方法[J]. 应用力学学报，1989，6（3）：1-10.

[106] 钱令希，钟万勰，裘春航，等. 罐体群结构和轴对称基础整体分析的广义位移方法[J]. 大连理工大学学报，1989，29（6）：621-628，696.

[107] 吕宪，钱令希，林家浩，等. 动态超单元子结构方法及结构树部分周游策略[J]. 大连理工大学学报，1990，30（1）：23-31.

[108] 钱令希. 力学与工程[J]. 力学与实践，1990，12（5）：1-5.

[109] 钱令希，刘则渊. 关于发展辽东半岛高技术产业的步构想[G]//辽东半岛开放与开发. 沈阳：辽宁人民出版社，1990：63-69.

[110] 钱令希.《计算机图形学及CAD》序[M]//杨名生. 计算机图形学及CAD. 北京：中国科学技术出版社，1990：序言页.

[111] 钱令希，张雄. 结构分析中的刚体有限元[J]. 计算结构力学及其应用，1991，8（1）：1-14.

[112] 曾攀，钱令希. 弹塑性岩土介质中渗透固结问题的参数二次规划法[J]. 应用力学学报，1991，8（3）：1-10.

[113] 裘春航，钟万勰，钱令希，等. 广义对称性海洋平台结构与轴对称

基础耦合振动分析[J]. 大连理工大学学报, 1991, 31 (3): 261-266.

[114] 曾攀, 钱令希. 岩土中弹塑性渗透固结问题的参变量变分原理[J]. 力学学报, 1991, 23 (4): 484-491.

[115] 潘敬哲, 陈陆平, 钱令希. 参数拟二次规划法及其在复合材料失效过程分析中的应用[J]. 计算结构力学及其应用, 1991, 8 (4): 365-371.

[116] 张洪武, 钟万勰, 钱令希. 土体固结分析的一种有效算法[J]. 计算结构力学及其应用, 1991, 8 (4): 389-395.

[117] 隋允康, 钱令希. 具有连续梁型式的结构优化设计[J]. 大连理工大学学报, 1991, 31 (5): 521-528.

[118] 钱令希.《春梦秋云录》序二[M]//潘家铮. 春梦秋云录. 水利电力出版社, 1991.

[119] ZENG P, QIAN L X. Parametric quadratic programming method for viscoplasticity[J]. Applied Mathematics and Mechanics, 1991, 12(6): 577-582.

[120] 曾攀, 钱令希. 粘塑性问题的参数二次规划法[J]. 应用数学和力学, 1991, 12 (6): 541-545.

[121] 钱令希, 隋允康, 王希诚, 等. 壳体结构优化及其DDDU (W) 新版本[J]. 计算结构力学及其应用, 1992, 9 (1): 79-89.

[122] 钱令希, 张雄. 刚性有限元的参变量变分原理及有限元参数二次规划解[J]. 计算结构力学及其应用, 1992, 9 (2): 117-123.

[123] 张洪武, 钟万勰, 钱令希. 饱和土动力固结分析中的变分原理[J]. 岩土工程学报, 1992, 14 (3): 20-29.

[124] 吴承伟, 钟万勰, 钱令希, 等. 润滑力学中的参变量变分原理——一维单面边界速度滑移问题[J]. 大连理工大学学报, 1992, 32 (1): 22-30.

[125] 张洪武, 钟万勰, 钱令希. 基于$\mu\text{-}U$方程的饱和土壤固结分析[J]. 大连理工大学学报, 1992, 32 (3): 249-254.

[126] 钱令希,陈陆平. 动态系统降维的直接迭代(DI)方法[J]. 计算结构力学及其应用, 1992, 9(4): 341-346.

[127] 栾茂田,钱令希. 层状饱和土体一维固结分析[J]. 岩土力学, 1992, 13(4): 45-56.

[128] 张洪武,钟万勰,钱令希. 结构—饱和土壤相互作用的固结有限元分析[J]. 应用数学和力学, 1992, 13(10): 891-901.

[129] ZHANG H W, ZHONG W X, QIAN L X. Finite element analysis for consolidation in interaction between structure and saturated soil foundation[J]. Applied Mathematics and Mechanics. 1992, 13(10): 929-937.

[130] QIAN L X, ZHONG W X, ZHANG H W. Dynamic finite element analysis for interaction between two phase saturated soil foundation and platform[J]. China Ocean Engineering, 1993, 7(1): 21-29.

[131] 钱令希. 发扬大工精神 积极参加"211"工程的竞赛. 大连理工大学报, 1993-10-15(1).

[132] 王志必,邓可顺,钱令希. 圆环载荷作用下球壳的极限分析及其实验验证[J]. 大连理工大学学报, 1993, 33(A2): 141-147.

[133] 钱令希,钟万勰,张洪武. 以二相饱和介质为模型的地基与结构相互作用的动力有限元分析[J]. 海洋工程, 1993, 11(2): 33-40.

[134] 张洪武,钟万勰,钱令希. 饱和土壤固结分析的算法研究[J]. 力学与实践, 1993, 15(1): 20-23.

[135] 陈陆平,潘敬哲,钱令希. 复合材料纤维/基体界面失效问题的参变量有限元数值模拟[J]. 复合材料学报, 1993, 10(1): 71-75.

[136] 钱令希,钟万勰,张洪武. 饱和土壤固结非线性有限元分析[J]. 大连理工大学学报, 1993, 33(1): 1-9.

[137] 吴承伟,钟万勰,钱令希,等. 理想粘塑性流体润滑问题的参变量变分原理[J]. 应用力学学报, 1993, 10(1): 17-26.

[138] ZHANG X, QIAN L X. Rigid finite element and limit analysis[J]. Acta Mechanica Sinica, 1993, 9(2): 156-162.

[139] 钱令希，钟万勰，张洪武. 以二相饱和介质为模型的地基与结构相互作用的动力有限元分析 [J]. 海洋工程，1993，11（2）：33-40.

[140] 张洪武，钟万勰，钱令希. 以 u-U 形式方程为基础的结构—饱和土壤相互作用的固结有限元分析 [J]. 应用力学学报，1993，10（3）：1-8.

[141] 钱令希.《计算结构力学与最优控》序 [M] // 钟万勰. 计算结构力学与最优控制. 大连：大连理工大学出版社，1993：前言 1-2.

[142] 钱令希.《理论力学》序 [M] // 李心宏，王增新. 理论力学. 大连：大连理工大学出版社，1994.

[143] 钱令希.《刘恢先地震工程学论文选集》序 [M] // 国家地震局工程力学研究所编. 刘恢先地震工程学论文选集. 北京：地震出版社，1994：Ⅱ.

[144] 钱令希. 关于结构力学发展的思考 [J]. 计算结构力学及其应用，1994，11（1）：1-8.

[145] 邢誉峰，钱令希. 一致切线刚度法在三维弹塑性有限元分析中的应用 [J]. 力学学报，1994，26（3）：320-333.

[146] QIAN L X, ZHANG X. Rigid finite element and its applications in engineering [J]. Acta Mechanica Sinica, 1995, 11（1）：40-50.

[147] 钱令希，程耿东，隋允康，等. 结构优化设计理论与方法的某些进展 [J]. 自然科学进展，1995，5（1）：64-70.

[148] 钱令希. 弹性力学新开篇 [M] // 钟万勰. 弹性力学求解新体系. 大连：大连理工大学出版社，1995：前言 1.

[149] 张洪武，钟万勰，钱令希. 土体固结弹塑性分析的参数二次规划理论及有限元解 [J]. 岩土力学，1995，16（1）：35-46.

[150] 栾茂田，钱令希. 层状饱和砂土振动孔隙水压力扩散与消散简化解法 [J]. 大连理工大学学报，1995，35（2）：216-221.

[151] 钱令希. 谈计算力学 [J]. 力学与实践，1995，17（4）：2-4.

[152] 钱学森，钱令希，谈庆明. 关于"力学——迎接 21 世纪新的挑战"一文的讨论 [J]. 力学与实践，1995（4）：1-6.

[153] QIAN L X, An order-reduction method for extraction of eigenvalues of dynamic systems [J]. Computers & Structures, 1995, 54 (6): 1099-1103.

[154] 钱令希. 对研究生的一点希望. 大连理工大学报, 1996-11-27 (3).

[155] 钱令希.《建模·变换·优化: 结构综合方法新进展》序 [M] // 隋允康. 建模·变换·优化: 结构综合方法新进展. 大连: 大连理工大学出版社, 1996: 卷首 2-3.

[156] 钱令希. 弹性力学新开篇——评钟万勰教授的《弹性力学求解新体系》[J]. 大连理工大学学报, 1996, 36 (3): 371.

[157] 邢誉峰, 钱令希. 基于两点累积信息原/倒变量展开的对偶优化方法的收敛性分析 [J]. 计算数学, 1996 (1): 38-46.

[158] 李兴斯, 钱令希. 基于概率极限状态的结构优化设计 [J]. 计算结构力学及其应用, 1996, 13 (4): 3-8.

[159] 陈陆平, 席裕庚, 张钟俊, 钱令希. 线性控制系统时标分离的子空间方法 [J]. 控制理论与应用, 1996, 13 (5): 644-648. [信息与电脑, 2000, 6.]

[160] 唐纪晔, 钱令希. 极限分析和安定分析的并行算法 [J]. 计算力学学报, 1997, 14 (2): 143-149.

[161] 钱令希. 喝水不忘掘井人——缅怀老院长屈伯川同志 [J]. 大连理工大学报, 1997-03-05 (3).

[162] 钱令希.《屈伯川教育文集》序 [M] // 屈伯川. 屈伯川教育文集. 北京: 高等教育出版社, 1997: 序 3-7.

[163] 钱令希.《工程抗震三字经》序 [M] // 王前信. 工程抗震三字经. 北京: 地震出版社, 1997: 卷首 1.

[164] 邢至庄, 王惟诚, 钱令希. 海上混凝土平台的现状与发展 [J]. 中国海上油气 (工程), 1998, 10 (1): 9-12, 16.

[165] 钱令希. 只有步步为营, 才能扎实前进 [G]. 陈培兴. 路——无锡名人与青少年谈成才. 南京: 江苏教育出版社, 1998: 35-37.

[166] 钱令希.《工程强度理论》序 [M] // 俞茂宏. 工程强度理论. 北京:

高等教育出版社，1999：序 1-2.

［167］钱令希. 特征值问题的一个算法［J］. 大连理工大学学报，1999，39（2）：180-183.

［168］钱令希. 难忘的经验教训［J］. 大连理工大学学报，1999，3（8）：3.

［169］钱令希，徐新生. 关于培养研究生创新能力的思索［J］. 教育改革与管理，1999（2）：1-2.

［170］钱令希.《大连理工大学学报》建校 50 周年特刊前言［J］. 大连理工大学学报，1999，39（2）：封二、扉页.

［171］钱令希. 学·问·学问［G］// 韩存志. 新世纪的嘱托：院士寄语青年. 上海：上海教育出版社，1999：26-30.

［172］钱令希，郑哲敏，王仁，等. 关于撰写科普文章，宣传力学贡献的倡议信［J］. 力学与实践，2000，22（1）：70-71.

［173］钱令希. 新的征程［J］. 大连理工大学报，2000，1（14）：4.

［174］钱令希. 教育事业的遐想［G］// 叶叔华主编、上海市对外文化交流协会编. 院士展望二十一世纪. 上海：上海科学技术出版社，2000：470-474.

［175］钱令希. 把学和问统一起来［J］. 初中生，2001（29）：1.

［176］钱令希. 工程结构优化设计［G］// 庄逢甘，郑哲敏. 钱学森技术科学思想与力学. 北京：国防工业出版社，2001：97-102.

［177］钱令希.《中外数学家传奇丛书》序［M］// 陈竹如，李争光. 困苦玉成——王梓坤. 哈尔滨：哈尔滨出版社，2001：序言页.

［178］钱令希.《数学家传奇丛书》序［M］// 卢介景. 无穷统帅——康托尔. 济南：山东教育出版社，2001：序言页.

［179］钱令希. 效春蚕［G］// 韩存志，王克美. 院士诗词. 上海科技教育出版社，2001：232.

［180］钱令希. 钱学森先生与计算力学［C］// 宋健. 钱学森科学贡献暨学术思想研讨会论文集. 北京：中国科学技术出版社，2001：122-128.

［181］钱令希. 祝贺与期望［G］// 刘则渊，王续琨. 工程·技术·哲

学——2001年卷技术哲学研究年鉴. 大连：大连理工大学出版社，2002：7-8.

[182] 钱令希.《教育与教学研究论文选集》序［M］// 李心宏. 教育与教学研究论文选集. 大连理工大学科教印刷厂印制，2002：序言页.

[183] 钱令希. 钱学森与计算力学［G］// 刘则渊，王续琨主编. 工程·技术·哲学——2001年卷技术哲学研究年鉴. 大连：大连理工大学出版社，2002：9-15.

[184] 钱令希. 和青少年朋友们谈谈学习之道［G］// 大连市关心下一代工作委员会编. 科学家寄语下一代. 大连：大连出版社，2002：325-331.

[185] 钱令希. 和青少年朋友们谈谈学习之道［J］. 中国火炬，2002（9）：12-14.

[186] 钱令希. 学·问·学问［J］. 中学生数理化（初一版），2002（12）：1.

[187] 钱令希. 母校情思（调寄江南好）［G］// 陈佑庄主编. 岁月流金——江苏省梅村高级中学校友回忆录. 北京：高等教育出版社，2003：1.

[188] 钱令希. 步步为营，扎实前进［G］// 孙殿义，卢盛魁主编. 院士成才启示录（上）. 广州：广东科技出版社，2003：250-252.

[189] 钱令希. 学·问·学问［G］// 孙殿义，卢盛魁主编. 院士成才启示录（下）. 广州：广东科技出版社，2003：42-45.

[190] 钱令希.《交叉科学结构论》序［M］// 王续琨. 交叉科学结构论. 大连：大连理工大学出版社，2003：序1-5.

[191] 钱令希. 名人名言［J］. 中学生数理化（初中版初二），2004（11）：7.

[192] 钱令希.《结构力学非常解法》序［M］// 王前信. 结构力学非常解法. 北京：地震出版社，2004：卷首1-2.

[193] 钱令希.《陈绍蕃论文集》序［M］// 陈绍蕃著，西安建筑科技大

学编. 陈绍蕃论文集. 北京：科学出版社，2004：卷首 i.

［194］钱令希. 第三版序［M］// 李心宏等. 理论力学（第三版）. 大连：大连理工大学出版社，2004：卷首 2.

［195］钱令希. 母校情怀［G］// 邹宝生. 梅中报告厅. 北京：高等教育出版社，2005：6-8.

［196］李振声，钱三强，钱令希，等. 院士们的学习方法［J］. 中学生数理化（初二版），2005（9）：卷首.

［197］钱令希. 文理交叉与创新型人才［M］// 刘仲林. 中国交叉科学（第一卷）. 北京：科学出版社，2006：47-49.（原载王续琨著《交叉科学结构论》序言页）

［198］钱令希. 学·问·学问［J］. 中学生数理化（初二版），2006（3）：1.

二、著作

［1］钱令希. 超静定结构学［M］. 上海：中国科学图书仪器公司，1951.

［2］钱令希. 静定结构学［M］. 上海：中国科学图书仪器公司，1952.

［3］热莫奇金（Б. Н. Жемочкин）. 关于格形围堰的计算［M］. 交通部内河航道技术研究班，1953.（钱令希译）

［4］热莫奇金（Б. Н. Жемочкин），А. П. 西尼村. 弹性地基上梁和板的实用计算法［M］. 大连：大连工学院内部印刷，1955.（钱令希译）

［5］Э. Ф. 高尔湟维奇，Т. В. 恩台尔. 压缩性地基上干船坞底板的计算（B.A. 弗洛林的方法）［M］. 北京：人民交通出版社，1955.（钱令希、高国藩，译）

［6］中华人民共和国交通部航务工程总局. 港口建筑物 1 码头设计［M］. 北京：人民交通出版社，1955.（以钱令希编写的讲义为蓝本）

［7］Н. Х. 阿鲁久涅扬. 蠕变理论中的若干问题［M］. 北京：科学出版社，1961.（钱令希等译）

［8］钱令希. 薄板力学（力学专业讲义）［M］. 大连：大连工学院内部印

刷，1963.

[9] 钱令希，钟万勰. 论固体力学中极限分析并建议一个一般变分原理[M]. 中华人民共和国科学技术委员会，1964.

[10] 钱令希. 十年来的中国科学（土木·建筑·水利 1949—1959）[M]. 北京：科学出版社，1965.

[11] 钱令希. Selected Papers on Structural Optimization [M]. 北京：光华出版社，1979.

[12] 钱令希. 工程结构优化设计（含附图、勘误表）[M]. 大连：大连工学院印刷，1981.

[13] 钱令希. 1980 年全国计算力学会议文集[M]. 北京：北京大学出版社，1981.

[14] W. J. 克雷菲尔德. 板（结构元件）[M]. 北京：科学出版社，1982. （钱令希译）

[15] 钱令希. Selected Papers of O. C. Zienkiewicz on Finite Element Method （辛克维奇有限元法论文选集）[M]. 北京：中国学术出版社，1982.

[16] 大连工学院工程力学系钢桥设计组编写. 全焊空腹桁架钢桥[M]. 北京：人民交通出版社，1982.（钱令希审查、修改）

[17] 钱令希. 工程结构优化设计[M]. 北京：水利电力出版社，1983.

[18] 钱令希（编辑委员会主任）. 中国大百科全书·力学[M]. 北京：中国大百科全书出版社，1985.

[19] 钱令希. 服务意识 方法意识 学科意识[M] // 卢嘉锡. 院士思维 卷2. 合肥：安徽教育出版社，1998：976-983.

[20] 钱令希. 和青少年朋友们谈谈学习之道[M] // 周美鑫. 科学家寄语下一代. 大连：大连出版社，2002.

[21] 钱令希. 服务意识 方法意识 学科意识[M] // 卢嘉锡. 院士思维 卷2. 合肥：安徽教育出版社，2003.

[22] 钱令希. 超静定与静定结构学[M]. 北京：科学出版社，2011.

[23] 钱令希. 工程结构优化设计[M]. 北京：科学出版社，2011.

参考文献

[1] 孙懋德. 大连理工大学校史 1949—1989 [M]. 大连：大连理工大学出版社，1989.

[2] 徐景南. 大连理工大学科学技术志 [M]. 大连：大连理工大学出版社，1994.

[3] 孙懋德. 大连理工大学五十年纪事 [M]. 大连：大连理工大学出版社，1999.

[4] 孙懋德. 钱令希纪事 [G] // 张天来，孙懋德，王丽丽. 院士的足迹. 大连：大连理工大学出版社 / 北京：光明日报出版社，2004：1-47.

[5] 林家浩. 力学与工程应用——庆贺钱令希院士九十寿辰 [M]. 大连：大连理工大学出版社，2006.

[6] 周建新. 钱令希传略 [M]. 大连：大连理工大学出版社，2013.

[7] 刘元芳. 大连理工大学校史 1989—2009 [M]. 大连：大连理工大学出版社，2015.

[8] 侯建国，钟万勰. 钱临照钱令希纪念文集 [M]. 北京：科学出版社，2016.

[9] 钱志仁，钱维均. 兄弟院士钱临照、钱令希家传 [M]. 无锡市吴文化研究会，2016.

[10] 王细荣. 风雨弦歌复兴园：从德文医学堂到国立高机（修订版）[M]. 德国萨尔布吕肯：金琅学术出版社，2016.

[11] 王细荣. 从中法国立通惠工商学校到私立中法高工——上海法租界内一所校园的风雨弦歌 [G] // 马军，蒋杰主编. 上海法租界史研究（第二辑）. 上海：

上海社会科学院出版社，2017：91-106.

[12] 李宏林. 力壮山河——记中国科学院院士钱令希[G] // 杨德润. 登上科技高峰的人们：记在辽宁工作的两院院士. 沈阳：辽宁科学技术出版社，1997：3-18.

[13] 钟万勰，程耿东. 跨世纪的中国计算力学[J]. 力学与实践，1999，21（1）：11-16.

[14] 钟万勰，林家浩. 科研硕果累累 育人桃李天下——祝贺钱令希先生九十华诞[J]. 中国科学院院刊，2005，20（4）：326-329，封四.

[15] 隋允康. 钱令希先生倡导研究计算力学和结构优化的大境界[C] // 王希诚，武金瑛，谷俊峰. 科学殿堂的力学之光：第五届全国力学史与方法论学术研讨会文集. 大连：大连理工大学出版社，2011：10-44.

[16] 隋允康. 帅虽暮年 胜算愈然——纪念中国计算力学先驱者钱令希逝世3周年[G] // 刘则渊，王续琨. 科学·技术·发展 中国科学学与科学技术管理研究年鉴 2010/2011年卷 总第5卷. 大连：大连理工大学出版社，2012：16-36.

[17] 陈福康. "年谱长编"的"长编"是什么意思？[N]. 中华读书报，2016-03-23（15）.

[18] 隋允康. 巡视于此岸与彼岸之间的钱令希[J]. 科技导报，2017，35（21）：141-142.

[19] 钱令希. 超静定结构学[M]. 上海：中国科学图书仪器公司，1951.

[20] 钱令希. 静定结构学[M]. 上海：中国科学图书仪器公司，1952.

[21] 钱令希. 薄板力学（力学专业讲义）[M]. 大连：大连工学院内部印刷，1963.

[22] 钱令希. Selected Papers on Structural Optimization[M]. 北京：光华出版社，1979.

[23] 钱令希. 1980年全国计算力学会议文集[M]. 北京：北京大学出版社，1981.

[24] 钱令希. Selected Papers of O. C. Zienkiewicz on Finite Element Method（辛克维奇有限元法论文选集）[M]. 北京：中国学术出版社，1982.

[25] 钱令希. 工程结构优化设计[M]. 北京：水利电力出版社，1983.

[26] 钱令希. 服务意识 方法意识 学科意识[M] // 卢嘉锡等. 院士思维 卷2.

合肥：安徽教育出版社，1998：976-983.

［27］钱令希. 和青少年朋友们谈谈学习之道［M］// 周美鑫. 科学家寄语下一代. 大连：大连出版社，2002.

［28］隋允康. 钱令希与工程力学［M］// 卢嘉锡. 中国当代科技精华（物理系卷）. 哈尔滨：黑龙江教育出版社，1994：541-553.

［29］隋允康. 建模·变换·优化：结构综合方法新进展［M］. 大连：大连理工大学出版社，1996.

［30］隋允康. 回忆恩师们的风采——抢录"身边力学史"的重要环节［C］// 郑晓静，周又和，王省哲. 力学方法论与现代科技——第三届全国力学史与方法论学术研讨会论文集. 兰州：兰州大学出版社，2007：85-93.

［31］隋允康. 追求完美——献给母校校庆六十周年［M］. 大连：大连理工大学出版社，2009.

［32］钱唐. 追寻父亲钱令希的足迹［EB/OL］. 上海理工大学校友网，2019-07-30.

［33］王细荣. 纪念杰出校友钱令希院士诞辰104周年［EB/OL］. 上海理工大学校友网，2021-04-01.

后 记
纪念钱令希院士诞辰 105 周年

《力学笃行：钱令希传》的出版，恰逢传主钱令希先生诞辰 105 周年。这本传记是对当代著名工程力学家和教育家、中国科学院院士钱令希先生最好的纪念。

在累并快乐着的写作过程中，我们作者二人逐渐进入钱老的世界，在某个故事节点上，他仿佛仍在我们的身边。钱令希先生对学生、同事、家人的爱，对事业的执着和奉献，以及他服务人民、献身科学的科学家精神，时时伴随与激励着我们不懈地挖掘史料、严谨地研究史料。是的，我们是怀着深厚的感情投入写作，因此，本书才能以现在的成果呈献给读者。如果借助我们的文字，能把钱先生的人生经历、精神境界和情感世界再现给读者，留下一份启迪和思考，我们将感到无比欣慰。

《力学笃行：钱令希传》作为科学家传记，也从侧面展现了我国近现代力学研究的学科史和教育史。在撰写本书的过程中，我们特别注重社会史方法的运用。在采集到的钱令希学术成长资料中，一些文献难免令我们疑窦丛生，激励我们再下功夫，进一步搜寻资料，力求清晰地述说其前因后果。例如，关于钱令希早年的一篇重要论文《悬索桥理论及分析之改进》，据此前出版的相关作品记载："他的论文《悬索桥近似分析》伴着抗战胜利的喜悦完成了。他把它寄给当时内迁在重庆的北平图书馆，后来被转去美国土木工程师学会，于1948年9月发表在该学报上。"中国第二历史档案馆馆藏的档案《一九四五年度学术奖励著作申请书及审查意见》记载道："本文之英文稿，于本年七月，由北平图书馆转寄美国，送登 Proceedings of A.S.C.E."。在整理这部分资料时，我们不明白钱先生这篇论文为何要由北平图书馆转寄，而不是直接投稿给《美国土木工程师学会会报》。带着这个疑问，我们寻找相关文献线索，询问国家图书馆馆史研究人员，均未得到满意的答案。2020年2月，新冠肺炎疫情期间，国家图书馆全文检索数据库"中国历史文献总库·近代报纸数据库"免费注册全球开放，我们抓住这个机会，终于检索到一条记录《美委托北平图书馆译寄我科学论文》(载《中央日报永安版》1945年10月29日第2版)。循此文献线索，我们又查找到一些其他支撑文献。终于，我们心中的疑团骤然消散了。正如徐志明在《社会科学研究方法论》中说的，"在学术研究中，文献是研究工作的起点，又是研究工作的终结，其作用贯穿于学术研究的全过程"[①]。

  本传记从资料收集和整理，到文章撰写和润色等，幸蒙多位专家和前辈的指点，本书数易其稿，多次修改。我们和所有为此书做出贡献的工作人员一样，尊重历史，崇尚科学，敬仰做出卓越贡献的科学家。感谢你们对资料的提供，对写作的支持。

  在本书出版之际，我们有说不尽的感恩。对于要感谢的所有朋友们，在此一并致以最诚挚的敬谢！

王细荣　钱唐
2021年7月

[①] 徐志明：《社会科学研究方法论》。北京：当代中国出版社，1995年，第30页。

老科学家学术成长资料采集工程丛书
已出版（110种）

《卷舒开合任天真：何泽慧传》　　《此生情怀寄树草：张宏达传》
《从红壤到黄土：朱显谟传》　　　《梦里麦田是金黄：庄巧生传》
《山水人生：陈梦熊传》　　　　　《大音希声：应崇福传》
《做一辈子研究生：林为干传》　　《寻找地层深处的光：田在艺传》
《剑指苍穹：陈士橹传》　　　　　《举重若重：徐光宪传》

《情系山河：张光斗传》　　　　　《魂牵心系原子梦：钱三强传》
《金霉素·牛棚·生物固氮：沈善炯传》《往事皆烟：朱尊权传》
《胸怀大气：陶诗言传》　　　　　《智者乐水：林秉南传》
《本然化成：谢毓元传》　　　　　《远望情怀：许学彦传》
《一个共产党员的数学人生：谷超豪传》《没有盲区的天空：王越传》

《含章可贞：秦含章传》　　　　　《行有则　知无涯：罗沛霖传》
《精业济群：彭司勋传》　　　　　《为了孩子的明天：张金哲传》
《肝胆相照：吴孟超传》　　　　　《梦想成真：张树政传》
《新青胜蓝惟所盼：陆婉珍传》　　《情系梁菽：卢良恕传》
《核动力道路上的垦荒牛：彭士禄传》《笺草释木六十年：王文采传》

《探赜索隐　止于至善：蔡启瑞传》《妙手生花：张涤生传》
《碧空丹心：李敏华传》　　　　　《硅芯筑梦：王守武传》
《仁术宏愿：盛志勇传》　　　　　《云卷云舒：黄士松传》
《踏遍青山矿业新：裴荣富传》　　《让核技术接地气：陈子元传》
《求索军事医学之路：程天民传》　《论文写在大地上：徐锦堂传》

《一心向学：陈清如传》　　　　　《铃记：张兴铃传》
《许身为国最难忘：陈能宽传》　　《寻找沃土：赵其国传》

《钢锁苍龙　霸贯九州：方秦汉传》
《一丝一世界：郁铭芳传》
《宏才大略　科学人生：严东生传》

《我的气象生涯：陈学溶百岁自述》
《赤子丹心　中华之光：王大珩传》
《根深方叶茂：唐有祺传》
《大爱化作田间行：余松烈传》
《格致桃李半公卿：沈克琦传》
《躬行出真知：王守觉传》
《草原之子：李博传》

《此生只为麦穗忙：刘大钧传》
《航空报国　杏坛追梦：范绪箕传》
《聚变情怀终不改：李正武传》
《真善合美：蒋锡夔传》
《治水殆与禹同功：文伏波传》
《用生命谱写蓝色梦想：张炳炎传》
《远古生命的守望者：李星学传》

《善度事理的世纪师者：袁文伯传》
《"齿"生无悔：王翰章传》
《慢病毒疫苗的开拓者：沈荣显传》
《殚思求火种　深情寄木铎：黄祖洽传》
《合成之美：戴立信传》
《誓言无声铸重器：黄旭华传》
《水运人生：刘济舟传》
《在断了A弦的琴上奏出多复变
　　最强音：陆启铿传》

《虚怀若谷：黄维垣传》
《乐在图书山水间：常印佛传》
《碧水丹心：刘建康传》

《我的教育人生：申泮文百岁自述》
《阡陌舞者：曾德超传》
《妙手握奇珠：张丽珠传》
《追求卓越：郭慕孙传》
《走向奥维耶多：谢学锦传》
《绚丽多彩的光谱人生：黄本立传》

《探究河口　巡研海岸：陈吉余传》
《胰岛素探秘者：张友尚传》
《一个人与一个系科：于同隐传》
《究脑穷源探细胞：陈宜张传》
《星剑光芒射斗牛：赵伊君传》
《蓝天事业的垦荒人：屠基达传》

《化作春泥：吴浩青传》
《低温王国拓荒人：洪朝生传》
《苍穹大业赤子心：梁思礼传》
《仁者医心：陈灏珠传》
《神乎其经：池志强传》
《种质资源总是情：董玉琛传》
《当油气遇见光明：翟光明传》
《微纳世界中国芯：李志坚传》
《至纯至强之光：高伯龙传》

《弄潮儿向涛头立：张乾二传》　　《材料人生：涂铭旌传》
《一爆惊世建荣功：王方定传》　　《寻梦衣被天下：梅自强传》
《轮轨丹心：沈志云传》　　　　　《海潮逐浪　镜水周回：童秉纲
《继承与创新：五二三任务与青蒿素研发》　　　口述人生》

《淡泊致远　求真务实：郑维敏传》　《采数学之美为吾美：周毓麟传》
《情系化学　返璞归真：徐晓白传》　《神经药理学王国的"夸父"：
《经纬乾坤：叶叔华传》　　　　　　　　金国章传》
《山石磊落自成岩：王德滋传》　　《情系生物膜：杨福愉传》
《但求深精新：陆熙炎传》　　　　《敬事而信：熊远著传》
《聚焦星空：潘君骅传》